죽음교육의 이론과 실제
[기본편]

죽음교육의 이론과 실제
[기본편]

한국죽음교육협회

박문사

목차

발간사	이범수(한국죽음교육협회 이사장)	13
격려사	라제건(한국죽음교육협회 초대 이사장)	15
추천사	정진홍(서울대학교 명예교수)	19

서론
한국죽음교육협회의 죽음(웰다잉)교육 방향과 교재　　서이종(한국죽음교육협회 회장)　21

  1. 문제제기: 사회 교육으로서의 죽음교육의 새로운 방향 정립　　21
  2. 한국 사회의 변화와 사회 교육으로서의 전문적 죽음교육의 필요성　　22
  3. 한국죽음교육협회의 죽음교육이 나아가야 할 방향　　24
  4. 한국죽음교육협회 교육방향에 따른 교재의 특성　　32

제1부
죽음의 이해

제1장
죽음과 철학　　박충구　37

 제1절　서양철학의 관점에서 본 죽음 이해　　38
   1. 자연철학 시대의 질문　　39
   2. 인성론적 철학 시대의 질문: 인간의 죽음은 무엇인가?　　42
   3. 죽음을 두려워하는 것이 옳은가?　　44
   4. 죽음은 좋은 것인가?　　45
   5. 그리스-로마 세계에서의 죽음 이해　　47
   6. 기독교 세계: 성서에 나타난 죽음의 철학　　49
   7. 성서에 근거한 기독교 신학의 죽음 이해　　50
   8. 나가는 말　　53

 제2절　동양철학의 관점에서 본 죽음 이해　　54
   1. 유교적 죽음 이해　　54
   2. 불교의 죽음 이해　　57
   3. 노자와 장자의 죽음 이해　　59
   4. 나가는 말　　61

제2장
죽음과 종교   이철영 · 이범수 · 장왕식   63

- 제1절 동양 종교에서의 영성과 죽음의 이해   64
  1. 실존적 관점에서의 영성 이해   64
  2. 무속의 영성 이해   66
  3. 유교의 영성 이해   68
  4. 불교의 영성 이해   69
- 제2절 기독교와 영성   74
  1. 무엇이 문제인가?   74
  2. 영성과 종교의 정의   75
  3. 영성과 종교의 공통점과 차이점   78
  4. 기독교적 영성과 죽음의 문제   81
  5. 세속적 영성과 죽음의 문제: 기독교적 관점   85
  6. 새로운 영성과 기독교   88

제3장
죽음의 심리   이세형   91

- 제1절 죽음의 심리학에 대한 이해   92
- 제2절 죽음 불안과 죽음 공포   95
  1. 죽음 불안   95
  2. 죽음 불안의 유형   97
  3. 죽음 불안의 결과   98
  4. 죽음 불안 척도   99
- 제3절 죽어감에 대한 심리적 변화   100
- 제4절 죽음을 대하는 마음 자세   101
  1. 죽음에 대한 거부적 태도   101
  2. 죽음에 대한 수용적 태도   101
- 제5절 말기 환자의 죽음을 맞는 심리적 변화 단계   103
  1. 엘리자베스 퀴블러 로스의 5단계 이론   103
  2. 패티슨의 3단계 이론   105
- 제6절 죽어가는 자의 심리적 과제   108

제4장
죽음과 사회적 관계   서이종 · 강춘근 · 최승호   111

- 제1절 들어가는 말   112
- 제2절 사회변동과 죽음   113
- 제3절 현대사회의 죽음의 특성   116

제4절　현대사회의 죽음 제도들 ... 118

　　제5절　죽음과 가족 ... 121

　　제6절　죽음과 친구, 이웃, 공동체 ... 124

　　제7절　사회적 죽음: 경제적 원인 ... 127

　　제8절　사회적 죽음: 사회적 원인 ... 130

　　제9절　사회적 죽음: 정치·이념적 원인과 전쟁포로 ... 133

제5장
상장문화와 의례　　　　　　　　　　　　　　　　　　　　　이범수　135

　　제1절　상장문화의 이해 ... 136
　　　　1. 문화와 사회 ... 137
　　　　2. 상장례 문화와 사회 ... 138

　　제2절　상장의례의 구조와 기능 ... 140
　　　　1. 의례의 성격과 특징 ... 140
　　　　2. 상장의례의 기능과 역할 ... 141
　　　　3. 전통 상장의례의 애도 기능과 역할 ... 142

　　제3절　동서양 상장의례 예법과 절차 ... 151
　　　　1. 중국의 유교식 상장의례 예법과 절차 ... 151
　　　　2. 일본의 민속신앙과 장의(葬儀)불교의 상장의례 예법과 절차 ... 152
　　　　3. 독일 기독교의 상장의례 예법과 절차 ... 153
　　　　4. 폴란드 가톨릭의 상장의례 예법과 절차 ... 154
　　　　5. 중동 이슬람의 상장의례 예법과 절차 ... 156

　　제4절　현대 상장 문화와 시설 및 산업 ... 159
　　　　1. 현대의 상장(喪葬)문화 ... 159
　　　　2. 현대 상장 문화와 의례의 특성 ... 159
　　　　3. 한국의 장사시설 현황 ... 161
　　　　4. 현대 상장 및 추모 사업 ... 162

　　제5절　요약 ... 166

제6장
죽음과 법　　　　　　　　　　　　　　　　　　　　　　　　신현호　169

　　제1절　유언과 상속 ... 170
　　　　1. 유언제도 ... 170
　　　　2. 상속제도 ... 173
　　　　3. 나가는 말 ... 178

제2절 연명의료결정법 ... 179
　　1. 각국에서의 형법적 논란 ... 180
　　2. 연명의료결정법 법률제정 취지 ... 184
　　3. 연명의료 중단 허용 조건 ... 184
　　4. 연명의료, 호스피스 대상 환자 ... 185
　　5. 연명의료 유보 또는 중단 결정서 작성절차 ... 186
　　6. 연명의료 중단 객관적 및 주관적 시행 요건 ... 186
　　7. 연명의료 중단 방법 ... 188
　　8. 호스피스·완화의료 ... 188
　　9. 벌칙 ... 189
　　10. 각국의 입법 동향 ... 190
　　11. 나가는 말 ... 192

제7장
죽음과 윤리　　　　　　박충구　195

　제1절 윤리적인 인간 ... 196
　제2절 성품의 윤리 ... 198
　　1. 개념 ... 198
　　2. 비판적 평가 ... 202
　제3절 의무론적 윤리 ... 203
　　1. 개념 ... 203
　　2. 비판적 평가 ... 206
　제4절 효용성의 윤리(Utilitarian Ethics) ... 208
　　1. 개념 ... 208
　　2. 효용 개념의 다양성 ... 210
　　3. 비판적 평가 ... 211
　제5절 생명윤리 기초이론을 위한 종합 ... 213

제2부
죽음교육 실천

제8장
호스피스 · 완화의료와 말기돌봄　　　　　　김혜지　217

　제1절 호스피스 · 완화의료의 역사 ... 218
　　1. 서양의 호스피스(hospice) ... 218
　　2. 한국의 호스피스 ... 221

제2절	호스피스 · 완화의료의 정의와 철학	223
	1. 호스피스·완화의료의 정의	223
	2. 호스피스·완화의료의 철학	225
제3절	호스피스 · 완화의료와 연명의료	227
	1. 안락사와 의사조력자살	228
	2. 연명의료결정법	230
	3. 호스피스·완화의료와 윤리 문제	233
제4절	호스피스 · 완화의료의 구성과 체계	236
	1. 호스피스·완화의료의 대상자	236
	2. 호스피스·완화의료 팀 구성	237
	3. 다학제 호스피스·완화의료팀의 역할	238
제5절	한국의 호스피스 · 완화의료제도와 유형	240
	1. 한국의 호스피스·완화의료 제도	240
	2. 호스피스·완화의료의 유형	241
	3. 호스피스·완화의료 서비스 이용 절차	243
제6절	나가는 말	245

제9장
돌봄과 소통 이지원·이명진 247

제1절	돌봄	248
	1. 생애 말기의 돌봄 서비스	248
	2. 돌봄의 정의와 노인 돌봄 서비스 개념	249
	3. 치매 환자 돌봄	257
	4. 나가는 말	262
제2절	소통	263
	1. 돌봄 대화의 중요성	263
	2. 치유 관계 형성: 수용적 존중과 공감적 이해	264
	3. 진정한 만남: 적극적 경청과 빙산 탐색 대화	269
	4. 의미 발견과 인식의 확장: 질문 기술	274
	5. 나가는 말	276

제10장
상실과 애도상담 차유림 277

제1절	애도상담의 기본개념	278
	1. 사별(Bereavement)	279
	2. 비탄/슬픔(Grief)	279
	3. 애도(Mourning)	279
	4. 상실(Loss)	280

제2절　대상별 사별 경험　　282
　　1. 부모　　282
　　2. 형제자매　　284
　　3. 배우자　　285
　　4. 자녀　　287
　　5. 반려동물　　288

제3절　상실에 따른 반응　　290
　　1. 신체적 반응　　290
　　2. 정서적 반응　　290
　　3. 인지적 반응　　291
　　4. 행동적 반응　　291

제4절　사별 반응의 이해　　292
　　1. 일반적 슬픔 반응　　292
　　2. 복합적 슬픔 반응　　292

제5절　애도 과정과 중재 요인　　294
　　1. 애도 과정　　294
　　2. 애도 과정에 영향을 미치는 중재 요인　　295

제6절　좋은 애도를 위한 전략들　　300

제7절　나가는 말　　302

제11장
상담 평가와 개입　　양준석　303

제1절　평가와 검사의 이해　　304
　　1. 평가, 검사, 측정의 개념　　304
　　2. 평가의 목적　　305
　　3. 평가 시 고려할 사항　　306
　　4. 신뢰도와 타당도에 영향을 미치는 요인　　307

제2절　진단과 분류　　308
　　1. 정상과 이상의 분류기준　　308
　　2. 진단의 개념　　309
　　3. 분류 목적과 방법　　310
　　4. 정신상태를 기술하는 5가지의 기본적인 틀(Frame Work)　　311
　　5. 정신상태 평가(Mental Status Examination)　　312

제3절　사별 경험에 대한 평가와 개입　　315
　　1. 평가와 개입에 대한 역사　　315
　　2. 평가와 개입의 이론적 근거로서 생물·심리·사회적 통합모델　　316
　　3. 세 가지 개입　　317
　　4. 개입의 유형　　318
　　5. 애도 치료에서 증거 기반 치료　　321

제4절	생애 발달 과정에서 평가와 개입	323
	1. 아동기 사별 경험 특징과 평가	323
	2. 청소년기 사별 경험 특징과 평가	325
	3. 성인기 사별 경험 특징과 평가	327
	4. 노년기 사별 경험 특징과 평가	329
제5절	나가는 말	332

제12장
외상성 죽음 대처   임승희 335

제1절	외상성 죽음의 개념	336
	1. 외상성 사건(traumatic event)과 외상(trauma)의 개념	336
	2. 외상 후 스트레스 장애 개념(Post Traumatic Stress Disorder, PTSD)	337
제2절	외상성 죽음의 유형별 이해	340
	1. 재난으로 인한 죽음	340
	2. 교통사고로 인한 죽음	343
	3. 폭력으로 인한 죽음	345
	4. 자살	348
제3절	외상성 죽음 유가족의 애도 반응 이해	352
	1. 외상성 애도 반응의 특징	352
	2. 복합성 비탄과 외상적 애도 반응의 차이	353
제4절	외상성 죽음 생존자(Traumatic death Survivors) 반응 이해	356
	1. 외상성 죽음 생존자의 어려움	356
	2. 외상성 죽음 생존자의 보편적 특성	358
	3. 외상성 죽음 생존자의 회복 단계	359
제5절	외상성 죽음에 대한 치료적 접근 및 대처 방안	360
	1. 외상성 죽음에 대한 치료적 접근	360
	2. 외상성 죽음에 대한 대처 방안	362

제13장
생애주기별 죽음교육   길태영 365

제1절	죽음교육의 정의와 필요성	366
	1. 죽음교육의 정의	366
	2. 죽음교육의 목적과 필요성	369
제2절	죽음교육의 역사	372
	1. 미국 죽음교육의 역사	372
	2. 한국 죽음교육의 역사	376
제3절	생애주기별 죽음인식과 태도의 이해	379
	1. 전생애적 접근법에 대한 이해	379
	2. 생애주기별 죽음에 대한 인식과 태도	381

제4절 생애주기별 죽음교육의 실제 385
    1. 아동 대상 죽음교육 386
    2. 청소년 대상 죽음교육 387
    3. 성인 대상 죽음교육 389
    4. 노인 대상 죽음교육 390

제14장
죽음교육 프로그램 개발의 이론과 실제   윤혜순   393

제1절 죽음교육 프로그램 개발의 이론적 기초 394
    1. 죽음교육 프로그램 개발의 개념 394
    2. 죽음교육 프로그램 개발의 특성 395

제2절 죽음교육 프로그램 개발의 과정 397
    1. 프로그램 기획 397
    2. 프로그램 설계 398
    3. 프로그램 마케팅 404
    4. 프로그램 실행 405
    5. 프로그램 평가 406

제3절 죽음교육 프로그램 개발의 실제 409
    1. 프로그램의 필요성 및 기대효과 409
    2. 환경 및 학습자 분석 409
    3. 학습자 요구분석 410
    4. 프로그램 선정 411
    5. 인적·물적 자원 선정 413
    6. 예산 편성 413
    7. 마케팅 414
    8. 평가 415

참고문헌   417

발간사

이범수(한국죽음교육협회 이사장)

한때 웰빙의 열풍이 끝나자, 웰다잉 강의가 곳곳에서 열렸습니다.

2015년, 몇몇 학계, 종교계의 죽음 연구 및 실천가들이 모여 '죽음, 죽어감, 그리고 사별' 등 웰다잉 교육에 관해 종합적으로 논의하기 시작하였고, 죽음교육의 필요성에 입을 모았습니다. 2020년, 우리나라 죽음교육에 관한 표준을 정립하고 선도하기 위한 모임으로 '한국죽음교육협회'가 탄생하였습니다. 이러한 협회의 태동에는 1991년부터 시작된 각당복지재단의 '삶과 죽음을 생각하는 회'가 커다란 초석이 되었습니다.

과학과 의학의 발전으로 수명은 연장되었지만 '전인적(Holistic)으로 살고 죽는 방법'에 대해서는 알려주지 않습니다. 현대인들은 사회문화적 갈망, 그리고 불안과 두려움, 죽음과 죽어감, 상실, 인격의 통합, 자아상, 인간의 존엄과 연관된 시대 적응적이고 의미 있는 '삶과 죽음의 기술'을 필요로 합니다.

1600년 전 재상 자리를 거절하여 사형을 자초한 수행자 승조(僧肇)는 자신의 참형시(斬刑詩)를 통해 욕망과 애착을 내려놓는 삶과 죽음의 자세를 보여주고 있습니다.

> 四大元無主(사대원무주) 우리 몸(地・水・火・風으로 구성된)은 원래 주인이 없는 것이며,
> 五蘊本來空(오온본래공) 우리의 감정, 생각, 행동, 인식(色受想行識)도 본래 공(空)한 것이다.
> 將頭臨白刃(장두임백도) 번쩍이는 칼날에 머리를 내민다 해도
> 猶似斬春風(유사참춘풍) 그것은 봄바람을 베는 것과 마찬가지일 뿐이다.

죽음교육은 인간의 육체적, 경제적, 과학적, 규범적, 심리적, 철학적, 영적, 종교적, 예술적, 문화사회적인 요소들을 망라한 '전인적 고통으로부터의 구원'을 제공할 수 있어야 합니다. 저희 협회는 이러한 요소들을 감안하여 제작한 첫 번째 통합 교재를 제작, 발간하게 되었습니다.

죽음교육 강사는 신성한 대지(大地)인 죽음의 영역에 들어설 때 겸손과 두려움으로 마음의 신발을 벗을 수 있어야 합니다. 부디 이 교재가 부서져 없어질 몸과 환상을 좇는 사람들이 애욕과 집착을 벗어나, 온 세상과의 자유자재한 연결을 얻어 백금(白金) 같은 깨달음에 도움이 될 수 있기를 기대합니다.

시종일관 애쓰신 오혜련 전 교육위원장과 서이종 회장을 비롯한 모든 회원께 감사드립니다.

격려사

라제건(한국죽음교육협회 초대 이사장)

한국죽음교육협회가 창립총회를 개최한 것은 코로나가 전 세계를 덮치던 2020년 3월 13일이었습니다. 엄혹한 코로나 상황이어서 자주 모임을 갖고 협회의 지향점, 운영 방안 등을 상의하지도 못한 채 출범하였습니다. 창립회장을 맡은 이범수 동국대 교수의 헌신적인 노력으로 회원들을 모으고 정관을 작성하고 임원진을 구성하는 등의 일들이 꾸준히 진행되었습니다. 협회를 구성하자는 논의는 여러 해 동안 진행되었다고 하는데, 저는 협회 설립이 임박한 시기에 이범수 교수님과 서이종 교수님 두 분으로부터 협회 설립의 필요성에 대한 말씀과 그동안의 노력에 대한 설명을 들었습니다. 그리고 협회를 출범하게 되면, 제가 이사장을 맡아주면 좋겠다는 권유를 받게 되었습니다.

저는 제조업체를 창업하여 생산과 수출에만 주력해온 사람이어서 협회의 이사장을 맡을 만한 자격이 안 되는 사람이지만, 각당복지재단 '삶과 죽음을 생각하는 회'가 1991년에 최초로 죽음교육을 시작하여 삼십여 년간 교육을 해온 기관이고, 제가 설립자인 김옥라 박사의 아들로서 재단 이사장을 맡고 있다보니, 제게 협회의 초대 이사장을 맡기는 것이 좋겠다는 합의가 이루어졌던 것으로 이해했습니다. 그래서 어려운 책임을 맡기로 하였습니다.

죽음교육이 시작된 지 삼십여 년이 흐르는 동안, 죽음교육이 필요하다는 공감대가 확산되며 사회적 관심도 점차 늘어나게 되었습니다. 많은 분들이 죽음에 대한 인식을 확산시키기 위한 교육에 참여하게 되었고, 한림대학교, 동국대학교, 한국싸나톨로지협회 등 여러 단체와 기관들에서도 죽음학에 관한 연구, 죽음교육을 위한 강사 양성을 위한 노력 등이 활발하게 진행되어, 이제는 그동안 개별적으로 노력해온 단체 및 개인들이 협회를 구성하자는 것이 협회 설립을 주도해온 분들의 생각이었고 저도 공감하였습니다.

협회가 추진할 첫 번째 과제는 여러 단체에서 진행하고 있는 죽음교육 강사 양성 과정에 필요한 최소한의 공통 기준을 정하자는 것이었고, 이를 위하여는 죽음교육을 표준화할 수 있는 교재를 만들고, 그 교재를 중심으로 교육을 하여 협회 자격증을 발급할 수 있도록 하자는 방향으로 뜻이 모아졌습니다. 협회의 운영위원회에서는 산하에 자격인증위원회와 교육위원회를 두어 실무를 진행하였습니다. 자격인증위원회의 위원장을 맡은 양준석 마음애터협동조합 이사장은 죽음교육에 공통적으로 반드시 필요한 과목들의 기본 틀을 잡고, 2급 과정과 1급 과정으로 나누어 필요한 교육 시간과 어떻게 자격을 부여할 것인지 등 자격인증을 위한 절차를 준비하는데 많은 수고를 해 주셨습니다. 교재를 출판하기 위한 교육위원회는 각당복지재단 오혜련 회장이 위원장을 맡아 2급과 1급 교재에 필요한 과목에 따라 교재발간을 추진하였습니다. 그리고 이제 삼 년 동안의 노력이 결실을 맺어 죽음교육의 이론과 실제-기본편을 발간하게 되었습니다.

돌이켜 보면 참으로 쉽지 않은 일이었습니다. 집필 위원을 모집하고 집필을 하는 과정에서도 과목과 집필 위원이 변경되는 진통을 거치며 진행되었습니다. 일차 집필이 끝난 후에는 각 집필 위원이 작성한 원고들에 대하여 검토 위원들의 의견을 집필 위원들에게 전달하여 수정을 거쳤습니다. 이러한 과정을 거치는 동안 이범수 창립회장이 3년의 임기를 마치고 서이종 2대 회장이 넘겨받아 교재발간을 마무리하게 되었습니다. 저도 이제 이사장직을 내려놓을 시간이 되었습니다.

코로나와 함께 시작하여 4년이라는 세월을 거치며 이루어 놓은 것이라고는 죽음교육 교재를 준비한 것뿐입니다. 이 과정은 창립회장인 이범수 교수님, 양준석 자격인증위원장님, 오혜련 교육위원장님, 그리고 정경숙 부회장님 등 몇몇 분이 대부분의 일을 해 주셨습니다. 서이종 현 회장님께서도 교재의 틀을 잡는데 많은 정성을 쏟아주셨습니다. 이분들의 노고에 빚을 지고 드디어 죽음교육 교재가 출간됩니다.

협회의 죽음교육 방향과 교재에 대하여는 서이종 회장님이 서론에 상세하게 정리해 주셨습니다. 오늘의 시점에서 우리 사회가 맞이하고 있는 의생명기술의 지속적인 발전, 근대가족의 해체, 그리고 초초고령사회로의 진전 속에서 죽음교육을 하더라도 누구를 대상으로, 어떤 내용을 교육해야 할 것인가, 우리가 어떤 방향으로 생각해야 할 것인가에 대해 정확한 방향을 제시해 주고 있습니다. 죽음학 분야에서 해야 할 방향과 일반인들에게 죽음교육을 할 강사들을 어떻게 준비시켜야 할 것인가에 대하여도 명확하게 설명하고 있습니다.

그러나 교재가 준비되는 과정을 지켜보면서 염려되는 부분도 있습니다. 한가지는 세상이 너무 빨리 변하고 있다는 점입니다. 의생명기술의 발전, 근대가족의 해체, 그리고 요즈음 겪는 초저출산과 세계 1위의 자살률 등은 삼십여년 전만 해도 큰 사회적 이슈는 아니었습니다. 불과 삼십 년 전만 해도, 죽음학과 죽음교육, 죽음의 철학, 영적, 심리적 이해, 죽음의 사회적 관계, 법과 윤리 등으로 구분하여 생각하지도 않았습니다. 저출산 문제가 지금처럼 심각하지도 않았고, 자살률이 지금처럼 높지도 않았습니다. 의료기술이 삶과 죽음의 경계를 계속 애매하게 만드는 것도 지금처럼 크게 걱정하지는 않았었습니다. 지금으로부터 십 년, 혹은 이십 년쯤 후에는 어떤 일들이 우리를 걱정하게 할지 가늠이 잘되지 않습니다. 예를 들어 AI가 외로움을 많이 덜어주게 될까요, 아닐까요? 엄청난 사회적 변화에 죽음교육을 어떻게 적응해 나갈 것인가는 우리 앞에 놓여있는 큰 숙제입니다.

또 다른 한 가지는 경제적인 측면입니다. 우리나라의 국가 예산 중 가장 빠른 속도로 증가해온 것이 복지 예산입니다. 올해의 복지 예산은 226조 원. 전체 예산의 34퍼센트에 이르고 있습니다. 우리의 생존을 지켜주는 국방 예산이 60조 원에 채 미치지 못하는 것을 생각하면 쉽게 그 규모를 이해할 수 있습니다. 인구 노령화로 인해 복지 예산은 앞으로도 빠른 속도로 증가할 것입니다. 그런데 앞으로 국가 경제의 규모가 줄어들지도 모르는 세상을 우리는 살아가고 있습니다. 이러한 여건 속에서 국가 예산으로 죽음교육이 이루어지리라고 기대하기는 어렵지 않겠는가 생각하게 됩니다. 민간에서 주머니를 열어 죽음교육을 하는 것도 현실적으로 기대하기 쉽지 않아 보입니다. 그렇다고 죽음교육 강사들이 죽음교육에 대한 사명감만으로 교육을 하는 것도 한계가 있어 보입니다. 죽음교육이 처한 현실입니다. 이러한 현실을 인지하고 어려움 속에서도 죽음교육을 확산해야 하는 사명을 우리는 안고 있습니다.

어려운 여건 속에서도 우리 협회 회원들께서 죽음교육의 확산에 대한 사명감으로 각 개인, 혹은 단체의 위치에서 열심히 노력하고 계시는 모습에 늘 감동받고 있습니다. 이번에 힘든 산고를 거쳐 세상에 나오게 된 이 교재가 우리나라 죽음교육의 기본이 되는 소재로서 널리 활용될 수 있기를 바라는 마음 간절합니다.

추천사

정진홍(서울대학교 명예교수)

　어떤 주제에 대한 '보편적인 지식'을 정리하는 일은 거의 불가능합니다. 의외로 앎은 맥락 의존적이고, 이는 지식의 폭증현상을 빚기 때문입니다. 따라서 지식은 끝없이 축적될 뿐만 아니라 수정되고 폐기되는 과정을 겪습니다. 새로 지어지고 바뀌고 사라지기도 하죠. 이른바 실증을 준거로 하는 자연과학에서조차 그러합니다. 그래서 특정한 주제에 관한 지식을 체계화하고 이를 가르치는 일은 엄밀한 의미에서 현실적이지 않습니다. 교과서(text book)나 안내서(guide book)나 사전(dictionary 또는 encyclopedia) 등의 편찬이 점점 더 어려워지고, 그 사용이 이전 같이 '효율적'이지 않은 것은 이러한 사정을 반영합니다.

　그렇다고 해서 모두가 공유할 수 있는 지식이 없는 것은 아닙니다. 맥락 의존적인 지식을 형성한 '언어'들의 바로 그 맥락을 문화적으로나 역사적으로 벗어나, 삶의 주체인 소박한 인간의 경험을 바탕으로 어떤 주제를 담담하게 '이야기하게 하면', 사람들은 서로 아무런 장애 없이 소통할 수 있는 '상식'을 공유하고 있다는 사실이 드러납니다. 어쩌면 앞에서 언급한 교과서 만들기의 어려움의 처지에서도 여전히 그것이 만들어지는 것은 이런 터득에서 말미암은 것이지 않나 하는 생각이 듭니다.

　저는 평소에 가지고 있던 제 나름의 '교과서 관(觀)' 때문에 한국죽음교육협회가 낸 〈죽음교육교재 2급〉의 출간이 썩 반갑지는 않았습니다. 그러나 발간사를 읽으면서 제 우려를 말끔히 씻었습니다. 협회 라제건 초대이사장님께서는 발간사에서 진정으로, 그리고 친절하고 자상하게, 그간의 발간과정을 서술하셨는데, 글의 마감 즈음해서 두 가지 염려스러운 점을 피력하신 바 있습니다. 그런데 그 첫 번째 염려에 제가 말씀드린 앞의 내용이 그대로 담겨있었기 때문입니다. "세상이 너무 빨리 변하고 있다는 점", "십 년 혹은 이십 년쯤 후에는 어떤 일들이 우리를 걱정하게 할지 가늠이 잘 되지 않습니다."라고 하신 말씀이 바로 그겁니다. 교과서를 만드는 고뇌가 이렇게 현실적이고, 이렇게 진지할 수가 없습니다.

　서이종 회장님의 "협회의 교육방향과 교재"는 이러한 기본적인 자기 인식을 교재 제작과 직접적으로 이어 구체화하여 말씀하고 계시고, 1부 죽음의 이해, 2부 죽음의 교육과 실천에 이르는 각 장의 주제들을 담당하신 필자들께서는 각 주제를 '교육목표/ 과목개요/ 목차'로 나누어 그 염려를 안고, 우리네 일상에서 넉넉히 소통 가능한 '이야기'를 펼치고 계십니다.
　장(章)의 결이 어떤 장은 더 부드럽기도 하고, 어떤 장은 좀 거친 차이도 보입니다. 주장과 가르침의 다름을 유념한 정도에서도 차이가 보입니다. 당위적인 요청과 실제적인 권유의 뒤섞임도 느껴집니다. 그러나 이 모든 것은 교재의 결점이 아니라 오히려 장점이 되기도 합니다. 그것은 다양성이어서 조화로움을 빚는 현실이지 갈등을 낳는 것이기만 한 것은 아니니까요.

　가장 중요한 것은 이 교재가 '열린' 것이라는 사실입니다. 죽음에 대한 앎도, 죽음을 가르치는 내용도, 죽음에 관한 필자의 주장도, 한국죽음협회의 방향마저도 열려있습니다. 그렇다면 이 교재는 독자에게도, 피교육자에게도 열린 것입니다. 그러므로 이 교재는 바로 그들과 더불어 읽힐 때마다, 교과서로 활용될 때마다, 이 교과서와 관계된 모든 사람에 의해 적어도 그 순간순간 다시 기술되고 다시 편집되도록 하지 않으면 안 됩니다. 그래야 이 교과서는 살아갑니다.

　한국죽음교육협회에 진심으로 깊은 감사와 축하를 드립니다. 큰 일, 잘 마감하셨습니다.*

서론

한국죽음교육협회의 죽음(웰다잉)교육 방향과 교재

서이종(한국죽음교육협회 회장)

1. 문제제기: 사회 교육으로서의 죽음교육의 새로운 방향 정립

죽음교육은 죽음학에 기초하여 현장 교육, 학교 교육과 사회 교육으로 분화 중이다. 죽음에 대한 관심은 신학과 철학에서 시발되어 오랜 역사를 지니고 있지만, 그 다학제적 성격으로 인하여 죽음학 혹은 생사학으로 아직도 대학의 한 분과학문으로 정립 중이다. 임마누엘 칸트(Immanuel Kant)가 신학에서 철학의 탄생을 근대로의 혁명이라고 그 사상사적 의미를 부여하였듯이, 죽음교육의 기반이 되는 죽음학은 후기 근대에 들어서도 우리 학계에서 여전히 승인 투쟁 중이다. 그러한 연유로 의료현장에서 죽음교육은 호스피스 돌봄의 일환으로 발전되어 왔고 천주교와 개신교가 기여하였다. 사회교육으로서 죽음교육 또한 각당복지재단에서 시발되어 다양한 교육 현장에서 다양한 형태로 발전되어 왔다. 죽음교육은 본질적으로 삶의 유한성을 깨닫고 삶과 죽음의 의미를 되새기는 것을 핵심으로 한다. 이러한 죽음교육은 연명의료 기술의 지속적인 발전과 고령화의 진전에 따라 변화되었다. 이러한 환경변화는 죽음교육을 자신의 삶의 의미를 찾는 피교육자들뿐만 아니라 타인의 삶을 변화시키는 피교육자들의 증가로 이어졌다. 이러한 피교육자들의 변화는 죽음교육의 성격에 큰 영향을 주고 있다. 교육단체의 주요 피교육자인 현장 교육 활동가들이 타인의 삶을 변화시키고자 할 때, 보다 전문적(professional) 교육자로서의 태도를 요구하고 있을 뿐만 아니라 그에 걸맞는 전문성과 책임을 요구하고 있기 때문이다. 이러한 변화는 21세기 우리 공동체의 존립을 결정지을 수 있는 지속 가능한 초고령 사회라는 중차대한 사회적 과제 앞에서 그 기반 교육으로서 죽음교육이 법/제도화의 압력 앞에 있다는 점에서 더욱 중요한 의미를 가진다.

한국죽음교육협회는 죽음교육의 현장 활동가(강사) 및 단체들의 모임으로서, 죽음교육의 내실화와 확산 등 제도화를 목표로 창립되었다. 우리 협회는 창립 5년째를 맞아, 보다 전문화된 죽음교육의 새로운 방향을 정립하고 이를 바탕으로 새로운 사회변화에 따른 법/제도화를 선도하여 그 책임을 다해야 한다.

2. 한국 사회의 변화와 사회 교육으로서의 전문적 죽음교육의 필요성

사회 교육으로서 죽음교육의 정체성을 요구하는 우리 사회의 변화는 3가지로 정리될 수 있다. 첫 번째 사회 변화는 의생명기술의 지속적인 발전이다. 우리나라는 현재 민간 의료와 공공의료가 혼재된 상태에서 국민의료보험제도가 발달하여 웬만한 질병으로도 병원을 찾을 수 있고, 그 때문에 병원사가 거의 73퍼센트에 육박하는 기형적인 나라이다. 대부분 집에서 죽음을 맞고 싶다는 소망이 높지만, 소망대로 이뤄질 수 없는 형편은 의료보험제도뿐만 아니라 맞벌이 가족으로 가정 간병이 어려운 점, 그리고 아파트 환경에서 애도는 물론이고 시신의 이동조차 쉽지 않다는 점 등 다양하다. 이러한 여건에서 의생명기술의 발전에 따라 연명의료 기술이 지속적으로 발전되고 있다는 사실이 죽음교육의 정체성을 요구하고 있다. 더 이상 완치가 불가능한 말기상황에서 심폐소생술, 인공호흡기 착용, 혈액 투석, 항암제 투여 등 연명의료를 통해 치료효과는 없이 생명을 연장하는 것이 과연 인간다운 혹은 품위 있는 죽음에 해당하는 것인가? 더 나아가 내 부모가 원하는 죽음일까? 하는 의문을 지울 수 없기 때문이다. 연명의료는 향후 체내외 센서 기술, IT 기술, 초소형 나노 기술 등이 지속 발전되면서 더욱 체외생명유지술(ECLS)이 발전되고 냉동보관, 뇌이식 기술의 발전이나 트랜스 휴머니즘(transhumanism)[1] 혹은 '노화의 종말'[2]로 나아가면서 더욱 더 윤리적 사회정책적 문제를 낳을 것이다. 2009년도 김 할머니 사건에 대한 대법원의 판결과 2013년 국가생명윤리심의위원회의 권고에 따라 2016년 '호스피스 완화의료 및 임종 과정에 있는 환자의 연명의료 결정에 관한 법률'이 입법화된 배경이다. 연명의료의 지속이 아니라 오히려 환자 자신의 뜻에 따라 연명

---

[1] 과학기술을 이용하여 인간의 장애, 질병, 노화, 죽음과 같은 문제를 극복하는 등 인간의 신체적, 정신적 능력을 현저히 개선하려는 신념이나 운동을 뜻함.
[2] David A. Sinclair, 『노화의 종말』, 이한음 옮김, 부키, 2020.

의료를 중단 혹은 유보하는 것이 헌법에 보장된 전 국민의 행복추구권에 부합한다는 사실을 법적으로 천명한 것이며, 그동안 의료법에 없던 '환자의 자기 결정권 존중'이 법적으로 인정된 혁명적인 것이다.

이러한 사실은 우리 사회의 죽음 문화에 역사적인 전환점을 마련하였다. 더 이상 완치가 불가능한 말기 진단 이후 (현재는 임종기로 한정되었지만) 연명의료의 결정을 위해서 '나는 어떻게 삶을 마무리할 것인가'하는 고민이 법적으로 요구되고 있으며, 더욱 더 건강할 때에도 사전연명의료의향서 작성을 통해 자신의 가치관에 따른 의견을 밝힐 수 있도록 하고 있다. 우리 국민 모두에게 "나는 어떻게 죽음을 맞이할 것인가?"를 요구하는 이러한 법적 정신은 자신의 죽음에 대해 한 번도 깊이 생각하지 않는 '잘 살아보세' 문화를, 그리고 가족들 사이에서 부모의 죽음을 입에 올리는 것을 불효로 생각하는 문화를 급변하게 만들고 있다.

두 번째 사회 변화는 우리의 죽음 문화를 지탱하던 근대 가족의 해체이다. 우리 사회는 인간의 합리성에 기초한 근대 산업 사회에 대한 근본적인 성찰을 지속적으로 요구하고 있다. 근대 사회의 주체성 교육의 끝자락에서는 왜 결혼해야 하는지 과연 결혼이 행복을 가져오는지 하는 의문 뿐만 아니라, 왜 자녀를 낳아야 하는지 그게 내 행복에 어떤 의미가 있는지 하는 의문으로 이어진다. 즉 이러한 후기 근대적 성찰은 정당, 교육 등 근대제도에 대한 의문과 함께 근대사회의 뿌리가 되는 가족으로 이어진다는 것이다. 그 결과 우리 사회는 부부+자녀라는 이상적인 근대가족이 2015년 44.2퍼센트에서 2020년 31.7퍼센트로 급감하고 1인 가구 비율이 2020년 31.0퍼센트에 이르고 자녀 없는 딩크족(부부)이 22.1퍼센트에 이르고 있다. 20대 기혼여성 비율이 3퍼센트에 불과할 정도로 젊은 세대 비혼 인구가 급증하고 있고, 앞으로 더욱 늘어날 60세 이상 고령가족 또한 이혼, 사별 등으로 1인 가구 비율이 2021년 34.2퍼센트, 2037년 35.9퍼센트에 이를 것으로 예측되고 있다. 이제 수명 증가로 늘어날 간병 기간을 책임질 가족 간병도, 연명의료 결정 등 생애 말기 다양한 결정을 함께해야 할 가족회의도, 떠나보내는 행사를 주도할 가족 장례도 지속하기 쉽지 않은 방향으로 나아가고 있다. 특히 가족주의적 전통이 강하기 때문에 그 변화의 충격 또한 사회적으로 개인적으로 더욱 클 것이다. 이러한 사회적 여건은 평소 나는 어떻게 죽음을 맞이하고 싶은지에 대한 깊은 고민을 하지 않으면 안 되는 여건이 되고 있다. 그 고민은 유산은, 연명의료는, 말기 돌봄은, 장례는, 사별 가족 돌봄은 어떻게 하면 좋은지 하는 구체적인 책임 있는 결정을 포함한 것이다. 보다 근본적으로는 생애 전반에 걸쳐서 생애 말기뿐만 아니라, 평소 언젠가 다가올 죽음을 생각하면서 남은 삶을 더욱 의미 있게 살고자 하는 노력 또한 필요해진다.

세 번째 사회 변화는 세계적인 속도의 저출산고령화로 인한 초고령사회, 초초고령사회로의 진전이다. 우리 사회는 세계적으로도 전체인구 대비 비중이 큰 베이비붐 세대의 은퇴와 수명 증가 그리고 합계출산율 0.78퍼센트로 떨어진 세계적인 저출산으로 인하여, 단군 이래 가장 많은(72.1%) 경제활동인구(생산 가능 연령)를 가진 2020년 이래 급속하게 고령화가 이뤄지고 있다. 통계청에 따르면, 불과 2년 후 2025년 65세 이상 인구 비중이 20퍼센트 이상에 이르는 초고령사회에 이를 것이며 2030년에는 25.5퍼센트 즉, 초초고령사회에 이를 것으로 보인다. 65세 이상 고령인구는 2040년에는 우리나라 전체 인구의 1/3을 넘어선 34.4퍼센트, 2050년에는 40.1퍼센트에 이르고, 2060년에는 43.8퍼센트, 2070년에는 드디어 경제활동인구조차 추월한 46.4퍼센트로 급증할 것으로 예측되고 있다.

이러한 추세의 심각성은 코로나 이후 급감한 합계출산율을 고려할 때 더 빠른 속도로 다가올 것이라는 점에서 연유한다. 또한 경쟁사회의 영향으로 고령인구의 유병장수 기간이 그만큼 증가되고 있다는 점에서도 그 심각성이 있다. 65세 이상 고령층의 2/3이상인 69.2퍼센트가 3개월 이상 만성질환을 앓고 있으며, 75세 이상 5개 이상 약을 만성적으로 복용하는 비율이 2019년 70.2퍼센트에 이르고 있다. 또한 대한치매협회는 85세 이상 고령층의 치매 발병률은 40퍼센트에 이르고, 80세 이상은 21퍼센트, 75세 이상은 12퍼센트에 이를 것으로 추정하고 있다. 따라서 무엇보다도 각종 연금이나 국민건강보험을 포함한 사회보장 기여금 등의 급증으로 만성적 재정적자에 시달릴 것으로 보인다. 국민건강보험 적자를 메우는 세금 지원이 2014년 추계에 따르면 2030년 23.5조 원, 2040년 40.6조 원, 2050년 59.9조 원에 이를 것으로 예측되었으며, 그 적자 폭이 훨씬 더 커지고 있다.

이러한 급속한 고령화 및 유병장수 등의 사회변화로 인하여 복지재정의 지속가능성이 심각하게 위험에 빠질 것이며, 그러한 '복지국가적 지향'의 딜레마 앞에서 세대 갈등의 심화와 더불어 안락사의 법제화로 이어질 가능성이 있다. 이제 시민사회에서 죽음교육을 통해 시민 한 사람 한 사람이 "나는 어떻게 살고 죽음을 맞이할 것인가"를 고민하지 않을 수 없으며, 그만큼 사회 교육으로서 죽음교육이 국가 정책적으로도 중요해지지 않을 수 없다.

3. 한국죽음교육협회의 죽음교육이 나아가야 할 방향

(1) 죽음의 다양한 사례(case) 기반의 실천적 죽음교육

우리 사회에서 사회교육으로서 죽음교육이 나아가야 할 방향은 첫 번째 죽음의 다양한 사례(case)기반의 실천적 죽음교육이다. 죽음교육은 오랜 역사를 거쳐 죽음에 대한 신학자들 및 철학자들뿐만 아니라 의료전문가들의 다양한 학문적, 실천적 고민에 기초하여 발전되어 왔다. 우리 학계에서도 한림대 등에서 죽음학(thanatology) 혹은 생사학 등이 전문 분과학문으로 자리하고자 노력하고 있다. 정립 중에도 불구하고 급속한 고령화와 자살 급증 등 사회적 요구에 따라 죽음교육이 사회 교육으로서 확산의 필요성이 높아지고 있을 뿐만 아니라, 연명의료 결정, 고독사 대비 등 보다 현장 지향적인 실천적 내용을 요구하고 있다. 이러한 점은 죽음교육이 죽음학에 기초하지만 이를 넘어 교육학의 여러 가지 내용을 포함하게 된다. 죽음교육(학)은 죽음학에 기초하지만, 동시에 죽음교육 활동을 하고자 하는 피교육자를 대상으로 어떻게 잘 설명하고 이해시키느냐 하는 실천적 학문이다. 죽음교육학은 죽음학과 다음과 같은 차이점이 있다. 첫째 죽음학에서는 아직 논란 중인 다양한 입장이나 이론, 개념, 가설 등이 중요하지만, 죽음교육에서는 학계에서 보편적으로 받아들여지는 연구 성과 등 입증된 지식이 중요하다.

둘째 죽음학의 자세(ethos)는 죽음 현상의 새로운 가능성을 탐색하고 연구하는 지식 추구에 있다면, 죽음교육의 자세는 피교육자의 이해에 더 초점이 있다. 이런 의미에서 실천적 죽음교육 강사를 양성하는 죽음교육은 죽음을 연구하는 연구자 양성과는 그 목표가 상이할 수 있다.

대학교에서도 일반대학원과 전문대학원이 구별되고 있다. 현장 실천 전문가를 양성하는 전문대학원 교육은 연구 능력 향상을 목표로 하는 일반대학원 교육과 달리 적용 능력 향상을 목표로 한다. 그래서 현장의 다양한 사례(case)들을 심도 있게 고찰하고 전문가로서 기법의 향상을 고민한다. 예를 들면 변호사를 양성하는 법학전문대학원 교육은 법학 석/박사를 양성하는 일반대학원과 달리 다양한 판례를 집중 탐구해서 어떻게 그런 판결이 나오게 되었는지를 심도 있게 이해하며 그러한 적용 능력을 기초로 변호사의 핵심역량(skill)으로서 모의재판 등을 통해 법정에서 자신의 능력을 발휘할 변론기법 향상을 중요하게 교육한다. 의사들도 마찬가지다. 따라서 실천적 죽음교육 강사 양성의 핵심은 우리 사회 현장의 다양한 죽음의 사례들을 심도 있게 검토하여 이해하고 모의 교육 실습 등을 통해 이를 잘 적용하는 능력 향상에 있다.

여기서 사례 기반의(case-based) 죽음교육에서 그동안 간과하였던 '사고사'도 중요해진다. 신학적 철학적 인생 강의에서 시작하였던 죽음의 인문학 교육은 대체로 자연사를 전제로 이뤄진다. 즉 자연사를 전제로 삶의 유한성을 성찰하고 남은 삶을 더욱더 유의미하게 살아가게 하는 '깨달음'으로써 죽음교육을 실시하는 듯하다. 하지만 현대사회는 위험(risk) 사회이다. 건물이나 교량을 건축할 때 우리는 더 이상 100퍼센트 안전한 건물과 교량을 설계하지 않는다. 투입되는 비용 대비 효율을 우선적으로 고려하여 설계하며 그 이상의 리스크에 대해서는 감당하여야 한다. 오늘날 우리 사회의 핵심적 인프라가 되는 각종 기술 시스템도 마찬가지이다. 그 결과 인간의 실수나 의도적 행위가 더해져 선진국에서도 지진/홍수재해, 산업재해, 교통사고, 붕괴 사고 등 많은 피해와 죽음이 발생한다. 특히 우리 사회는 그러한 재해나 사고로 인한 사회적 참사(죽음)가 빈발한 사회이다. 짧은 기간에 선진국을 모방하여 압축적으로 발전하였지만, 기본을 지키지 않고 서둘러 발전한 대가를 톡톡히 치르고 있다. 뿐만 아니라 경제적 빈곤이나 외로움으로 인한 자살 그리고 전쟁과 테러로 인한 사회적 죽음 또한 중요하다. 우리 사회는 OECD 국가 중 청소년 자살 및 노인 자살 1위 국가이다. 경제침체와 장기 불황은 이러한 자살을 빈발하게 할 것이다. 전쟁도 마찬가지다. 우리 사회는 6.25 한국전쟁과 베트남 전쟁 등의 상흔이 겹겹이 쌓인 사회이며 아직도 휴전 중인 사회이다. 우리의 피교육자인 80대 이상 초고령층의 기억 속에 아직도 전쟁의 아픔이 생생히 남아있다. 사고사 가족들은 통상 자연사 가족들보다 훨씬 더 강한 정신적 트라우마 즉 외상 후 스트레스 장애(PTSD)를 받으며 그에 따라 애도 상담과 사별 가족 치유 또한 그만큼 중요하다. 특히 여기서 강조되어야 할 점은, 자연사와 달리, 사고사의 애도상담 및 사별 가족 치유를 위해서는 왜 내 자녀가 혹은 내 부모가 죽음을 맞이하게 되었는지 하는 사인 규명과 가족의 죽음이 헛된 죽음이 되지 않는 재발 방지 대책이 매우 중요하다는 점이다. 그만큼 상담을 넘어 사회적 관심이나 대책까지도 연결되기 때문이다.

자연사의 경우도 죽음이 의료화된 상황에서 결코 진정한 의미에서 자연사일 수 없다. 사망 전 대부분 병원을 방문하며 의료인의 '인위적' 개입을 받는다. 특히 말기 환자는 자신의 연명의료를 유보 혹은 중단 결정을 할 수 있으며, 그러한 결정은 인공호흡기, 심폐소생술, 투석, 항암제 투여 등 각각의 유보 혹은 중단 결정이 자신의 생애 말기 삶에 어떤 의미(영향)를 지니는지를 고려한 사회적 결정이며, 더욱 더 자기의 가치관이나 심지어는 가족들의 경제적 상황을 고려한 사회적 결정일 수밖에 없다. 전통사회에서도 죽음은 외면적으로 자연사로 보이지만, 사실상 제대로 치료받지 못한 질병사이고 빈곤 사이며 경우에 따라서는 스스로 곡기를 끊는 인위적 자살인 경우도 많다. 연명의료 결정은 더 이상 의학적 사안이 아니라 죽음교육의 핵심 주제이다. 오늘날의 죽음은 죽음의 의료화라는 맥락을 무시하고 논할 수 없으며, 더 나아가 날로 발전되는 과학기술문명의 수명 연장과 '영생의 꿈'을 논의하지 않고는 논할 수 없기 때문이다. 따라서 우리 사회 죽음교육은 이러한 다양한 죽음의 사례(case)들을 폭넓게 이해하고 이를 기반으로 피교육자에게 잘 설명하고 이해시키는 현장감 있는 교육이 되어야 한다.

(2) 피교육자의 욕구(needs)에 부합하는 생애주기별 죽음교육

사회교육으로서 실천적 죽음교육은 두 번째로 피교육자의 욕구에 부합하는 생애주기별 죽음교육이 되어야 한다. 모든 연령대를 대상으로 하는 보편적인 죽음교육 즉 죽음학 강의도 필요하다.

하지만 죽음교육이 그 죽음교육이 실시되는 교육 현장의 피교육자들이 놓여있는 사회적 맥락성을 이해하지 않으면, 그리고 그 속에서 분출되는 피교육자의 욕구를 이해하지 않고서는 올바르게 실천될 수 없다. 10대, 30대, 50대, 80대 등 연령대별 죽음교육의 욕구가 상이할 수 있으며, 각 연령대 남녀, 혼인 여부, 생활 수준에 따라 상이할 수 있기 때문이다. 통상 보편적 죽음교육을 강조하는 사람들은 보편적 죽음교육을 실시하고 나머지 특수한 상황이나 욕구는 현장 강사의 재량에 맡기자고 주장한다. 하지만 피교육자의 욕구를 이해하는 것, 그리고 죽음교육의 현장성을 이해하는 것은 현장 강사의 재량이나 편의성에 맡길 수 있는, 즉, 보편의 특수화 이상의 중요한 문제이다. 죽음교육의 실천 및 개입의 진정한 효과는 피교육자의 욕구를 매개로 하여 그 삶과 죽음에 미치는 영향 정도에 있기 때문이다. 어쩌면 피교육자의 욕구나 문화를 무시한 보편적 죽음교육은 교육효과가 낮은 대중 교육에 적합하거나 경우에 따라서는 부작용만 낳는 교육이 될 수도 있다.

피교육자의 욕구는 생애주기별로 상이하다. 생애사적으로 세대문화와 죽음 경험이 상이하며 그에 따라 생애주기별로 죽음 인식 및 대비 또한 상이하기 때문이다. 10대 어린이와 50대 중년 그리고 80대 노년은 생애 발달 단계가 상이할 뿐만 아니라 세대문화도 상이하고 죽음 경험도 상이하다. 당연히 주관적인 죽음 인식과 대비가 상이할 것이며 그에 따라 죽음교육의 욕구 또한 상이할 것이다. 따라서 10대 어린이에게 죽음을 설명하고 이해시키는 죽음교육은, 80대 노인에게 죽음을 설명하고 이해시키는 것과 상이하지 않으면 안 된다. 전쟁을 직접 경험한 피교육자와 전쟁을 직접 경험하지 않는 피교육자의 욕구도 상이할 것이며, 결혼해서 자녀랑 함께 사는 노년과 1인 독거노인의 욕구 또한 상이할 수 있다. 어느 정도까지 개별성을 고려한 죽음교육이 되어야 하느냐 하는 것은 논란이지만, 적어도 죽음은 개별성이 매우 높다는 의미에서 피교육자의 욕구 등 현장성을 고려한 죽음교육이 되어야 한다. 따라서 죽음교육의 현실적인 효과성을 높이기 위해서는 생애주기별 욕구에 따라 그리고 각 세대문화 및 죽음 경험에 따라 그에 맞게 이뤄져야 하며, 뿐만 아니라 생애 발달 단계에 따라 지속적으로 이뤄져야 한다.

죽음교육이 생애주기별로 지속적으로 이뤄져야 한다는 당위 못지않게 생애주기별 죽음교육의 필요성은 국가 정책상 청소년 대상 자살 예방 교육과 노인 대상 죽음 준비 혹은 웰다잉 교육이 집중적으로 요청되고 있는 우리 사회의 현실적인 필요성에서도 비롯된다. 자살이 꼭 청소년에게만 발생되는 것은 아니지만, 현재 청소년 자살의 심각성은 노인 자살 못지않게 시급한 국가적 과제가 되고 있다. 자살 예방을 위한 죽음교육은 자살하지 말라는 규범적 언설을 반복하는 것을 넘어 자살 의심자의 영적 심리적 상태 및 그 경로에 대한 이해, 여러 가지 징후와 신호 그리고 공감과 지지의 필요성뿐만 아니라, 자살로 인한 부모 및 가족 그리고 친구 등 사회적 악영향 등 다양한 내용을 포함해야 한다. 특히 청소년은 자아가 형성되어가는 생애 발달 단계 하에서 입시경쟁의 압박으로 심리적, 정신적 불안정성이 극대화되고 있지만, 뚜렷한 대책 없이 방치되고 있는 우리 사회의 특수성 또한 무시할 수 없다. 때문에 청소년 대상 자살 예방은 청소년의 눈높이에 맞는 청소년 대상 죽음교육의 일환으로 이뤄져야 한다. 이 때문에 초/중/고등학교 교사를 대상으로 자살 예방 죽음교육을 실시하는 것이 필요하다는 의견이 높다. 청소년 자살과 달리 노인 자살은 경제적 궁핍, 외로움, 질병 등 또 다른 복합적인 요소에 기인하기 때문에, 노인의 사회적 맥락성 및 욕구에 대응한 죽음교육의 일환으로 이뤄져야 한다. 하지만 교육학의 많은 교육 내용 및 기법은 모두 젊은 세대를 대상으로 하는 학교 교육을 전제하고 있어, 노인 교육은 교육학계에서도 평생교육의 일환으로 실시되고 있지만 아직 부족한 부분이다. 그만큼 노인 대상 죽음교육은 노인의 삶의 특수한 현장에 대한 깊은 이해를 전제로 이뤄져야 하며 그 때문에 노년의 노노케어(老老care)의 일환이나 현장경험이 많은 노인종합복지관의 사회복지사에 의해 이뤄지는 것이 요구되기도 한다.

그러므로 죽음교육은 보편적인 죽음교육을 넘어 노인 대상 죽음교육, 중장년 대상 죽음교육, 대학생 대상 죽음교육, 청소년 대상 죽음교육, 어린이 대상 죽음교육 등으로 전문화되어 각 생애주기에 맞게 이뤄져야 하며 지속적으로 이뤄져야 한다.

(3) 죽음 준비 및 웰다잉에 실질적으로 도움이 되는 현실적 죽음교육

사회교육으로서 죽음교육의 세 번째 방향은 죽음 준비 및 웰다잉에 실질적으로 도움이 되는 현실적 죽음교육이다. 죽음교육의 목표는 삶의 유한성을 깨닫게 하고 삶을 변화시키는 데 있다. 하지만 그러한 목표는 단계적으로 수행되는 게 현실적이다. 죽음교육 강사들이 2시간 죽음의 철학이나 심리학 강의를 수강하고 자격을 얻었다 하더라도, 현장에서 죽음의 철학이나 심리학 강의를 하는 것은 무리다. 어설픈 교육은 반감을 넘어 부작용을 초래할 수 있다. 오히려 우리 사회 현장에서 필요한, 보다 현실적인 내용을 중심으로 가르치면서 그 철학적 심리학적 의미를 알려주는 방식으로 수행하고 더 많은 것을 알고 싶다면 보다 전문적인 죽음학 강의를 소개하는 것이 좋다.

무엇보다도 현장 죽음교육의 내용과 목표가 보다 현실적이어야 한다. 청소년 대상 죽음교육이 주로 자살 예방 교육으로, 노인 대상 죽음교육은 훨씬 더 죽음 준비 및 웰다잉 교육으로 이뤄져야 한다. 나이가 들수록 실질적인 죽음 준비 및 웰다잉 교육의 필요성이 증가하기 때문이다. 이러한 요구는 사회 정책적 요구에 부합한다. 우리 사회는 지속적으로 초고령 사망자가 증가하고 있고 2025년에는 초고령사회가 빠르게 다가오고 있어 이에 대한 세대 순환적 대비가 필요하다. 2060년경에 최고 사망자가 74만 명에 이르는 다사(多死) 사회에 이르고 있어, 죽음이 한 사람이나 가족에

계뿐만 아니라 국가적 사안이 되어가고 있기 때문이다. 그럼에도 죽음 문화가 국가적 정책적으로 주도되어 존엄사를 넘어 안락사 등 잔인한 상황으로 이어지지 않기 위해서는 시민사회 스스로 죽음교육을 통해 자신에 맞는 좋은 죽음(good death)이 무엇이며 이를 위해 자신의 죽음을 준비하고 남은 삶을 더욱 유의미하게 살아갈 수 있는 마음 자세뿐만 아니라 실질적인 준비가 필요하다.

죽음에 대한 심도 있는 이해를 기초로 스스로 臨終 즉 죽음을 맞이하기 위하여 실질적으로 준비하는 교육을 죽음 준비 교육 혹은 웰다잉 교육이라 한다. 죽음교육의 궁극적 목표는 깨달음이며 삶의 변화이다. 그 첫 단계로서 현장 죽음교육은 죽음 자체에 대면하여 철학적 영적 깨달음(성숙)을 꾀하는 것 못지않게 실제 죽음(death)에서 죽어감(dying)으로, 그리고 그 이후(장례)로 확대하여 우리가 개입할 수 있는, 즉 준비할 수 있는 실천적 사항에 방점이 있는 죽음 준비 교육이 되어야 한다. 죽음 준비 교육은 자신의 죽음을 대비하여 실질적으로 준비되어야 할 사항을 그 의미와 함께 설명하고 이해시키는 교육이다. 자신의 삶을 스스로 되돌아보고 정리하는 자서전이나 인생 노트 쓰기, 삶을 마무리하는 순간순간 감정과 필수 사항을 적어 가는 엔딩 노트, 후세에게 남기고 싶은 비문 작성뿐만 아니라 사후에 남을 재산 및 유품을 정리하는 유산처리(기부)와 유품 정리, 자신의 신체 장기를 기증하는 장기기증, 말기(현재는 임종기) 연명의료의 중단 혹은 유보를 결정하는 연명의료 결정, 말기 돌봄 시설로서 호스피스의 선택, 장례 절차 및 애도 방식을 포함한 상장례 결정과 사별 가족 돌봄 등이 이에 해당한다. 이들 사항을 결정하고 실천하기 위해서는 단순히 서식이나 양식을 제공하는 것을 넘어 그 삶에서의 의미와 법적 제도적 특성을 눈높이에 맞게 설명하고 이해시키는 것이 필요하다. 이러한 실천적 과제는 특히 노년층의 욕구에서 중요한 부분을 차지한다.

웰다잉 교육도 마찬가지다. 웰다잉은 죽음 자체에 대한 다양한 시각과 사색(연구)과 조금은 결이 다른, 가치가 부여된 죽음 혹은 개인적으로나 공동체의 관점에서 윤리적으로 좋은 죽음을 의미한다. 오늘날 우리 사회문화는 전통적인 불교와 유교문화의 유제와 함께 기독교 문화와 서양 문화가 혼재되면서 유동화되고 있어, 좋은 죽음(good death)이 무엇인가 하는 점을 특정화하기 어렵다. 좋은 죽음은 실제 좋은 삶의 결과이듯이, 그만큼 개인의 종교 및 가치관 등 삶에 따라 상이하다. 그럼에도 웰다잉 교육은 바람직하지 않은 죽음과 구별되는 '존엄(dignity)'한 죽음, '가치(value)' 있는 죽음, '의미(meaning)' 있는 죽음 등 좋은 죽음(善終)을 지향하는 교육이며, 이를 실천적으로 교육하는 윤리적 죽음교육이라 할 것이다. 물론 죽음교육은 웰다잉 교육을 포함할 수도 있다. 하지만, 특히 정부나 지방자치단체의 정책적 지원을 요구하고자 할 때 그 차이는 분명해진다. 웰다잉 정책과 달리 죽음 정책은 낙태나 안락사 등 나치의 죽음 정책과 같은 뉘앙스를 포함하고 있다. 때문에 정부 정책은 온 국민들의 존엄한 죽음 혹은 의미 있는 죽음을 위한 지원 정책임을 보다 선명하게 표현할 수밖에 없으며 그 중 교육지원정책은 온 국민들의 삶을 의미 있게 그리고 잘 마무리하는 웰다잉 교육을 지원하는 정책일 수밖에 없다. 이러한 측면에서 죽음 준비 교육 혹은 좀 더 적극적으로는 웰다잉 교육이라는 용어를 함께 사용하는 방안도 필요하다.

(4) 교육기법 및 상담, 돌봄을 포함한 실습형 죽음교육

사회교육으로서 죽음교육이 지향해야 할 네 번째 교육 방향은 교육기법 및 상담, 돌봄 등 실습형 죽음교육이다. 실습형 죽음교육에서 교육기법에 대한 실습은 꼭 필요한 부분이다. 죽음교육은 현장 죽음교육의 질을 높이는 교육이다. 즉 죽음학 등 전문 지식을 기반으로 다양한 죽음 현장을 심도 있게 이해하고 현장 죽음 교육자(전문가)의 적용 능력 및 교육 능력을 고양하는 교육이다. 하지만 죽음교육은 대학의 전문대학원처럼 체계화되어 있지 않기 때문에, 그 전문성을 담보하기 어려운 구조이다. 또한 사회교육으로 추진되고 있기 때문에, 즉, 각 단체별로 단체의 목적에 따라 다양하게 이뤄지고 있기에 그 전문성을 높이기 위한 노력이 취약할 수밖에 없다. 그럼에도 죽음교육은 가장 민감하면서 조심스러운 주제인 타인의 죽음을 대상으로 하여 교육하고 개입하기 때문에, 그 지적 전문성 못지않게 도구적 전문성 또한 매우 필요하다. 가르치는 것은 다년간 교육자 생활을 해온 많은 교사들이나 교수들도 힘들어하는 부분이다. 죽음교육에서 교육기법에 대한 실습을 포함하지 않고서는 현장 죽음 교육자들의 교육의 질을 그리고 그 전문성을 높이기 어렵다. 변호사를 양성하는 법학전문대학원에서 '변론'을 실습하는 것처럼, 현장 죽음 교육자를 양성하는 죽음교육은 반드시 교육기법에 대한 전문적인 실습 교육이 필요하다. 현장 죽음교육에서 자주 실시하는 비문 쓰기가 어떤 효과를 가지는가? 죽음교육의 일환으로 입관 체험은 어떤 효과를 가지며 언제 어떤 조건(피험자)에서 가능한가? 등 심도 있게 가르쳐야 한다. 뿐만 아니라 지속적으로 더 나은 교육 방법이 무엇일까 하는 자기성찰이 기본자질이 되도록 가르쳐야 한다. 죽음교육이 생애주기에 맞게 실시되어야 하는 것처럼, 교육기법 또한 어린이 교육, 청소년 교육, 대학생 교육, 중장년 교육, 노년 교육 등으로 다양화되어야 한다. 어린이(소아) 대상 교육 방법(기법)이 노년 대상 교육 방법(기법)과 상이하다는 것은 명약관화하다. 특히 어린이 교육 기법이나 중장년 교육기법, 노년 교육기법은 일반적인 청소년 및 대학생 교육기법과 상이하다는 사실에서 이들 집단 대상 교육기법의 습득 및 개발에도 힘써야 한다. 죽음이라는 민감한 주제에 대한 민감성도 다르고 또 그 이해(오해)도 다르기 때문에 사례를 드는 것, 그림이나 글을 사용하는 것, 강의(ppt 등)자료 만드는 것, 토론하는 방식, 과제물 작성 등 모든 면에서 상이하다. 잘못 개입하거나 교육하였을 경우, 교육효과는커녕 제1차, 제2차 상처 및 부작용이 가능하기 때문이다. 때문에 눈높이에 맞출 수 있는 전문적인 유치원이나 초등학교 교사, 평생교육 강사, 노년 돌봄 전문가 및 교육 강사들에게 죽음교육을 실시하는 방법도 필요해 보인다. 또한 교육기법 못지않게 현장 죽음 교육자를 위한 교육 윤리도 함께 교육되어야 한다. 민감한 타인의 죽음을 주제로 가르쳐야 하는 현장 죽음 강사에게는 상당히 엄격한 교육 윤리가 요구되며, 때문에 이를 위한 교육도 필요하다.

실습형 죽음교육에서 관련 상담 및 돌봄(care)으로 연계/확장되어야 한다. 죽음교육의 일환으로 애도 상담이나 사별 가족 치유 등 관련된 부분도 있지만, 좀 더 넓은 의미에서 자살 예방 교육, 사전연명의료의향서 상담사 교육, 호스피스 기본교육, 장례지도사 교육과의 관련성을 가르쳐야 한다. 존엄한 의미 있는 삶과 죽음은 관련 전문가들과의 협업을 통해서 성취될 수 있기 때문이다. 애도 상담과 사별 가족 치유 돌봄은 대학교의 전문 교육 과정으로 실시되고 있기도 하지만, 현재 다수가 사회교육으로서 죽음교육의 일환으로 실시되고 있다. 자격증 인증 문제는 차치하고라도, 향후 사고사의 배우자 및 가족들이나 질병사의 초고령 배우자 포함 가족들을 대상으로 하는 애도 상담 및 사별 가족 치유 돌봄의 사회적 요구가 늘어날 것으로 보인다. 배우자나 가족의 죽음으로 인한 충격이 치유되지 않는다면, 정신건강에 심각한 악영향을 미쳐 결정 능력 장애를 제외하고서라도 치매 발생, 질병, 범죄 등으로 사회문제가 될 수 있기 때문이다. 이렇듯 죽음교육이 애도 상담 혹은 사별 가족 치유 돌봄을 위한 전문가 양성에 기여한다면, 고비용의 전문 상담 이외의 다양한 애도 상담 혹은 사별 가족 치유 돌봄 요원을 배출하는 데 도움이 될 것이며, 사회적으로 크게 기여할 것으로 보인다. 현재 산재보험, 손해보험, 사망 및 생명보험 등 사망자의 보상 이외에 애도상담 및 사별 가족 치유 상담 프로그램 지원을 요청하고 있기 때문이다.

또한 죽음교육은 더 넓게는 다양한 상담 및 돌봄과도 연관되어 교육되어야 한다. 자살 예방 교육의 경우, 자살 예방 교육이 죽음교육의 일환이라는 사실에 대해 동의하지 않는 사람이라 하더라도, 자살 예방 교육이 규범주의적 교육을 넘어선다면 죽음교육의 바탕 위에서 실시되어야 한다는 사실에 동의하기 때문이다. 자살 예방 죽음교육을 좀 더 특화하는 방법도 있고, 자살 예방 교육에 죽음교육을 필수과정으로 만드는 일도 가능할 것이다. 그렇기 위해서는 죽음교육이 보다 실천적인 자살 예방 교육을 껴안고 중요 주제로 적극 포함하는 것이 필요하다. 사전연명의료의향서 상담사 교육의 경우도 2시간 기본교육으로 부족하다는 사실을 국가 연명의료 관리기관에서 잘 알고 있기 때문에, 상담사 교육에서 죽음교육을 기본교육으로 만드는 것이 필요하다. 이를 위해 사전 연명의료의향서 상담에 필요한 죽음교육 내용을 좀 더 구체적으로 교육하고 실천하는 것이 필요하다. 호스피스 기본교육의 경우, 의료인과 비의료인 사회복지사의 교육으로 나뉘지만, 실제 호스피스 기본교육에서 죽음교육은 거의 다뤄지고 있지 않다. 의료인이든 사회복지사든 호스피스 기본교육에서는 죽음교육을 기본교육으로 하는 방안을 추진하는 것이 필요하며, 이를 위해서는 죽음교육에서 호스피스 및 말기 돌봄 교육을 포함하여야 한다. 장례지도사 교육의 경우에도, 장례지도사 교육 시 죽음교육을 필수교육으로 추진하고, 이를 통해 장례지도사가 명실공히 장례 플래너로서 실질화되는 것이 필요해 보인다. 이를 위해서 죽음교육에서 상장례에 대한 비교문화적 이해와 더불어 좀 더 실천적인 부분도 연계되어 교육할 필요가 있어 보인다. 실천적 죽음교육에서 이러한 여타 상담 및 돌봄으로의 연계성은 법제도의 현실적 한계 및 향후 가능성에 맞춰 유연하게 그러나 선제적으로 추진되어야 한다.

4. 한국죽음교육협회 교육방향에 따른 교재의 특성

한국죽음(웰다잉)교육협회는 우리 사회에서 오랜 역사를 가진 다양한 현장 죽음교육을 표준화하고 죽음교육의 질을 높이기 위하여 자격인증과 더불어 교재 발간을 우선적으로 추진하였다. 협회 '교재'라 함은 죽음교육협회 소속 죽음교육 강사에게 요구되는 필수 전문 지식을 집대성한 것으로 대외적으로 이러한 전문지식을 습득한 죽음교육 강사의 사회적 인정도 및 활동의 폭을 보여주는 기반이다. 협회는 국내외 교재를 검토하여 교재 구성 목차를 정하고 이를 기반으로 죽음학 및 죽음교육 관련 전문가들을 저자로 모셔 집필하고, 여러 전문가의 검토와 재검토를 거쳐 교재 발간 사업을 진행하였다. 가능하면 현장 교육 경험이 있는 전문가를 저자로 모셨으며, 기본개념을 통일하고 내용의 중복성을 조정하면서 단일한 교재를 위하여 심층 검토하였다.

특히 교재의 주요 목차(내용)를 어떻게 구성하는 것이 좋은가에 대해 많은 논의를 거쳤다. 창립 이전부터 거의 8년여를 거친 것은 우리 사회에서 죽음교육에서 뭘 가르쳐야 하는가 하는 죽음교육의 내연과 외면이 그만큼 유동적이었다는 사실 뿐만 아니라, 각 단체들의 자율적인 교육 내용을 표준화하는 데 이견이 많았다는 사실을 보여준다. 교재는 죽음교육의 기초교육 교재인 2급 교재와 심화 교육 교재인 1급 교재를 통합적으로 발간하는 것을 추진하였지만, 많은 전문가들과 협회 임원들, 회원들의 논의를 거쳐 우선적으로 죽음교육의 기초교육을 위한 2급 교재를 발간하고 심화 교육을 위한 1급 교재를 좀 더 논의하여 발간하는 것으로 결정하였다. 따라서 협회 2급 교재는 죽음교육의 기초교육 교재로서 제1부 죽음의 이해, 제2부 죽음교육과 실천으로 구성하였다.

1부 〈죽음의 이해〉는 죽음의 다학제적 연구 성과를 잘 반영하고자 하였다. 죽음교육에서 가장 기본적 사항은 학계에서 보편적으로 받아들여지는 죽음학의 지적 연구 성과를 폭넓고 심도있게 이해하는 것이다. 죽음학은 세계적으로도 각 나라의 특성에 맞게 다양하게 발전하고 있고 인접한 다양한 분과학문 및 실천적 영역과 연계되어 전문화되고 있다. 그러한 선진국의 죽음학의 성과에 기초하여 우리 사회에서도 전문가마다 다양하게 죽음학을 규정하고 발전시켜 왔다. 이에 따라 죽음교육의 기초교육을 위한 기본 편은 죽음학의 공통 분모를 중심으로, 심화 교육을 위한 심화 편은 우리 사회의 죽음교육에서 유용한, 보다 다양한 주제를 아우르는 것으로 하고자 하였다. 죽음학은 보편적으로 죽음의 영적/심리적 차원, 죽음의 사회/문화/역사적 차원, 죽음의 신체적 차원으로 연구가 이뤄지고 있다. 하지만 고통 등 죽음의 신체적 차원은 의료적 전문 지식에 대한 선이해가 필요하여 심화 편에서 다루는 것으로 하였다. 종교별 영적 이해의 특성에 대한 부분도 심화 편에서 다루는 것으로 하였다. 이에 따라 '협회의 교육 방향과 교재'를 서론에서 제시하고, 1부 〈죽음의 이해〉에서는 1장 죽음과 철학, 2장 죽음과 종교, 3장 죽음의 심리, 4장 죽음과 사회적 관계, 5장 상장 문화와 의례, 6장 죽음과 법, 7장 죽음과 윤리로 구성하였다. 5장 상장문화와 의례는 전통적인 상장례 문화의 퇴조 속에서 다양해지고 있으며 더욱더 다문화사회로의 진입 속에서 더욱 다양해질 상장례 및 죽음 문화를 반영하여 독립된 장으로 다뤄졌으며, 6장 죽음과 법, 7장 죽음과 윤리는 관련 법 제정으로 급변하고 있는 우리 사회의 죽음 문화를 반영하여 독립된 장으로 다뤄졌다.

2부 〈죽음교육과 실천〉은 죽음교육의 실천적 내용을 다루고자 하였다. 죽음교육에는 학계에서 보편적으로 널리 받아들여지는 죽음학의 지적 연구 성과를 폭넓고 심도 있게 이해하는 것 못지않게, 그러한 지적 전문성을 기초로 피교육자의 개별적 욕구를 반영하여 잘 설명하고 이해시키는, 즉, 가르치는 때로 상담하는 실천적 전문성을 갖춰야 한다. 특히 우리 사회는 전국민의료보험 체계 속에서 날로 발전하는 의생명기술 및 연명의료 기술의 개입이 광범위하게 이뤄지고 있고, 1인 가구 등 근대가족의 해체와 세계적인 빠른 고령화 추세를 맞고 있다. 이러한 사회 변화 속에서 죽음교육은 지속 가능한 초고령사회를 위한 보다 실천적인 활동으로 연결되어야 한다. 실천적 내용은 크게 교육 방법 향상과 상담 및 돌봄으로 나뉠 수 있다. 교육 방법의 향상은 생애주기별 죽음교육(노인 대상 죽음교육, 중장년 대상 죽음교육, 대학생 대상 죽음교육, 청소년 대상 죽음교육, 어린이 대상 죽음교육 등)과 교육효과의 평가와 개입이 있으며 상담 및 돌봄에는 생애 말기 연명의료 결정 상담, 호스피스/말기돌봄 등, 돌봄과 소통, 상장례 상담, 유족의 애도상담, 사고사의 외상적 죽음 대처 등이 있다. 각 세분화된 생애주기별 죽음교육은 심화 편에 반영하기로 하였고, 연명의료 결정 상담과 상장례 상담은 상담자 입장에서 다룬 것은 아니지만, 6장 죽음과 법, 7장 법과 윤리, 그리고 5장 상장례와 비교문화에서 다루고 있다. 이에 따라 2부 〈죽음교육과 실천〉에서는 8장 호스피스· 완화의료와 말기 돌봄, 9장 돌봄과 소통, 10장 상실과 애도 상담, 11장 상담 평가와 개입, 12장 외상성 죽음 대처, 13장 생애주기별 교육, 14장 죽음교육 프로그램 개발의 이론과 실제로 구성하였다. 12장 외상성 죽음 대처는 교통사고나 재난 사고가 빈번한 우리 사회의 특성을 반영하여 독립된 장으로 하였다.

제1부
죽음의 이해

제1장 죽음과 철학
제2장 죽음과 종교
제3장 죽음의 심리
제4장 죽음과 사회적 관계
제5장 상장문화와 의례
제6장 죽음과 법
제7장 죽음과 윤리

제1장
죽음과 철학

박충구

    장구한 철학의 역사 속에서 근세 철학 이전의 철학적 죽음 이해의 근간을 살펴봄으로써 인간의 죽음에 대한 인류의 철학적 사유가 지니고 있는 기본 구조를 이해할 수 있도록 한다.

    철학사에서 인간의 죽음을 사유하기 시작한 시점은 고대철학의 자연철학 시대를 지나면서 시작된다. 특히 자연철학 시대를 마감하는 인성론 시대에 접어들면서 철학자들은 외부 세계에 대한 관심을 넘어서서 인간의 본성과 존재 의미에 대하여 다양한 철학적 질문을 제기하고, 다양한 답변을 제시했다. 본 교재에서는 인성론 시대의 문을 연 소피스트, 특히 에피쿠로스학파와 스토아학파의 죽음 이해를 바탕으로 소크라테스와 플라톤과 아리스토텔레스의 죽음에 대한 원형적 이해구조를 살핀다. 이런 관점들과 더불어 동양철학 사상에서 바라본 인간의 죽음을 비교하여 이해한다.

Key word : 서양철학, 자연철학, 인성론, 에피쿠로스, 스토아학파, 기독교, 동양철학, 유교, 불교, 노자 장자

제1절
서양철학의 관점에서 본 죽음 이해

철학 이전, 장구한 시간 속에서 사람들은 어떻게 자신의 생명과 죽음을 이해했을까? 이 문제에 대한 대답은 인간이 살아온 자연적 환경, 사회적 환경에 따라 무척 다양할 것이다. 하지만 대부분의 사회에서 인간의 출생은 기쁨으로, 인간의 죽음은 슬픔으로 받아들였고, 죽음에 대해서는 하늘의 뜻 혹은 신의 뜻으로 여겼을 것이다. 안정된 농경사회 이전에는 죽음이란 대부분 자연적인 것보다 감염으로 인한 질병이나 사고, 혹은 전쟁으로 인해 겪는 고난이었으므로 대부분 숙명적인 것으로 여겨졌다.

이런 까닭에 기원전 사람의 평균 수명은 오늘날의 절반도 되지 않았다. 대부분 이른 죽음을 겪었고, 사회적으로 높은 지위에 있는 이들이나 위대한 전사의 죽음을 제외한다면 평범한 이들의 죽음에 대한 제의적 의미는 거의 없었다. 역사가 헤로도토스(Herodotus, 484~425 B.C.)는 전쟁의 비극을 목도하고 "평화가 있을 때 자식들은 아비를 장사 지낸다. 그러나 전쟁이 일어나면 아비들이 자식들을 장사 지낸다(Herodotus, 1987, 87A)"라고 기록을 남겼다.

인간의 죽음에 대한 기록은 어떤 세계관을 가졌느냐에 따라서 다양했지만, 고대 자연철학 시대에서 철학자들이 죽음에 대하여 체계적인 질문을 제기하는 경우는 매우 드물었다. 사실 기원전 5세기경에 이르기까지 철학자들의 주된 관심은 인간을 둘러싸고 있는 자연을 향한 경이로움에서 나오는 존재론적인 질문에 모아졌다. 하이데거가 철학의 근본 질문을 "왜 저기 무(無)가 아닌 무엇인가가 존재하고 있는 것일까?"(Martin Heidegger, 1935, 3)라고 제기했듯이, 이 시대의 사람들도 같은 질문을 가졌던 것이다. 이 근본적인 질문은 어쩌면 오래전부터 지구라는 행성에 거주하던 사람들이 눈앞에 펼쳐져 있는 광대한 세계와 우주를 바라보며 경이로움에 젖어 제기했던 질문이었을 것이다.

이렇듯 고대나 현대 철학자들은 철학적 사유의 출발을 바로 이 '경이로움을 느끼는 인간'과 결부시켰다. 오래전부터 그들은 왜 이 모든 것들이 존재하며, 그리고 그 일부는 소멸하는가? 라는 물음을 제기하면서 우주를 비롯해 존재하는 것들의 근원을 해명하고, 그것을 통하여 그 우주 안에서 그 일부로 존재하는 자기 자신에 대한 물음에 답하려 했다.

제1장 죽음과 철학

서양철학에서는 소위 고대 자연철학 시대의 철학자들이, 동양에서는 우주론적 관심에서 세계의 기원을 밝히고 그 세계에서 인간 존재의 지위를 해명하려 하였다. 이 장에서는 여타 철학적 주제를 다루기보다는 인간의 죽음에 대한 철학자들의 이해와 그 사유 구조를 추적하여 오늘날 우리가 이해하려는 동서의 '인간의 죽음'에 대한 이해를 가늠해 보는 데 그 목적을 둔다.

1. 자연철학 시대의 질문

인간의 죽음에 대하여 비록 단편적이나마 논증을 시도한 경우를 찾아보려면, 소위 자연철학 시대를 거쳐 인간의 본성에 대하여 철학적 관심이 꽃핀 인성론 시대에 이르러야 한다. 자연철학 시대를 지나 기원전 약 5세기 무렵 인성(人性)론 시대로 넘어가는 길목에는 논리학적인 정밀성을 주장했던 무수한 궤변론자들이 활동하고 있었다. 그중에서 체계적인 철학적 전통을 형성했던 스토아학파(Stoicism)나 에피쿠로스학파(Epicurianism)가 특출했다.

이 양대 전통은 철학사에 지대한 영향을 끼쳤을 뿐 아니라 인간의 죽음에 대해서도 이전에 비해 체계적인 이해를 제시했다. 이 시대와 더불어 우리에게 비교적 잘 알려진 소크라테스, 플라톤, 그리고 아리스토텔레스 등이 남긴 철학적 저작에서 우리는 인간의 생명과 죽음에 대한 이해를 찾아볼 수 있다.

자연철학 시대 철학자들 중에서 가장 오래된 기록을 남긴 철학자 탈레스(Thales, 640-550 BC)는 밀레투스학파를 이끈 인물이었다. 그는 만물의 근원을 물이라고 주장한 것으로 유명하다. 그와 비슷한 시대를 살았던 아낙시만드로스(Anaximandros 620-540 BC)는 만물의 근원을 물이 아닌 아페이론이라 주장했다. 무엇인가 알 수 있는 것이 아닌 것을 의미하는 아페이론이라 해야 흙과 물과 불, 그리고 나무, 짐승들의 근원이 될 수 있다고 생각했기 때문이다. 이들은 존재하는 것들의 근원을 한 가지에서 해명하려 했기 때문에 존재하는 것들은 서로 같은 근원을 가진다고 생각했다.

흔히 생명 기원설을 살펴보면 자연발생설이 있고, 신적인 존재에 의한 창조설이 있는데 고대 철학자들은 일종의 자연발생설을 주장했다. 이 두 이론은 사실 입증이 불가능하기 때문에 그저 추정적 이론으로 자리를 잡고 있을 뿐이다. 하지만 모든 생명의 기원에 대한 물음 앞에서 다소 불충분하지만 이런 해명이라도 할 수 있었다는 것은 신비와 신화적인 세계관이 팽배한 세계에서 만물의 근원을 해명하려는 시도로서 의미가 있었다.

밀레투스학파의 사람들과 거의 같은 시대를 살았으면서도 다소 다른 철학적 사유를 했던 피타고라스(Pythagoras, 580-500 B.C.)는 수의 세계에서 모든 것을 해명하려고 했다. 모든 형상은 점과 같은 수의 집합체라고 생각하여 수를 통한 조화와 비례의 세계에서 건강과 건강치 못한 것, 좋은 것과 나쁜 것을 규명하고 그것을 숫자로 규정하려 하였다. 조화와 비례의 아름다움에서 순수한 것을 찾던 피타고라스학파 사람들은 수를 통해 가장 완벽한 세계를 상상했다. 그들은 오직 순결한 영혼만이 윤회의 도상을 거쳐 육체의 감옥에서 벗어날 수 있다고 믿었다. 마치 불교의 윤회설과 유사한 논리다. 순수의 세계를 상정함으로써 순결하고 무흠한 구원의 세계를 꿈꿨던 이 철학 전통은 순수를 파괴하는 오염을 멀리하기 위해 철학과 음악을 귀하게 여기며 다소 금욕주의적인 성향의 전통을 중시했다.

헤라클레이토스(Herakleitos, 550-470 B.C.)는 "만물은 유전(流轉)한다"고 주장함으로써 변화가 모든 존재의 근본이라는 이론을 제기했다. 동시에 그 모든 변화는 변화를 초래하는 이성의 법칙을 따라서 일어나는 것이라고 보아, 감정이나 감각에 대한 신뢰보다 이성적 가치에 더 중요한 의미를 부여했다. 그는 만물의 근원을 불이라고 주장했는데, 불이야말로 변화와 정화의 속성을 가지고 있다고 생각했기 때문이다.

헤라클레이토스의 변화와 생성에 관한 이해와 정반대의 견해를 보인 철학자는 파르메니데스(Parmenides, 520-440 B.C.)이다. 그는 최초의 변증법적 논리를 전개한 사람으로서, 존재하는 것은 비존재나, 무존재, 혹은 생성과 변화에 의해 영향을 받지 않는 존재가 되어야 한다고 주장했다. 존재는 존재하기 위해 다른 원인을 필요로 하지 않고, 즉 생성되거나 변화하는 것이 아니라, 존재 그 자체와 일치하는 것이라고 본 것이다. 생성과 변화에 의하여 변하는 것은 존재하는 것이 아니라 소멸하거나 변화하는 속성을 가진다. 따라서 인간의 운명도 변화와 소멸을 면할 길이 없는 것으로 이해되었다. 그는 날아가는 화살은 사실 날아가는 것이 아니라 미세한 시간 속에 정지해 있다는 주장을 했던 인물이다.

파르메니데스의 사고방식은 후에 에피쿠로스(Epicurus, 341~270 B.C.)에게도 이어지는데, 에피쿠로스는 우리가 죽음을 두려워할 필요가 없다는 이유를 파르메니데스의 논법을 따라 해명하려 하였다. 그는 죽음은 생명과 병립 공존할 수 없기 때문에, 결코 생명을 가진 상태를 침범할 수 없으므로 두려워할 필요가 없다고 주장했다.

고대 자연 철학자 중에서 다소 윤리적인 개념으로 변화와 생성의 문제를 다룬 사람은 엠페도클레스(Empedokles, B.C. 5세기)라고 할 수 있는데, 그는 사랑과 미움이 종합과 해체라는 현상을 불러오는 근본 요인이라고 주장했다. 사랑이 화합의 원리라면 미움은 해체의 원리라는 것이다. 이러한 그의 주장은 하나의 감정 혹은 개념이 조화와 해체를 초래하는 근원적인 힘을 가지고 있다고 보는 견해로서 조화와 해체적 원인자를 최초로 상상하게 했다.

엠페도클레스와 반대 입장에 서 있던 데모크리토스(Demokritus, 460-360 B.C.)는 사랑과 미움이라는 관념을 배제하고 원자론(Atom)을 주장하였다. 그의 원자론에 따르면 존재하는 모든 것은 그 양태는 달라도 존재의 기본 단위인 원자에서 나오는 것이라고 생각하고, 존재하는 것들의 차이는 단지 원자의 질이 아니라 수(양)의 차이에서 오는 것이라고 본 것이다. 여기서 기계론적인 운동 이론, 총합과 해체 그리고 유물론의 논거가 비롯되었다.

이상과 같은 주장은 고대철학자들이 남긴 체계적인 문헌에 의해 입증된 것이 아니라 지극히 파편적인 사고의 단초들을 모아 학자들이 정리해 놓은 것이다. 고대 철학자들이 논리적이거나 세밀한 과학적 증명 과정 없이 그들의 상상력에 따라 주장한 명제들이라 다소 뜬금이 없는 것 같이 생각되는 주장들이다. 하지만 인류 초기의 철학자들은 인간을 포함하여 존재하는 것들의 근원을 자연 속에서 찾았고, 어떤 이는 물, 어떤 이는 불, 혹은 흙과 공기와 물과 불을 포함한 '4원소론'을 주장하기도 했다. 데모크리토스 같은 이는 원자론을 주장하여 존재하는 모든 것은 질보다 양에 의해 그 존재 양태가 달라지는 것이며, 어떤 특정한 외부의 정신적 작용에 의해 존재하는 것이라고 보던 이들의 견해를 반박했다. 그는 존재하는 것의 변화, 운동, 성장, 소멸은 다른 외적인 것에 의존하여 일어나는 것이 아니라, 원자의 고유한 성질에 따라 자연스럽게 일어나는 것이라고 여겼다.

여기서 우리는 인간의 생명도 자연의 소산이며, 출산, 존재, 운동, 소멸의 과정 역시 자연의 과정에 속한다는 생사관이 비치고 있는 것을 찾아볼 수 있다. 고대 철학자들은 어떤 정신적인 힘(사랑이나 미움)에 의하여 존재하는 것이 생성하거나 소멸한다고 보는 입장, 그리고 특정한 정신적 힘의 개입 없이 주어진 본성에 따라서 생성, 소멸한다고 보는 입장으로 크게 대변하여 이해할 수 있다(I Ching, 1969, 318). 후자의 입장은 아시아적 우주론과 비교할 만한 사유의 틀을 보여준다. 신적인 어떤 초월자보다 일종의 생성과 운동의 궁극자(the supreme ultimate) 태극(太極)이 전제되고, 거기서 음양(陰陽), 이기(理氣) 변화의 원리가 나온다고 보는 주역 철학이 유교적 세계관의 기초가 된 것과 유비해 볼 만하다.

이런 철학적 관점은 인간 역시 생성, 운동, 소멸하는 과정에서 예외적인 존재가 아니라고 보는 논거가 되었다. 다만 어떤 신적인 기획자의 정신, 혹은 감정에 의존하는가 아니면 기계론적으로 존재했다가 소멸하는가의 문제는 철학 전통에 따라 차이가 있었다. 이 주제는 후에 유신론적인 생명과 죽음 이해, 그리고 무신론적인 생명 이해로 크게 나뉘는 계기가 된다.

2. 인성론적 철학 시대의 질문: 인간의 죽음은 무엇인가?

철학자들이 인간의 죽음에 대하여 보다 면밀하게 생각하게 된 것은 우주론적인 관심에서 서서히 벗어나 인간의 본성에 대하여 철학적 관심을 돌리기 시작했을 때부터다. 이 시기는 흔히 궤변론자(Sophists)들이 활동하던 시대와 병행하여 소크라테스, 플라톤, 아리스토텔레스에 이르는, 서양 철학사에서 가장 빛나는 정신적 활동이 이루어졌던 시대라고 볼 수 있다. 이 시기에 철학자들은 인간의 죽음에 대하여 보다 조직적이고 체계적으로 질문하고 답을 찾으려 했다. 이때 죽는다는 것은 무엇을 의미하는가? 죽음의 본질은 무엇인가? 죽음 이후에는 무엇이 있는가? 우리는 왜 죽음을 두려워하는가? 등등의 무수한 질문이 제기되었다.

이 시기 가장 밀도 높은 철학을 전개한 이들은 소크라테스와 플라톤이다. 플라톤의 저작 대부분은 소크라테스와 제자들 간의 대화를 담고 있고, 그 대화록을 작성한 이는 플라톤으로 알려져 있다. 그래서 소크라테스와 플라톤이 명료하게 나누어지기 어렵다. 이런 점에서 아주 명시적으로 소크라테스의 주장이 제시된 경우가 아니라면 플라톤의 생각으로 보아도 무방하다. 따라서 두 사람이 거의 같은 견해를 가진 것으로 간주하고 그들의 사상을 살펴보아야 한다.

플라톤은 인간의 생명력이 멈추는 이유를 일러 영혼과 육체 사이에 분리가 일어났기 때문이라고 보았다. 그는 "진정한 철학자들이 취할 죽음에 대한 이해는 무엇인가?"라고 묻고 이렇게 죽음을 규정했다.

> [죽음이란] "영혼과 육체의 분리가 아닌가? 그리고 죽는다는 것은 이런 분리의 완성이야. 영혼이 몸속에 존재하다가 몸에서 놓여날 때, 몸이 영혼에서 놓여날 때, 이것이 죽음이 아니라면 무엇이겠는가?"(Benjamin Jowett, 1937, 447).

죽음을 몸과 영혼의 분리에서 일어나는 사건이라고 보는 이 주장은 살아있는 상태의 인간은 몸속에 영혼을 지니고 있지만, 죽은 존재는 몸과 영혼이 분리되어 몸만 남은 것이라는 이해를 결과했다. 살아있는 인간에게서 영혼이 분리되면 몸은 생명력을 상실하고 부패하여 자연으로 돌아간다고 본 것이다. 이런 시각은 영과 육을 나누어 생각하는 이원론자(dualist)의 전형적인 견해라 볼 수 있다. 만일 인간이 몸과 정신과 영혼으로 구성되었다고 이해한다면 죽음이란 세 가지 요소의 분리를 의미하게 된다. 혹 인간이 몸과 영혼 두 요소로 구성되어 있다고 본다면 죽음이란 두 가지 요소, 즉 몸과 영혼의 분리가 된다는 것이다.

하지만 모든 이들이 플라톤의 이원론적인 사고에 동의했던 것은 아니다. 데모크리토스 같은 이는 영혼설을 받아들이지 않았기 때문에, 생명이란 본디 하나의 유기적 조합이므로 죽음은 운동의 정지, 곧 생명의 정지와 몸의 정지는 동시적인 한 가지 사건이라고 여겼다. 여기서 영혼 불멸설을 믿는 종교적 사유가 수용되든지, 아니면 단순한 자연 회귀설을 주장하든지 양단의 갈림길을 열린다.

죽음에 대하여 철학자들이 제기했던 또 하나의 질문은 '살아있다는 것'을 무엇이라고 이해해야 하는가의 문제였다. 그것은 단순한 생명 현상인가, 의미인가, 아니면 과정인가? 생명의 신체적 현상만을 가지고 살아있다고 말할 수 있는가? 아니면 살아있다는 것은 어떤 의미를 성취하는 데에서 더 빛나는 것인가? 아니면 살아있는 것은 필연적으로 소멸하게 되므로 단순히 죽음을 향한 과정이라고 보아야 하는가? 만일, 몸속에 영혼이 머무는 시간 동안만 살아있는 상태라면 인간은 영적인 존재로 간주하여야 할 것이다.

16세기의 몽테뉴는 가장 좋은 죽음이란 갑작스러운 죽음이라고 생각했다(Michel de Mantaigne, 2017, 671). 그는 사람이 늙어간다는 것은 얼마만큼 죽은 상태를 의미한다고 생각하여 노화를 거친 죽음을 좋은 죽음의 범주에 넣지 않았다. 죽음과 관련하여 의미의 죽음, 영적 죽음, 노화를 통한 과정적 죽음이란 논의가 가능하기도 하지만, 실제에 있어서 죽음이란 생명의 정지, 곧 생물학적인 사건이라고 보는 견해가 보편적이다. 물론 죽음 이후의 삶에 대한 이론들도 다양하게 제기되고 있지만, 고대 사회에서부터 오늘에 이르기까지 죽음은 신체적 죽음을 의미하고 그 이후에는 모든 권리가 지워지는 사회적, 법적 죽음으로 마무리된다.

하지만 이원론자들은 대부분 현 세계와는 다른 영혼 불멸의 세계를 상상하고 죽음을 넘어 영원한 생명을 누리는 세상을 꿈꾸곤 했다. 따라서 이런 전통에서는 죽음이란 비극 그 자체가 아니라 오히려 해방이거나 구원을 의미했다. 육신을 짊어지고 살아온 고난을 끝내고 자유와 해방을 얻는 사건이라고 본 것이다. 이런 시각은 소크라테스나 스토아주의자들에게서도 찾아볼 수 있다.

소크라테스는 아테네 법정에서 사형을 선고받았다. 이 당시 소크라테스는 그 부당한 재판에 이의를 제기하지 않았다. 이런 그의 태도에서 우리는 죽음을 두려워하기보다는 죽음을 통해 오히려 덧없는 세상의 것들을 버리고 새로운 세상을 만날 것이라는 기대를 그가 가지고 있었던 것이 아닌가 생각하게 된다. 그에게는 죽음을 통해 잠정적인 삶을 벗고 보다 영원한 세계에 도달할 것이라는 믿음이 있었던 것으로 보인다. 플라톤 역시 이런 맥락에서 영혼의 윤회와 재탄생에 대한 희망을 가지고 있었다. 이원론적인 사고에 깊이 영향을 받은 전통은 이렇듯 육체의 죽음을 넘어서도 인간이 무엇으로든 존재할 것이라는 믿음과 희망을 낳았다.

3. 죽음을 두려워하는 것이 옳은가?

영혼 불멸에 대한 신앙을 가지든지 혹은 가지고 있지 않든지, 행복한 사람은 죽음이 다가오는 것을 반기지 않았고, 불행한 사람은 간혹 죽음이야말로 고난과 고통이 있는 삶으로부터의 해방을 얻는 사건이라는 생각을 더 자주 하게 된다. 이런 속성은 과거나 오늘날이나 인지상정 크게 다르지 않다고 볼 수 있다. 하지만 소피스트들 중에는 유독 죽음을 두려워하는 일반의 심성에 대하여 죽음을 전혀 두려워할 필요가 없다는 논증을 제시한 이들도 있었다.

흔히 쾌락주의 전통이라고 불리는 에피쿠로스학파 사람들은 가능한 한 최소의 노력으로 최대의 기쁨을 얻으려는 고전적 효용론자들이었다. 이들은 인간이 죽음을 앞두고 두려워하는 것은 아무런 소득이 없고 오히려 삶을 망치는 비이성적인 것이라고 주장했다. 특히 그 학파의 시조 격인 에피쿠로스는 다음과 같이 주장했다.

> 죽음이라는 공포가 존재한다고 할 경우, 죽음이라는 사건이 일어났을 때, 그 사람이 그 죽음을 경험할 가능성이 있어야 최소한 그 공포가 존재한다고 판단할 수 있다. 그런데 일단 사람이 죽으면 죽은 후에는 경험의 주체가 존재하지 않는다. 그러니 죽었다는 상태는 그 사람에게 나쁜 것일 수 없다. 그러므로 정작 그 사건이 일어났을 때, 그 사람이 존재하지 않는데 그 사람이 이를 미리 두려워하는 것은 비이성적인 것이다. 따라서 죽음을 두려워하는 것은 이성적인 태도가 아니다(Epicurus, 2018).

에피쿠로스는 물론 그의 사상적 제자 격인 루크레티우스(Lucretius, 99~55 B.C.) 역시 죽음을 두려워하는 것은 어리석은 일이라고 주장하였다. 이 시대 사람들은 대부분 생명의 탄생과 더불어 육체를 가지고 있는 살아있는 나날만 생각한 것이 아니라 생명은 기본적으로 영원한 것이어서 태어나기 전에도, 그리고 육체의 죽음 이후에도 영혼이 존재할 것이라고 믿었다.

이 맥락에서 루크레티우스는 우리가 태어나기 이전에 대해서 두려워하지 않는 것과 마찬가지로 죽음 이후에 대해서도 두려워할 것이 없다면서 그 이유를 죽음 이후에는 아무것도 남는 것이 없고, 따라서 정죄의 대상조차 존재하지 않기 때문이라고 주장했다(Stanford Encyclopedia of Philosopy, Lucretius, 2023).

에피쿠로스 학파의 사람들과는 달리 소크라테스나 그의 제자들은 다소 이원론적인 사고를 했기 때문에 죽음 이후에 영혼의 세계가 있다고 믿었다. 플라톤은 영혼이 육체에 갇혀있는 상태가 우리의 삶이라고 보았으므로 죽음이란 일면 육체로부터 영혼이 해방을 얻는 것이라 생각했다. 소크라테스 역시 죽음을 불편한 것이거나 무서운 것이라고 생각하지 않았다. 하지만 그가 죽음을 두려워하지 않은 이유는 에피쿠로스 학파 사람들의 생각과는 매우 달랐다.

소크라테스는 죽음을 두려워하는 이들은 자기 자신이 모르는 것을 마치 다 아는 것처럼 허풍을 떠는 것과 하등 다를 바가 없다고 지적했다. 그는 "죽음이 인간에게 아주 좋은 축복인지 아닌지 누구도 알 수 없는데도 마치 죽음이 아주 무서운 악이라는 사실을 알고 있는 것처럼 두려워한다"라고 말했다(Benjamin Jewett, 1937, 412).

이렇듯 소크라테스는 영혼의 불멸을 믿고, 육체보다 영혼이 더 좋고 영원한 것이라고 여겼던 전통을 따라 죽음이란 일종의 더 좋은 세계로의 이행이라고 간주하여 죽음을 악이라거나 공포스러운 것이라 여기지 않았던 것이다. 이런 의미에서 소크라테스는 루크라테스와는 매우 다른 이유에서 죽음을 우리가 두려워해야 할 하등의 이유가 없다고 본 것이다.

이런 것으로 미루어 보아 소크라테스는 죽음에서 육체의 감옥으로부터 영혼이 해방을 받아 놓여나는 것으로 보아 죽음을 두려워하거나 부정적인 감정으로 대하는 것을 경원시했다고 생각된다.

4. 죽음은 좋은 것인가?

『파에도(Phaedo)』에서 영혼불멸을 주장했던 소크라테스는 죽음 이후에는 모든 것이 죽어서 아무 것도 남는 것이 없을 것이라는 주장에 대하여 이견을 제시하며 다음과 같이 주장하였다.

> "우리가 미혹되지 않았다면, 나는 무엇인가 다시 살아있는 것이 존재하고 있다고 확신하네, 죽은 자에게서 살아있는 것이 나와, 죽은 자의 영혼들이 존재하는 것일세. 그리고 좋은 영혼들은 나쁜 영혼보다 더 좋은 몫을 차지하게 될 것일세." (Benjamin Jewett, 1937, 456)

이렇듯 소크라테스에게서 찾아볼 수 있는 바, 사후에 무(無)가 아니라 불멸하는 영혼이 남는다는 주장은 현생에서의 도덕적인 삶을 요구하고, 또한 죽음의 공포나 두려움을 이기게 하는 논거가 되었다. 따라서 그에겐 죽음이란 그가 두려워하며 도망쳐야 할 정도로 나쁜 것이 아닌 것이었다. 소크라테스는 자신의 죽음을 목전에 두고 평소와 같이 평정을 지켰다. 그는 자기의 죽음 직전에 닭 한 마리 빚진 것을 갚고 죽음의 잔을 마셨다. 아테네 법정에서의 진술을 마치고, 배심원들의

제1부 죽음의 이해

판결에 따라 사형 선고를 받은 후에 그가 남긴 말은 이것이었다.

> "선한 사람에게는 삶에서나 죽음 후에도 어떤 악한 일이 일어나지 않는 것일세. (중략) 나는 나를 향한 정죄 심판에 대해서나 나를 정죄한 이들에게 분노하지 않네. 단지 그들이 나에게 어떠한 선의를 베푼 것이 없다는 점이 있지만 그들이 나를 해한 것은 없네. 이 점에 대해선 내가 부드럽게 비난할 수도 있을 테지만……이제 헤어져야 할 시간이 왔고, 우리는 각자 갈 길을 가야 하겠네. 나는 죽으러, 그리고 그대는 살러. 어느 것이 좋은 것인지는 오직 신만 알 걸세"(Benjamin Jewett, 1937, 423).

소크라테스는 죽음이 삶보다 더 좋은 것이라고는 판단하지는 않았다. 그것은 인간이 알 수 없는 영역이었기 때문이다. 또한 아주 좋은 것이라고 주장하지도 않았다. 따라서 마치 다 아는 것처럼 두려워해야 할 이유가 없다고 본 것이다.

에피쿠로스학파의 사람들은 죽음을 무(無), 혹은 소멸로 보기도 했지만, 소크라테스, 플라톤을 잇는 사상적 계보에서는 죽음 이후에도 영혼 불멸이라는 초월을 향한 문을 열어 놓고 있다. 플라톤 같은 경우는 현상을 비본질, 이데아의 세계를 본질적이고 영원한 것으로 보는 경향이 강했고, 이러한 흐름은 서구 철학의 역사에 끊임없이 사상의 강이 되어 흐르고 있다.

하지만 아리스토텔레스는 플라톤과는 달리 몸과 영혼을 이원론적으로 이해하기보다, 질적 차이가 아닌 양의 차이 혹은 종합적으로 이해했다. 그의 철학에 의하면 모든 존재는 영과 육의 분리가 아니라 잠재태(potentia)라는 미완성 상태에서 실현화의 과정을 거쳐 현실태로 성숙하는 것이라 여긴다. 그렇기 때문에 현실적인 존재의 죽음은 영과 육의 분리로 나갈 수 없고, 그저 존재의 멈춤이라고 보게 된다. 그래서 그는 죽은 자를 일러 그리스어 '케트메코테스($\kappa\epsilon\kappa\mu\eta\kappa\acute{o}\tau\epsilon\varsigma$ the one who completed their labor)'라는 단어를 사용해 '할 일을 마친 자'라고 지칭했다.

플라톤이나 소크라테스는 영혼 불멸에 대한 믿음을 가지고 있었지만, 현실적인 사고를 했던 아리스토텔레스에게서는 그와 같은 개별적 영혼의 불멸성에 대한 믿음은 찾아보기 어렵다. 그에게 있어서 죽음은 삶의 종료이거나 마침을 의미했다고 본다.

아리스토텔레스는 〈니코마쿠스 윤리학〉에서 죽은 자의 행복이라는 표현을 사용했는데 주석학자들은 이 표현이 죽은 자 가운데에서 살아남은 상태의 행복이 아니라, 죽은 자에게 돌려지는 명성, 부, 가족, 친구, 그가 누렸던 성취나 행복을 의미하는 것이라는 견해가 유력하다(Kurt Pritzl, 1983). 이런 특징을 보아 아리스토텔레스는 소크라테스나 플라톤과 같이 초월적 세계관에 대한 확신을 가지고 있지 않았다. 그러므로 아리스토텔레스에게 있어서 인간의 죽음에 대한 좋고 나쁨의 문제는 사후 세계의 문제에 비추어 평가하는 것이 아니라, 죽은 자가 살아온 그의 삶의 성취나 과정에서 평가되어야 한다고 보아야 할 것이다.

5. 그리스-로마 세계에서의 죽음 이해

로마 제정 초기에 활동한 철학가들 중에는 루크레티우스, 키케로(Cicero), 그리고 세네카(Seneca)가 있었고, 스토아 사상가로 알려진 마르크스 아우렐리우스 황제가 있다. 이 당시 주류 철학 사상은 스토아주의라 말할 수 있는데 스토아 사상의 창시자로 알려진 제노(Zeno of Citium)는 "악은 명예롭지 않다. 그러나 죽음은 명예로운 것이다. 그러므로 죽음은 악한 것이 아니다"라는 유명한 명제를 남겼다. 이런 연유에서 스토아주의자들에게서는 죽음에 대하여 두려워하거나 무의미를 주장하는 견해를 찾아보기 어렵다. 오히려 이들은 신이 자신에게 신호를 보낼 경우, 삶에서 미련 없이 떠나는 것은 당연한 일이라고 생각했을 정도다(몽테뉴, 1260).

특히 스토아 사상을 대표하던 제노, 키케로, 세네카 등이 죽음에 대하여 정리한 글을 보면 자연적인 죽음보다 인위적인 죽음을 더 높이 평가했던 흔적이 역력하다. 이들은 지혜로운 자는 살 수 있을 때까지 사는 것이 아니라, 살아야 할 때까지 산다는 삶의 태도를 보였다. 당시 스토아주의자들이 대변한 그리스 로마인의 의식에는 그들의 사생관이 비치고 있는데, 이를 몇 가지 측면에서 정리하면 다음과 같다.

플라톤은 최소한 세 가지 경우에서 삶을 하직할 수 있다고 생각했다. 1) 소크라테스의 경우처럼 국가에 의하여 자살할 것을 요구받았을 때; 2) 파멸적인 불행을 겪을 경우; 3) 견딜 수 없는 수치를 당할 경우다. 이 세 경우는 그리스인에게 있어서 합리적인 자살을 허락할 수 있는 이유였다(J. M. Rist, 1969, 236). 당시 철학자들은 자살에 대하여 무조건적인 반대의 태도를 가지지는 않았으나, 비이성적이고, 덕스럽지 못한 자살은 국가 권력에 의해 정죄 받아야 한다고 보았다. 모든 자살을 허용 가능하다고 본 것이 아니었던 셈이다.

사회적 비난과 정죄의 대상이 되는 자살은 신의 뜻을 저버린 자살, 전쟁터에서 무기를 들 수 있는 상황인데도 두려움이나 어리석음, 혹은 비겁하게 자살을 택하는 경우; 또한 제 분을 이기지 못하여, 혹은 자신이 지은 죄에 대한 징벌을 회피하기 위한 수단으로 스스로 죽음을 자초하는 경우; 그리고 정작 두려워할 것이 아닌데도 두려워하여 자살하는 경우다. 아리스토텔레스 역시 가난이나 욕망, 혹은 고통 때문에 자살하는 것은 비겁한 행위라고 생각했다(Aristotle, 2013, 1116a). 이런 종류의 자살은 그 성격이 반사회적이며, 비이성적인 것이므로 징벌을 받을 수 있는 것으로 경원시 되었다.

키케로는 합리적인 자살, 혹은 신의 허락을 받은 자살은 어느 누구도 막을 수 없다고 생각했고, 디오게네스(Diogenes)와 같은 견유학파 사람들은 유유자적하는 삶이 불가능할 경우 삶을 스스로 떠날 수 있다고 주장했다. 이들 중에서 디오게네스와 클린데스(Cleandes)가 스스로 숨을 쉬지 않아 자살한 것으로 알려져 있다.

로마의 지성인들은 인간의 죽음을 가볍게 여기지 않고 인간의 가벼운 감정이나 처신에 의한 것이 아니라, 신의 뜻에 따른 것이라 여겼다. 그리고 그들은 다분히 영육 이원론에 영향을 받아 신적인 세계와의 교류와 영혼 불멸에 대한 믿음을 가졌다. 동시에 죽음에 대한 공포나 두려움을 극복하는 것을 넘어 죽음을 육체나 고통에서 벗어나는 해방이라고 여겨, 자연스러운 죽음만이 아니라 스스로 삶을 마칠 수 있는 자유에 대해 긍정적으로 이해했다. 동시에 그 자유가 방종이거나 남용, 게으름이나 비겁함의 소산이 되는 것을 경계했던 것이다.

로마 제정 초기 시대에 왜 많은 이들이 그렇게 자살을 깊이 생각했는지 명료하게 알 수는 없으나, 날로 강력해지는 로마 제국의 강력한 정치 사회적 요구 앞에서 비굴하게 죽지 않으려면 항상 의연하게 자신의 죽음을 준비해야 한다고 생각한 것 같다. 스토아주의를 창시한 제노, 클린데스, 카토(Cato of Utica), 세네카 등이 이유는 각기 다르지만 의연하게 자신의 죽음을 스스로 관리했다.

그들이 죽음을 바라보고 평가하는 태도를 살펴보면 죽음은 그저 개인적인 사건만이 아니라, 그 시대에서 그들이 소중히 여기던 가치와 관련이 있다고 생각된다. 그것이 자연적인 것이든, 아니면 스스로 불러들이는 죽음이든, 그들이 가졌던 기준, 일종의 도덕적 가치는 수치와 명예(Elise P. Garrison, 1991)라는 것이었다. 그들은 수치스러운 죽음과 명예로운 죽음을 달리 생각했고, 현자의 죽음은 명예로운 죽음이 되어야 한다고 여겼던 것이다. 따라서 비겁하거나 경박한 죽음을 좋은 죽음이라고 평가할 수 없었다.

일상을 영위할 수 없는 신체적 결함, 견딜 수 없는 신체적 그리고 정신적 고통, 몸만 살아있는 상태를 지속하는 것이 고귀한 것인가, 아니면 삶을 마감하라는 신의 신호인가? 이 시대의 사람들은 이런 생명 윤리학적인 주제에 대하여 진지하게 생각하고, 나름 그들의 사회적 가치를 담아 이성적으로 승인할 수 있는 죽음과 그렇지 않은 죽음을 구별하였다. 그 기준 역시 수치와 명예라는 것이 아니었나 생각하게 된다. 어쩌면 오늘날 우리가 다루고 있는 생명윤리학의 주제들은 그리스를 거쳐 로마 제정 초기 시대에서도 이미 진지하게 숙고되었던 것이 아닌가 생각된다.

6. 기독교 세계: 성서에 나타난 죽음의 철학

로마 제국의 발흥과 더불어 전개되기 시작한 예수 운동은 아우구스티누스 황제 시대에 로마 제국의 다양한 종교 중의 하나로 승인되었고(313 A.D.), 강대한 제국의 종교로 자리를 잡아가다가 데오도시우스(Theodosius) 황제 시절에 로마의 국교(380 A.D.)가 되었다. 이후 전개된 기독교 세계에서 교회는 기독교 세계 서구인의 삶을 해석하고 돌보는 주체였다. 삶과 죽음에 관한 모든 담론은 오직 하나의 거룩한 교회를 통해 표현되었다. 그리하여 그리스-로마 문화 속에서 해석되던 죽음에 대한 이해는 점차 기독교적인 이해로 교체되었다. 이 과정에서 어느 부분은 과거와 연속성을 가지고, 어떤 부분은 부정되기도 했다.

기독교가 체계를 잡아가는 동안 기독교 안에서는 죽음과 관련하여 두 가지 문제가 제기되었다. 첫째, 박해를 받던 1세기에서 3세기 초에 이르는 시기에는 신앙을 지키기 위하여 구차하게 생명을 구걸하지 않고 자발적으로 순교하려던 이들의 문제가 있었다. 둘째는 현세에 대한 미련을 버리고 피안의 영생을 바라며 죽음을 희구하는 풍조의 문제다. 이 당시만 해도 교회 안에서 기독교적인 죽음에 대한 체계적인 설명이나 해명이 없었다. 다만 몇몇 교부들에 의하여 죽음을 사모하는 이들에 대한 신학적 비판이 제기되었다.

비록 기독교가 육체의 죽음 이후에 영원한 생명에 대한 가르침을 가지고 있지만, 하나님이 인간을 창조하시고 생명을 주신 뜻을 가볍게 여기고 자기 생을 포기하는 것은 하나님의 뜻을 거부하는 이단적인 것이라는 비판이 있었다. 이런 흐름은 그리스-로마 세계에서 자살을 미화하고, 지혜로운 철학자들이 선택할 수 있는 것이라고 보았던 풍조를 날카롭게 거부한 것이다. 이때부터 기독교적 생명관은 생명이란 창조주 하나님이 주신 것이며, 그 생명을 소중하게 지키고 살아가는 것이 창조주 하나님의 뜻에 합당한 것이라는 원칙을 고수한다.

이런 이해는 이원론적인 사고가 불러온 육체에 대한 경멸적 태도를 용납하지 못하게 만들었다. 따라서 이런 관점은 당시 영육 이원론에 빠져 인간의 육체성을 비하하던 영지주의 전통과 대립할 수밖에 없었다. 이 대립 구조는 어거스틴에 의해서 영육 이원론을 정죄하는 신학적 입장으로 이어져 영지주의와 결별하게 되었다. 지고의 선이신 하나님이 육체를 창조하셨다면, 그것은 결코 죄스러운 것이라 여겨서는 안 되는 것이었다. 만일, 물성이나 육체성을 부정하는 전통을 승인할 경우 기독교의 하나님은 창조주로 이해될 수 없었을 것이다. 잘못하면 저급한 물(物)적인 것을 창조한 어리석은 신(demiurge)으로 비하될 수도 있었기 때문이다. 어거스틴은 '하나님이 창조하신 모든 것은 선하다'라는 명제를 고수하여 세상의 모든 피조물에게 선한 가치를 부여했다.

하지만 어거스틴 이전, 무수한 순교자가 나온 2세기를 지나면서 죽음을 각오한 신앙적 태도는 분명히 순교만이 아니라 순교적 자살이라는 의미를 내포하고 있었다. 현생과 내생 중에서 내생을 더 중시하는 시각이 순교를 받아들일 수 있는 근거였기 때문이다. 예수의 죽음, 바울의 순교를 살펴본다면 일면 순교적이지만, 자신의 죽음을 예상하고 그 길을 갔다는 점에서 자살의 의미도 포함되어 있었다.

이렇듯 중세를 지나기까지 세상을 등지고 영원한 생명을 희구하던 수도원적 삶이 높은 평가를 받았으나, 종교개혁 이후에는 육체성을 경하게 여기고, 하나님이 창조하신 창조 세계와 사회에 대한 책임을 외면하고 영혼 구원만을 바라는 삶에 대하여 날카로운 비판이 제기되었다. 타(他)세계 지향적(otherworldliness) 삶의 본질은 하나님의 창조 세계 안에서 창조 세계에 대한 책임을 잊고 오로지 내세의 영적 복락을 희구하는 것으로서 일종의 영적 이기주의라고 평가되었던 것이다 (Martin Luther, 1521).

7. 성서에 근거한 기독교 신학의 죽음 이해

성서적 관점에서 보면 죽음은 여러 모양으로 묘사되었다. 시편이나 욥기에서는 가공할 폭력(terror of death, 시편 55: 4-5), 가공할 폭력의 왕(king of terrors, 욥기 18: 14)으로 묘사되기도 했다. 하지만 신약성서에서는 죽음은 마치 잠자는 것과 같다고 비유한다. 죽음을 일종의 쉼의 상태라고 보는 견해도 이런 맥락에서 이해할 수 있다(욥기 3: 17; 계시록 14: 13).

하지만 성서에는 죽음을 티끌로 돌아가는 것(back to the dust)으로 묘사한 경우도 적지 않다(창 3: 22; 롬 5: 12; 창 3: 19; 고후 5: 1). 아브라함이 죽어 열조에게 돌아갔다는 표현(창 25: 8), 그의 선조에게 돌아갔다(사 2: 10). 예수가 사후에 천국에서 아브라함과 이삭과 야곱과 자리를 함께 할 것이라는(마 8: 11) 표현도 있다. 사악한 이들에게는 죽음 후라도 영원한 형벌이 있을 것을 강조한다(마 22; 13; 25: 46; 눅 16: 24; 마 25 등). 사후에 심판이 있을 것이므로 신자는 현생을 살면서 지혜롭게 죽음을 준비해야 한다고도 가르쳤다.

이렇듯 성서에는 흙으로 돌아간다는 히브리적인 죽음 이해, 그리고 신체적인 죽음만(고후 5: 8, 빌 1: 23; 딤후 4: 6)이 아니라 영적인 죽음(창 2: 16; 엡 2: 1-2; 골 2: 13-14)도 있다는 주장, 그리고 죽음 이후에 심판을 통해 받는 둘째 죽음(계 20: 11-15)까지 언급하고 있다. 물론 신체적인 죽음은 육체의 죽음을 뜻한다. 하지만 성서는 인간을 육체적인 존재로만 이해하지 않고 하나님과의 관계

속에 있는 영적인 존재로도 보기 때문에 영적인 죽음도 주장하고 있는데, 영적인 죽음이란 하나님과의 영적 관계의 상실을 의미한다. 또한 성서는 인간 영혼의 불멸성을 긍정하고 있지만, 죽음 후에 있을 심판을 통하여 지복의 단계로 가든지, 아니면 영원한 형벌로 향하는 운명을 피할 수 없을 것이라는 이해를 담고 있다. 특히 신약성서의 마지막 책인 계시록은 영원한 형벌의 저주를 일러 두 번째 죽음이라고 언급하고 있다.

서구 기독교 세계에서는 이따금 위대한 신학자들이 나타나 기독교의 사상 체계를 정리하곤 했는데 기독교적 죽음에 대하여 최초의 체계적인 언급을 남긴 이는 어거스틴이라고 볼 수 있다. 그는 한때 사랑하는 벗의 죽음을 겪고 몹시 비통해하며 이렇게 한탄했다.

> 삶에 대해 매우 싫증을 느꼈음에도 불구하고 죽음에 대한 공포심이 생겼던 것입니다. 나는 친구를 무척 사랑했던 만큼 내게서 친구를 앗아간 죽음을 흉악무도한 적이나 되는 것처럼 미워하고 두려워했으며, 행여 죽음이 갑자기 모든 인간을 멸망시키지나 않을까 하는 생각을 했습니다. 그것은 죽음이 나의 친구를 멸망시킬 수 있음을 알았기 때문입니다. 나는 정말 그런 심정이었다고 기억합니다. (Augustine, 2009).

어거스틴이 젊은 날 사랑하는 친구의 죽음을 통해 깨달은 것은 인간은 죽는다는 절망적인 사실이었다. 인간은 반드시 죽는다는 것과 그 죽음이 언제 닥칠지 모른다는 사실, 그리고 그 죽음이 지나가면 실존은 사라지고 존재하지 않는다는 구체적인 죽음에 대한 인식이 그의 벗의 죽음을 통해 그에게 주어졌던 것이다. 젊은 날 이렇게 죽음의 위협을 느꼈던 어거스틴은 나이가 들어갈수록 죽음의 문제를 새롭게 보게 되었다.

어거스틴은 『고백록』 9장에서 어머니 모니카의 죽음에 관한 기록을 남겼는데, 여기서 그는 절망보다 희망을 바라보고 있다. 어머니는 죽었으나 아주 죽은 것이 아니라는 믿음을 가지고 있었기 때문이다. 모니카는 이방 땅에서 죽어가면서 염려히는 자식들에게 자기 몸을 이방 땅에 장사 지내라고 부탁하면서 "이 세상 어느 곳이나 하나님으로부터 먼 곳은 없다"라는 신앙 고백을 남겼다. 그때가 모니카의 나이 56세, 어거스틴은 33세였다.

어거스틴은 『하나님의 도성』 13장에서 "인간의 죽음은 아담의 범죄로 인한 죄악에 대한 형벌"(Augustine, 1950, Book XIII)이라고 명료하게 정의했다. 하지만 그 죽음은 육체의 죽음으로서 진짜 죽음이 아니라 제2의 죽음이 사후에 또 있다고 생각했다. 육체의 죽음을 넘어 영혼의 죽음이 있다고 본 것이다. 동시에 그는 육체의 죽음으로 세상이 끝나는 것이 아니라 죽은 후에도 인간은

제1부 죽음의 이해

하나님의 시선 아래 놓여 언젠가 부활의 아침을 맞게 될 것이라는 확신을 가지고 있었다. 비록 죽음으로 인해 어머니와 더는 함께 머물 수 없는 슬픔이 있었지만, 절망스러운 슬픔에 빠지지 않고, 부활과 영생에 대한 희망을 가질 수 있었던 것이다.

어거스틴은 우리가 죽음을 겪게 된 것은 선하신 하나님의 계획이나 뜻일 리가 없다고 여겼다. 그것은 죄 때문에 겪게 된 것이라 여겨 그는 특히 원죄의 교설을 강조했다. 원죄에 대한 어거스틴의 주장을 담고 있는 내용을 정리하자면 다음과 같다.

> 첫째, 죽음은 전인의 죽음인데 영혼이 하나님 없이 그리고 육체 없이 일시적으로 형벌을 당하는 것이다. 둘째, 죽음은 영혼이 하나님 없이 육체와 더불어 영원한 형벌을 받는 것이다. 그리고 최초의 인간이 선악과를 따 먹음으로써 계명을 범한 후, 신의 은총이 떠나자, 영혼은 육체에 예속되는 처지로 전락했다. 육은 영을 거스르며 욕망을 품기 시작했고, 우리는 이러한 갈등 속에서 태어났다. 그 최초의 반역으로 인해 우리는 죽음의 기원을 끌어들인 것이다. 하나님은 죄를 벌하면서 "너는 흙이니 흙으로 돌아가리라"고 사람에게 말했다. 인간은 은총을 통해 해방되지 않는 한, 전인의 죽음인 첫째 죽음에 이어 둘째 죽음이 뒤따른다. (Augustine, 1950, Book 13).

그리스 전통에 담겨있었던 영육 이원론은 육체의 죽음이란 영혼이 육체를 떠나는 것을 의미했으나, 어거스틴의 사상 구조에는 육체의 죽음은 마치 잠자는 상태를 의미하고, 부활의 날에 영원한 생명과 영원한 죽음의 갈림길에 다시 서게 된다는 교설을 담고 있다. 어거스틴 이후 죽음 후에 심판을 거쳐 천국이나 지옥을 향하게 된다는 이해도 상당히 편만했지만, 사실 사후의 문제에 대하여 정확하게 설명할 근거가 성경에는 충분히 담겨있지 않다.

단테의 『신곡』(Divine Comedy)은 단테가 1300년 4월 8일부터 지옥과 연옥을 다녀왔다는 시적 상상력을 동원해 사후 세계 전모를 묘사하고 있는 책이다. 물론 픽션이지만 그의 시적 상상 속에는 중세기를 지나면서 어거스틴의 죽음 이해를 다소 변경한 새로운 이론이 자리 잡고 있었다. 소위 연옥의 탄생이 일어난 것이다.

어거스틴의 사상에서는 연옥에 대한 언급이 없었고, 성경에도 연옥에 관한 언급이 없지만, 12세기 무렵 가톨릭 신학 체계에 연옥설이 담기기시작했다. 연옥에 대한 정평이 있는 연구서를 낸 자크르 고프는(Jacques Le Goff, 1981) 연옥설의 근거를 어거스틴이 인간의 죄성을 따라 사람을 네 부류로 나눈 데에서 기인했다고 주장했다. 어거스틴이 인간을 아주 악한 사람, 선한 사람, 조금 악한 사람, 조금 선한 사람을 나누었기 때문에, 명료하게 심판의 대상이 되어 천국이나 지옥에 갈 사람은 쉽게 나누어지지만, 애매한 사람들이 있어 이들에게 제 2의 기회가 주어지도록 연옥설이 생겨났다는 것이다. 그 결과 12세기 무렵에 가톨릭 교리 안에 연옥설이 자리를 잡게 되었다는 주장이다(서울대학교 중세르네상스 연구소, 2015, 57). 어거스틴에게서 완성된 인간의 죽음에 대한 신학적 이해는 중세와 아퀴나스 시대를 거치면서 연옥설이 추가되어 철저하게 교리화되었다. 가톨릭교회의 개혁을 주장한 종교개혁 세력에게도 어거스틴의 죽음에 대한 교설은 거의 수정 없이 수용되어 오늘에 이르고 있다. 하지만 개신교 신학에서는 성서적 근거가 없다는 이유로 연옥설을 받아들이지 않았다.

인간의 죽음과 관련하여 중세를 지나면서 하나의 현저한 특징이 보이는데 그것은 자살을 금기로 여기는 사회적 분위기가 점점 팽배해졌다는 사실이다. 신학적으로는 창조주께서 생명을 주실 때에는 그의 뜻이 있으므로 사람은 자신의 생명의 주인이 아니라, 그 생명의 담지자로서 신의 뜻에 합당하게 살아야 한다는 경건의 전통이 자살을 금기시하는 풍조의 바탕이 되었다(박충구, 2020, 226). 이러한 관점은 교리화되었고 실천적 원칙이 되어 자살자를 향한 비난의 태도를 강화했다. 자살이 있을 경우 모든 비난은 자살자 개인과 그 가족들에게 돌려졌다.

생명은 하나님이 주시는 것이며, 사람이 함부로 할 수 없는 것이라는 신앙적 실천은 기독교 세계에 생명 경외, 존중의 사상을 키워냈고, 후에 근대 인권 사상 형성에 천부인권설로 크게 영향을 끼쳤다.

8. 나가는 말

지금까지 서구 철학의 역사에서 인간의 죽음에 대한 철학적 사유의 일부를 살펴보았다. 고대 철학에서 이미 우리는 유신론적인 생명과 죽음 이해의 흔적과 무신론적인 이해의 단초들이 전개되는 것을 볼 수 있었다. 그러나 기원전 5세기 무렵 인성론 시대에 들어서면서 스토아주의나 소크라테스, 그리고 플라톤은 다소 유신론적인 영혼 불멸설을 제기하여 육체의 죽음을 넘어 피안의 세계를 상상했고, 이 전통은 기독교 신학 안에 스며들어 어거스틴에게서 이중의 죽음 이론과 창조주 하나님에 대한 교설에 근거하여 삶에 대한 강한 긍정을 담은 기독교 철학을 전개하는 것을 볼 수 있었다. 그의 신학적 철학에서는 인간은 육체의 죽음을 지나 두 번째 죽음을 겪는 존재라는 죽음 이론이 형성되어 훗날 기독교 세계에 심원한 영향을 끼쳤다.

제2절
동양철학의 관점에서 본 죽음 이해

인간의 죽음에 대한 사유의 동양 철학적 근간은 상당히 종교적 적통에 깊이 뿌리를 내리고 있다. 평범한 이들이 가지는 죽음에 대한 두려움과 죽음 이후의 세계에 대한 관심은 무교적 세계관에서 일상화되어 왔고, 지배계층이나 식자들은 유교 사상과 유교 사상의 제도적 사유에 대한 이견으로 형성된 노장사상에 깊이 영향을 받았다고 볼 수 있다. 동시에 4세기에 한반도에 유입된 불교사상 역시 동양적 죽음 이해에 다대한 영향을 끼쳤다. 이런 관점에서 보면 아시아적 죽음 이해의 틀은 샤머니즘, 유교, 노장사상, 그리고 불교의 죽음 이해에 대한 세부적 고찰을 통해 이해할 수 있다고 본다. 사실 유교도 다양하고, 불교 역시 사상적 분기가 있을 것이나, 이 장에서는 일반론에 근거하여 유불선에서의 죽음 이해를 살펴보기로 한다.

1. 유교적 죽음 이해

서구 세계가 기독교 세계가 되면서 기독교 신학이 인간의 삶과 죽음에 관해 해명을 했던 것에 비하여 동양 세계에서는 유불선(儒佛仙)이 서로 상이한 이해를 제시하여 왔으나 일관되게 공유하고 있는 것이 있다. 기독교가 유일신을 전제하고 신에 의해 피조된 세계로서의 자연을 생각하는 틀을 가지고 있다면, 동양의 종교철학적 사유에서는 신의 창조나 지배, 혹은 섭리와 같은 개념이 없다는 것이다. 자연 그 자체가 모든 생성과 소멸의 모태처럼 여겨지고 있기 때문이다. 이런 점에서 유교적 세계관은 일종의 우주론적(cosmogeny) 질서와 조화론을 전제하고 있다.

(1) 생사는 자연의 이치다
동문선 제105권/ 변(辯)편에서 정도전은 주역을 풀며 우주의 이치가 음양의 조화를 이루는 태극에서 만물이 생성한다면서 이렇게 주장하였다.

"인물이 계속 나는 것이 무궁함은 곧 천지의 조화가 운행하여 마지않는 까닭이다. 원래 태극

(太極)에 동(動)·정(靜)이 있어 음·양이 생기고, 음·양이 변하고 합하여 오행(五行)이 갖추어졌다. 이에 무극 태극(無極太極)의 진(眞)과 음양오행의 정(精)이 묘하게 합하고 엉기어 인물이 나고 또 났다. 이미 생긴 것은 가서 돌아오지 아니하고, 생겨나지 않았던 것이 와서 잇게 되니, 그 사이가 잠깐[一息]도 멈추지 않는 것이다."

(… 중략 …)

"형체가 이미 생기면 신(神)이 발동하여 의식을 알게 된다"고 하였으니, 형체는 몸이며, 신은 혼이다. 불이 나무를 인연하여 존재하는 것은 혼과 몸이 합하여 사는 것과 같다. 불이 꺼지면 연기는 올라가서 하늘로 돌아가고, 재는 내려와 흙으로 돌아가게 되는 것은, 사람이 죽으면 혼은 하늘로 오르고 몸은 땅으로 들어가는 것과 같다. 불의 연기는 곧 사람의 혼기(魂氣)요, 불의 재는 곧 사람의 몸이다. 또 불기운이 없어지면 연기나 재가 다시 합하여 불이 되지 못하는 것은, 사람이 죽은 후에는 혼과 몸이 또한 다시 합하여 사람[物]이 되지 못하는 것이니, 이 이치가 어찌 매우 밝지 않는가. (동문선, 제105권/ 辨).

이상과 같은 정도전의 해설은 인간 존재의 몸과 혼이 자연의 이치를 따라 생성하였다가 각기 자연으로 돌아간다는 생사관을 보여주는 것이다. 정도전은 유교 철학에 기반하여 인간 존재의 윤회나, 영혼 불멸설과 같은 불교의 교설을 허무맹랑한 것으로 여겼다. 그의 주장에 따르면 인간은 자연의 일부이므로 자연의 이치를 따라 태어나고 죽는다. 따라서 인간을 자연을 초월하는 특별한 존재라고 보는 경향이 거의 없다. 왜냐하면 유교적 사유는 현실적인 것에 대한 해명 이상의 초월적 주장에 대해서 말하는 것은 그 인식 근거가 박약하다고 보기 때문이다. 이런 경향은 공맹의 사상에 뿌리를 두고 있다.

공자는 신적인 존재보다 인간 자체에 대하여 관심을 가졌고, 죽음 이후에 대한 관심보다 삶을 살아가는 일에 관심을 집중했다. 공자의 제자 계로(季路)가 귀신을 섬기는 일에 대하여, 그리고 죽음 이후에 대하여 물었을 때, 공자는 산 사람도 섬기지 못하면서 어찌 귀신을 섬길 수 있는가라고 되물었고, "삶도 모르는데 어찌 죽음 이후에 대하여 말할 수 있겠는가?"라는 회의적 태도를 보였다.

하지만 공자는 제자 안연(顔淵)이 죽자 평소 예와 절제를 중시하던 태도를 잊고 크게 슬퍼하며 통곡하였다(論語, 先進). 안연은 하나를 가르치면 열을 깨우치고, 말을 하지 않아도 스승의 뜻을 헤아리던 제자였다. 통곡하는 공자를 의아히 여기는 제자에게 공자는 내가 저를 위하여 슬퍼하지 않는다면 누구를 위하여 하겠느냐(論語, 先進)라고 반문했다. 공자가 안연을 지극히 아낀 것을 보고

제자들이 안연의 장례를 성대하게 치르려 했으나 공자는 과도한 것 역시 예에 벗어난다고 하여 극구 만류하였다. 공자는 인간의 죽음은 피할 수 없는 자연의 이치라고 여기고 자연의 이법에 맞는 예를 가르쳤지만, 자신이 말할 수 있는 것에 대해서만 말했을 뿐, 이성적 인식의 지평을 넘어서는 문제에 대해서는 침묵했다.

이렇듯 유교적 사고에서는 주어진 질서, 곧 자연의 이치 그대로, 이미 주어진 우주의 운행(運行)의 이치에 따라 음양의 조화와 기(氣)의 활동이 생명과 소멸의 이치라고 본다. 이 점에서 동양철학이 말하는 천(天)은 만물 생성의 근원인 태극(太極)이라 볼 수 있는데, 기독교적인 신과 유비 할 만하다고 볼 수 있지만, 기독교의 신이 자연의 창조주로 자연을 초월하는 존재로 여겨지는 것과 달리 태극은 우주의 이치이며 만물의 생명의 근원으로 창조와 피조의 관계가 아니다. 즉 신적인 존재와 자연 그 자체는 분리되지 않는다. 이런 점에서 볼 때 인간의 죽음은 자연의 이치에 따르는 것으로 누구도 거역할 수 없다.

(2) 현실적인 관심이 주(主)다.

따라서 유교에서는 죽음이 무엇이며, 죽음 이후에는 어떻게 되느냐에 대한 관심은 취약하다. 유교적 관점에서 본다면 죽음이란 좋은 삶의 결과다. 삶이 좋아야 죽음도 좋은 것이기 때문이다. 이런 이유에서 서경(書經)에서는 좋은 삶에 죽음까지 포함을 시켰다. 좋은 삶은 다섯 가지 범주가 있는데, 수(壽)와 부(富)를 누리고 강녕(康寧)하며 유호덕(攸好德)을 누릴 뿐만이 아니라 죽음도 고종명(考終命)이라 하여 모든 것을 성취하고 객지에서 죽는 것이 아니라 자기 집에서 가족이 지켜보는 가운데 편안히 죽는 것이다(書經, 洪範). 좋은 죽음의 유교적 해석이라 할 수 있다.

그러므로 유교에서 말하는 좋은 삶이란 어진 마음으로(仁) 사는 것이다. 그 결과 수신(受信), 치국(治國), 평천하(平天下)하는 경세제민(經世濟民)하는 삶을 이상화하였다. 누구나 자신이 자연의 이치에 따라 살다가 죽을 것을 알고, 삶을 사랑하며 생명을 소중히 여기는 것이다. 인간에게 있어서 자연의 이치는 효(孝)와 충(忠)을 근본으로 한 의(義)에서 두드러진다. 맹자는 좋은 정치를 할 성군의 덕을 미물까지도 어진(仁) 마음으로 바라보는 측은지심이라 하였다. 생명을 사랑하며 미물까지도 소중히 여기는 것이 삶을 사는 지혜요 정치의 근본이라 본 것이다. 유교에서는 자연의 이치에 따라 삶을 살다가 죽음에 이르면 자연으로 돌아간다는 이해 이외에 영생불사나, 죽음 이후에 대한 선망이나 기대는 찾아보기 어렵다.

2. 불교의 죽음 이해

인도에서 발흥한 불교는 우리나라에 신라 소수림왕 시절에 전래되어 흥했다. 부처의 깨달음을 바탕으로 형성된 불교의 가르침은 삶을 고해(苦海)로 여긴다는 점에서 현세 기복적인 유교와 크게 다르다.

(1) 사문유관(四門遊觀)체험

부처님이 네 개의 문을 돌아보면서 생로병사(生老病死)의 고통을 보고 출가하게 된 체험을 이르는 것으로, 이 체험을 통하여 삶의 덧없음을 깨닫고 보리수 밑에서 수행 정진함으로 큰 깨달음을 얻게 되었다 한다. 여기서 삶의 허망함과 실체 없음을 직관하고 생명은 득도에 이르러 열반하기까지 끝없이 윤회하는 것이라 여긴다. 윤회의 법칙은 일종의 연기론을 따르는 것인데 업보에 따라 다음 생이 결정이 되어 태어나는 일을 반복하는 것을 이른다. 이 윤회의 사슬에서 벗어나는 길이 해탈이며, 반드시 깨달음을 통해 열반에 이르는 것이 불교적 구원이라 할 수 있다.

(2) 삶도 죽음도 허상이다

삶도 죽음도 영원의 관점에서 보면 모두 허상이다. 탐진치(貪瞋痴), 즉 미몽에 사로잡혀 무엇인가를 탐하고, 성을 내며, 어리석은 삶을 살지 않고 팔정도(八正道)를 따라 밝은 깨달음에 이르면 부처와 같이 집착이 없는 상태, 곧 무명(無明)에서 벗어나 윤회의 사슬에서 놓임을 받을 수 있다고 본다. 무명에 대하여 린포체(Sogyal Rinpoche)는 다음과 같이 설명했다.

> 무명은 감옥을 지키는 간수였다. 무명 때문에 먹구름에 가린 달과 별처럼 그의 마음은 미혹에 휩싸였던 것이다. 한없이 이어지는 미혹의 파도에 가려 우리는 실재를 주관과 객관, 자아와 타아, 존재와 비존재, 삶과 죽음으로 잘못 나누었다. 이렇게 차별하는 마음으로 인해 잘못된 소견, 즉 감정, 갈망, 집착, 삶과 죽음의 감옥이 생겨났다. 생로병사의 고통은 감옥의 벽을 두껍게 만들 뿐이다. 감옥으로부터 벗어나기 위해 해야 할 유일한 일은 간수를 붙잡고 그의 본모습을 바라보는 것이다. 무명이 바로 감옥을 지키는 간수이다. (린포체, 2013, 106)

무명에서 벗어나 보면, 삶이나 죽음조차도 실체가 아닌 허상이다. 이 허상에서 벗어나려면 끝없는 윤회의 사슬에서 벗어나야 한다. 그래서 부처님은 득도한 후 "죽음이란 없다(無死)"고 외치고,

중생을 구제하는 가르침을 시작했는데, 그 첫 가르침이 고집멸도(苦集滅道) 사성제(四聖諦)에 담겨 있다. 사성제(四聖諦)란 네 가지 성스러운 진리란 뜻이다. 고제(苦諦)·집제(集諦)·멸제(滅諦)·도제(道諦)를 하나로 묶으면 고집멸도가 된다. 고제는 삶의 고통, 집제는 고통의 원인, 멸제는 고통이 없어진 상태, 그리고 도재는 고통을 제거하는 방법을 이른다.

(3) 죽음에 대한 가르침

죽음이란 중생이 여러 이유로 사라지고 옮기되, 몸이 무너지고 수(壽)가 다하여 더운 기운이 떠나고 숨이 멸(滅)하는 것을 이르는 것이다. 중생에게는 죽음이란 보편적으로 모두에게 주어지는 것이고 필연적인 과정이므로 실체가 없는 삶을 떠나는 것 역시 괴로워하거나 슬퍼할 아무런 이유가 없다고 본다.

> 목숨은 마치 꽃과 열매와 같아서 성숙하면, 항상 떨어질 것을 두려워한다. 태어나면 모든 고통이 있거늘 그 누가 죽지 않을 수 있겠느냐. 처음부터 애욕을 좋아하여 바라면서 태(胎)안으로 들어갔으며, 몸을 받았으니 그 목숨 번개와 같아 밤낮으로 흐르며 그치기 어렵다. 이 몸은 죽음을 위한 물건이며, 정신은 형용이 없는 법이니 목숨은 죽고 다시 나거니와 죄와 복은 없어지지 않는다. 마지막과 처음은 세상뿐 아닌데 어리석어 장구(長久)하기를 바라고, 스스로 지어서 고락(苦樂)을 받으며 몸은 죽되 정신은 상실하지 않는다(법구유경)."

> 세존께서 말씀하셨다. "수명(호흡), 체온, 그리고 의식 세 가지가 육신을 버릴 때 육신은 쓰러져 마치 아무 감각 없는 나무처럼 된다(잠아함경, 21권)."

필멸의 몸을 가진 존재는 영구(永久)할 수 없는 본질을 가져 생에 대한 집착이나 생이 영구하기를 바라는 것은 어리석음에 속한다. 몸의 죽음이란 윤회의 과정의 한 장면에 지나지 않는 것이다. 그러므로 불교에서는 비록 몸이 죽는다 할지라도 그의 존재는 7일씩 일곱 번에 이르는 49일 동안 이승과 저승의 중간 지점인 중음(中陰)에 머물러 있다가 업보에 따라 다음 생을 받기 위하여 본생처(本生處)로 가서 다시 생을 받아 환생한다고 여긴다. 여기서 49제가 유래하여 불교적 제의로 자리를 잡았다. 49제의 기본 정신은 육체를 벗어난 영가를 위로하고 부처님의 세계로 인도하여 무명(無明)을 벗고 해탈(解脫)하도록 하는 천도의식(天道儀式)이다. 여기서 불교에서는 인간을 잠정적인 몸과 윤회의 과정에서 벗어나야 하는 영적 존재로 인정하고 있다는 것을 알 수 있다.

(4) 좋은 죽음

부처님이 득도하여 깨달음을 얻었을 때 외친 첫마디가 "죽음은 없다"라는 산스크리트 원어 '아므리따(Amrta)'였다. 김성철은 이 아므리따를 무사(無死)나 비사(非死)로 번역될 수 있다고 하였다(김성철, 2006, 36). 따라서 흔히 우리가 말하는 죽음은 깨달음의 빛이 없는 세계에서 보는 죽음이다. 무명을 벗어나면 죽음이란 없거나(無死), 우리가 죽음이라고 생각하는 것은 죽음이 아니라(非死)고 보게 된다. 하지만 사람의 생에 쌓은 업은 죽더라도 남아 다음 생에 영향을 끼친다.

> 지금 여래의 몸은 늙고 노쇠했다. 육신은 마땅히 사멸하는 과보를 받아야 한다. 따라서 비구들이여, 그대들은 마땅히 태어나지도 않고 늙지도 않는 병들지도 않고 죽지도 않는 영원히 고요한 열반을 구해야 한다. (『별역잡아함경』 대정장 2권)

성철 스님도 삶과 죽음에 대하여 동일한 내용을 언급했다. "생명이 있는 모든 중생은 죽는다. 수명은 반드시 다하게 되어 업에 따라 인연의 과보를 받는다. 선과 악 각각에 결과가 뒤따른다. 복을 쌓으면 하늘세계로 올라가고 악을 지으면 지옥에 떨어진다. 도를 닦으면 생사의 과보를 끊고 열반의 세계로 들어가 윤회에서 벗어나 죽지 않게 된다(성철, 1996, 24~26)."

그러므로 무명에서 벗어나 착한 행실과 언행을 통해 복을 쌓고 차생에서 더 좋은 생명을 얻거나 열반에 이르게 되는 경우 그의 죽음은 해탈로서 다시는 생과 죽음의 윤회에서 고통을 겪지 않게 됨으로 좋은 죽음이라 할 수 있는 것이다.

3. 노자와 장자의 죽음 이해

(1) 노자의 무위적 죽음 이해

노자의 사상은 인위에 대한 반제로서 무위를 주장하는 데 그 핵심이 있다. 죽음을 이해하는 데에서도 이런 원칙이 적용될 수 있다. 노자사상에 비추어 이현지는 죽음을 크게 나누어 인위적 죽음과 무위적 죽음으로 나누어 본다(이현지, 2010). 인위적 죽음이란 삶과 죽음을 나누어 놓고 바라보는 죽음이다. 이런 관점에서는 살아있는 이가 죽음을 외연에 놓고 죽음을 두려워하거나 회피하는 태도를 낳는다. 동시에 삶에 대한 집착이 인위를 도모하게 만든다. 하지만 무위로서의 죽음은 삶과 죽음을 비분리의 통전적인 것으로 바라보게 함으로써 죽음을 자연스럽게 받아들이게 한다.

  노자는 인위로 가득한 세상은 도와 덕이 없는 세상이 되어 자애로움과 검약함이 없고 오만하여 나서기 잘하는 사람들이 득세하는 세상이라고 보았다. 이런 세상에서는 삶과 죽음을 분리하고 인위적으로 죽음을 멀리하게 된다고 하였다(『老子』, 21장). 인위가 지배하지 않는 도인의 세상에서는 사람들이 죽음을 두려워하여 피해 다니는 일이 없다. 도인의 세상의 특징에 대하여 노자는 이렇게 말한다.

> 백성이 죽음을 겁내지 않는데, 어찌 죽음으로써 두려워하게 하려 하는가? 만약 백성으로 하여금 늘 죽음을 두려워하게 하고 기이한 짓을 하는 사람이 있다면 내가 그를 잡아서 죽일 것이니 누가 감히 그렇게 하겠는가? 죽임을 맡은 이는 따로 있는 것이니, 죽임을 맡은 이를 대신하여 죽인다면, 이것을 일러 훌륭한 목수를 대신하여 나무를 깎는 것이라고 한다. 큰 목수를 대신하여 나무를 깎는다고 나서는 사람치고 그 손을 다치지 않는 이가 드물다. (『老子』, 74장)

  노자는 죽음을 두렵거나 고통스럽게 생각한다면 그것은 우리가 죽음을 제대로 모르고 있기 때문이라고 주장한다. 죽음을 알면 두려움이 없다는 것이다. 왜냐하면 자연을 거스르는 인위를 버리고 무위를 따르는 경우 죽음은 자연에 속하는 것으로 받아들여지기 때문이다. 죽음을 멀리하고 삶만 선택하려는 경우 이는 자연의 이치에 거스르는 과욕, 인위에 빠져 고통과 비본질적인 것들에 사로잡혀 헛되게 채울 수 없는 것을 채우려 하는 것과 같다. 따라서 무위의 도를 따르면 삶과 죽음의 경계를 넘어서 자유 할 수 있는 현묘한 덕(『老子』, 51장)에 이를 수 있다고 노자는 주장한다. 이처럼 노자는 삶과 죽음의 경계를 넘어서서 생명을 귀히 여기는 삶을 아우르고 더불어 자연스러운 죽음을 포용한다. 생명사상과 더불어 자연적 죽음사상이 하나가 되는 죽음관을 보여주고 있다.

(2) 장자의 죽음관

  공자가 제자 안회의 죽음을 슬퍼하며 예를 잊고 통곡했다는 논어의 기록이 있다면 장자에는 장자가 아내의 죽음 앞에서 슬퍼하다가 춤을 추었다는 기록이 있다. 공자는 인위의 예를 가르쳤지만, 노장은 인위보다 인위의 비자연성을 부정하는 무위(無爲)를 더 중시했다. 공자는 정치의 유효성을 인정하고 자신이 등용되기를 기대했지만, 노장은 지배나 힘에 의한 강압의 비자연성을 비판하는 시각을 한결같이 유지하고 있다. 노자나 장자의 생사관을 우리는 산 위에 구름이 모이는 것이 삶이라면, 모였던 구름이 흩어지는 것이 죽음이라는 생각에서 자연적 생사관을 엿볼 수 있다.

장자 지락(至樂)편에 나오는 장자의 아내의 죽음에 대한 장자의 언급이 바로 이러한 내용을 지시하고 있다. 아내가 죽은 것을 알고 다리를 뻗고 앉아 질그릇을 두드리며 노래를 부르고 있는 장자에게 문상 온 혜자(惠子)가 아내가 죽었는데 어찌 곡도 하지 않느냐고 물었다. 그러자 장자는 이렇게 말했다.

"당초에는 나라고 어찌 슬퍼하지 않았겠는가. 그러나 그 근원을 살펴보니 본래 삶이란 없었던 것이요. 그저 삶이 있었을 뿐만이 아니라 본래 형체(形體)도 없었소. 비단 형체가 없었을 뿐만이 아니라 본시 기(氣)도 없었소. 그저 흐릿하고 어두운 속에 섞여 있다가 변해서 기가 생기고, 기가 변해서 형체가 생기며 형체가 변해서 삶을 추게 된 거요. 이제 다시 변해서 죽어가는 거요. 이는 춘하추동이 시로 사철을 되풀이하여 운행함과 같소. 아내는 지금 천지라는 커다란 방에 편안히 누워 있소. 내가 소리를 질러 따라 울고불고한다면 나는 하늘의 운명을 모르는 거라 생각되어 곡을 그쳤단 말이오." (『장자(莊子)』, 지락(至樂), 21장).

장자는 이렇듯 큰 틀에서는 유교의 죽음 이해와 상반되거나 갈등하지 않는다. 노장사상과 유교 간의 차이가 있다면 공자의 가르침에는 죽음보다는 삶을 소중히 여기는 인위적 예악의 전통이 담겨있다면, 노장사상은 모든 인위를 부자연한 것으로 여기고 죽음과 삶을 우열의 관계가 아닌, 춘하추동 자연의 계절과 같이 바라본다는 점에서 다르다고 볼 수 있다.

4. 나가는 말

유교는 죽음을 필연적인 것이라 여기나 사회적 가치와 예(禮)와 악(樂)을 따라 삶을 소중히 사는 것을 강조하고 있다면, 불교는 삶과 죽음 그 자체가 본질적인 것이 아니라고 가르친다. 삶이란 고해와 같아서 태어남 자체가 없는 해탈의 세계를 그리워하는 존재가 인간이라고 보며 삶과 죽음을 이해한다. 노자는 삶과 죽음 그 자체에 공자처럼 인위적으로 집착하거나 가치를 두는 견해를 멀리하면서 삶의 자연스러움에 맡긴 무위의 삶과 죽음을 자연스러움으로 여긴다. 장자도 노자와 같은 시각을 가지고 삶과 죽음을 춘하추동 계절과 같은 자연의 변화와 같은 것이라 여긴다. 이처럼 동양적인 철학 전통에서 바라본 인간의 삶과 죽음은 서양 철학적 관점에 비해 훨씬 자연주의적인 경향이 강하다.

서양의 종교 철학, 특히 기독교 종교 철학에서는 신과 신의 형상을 닮은 인간을 자연 속에서 가장 우월한 존재로 이해하는 전통이 형성되어 인간을 자연의 일부라고 보기보다는 자연을 초월하는 특별한 영적 존재로 간주했다. 특히 칸트 철학에서는 인간은 의지와 자유를 가진 존재로 특별대우하고 자연을 필연의 세계에 종속된 것으로 파악하였던 입장이 바로 그러하다. 하지만 동양적 사유의 한 특징이라 할 수 있는 것은 기독교 철학에서 보는 인간만의 우월함과 구원이라는 개념이 자리를 잡기 어렵다. 따라서 인간의 죽음에 대하여 공자와 노자나 장자는 자연의 이치에 따른 것이라 보아 자연주의적인 죽음 이해의 시각을 공유하고 있다고 이해해야 할 것이다.

제2장
죽음과 종교

이철영 · 이범수 · 장왕식

　본 장은 종교와 영성에 대한 이해를 추구한다. 이에 종교와 영성의 차이와 유사점에 관한 설명으로 시작한다. 죽음을 바라보는 종교적 설명은 주로 불멸과 내세의 개념을 중심으로 펼쳐지는 하나의 입장과 그런 개념 없이 죽음의 문제를 극복하려는 또 다른 입장으로 나뉘어지는데, 이러한 입장들에 관해 설명한다. 또한, 세속적 영성이 죽음의 문제를 다루는 데 있어서 종교와 어떻게 다른 특징을 보여주는지를 소개한다. 동아시아 종교와 서구 종교에서 말하는 영성의 차이를 설명하고, 각 종교가 지닌 영성을 고찰해 본다.

Key word : 종교와 죽음, 영성과 죽음, 영성과 종교, 내세

제1절
동양 종교에서의 영성과 죽음의 이해

1. 실존적 관점에서의 영성 이해

무속과 유교, 불교로 대변되는 동양의 종교에서 영성의 문제는 생소한 주제가 아닐 수 없다. 서구 종교에서도 20세기의 문화적 발달을 거치면서 그 중요성이 부각되기 시작한 영성의 문제를 동양의 종교적 측면에서 살펴보는 것이 맞지 않는 옷을 입는 것과 같아 쉽게 동의하기 어렵다. 다만 다양한 시각이 존재함을 전제하고, 앞서 종교적 영성과 구분한 세속적·실존적 관점에서 영성의 문제에 천착하여 동양 종교의 영성적 문제에 대해 살펴보고자 한다.

먼저 영성에 대한 정의와 관련하여 그리피스(Griffiths, 1984)는 "우주 전체를 지배하며 관통하는 보편 영과 인간이 일치되는 지점으로, 인간 초월의 지점이며, 무한과 유한이 일시적인 것과 영원한 것, 다수와 하나가 만나고 접촉하는 지점"으로 정의하였고, 울프(Wolf, 1996)는 "인간의 보이지 않는 정수로서 인간 육체에 생기를 주며 지성, 상상력, 감정, 요구, 의지를 포함하는 능력들 중의 하나"로, 헬미니악(Helminiak, 1996)은 "진정한 자기 초월을 향하는 본질적인 인간의 역동성을 통합하려는, 특히 고귀하고 높고 선한 것을 추구하는 삶의 실재"로 정의하고 있다.

이를 종합하면 영성은 인간의 내적인 자원의 총체로서, 개인으로 하여금 자신, 타인 및 상위 존재와의 의미 있는 관계를 유지시키며 신체, 영혼, 마음을 통합하는 에너지, 존재에 대한 의미와 목적을 주관하게 하고, 당면한 현실을 초월하여 앞으로 나아가게 하는 힘을 의미한다고 할 수 있다. 영성 연구 학자들의 공통된 정의는 영성은 자기 초월을 위한 인간의 내면적 능력인바, 그 안에서 우리는 거룩한 존재에로의 참여가 이루어지게 된다. 이로써 영성은 우리에게 관계·의미·목적, 그리고 윤리적인 책임성을 추진하는 동인이라고 할 수 있다. 이러한 영성의 문제는 최근 들어 심리 사회적 건강을 포함한 개인의 전인적 건강에 영향을 주는 차원 높고 핵심적인 개념으로 확장되어 이해되고 있다.

영성학자들이 동의하는 일반적인 영성의 특징은 자기 초월과 삶을 통합하는 능력 등을 제시한다. 여기서 이야기하는 자기 초월은 자기로부터 벗어나는 것일 뿐 아니라 타자와 관계, 거룩한 존재, 즉 초월자와의 관계, 타자를 지향하는 것을 의미하고, 삶을 통합하는 능력은 영성이 사상이나 가치, 생각의 일관성을 주는 것으로 삶을 통합해 주는 기능이 있는 것을 말한다. 영성이 삶을 통합하는 차원은 자기 정체성 형성과 관계가 있어서 자기 초월뿐 아니라 자기 정체성의 차원이 있는 것이라고 할 수 있다. 여기에서 정체성이란 한 개인의 개별성과 독자성을 자각하게 하며 외적인 변화에도 불구하고 일관된 자기로서 지속할 수 있게 하는 주체적 자아의 통합 과정을 뜻하는 것이다. 그 결과 영성은 수직적 차원에서 신과의 관계에 초점을 두는 종교적, 유신론적 관점과 수평적 차원에서 삶의 목적과 만족을 강조하는 비신학적, 세속적, 인간적, 실존적 관점에서의 이해가 가능해진다. 영성의 특성을 그림으로 살펴보면 다음과 같다.

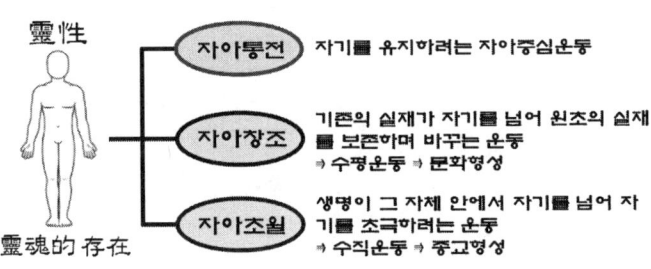

〈그림 1〉 실존적 관점에서의 영성 이해

〈그림 1〉을 통해 살펴본 바와 같이 본고에서는 수평적 차원 즉 앞서 논의한 세속적·실존적 관점에서의 영성에 대한 이해를 바탕으로 동양 종교의 영성 문제를 논의하고자 한다. 동양 종교를 대상으로 하는 세속적·실존적 관점에서의 논의가 가능한 것은 동양 사회가 오랫동안 인간의 삶을 육체적 존재로서의 인간과 영혼적 존재로서의 인간으로 이해하였기 때문이다.

가장 오래된 종교인 무속에서는 인간을 육신과 영혼의 이원적 결합체로 인식한다. 죽음을 육신과 함께 한 영혼이 육신에서 떠나간 상태로 이해함으로써 영혼을 생명의 근원인 무형의 기운으로 이해한다. 아울러 유교에서는 육신과 혼·정신이 함께 있는 상태를 삶으로, 두 기운이 분리되어 각각 하늘로 올라가고 땅으로 들어가는 상태를 죽음으로 이해하였다. 그 결과 성리학에서의 죽음은 혼백(魂魄)의 분리이며, 혼과 백은 각각 귀(鬼)와 신(神)으로 변화되는 기의 작용으로 논의하였고, 죽음으로 인해 흩어진 기는 본래의 것으로 복귀하지 않음으로써 인간이 맞이할 죽음은 바로 일회성 사건으로 이해되었다.

불교에서 이해한 죽음의 현상은 중생의 존재 형태인 生有, 本有, 死有, 中有로 단절 없이 하나로 이루어진 전체 중 한 區間인 사유(四有)에 해당한다. 불교에서의 죽음은 임종 순간 맞이하게 되는

死有로부터 임종 후의 새로운 생을 찾는 영가의 상태인 中有 개념과 연결시켜 볼 수 있다. 인간에게 죽음이 일어나는 과정과 임종 후 영가의 상태 그리고 영가의 새로운 생의 추구와 관계된 천도의례(薦度儀禮)의 사상적 기반에 필수적인 요소가 됨으로써 불교에서 이해된 죽음 역시 육체와 영가의 관계에서 영가의 변화 과정으로 이해할 수 있다.

이를 종합하면 동양의 종교에서 죽음은 삶을 구성하는 육체적 존재와 영혼적 존재의 결합이었고, 분리된 영혼적 존재를 어떻게 이해할 것인가의 문제가 영성에 대한 이해를 가능하게 한다. 이를 그림으로 살펴보면 다음과 같다.

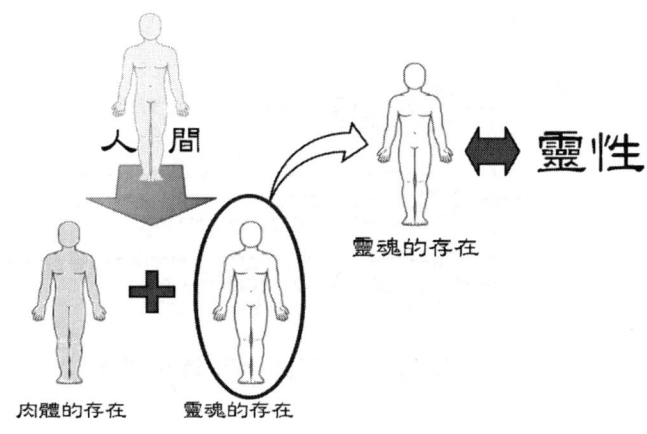

〈그림 2〉 인간 존재의 이해와 영성

〈그림 2〉에서 설명한 인간을 구성하는 영혼의 존재를 세속적, 인간적, 실존적 관점에서의 영성으로 이해하면, 영성은 앞서 〈그림 1〉에서 살펴본 바와 같이 자아 통전과 자아 창조, 자아 초월의 특징을 가진 영혼적 존재로 이해될 수 있다. 이러한 논의를 통해 동양 종교에서의 영성에 대한 이해가 가능해짐을 알 수 있다.

2. 무속의 영성 이해

무속은 인간의 가장 원초적인 신앙의 형태로서 각 문화권마다 자연 발생적으로 생겨난 민간신앙이다. 한국 사회에서 무속은 샤머니즘의 일종으로 이해되기도 한다. 그러나 샤머니즘에서의 세계관은 상·중·하계의 수직적 세계관과 이를 연결하는 축, 타계에 대한 여행이라는 시각으로 구성되어진다. 이와는 달리 무속의 세계관은 이승과 저승이라는 이원적 수평 우주관을 가지며, 신령을 무당의 체내에 빙의시켜서 점복·예언·치병을 행하거나, 특정의 신령, 사령, 조령을 자신에게 빙의 시켜서 굿의 의뢰자와 영적 존재의 매개자로서의 역할을 수행하는 무당으로 구성되어 세계관과 그 역할에 있어서 다소 차이를 보이고 있다.

무속의 내세관은 외래종교인 불교와 도교 등의 영향에 의해 극락과 지옥, 시왕(十王) 등의 관념이 생겨나면서 사후에 영혼이 가서 영주하는 극락과 지옥의 두 가지 형태가 존재하는 것으로 믿는다. 사람이 죽으면 영혼이 명부로 가서 시왕을 차례로 거치며 생전의 선행과 악행을 심판받게 되고, 선한 일을 한 영혼은 극락으로 보내어 영생하게 된다. 반대로 악한 일을 한 사람의 영혼은 지옥으로 보내서 영원히 온갖 형벌을 받는다고 믿는다. 그러나 무속의 표면에 나타난 내세의 형태를 살펴보면, 불교의 내세 형태와 동일한 극락과 지옥으로 구분됨으로써, 불교의 유입 이후 영향을 받아 변질된 후천적 형태의 것으로 보인다. 불교의 영향 이전 무속의 내세는 현세를 이승, 내세를 저승으로 하여 내세인 저승은 현세와의 관계를 일체 끊고 새로운 생활이 시작되는 곳이라고 믿는 이상향(理想鄕)이었던 것으로 생각되며 형태는 이승의 모사된 것으로 이해되었다.

무속에서 인간은 육신과 영혼의 이원적 결합체로 인식한다. 영혼은 육신의 생존적 원력이라고 믿으며, 영혼은 무형의 기운으로 생명의 근원으로 이해되었다. 그 결과 죽음은 육신과 함께 한 영혼이 육신에서 떠나간 상태를 말하며, 영혼은 죽은 후에도 새로운 사람으로 세상에 다시 태어나거나 내세인 저승으로 들어가서 영생한다고 믿는 불멸의 존재라고 할 수 있다.

무속에서의 영혼은 사령과 생령의 이종으로 구분되는데, 생령은 살아있는 사람의 몸속에 깃들어 있는 영혼이고, 사령은 죽은 사람이 저승으로 가는 영혼을 말한다. 영혼은 살아있는 사람과 동일한 인격을 갖는 것으로 상정하여 무의식(巫儀式)에서 인격적인 대우를 받게 된다. 영혼의 형태는 인체와 같은 모양의 영상(影像)을 갖는 것이지만, 꿈 또는 환상 속에서만 볼 수 있고 평상시에는 영상조차 찾아볼 수 없는 무형의 공기나 호흡과 같은 형태로 나타난다. 그 결과 무속에서는 죽음은 육체의 죽음만을 의미하고, 영혼은 원칙상 죽지 않는 것으로 이해된다.

무속의 관념에서 인간은 천수를 누리는 것을 염원하되, 천수가 반드시 장수를 의미하는 것은 아니다. 천수를 다한다는 것은 자기에게 주어진 삶의 길이를 말하는 것이고, 무작정 오래 사는 것을 의미하지 않으며 무작정 오래 살도록 되어 있는 것도 아니다. 인간의 죽음은 악신의 개입으로 인하여 천수를 누리지 못하게 됨으로써 발생되는 사건이다. 이렇게 맞이하게 되는 천수를 다하지 못하고 죽음과 불행한 죽음에 대하여는 매우 애석하게 생각하며, 이때 죽은 영혼에 맺혀진 한(恨)이 무속에서 주로 다루어지는 주제라고 해도 과언이 아니다. 또한 무속에서는 선신과 악신을 뚜렷하게 구별한다. 악신과 선신은 동등한 힘과 자격으로 모셔지며, 악신의 침입을 선신의 도움으로 막으려는 방법을 사용한다. 다만 악신이 죽음을 가져오게 하는 방법은 일차적으로 질병이라는 수단을 통하여 침입하는 것으로 이해되고 있다. 무속의 관점에서 인간이 죽음에 이르는 과정은 이처럼 선신과 악신의 투쟁의 결과로 인식한다.

무속에서의 영혼은 원칙상 사령을 말하지만, 민간에서는 생령의 관념도 뚜렷하게 나타난다. 사령은 죽은 후에 저승으로 가는 영인 데 비해, 생령은 살아 있는 몸에 깃들어 있는 영을 말한다. 이러한 영들은 살아 있는 인간과 별로 다를 바 없는 모습을 지니고 있다. 그러나 인간보다는 능력이 있어서 현저한 차이를 보인다는 점이 다르다고 할 수 있다. 생령은 시간이나 공간의 제약을 받지 않으며 무엇이든 모르는 것이 없이 아는 능력을 갖추고 있다. 이처럼 선령과 악령이라는 영혼의 이중적 성격은 인간 세상에도 영향을 미쳐서 선신과 악신의 투쟁이 있게 되고 선신의 승리를 통해 비로소 인간의 천수를 다하게 한다는 것이 무속에서 말하는 삶의 과정이다.

3. 유교의 영성 이해

인(仁)을 중심으로 "제 몸을 닦아 백성을 편안히 한다(修己而安百姓)"는 전제에서 수신(修身)·제가(齊家)·치국(治國)·평천하(平天下)의 실현을 목표로 한 유교는 자기도야(修身)를 바탕으로 모든 사람을 평안하게 한다(平天下)는 수기치인(修己治人)의 도를 이상으로 삼고 있다. 이러한 도덕적 실천을 중심으로 하였던 선진시대(先秦時代) 유학은 정치적 또는 종교적 사회체제의 변화에 따라 도가사상과 불교 사상을 가미하면서 이론적으로 심화되었고 철학적인 체제를 갖추게 되었다. 이후 성리학으로 대변되는 신유학(新儒學)은 이(理)·기(氣)의 개념을 통해 우주의 생성과 구조, 인간 심성의 구조는 물론 사회에서의 인간의 자세 등에 관하여 깊이 사색함으로써 형이상학적(形而上學的)·내성적(內省的)·실천 철학적인 여러 분야에서 새로운 유학 사상을 수립하였다. 이러한 여러 학설을 남송(南宋)의 주희(朱熹:朱子)에 의해 집성(集成)·정리하여 철학의 체계를 세운 것이 성리학으로, 일명 주자학(朱子學)이라고도 한다.

신유학에서는 이기론(理氣論)의 입장에서 삶과 죽음을 이해하고자 하였다. 그 전제가 되는 동양사상으로 『주역』에서 "변화(易)는 천지와 더불어 규칙이 되므로 능히 천지의 도를 두루 엮을 수 있다. 우러러 천문(天文)을 살피고 굽어 지리(地理)를 살피니, 이로써 현세와 내세를 안다(易 與天地準 故 能彌綸天地之道 仰以觀於天文 俯以察於地理 是故 知幽明之故)"고 하였다. 이는 태어남과 삶,

죽음의 변화 과정을 이해하는 과정이 우주의 변화 과정과 같다는 것이며, 지금의 삶을 통해 죽음 이후의 삶을 이해할 수 있다는 것이다. 이러한 오랜 동양사상의 이해와 관련하여 주자도 삶과 죽음에 대한 논의에서 "시작과 끝[始終], 죽음과 삶[死生]은 순환(循環)의 입장에서 말한 것이지만 실질적으로는 음양의 두 단초에 불과할 뿐이다(始終死生 是以循環言 精氣鬼神 是以聚散言 其實不過陰陽兩端而已)"라고 하여 삶과 죽음을 정(精)과 기(氣) 그리고 귀(鬼)와 신(神)으로 분석되며 다시 이는 기의 음양(陰陽) 작용으로 설명하고 있다. 즉 음양의 순환적 현상으로 삶과 죽음을 이해함으로써 죽음 이후의 귀와 신은 기(氣)를 바탕으로 한 음양의 작용을 통해 죽음에 다다르고 사후변화를 이해함으로써 기의 작용을 바탕에 둔 취산(聚散)의 작용으로 죽음의 문제를 정리할 수 있는 것이다.

죽음 이후 변화된 기에 대해 『예기(禮記)』에서의 논의는 '흙으로 돌아가는 것을 일러 귀(鬼)라 하고, 하늘로 돌아가는 것을 일러 신(神)'이라 하였는데, 관련하여 『성리대전(性理大全)』에서 "혼기(魂氣)는 신(神)이 되고 체백(體魄)은 귀(鬼)가 된다(魂氣爲神 體魄爲鬼)"고 언급하고 있다. 즉 살아 있을 때는 육신과 정신이 함께 있다가 죽음에 이른 후에는 넋이 분리되어 각각 하늘로 올라가고 땅으로 들어간다고 이해한 것이다.

혼과 백 그리고 귀신에 대한 유교적 이해는 정신적 기능의 본질로서 혼을, 육체적 기능의 본질로서의 백으로 이해하고, 이를 통해 혼과 백에 각각 대응되는 개념으로서 신과 귀를 논함으로써 일반적인 의미의 귀신과 유교에서 말하는 귀신(鬼神)은 다른 의미를 가지고 있음을 전제로 하고 있다. 다시 말해 죽음에 이르러 삶을 구성한 기가 흩어지면서 혼(魂)은 하늘로 올라가고 인간 신체인 백(魄)은 물질의 근본을 이루었던 땅으로 돌아가는 것이다. 이때 하늘로 올라가는 혼(魂)을 신(神)이라 하고 땅으로 돌아가는 백(魄)을 귀(鬼)라 하였다. 유교에서 논하는 귀신과 관련하여 "귀신이란 기(氣)일 뿐이요, 굽혀지고 펼쳐지며[屈伸] 가고 오는[往來] 것도 역시 기이다(鬼神 不過陰陽消長而已…鬼神只是氣 屈伸往來者 氣也)"고 하여 귀신에 대한 명확한 입장을 나타내고 있다.

이처럼 신유교에서는 죽음보다는 삶을 강조하였던 선진유교와는 달리 죽음이 기의 응집과 흩어짐이라는 시각에서 이해하고자 하였음을 알 수 있다. 그러나 죽음으로 인한 기의 흩어짐은 더 이상 모이지 않는다는 전제 위에서의 흩어짐을 말한다.

4. 불교의 영성 이해

불교에서는 영성이란 표현을 잘 사용하지 않는다. 일찍이 불교에서는 서기 650년경 발간된 《광

제1부 죽음의 이해

홍명집(廣弘明集)》[1] 16권에서 영성[靈性]이란 표현을 사용했지만, 우주의 모든 현상[法]의 본질이란 의미에서 법성[法性], 그것에 대한 깨달음의 자질인 각성[覺性], 그것은 외부로부터 부여된 바가 아닌, 스스로의 성품인 까닭에 자성[自性], 그것은 누구나 본래[本來]부터 타고난 인간 고유의 성품이기에 본성[本性], 깨달은 존재인 붓다[부처]의 성품이기에 불성[佛性]이란 표현으로 특히 대승불교에서 자주 사용하여 왔다.

달마대사의 6대 제자인 혜능도 육조단경(六祖壇經)에서 "자심[自心, 自性]이 곧 진여[眞如]요, 불성[佛性], 진심[眞心]으로 우주 만유의 본원이며, 중생 성불[成佛]의 근거로서 사람마다 모두 갖추고 있으며, 영원하고 절대적이며 어디에도 있지 않은 곳이 없고 밝아서 어둡지 않은 우주적 마음"이라 하였다(임병정, 2020, 430). 또한 여래장[如來藏] 사상에서는 여래장과 동의로서 불성을 이해하고 있다. 여래장이란 아직 무량 번뇌에 덮여있어 드러나지 않았으나 장차 여래가 되어야 할 태아(胎兒), 여래가 될 수 있는 종성(種性), 여래이어야 본질이 중생의 몸 가운데 내재해 있음을 말한다. 이처럼 불성(佛性)은 불교의 영성(靈性)이거나, 부처의 성질로서 바로 불심[佛心]이요, 자성청정심(自性淸淨心)으로 깨끗한 마음, 청정한 마음을 의미하고 있다.

불교에서는 자성이나 본성을 이해하는 데 있어서 초월적인 존재를 전제하지 않으므로 절대자인 신과 연관된 개념의 영성을 수용하지 않는다. 오히려 불교에서는 스스로 자재(自在)한 본성, 혹은 해탈한 자인 부처의 성품이 무엇인지를 자꾸 질문한다. 이러한 질문은 신앙의 발원(發源)이고, 수행의 과업으로서 바로 화두(話頭)라 불리기도 한다.

이렇게 화두를 참구하여 확철대오(廓徹大悟)한 깨달음 자체가 바로 각성(覺性)이다. 이런 깨달음은 의심하면서 자신에게 끊임없이 질문을 던짐에서 비롯된다. 다시 말하면 '참된 나란 무엇인가'를 질문하는 것은 자기의 마음을 통찰하는 것, 곧 자기의 성품을 깨닫는 길목에 자신을 세우는 작업이다. 보통 불교에서 인간을 이해하는 방식으로 마음의 문제를 중시하였고, 대승불교 이후 간화선에서는 인간의 본성(性)에 대해서 질문하였다. 이것을 보통 마음과 성품에 관한 논의란 의미에서 심성론(心性論)이라 한다(인경, 2006, 31).

불교의 생사관은 연기설과 윤회설에 바탕을 두고 있다. 연기설은 모든 삼라만상은 여러 가지 원인이나 조건에 의해서 생겨나, 서로에게 의지하여 함께 존재하는 것을 말한다. 결국, 우주 만물 중에 홀로 독립되어 실체로 존재하는 것은 없고, 서로 의지하여 상생하면서 연기적으로 존재할

---

[1] 《광홍명집(廣弘明集)》 16권, 眇求靈性, 曠追玄軫(아득한 영성(靈性)을 구하여 밝게 현진(玄軫)을 따르시니), 광홍명집은 644년 당(唐)의 도선(道宣)이 불교(佛敎) 호법(護法)을 위한 글들을 모아 30권으로 편찬한 책이다. 불교가 중국에 전래된 한대(漢代)부터 당초(唐初)까지의 유불도(儒佛道) 관련 기록이 실려 있기 때문에 중국 불교사뿐만 아니라 중국 사상사에 대한 정보를 알려주는 기초 문헌으로 평가받는다.

뿐이라는 사상이다. 즉 삼라만상은 창조신에 의해 만들어진 것이 아니며, 오로지 인연에 의하여 발생하고 사라진다는 것으로 이러한 현상을 설명하는 진리로는 제행무상(諸行無常), 제법무아(諸法無我)가 있다.

이렇듯 불교는 모든 존재하는 것들의 상의 상관성을 규명하는 교의가 근본 가르침이니만큼 체계적일 수밖에 없다. 연기는 조건을 짓는 법이고 연기법은 조건을 따라 생긴 법이며, 이때 조건 짓는 법들이 가지고 있는 결과를 발생하고, 성취시키는 고유한 힘이 상호의존(성)이라 한다. 모든 것이 조건의 화합에 의지하여 존재하기 때문에 "영원하다거나, 원인 없이 생긴다거나, 다른 원인에서 생긴다거나, 지배자에 의해서 존재한다'는 주장들은 옳지 않다(『아비담마 길라잡이』(하), 650-657)"는 것이다.

소위 연기법은 어떤 절대자가 만든 것이 아니고, 누가 선택적으로 받아들일 수 있는 것도 아니며, 본래부터 있어 온 존재법칙으로서 누구든지 예외가 없이 적용되고 누구나 통찰 수행을 하면 알게 되는 이치라고 하였다. 서구 영성 관점이 절대자를 향한 수직적 관계를 상정하거나 인간 존재의 여러 차원들(bio-psycho-social-spiritual dimension) 중에 하나로 영성을 상정한다는 점이다(Practice: The Heart of Helping, 2009, 재인용). 아마도 서양에서는 기독교의 영향으로 지고한 절대자를 상정하고 인간이 그 하위에 위치하는 것이 습관적인 인식일 듯싶다. 하지만, 불교에서 연기법이나 상호의존에 대한 각성은 그처럼 어딘가에 상대가치를 정하고 그것과 상하관계의 성격으로 통하는 게 아니다. 불교에서 영성은 마치 각자가 갇혀 있던 방문을 열고 더 넓은 본래의 자리에서 하나로 소통하는 방식일 것이다(이혜숙, 2009, 312).

전인적이고 온전한(holistic, whole) 존재를 지향하는 영성의 지향점을 불교의 개념으로 보면, 전인적이란 생리-심리-사회-정신의 모든 차원에서 구애된 바 없이 본래의 원만성으로 돌아가는 것이다. 불교에서는 근본적으로 오온(五蘊) 즉, 모든 마음의 작용들(受想行識)과 몸(色)의 대립이 사라지면 상대도 사라지고 공(空)하므로 자연히 온전한 하나가 될 수 있다. 가장 온전한 하나는 무아일 것이다.

윤회설은 중생은 끊임없이 삼계 육도(三界六道)를 돌고 돌며 생사를 거듭한다고 보는 사상으로 불교에서는 중생의 존재를 결코 한 시기만 존재하는 것이 아니고 업의 힘에 의해 무시무종(無始無終)으로 생사를 되풀이하는 존재로 인식한다. 전생의 업에 따라 천상, 인간, 아수라, 축생, 아귀, 지옥과 같은 6가지 양태의 삶을 받게 되는데 이것을 업에 의한 육도윤회(六道輪廻)라고 한다. 윤회 과정에 의한 죽음 후 새로운 형태의 생명의 존재 방식은 생명이 탄생하는 생유(生有), 출생 후 죽음 전까지의 생명이 존재하는 본유(本有), 임종을 맞이하는 사유(死有), 그리고 죽은 후 다음

생의 몸을 받아 날 때까지의 영혼으로서 존재 상태를 말하는 중유(中有)의 4종류로 구분된다.

불교에서의 삶의 궁극적인 목적은 인간이 번뇌와 업에 따라 생사(生死)를 거듭 도는 상태에서 벗어나 열반(涅槃)의 상태인 해탈에 이르는 것이다. 이러한 해탈은 신에게서 부여받는 것이 아니라 우주의 진리를 깨우친 지혜, 즉 반야(般若)를 증득(證得)함으로 스스로 이루는 것이다.

불교는 부처와 인간을 포함한 중생 간의 관계를 바탕으로 존립하므로 불성과는 분리될 수 없으며 영성의 의미를 불성으로 이해하여도 무리가 없을 듯하다. 그러나 아무리 불성을 본래 가지고 있다고 하더라도 중생 스스로가 현실 속에서 그 객진번뇌를 제거하는 실천적 수행이 없다면 그 사람은 불성을 볼 수 없으며 무상정각(無上正覺)을 이를 수 없다.

불교의 수행법 가운데 고집멸도의 사성제(四聖諦: 네 가지 진리 : 고집멸도(苦集滅道))에 의하면 무명(無明)을 멸하면 생사의 괴로움으로부터 해탈한다고 한다. 무명은 인간의 번뇌를 생성하는 원인으로 이는 곧 무지(無知)를 뜻한다. 불교에서는 무명의 강을 건너 열반의 언덕에 도달하기 위한 방법으로 팔정도(八正道).[2] 등의 여덟 가지 수행 방법을 통해 번뇌의 속박을 떠나 삼계(三界: 欲界, 色界, 無色界)를 탈각(脫却)하여 무애자재(無碍自在)한 해탈의 경지를 얻는 것이 수행의 목표이다.

이는 인간에게 자재한 불성을 전제하고, 분란한 현실을 초월해나가는 것으로 해석할 수 있다. 따라서 다음의 수행 과정을 밟으며 자재한 불성을 참구(參究)하도록 해야 한다(인경, 2006, 33).

첫 번째로 집착의 탐색단계에서는 중생이 갖는 증상으로써 집착의 양식과 그 대상이 무엇인지를 탐색하고,

두 번째의 관계 탐색단계에서는 그런 집착이 어떤 관계에서 형성되어서 어떻게 표출되는지를 살펴본다. 이것은 정형적인 심리치료의 과정으로 이해된다. 왜냐하면 집착은 현실적인 관계에서 기인한 까닭이다.

세 번째 완성의 단계는 현실적인 관계에 대한 적응의 문제이기보다는 본래의 인간 본성을 통찰하여 근본적인 깨달음을 성취하는 단계이다.

위 과정과 연관된 마음자리로 볼 수 있는 영성은 평정심(Equanimity)과도 깊은 관련을 가진 것으로 정의되고 있다. 위기에서 희망을 보는 힘과 안녕감, 인류에의 깊은 연대감(ego-centric뿐만이 아닌 world-centric) 그리고 고양된 의식으로서 고요·평화·집중(centeredness)·자기초월·자비

---

2 정견(正見): 바르게 보기, 정사유(正思惟) : 바르게 생각하기, 정어(正語): 바르게 말하기
  정업(正業): 바르게 행동하기, 정명(正命): 바르게 생활하기, 정정진(正精進) : 바르게 정진하기
  정념(正念): 바르게 깨어 있기, 정정(正定): 바르게 삼매(집중)하기

등 정서적인 요소가 포함된다. 미국에서 2003년도에 46개교 대학생 3,700명의 파일럿 조사를 거치고, 2004년도에 236개교 11,000여 명의 학생들을 대상으로 "대학 생활에서의 영성 발달"에 관한 조사에서 각 개념의 신뢰성 등이 통계적으로 확인된 지표들이다(이혜숙, 2009, 311).

불교에서는 죽음은 이미 생유의 단계부터 잉태되어 있다고 한다. 생유와 사유는 따로 있는 것이 아니고 항상 어울려 돌아가는 것이다. 따라서 삶과 죽음을 갈등 관계로 간주하지 말며 죽음을 특별히 두려워할 필요도 없다. 죽음은 생을 가진 이상 누구나 피할 수 없는 필연적이고, 기약 없는 그리고 누구나 만나야 하는 사실임을 항상 놓치지 말고 염두에 두고 살아야 한다. 그렇게 죽음을 필연으로 받아들이는 불성의 자락에서 우리는 삶의 진면목을 깨달을 수 있고, 죽음의 슬픔과 공포 너머로 열반의 삶을 구가할 수 있을 것이다.

제2절 기독교와 영성

1. 무엇이 문제인가?

　죽음은 물리쳐야 할 적인가? 아니면 수용해야 할 친구인가? 죽음은 상실이요 형벌인가? 아니면 구원이고 해방인가?

　전통적으로 사람들은 죽음을 부정적 가치를 지닌 것으로 생각했다. 사랑하는 가족이나 아끼던 친구가 갑자기 세상을 떠날 때 안타까워하지 않을 사람은 없다. 의롭게 살아가던 사람이 어느 날 졸지에 생명을 잃는 사건은 우리에게 엄청난 충격으로 다가오며 이 때문에 죽음을 부조리한 것으로 여기에 만든다. 이렇게 죽음은 종종 안타까운 상실이요 배제되어야 모순이며 심지어 물리쳐야 할 적으로 간주되기도 한다. 이렇게 많은 경우 죽음은 인간에게 극복의 대상이요 해결해야 할 숙제거리였다. 인간이 죽음의 문제와 연관된 해결책을 마련하기 위해 온갖 수단을 강구해 온 것은 바로 그런 이유 때문이다.

　인류의 역사에서 죽음의 문제를 해결하는 것과 관련해, 영성과 종교만큼 가장 강력하고도 효과적인 수단은 없었다. 종교와 영성의 등장으로 인해 인류는 죽음이 반드시 두려운 것이 아니라 극복할 수 있는 대상이라 생각하게 되었으며, 이를 통해 비로소 인류는 불행의 한복판에서도 삶을 지속할 수 있었다. 심지어 어떤 경우엔 죽음을 반갑게 맞이해야 할 친구로 여겨야 한다는 주장까지 할 수 있게 되었는데, 왜냐하면 영성과 종교에 따르면 죽음이란 인간이 자신의 삶을 새롭게 갱신하고 변혁할 좋은 기회라 생각되기 때문이다.

　이하에서 우리는 영성과 종교가 어떤 특징을 가지고 있기에 인간에게 죽음을 극복하는 기제를 제공하는지 살펴보려 한다. 즉, 영성과 종교의 어떤 요소들이 죽음을 삶의 일부분으로 긍정하게 하고, 심지어 어떤 경우엔 삶을 갱신할 기회로 여기게 했는지 알아본다.

　이런 과제를 수행하기 위해 우선 우리는 죽음 개념에 대한 두 개의 접근 방법, 즉 영성적 접근과 종교적 접근을 비교하면서 유사점과 차이점에 대해 먼저 알아보아야 한다. 왜냐하면, 통상적인 이해와 달리 최근의 학문적 흐름은 '영성'의 개념을 반드시 종교와 연결시키지 않고 이해하는 경향이 강하기 때문이다. 소위 '세속적' 영성이라고 불리는 운동이 바로 이런 것인데, 오늘의 현대인들은 이런 세속적 영성 안에서도 죽음의 문제를 충분히 극복해 나갈 수 있다고 생각한다. 따라서 이하에서 우리는 세속적 영성이 죽음의 문제를 다루는 데 있어서 종교와 어떻게 다른 특징을 보여 주는지에 대해 보게 될 것이다.

'종교'의 개념과 관련해 한 가지 전제할 것이 있다. 이 글에서 '종교'로서 우리가 의미하는 바는 동아시아의 고등종교인 불교와 유교, 무속 등과 서구의 기독교, 즉 가톨릭과 개신교를 지칭한다. 서구의 다른 일신교인 유대교나 이슬람, 나아가 동양의 또 다른 고등종교인 힌두교나 도교 등의 입장은 지면을 감안해 부득이 제외했음을 밝힌다.

2. 영성과 종교의 정의

(1) 영성과 종교의 차이

영성과 종교는 죽음의 문제를 해결하는 가장 합리적이고 효과적인 방법론으로 인정 받아왔다. 죽음의 문제를 해결하기 위해 영성과 종교가 택하는 방법론은 크게 보아 두 가지로 나뉜다. 하나는 현세보다는 내세에 관심하는 것이다. 잘 알다시피 이는 죽음 이후의 삶, 혹은 영생에 초점을 맞추어서 죽음의 유한성을 극복하고자 하는 방법이다. 또 다른 하나는 현세의 삶에 충실하면서 죽음의 공포와 정면으로 맞서는 방법이다.

이 중에서 전자의 방법, 즉 현세보다 내세에 관심하는 것은 주로 종교적 접근 방식에서 많이 볼 수 있는 방법론으로서 기독교와 불교 등 일부의 고등종교에서 발견된다. 후자는 도교와 같은 종교적 접근에서 발견되기도 하지만, 주로 영성적 접근 방식에서 많이 발견되는데 이는 특히 오늘날 현대적 지성인들에게 인기를 끌고 있는 방법론이기도 하다. 현세에 관심하든 내세에 더 집중하든, 우리는 종교와 영성의 어떤 특징이 죽음의 공포와 두려움을 해결하고 인간이 자신의 삶을 지속할 수 있도록 힘을 부여하는지 살펴보아야 할 텐데, 그러기 전에 먼저 이해해야 할 것이 있다. 영성과 종교의 공통점과 차이점에 대한 것이다.

사실 얼마 전까지는 영성과 종교를 날카롭게 구분하려 하지 않았다. 전통적으로 영성이란 본래 종교에서만 추구되는 것으로 간주했기 때문이다. 그러나 오늘날에는 영성과 종교를 구별하면서 양자를 별도로 취급하려는 학문적 경향이 강한데, 따라서 우리는 먼저 종교와 영성 양자가 어떻게 구별되는지 그 정의(definition)부터 토론해야 한다.

(2) 영성의 정의와 죽음

영성의 정의를 살펴보자. 영성이란 영어의 'spirituality'를 번역한 것이다. 'spirituality'에서 'spirit' 이란 용어는 영(靈)으로 가장 많이 번역되지만 경우에 따라서 정신으로 번역되기도 한다. 여기서 영과 정신을 어떻게 구분할지의 문제는 따지지 않기로 한다. 매우 복잡하고 긴 철학적 토론을 요구하기 때문이다. 우리는 그저 단순한 구별을 받아들이면서, 정신은 영과 달리 영어에서는 'mind'로 번역되는 또 다른 용어로서 구분될 수 있다는 것만 지적하고 넘어가기로 하자.

영으로 간주되든 정신으로 표현되든 간에 'spirit'이 의미하려는 것은 분명한데, 즉 물질적이거나 육체적인 것을 넘어서는 어떤 존재를 지칭하려는 것이다. 그런데 영이 물질적인 것과 육체적인 것을 넘어서 존재하는 것이라는 말은, 영이 비록 물질이나 육체와 밀접한 관계에 있더라도 최종적으로는 그것들에서 벗어날 수 있는 존재라는 것을 의미한다. 그리고 영의 이러한 특징은 어떻게 해서 죽음의 문제를 다룰 때 우리가 '영적인 것'을 반드시 고려할 수밖에 없는지를 잘 암시해 준다. 그 이유는 다음과 같이 다른 방식으로 설명될 수 있다.

우리가 비록 죽음의 문제를 다룰 때 다양한 각도에서 그것을 취급할 수 있겠지만, 결국 문제의 핵심은 인간의 삶에 갑작스런 종말을 선언해 버리는 사건, 즉 죽음이라는 두려운 사건을 우리가 어떻게 극복하고 넘어설 것인가 하는 것이다. 그런데 잘 알다시피 인간의 삶은 어쨌든 물리적 신체의 활동을 통해 영위되지 않을 수 없다. 그리고 물리적 신체를 통해 영위되는 인간의 삶은 인간에게 기쁨을 선사하기도 하지만 동시에 많은 문제를 일으키기도 한다. 대부분 부정적인 결과를 일으키는 인간의 행위들은 물리적 신체와 연관되는 경우가 많다. 알코올 중독이나 마약 중독 같은 잘못된 습관에서부터 성적인 타락과 같은 비도덕적인 행위에 이르기까지, 대개 이런 문제들은 인간이 나쁜 물리적 습관에 물들어 있거나 혹은 자신의 육적인 욕구를 잘못 관리하는 경우 초래된다. 그런데 나쁜 물리적 습관이나 잘못된 육적 욕구의 사용이 더욱 문제가 되는 이유는 그것이 인간 삶을 피폐하게 만들어 죽음을 앞당기기 때문이다. 이젠 물리적이고 육적인 것을 극복하는 영의 역할이 죽음의 문제를 다루는 것과 관련해 중요하게 될 수밖에 없는 또 다른 경우를 살펴본다.

인간이 죽음을 두려워하는 이유는 자신의 육체가 썩어 없어져 흙의 일부분으로 돌아간다는 허망함에서 기인하기도 한다. 다시 말해서, 죽음 문제를 일으키는 핵심에는 물리적 육신이 지닌 유한성, 즉 자신의 주체가 사라진다는 상실감이 자리 잡고 있다. 이것이 바로 죽음의 문제를 해결하려 할 때 영성이 중요하게 작용하는 근거다. 영성이란 영적인 것을 중요하게 여기는 행동이나 성향을 지칭하는 데, 우리가 이런 영성적 행동과 성향을 적절하게 활용하게 되면 물리적인 습관을 일으키는 문제와 육신적인 것이 지닌 유한성은 물론, 그것으로 인해 발생하는 주체적 상실감을 극복하면서 죽음의 문제를 완화시킬 수 있다고 보기 때문이다.

영성이 함양되어 올바르고 도덕적인 행위를 하게 될 때 내세가 보장된다는 종교적 가르침을 보면, 우리가 죽음의 문제를 해결하는 데에 있어 영성이 중요한 역할을 할 수 있다는 것을 잘 알 수 있는데, 이에 대해서는 우리가 익히 잘 알고 있으므로 더 설명이 필요하지 않다.

(3) 종교의 정의와 영성

영성에 대한 정의와 역할에 대해서 우리가 이제까지 본 내용에 근거하여 보면 굳이 영성과 종교는 명쾌하게 구분되지 않는다. 하지만 많은 경우 인문학의 분과에서 우리는 영성과 종교를 구분하지 않을 수 없는데, 우선 영성중에는 종교와 관련되지 않는 사례가 있기 때문이다. 예술적 영성, 악마적 영성, 뉴 에이지 영성, 생태적 영성, 페미니스트 영성 등과 같은 용어들에서 사용되는 영성이 반드시 종교와 밀접한 관련성이 있는 것은 아니다. 곰곰이 생각해 보면, 여기서 말하는 영성은 그저 어떤 개인이나 집단에서 발견되는 강한 정신적 힘과 능력을 주로 지칭하는 것으로서, 예를 들어 예술 분야의 경우, 한 예술가가 자신의 정신적 능력을 특별하게 발휘해 뛰어난 작품을 창조해 냈을 때의 능력을 가리키는 경우가 그것이다. 물론 이 경우에도 그 예술가가 자신의 물리적이고 신체적인 제한과 한계를 넘어서는 능력을 보여주었다는 조건이 만족된다면 그런 행위와 능력을 영성이라고 부를 수는 있겠다. 그러므로 입장에 따라서 영성과 정신은 명쾌하게 구분되지 않는다고 볼 수도 있고 확실히 구분된다고 볼 수도 있다.

이처럼 영과 정신이 어떻게 비슷하면서도 구별될 수 있는지의 문제에 대해서는 전문적인 철학적 토론이 요구되는 주제이다. 따라서 우리는 여기서 영성이든 정신이든, 그것들은 종교와 다르게 어떤 인간의 외부에 독립적으로 존재하는 초월적이고 성스러운 존재를 상정하지 않는 인간의 특별한 능력과 힘을 지칭한다는 제한된 정의(definition)를 받아들이는 것으로 일단 만족하기로 하자. 그렇다면 종교는 어떻게 정의되는 것이 좋을까?

종교의 정의에 대해서는 이미 앞에서 부분적으로 암시했다. 종교의 정의 역시 다양하지만, 인간의 유한성과 상대성을 초월하는 어떤 성스러운 절대적 존재를 통해, 인간의 삶이 지니는 한계를 극복하여 구원과 해방을 제공하는 것이라고 간단히 정의해보자. 그런데 본 저서가 지향하는 바가, 주로 다수의 한국인에게 영향을 미치는 문화적 요소로서의 종교를 다루는 것이므로, 여기서는 주로 동아시아의 종교라 할 수 있는 불교와 유교, 그리고 무속을 다루며, 서구의 대표적 종교인 기독교를 다룬다. 물론 어떤 이들은 가톨릭과 개신교를 별도의 종교로 취급하는 데에 관심을 가질지도 모른다. 하지만, 본 저서와 같이 제한된 분량 내에서 죽음이라는 단순하지 않은 문제를 다루는 곳에서는 가톨릭과 개신교를 구분할 수 있는 충분한 지면이 허락되지 않는다. 따라서 양자를 굳이 구별해야 할 경우를 제외하고는 단순히 기독교라는 범주 안에서 문제를 취급했다는 점을 이해하기 바란다.

3. 영성과 종교의 공통점과 차이점

죽음의 문제는 많은 경우 인간의 물리적이고 육체적인 욕구와 연결되어 발생한다는 것을 우리는 위에서 보았다. 이렇게 본다면 죽음의 문제를 해결한다는 것은 결국 인간이 어떻게 자신의 행위와 성향을 개선해 물리적이고 육체적인 욕구와 연관된 여러 문제점을 해결할 수 있을 것인가의 과제가 된다.

(1) 영성과 종교의 공통점

위의 제시한 과제를 다루는 것에 관한 한 영성과 종교는 많은 공통점을 지닌다. 우선 이 두 입장은 자연과학적 입장과 구별된다. 자연과학은 인간의 물리적 부분을 다루는 학문이며 인간의 정신과 영의 문제를 과학적 분석으로 해결하려 한다. 예를 들어 뇌 과학이 그중 하나다. 그러나 영성과 종교는 인간의 정신과 영의 문제를 단순하게 뇌 과학적 분석에 의존해 물리적으로 해결하려 하지 않는다. 인간의 모든 문제는 복잡한 정신-신체적 상황의 산물이라 보기 때문이다. 이를 이해하기 위해서 우리는 자연과학적 입장과 영성/종교 같은 인문학적 입장 사이에 존재하는 학문적 접근의 차이에 대해 보다 면밀히 관찰하는 것이 좋다. 이 두 가지 학문, 즉 자연과학과 인문학 사이에 존재하는 차이를 들여다보면 영성과 종교가 과학으로부터 구별되는 고유의 위상이 확연히 드러나기 때문이다. 따라서 이에 대해서 조금 더 알아보자.

이미 말했듯이 인간의 정신이나 영적인 상태에 어떤 문제가 발생했을 때, 자연과학도들, 특히 이 경우 의학도들은 모든 문제를 주로 물리적으로 분석해 획득한 데이터에 근거해 인간의 신체, 두뇌, 심리, 정신 등을 분석한다. 과학도들은 이런 물리적 분석 방법을 사용해 근대 이후 정신의학, 심리학, 정신분석학 등의 학문을 발전시켰고, 그런 학문을 통해 실제로 인간의 많은 문제를 해결했다.

예를 들어 정신병이라 알려져 있는 과도한 우울증 혹은 조현병 그리고 분노조절 장애가 있는 환자들을 치료하는 경우에 현대의 정신과 의사들은 우선 환자의 두뇌를 CT 촬영을 통해 분석하는 것으로 시작한다는 점이 과거와 다르다. 정신과 치료에서 가장 중요한 부분은 그들의 영적인 상태나 정신상태를 파악하는 것이라기보다는 오히려 두뇌 상태를 파악하는 것이라 보는 것이다. 정확히 말해 영적이고 정신적인 문제가 두뇌의 문제라 보기 때문에, 두뇌에 대한 물리적 분석을 가하는 것을 우선시한다는 말이다. 따라서 정신과 의사들은 먼저 자신을 자연과학도로서 규정하며, 이에 따라 환자가 뇌의 어떤 부분에 결함이나 이상이 발생했는지를 항상 발견하고 분석하려 한다. CT 촬영에서 보이는 결과를 분석한 후, 결함이나 이상이 발견된 부분에 전기충격을 가하거나 혹은 약물을 투여하게 되면 대부분의 질병이 치료되는 것은 사실이다. 따라서 이들에게 정신적 장애는 단지 물리적 장애이며 또한 신체적 장애의 연장으로 인식된다.

이렇게 오늘의 자연과학적 입장은 인간의 정신과 영의 문제를 다룰 때 영성가와 종교인들이 다루는 입장과 다른 관점을 취한다. 그렇다면 여기서 이러한 자연과학의 입장 및 방법론과 구별되는 영성과 종교의 입장 및 방법론은 무엇인가?

(2) 자연과학과 영성/종교와의 차이점

자연과학도와 다르게 영성가와 종교인들은 인간의 정신과 영의 문제를 단순히 물리-신체적인 것으로 보지 않는다. 인간이 경험하는 여타의 모든 문제의 경우처럼, 인간의 정신과 영적인 문제는 매우 복합적인 층위의 사건들과 엮여 발생한다고 보기 때문이다. 물론 인간의 정신적인 문제가 유전자 결함이나 두뇌 세포의 이상에서 기인한다는 경우에 대해서는 영성가들과 종교학자들도 일부분 동의하는 것은 사실이다. 그러나 많은 경우 영적 문제들의 근본적 해결책은 단순히 두뇌를 다루는 것으로 환원되어서는 안 된다고 본다는 점에서 영성 및 종교의 입장은 자연과학적 입장과 구별된다.

다시 말해서 어떤 사람이 과도한 우울증이나 분노 조절 장애를 앓고 있는 경우, 영성가들과 종교학자들도 우선은 그 환자에게 자연과학자들이 가져온 데이터를 적용하면서 문제 분석에 참고할 수는 있다. 그러나 우울증 환자들이나 분노조절 장애자들이 앓고 있는 질병의 근원을 두뇌 장애의 문제에서 찾을 수 없을 때도 많다. 예를 들어, 그들의 문제는 가족 간의 갈등의 문제일 수도 있고, 직장이나 그 밖의 공동체에서 발생하는 인간관계에서 오는 문제인 경우가 있기 때문이다. 이런 것들뿐만이 아니라, 많은 경우 그들의 문제는 두뇌와 연관된 물리-신체적 분석만으로는 절대 해결책을 구할 수 없다. 그보다 복합적인 요소들, 예를 들어 그 환자를 둘러싸고 있는 사회적이고 문화적인 상황, 심지어 정치-경제적인 상황 등에 대해 면밀한 분석이 이루어질 때 온전한 해결책이 강구될 수 있다. 사회적이고 문화적인 상황이나 정치-경제적인 상황의 경우 역시 자연과학적인 데이터의 분석을 통해서 부분적인 해결책을 구할 수 있는 경우가 없는 것은 아니지만, 그것만으로는 온전한 해결책이 불가능한 경우도 많은데, 이때 고려할 수 있는 대안이 바로 영성과 종교라 할 수 있다.

구체적인 예를 들어 이를 설명해 보자. 어떤 이가 분노 조절 장애를 앓고 있는 경우, 그의 분노의 근원은 예상과 다르게 매일 매일 하락하는 주식가격일 수도 있으며, 불의한 방법으로 부동산투기를 해 하루아침에 천문학적인 자산가가 된 이웃일 수도 있고, 그로 인해 벼락 거지가 된 자신의 상황 때문일 수도 있다. 혹은 이유 없이 갑자기 이별을 통보하고 떠난 이성 파트너 때문일 수도 있다. 이런 사례들의 경우, 우리는 결코 두뇌와 유전자 검사의 결과에 대한 분석에만 의존해 그들의 분노를 잠재울 수 없는 것이며, 복합적인 정신적-영적 접근을 통해서만 극복할 수 있는 것이다.

물론 아무리 문제가 복합적일지라도 인간은 언제나 문제의 해결을 스스로의 힘으로 해결해 나갈 수도 있다. 그러나 인간은 언제나 자신의 노력만으로는 문제의 해결에서 역부족이라는 사실을 자주 경험한다. 인간은 자신이 의지의 연약함과 우유부단함의 문제를 가지고 있음을 잘 알기에 그것을 해결할 방법을 찾지 않을 수 없는데, 이때 영성-종교적 해결책은 바로 그런 방법을 제시할 수 있는 좋은 도구가 되는 것이다. 이렇게 영성-종교적 해결책의 특징은, 인간이 자신의 문제를 스스로 해결할 것이 아니라 외부의 초월적 힘에 의지해 해결해 나갈 때 온전할 수 있다는 점을 강조하는 데 있다.

(3) 동아시아 종교와 서구 종교의 차이점

인간 외부에 존재하는 그런 초월적 힘에 대해 세계 고등종교들은 다양한 이름을 사용해 표현해 왔다. 불교의 경우는 이를 아미타불로 칭하기도 하고, 유교의 경우에는 천(天)이라 이름한다. 기독교의 경우에는 물론 신(God)으로 불리는데, 이 경우 아버지 하나님, 하느님, 주님, 보혜사 성령 등 다양한 이름으로 불린다. 어떤 명칭으로 사용되든, 이런 개념들의 특징은 그것들이 영적 존재라는 것이며, 인간 내부에 존재하든 외부에 존재하든 인간 스스로에게서 명백하게 구별되는 독립적인 초월자라는 것이다.

동아시아 종교와 서구 종교는 여기서 조금씩 차별성을 지닌다. 어떤 이들은 동아시아에서는 이런 초월적 존재들이 철저하게 세계와 인간에게 내재한다고 믿기에 궁극적으로 인간 세계에서 크게 구별되지 않는다는 것을 지적한다. 이는 특히 화엄불교나 정토불교, 선불교와 같은 후대의 불교에서 보이는 모습이라 할 수 있다. 이와 관련해, 서구 종교들의 경우 사정은 조금 더 복잡하다.

기독교의 경우 플라톤의 영/육 이원론의 영향 아래 여러 교리가 발전되었기에 영적인 존재들은 언제나 인간의 물리적 신체와 극명하게 구별되는 것으로 여겨졌다. 그러나 최근에 발달한 현대

신학은 조금 다르게 본다. 즉, 신을 비롯한 영적인 존재들이 물리적인 인간의 세계와 혼동되어서는 안 되지만, 그렇다고 그런 존재를 외부에만 존재하는 초월자로 보는 것은 성서의 본래 전통에 위배된다는 사실을 지적한다. 특히 기독교의 핵심 교리 중의 하나인 성육신(聖肉身)의 경우, 아버지이신 신은 분명히 인간의 모습을 취하고 세상에 왔으며, 그것을 통해 인류를 구원하려 했는데, 이를 통해 신은 언제나 인간과 세계에 내재하는 분이지 결코 그런 세계와 상관없이 홀로 유유자적하게 존재하는 외부적 초월자인 것만은 아니라는 것이다. 성서의 에베소서 4장은 이에 대해 이렇게 선언한다. "하나님은 모든 것 위에 계시고 모든 것을 통하여 계시고 모든 것 안에 계시는 분이십니다."

여기서 우리는 기독교의 경우, 영/육 이원론을 강조하는 것이 맞는지 혹은 그렇지 않은지의 여부에 대해 자세히 다룰 공간이 없다. 단지 우리는 다음의 사실만은 확실하게 인정할 수 있는데, 즉 기독교는 대개 인간 의지의 연약함을 강조하면서, 어쨌든 초월적 존재인 하나님과의 연관 하에서 모든 문제를 풀어가는 특징을 보인다는 점을 지적하면서 다음 논의로 넘어간다.

4. 기독교적 영성과 죽음의 문제

이제까지 영성과 종교가 어떻게 인간의 죽음 문제를 해결하면서 공통점을 지니는지 살펴보았다. 특히 죽음의 문제와 관련하여 인간이 자신의 물리적이고 육체적인 한계로부터 벗어나기 위해 어떻게 영적인 능력에 의지하는지에 대해 보았다. 논의의 과정에서 이제까지 우리는 주로 영성과 종교가 공통점을 지니고 있다는 전제 아래 양자를 구별하지 않고 토론해 왔다. 이제 이하에서는 종교, 특히 기독교에 주로 초점을 맞추어 문제에 접근해 보자.

물론 기독교는 가톨릭과 개신교의 입장으로 나뉜다. 그리고 양자 사이에는 여러 가지 측면에서 적지 않은 차이점이 존재한다. 그러나 주로 죽음에 대한 입문적인 이해에 관심하고 있는 본 저서의 성격상 우리는 일차적으로 양자를 구별하지 않고 논하려 한다.

(1) 기독교의 이원론과 영성

죽음의 문제를 해결하기 위해 영성을 함양해야 한다고 할 때, 종교는 영성 함양의 문제를 주로 외부적 초월자에 기대어 해결하려 한다는 사실을 우리는 위에서 지적했다. 물론 그런 외부적 초월자가 철저히 세계와 만물 안에 내재하기에 인간 및 세계에서 뚜렷이 구분되지 않는다고 보는 일부 동아시아 종교의 대조적인 입장도 있다. 그러나 서구 기독교는 초월자와 만물 사이에는 철저한 구별이 존재한다는 것을 줄곧 강조해 왔는데, 사실 이는 수많은 신학적 논쟁을 불러일으키며 비판받기도 한다. 성서의 핵심 주장이 그런 식으로 철저하게 신과 세계를 이분법적으로 나누는 데 경도된 것은 아니라는 견해도 만만치 않기 때문이다. 그러나 여기서는 단지 일반적인 견해들을 다루는 것이므로, 기독교를 일단 이원론적 경향을 띤 서구 종교의 하나로 놓고 토론하려 한다. 즉, 그런 이원론적 경향의 기독교는 어떻게 영성의 함양 문제를 다루는지, 또한 그것을 통해 죽음의 문제에 어떤 해결책을 제공하는지를 보도록 하자.

도대체 기독교는 어떤 이유에서 이원론적 경향을 띠게 되었는가? 사실 주지하다시피, 이원론은 인문학에서 종종 철학적 문제아로 취급되어 왔다. 이론적으로나 실천적으로 적지 않은 난점을 갖고 있기 때문이다. 그렇다면 기독교는 어떤 배경에서 이렇게 문제 많은 이원론을 채택하게 되었는가? 무엇인가 이유가 있어 그렇게 되었을 텐데 도대체 그 이유는 무엇인가?

기독교가 이원론적 경향을 띠게 된 배경에는 우선 당대 세계를 지배하고 있었던 희랍철학의 영향을 빼놓을 수 없다. 영/육 이원론, 정신/신체 이원론, 신/자연 이원론 등, 기독교는 플라톤(Platon)의 영향 하에서 날카로운 이원론적인 구도를 사용해 주로 물리적 신체를 죄의 근원으로 보았기에, 그것과 구별되는 영적인 것을 높이 평가하게 된다. 기독교에 따르면, 인간의 죄는 인간을 죽음의 형벌로 몰아가는 부정적 힘이기 때문이다. 따라서 죽음의 문제를 해결하기 위해서 인간이 가장 먼저 수행해야만 하는 과제는 물리적이고 육체적 욕구를 벗어나는 것이며 나아가 세속적인 관심에서 떠나는 것이다. 이렇게 본다면, 기독교가 이원론적 경향을 띠게 된 배경에는 인간의 죄의 문제와 죽음의 문제를 해결하려는 데 목적이 있는 것이다. 그렇다면 물리적 신체가 죄의 근원이라는 말은 무슨 말인가?

(2) 기독교적 관점에서 인간의 죄

물리적 신체가 인간에게 죄를 유발한다는 주장은 그리 이해하기 어렵지 않다. 인간의 신체는 대개 물리적 습관으로 형성되어 있다. 인간에겐 태어나는 순간부터 선천적인 법칙을 따라 작동하는 물리적 습관이 있는데, 예를 들면 갓 태어난 유아가 젖을 빠는 습관이 그것이다. 여기서 '물리적'이라는 표현을 사용하는 이유는, 한번 길들여진 습관은 마치 물리적인 법칙처럼 고정된 상태에서 변함없이 지속되기 때문이다. 그리고 이는 인간의 행위가 어떻게 죄로 이어지는지를 잘 설명해 준다. 물리적 법칙에 의해 지배되는 습관은 많은 경우 인간으로 하여금 부지불식간에 짓는 죄를 유발하는 것으로 이어지기 쉽다는 것이다.

예를 들어 미국의 저명한 심리학자 폴 에크만(Paul Ekman) 교수가 지적하듯이, 모든 인간은 평균적으로 8분마다 하루 200번 정도 거짓말을 하게 되어 있는데, 이것 역시 잘못된 습관이 만들어 내는 부정적 행위의 한 경우다. 사실 인간은 거짓말이 도덕적으로 나쁘다는 것을 알지만, 자신이 의식하지 못하는 사이 자동적으로 거짓말을 하게 되는 데, 이런 무의식적 행위의 대부분이 자기-방어적 법칙으로 무장된 물리적 습관에서 기인하는 것이다. 이밖에 자기-중심적으로 행동하는 온갖 종류의 이기적인 행동 같은 것들이 어떻게 물리적으로 작동하는 부정적 습관의 대표적인 사례들인지에 대해서는 굳이 더 이상의 설명을 덧붙일 필요가 없겠다. 단지 여기서 중요한 점은, 물리적인 습관과 그것에 의해 지배되는 육체는 자신의 의지와 상관없이 옳지 못한 행동으로 이어지고 쉽게 죄를 결과한다는 사실이다.

모든 인간의 행위에서 예외 없이 나타나는 이러한 물리적 습관을 기독교 신학자들은 특유의 종교적인 용어를 사용해 표현한다. 이른바 '원죄'의 교리다. 기독교는 이런 원죄의 교리를 통해, 그 어떤 인간도 죄인이라는 점에서 예외가 없다고 선언한다. 그런데 잘 알려져 있다시피, 기독교의 이런 원죄 교리는 많은 현대인들에게 매우 불편한 스캔들로서 받아들여져 왔다. 모든 사람을 무조건적인 죄인으로 몰아가는 듯 보이는 이러한 기독교의 주장은 인간을 너무 부정적으로 평가하는 나머지 인간의 가치와 위상을 폄하하는 경향이 많다는 것이다.

그러나 이와 대조적으로 어떤 학자들은 기독교의 원죄 교리야말로 인간 안에 잠재해 있는 근본적인 악의 성향을 가장 적절하게 지적해 주는 종교적 표현이라고 말하기도 한다. 아마 대표적인 경우가 서구의 대표적 근대철학자인 임마누엘 칸트(Kant)일 것이다. 그는 『이성의 한계 내에서의 종교』라는 그의 저서에서 인간 안에 존재하는 부정적인 성향을 근본악(radical evil)이라 불렀다.

익히 알려진 대로, 인간과 침팬지의 염기서열은 거의 비슷하고 단지 0.8퍼센트만이 다르다. 인간이라는 이성적 인간, 호모 사피엔스 안에도 짐승의 유전자가 99.2퍼센트나 들어와 있는 것이다. 아마 이처럼 기독교의 원죄의 교리가 가진 타당성을 잘 설명하는 과학적 데이터는 없을 것이다. 원죄란 바로 인간의 물리적 본능을 구성하고 있는 동물적 성향에 대한 종교적 표현이라 볼 수 있기 때문이다. 따라서 물리적 육체의 한계에 의해 묶여 있는 인간은 언제나 자신의 문제를 해결해 나가는 데 있어 항상 무기력할 수밖에 없으며, 어떤 행동이 되든지 무엇인가를 행하면 행하려 할수록 인간은 오히려 죄의 구렁텅이에 빠져들게 되어 있다는 기독교의 주장이 쉽게 이해될 수 있는 것이다. 죄의 성향을 쉽게 떨쳐 버릴 수 없는 인간의 태생적 한계와 운명을 잘 드러내 주고 있기 때문이다. 기독교의 대표적인 사도인 바울이 표현하는 대로, 인간은 신이 명령한 선(善)을 따라서 행하기보다는 오히려 그 반대로 가는 존재이며, 혹은 마음이 원하는 대로 행동하기보다는 욕구가 원하는 바대로 행하기를 원하는 모순적 존재, 따라서 "오호라 나는 곤고한 자로다"라고 고백할 수밖에 없는 존재라는 말이다.

(3) 인간의 죄와 죽음 문제

그런데 기독교적 입장에서 볼 때, 이런 물리적 육체가 지닌 인간의 유한성과 죄의 성향은 죽음의 문제와 관련해 심각한 결과를 초래한다. 기독교적으로 볼 때, 인간의 죽음은 단순한 인생의 종말이 아니다. 인간의 죽음은 자신이 일생 동안 살아온 삶의 궤적을 더듬어 보면서 공과를 따지고 그것에 의해 대차대조표를 작성하는 과정과 절차이기도 하다. 이른바, 신의 심판을 거쳐야 하는 통과의례의 하나라는 뜻이다. 인간은 죽음과 더불어 이루어지는 신의 심판의 결과에 따라 천국에서의 영생이냐 아니면 영원한 지옥 형벌이냐의 기로에 놓이게 되는 것이다.

하지만 이미 수차례 언급된 대로 신의 심판과 관련해 인간은 결코 긍정적 결과를 얻을 수 없다는 것이 기독교적 결론이다. 언제나 원죄의 속박과 허약한 의지, 그리고 그것으로 인한 전적인 타락에의 성향은 인간이 자신의 문제를 스스로 해결할 수 없다는 것을 드러낼 뿐이며 이로써 다른 대책을 강구하지 않을 수 없게 만든다고 기독교는 본다. 이렇게 스스로 문제를 해결할 수 없는 인간이 유일하게 찾을 수 있는 대안적 돌파구로서 기독교는 그리스도의 죽음과 부활의 능력에 의지하는 신앙을 답으로 제시한다. 기독교에 따르면 전적으로 타락한 인간이 스스로 문제를 해결할 수 없기에, 신은 절대자로서의 스스로의 위치를 포기하고 유한한 인간이 되시면서 인간이 직면한 죽음의 문제를 해결하려 하셨다. 이것이 이른바, 신이 인간이 되셨다는 내용의 '성육신'의 교리가 말하는 것이다.

성육신(聖肉身, incarnation)의 교리는 신앙의인(信仰義認, justification by faith only), 즉 오직 신앙에 의해서만 죄에서 벗어나 의인으로 인정된다는 또 다른 기독교의 핵심 교리에 의해서 뒷받침된다. 그리고 이를 통해 인간의 죽음의 문제는 신의 아들이신 예수 그리스도의 죽음과 그의 부활을 받아들이는 한도 내에서만 해결된다고 주장하게 된다. 비록 인간이 스스로의 능력으로 죄에서 벗어나 자신을 구할 수 있는 능력을 가질 수는 없지만, 그의 무능력의 문제를 해결하기 위해 직접 인간이 되신 신의 능력을 의지할 때 구원의 획득이 가능하게 된다고 보는 것이다.

물론 신의 구원의 능력이 인간의 문제를 해결하기 위해서는 인간이 신앙을 가져야 한다는 조건을 전제로 한다. 즉 인간의 전적인 타락과 그로 인한 영원한 형벌의 문제를 해결하기 위해 온 인류를 대표해 십자가에서 인간의 죗값을 치르고 돌아가신 예수의 죽음을 그대로 인정하고 수용하는 믿음을 인간이 보여주어야 신은 인간을 구원할 수 있게 된다. 그러나 기독교 신학에 따르면 이런 믿음을 소유하는 것조차 인간 스스로의 힘으로 가능하게 된다고 하기보다는 신의 전적인 은총으로 가능하게 된다고 한다. 이렇게 죽음과 구원의 문제에 관한 한, 기독교는 신 중심적인 관점에서 해결을 시도한다고 보아야 하며, 나아가 그리스도의 죽음과 부활을 중심으로 이해된다고 볼 수 있겠다.

여기서 하나의 질문이 제기될 수 있다. 만일 이렇게 인간이 무능력하여 죽음의 지배에 속수무책일 뿐만 아니라 스스로를 구원할 수 없고, 따라서 단지 예수의 십자가에서 구현된 신의 은총을 전적으로 받아들이는 믿음에 의해서만 구원이 가능하다면, 그때 그런 기독교의 주장은 솔직히 너무 인간의 능력을 너무 비하하는 것은 아닐까? 한마디로 말해, 그러한 기독교적인 도식에서 인간은 자신의 죽음 문제를 해결하려 할 때 전혀 아무런 노력과 역할을 할 수 없는 것으로 보이기 때문이다.

물론 기독교는 이에 대한 대답을 가지고 있는데, 그것 역시 여러 갈래로 나뉜다. 가톨릭의 전통과 일부 자유주의적 성향의 기독교가 하나이고, 그와 대조되는 근본주의적이고 보수적인 성향이 또 다른 하나이다. 여전히 보수적 기독교인들은 인간의 문제를 해결하는 데 있어서 인간 스스로의 행위보다는 하나님의 은총과 그것을 믿는 신앙이 핵심이라 주장하지만, 진보적인 성향의 기독교인들의 입장은 이와 대조적이다. 인간의 구원의 달성은 하나님의 은총도 중요하지만, 그것에 인간의 자발적 행위가 더해져야만 비로소 온전히 가능하게 된다고 주장한다. 진보적이고 자유주의적인 기독교인들의 입장에서 보면, 오로지 신앙으로만 구원을 받는다는 것이 맞지만, 그런 신앙에도 반드시 인간의 자율적인 행위가 동반되어야만 온전한 구원이 가능하다고 보기 때문이다. 그들에겐 하나님의 주도적 은총과 인간의 자발적 행위가 결코 상호 모순이 아니라 오히려 역설적인 균형이라고 보는 것이다. 현대 기독교 신학은 이런 역설적 입장을 다음과 같이 표현하기도 한다. 즉, 하나님의 은총은 구원의 집으로 들어가는 현관을 통과한 것이라 할 수 있고, 믿음을 통한 결단은 구원의 정문을 통과하는 것이며, 인간의 자발적인 선한 행위는 구원의 안방이라 할 수 있다는 것이다.

이렇게 후자의 입장을 따르는 사람들은 인간의 죽음의 문제를 다룰 때뿐만이 아니라, 또한, 내세나 영생의 문제를 다룰 때도 전통과 다른 새로운 해석을 제시하고 있다. 이에 대해서는 밑에서 짧게 다룰 예정이며, 본격적으로는 심화된 1급 교재에서 주로 다루기로 한다. 이제 이하에서는 세속적 영성이 다루는 죽음 문제의 특징에 대해서 살펴볼 차례다.

5. 세속적 영성과 죽음의 문제: 기독교적 관점

영성이라는 개념은 다양한 의미를 지니고 있다. 그 외연이 매우 넓기 때문이다. 위에서 우리는 종교적 영성의 특징을 살펴보았거니와 영성의 범위 안에는 종교와 상관없는 것도 있다고 말한 바 있다. 어떤 이들에게는 이런 말이 물론 의아하게 들릴 수도 있으나, 오늘날에는 종교 없는 영성 운동이 나름 매우 활발하게 펼쳐지고 있는 것도 사실이다. 그렇다면 종교 없는 영성은 무엇이며 그것은 어떻게 형성되었는가?

(1) 세속적 영성의 특징

이미 언급되었거니와 영성의 중요한 의미 중의 하나는 세상적인 것, 세속적인 것을 넘어서도록 만드는 능력과 힘을 말한다. 또한, 그런 능력과 힘을 통해 인간이 더 크고 온전한 세상을 갈망하도록 돕는 것이 영성이다. 영성의 기능이 이런 것이라면 그것이 종교와 반드시 연결될 필요가 없다고 보는 입장이 있다. 그런 이들에게는 물질적이고 육체적인 것을 넘어서서 보다 크고 온전한 세계로 나아간다는 말이 반드시 이 세상과 전적으로 구별되는 초월적인 세계를 뜻하는 것은 아니다. 세속적 영성이 존재하는 이유는 바로 여기에 있다.

물론 세속적 영성을 추구하는 사람들이라고 해서 모든 종류의 초월을 반드시 부정하는 것은 아니다. 그러나 이들에게 초월이란 자연의 연장일 뿐이다. 철저한 의미의 '초자연적인 것'이란 존재하지 않는다고 보기 때문이다. 이런 의미에서 세속주의자들은 자연주의자들이기도 하다. 자연과 이질적으로 떨어져서 존재하는 초자연적인 것은 철저히 부정되기 때문이다.

이런 엄밀한 의미의 자연주의자들에겐 물론 신이 전혀 존재하지 않지만, 만일 존재한다 해도 신의 의미와 위상이 달라진다. 그들에게 신이란, 결코 세속 혹은 자연의 외부에 존재하지 않는 존재이며, 과격한 경우 스피노자가 말하는 범신론(汎神論)의 경우처럼 자연 자체가 바로 신이다. 이런 이유로 그들에게 영성이란 철저하게 이 세상과 자연 내에서 추구되는 것이다. 따라서 만일 물질적인 것이나 육체적인 것이 인간의 삶을 불행하게 만들고 나아가 인간에게 생명보다는 죽음을 부추기는 역할을 하는 것이 맞는다고 하더라도, 자연주의자들은 신이나 초월자에게 의지해 문제를 해결하려 않는다. 신과 같은 외부적 초월자의 도움 없이도 얼마든지 인간은 물질적이지 않을 수 있으며 나아가 육체적 욕망에서 예속되지 않을 수 있다고 보는 것이다.

어떤 이들에겐 이런 자연주의자들의 삶이 정말 영성적이라 할 수 있는지 의문이 들 수도 있다. 특히 전통적 종교의 가치관에 물들어 있는 이들은 충분히 이런 의문을 품을 수 있다. 그러나 이런 세속의 자연주의자들도 충분히 영성적이라고 볼 수도 있는데, 왜냐하면 그들 중 많은 이들이 물질적인 욕망으로부터 해방되어서 얼마든지 자유롭게 영적인 삶을 살아갈 수 있기 때문이다. 오히려 인간의 삶은 그저 자연의 흐름의 일부분에 불과하다고 생각하는 이런 세속적 영성가들은 자신의 자아도 자연 내의 수많은 생명 중의 하나에 불과하다고 보기 때문에, 과도한 이기적 집착에서 쉽게 벗어날 수도 있다. 이렇게 세속 자연주의자들은 자신의 삶을 피폐하도록 만드는 나쁜 육체적 습관에서도 얼마든지 벗어날 수 있다고 주장하며, 그러하기에 이런 자신의 삶을 충분히 영성적이라 볼 수 있다고 주장하기도 한다. 단, 이들은 영성적 삶의 함양을 위해 초월자에 의존하는 것이 아니라, 자신이 스스로 문제를 해결하려 한다는 점에서 종교적 접근과 차이를 보일 뿐이다. 인간에게는 충분히 그러한 자발적 능력이 마련되어 있다고 자연주의자들은 보며, 이를 위해 그들은 요가와 명상을 즐기면서 영성의 증진을 꾀한다고 주장하기도 한다.

(2) 세속적 영성과 죽음

세속적 영성을 추구하는 사람들에게는 죽음을 다루는 문제 역시 자연주의적 관점에서 조명된다. 인간은 자연의 일부이며, 따라서 인간의 죽음은 그저 자연이 스스로 순환하는 과정의 한 절차로 여겨진다. 한 인간의 죽음은 그 자신과 가족, 그리고 주위의 지인들에게는 굉장한 사건이지만, 자연에게는 그저 스스로를 돌리는 하나의 과정 중 일부분일 뿐이다. 하나의 인간이 자연의 한 과정으로서 생성했다가 또 다른 과정의 하나인 소멸의 과정을 거친 것이다. 어떤 면에서 볼 때, 자연은 인간의 삶이 생성하고 소멸되는 데 관심이 없다고 해도 과언이 아니다. 따라서 죽음의 잔혹함 역시 자연의 무심함의 연장일 뿐이다. 혹여 전 인류가 멸망한다고 해도 자연과 우주는 아무런 변동이 없이 그저 스스로의 운동을 계속할 뿐이기 때문이다.

인간의 죽음은 하루살이가 죽거나, 혹은 나뭇잎이 떨어져 흩어질 때처럼 결국 미립자로 분해되어 흩어지는 사건과 다르지 않다. 죽음이라는 과정은 하루살이와 나뭇잎의 경우처럼 한 생명의 몸이 다른 생명들의 몸으로 다시 새롭게 탄생하도록 하는 자연의 과정일 뿐이기 때문이다. 이렇게 인간의 죽음은 그저 하나의 존재에서 다른 존재로 이동함의 절차일 뿐이며 자연의 순환의 연장일 뿐이다. 이런 입장은 사실 종교에서도 피력되곤 한다. 일부 도교가 그러하다. 노자와 장자의 자연주의의 영향을 받아 만들어진 것이 도교이기 때문이다. 그러나 이에 대해서는 지면상 여기서 다룰 수 없기에 다른 기회로 넘기기로 한다. 단지 죽음을 이렇게 이해하게 될 때 장점과 단점은 무엇일지에 대해서 살펴보기로 하자.

이런 자연주의적 입장을 가진 세속적 영성가들은 분명히 죽음이 물리쳐야 할 적이라기보다는 수용해야 할 친구처럼 여겨질 것이다. 태어나는 것과 죽는다는 것에 강한 의미를 부여하지 않기에 죽음에 대해 안타까워하거나 초조할 필요가 없다. 자연에서 왔다가 자연으로 돌아가는 사건으로써 죽음은 그런 자연적 과정의 일부이므로 인간은 죽음에 대해서도 호들갑 떨 필요가 없이 초연하게 될 것이며 이를 통해 현세의 삶에 집중할 수 있는 장점을 지닐 것이다.

이렇게 이들에겐 내세의 삶이 관심의 대상이 아니다. 물론 대부분의 세속적 영성을 추구하는 사람들이라 해서 불멸에 전혀 관심이 없는 것은 아니다. 따라서 도교의 경우처럼 불사, 즉 저 세상이 아니라 이 세상 안에서 죽지 않고 오래 수명을 연장할 방법을 발견하는 것에 관심을 갖는 사람들도 있다. 하지만 대부분 자연주의자들의 관심은 불멸이나 영생이 아니다. 인간의 생사화복이 자연의 흐름의 일부분이고 그것에 맡겨진 상태에서 생겨나는 결과라고 보기에, 이들은 불멸이나 영생보다는 오히려 또 다른 삶의 탄생을 위해 기꺼이 자연의 순환에 자신의 삶을 맡기는 것이 참된 인간의 도리라 본다.

(3) 세속적 영성의 한계

이제까지 우리는 세속적 영성의 특징과 그것이 보는 죽음 이해를 보았다. 그렇다면 이런 입장의 한계는 무엇인가? 자연주의적이고 세속적인 영성이 지닌 문제점은 다음과 같다.

만일 인간의 죽음이 그저 자연이 순환하는 과정의 일부분에 불과하다면, 자칫 어떤 이들은 인간의 죽음을 가볍게 여기게 될 수도 있다. 정말 모든 죽음이 자연적 사건의 일부분에 불과하다면, 아우슈비츠에서 일어난 대학살, 즉 홀로코스트에서 죽어간 수많은 유대인들의 죽음은 어떻게 보아야 할까? 히틀러라는 한 인간에 의해서 자행된 무고한 사람들의 죽음을 그저 자연의 순환 가운데 한 과정으로 발생한 일로 보아야 할까? 정말 그렇다면 그들의 억울한 죽음마저도 단지 자연의 법칙인 약육강식의 법칙이 작용한 결과라 보게 되지 않을까? 이는 명백히 지적되지 않을 수 없는 자연주의와 그것에 기초한 세속적 영성이 지닌 하나의 한계다.

자연주의와 세속적 영성은 분명히 이런 문제점을 가지고 있음에도 일부 현대인들에게 선호의 대상이 되어가고 있는 것이 현실이다. 그러나 이런 상황에 대해서는 다른 곳에서 상세히 살펴보기로 하고 이하에서는 기독교의 새로운 입장에 대해서 살펴보자.

6. 새로운 영성과 기독교

이제까지 죽음의 문제를 다루면서 영성과 종교가 어떤 특징을 지니는지에 대해 설명해 왔다. 영성과 종교는 비슷한 공통점을 지니지만 최근에는 종교 없는 영성의 추구가 하나의 대안이 되고 있다는 점을 밝혔다. 덧붙여 종교 없는 영성의 추구가 지니는 문제점에 대해서도 지적했다. 여기서는 마지막으로 죽음의 문제를 다루는 데 있어 기독교적 접근 방법이 지닌 문제점과 그것에 대한 해결책에는 어떤 것들이 있는지 짧게 토론해 보자.

물론 죽음의 문제를 해결하는 방법론과 관련해 기독교적 접근 방식 역시 다양하지만, 평균적으로 보수적 기독교인의 경우 여전히 내세에 들어가게 될 신의 나라에서 살게 될 영생을 믿는 것이 일반적 현상이다. 이에 대해서는 위에서 충분히 살펴보았다. 그러나 오늘날 발전된 현대 신학은 기독교가 죽음의 문제를 이렇게 내세적 영생론을 통해 무조건 해결하려는 것에 대해 조금씩 거리를 두는 경향을 취하고 있다.

가장 큰 이유는 기독교의 내세적 영생론이 지닌 이기적 경향과 비성서적인 측면이다. 엄밀히 말해서 내세적 영생론은 하나의 인간이 죽음 이후에도 여전히 자신의 개인적 정체성과 주체성을 일관되게 지속하고 싶다는 희망을 표출한 것이라 할 수 있다. 한마디로 말해, 죽음 이전에 존재했던 자신의 주체성과 동일한 것이 죽음 이후에도 계속된다는 것, 그것도 영원히 지속됨을 믿는 것이 내세적 영생론의 골자다. 그러나 이런 영생론은 우선 인간이 스스로의 죽음을 우주의 한 과정으로 여기면서 초연히 수용해야 한다는 자연주의 사상과 갈등을 빚는다. 자연주의가 반드시 옳다는 것이 아니라 그것과 너무 대조적으로 보이는 것이 내세적 영생론이기 때문이다. 다시 말해서, 내세적 영생론이 믿는 인간의 불멸론, 즉 인간의 주체성이 내세에도 여전히 사라지지 않고 지속되기를 바라는 열망은 어떻게 보면 인간의 자기-집착적인 이기심의 연장으로 보일 수 있기 때문이다.

나아가 내세에서 나의 주체가 영원히 불멸하기를 바라는 영생론은 기독교 죽음의 신학에 핵심이 된다고 말할 수 있는 예수의 죽음이 내포한 신학적 의미와 그 정신에도 위배된다. 예수는 "하나의 밀알이 썩어져 죽지 않으면 영생할 수 없다"라고 말하면서 온 인류의 죄를 대신하고 그들을 구원시키기 위해 십자가에서 죽으면서 자신을 바쳤다. 철저한 타자-중심적인 죽음의 이해가 기독교의 죽음 신학에 핵심으로 자리잡고 있는 것이다. 이렇게 본다면, 전통적 기독교 신학이 강조해 온바, 죽음 이후에도 여전히 계속되기를 바라면서 개인적 영생에 집중하는 내세적 영생론은 어떤 면에서 예수의 정신에 위배되며, 나아가 스스로 인간이 되어서, 자신의 신적 정체성을 포기하면서까지 타자인 세상과 화해시키려고 한 신의 뜻에도 모순된다.

바로 이런 깨달음으로 인해 최근의 현대 기독교 신학은 죽음의 문제와 영성의 문제에 대해 새로운 대안을 시도해 왔다. 특히 최근의 현대 신학은 종교 없는 영성을 추구하는 세속적 영성가들과도 대화하고 있으며, 그 결과 자연주의적 입장이 반영된 기독교 신학을 생산해 내고 있다. 이렇게 형성된 새로운 신학에서는 초월적 신의 외부적 독립성을 강조하기보다는 세계와 신의 유기적 관계를 강조하고, 나아가 세계에 신이 철저하게 내재한다는 관점을 부각한다. 또한, 죽음 이후의 삶으로서의 영생을 반드시 내세적인 것과 연결시킬 필요는 없다고 주장하며, 현세이든 내세이든 간에, 그보다 중요한 것은 신과 더불어 영원히 사는 것이라는 점을 강조한다. 신학적 관심이 내세보다는 현세에 집중되고 있다고 할 수 있으며, 개인적 정체성의 지속보다는 타자와의 관계성에 집중하고 있다고 하겠다. 이런 내용이 기독교 신학에서 어떻게 설명되는지에 대해서 보는 것은 본 교재의 범위를 넘어서므로, 이는 주로 1급 교재에서 다루어질 것이다.

제3장
죽음의 심리

이세형

　죽음의 심리에서는 죽음에 대한 심리학적 개념을 이해하고, 죽음 불안과 태도 및 죽음 수용의 발달 과정에 초점을 둔 심리적 관점을 학습한다. 죽음의 심리학을 통해 생의 심리학을 조명한다. 죽음의 심리학의 교육 목표는 첫째, 죽음에 대한 심리학적 개념을 이해하고, 둘째, 죽음 불안에 대한 심리적 반응을 자아 발달과 관계하여 교육하며, 셋째, 삶과 죽음을 생의 전체성에서 보고 죽음을 진정한 심리적 존재의 탄생에 대한 여정이 되도록 하는 것이다.

Key word : 죽음과 심리, 죽음 불안, 죽음 태도, 죽음 수용, 죽음의 심리적 변화

제1절
죽음의 심리학에 대한 이해

　죽음의 심리학이란 말은 죽음이 주체가 된 심리학을 말하지 않는다. 죽음은 그 자체로 주체가 될 수 없다. 현실에 살아 있는 사람으로 죽음을 경험해 본 사람이 없기 때문이다. 가끔 임사 체험을 한 사람들의 이야기도 있지만 이생의 경계를 넘어 실제 죽음의 세계로 건너간 사람들이 죽음에 대해 증언해 줄 수는 없다. 그런 의미에서 죽음의 심리학은 살아 있는 사람들이 죽음과 대면하면서 갖게 되는 심리를 다룬다. 이 점에서 죽음의 심리학은 죽은 자를 위한 심리학이 아니고 죽음을 바라보는 산 자들의 심리학이다.

　죽음을 생각하는 일은 고통스럽고 힘든 일이다. 죽음 앞에 선 인간은 자신의 존재의 유한성 앞에 서게 되고, 삶이 경계 지워지는 경험을 한다. 죽음 앞에선 사람들에 따라, 어떤 이는 자기가 쌓아온 지위와 명성과 관계가 잘려 나가 사라지게 되는 것을 두려워한다. 또 어떤 이는 자신의 존재가 어둠과 허무와 깊은 심연 속으로 함몰되어 죽음에 집어삼켜지는 것을 상상하며 끔찍해 한다. 그런가 하면 자기의 존재가 모래성이 바람에 날리듯이 하나하나 분해되어 흔적도 없이 흩어져 사라지는 멸절을 대면하기도 한다. 의식적이든 무의식적이든 죽음은 우리의 존재를 궁극적으로 무화시키는 절대적인 영향력으로 다가온다. 인간은 죽음을 넘어 불멸하고 싶은 욕망을 갖고 있지만 누구도 죽음을 피할 수 없다는 현실에 직면한다.

　그렇다. 우리는 누구나 죽어야 할 존재다. 그런데 그렇게 피할 수 없는 죽음 앞에서 죽음을 맞는 사람들의 대응 방식이 다르다. 죽음에 대해 문화와 종교 등 집단의 이해가 서로 다르고 개인의 이해와 심리적인 대응이 서로 다르다. 죽음에 대한 관점과 대응 방식은 개인의 삶을 이해하는 중요한 심리적 요인이다. 성숙한 인간은 인간의 유한함을 깨달아 죽음을 배경으로 해서 자신의 삶을 볼 수 있는 사람이다. 죽음을 정직하게 대할 때 인간은 진정한 삶의 의미와 가치를 얻는다. 죽어야 한다는 현실은 바꿀 수 없다. 그렇지만 죽음을 맞는 인간의 마음가짐과 태도는 바꿀 수 있다. 죽음이 우리의 몸을 삼킬 수 있다. 그런데 마음 준비에 따라 마지막 순간까지 죽음을 마음으로 대응할 수 있다. 죽음에 대한 바른 이해와 마음의 준비가 있다면 좋은 삶과 좋은 죽음으로 향할 수 있다.

　죽음은 생명 활동이 영원히 정지되는 것을 의미한다. 생명은 생물이 자율적으로 기능하고 활동하게 하는 동력을 말한다. 생명은 위로부터 주어진 것 혹은 창조된 것으로 이해하기도 하지만 화학진화설의 입장에서 보면 무기물질의 합성에 의해 탄생한 것이다. 생명은 어떤 특별한 결합에 의해 생겨난 것이고, 생명체는 보호막 곧 자기 경계를 형성하여 외부 세계와 물질을 주고받는 신진대사를 통해 자기 존재를 유지하고 성장시킨다.

생명체 중에 특별히 인간은 의식을 지닌 존재이다. 의식을 지녔다는 것은 인간이 외부 환경의 자극에 적절히 반응하면서 대응할 수 있는 고도의 중추신경계인 뇌를 발달시켰다는 뜻이고, 육체적 존재를 넘어 심리적 존재가 되었다는 의미다. 인간은 대상의 이미지를 생성할 수 있는 표상 능력에서 의식을 갖게 되었고, 외부 대상과의 상호 작용을 위해서 자신을 대표하는 자기 표상을 창출하였다. 그리고 자기 표상과 대상 표상의 상호 교류를 통해 인간은 대상에 대한 자기의식을 갖게 되었다. 이 자기의식은 자기 존재를 세계와 분리된 독립적인 자율적 존재로 인식하는 것으로 자기정체감의 바탕을 이룬다.

그러니까 인간은 육체의 탄생에서 외부 환경과의 관계를 통해 심리적 탄생을 이루고, 마침내는 대상에 대해 자기를 인식하는 자기의식을 가진 존재로 발전하게 된 것이다. 고도의 의식 기능을 가진 인간은 의식에 대한 의식을 가능하게 하는 성찰적 의식을 가지게 되고 이로써 인간은 의식에 떠오르는 감각과 감정을 인식하고 사고와 행동을 통제하는 주체에 대한 의식을 가진 자기의식을 지닌 존재로 탄생되는 것이다.

자기의식 혹은 자기 정체감을 가진 인간은 자기개념을 중심으로 자신의 다양한 경험을 통합하여 기억 속에 저장하면서 자신을 시간적으로 일관성 있는 동일한 존재로 인식한다. 자기정체감이 형성되면서 인간은 자신이 가치 있는 긍정적인 존재라는 자존감을 갖는다. 인간은 자존감을 유지하고 강화하려는 뿌리 깊은 욕구를 지닌다.

인간에 대한 정의가 다양하지만, 심리학의 입장에서 보면 인간은 심리적 존재로서 의식과 자기 정체감을 가진 존재이고 자기 존엄성을 가진 존재이다. 죽음과 관련해서 인간의 죽음은 육체적인 종말로서의 죽음과 함께 심리적 죽음이 있다. 인간이 심리적으로 죽었다는 말은 의식의 기능이 상실되었을 뿐 아니라 자기 정체감은 물론 인간으로서의 다양한 심리적 기능이 상실된 경우를 말한다.

인간다운 삶을 위한 가장 기본적인 심리적 조건은 자존감이다. 자존감은 개인이 자신을 가치 있는 존재로 생각하고 주변 사람들이 자신을 소중한 존재로 여긴다고 느끼는 자기 존재의 존엄성에 대한 인식이다. 인간은 육체적 생명보다 심리적 자존감을 더 중요하게 여기는 존재다. 따라서 자존감은 인간에게 신체적 생명보다 심리적 생명을 더 소중히 생각하게 한다. 죽어감의 과정에서 직면하는 가장 고통스러운 경험 중 하나는 바로 이 자존감의 상실이다.

자기감 혹은 자존감과 관련된 죽음 불안에는 소멸 불안과 상실 불안이 있다. 소멸 불안은 인식 주체로서 자기가 소멸하는 것에 대한 불안이다. 상실 불안은 인식 대상으로서의 자기, 자기의 것이라고 여기는 것들을 상실하는 것에 대한 불안이다. 죽음으로 인해 자기와 동일시했던 물질적 자기, 정신적 자기, 사회적 자기를 상실하는 것에 대한 두려움이다. 죽음이 두려운 것은 자기의 것이라 여기며 소중하게 여겼던 것들을 남겨두고 떠나야 하기 때문이다.

상실 불안은 대부분 자존감을 유지하려는 욕구와 관련된다. 인간은 스스로 가치 있는 중요한 존재로 여길 뿐만 아니라 다른 사람들로부터도 소중하게 존중받는 존재가 되기를 바라는 자존감의 욕구를 갖는다. 인간은 이상적 자기를 추구하면서 현실적 자기와 비교한다. 죽어감의 과정에서 겪는 현실적 자기의 부정적 변화는 이상적 자기와의 괴리를 증폭시키면서 자존감을 추락시킨다. 늙고 병들어 추하고 나약하며 초라하고 소외당하는 비참한 모습으로 변해가는 현실적 자기를 인식하면서 자존감이 참혹하게 무너져 내린다.

그럼에도 자존감을 지키려는 인간의 욕구는 매우 강렬하다. 누군가에게는 자존감이 생명보다 더 소중하다. 자존감이 무너진 경우 살아도 사는 것이 아니다. 인간의 존엄성은 개인의 자존감이 온전하게 보존되는 상태를 말한다. 안락사나 존엄사는 자존감과 존엄성을 유지한 채로 삶을 마무리하고자 하는 사람들이 원하는 죽어감의 선택이다. 인간은 누구나 생의 마지막에 자존감을 내려놓고 생명을 연장할 것인가 아니면 자존감을 지키기 위해 생명을 단축할 것인가라는 선택에 직면할 수 있는데 이를 위한 죽음 준비가 되어야 한다.

제2절
죽음 불안과 죽음 공포

1. 죽음 불안

죽음 불안을 지닌 사람들은 구체적으로 무엇을 두려워하는가? 죽음 불안은 어떤 구성 요소들로 이루어진 심리적 현상일까? 초기 연구들은 죽음 불안이 죽음에 대한 포괄적인 두려움을 반영하는 단일 요인이라고 가정했다. 하지만 오늘날은 죽음 불안을 매우 다차원적인 구조를 가진 심리적 현상으로 본다. 코론(Choron, J., 1974)은 이론적인 관점에서 죽음 불안의 세 가지 측면을 구분한다. 첫째로 죽음 불안은 죽어가는 과정에서 일어나는 일에 대한 두려움이다. 예를 들면, 통증과 존엄 상실과 같은 것이다. 둘째는 자기 존재가 사라지는 것에 대한 두려움이다. 예를 들면 생명과 삶을 구성하는 활동의 상실에 대한 두려움이다. 마지막으로는 죽음 이후에 일어날 일에 대한 두려움이다. 말하자면 영원한 징벌이나 망각되는 것에 대한 두려움이다.

독일인으로 일본에서 죽음교육을 활발하게 했던 알폰스 디켄(Alfons Deeken, 1992)은 죽음 공포의 구체적인 내용을 10가지로 세분하여 제시한다.

첫째, 고통에 대한 공포: 질병으로 인한 육체적 고통, 죽을 수밖에 없다는 자각으로 인한 심리적 고통, 남은 가족의 장래를 염려하는 사회적 고통, 사후 세계의 심판에 대한 불안으로 인한 영적 고통에 대한 두려움이다.

둘째, 고독에 대한 공포: 혼자 죽음을 맞이함으로 오는 고독감에 대한 두려움.

셋째, 존엄 상실에 대한 공포: 질병과 노쇠로 인해 초라하고 비참한 모습을 나타냄으로써 존엄과 품위가 상실되는 것에 대한 두려움.

넷째, 짐이 되는 것에 대한 공포: 가족과 사회에 대한 부담이 되고 의료비 증가로 인한 재정적인 부담에 대한 두려움.

다섯째, 통제 상실에 대한 공포: 죽음이 다가올 때 자신을 돌보거나 통제하지 못함으로써 무력하고 의존적인 존재가 되는 것에 대한 두려움.

여섯째, 불확실성에 대한 공포: 언제 어떻게 죽을지 모르는 것에 대한 두려움이다.

일곱째, 미완성의 삶에 대한 공포: 살아있는 동안 추구했던 일을 완성하지 못하고 인생을 불완전한 채로 끝내야 하는 것에 대한 두려움이다.

여덟째, 인격 소실에 대한 공포: 자신의 인격 자체가 없어져 버리는 것에 대한 두려움이다.

아홉째, 사후의 징벌에 대한 공포: 죽은 후에 내세에서 심판을 받아 징벌을 받거나 지옥에 가게 될 것에 대한 두려움이다.

열째, 공포에 대한 공포: 자신이 죽음을 앞두고 공포의 고통에 시달릴 것에 대한 두려움이다.

어네스트 베커(Ernest Becker)에 따르면, 죽음 불안은 모든 인간이 경험하는 보편적 불안이다. 동시에 죽음은 인간이 피하고자 하는 최종적인 위험이자 위협이기 때문에 모든 불안의 근원이다. 죽음 불안은 죽음의 위협을 완전하게 해결할 수 있는 방법이 없기 때문에 인간을 매우 당혹스럽게 만들지만 동시에 인간의 모든 상상력과 창조적 역량을 동원하게 하는 동력이 된다.

(1) 정서적 측면

죽음 불안은 다른 불안과 마찬가지로 무언가 위험한 일이 일어날 것 같은 느낌을 동반하는 부정적 정서 경험으로써 안전감과 평온감이 훼손된 불쾌한 심리 상태이다. 이러한 죽음 불안의 정서적 체험은 자기 존재의 소멸과 관련된 핵심적 공포와 밀접하게 연결되어 있고, 의식적 공포와 무의식적 공포가 있다. 죽음과 관련된 위협을 자각하게 되면 인지적 사고 과정과 함께 두 가지의 정서 기억 구조가 작동하여 죽음 불안의 정서적 체험과 신체적 반응을 유발한다.

(2) 인지적 측면

인지적 측면에서 죽음 불안은 '자신이 더 이상 존재하지 않은 상태의 예상'에 의해 촉발된다. 죽음 불안은 미래를 예상하는 능력, 즉 미래에 자신에게 어떤 일이 일어날지를 예측하는 인지적 능력과 연관되어 있다. 죽음에 대한 생각이 불안을 유발하는 이유는 개인이 지닌 신념 체계와 양립할 수 없기 때문이다. 개인의 신념 체계는 자기 자신과 세상이 지속적으로 존재한다는 가정에 근거한다. 그런데 죽음은 이러한 신념 체계의 근간을 무너뜨린다. 그러나 죽음을 신념 체계의 일부로 통합할 수 있다면 죽음 불안은 완화될 수 있다. 사람마다 죽음 불안을 경험하는 정도가 다른 중요한 이유는 자신과 세상에 대한 신념 체계가 다르기 때문이다.

인간이 죽음을 대하는 태도는 신념 체계에 따라 달라진다. 죽음 태도는 죽어 가는 과정에 대한 믿음, 죽어 있는 상태에 대한 생각, 죽음을 의식적으로 떠올리는 반복적인 사고, 죽음 이후의 육체에 대한 생각, 다른 사람의 때 이른 죽음에 대한 사고 등으로 구성된다. 이러한 다양한 인지적 요인이 죽음의 위협을 자각하고 죽음 불안을 경험하는 개인차에 영향을 준다.

(3) 발달심리학적 측면

발달심리학적 관점에서 보면 인간의 죽음에 대한 인식은 아동이 성장하면서 점차적으로 발달한다. 만 2세의 아동은 반려동물이나 친인척의 죽음을 접하게 되면서 생명이 유한하다는 것을 인식한다. 만 3~6세의 아동은 자신의 부모가 죽을 수도 있다는 것을 인식할 뿐 아니라 자신도 죽는다는 것을 깨닫게 된다(권석만, 2019). 이 사실을 깨닫는 시점에서 아동은 자신과 세상이 영원할 것이라는 믿음과 환상이 완전히 무너지는 충격을 경험하면서 두려움에 휩싸이게 된다. 아동은 이 충격과 두려움을 견디기 어려워 억압을 통해 의식 밖으로 밀어낸다. 이러한 억압을 통해서 죽음에 대한 생각은 약화되지만 죽음 불안은 무의식 속에 온전한 형태로 자리 잡게 된다. 이렇게 억압된 죽음 불안은 아동기 이후 성인기에 이르기까지 개인의 삶에 지속적으로 심각한 영향을 미친다.

2. 죽음 불안의 유형

죽음 불안은 개인의 삶에 영향을 미치는 방식에 따라 여러 유형으로 구분된다. 대부분의 경우, 죽음 불안은 죽음을 떠올리게 하는 상황에서 일시적으로 경험되고 곧 사라진다. 그러나 죽음에 대한 생각이 반복적으로 의식에 침투하여 지속적으로 오랜 기간 죽음 불안을 경험하는 경우도 있다. 실존신경증의 심리적 상태에서는 만성적인 죽음 불안을 고통스럽게 경험할 뿐 아니라 무의미감과 공허감에서 벗어나지 못한 채 현실적인 생활에 대한 관심이 감소한다.

죽음 불안은 죽음에 대한 생각으로 인해 유발된 막연한 두려움에서부터 강렬한 공포에 이르기까지 다양한 강도로 경험된다. 죽음 불안은 죽음의 현실적 위협이 존재하지 않는 상황에서 언젠가 다가올 죽음에 대한 막연한 두려움을 의미한다. 반면 죽음 공포는 죽음의 실제적 위험이 다가왔을 때 느끼는 강렬한 두려움을 뜻한다.

죽음 불안은 불쾌한 경험이기 때문에 방어를 통해 억압된다. 대부분의 경우 죽음 불안은 부정이나 합리화와 같은 강력한 심리적 방어를 통해 무의식 속에 묻힌다. 특히 성장 과정에서 가족이나 친구의 갑작스러운 죽음 또는 자신의 심각한 질병이나 죽음의 위기와 같은 충격적인 경험을 한 사람들의 경우, 이러한 경험을 효과적으로 처리하지 못한 채 과도하게 억압하게 되면 죽음 불안이 무의식 속에 내면화되어 그 사람의 삶에 커다란 영향을 미친다.

죽음 불안은 경험하는 의식 수준과 방어 방식에 따라 4가지 유형으로 구분된다(권석만, 2019). 첫째, 방어-미숙형이다. 이 경우에 사람들은 불안에 대한 일반적인 방어 능력이 미숙하여 일상생활의 위험에 예민한 반응을 보일 뿐만 아니라, 죽음과 관련된 사건을 접하면 높은 죽음 불안을 경험한다.

둘째, 회피-부정형이다. 이것은 평소에 죽음 불안을 별로 경험하지 않지만, 무의식적으로 죽음에 대한 두려움을 용암처럼 내면화한 경우다. 이들은 성장 과정에서 죽음과 관련된 충격적인 경험들을 겪은 경우가 많으며 강력한 방어와 부정을 통해서 죽음 불안을 회피하고 억압하는 사람들이다. 평소에 사소한 위험에도 예민한 반응을 보이고 죽음과 관련된 생각이나 화제를 회피하는 경향이 강하며 신체적 건강, 사회적 성취, 쾌락적 활동에 대한 관심이 높다. 그러나 간헐적으로 죽음의 주제가 꿈이나 의식에 침투하며, 특히 자신 또는 가족의 죽음에 직면하게 되면 내면화된 죽음 불안이 분출되어 심각한 부적응 문제를 나타낸다.

셋째, 방어-와해형이다. 이것은 죽음 불안을 잘 억압하며 생활하던 회피-부정형이 치명적인 질병에 걸리거나 가족의 죽음에 직면하게 되면서 방어가 무너져 죽음 불안이 급격하게 상승한 경우이다.

넷째, 직면-수용형이다. 이 경우에 사람들은 의식적으로나 무의식적으로 죽음 불안이 낮은 사람들로서 죽음에 대해 회피하지 않고 직면하면서 나름대로의 상황을 통해 죽음을 잘 수용한다. 이들은 과거에 죽음과 관련된 충격적인 경험을 하면서 오랜 기간 숙고와 성찰을 통해 죽음을 수용하게 된 사람들이다. 이들은 자신 또는 가족의 죽음에 직면해서도 심리적 안정감을 잃지 않고 침착하고 의연하게 대처한다.

3. 죽음 불안의 결과

죽음 불안은 개인의 삶에 미치는 영향과 결과에 따라 적응적 죽음 불안과 부적응적 죽음 불안으로 나뉜다. 죽음 불안이 언제나 부정적인 것만은 아니다. 오히려 죽음 불안은 생명의 유한성에 대한 자각을 증진시킴으로써 삶의 소중함을 절실하게 깨닫고 하루하루의 삶에 전념하면서 좀 더 의미 있는 삶과 진실한 인간관계를 추구하도록 하는 순기능을 갖기도 한다. 또한 죽음 불안은 인간의 존재 상황과 삶의 의미에 대한 깊은 사색과 성찰을 촉진함으로써 심리적 성장과 인격적 성숙에 이르는 자양분이 되기도 한다.

그러나 죽음 불안을 적절히 완화하지 못할 경우 과도한 불안을 만성적으로 경험하며 고통스러운 삶을 살거나 사회적 역할을 효과적으로 수행하지 못하여 부적응을 나타낼 수 있다. 건강염려증,

공포증, 공황장애, 외상 후 스트레스 장애를 비롯한 다양한 정신장애가 이에 해당한다. 건강염려증이란 자신이 심각한 병에 걸려 있어 죽을지 모른다는 비현실적인 생각과 불안에 집착하며 가정과 직장에서 자신의 역할을 제대로 수행하지 못하는 심리적 부적응 상태를 뜻한다. 또한 죽음 불안을 회피하려는 노력은 과도하게 쾌락을 추구하는 중독 장애나 집단적 가치에 의존하여 자신의 정체감과 독립성을 상실하는 부적응적 삶을 초래할 수 있다.

4. 죽음 불안 척도

죽음에 대한 과도한 생각과 두려움은 일상생활의 부적응으로 나타나는데 이를 죽음 공포증이라 한다. 죽음 공포를 지닌 사람들은 죽음을 회피하지 않고 직면하지만 죽음을 수용하지 못한 채 죽음에 대한 지속적인 공포감을 갖는다. 도널드 템플러(Donald Templer)가 개발한 죽음 불안 척도 DAP(Death Anxiety Scale, DAP)의 문항은 다음과 같다.

- 나는 죽음에 대한 강한 공포를 지니고 있다.
- 죽음은 모든 것의 종말이라는 사실이 나를 두렵게 한다.
- 죽음 후에 일어날 것을 알 수 없는 불확실성이 나를 두렵게 한다.
- 나는 죽음이 최종적이라는 점에 대해서 두려움을 느낀다.
- 내 자신의 죽음에 대한 예상은 나에게 불안을 야기한다.
- 사후생의 주제는 나를 매우 심란하게 만든다.
- 죽음은 의심할 것 없이 불쾌하고 고통스러운 일이다.

죽음 공포는 종교적 믿음이 매우 강하거나 전혀 없는 사람들에게 가장 낮게 보고된다. 사후생의 존재 또는 비존재를 확고하게 믿는 사람들이 사후생에 대해서 불확실한 태도를 지닌 사람보다 죽음 공포가 낮은 것으로 나타났다. 죽음 공포는 비현실적이고 과도한 것으로서 통제되지 않은 상태로 의식에 반복적으로 침투된다. 따라서 미래의 죽음에 대한 지속적 걱정과 불안을 경험하게 되며 죽음을 의식하게 만드는 대상이나 상황에 대한 극단적인 혐오와 회피 행동을 유발한다. 죽음 공포증을 지닌 사람이 죽음과 관련된 상황에 직면하게 되면 어지러움, 구역질, 진땀, 빠른 심장박동, 가슴 통증, 위 통증과 같은 신체적 증상을 나타낼 수 있다.

제3절
죽어감에 대한 심리적 변화

　사람마다 죽어가는 과정은 죽음의 원인에 따라 그 패턴이 다 다르다. 죽음에는 돌연사 혹은 때 이른 죽음이 있고, 말기단계의 치명적인 질병을 발견하고 죽음에 이르는 경우도 있다. 죽어감에 따른 인식의 변화 단계에 대하여 글래서(Glasser)와 스트라우스(Strauss)는 1965년 『죽어감의 인식』 이란 책을 저술하였다. 이 책에서 이들은 임박한 죽음에 대해 치료진과 환자들이 취하는 네 가지 유형을 소개하고 있다.

　첫째, 은폐된 인식으로 환자가 자신의 임박한 죽음을 인식하지 못하는 경우다. 치료진은 환자가 죽어가고 있다는 것을 알고 있지만 환자에게는 회복되고 있다며 사실을 숨기고 은폐한다. 이로 인해 환자는 자신의 죽음을 준비할 기회를 갖지 못할 뿐 아니라, 가족과 친구 역시 환자에게 이별을 표현할 수 없게 된다.

　둘째, 의심하는 인식으로 환자가 자신이 죽어가고 있다는 것을 확실히 알지는 못하지만, 치료진이 그러한 사실을 자신에게 숨기는 것은 아닌지 의심하는 상황을 의미한다. 환자는 '회복된다고 했는데 왜 이렇게 점점 더 아픈 것이지요?'와 같은 질문을 한다. 때로는 임박한 죽음을 알고 있는 것처럼 이야기하여 치료진의 태도를 떠보거나 치료진의 말과 행동에서 자신의 상태에 대한 단서를 찾으려 한다. 그러나 치료진은 환자의 죽음을 부인하며 은폐된 인식을 유지하려고 한다. 이 의심의 상황에서 환자와 치료진 사이에 미묘한 긴장이 발생한다.

　셋째, 상호 위장으로 모든 사람들이 환자가 죽어가고 있다는 것을 알지만, 그렇지 않은 것처럼 행동하는 상황을 뜻한다. 사람들은 위장 상태가 깨어지지 않도록 조심하며 가능하면 환자의 증상과 관련된 위험한 주제에 대한 언급을 회피하며 안전한 주제에 초점을 맞추어 대화한다. 상호 위장은 개인적 비밀과 자존감을 지켜주고 가족의 당혹스러움을 감소시키는 장점이 있지만, 시간이 흘러 병세가 악화되고 환자가 혼자 죽음을 직면할 수 없다고 느낄 때 이런 위장 상태는 흔들리기 시작한다.

　넷째, 공개적 인식으로 환자와 치료진 모두 환자의 질병이 말기라는 것을 인정하는 상황이다. 공개적 인식은 환자로 하여금 그들의 남은 삶을 유용하게 보낼 수 있고 가족과 열린 마음으로 대화할 수 있게 한다. 그러나 공개된 인식 상황은 위험을 내포한다. 은폐된 인식 상황보다 공개된 인식 상황에서 환자가 더 심한 심리적 고통을 경험하고 절제와 품위를 잃은 모습으로 죽어갈 수도 있기 때문이다.

제4절
죽음을 대하는 마음 자세

죽음을 대하는 마음 자세로는 개인이 죽음에 대해서 지니고 있는 긍정적-부정적 관점 혹은 수용적-거부적 자세로 나누어 생각할 수 있다.

1. 죽음에 대한 거부적 태도

죽음에 대한 거부적 태도는 죽음 공포와 죽음 회피로 구분된다. 죽음 공포는 죽음에 대해 두려움과 공포를 느끼는 경우로서 죽음의 상태와 죽어감의 과정에 대한 부정적인 사고와 감정을 의미한다. 죽음 공포를 지닌 사람들은 죽음을 회피하지 않고 직면하지만 죽음을 수용하지 못한 채 죽음에 대한 지속적인 공포감을 경험한다.

죽음 회피는 죽음에 대한 불안과 공포를 회피하기 위해서 죽음에 관한 생각을 하지 않으려는 죽음 부정의 태도를 말한다. 이런 태도를 가진 사람들은 무의식적으로 죽음에 대한 불안을 지니고 있으며 이러한 죽음 불안과의 직면을 두려워한다. 이들은 죽음에 대한 대화를 회피할 뿐만 아니라 죽음을 떠올리는 자극이나 상황을 외면한다. 죽음 회피는 죽음에 대한 생각을 의식에서 멀리 밀어내는 방어적 태도다.

2. 죽음에 대한 수용적 태도

죽음에 수용적 태도는 중립적 수용, 도피적 수용, 접근적 수용으로 구분된다.

첫째, 중립적 수용이란 죽음에 대한 이성적 수용을 의미한다. 이 입장은 삶과 죽음을 동전의 양면처럼 불가분의 관계로 이해한다. 삶을 살아간다는 것은 죽음 그리고 죽어감과 함께 살아가는 것이다. 이들은 죽음을 우리 삶의 불가피한 사실로 수용하고 최선을 다해 유한한 삶을 살려고 노력한다. 이들은 초연한 태도를 가지고 죽음을 삶의 일부일 뿐이라고 여기기에 죽음은 삶의 자연스러운 한 측면이며, 자연스럽고, 부인할 수 없으며, 회피할 수 없는 사건이다. 죽음은 좋은 것도 나쁜 것도 아니다. 죽음을 두려워하지 않지만 환영하지도 않는다. 중립적 수용은 죽음을 삶의 촛불이 꺼지는 것으로 인식하는 것에서부터 문화와의 동일시, 삶의 소명 완성, 유산의 남김과 같이 더 긍정적인 것으로 받아들이는 다양한 태도를 포함한다. 실존적 심리학자들의 경우는 자기실현을 죽음 수용의 중요한 조건으로 여긴다.

둘째, 도피적 수용의 입장에 있는 이들은 죽음을 고통스러운 삶에 대한 더 나은 대안으로 수용한다. 이 입장은 삶이 고통스럽고 비참해서 더 이상 삶의 고통을 감내할 가치가 없다는 인식에 근거한다. 이들에게 죽음은 인생의 부담으로부터 혹은 이 세상의 고통과 괴로움으로부터의 출구다. 이들이 죽음을 긍정적으로 여기는 것은 죽음의 악함 때문이 아니라 삶의 악함 때문이다.

셋째, 접근적 수용의 입장에 있는 이들은 죽음을 더 나은 사후 생으로 나아가는 통로로 받아들인다. 이 입장은 바람직한 사후 생에 대한 종교적 또는 영적 믿음에 뿌리를 두고 있다. 이들에게 사후 생은 실재적 또는 상징적 불멸을 의미한다. 죽음은 새롭고 영광스러운 삶에 대한 약속으로 죽음은 영원하고 축복된 곳으로 옮겨 가는 통로다. 죽음은 신과의 합일이며 영원한 축복이다. 죽은 후에 사랑하는 사람들과 재결합할 것을 기대한다. 죽음은 지극히 행복한 곳으로 들어가는 통로이며 저세상이 이 세상보다 훨씬 더 좋은 곳을 약속한다. 접근적 수용은 행복한 사후 생에 대한 믿음과 관련되어 있다.

제5절
말기 환자의 죽음을 맞는 심리적 변화 단계

앞서 말했듯이 죽음 불안과 죽음 공포는 불멸의 소망을 지닌 인간이 죽을 수밖에 없다는 운명을 자각하면서 경험하는 정서적 산물이다. 인간의 심리적이며 실존적인 과제는 어떻게 죽음을 수용할 것인가이다.

죽음을 바라보는 관점에는 크게 두 가지가 있다. 먼저는 죽음을 자기 존재의 종말이라고 보는 관점이다. 이 관점에 있는 이들은 단 한 번뿐인 삶을 소중하게 여기며 지금 여기의 체험을 중시하는 삶을 사는 경향을 갖는다. 둘째로 죽음을 다른 삶으로 옮겨 가는 통로라고 여기는 관점이 있다. 이들은 지금의 삶을 다음 생의 준비를 위한 단계로 여기며 살아간다. 어떤 관점에서 죽음을 바라보건 죽음과 죽어감에서 어떻게 죽음을 수용하고 죽음과 화해하는가가 인간 삶의 궁극적 과제다. 이 일에 선구적 모델을 제시한 이가 엘리자베스 퀴블러 로스다.

1. 엘리자베스 퀴블러 로스의 5단계 이론

스위스 출신의 정신과 의사였던 엘리자베스 퀴블러 로스(Elizabeth Kübler-Ross 1926-2004)는 죽어가는 말기 환자를 면담하여 얻은 연구 결과를 정리하여 1969년 『죽음과 죽어감에 대하여』(On Death and Dying)을 출간하였다. 이 책에서 퀴블러 로스는 말기 환자들이 죽어가는 과정에서 겪는 심리적 변화를 부정, 분노, 타협, 우울, 수용이라는 5단계로 제시했다.

첫째, 부정의 단계(퀴블러 로스, 1997, 57-70). 말기 질병의 선고를 받은 사람이 처음 나타내는 공통적 반응은 부정과 고립이다. 부정은 충격적인 현실을 인정하지 않고 사실이 아니라고 부인하는 것이다. '아니야! 그것은 사실이 아니야' '나에게 그런 일이 생길 리가 없어!' '무언가 잘못되었을 거야'라고 사실을 부정한다. 이 단계에서 환자들은 다른 곳에 가서 다시 검사를 받는다거나 때로는 자신의 증상이 심각하지 않다고 주장하며 치료를 거부하기도 한다.

둘째, 분노의 단계(퀴블러 로스, 1997, 71-108). 이 단계에서 환자들은 자신이 왜 그러한 질병으로 죽어야 하는지를 용납하지 못한 채 분노를 표출한다. '왜 하필 나에게 이런 병이!' '내가 무슨 잘못을 했길래?' '도대체 왜 내가 지금 죽어야 하는 거지?' '이건 정말 부당해!'와 같이 분노를 표현한다. 이 단계의 환자는 의사, 간호사, 가족 또는 신에게 분노를 표출할 수도 있다. 분노는 좌절감을 표현하는 저항이다. 이 단계 환자들은 자신이 죽어야만 하는 고통스러운 현실의 원인을 외부의 존재로 투사하여 좌절감을 발산한다. 죽음의 절박한 상황에 처하면 대부분의 사람은 이전의 발달 단계로 퇴행하여 유아적인 심리 상태가 된다. 뜻대로 되지 않을 때 아동이 분노를 표현하며 공격적인 행동을 나타내듯이 이 단계에서 환자들은 분노와 공격적 행동을 나타낸다. 이러한 분노의 행동은 자신을 구해 달라는 도움을 요청하는 절박한 마음의 표현이기도 하다. 환자가 주변 사람들에게 분노를 느끼는 것은 시기와 질투의 감정과도 관계가 있다. 죽어가야 하는 자신에 비해 건강하게 살고 있는 사람들에게 시기심을 느끼며 사소한 일에도 불만과 짜증을 나타낼 수 있다. 때로는 분노의 표현으로 투약이나 치료를 거부할 수도 있다. 분노의 단계에 있는 환자를 보살피는 것은 가족과 치료진 모두에게 가장 힘들고 어려운 일이다.

셋째, 타협의 단계(퀴블러 로스, 1997, 109-14). 분노와 좌절감의 표출을 통해 심리적 에너지가 고갈되면서 환자는 좀 더 유화적인 방식으로 죽음을 거부하며 저항한다. 고통스러운 현실을 받아들일 수도 없고 분노의 표현으로 현실을 바꿀 수도 없는 상황에서 환자는 타협을 시도한다. 타협의 단계에서 환자는 죽음을 최대한 늦추거나 기적을 통해 회복될 수도 있다는 희망을 갈구한다. 특히 신을 믿는 경우 신과의 거래와 흥정을 통해 타협을 시도한다. 더 살게 해준다면 또는 질병으로부터 회복할 수 있게 해준다면 신을 위해서 평생 헌신하는 삶을 살겠다고 갈구하며 흥정을 통한 타협을 시도한다.

넷째, 우울의 단계(퀴블러 로스, 1997, 115-46). 아무리 발버둥을 쳐도 죽음을 피할 수 없는 현실을 인정하고 삶의 희망을 포기해야 하는 좌절감과 절망감을 경험하는 시기가 우울의 단계이다. 우울의 단계에서 환자는 삶을 포기해야 하는 상실의 아픔을 느끼며 울거나 슬퍼하면서 많은 시간을 보낸다. 때로는 방문자를 거절하고 오래도록 혼자 있기를 원하기도 한다. 이 단계에서 환자는 반응적 우울과 예비적 우울을 경험한다. 반응적 우울은 과거와 현재의 상실에 대한 슬픔이다. 환자는 질병과 수술로 인해 손상된 자신의 신체, 작업 활동과 사회생활의 중단, 자녀를 돌볼 수 없는 상태, 치료비와 경제적 부담 등에 대해서 슬퍼한다. 예비적 우울은 앞으로 일어날 상실에 대한 슬픔이다. 환자는 가족 및 친구들과의 영원한 이별, 재능과 능력의 상실, 꿈과 희망의 상실, 소중한 물건이나 행복했던 경험과의 단절과 같이 자신의 죽음으로 인해 발생할 미래의 상실에 대해서 슬퍼한다. 우울 단계에 있는 환자는 대화를 원하지 않으며 혼자서 깊은 생각에 빠진다. 때로는 무감각하거나 무표정한 상태에서 사람들과의 접촉을 피한 채 혼자만의 시간을 갖고자 한다. 이 과정은 환자가 죽음을 받아들이고 사랑했던 것과의 이별을 애도하며 세상과의 분리를 준비하는 과정이다. 이 단계에서 환자가 슬픔과 생각에 젖어 있도록 허용해 주어야 하며 섣불리 위로하거나 격려하려는 시도는 피하는 것이 좋다.

다섯째, 수용의 단계(퀴블러로스, 1997, 147-79). 환자는 앞의 단계를 거치면서 자신의 운명을 담담히 받아들일 수 있는 수용의 단계로 접어든다. 이제 죽음과의 투쟁을 멈추고 죽음과 화해하는 단계에 들어간다. 이 단계에서 환자는 '이제는 죽을 수 있다' '더 이상 죽음을 거부하지 않겠다' '이제 죽음을 맞이할 준비가 되었다'와 같은 마음 자세를 갖게 되며 비교적 안정되고 침착한 감정 상태를 유지하게 된다. 환자들은 이 단계에서 가족이나 친구에게 못다 한 말과 유언을 남기거나 자신의 시신에 대한 처리 방법을 전하기도 한다.

퀴블러로스는 수용의 단계를 환자가 긴 여행을 떠나기 전 또는 투쟁의 끝에 이르는 마지막 단계로 묘사했다. 그녀는 죽어가는 과정이 성장의 시간이 될 수 있음을 강조했다. 환자는 죽음의 불가피함을 받아들이면서 삶의 마지막 시간을 의미 있고 생산적으로 사용할 수 있으며 그리고 가까운 사람들과 진정으로 화해할 수 있다.

> 한 인생의 평화로운 죽음을 지켜보노라면 하나의 유성이. 광활한 하늘에 잠깐 섬광의 빛내고서 끝없는 밤으로 영원히 사라지는 것을 본다. 죽어가는 환자를 돌보는 의사가 된다는 것은 이 광활한 인생들의 바다에서 인간 하나하나가 유일무이한 존재임을 더할 나위 없이 생생하게 깨우쳐 준다. (퀴블러 로스, 1997, 346)

2. 패티슨의 3단계 이론

1977년 만셀 패티슨(Mansell Pattison)은 『죽어감의 경험』(The Experience of Dying)에서 죽어가는 사람의 심리적 변화에 대해 좀 더 정교한 새로운 분석을 제시했다. 죽어감이란 삶에서 죽음으로 옮겨가는 과정이다. 패티슨은 이처럼 죽어감의 시작으로부터 죽음에로의 도착에 이르는 기간을 삶-죽어감 구간(living-dying interval)이라고 지칭하고는 급성 위기 단계, 만성적 삶-죽어감 단계, 말기 단계라는 3단계로 구분하였다.

(1) 급성 위기 단계

이 단계는 환자가 말기질환의 진단을 받고 강렬한 공포와 위기감을 느끼는 단계다. 환자는 질병으로 인해 죽을 수 있다는 것을 인식하면서 충격에 휩싸이며 강렬한 불안과 공포를 경험한다. 이 단계는 퀴블러 로스의 단계이론에서 부정, 분노, 타협의 단계에 해당하며 환자의 불안과 공포 수준이 최고조에 달하는 단계이다. 이 단계에서 환자는 다양한 방어기제를 통해 불안을 감소시키려 노력하며 인지적, 정서적 자원의 과도한 투자로 인해 정상적인 사회적 기능을 못 하게 된다.

(2) 만성적 삶-죽어감의 단계

이 단계는 환자가 급성 위기 단계에서 경험했던 강렬한 불안이 점차 감소하면서 죽음이 가까이 다가오고 있음을 인정하고 서서히 죽음과 대면하게 되는 단계이다. 이 단계에서 환자는 자신이 죽어감을 직면하면서 죽음과 관련된 구체적인 공포를 느끼며 다양한 의문을 제기한다. '내가 죽어가는 동안 그리고 내가 죽고 나면, 내 몸은 어떻게 되는 것일까?' '나는 어떤 상황에서 죽음을 맞게 될까?' '내가 죽고 나면 나의 가족과 친구들은 나를 어떻게 기억할까?' '내가 죽기 전에 꼭 하고 싶은 일은 무엇일까?' 패터슨은 이 과정에서 환자들이 제기하는 물음과 공포를 6가지로 구분하여 제시한다.

첫째, 버림받음에 대한 공포: 사랑하는 사람이 부재한 상황에서 외롭게 죽어가는 것, 가족과 친구와의 영원한 이별, 사람들로부터 망각되는 것에 대한 두려움.

둘째, 자기통제의 상실에 대한 공포: 혼자 움직이지 못하고 다른 사람에게 의존해야 하는 것, 자신이 추해지고 타인에게 혐오감을 주는 것에 대한 두려움.

셋째, 고통과 통증에 대한 공포: 참기 어려운 육체적 고통과 심리적 고통을 겪는 것에 대한 두려움.

넷째, 개인적 정체감의 상실에 대한 공포: 신체적 기능의 상실과 더불어 의식과 자신의 삶에 대한 통제를 상실함으로써 초래된 자기 정체감과 자존감의 손상에 대한 두려움.

다섯째, 미지의 세계에 대한 공포: 죽음 이후의 세계나 가족의 미래에 대한 두려움.

여섯째, 자기의 퇴행에 대한 공포: 시간과 공간에 대한 자각이 없을 뿐만 아니라 자기와 타인의 경계가 없는 원초적 경험 세계로 들어가는 것에 대한 두려움이다.

패터슨에 따르면 환자들은 이러한 죽음의 공포와 관련된 다양한 물음을 제기하고 숙고하며 스스로 응답을 찾는 과정에서 죽음의 공포를 이겨내고 자신의 죽음을 수용하면서 품위 있는 죽음에 이르게 된다고 한다. 이에 반해 해결책을 찾지 못한 사람은 지속적인 우울을 경험하며 고통과 혼란

속에서 '품위를 잃은 죽어감'을 겪게 된다.

(3) 말기 단계

말기 단계는 환자의 병세가 서서히 악화되고 마침내 죽음의 종착역에 도달하는 시기다. 이 단계에서 환자들은 삶에 대한 정서적 투자를 차단하고 죽음을 준비한다. 만성적 삶-죽어감의 단계에서 품위 있는 죽어감을 나타내는 사람은 말기 단계에서 안정되고 편안한 마음으로 죽음을 맞이하게 된다. 환자들은 모든 것을 내려놓고 사람과 세상에 대한 관심을 접은 상태에서 임박한 자신의 죽음을 담담하게 받아들이게 된다. 그러나 품위 있는 죽어감을 이루지 못한 사람들은 말기 단계에서도 삶에 집착하여 죽음에 저항하는 모습을 보이기도 한다.

제6절
죽어가는 자의 심리적 과제

　죽어가는 사람이 대처해야 할 주요 심리적 과제는 안전감, 자율성, 풍요로움에 관한 것이다. 죽어감의 과정에서 직면하는 가장 큰 심리적인 문제는 불안과 공포다. 죽어가는 사람은 가족이나 돌보는 이들과 자유로운 대화를 통해서 자신의 불안과 두려움을 솔직하게 표현할 수 있어야 한다.
　죽어가는 사람이 직면하는 또 다른 심리적 문제는 무력감과 무능감이다. 질병으로 인해 자유롭게 몸을 움직이지 못하고 자신이 원하는 일을 할 수 없을 때 환자는 무력감과 더불어 자존감이 저하된다. 따라서 가능한 한 자율성을 유지하기 원한다. 자율성이란 자신의 삶을 조절하고 책임질 수 있는 능력을 말한다. 인간은 모든 삶에서 한계를 가지며 누군가에게 의존적일 수밖에 없다. 때문에 자율성이란 개인이 일상생활의 한계 내에서 행사할 수 있는 영향력 정도를 말한다. 인간은 자신의 삶과 관련된 중요한 일에 선택과 결정권을 가지기를 원한다. 죽어감의 과정에서 사소한 일상의 일들에 대한 자율성뿐 아니라, 회복 가능성이 불투명한 수술 여부, 응급 시의 생명 연장 여부, 임종 장소와 같은 중요한 선택에서의 자율성 등이 있다.
　삶의 끝자락에 이른 사람들은 면도, 이발, 목욕과 같은 일상적인 일들을 소중하게 여긴다. 자신이 좋아하는 음식을 맛보고 하는 등의 평소의 습관을 계속할 수 있는 것을 행복의 중요한 조건으로 여긴다. 가족이나 친구의 방문을 받으며 애정과 우정을 재확인하는 대화를 원한다. 이러한 심리적 과제들은 죽어가는 과정에서 자율성을 가진 가치 있는 인간으로 존재하고자 하는 개인적 존엄성을 지키기 위한 것들이다.
　존엄한 죽음을 맞기 위해서는 죽음을 불가피한 것으로 인식하고 죽음을 준비할 필요가 있다. "죽기 전에 죽는 사람은 죽을 때 죽지 않는다"는 말이 있다. 죽음을 수용하며 잘 준비한 사람은 죽음을 평온하게 맞이할 수 있다. 어떻게 죽을지를 알게 되면, 어떻게 살 것인지도 알게 된다. 죽음을 회피하는 것은 삶을 회피하는 것과 같다.
　폴 웡(Paul Wong)은 죽음 불안을 관리하는 것은 곧 삶의 의미를 관리하는 것이라고 말한다. 죽음을 직면하고 수용하는 것은 좋은 삶과 좋은 죽음을 위한 필수적 조건이다. 죽음의 자각과 직면은 좋은 삶을 촉진한다. 죽음은 우리로 하여금 삶의 유한성을 자각시켜 욕망의 부질 없음을 깨닫게 해준다. 죽음의 공포는 우리로 하여금 무엇이 진정 중요한 것이며 어떻게 사는 것이 가치 있고 의미 있는 삶인지를 가르쳐 준다. 소중하고 의미 있는 것의 추구가 삶의 중심에 떠오르면 죽음의 공포는 배경으로 물러난다. 죽음을 수용할 수 있다면 우리의 시간과 에너지를 불가피한 죽음에 저항하고 방어하는 데 허비하기보다 좋은 삶을 사는데 투자할 수 있다. 죽음 수용은 우리를 죽음 불안으로부터 해방시킬 뿐만 아니라 개인적이고 문화적이며 우주적인 삶의 완성을 이루는 자기실현의 시간으로 삼을 수 있다.

제4장
죽음과 사회적 관계

서이종 · 강춘근 · 최승호

본 장의 목표는 죽음의 다차원성 즉 신체적, 사회적, 영적 차원을 심도 있게 이해하기 위하여 죽음의 사회적 차원이 어떤 성격을 지니는지 그리고 신체적, 영적 차원과 어떤 상호작용을 하는지를 이해하기 위한 것이다. 도입 단계에서는 죽음의 사회성에 대한 죽음(생명) 정치, 죽음(보건/바이오) 산업 등의 이론적 검토를 살펴보고, 전개 단계에서 먼저 사회변동과 죽음, 현대 사회의 죽음의 특성 및 주요 제도를 다루고 이어 죽음과 가족, 친구 및 이웃 공동체 그리고 사회적 죽음을 다룸. 정리/마무리 단계에서 사회적 치유 및 개입의 특성을 다룬다.

Key word : 현대사회의 죽음, 죽음의 사회적 차원, 죽음 제도, 사회적 죽음, 사회적 치유

제1절
들어가는 말

우리 인간은 사회적 동물이라고 할 정도로 집단생활을 통해 이 지구에서 종을 번식하고 문명을 일궈내 오고 있다. 가장 일차적으로 가족을 통해 생명 탄생뿐만 아니라 다른 동물보다 훨씬 더 긴 시간의 양육을 책임지며 교육하였고 또 부족, 국가, 세계 기구 등을 만들어 자신들의 안전을 보호하였을 뿐만 아니라 품앗이, 계, 분업, 기업, 노동조직 등을 만들어 사회 경제활동을 하였다. 이러한 사회적 관계의 발전에 따라 개인의 정체성이 부여되어 남편, 부모, 부장·상무, 교사, 이웃사촌 등으로 자리매김된다. 이렇듯 사회적 관계는 생을 마감하는 죽음에도 예외가 아니다. 죽음은 한 개인에게는 생을 마무리하는 시간이지만 동시에 사회적으로 세대교체와 인류의 영속의 매우 중요한 이벤트이다.

현대사회에서 이제 죽음은 당하는 죽음에서 맞이하는 죽음의 시대로 접어들고 있다. 과거 조선시대에도 죽음은 중요한 성찰의 시간이었다. 율곡 이이는 16세에 어머니 신사임당의 죽음을 맞이하면서 주역의 원시반종(原始反終)을 통해 삶과 죽음을 그 근원에서 성찰하였다. 삶의 시작이 있으면 삶의 끝이 있는 것이 인간의 원리이고 그 근원에는 시작도 끝도 없는 이치(원리)라는 것이 존재한다는 것이다. 죽음을 통해서 삶의 유한성을 깨닫고 남은 인생을 더욱 유의미하게 살도록 하는 것은 오늘날도 죽음교육의 중요한 목표이다. 하지만 오늘날 맞이하는 죽음의 시대에는 그러한 깨달음을 넘어 실제 자신의 죽음을 대면하는 정신적, 영적 성숙을 꾀하는 동시에 자신의 존엄한 삶과 죽음을 고려하면서 의료적이고 사회적인 여러 가지 사항을 결정하지 않으면 안 되고 있다. 죽음교육은 이제 신체적, 사회적, 영적 영역 등 다양한 죽음준비교육으로 나아가고 있어(서이종, 2016) 사회적 관계 속에서 천착하여야 하며 특히 사회적 개입이나 준비 또한 중요한 의미를 지닌다.

이번 장에서는 이러한 죽음교육에서 사회적 관계 속에서의 죽음 즉 죽음의 사회적 의미와 사회적 개입 과정을 살펴보고자 한다.

제2절
사회변동과 죽음

　죽음은 인류의 오랜 역사 속에서 다양한 방식으로 발생하였고 대처하여 왔다. 아리에스(Aries, 1976)는 서구역사에서 죽음 원인과 대처 그리고 의례에 이르기까지 자세하게 소개하고 있다. 근대 역사학은 이전의 영웅사를 넘어서면서 한 사회의 중요한 정치 사회적 사건을 중심으로 각종 자료를 수집하고 시간순에 따라 배열하여 빠짐없이 자세하게 기술하는 것을 목표로 하면서 일반 국민들의 일상생활을 기술하는 것을 목표로 삼는 일상 생활사를 지향하여 왔지만, 동시에 사회발전의 큰 구조변화에 따라 몇 시기로 대별하여 이해하고자 하는 사회 구조사로 기술되어야 한다는 생각을 가지고 있다. 통상 시간 개념은 물리적 시간으로 측정될 뿐만 아니라 주관적 시간(dure)이나 사회적 시간 등으로 측정될 수 있으며, 특히 사회적 관계의 구조적 변화를 통해 인류의 오랜 역사적 시간을 구분(구획)되어 이해되어야 한다는 사회적 시간 개념은 시간 이해에 매우 중요한 의미를 지니기 때문이다. 사회학적으로 사회발전의 여러 가지 시기 구분이 가능하지만, 한 사회의 경제적 생산활동의 주요한 산업 분야에 따라 농업사회-산업사회-후기산업사회(서비스사회 혹은 정보사회 등)로 나누기도 하고 마르크스(K. Marx)처럼 정치 경제적 지배구조에 따라 노예제 사회-봉건사회-자본주의사회-사회주의사회로, 근대 이성의 지배라는 시각에서 전근대사회-근대사회-후기 근대사회로 구분하기도 한다. 이러한 사회구조의 변화를 기초로 한 시기 구분은 오늘 우리 당대 사회(contemporary society)의 역사적 위치(좌표)를 올바르게 이해하는 데 기여할 뿐만 아니라, 우리가 앞으로 나아갈 방향을 설정하는 데 큰 도움을 준다. 따라서 이러한 사회적 시간 개념 틀은 죽음의 당대 사회의 특징을 잘 이해할 수 있게 한다.

　농업을 기초로 하는 전근대 봉건사회에서 개인은 신분으로 구획된 공동체에 매몰되어 있고 종교적으로 통제되었다. 무엇보다도 중세 사회에서 죽음은 생과 구별되지 않고 연결되었다는 의식 하에서 지역공동체이자 종교공동체에서 공간적으로 뿐만 아니라 사회적으로 함께 공존하였다(Aries, 1998). 교회는 좁은 의미의 교회뿐만 아니라 묘지를 포함하는 공간이었으며 정례 미사나 제사 등을 통해 죽은 자와의 소통이 일상생활 속 깊이 스며들어 있었다. 하지만 동시에 공동체 내에서 개인의 신분에 따라 죽음의 공간 및 사회적 성격은 전혀 상이하였다. 서구사회에서는 영주와 농노의 죽음 사이에, 우리 사회에서는 양반-양민-노비 사이에 신분적 구별이 매우 컸다. 귀족 영주나 양반 지주는 장원 및 지주제의 실질적인 지배자이고 종교적으로 정당화된, 즉, 이중적으로 신분화된 중세 봉건사회의 실질적인 지배층으로서 당시 지배적인 종교인 기독교나 유교의 공식적인 절차에 따라 그 죽음이 의례화되었다. 즉 서구에서는 중세교회의 종교공동체 차원에서 교회의 중요공간에 안치되었고 우리 사회에서는 문중이라는 유교적 가족공동체와 마을공동체의 차원에서 장례를 치르고 안치되었다. 반면 농노나 노비 그리고 가난한 양민은 중세 공동체의 토지에 구속된 존재로서, 그 죽음은 지배층에는 생산 인력의 감소를 의미하였고 마을공동체의 주변적 공간에서 관도 없이 시신을 처리하였다.

근대 산업사회에 들어 도시화와 더불어 개인은 토지에 구속된 신분제에서 벗어나 자유로운 개인으로 해방되었으며, 장원 혹은 마을의 지역공동체 또한 해체되었다. 장원이나 마을공동체의 해체에 따라 종교적 지배력도 급속히 붕괴되어 갔다. 도시는 개인에게 익명성을 부여하고 경제적으로 뿐만 아니라 사상적으로 자유를 획득하여 나갔다. 그로 인하여 종교나 사상은 도시 생활에서 자유로운 선택 대상이 되었다. 그에 따라 이제 죽음은 이성의 주체로서 살아있는 사람과 구별되어 근대적 삶과 분리되어 객체화되었다. 즉 근대적 공적 영역에서 배제되고 사사화(私事化)되었다. 근대국가는 주권이 미치는 모든 개인들의 살아있는 생명을 보호, 관리하는 공적 체계를 발전시켰다. 도시에 몰려든 농민 출신 많은 빈민들은 노동규율을 학습하여 대규모 공장의 노동자로 변신되지 않으면 안 되었으며 뒷골목 거주지는 근대위생의 대상이 되었다. 모든 개인은 근대 보건기관인 병원에서 자신의 경제적 여건에 따라 질병 치료를 받을 수 있었으며 근대화의 진전에 따라 더욱더 국가 의료보험의 도입으로 치료와 더불어 건강검진까지 의무화되었다. 국가는 의료진의 사망진단서를 통해 죽음을 보고받고 국민의 탄생과 이동뿐만 아니라 죽음에 관한 통계를 작성하기 시작하여 국가관리의 기초로 삼았다(Foucault, 1976). 때문에 치료되어 사회성원으로 복귀할 수 없는, 병원을 떠난 죽어감이나 죽음은 근대적 공적 시야에서 사라져 가족들의 사적 문제가 되었다.[1] 이제 죽음은 일상적인 삶에서 일시적이고 예외적인 사항이 되었으며, 아직 종교적 의례의 요소가 유제가 남았지만 가족 중심으로 사적으로 의례화되었다. 장례는 익명적인 도시공간에서 점차 전문 기관인 장례식장에 위탁되어 상업화되었다. 시신도 객체화되어 그 해부나 부검도 일상화되었고, 뿐만 아니라 특히 전염병 예방 등 위생개념의 증가에 따라 화장장(crematory)이 도입되었던 유럽 사회에서는 교회에 안치되었던 시신은 근대국가의 위생정책에 따라 화장되어 마을 공동묘지나 납골당에 묻히

---

[1] 아리에스는 금지된 죽음이라 명명하였다(Aries, 1998).

게 되었다. 동양 사회 또한 불교적 화장 문화가 있었지만 유교적 시각에서 시신의 훼손을 부정시하여 가족 묘지에 묻혔으나, 서구적 위생개념과 국토 관리 차원의 개입에 따라 점차 화장 및 납골당의 확산이 이뤄졌다.

이러한 근대국가의 생명 관리 체제와 죽음의 개인화는 후기 근대사회 및 후기 산업사회에 들어 커다란 변화를 맞이하게 되었다.

제3절
현대사회의 죽음의 특성

오늘날 당대 사회는 대규모 공장 지역 중심의 산업사회를 넘어 대량 생산에서 보다 소비자 맞춤형의 다품종 소량생산의 서비스나 정보를 생산하는 후기산업사회의 성격을 지니며 더 나아가 개인의 이성적 지배 사회에서 보다 더 성찰적인 지배 사회로 나아가고 있다. 근대사회의 주요 의식이나 문화 그리고 많은 제도들의 문제점이 드러나면서 왜 답습해야 하는지 의문시되고 있다. 또한 사상 및 가치의 다양화에 따라 개입 절차가 다양화되고 그 결과도 다양화되고 있다. 이러한 현대사회에서 죽음 또한 그 과정 및 대응 절차 모두 성찰의 대상이 되어 훨씬 더 다양한 형태로 표출되고 있고 개인의 가치와 선택에 따라 보다 다양한 새로운 대안들이 창출되고 있다. 따라서 죽음은 근대사회에서처럼 사적 문제로 처리하기에는 복합적인 문제가 되었으며 그에 따라 공적으로 개입하지 않으면 안 되는 단계에 이른 것이다.

이러한 현대사회의 죽음의 특징은 다음과 같다. 첫째 글로벌화되면서 훨씬 더 다양화되고 다면화되었다. 이주의 자유가 세계적으로 인구이동을 가능케 하였고 다종교 다민족의 국가로 변화되고 있다. 한 사회 내에서 여러 종교가 경쟁적으로 존재하고 다양한 가치관과 내세관을 가진 소수자 및 외국인 등 인구가 증가하고 있다. 그 결과 보편적인 의례나 상징보다는 개인의 가치와 종교에 따라 다양한 개입 절차, 다양한 의례가 보편화되고 있다.

둘째 인구구성 전반이 고령화되면서 대규모 죽음(多死)을 대응하여야 하는 사회로 나아가고 있다. 선진국 대부분이 아이를 적게 낳는 저출산과 더불어 영양상태 향상과 질병의 체계적인 치료로 인하여 수명이 증가하는 초고령사회로 나아가고 있다. 그 결과 초고령 인구의 대규모 죽음을 대비하여 국가적 공적 개입이 불가피해지고 있다. 100세 시대로 나아가는 수명의 증가가 과연 개인에게 행복을 주는 것인가? 국가가 보장하는 존엄한 삶일 수 있는가? 하는 의문이 불가피하다. 이제 개인의 가치와 선택에 따라 죽음을 맞이하게 되는 것이 불가피함에 따라 그 절차와 방식에 대한 사회적 합의가 필요하고 관련 법제도의 제정이 불가피하다. 사회적 지지체계 또한 지속가능한 방식으로 전환되지 않으면 안 되게 되었다. 평균 수명 80세를 기초로 편성된 연금이나 보험 모두를 100세 시대에 맞게 더 나아가 120세에 맞게 개편되어야 하기 때문이다.

따라서 죽음은 더 이상 가족에게 떠넘겨 맡겨질 수 있는 상태를 넘어서게 된 것이다. 국가는 죽음에 대한 성찰의 증가로 심폐사로부터 뇌사 등으로 사망의 재규정, 연명의료 결정 등의 대응 방식, 뿐만 아니라 급성기 못지않은 노년의 만성질환 대응 의료체계의 전환, 노년의 연금이나 보험 제도 전반의 개혁 등 종합적인 법제도 개입이 불가피해지고 있다. 그렇다 하더라도 그런 제도화는 해결이라기보다는 복잡성을 증가하고 리스크 또한 증대되어 지속적인 혁신과 유동화가 불가피하다.

셋째 과학기술 발전과 생태변화에 따라 죽음의 과학화가 진전되고 그에 따라 자기결정이 중요해진다. 의생명공학뿐만 아니라 정보기술, 나노기술 등 과학기술의 발전은 질병 치료를 넘어 몸의 많은 부분의 기능향상(enhancement)을 가능케 하여 인간 수명이 기존 상상을 초월할 정도로 급속히 증가될 뿐만 아니라 완치가 불가능한 말기상황에서도 지속적으로 생명을 연장하는 연명의료 기술이 발전되고 있다. 죽음조차 과학기술화되고 있다. 죽음 또한 심폐사에서 뇌사로 재규정되었으며 더 나아가 뇌피질사(neurortical death) 등 근원적인 기능퇴화로 재규정될 수도 있고 뇌이식 기술의 발전이나 "노화의 종말"(Sinclair et al., 2020) 등으로 또 다른 도전을 맞을 가능성이 있다. 이러한 과학기술 발전으로 인한 인간의 수명 증가는 기존 사회체제의 사회적 지속가능성뿐만 아니라 환경적 생태적 지속가능성 또한 의문시되고 있다. 기후변화로 인한 생태변화, 코로나19 등 각종 동물-인간 전염병의 발생 등이 대응 불가능한 수준의 대규모 죽음을 초래하고 있기 때문이다.

따라서 질병 치료 등 의료 기술의 발전과 더불어 죽음의 과학화는 어떤 개입이 윤리적으로 사회적으로 타당한가 하는 논의를 초래하며 그에 따라 개인의 가치와 종교에 따라 자기결정을 요구하는 결과를 낳고 있다.

넷째 현대사회가 위험사회(risk society)로 진화되면서 대규모 죽음이 상시화될 수 있다. 현대사회의 제반 제도는 경제적 비용-효과 산정을 기초로 구축되고 있다. 막대한 이용이 드는 댐 건설에서 10년에 한 번 올 수 있는 최대 홍수를 대비할 것인가, 50년에 한 번 올 수 있는 최대 홍수를 대비할 것인가 하는 것은 경제적 비용 부담이라는 측면에서 결정되기 때문이다. 그런 의미에서 자본주의적 비용계산으로 상시적인 위험에 노출되어 대규모 교통사고, 교량 붕괴 사고, 화재 사고 등으로 나타나고 있다. 뿐만 아니라 그러한 기술 시스템은 더욱 촘촘히 체계적으로 연결되고 확장되어 그 규모 또한 거대화되고 있다. 따라서 수많은 죽음이 그러한 거대 기술 시스템의 작은 실수, 에러, 오작동 등에 의해 발생될 수 있다.

제4절
현대사회의 죽음 제도들

현대사회의 죽음은 글로벌화되고 초고령화, 과학화되면서 다양한 가치와 이질적 문화에 따라 다양한 발생과정 및 개입절차를 낳고 있다. 이렇듯 다양성과 이질성의 증가는 훨씬 더 촘촘한 법제도를 요구하고 있다. 죽음과 관련된 근대사회의 생명 관리체계는 영유아를 포함하여 사망률을 낮추는 치료 기술 개발뿐만 아니라, 낙태 방지, 살인 처벌, 낙태 방지, 자살 방지, 사형제 폐지 등 생명 존중의 법제도를 발전시켰다. 하지만 오늘날 사회는 이들 단순한 생명 존중의 법제도를 넘어 보다 다면적이며 체계적인 법제도를 시행하지 않으면 안 되고 있다.

현대사회의 죽음 제도의 특징은 다면적이고 복합적인 성격으로서 다음과 같다. 첫째 뇌사와 장기이식이다. 심폐사에서 뇌사로의 전이는 죽음의 근본적인 재규정에 속한다. 체온이 유지되고 있고 심장 등 많은 장기들이 살아 있지만 뇌기능이 회복될 수 없는 상태에 있는 상태를 죽음으로 재규정하였기 때문이다. 1968년 하버드 의과대학은 특별위원회를 구성하여 1) 무수용성과 무반응성, 2) 무운동과 무호흡, 3) 무반사를 뇌사의 새로운 기준으로 설정하였고 뇌파검사를 통해서 뇌파의 소실을 증명하여야 한다고 주장하였다. 뇌사자와 식물인간 사이의 구별 등 그 기준 자체에 대한 논란뿐만 아니라 1968년 세계 의학총회 등에서 다양한 신중한 주장에도 불구하고 뇌사가 각국에서 급속하게 채택된 것은 장기이식 기술의 발전과 결부되어 있다. 뇌사자의 여러 가지 장기를 이식하여 다른 인간 생명을 살리는 사회적 의료적 요구가 배경으로 자리하기 때문이다.

둘째 연명 의료 결정과 호스피스제도다. 완치가 불가능한 말기상태 이후 다양한 연명의료로 생명을 연장하는 것이 가능한 현대사회에서 어디까지 연명의료를 실시하여야 하느냐 하는 것은 생명 윤리적 문제일 뿐만 아니라 사회적 정치적 사안이 되고 있다. 개인의 존엄한 삶과 죽음의 시각에서뿐만 아니라 의료비나 간병 등 사회적 비용이 지불되기 때문이다. 더 이상 완치가 불가능한 말기상태 이후 개인의 가치와 결정에 따라 연명의료를 유보하거나 중단하는 것은 개인의 행복추구권에 반하지 않고 오히려 연명의료 유보 및 중단 이후 호스피스 완화의료를 받을 수 있다. 의료적 증상 완화와 함께 통증관리를 받을 뿐만 아니라 심리 사회적 화해와 용서, 버킷리스트 그리고 영적 성숙에 이르는 전인격적 돌봄을 받을 수 있기 때문이다.

셋째 의사 조력 죽음(assisted death) 및 안락사 제도다. 유럽 몇몇 국가나 미국의 몇몇 주에서 실시되었던 의료조력 죽음 즉 존엄사(Death with Dignity) 제도는 현재 급속히 확산되고 있다. 이러한 제도는 더 이상 회복이 불가능한 생애 말기에 전인격적인 호스피스 서비스를 받을 수 있지만, 최소한의 인간적 품위를 유지하기 어렵다고 판단될 때 의사의 조력을 받아 죽음을 선택하게 하는 제도이다. 더 이상 완치가 불가능한 말기상태에 한정되어 죽음을 선택할 수 있어 의료 조력자살(assisted suicide)이라고 불렸으나 현재 그러한 죽음의 자기결정 혹은 자기 선택의 권리도 보장되어야 한다는 목소리는 현대사회에서 점점 힘을 얻어 확산되고 있다. 이러한 추세는 결국 안락사 제도의 합법화 주장까지 치닫게 될 가능성이 높다. 이러한 변화는 현대사회의 개인주의적 자기결정 문화가 죽음에까지 확장되어 나타난 결과라 할 수 있다.

넷째 유언제도 및 자기 정리이다. 죽음은 연령대와 상관없이 누구에게나 갑자기 찾아온다. 근대자본주의사회는 인간의 욕망을 지속적으로 부추기면서 소비를 촉진하였고, 이를 통해 이윤을 추구하여 성장하였다. 인간의 욕망은 상품 소비에 한정되지 않고 수많은 소유욕과 더불어 궁극적으로 인간에 대한 지배 욕망으로 발전한다. 이러한 욕망은 죽음 앞에서 갑자기 멈춘다. 아무런 준비 없이 멈춰선다는 건 자신뿐만 아니라 가족들 모두에게 얼마나 황망하고 당혹스러운 일인지 모른다. 정리하는 문화는 자본주의적으로 부추겨진 욕망을 성찰할 뿐만 아니라, 그에 길들여진 자신의 내면을 성찰하는 일이다. 후기 근대사회에 들어 자신의 욕망을 내려놓고 특히 노년에는 스스로 자신을 정리하는 문화로의 전환이 필요하다.

유산의 처분권도 마찬가지다. 근대자본주의사회에서 절대적으로 보호되는 소유권은 재산의 자기 처분권이다. 봉건영주나 국왕 등 그 누구의 간섭 없이 자신의 재산을 스스로 결정하고 처분할 수 있는 권리이다. 이러한 근대적 취지에서 사전에 배우자나 자녀에게 증여하고 남은 유산 또한 자기 처분권이 보호되어야 한다. 그럼에도 남은 가족 즉 배우자나 자녀들의 보호 또한 사회적으로 중요한 의미를 가지기 때문에 유산의 무한한 자기 처분권은 제한되고 있다. 가족주의적 유산이기도 하지만 동시에 근대사회의 기층조직인 가족의 영속적 보호를 도모하기 위해서다. 하지만 소가족으로 재편되면서 형제자매의 피상속 권리가 폐지되었고, 뿐만 아니라 후기 근대사회에 들어 점차 수명이 증가하여 간병 기간이 증가하고 자녀들 또한 독립적 생활 기간이 증가하여 고령 배우자를 제외한 자녀들의 자동적인 피상속 권리에 대한 정당성 논란이 커지고 있다. 또한 이혼과 재혼 등으로 가족의 이질성이 증가하고, 또 황혼 재혼 등 가족이 이질화되면서 상속 범위도 논란이다. 때문에 점차 고령 배우자 보호를 제외한 유산의 자기 처분권 및 자기 결정권의 요구가 증가되고 있다.

다섯째 장례 제도와 사별 가족 애도 및 치유이다. 장례는 시신 정리하는 것일 뿐만 아니라 고인의 추모와 남은 가족의 애도가 핵심이다. 근대사회에서 고인의 추모는 공식적인 장례 기간 이후 제사 등을 통해 정례화되어 왔으며, 남은 가족에 대한 애도는 공식적인 장례 기간을 통해 이뤄졌다. 장례 휴가 제도의 제정을 제외한다면 대부분 장례는 가족 중심으로 이뤄졌고 장례식장을 통한 추모와 애도의 상업화가 이뤄졌다. 후기 근대사회에 들어 우울 등 광범한 비정상적인 정신건강과 치매 등 정신질환이 사회문제가 되면서, 또한 개인화 추세에 따라 가족의 지지가 사라지면서 사별 가족 특히 배우자의 애도뿐만 아니라 치유 또한 중요한 의미를 지니게 되었다.

제5절
죽음과 가족

　가족은 전례적으로 죽음에서 가장 중요한 사회적 제도이다. 일차적 친밀성의 장은 정서적 친밀성의 장이며 사회경제적 지지의 장인 가족이다. 가족은 부족 내 공동생활에서부터 부계 혹은 모계에 따라 대가족으로 그리고 핵가족으로 발전되었다. 부부관계도 다부다처에서부터 일부다처 혹은 일처다부를 거쳐 근대적 개인 주체성이 성장하면서 일부일처로 나아가고 있다. 근대사회에 들어 도시적 삶에서 가족은 부부와 자녀로 구성된 소가족제로 급속히 재편되었다. 하지만 대가족의 유제로서 여전히 고모, 이모, 삼촌 등 사촌 내 친척과의 왕래가 적지 않았고, 이러한 속에서 죽음은 핵가족과 가까운 친척을 중심으로 집합적으로 지지되고 결정되고 의례화되었다. 그러나 현대사회에 들어 가족은 급변하고 있다. 후기 근대사회에 들어 성찰성이 증가되면서 개인의 자기 선택 및 결정이 중요해지고 동시에 가족 구성의 이질성이 증가되면서 친밀성(intimacy)이 재구성되고 있다. 가족 구성이 다양화되고 이질화되고 있으며 또 해체되어 1인 가구가 급증하고 있다. 그동안 당연시되었던 배우자나 자녀들과의 친밀성이 낮아지고 재구성되었으며 자매, (동거)애인, 친구, 간병인 등 핵가족 이외의 친밀성이 선택적으로 부각되기도 하는 등 변화되고 있다.

　이러한 가족의 친밀성은 더 이상 독립적인 삶이 불가능하였을 때, 그리고 더 나아가 죽음 앞에서 가장 중요한 사회적 지지가 되고 있다(Kuebler-Ross, 1969). 무엇보다도 첫째, 사랑하는 배우자와의 친밀한 관계 속에서 이뤄진다. 근대 핵가족의 핵심은 부부의 사랑이며 공동성이다. 자기 결정권에 따라 사랑하면 결혼하고 사랑이 사라지면 이혼하는 것이 근대 가족의 핵심 원리에 담겨있다. 사랑은 육체적인 사랑뿐만 아니라 정서적 친밀감을 동반한다. 물론 후기 근대사회에 들어 결혼을 통해 가족을 구성하고 자녀를 낳는 표준적인 라이프스타일 형태는 해체되고 있다. 사랑하지 않아도 가족의 테두리를 유지하고 별거하는 부부도 많고, 사랑하여도 더 이상 같이 법적 가족을 이루지 않고 동거하는 경우도 많기 때문이다. 사랑하고 결혼하고 법적 가족이 되어 자녀를 기르는 배우자는 확실히 근대적인 이상이지만, 동시에 성찰성이 증가하는 후기 근대사회에 들어 도달하기 쉽지 않은 이상이기도 하다. 현대사회의 결혼은 동거(사실혼), 별거, 이혼(사별) 및 재혼 등으로 유동화되고 있고 혼자 사는 비혼의 1인 가족이 증가하고 있다. 하지만 그 속내를 보면 모두 별거 혹은 이혼,

사별 상태인 경우가 많으며, 비혼이라 하더라도 애인이 없는 경우가 드물다. 따라서 배우자-동거 애인(사실혼)-비동거 애인 순으로 형식적 지속성이 다르겠지만, 그것이 사실 친밀성의 정도를 말해주는 것은 아니다.

배우자와의 친밀성의 정도는 죽음에서 매우 중요한 의미를 지닌다. 죽음은 친밀성 관계의 상실(구멍이 뚫리는 일)을 의미하기 때문이다. 사랑하는 배우자 곁을 영원히 떠난다는 것은 고인에게서 엄청난 상실감으로서 충격일 뿐만 아니라 서로 의존하는 배우자에게도 마찬가지다. 마지막 순간을 사랑하는 배우자와 보내면서 화해와 용서뿐만 아니라 서로의 아픈 마음을 다독여 주고 함께 이별을 준비하는 것은 그만큼 죽음 맞이의 가장 중요한 순간이다. 퀴블러-로스(Kuebler-Ross)의 5단계에 의거하면, 부정-분노 단계에서는 부정되었던 배우자와 소통이 타협-수용 단계에 이르면 훨씬 더 진지하고 따뜻해진다. 배우자에게 버림받고 혼자 내버려진 상태는 최악의 순간이다. 배우자뿐만 아니라 사랑하는 애인과의 관계 또한 동일하다. 언젠가는 다시 볼 수 있는 이별과 달리 영원한 이별은 시간의 촉박함을 넘어서면 훨씬 더 맘의 준비가 되어 있고 더욱더 차분할 수 있다. 죽음 이후 홀로 남은 배우자의 상처는 이별 과정뿐만 아니라 사랑하는 정도에 따라 더욱 깊다. 특히 고령 배우자의 경우 현실 부정, 우울, 치매 등 정신적 질환으로 진전될 가능성이 높다.

둘째, 자녀와 혹은 부모와의 친밀한 관계 속에서 이뤄진다. 분가하였으나, 자녀나 부모-형제자매는 자신의 혈육으로 가까운 가족 구성원이다. 특히 배우자와 사별한 고령층의 경우 자녀와의 관계가, 중장년 이하의 경우 부모-형제자매와의 관계가 여전히 중요시되기도 한다. 하지만 현대사회에서 점차 자녀와의 친밀한 관계를 유지하기 쉽지 않다. 자녀가 분가하여 독립된 삶을 살게 되고 또 며느리나 사위도 있기 때문에 거리감 있는 친밀성(intimity at a distance)의 특징을 지니게 된다. 그럼에도 노후의 삶에서 동거하는 배우자보다 덜 하지만, 자녀와의 정서적 친밀성이 높아 왕래가 빈번한 경우 상당한 친밀성을 유지할 수 있다. 부모-자녀로서 가족의 일원으로 오랜 기간 같은 생활을 하였기 때문이다. 때문에 영원한 이별의 순간에 자신이 낳은 자녀와의 추억이나 정서적 의지 혹은 자신을 낳아준 부모의 추억이나 정서적 의지는 상당한 충격을 줄 수 있다. 특히 정서적 감수성과 공감대가 높은 엄마와 딸 관계는 좀 더 특수하다 할 것이다.

셋째, 친척은 대가족에서 소가족으로 전환되면서 사실상 동거 범위뿐만 아니라 왕래의 범위에서 제한되고 있으나, 원가족의 형제자매는 여전히 친밀성의 중요한 축이다. 특히 비혼 인구의 경우 형제자매와 동거는 하지 않지만, 가장 중요한 왕래 및 소통의 관계이며 정서적으로 뿐만 아니라 경제적 지지가 이뤄진다. 각자 가족을 형성하여 소원하지만, 오랜 기간 원가족에서 함께 살면서 경험한 기억들은 그 친밀성의 강도를 결정하기 때문이다. 죽음은 직계가족뿐만 아니라 원가족의 형제자매와의 관계도 중요하다. 자신의 죽음 이후 자신의 도움 없이 살아갈 직계가족에 대한 걱정과 불안이 남아 있지만 형제자매는 오랜 기간 함께한 기억과 추억을 뒤로 한 이별이 필요하기 때문이다. 뿐만 아니라 이모, 삼촌, 사촌, 조카 등이 친밀성의 한 귀퉁이를 담당할 수 있다. 왕래와 소통, 그리고 지원 등에 따라 상이하며 죽음 앞에서 아쉬움이 함께 한다. 그리고 현대 사회에서 한 사람의 죽음은 가족을 넘어선 친구, 이웃 및 지역 공동체에는 어떤 의미일까?

제6절
죽음과 친구, 이웃, 공동체

현대의 죽음은 공동체 구성원 전체와의 관계 단절을 의미한다. 전근대사회에서 사망 장소는 집이었기 때문에 가족, 친지뿐만 아니라 아이들도 죽음을 대할 기회가 많았다. 특별히 정규교육으로 죽음에 대한 이해를 가르칠 필요가 없을 정도로 가족이나 타인의 죽음에 익숙한 편이었다. 개인의 죽음 의례는 마을공동체 구성원이 참여하는 공동 행사로 거행되어 상가에서 이웃들이 함께 장례를 돕고 상여를 메고 장지로 따라나서는 것이 일반적이었다. 그만큼 마을 공동체적 관계망이 형성되어 있어서 산자와 망자 간의 고별 의례에서 공동체 구성원의 애도와 추모가 관례였다.

근대사회에서 대부분 환자는 병원으로 옮겨져 치료를 받다가 임종을 맞이하게 된다. 산업화와 의료화를 통해 대개 병원에서 사망하여 병원 장례식장에서 장례를 치르고 시신은 화장장으로 운구된다. 일상의 세계와는 차단된 죽음의 과정으로 개인의 죽음은 마을공동체의 사건이 아닌 타자화된 일이 된 것이다.

이제 죽음의 순간과 상황을 결정하는 죽음의 지배자는 병원과 전문 의료인이다. 죽음은 집을 떠나 합리성과 기술의 장소인 병원으로 옮겨졌다. 의료화와 기술화를 통해 종교와 신학의 영역이었던 죽음의 담론과 주관자가 대체되었고 학술적 의료에 의해 죽음의 의미도 세속화되어 갔다. 의료 기술의 진보가 근원적으로 죽음의 숙명을 해결해 주지 못함에도 기대수명의 연장 및 자연사의 종말을 불러왔다. 임종 과정과 죽음의 시간에까지 의학의 통제 영역이 확장되면서 죽음은 받아들일 수밖에 없는 운명이 아니라 의학이 판정(결정)하고 통제하여야 할 사안이 되었다(천선영, 2012: 62-63).

장례에서도 친척과 이웃의 참여는 현격히 줄어든다. 개별자들의 의식에서도 죽음은 일상에서 터부시했다. 근대는 죽음의 개인화, 의료화, 기술화, 터부시로 죽음을 공적 영역에서 배제하였다. 죽어가는 자와 사자의 영적 치유, 친족의 슬픔을 돌보는 목사는 더 이상 유효하지 않다. 대신 가정에서 시신을 가능한 한 빨리 멀어지도록 하는 장례지도사가 주요한 역할을 한다. 현대 서구사회의 죽음에 대한 대응 양상은 삶의 안정성과 합리성, 예측 가능성을 해치는 죽음을 사회보험의 도입, 병원, 전문 장의업 등을 통해 일상생활의 다른 공간과 영역에서 처리하도록 외연화 시켰다. 죽음의 공동 의례가 점점 사라지고 개인, 가족, 집단, 전체 사회가 참여하는 눈에 띄는 의례가 아닌 죽음은 은폐된 대상이 되었다(필립 아리에스, 이종민 역, 1998; Groβ, 2011).

가족구조의 변화로 장지를 돌볼 사람이 없어지는 사회구조적 변화와 경제적 비용 문제 등이 장법 문화에 개인의 선택권과 다양성을 강화하고 있다. 신체와 영혼이 종교성에 의존했던 인식에서 현대에 와서는 신체와 현세적 삶에 대한 개인 인식의 다양성이 확대되고, 죽음의 처리 권한도 실용주의적 개인의 행위를 통해 다양화, 다변화, 개인화, 유연화되고 있다.

장법은 죽은 자를 처리하는 방식 속에 경건과 추모의 의미가 포함된 예법이어야 하며, 산 자와 죽은 자의 소통과 공감이라는 의미도 담고 있어야 한다. 추모 행위는 의례를 통해 표현되는데 포스트 근대사회에서는 종교의례의 축소와 함께 공식적인 의례마저 생략된 채 이루어지는 산골의 경우 추모라기보다는 현세와 고별하는 개인적 행위로 볼 수 있다. 이러한 장법은 산 자와 죽은 자의 관계성의 상실을 의미하며 죽음의 사회적 의미와 관계성을 가볍게 여기는 의식에서 비롯된 것으로, 개인성의 극단적 발현이라고도 볼 수 있다. 적어도 기본적인 예식과 예법이 고별 행위 시에 준수되도록 하여야 한다.

1인 가구, 비혼, 고령화 등에 의한 생애 말기 사회적 간병과 사후 장례의 중요성이 증가하고 있다. 전체 가구 대비 1인 가구의 비율은 2000년 15.5퍼센트에서 2010년 23.9퍼센트, 2020년 31.7퍼센트로 상승하였다. 이후 1인 가구는 비혼, 고령화로 인한 독거노인의 증가 등으로 꾸준한 증가가 예상된다. 만혼화, 생애 미혼화, 무자녀 가정이 증가하고, 고령화, 가족의 개인화가 진행된 현대사회에서 가족이 담당하는 게 당연시됐던 '간병'도 개인적인 문제로만 남겨둘 수 없었기에, 사회적 문제해결이 요구되어 장기 요양 보험제도 도입을 통해 요양원에서 담당하게 된다. 집을 떠나 요양 시설로의 이동은 사망 전에 친근했던 일상생활 공간과 이웃으로부터 1차 사회적 단절을 경험하게 된다. 그다음 생애 말기에 병원 중환자실에서 치료를 받다가 사망하면 병원 장례식장을 거쳐 화장장으로 향하는 2차 사회적 단절을 경험한다.

'사후 장례'에서도 그것을 담당할 사람이 부족하여 '연고 없는 죽음'과 '연고 없는 무덤'이 문제시되는 등 가족 기능의 약화가 드러난다. 그러한 가운데 가족이 무덤을 지킬 필요가 없는 산골 및 자연장이 점점 선호도가 높아간다. 전체적으로 현대인은 가족, 이웃, 공동체에서 벗어나 고립된 공간과 지정된 장소에서 생의 마지막 시기를 경험하게 된다.

부고 공지와 추모, 애도 참여의 문화가 필요하다. 일반적으로 사자에 대한 경건한 자세와 감정은 법적으로 명시하여 준수를 강요할 수 있는 것은 아니다. 경건의 지각은 헌법적으로 국가가 가지는 문화성에 담겨있는 기록되지 않은 원칙이다. 일반 의식으로 사자에 대한 존경심을 가지고 대해야 하는 것이다. 한국 전통문화에서 사자에 대한 경건과 추모, 애도는 보편적 정서였다. 산업사회에서 장례가 상업화되고 가문의 사회적 권위 의식과 허례 의식이 부정적인 폐습으로 남아있지만, 과거보다는 많이 개선되어 가고 있다. 장례식장의 장례 용품비와 식대의 거품, 망자와는 일면식도 없는 사회적 관계에 의한 체면치레 부조와 문상, 호화 화환, 묫자리의 과다 석물 등 가문의 사회적 권위를 드러내는 허위의식이 줄어들고 간소화, 간편화, 합리화되어 가고 있다. 장례 절차도 살아생전에 미리 사후 처리 방식을 가족에게 전달하거나 사전장례의향서를 작성하는 경우가 많아지고 있다. 이제 장례에도 개인의 자율권, 결정권이 확대되고 있다고 볼 수 있다.

  돌볼 사람이 없는 가족구조의 변화로 인하여 사망 후 장례 없는 직장(直葬)이 늘어나고 있다. 24시간 시신 보존의 법적 준수 이후 장례식 없이 사체를 화장 또는 매장하는 것이다. 직장은 기존의 장례식 전후 절차를 거친 시신의 처리와는 다른, 절차와 장례식이 생략된 시신 처리 방법, 혹은 상주나 인수자 없는 장례식을 말한다.

  다양한 추모 및 애도 행사가 필요하다. 장례를 치러줄 사람이 없는 무연고자, 저소득층을 위해 서울시를 비롯한 지자체 공영장례가 늘어나고 있다. 부분적이지만 서울시가 2013년부터 지자체 복지사업과의 사업으로 마을 장례지원단 '두레'를 운영 중이다. 시민 장례도 일부 지역에서 거행되고 있다. 사자에 대한 존엄과 예우 차원에서 저렴한 장례비용으로 저소득층의 장례 부담을 줄여주고자 하는 발상에서 나온 것이다. 2021 국감 자료에서도 무연고 사망자는 해마다 증가하는데 전국 지자체 245곳 중 공영장례 지원은 단 74곳이며, 지원 범위도 지자체별 편차가 큰 것으로 확인되었다. 전국 17개 광역자치단체 중 무연고 사망자와 저소득층의 장례를 지원하는 공영장례 조례를 마련한 곳은 7곳에 불과하고 기초 자치 단체의 경우도 전체 228곳 중 49곳뿐이다. 사자에 대한 생명 존중과 예우 차원에서 국가에서 공영장례 지침을 제도화해야 할 필요성이 많다.

제7절
사회적 죽음: 경제적 원인

산업재해사와 위기의 자영업자가 사회적 문제로 심각하다. 한국은 2011~2018년 매해 2,400여 명의 노동자가 산업재해로 사망했다. 매일 7명의 노동자가 사망하는 산재 공화국이다. 2016년 구의역 김 군(19세) 사망, 2018년 태안화력발전소 김용균(24세) 사망, 2020년 (주)조선우드 김재순(25세) 사망, 현대중공업은 1974년 창립 이래 46년간 467명 노동자 사망, 2020년 4월 이천 한익스프레스 38명 노동자 사망 등 산재 사망은 끊이지 않고 있다.

죽음의 숫자가 너무 많고 매년 반복되다 보니 산재 사망의 통계 숫자는 무의미한 일상처럼 되어 버린 느낌이다. 아무런 충격이나 반성의 자료가 되지 못하고 자살통계처럼 당연히 그러한 사회인 것처럼 사회의 자연스러운 한 모습으로 여기게 되었다. 죽음조차 두려움을 불러일으키지 못하고, 나와 다른 타인의 사건일 뿐 나와 우리 가족의 일이 아닌 것이다. 이 사회는 타인의 고통과 불행에 대한 감수성을 상실해 가고 있다.

한국은 경제협력개발기구(OECD) 국가 중에서도 산재 사망 1위 국가이다. 그동안 산재 사망·사회적 참사의 책임을 져야 하는 기업과 기업의 최고책임자는 솜방망이 수준의 처벌만 받았다. 결국 기나긴 논의를 거친 후 지난 1월 8일 중대재해기업처벌법이 국회를 통과했다. 법 제정을 주장한 지 15년 만이며, 여전히 법 시행에 논란도 많다.

지난 2014년 12월 2월, 서울 송파구에서 생활고에 시달리다 모녀 셋이 방 안에서 번개탄을 피워 놓고 동반 자살한 사건과 죽음 이후 수개월 만인 2018년 4월 발견된 충북 증평 모녀의 죽음은 생활의 어려움을 겪었지만, 주위의 도움과 지원을 받지 못한 현실에 모두를 안타깝게 했다. 송파세 모녀의 죽음 이후 복지 사각지대 발굴을 위한 일제 조사가 여러 차례 이루어졌고, 찾아가는 동주민센터와 같은 직접 발굴 프로그램들도 개발되었지만, 여전히 반복되는 사회적 죽음을 막지 못했다. 죽음 직전 증평 모녀의 죽음은 아파트와 자동차 소유, 소액 통장도 있었지만, 경직된 공적 지원 체계에서 수급을 받지 못하는 문제를 드러내었다. 국민기초생활보장법·긴급복지지원법 등 사회안전망 강화를 위한 관련 법이 마련되어 있지만, 누구의 도움도 받지 못하는 사각지대가 여전히 존재한다.

한국의 불안정한 노동시장 하에 자영업에 뛰어든 자영업자들의 5년 내 생존율은 20%에 불과하다. 사업 실패로 인한 높은 부채와 중단된 소득은 당장 빈곤의 나락으로 내몰고, 이는 가족의 해체/축소로까지 이어진다. 증평 모녀가 죽음 직전의 경우를 닮아 있다.

청년의 위기와 자살 예방이 필요하다. 청년 실업문제는 1997년 IMF 외환위기 이후 대두되기 시작하여, 노동시장의 이중구조화가 고착되는 가운데, 정규직보다는 비정규직, 비정형 노동의 확산과 저성장 시대의 경제불황과 고용 한파 현상이 맞물려, 이제는 코로나 팬데믹으로 락다운(Lockdown) 세대의 출현이 현실화되는 양상으로 악화 일로를 걷고 있다. 초, 중, 고 학창 시절의 친구들조차 경쟁 상대로 보는 것이 당연하고 익숙한 청년들이 마주한 현실은 살벌하고 각박하다.

청년들의 사망원인 1위가 자살이라는 현상이 고착화된 지 오래다. 코로나19 장기화가 심화하며, 극심한 스트레스와 우울을 겪는 청년들이 많아졌다. 이제는 자살 문제를 넘어, 취업난과 생활고에 시달리다 고독사하는 청년들의 소식 역시 심심치 않게 보도되고 있다.

흙수저, 금수저라는 사회 신조어도 몇 년 전에 생긴 용어이다. 생애 과업을 수행해 나가는 과정에 부모로부터 자산이나 소득을 이전받지 못한 청년들은 삶의 출발선 자체가 다르다. 그런 청년들이 사회로부터 고립되거나 사회와 단절되지 않도록 함은 물론, 삶의 위기의 순간 벼랑 끝에 내몰린 청년들이 극단적인 선택을 하지 않도록 너르고 촘촘한 사회안전망을 구축하는 일은 매우 중요하다.

이것은 청년 시절의 실업문제만이 아니라 중장년으로 이어지는 일본의 히키코모리 현상도 한국의 머지않은 장래일 수 있다. 삶의 탈출구가 없을 때, 삶의 불안과 공포를 증폭시키고 자포자기 상태로 진입하여 중장년기까지 이어지는 이러한 사회를 우리는 결코 용인해서는 안 될 것이다(김광희, 2020).

빈곤한 삶은 죽음의 불평등으로까지 이어지고 있다. 세상에 지고지순의 불변 진리가 있다. 모든 생물체는 죽는다는 것이다. 인간은 죽기 위해 태어났고, 그리하여 "인간은 죽음으로 가는 유한한 존재이다(Martin Heidegger)." 그리하여 인간에게 죽음이란 모두에게 평등한 가장 민주적인 사건이다. 그런데 빈곤으로 고립된 이들은 죽음도 삶만큼 불평등하다.

무연고 사망자들의 사망원인은 일반인들과 다르다. 2020년 서울 무연고 사망자 665명의 사망원인으로 1순위는 '달리 분류되지 않은 증상·징후'(24.4%·162명)였다. 이는 전국 사망자 평균(9.5%)보다 3배 가까이 높은 수치다(통계청 〈2020년 사망원인 통계 결과〉 보고서). 일반인 사망원인 1순위인 암의 경우엔, 무연고 사망자는 16.1%로 사인 2위였지만 전국 사망자(27.5%)보다는 크게 낮았다. 반면 간 질환, 호흡기 결핵 등 특정 질환이 사망원인이 된 비중은 일반인보다 아주 높았다.

건강 불평등이 죽음의 불평등으로 이어졌음을 보여주는 수치들이다(한겨레21, 2021.10.26.).

그리고 빈곤으로 충분한 치료를 받을 수 없거나 연명의료의 욕구가 있음에도, 가족에게 폐를 끼치기 싫어서 치료를 포기해야만 하는 경우도 발생한다. 생명 존중이라는 의미에서 국가의 의료보장이 어느 정도인가에 달린 문제이다. 불필요한 연명의료인지 아닌지는 전문의사의 판단에 맡겨야 하지만, 경제적인 문제 때문에 의료를 포기해야만 되는 일이 발생하지 않도록 국가는 기본적인 의료보장 시스템을 갖추어야 한다.

제8절
사회적 죽음: 사회적 원인

사회적 단절과 고립에 의한 자살이 빈번하다. 자살이라는 것은 일반적으로 '죽음에 대한 의지를 지니고 자신의 생명을 해쳐서 죽음이라는 결과에 이르는 자멸 행위'(세계보건기구)라고 정의하곤 한다(고유미 외, 2016). 여기에서 자살과 자결은 구분되는데, 통념적인 자살은 소극적이고 부정적인 행위로 죽음을 선택하는 반면, 자결은 적극적이고 긍정적인 행위로 죽음을 선택하는 것을 말한다. 자살은 환경에서 벗어나며 자신을 설명하는 소극적인 행위이며 대속의 희생이 되기도 하지만, 자결은 정의로움에 대한 자신의 메시지를 전달하는 강력한 마지막 소통 수단이며 때로는 희생이 된다.

19세기 말 프랑스의 사회학자 에밀 뒤르켐(Durkheim)에 의하면, 자살이란 사회학적 관점에서 사회의 병리적 현상 중 하나이다. 그는 사회적 측면에서 자살의 특성에 따라 유형화를 시도하였다. 우선 이기적 자살은 가족, 종교, 정치 집단에 잘 편입되지 못한 이들의 자살로 사회적 측면에서 순전히 자신만을 위해서 죽는 행위이다. 이타적 자살은 집단을 위한 개인의 희생을 정당화할 수 있는 만큼 지나치게 통합을 강조하는 사회에서 일어나는 것으로 타인을 위해서 죽는 행위이다. 그리고 아노미성 자살은 사회 기제가 어긋나 더 이상 기본 욕구를 충족시켜 줄 수 없을 때 일어나는 것으로, 사회가 무질서하게 되어 붕괴되는 상황에서 일어나는 행위이다. 또한 절망적 상황에서 일어나는 운명론적 자살을 구분하였다.

그의 자살이론은 개인과 사회의 관계, 즉 개인과 사회의 통합 정도와 사회적 조정에 초점을 두고 있다. 사회통합이 약하고 개인주의가 팽배하면 '이기적 자살'이 많이 일어나고, 반대로 사회통합이 강하여 집단의 규범이 개인에게 강하게 작용하면 '이타적 자살'이 많이 일어난다. 즉 사회통합이 강하다고 자살이 감소하는 것이 아니라, 사회통합이 너무 약해도, 또는 너무 강해도 자살률이 높아진다는 것이다.

한국의 경우 불명예스럽게도 자살률이 OECD 1위를 줄곧 기록할 정도로 생명 경시 사회의 대표적인 나라이다. 특히 노인 자살률은 자살 예방 대책으로 이전보다 나아졌지만, 여전히 최고를 기록하고 있다. 노인 자살의 주요 요인(이홍식 외, 2014: 382-383; 고유미 외, 2016: 45; 김형수, 2002:

164)은 사회적 고립과 상실감으로 보고되는데, 자살을 행한 노인의 60퍼센트가 홀로 생활하는 노인으로, 가족이나 의지할 수 있는 대상이 없는 것으로 나타난다. 장기적 관점의 노인 정신건강을 위한 과거 마을 공동체성 회복 사업이 필요하다. 이것은 자살 예방에서 사회통합적 관계망을 강화하는 것이다. 이러한 공동체적 자살 예방 해결은 소통, 관계망 형성을 통한 효과여서 장기간의 처방이라고 볼 수 있다.

고독사가 새로운 사회적 문제해결을 요구하고 있다. 죽음보다 더 힘든 것은 막막하고 의지할 데 없었던 자신들의 삶이었다는 고독사 심층취재(KBS 파노라마, 2014년 5월 22일)처럼 누가 생활고와 병마에 시달리다 쓸쓸히 생을 마감하고 싶겠는가? 한 명이라도 이야기할 수 있는 상대가 있거나 주위에서 누군가의 관심이 있어 대화할 수 있었다면, 극한 상황에서도 이러한 고독사는 찾아보기 힘들 것이다. 정서적 고립은 발달한 산업사회에서 죽어가는 과정이 가진 특성 중 두드러진 것이다. 죽음은 사망 증명서와 묘지의 문제라기보다는 살아 있는 사람과 죽어가는 자의 관계에서 발생하는 사회학적 문제이다(노베르트 엘리아스, 김수정 옮김, 1998: 95, 126). 삶이 무의미하고 무가치한 생명이라고 느낄 때 고독한 죽음은 쉽게 다가온다(프랭클, 2005). 고독사가 늘어나고 있다는 것은 물적 재화의 확대에만 치중된 사회 풍조와 그에 따른 생명 경시 풍조와도 맥을 같이 하고 있다.

적극적 의미에서 개인 스스로 참여에 의한 타인과의 관계 형성, 자아 인식 증진을 통해 고독사를 예방할 수 있는 자기 결정론적 죽음 준비 교육의 확대가 필요하다. 이는 고독사가 공동체의 와해에 근원적인 원인이 있으므로, 국가 제도나 지원에 의한 공동체가 아니라 개인의 인식 증진과 자율, 책임에 의해 만들어지는 공동체를 지향하는 것이 고독사를 예방할 수 있다는 의미이다.

가족관계의 안정적 유지를 기반으로 한 비공식적 지원망 강화, 이웃공동체 형성을 통한 1인 가구의 사회적 고립 예방, 지역주민에 대한 고독사 관련 정보제공과 캠페인을 통한 인식개선이 지자체 차원에서도 필요하다(임효연, 2013).

재난사와 사고사 예방을 통한 생명 존중 사회를 지향해야 한다. 과거의 자연 재난에 의한 참사는 하늘이 인간에게 내리는 운명처럼 여겨졌지만, 현대 과학 기술 사회에서 지진이나 홍수 등 자연재난은 더 이상 어쩔 수 없는 위험이 아니라 대응 가능한 리스크가 되고 있다. 예보시스템과 초기 대응 체제, 종합적인 복구 체제의 발전을 통해서 관리되고 있기 때문이다. 그리하여 생명이란 국가의 안전 시스템과 국민의 생명 안전의식을 통해 리스크를 최대한 줄일 수 있는 생명 존중 사회를 만들 수 있다.

죽음의 원인 역시 사회적이다. 개인의 죽음에 있어 직접적인 최종 사인(死因)이 입증 가능한 의학적 병증으로 판정될 수 있을지 몰라도, 직장에서의 스트레스나 사업 실패, 또는 사람과의 불화나 갈등 등 사회적 관계 속에 이유가 내재한 경우가 많다. 이렇듯 개인의 죽음은 의료적 사인으로만 한정될 수 없다. 또한 언론에 빈번하게 오르내리는 살인 사건이나 타살도 원한이나 인간적 갈등 등에서 종종 발생하는 것이다. 그리고 안전 불감증이나 안전 매뉴얼의 부재나 소홀로 발생하는 세월호 참사 등과 같은 각종 안전사고로 인한 집단적 죽음, 메르스와 코로나19 등 사회적 접촉으로 인한 전염병 사망, 지진 등도 과학기술의 발전과 사회적 대처를 통해 많은 부분 극복될 수 있다는 점에서 이러한 죽음은 사회적이다(서이종, 2016: 89).

제9절
사회적 죽음: 정치·이념적 원인과 전쟁포로

정치적, 이념적 이유에 의한 생명 경시는 용인되어서는 안 된다. 근대의 생명권력 메커니즘은 과거 적극적인 죽음의 권력에서 인간 삶의 과정을 보장하고 최대화하며, 감시·통제, 조절하는 삶의 적극적 권력으로 이전되었다. 근대에 생명은 (통계적) 지식이 통제하고 권력이 개입하는 생명 정치의 영역에 포함된다. 고전주의 시기 이후 주권자의 죽일 수 있는 권리는 근대에 생명을 관리하는 권력으로 옮아간 것이다.

그러나 아감벤(Agamben)은 근대의 생명 정치는 조에(zoē: 자연생명)가 비오스(bíos: 정치적인 생명, 개인이나 집단에 특유한 삶의 형태나 방식)화 되는 과정에 배제와 포함이 교차하는 일종의 '예외 상황'에 주목한다. 자연 생명은 법적 제도적 권력에 의해 규율되고 길들여져 활용되는 것이 아니라, 오히려 예외적 상태의 예외적 존재인 벌거벗은 생명(naked life: 고대 로마법상의 호모 사케르(Homo sacer))으로서 법적 배제를 통해 포함됨으로써, 국가의 주권적 권력 체계의 토대가 마련된다는 것이다. 이러한 주권의 제한은 국가사회주의의 우생학이나 근대 민주국가의 수용소나 감옥도 이러한 예외 상태를 일반화하고 있다고 보았다.

부연하면 봉건사회에서 왕은 자신의 경계 내에서 모든 사람의 생사여탈 재량권을 가졌으나, 근대사회의 주권은 그 누구도 헌법적으로 죽임(생명 박탈)권을 행사하지 못하도록 하고 있으나, 그 경계 밖의 시민들은 여전히 보호받지 않는 '벌거벗은 생명'이며 심지어 자국민에게도 이념적 이유 등 다양한 이유로 생명 박탈(죽임)권을 행사하기도 한다(예로 긴급조치 등 예외 상황이 이에 해당).

국가를 위해 희생한 사람일지라도 이념적, 정권의 정치적 잣대로 그 죽음조차 존중받지 못하는 경우가 자주 발생한다. 한국 사회에서 정부나 국민이 해외 독립투사의 행적과 무덤을 추적하는 일은 없다. 그리고 독립운동가지만 좌익 활동을 한 전력이 있다면, 이 또한 이념적 대립으로 배척된다. 반면 친일 전력이 있어도 해방 후 6·25전쟁에서 공을 세웠거나 이승만 정권에서 권력을 누렸다면 보호되는 일이 일반적이다. 민주화 운동 희생자들에 대한 진실규명, 보상과 명예 회복은 문민정부 들어서서 훨씬 나아졌지만, 국가권력에 희생된 예로 광주 민주화 운동 가해자의 용서와 화해는 아직도 요원하다. 국가가 이념적, 정권 획득 및 유지 차원에서 어떻게 생명을 경시하게 되는지가 우리 역사에서 잘 드러난다.

전쟁포로 대우에 대한 국제법은 존중되어야 한다. 과학기술의 발전으로 전쟁 시 대량 살상(massacre)이 상시로 빈발한다. 국제사회는 전쟁 시에도 대량 살상 무기 제한, 전쟁포로나 민간인 살상 제한 규범을 발전시키고 있으나, 국제사회의 통제는 여전히 느슨하다. 전쟁포로에 관한 최소한의 생명권 보장에 대한 요구는 전쟁으로 얼룩진 유럽 등 서구 사회에서 점증하여 이미 1차 대전 이전 1907년 제2차 헤이그(Hague) 평화회의에서 전쟁포로의 처우에 대한 전시 법규를 채택하였고, 이후 이를 보강하여 1929년 7월 27일 '포로의 대우에 관한 조약(제네바 조약)'이 당사국 간에 체결되었다.

동 조약 제2조에는 "포로는 항상 인간답게 대우받아야 하며 폭행, 모욕 및 대중의 호기심으로부터 특별히 보호되어야 한다"라고 기술되어 있다. 3조에서는 전쟁포로는 모든 시민적 능력을 보유하기 때문에 자신의 인격과 명예를 보호받을 자격이 있으며, 4조는 차별적으로 대우받아서는 안 된다고 기술되어 있다, 5조에는 특히 심문을 받을 때 어떠한 부당한 압력을 받아서는 안 되며, 심문에 거절한다고 하여 위협을 받거나 모욕이나 어떠한 부당한 조치를 당하지 않아야 한다고 명시되어 있다.

일본 정부는 1929년 이러한 포로의 대우에 관한 제네바 조약에 공식적으로 서명하지는 않았지만, 그 정신을 준수하여 연합국에 대해서 포로의 대우에 관한 조약의 적용을 희망할 정도였다. 일본 외무성은 "일본 제국 정부는 포로의 대우에 관한 1929년의 국제조약을 비준하지 않았다. 따라서 동 조약에 아무런 구속을 받지 않는다는 입장이지만, 나름대로 일본의 권한 범위 안에 있는 미국 포로에 대해서는 동 조약의 규정을 '준용'(apply mutatis mutandis)할 것이다"라고 밝혔다. 1942년 1월 5일에는 영국, 캐나다, 오스트레일리아 포로로 그 준용의 폭을 확대하겠다고 밝혔다.

그러나 연합군조차 포로수용소에서의 처우는 당시 미국 정부 등에서 항의할 정도로 가혹하였다(內海愛子, 1989). 동경 극동 재판의 판결문을 보면, 연합군 포로 13만 2,134명 중에서 3만 5,756명이 사망하여 사망률이 27.1퍼센트에 이르렀다는 사실은 독일과 이탈리아의 연합군 포로 사망률 4.0%에 비교해 얼마나 잔인했는지를 잘 보여준다(內海愛子, 1989: 11).

제5장
상장문화와 의례

이범수

   본 장에서는 사회 변화에 따른 의례의 변화를 살피면서 상장의례의 유족과 주변 사회 구성원들을 문화화하는 동시에 사회화하는 과정을 다룬다. 먼저, 유교 상례 이해를 위해 그 기반이 된 유교 생사관을 살펴보고, 이를 기반으로 의례화된 『주자가례』를 중심으로 의례의 진행 절차를 알아본다. 전통 의례에 대한 이해를 바탕으로 시대별 의례의 변화 과정을 일제강점기 의례 준칙 제정, 해방 이후 의례 규범과 표준의례, 박정희 정권의 가정의례 준칙 등 제도의 변화와 연결하여 살펴본다. 마지막으로, 현대 상례로의 변화를 주도한 의례 자본에 대한 이해와 장례식장 및 상조 기업의 상례 절차를 다룬다.

Key word : 상장례 문화, 의례의 성격와 특징, 상장의례의 기능과 역할, 애도과정

제1절
상장문화의 이해

인류를 지배해온 본능적 태도가 있다. 끊임없이 다양한 시도를 통해 생존(生存)하는 것이다. 인간에게 생존을 위협하는 사건과 대상은 불안과 두려움의 존재로 여길 수밖에 없다. 따라서 인간은 자신들의 생명을 공격하고 치명적으로 무력화시키는 대상인 죽음과 끊임없는 화해를 시도해왔다. 이러한 노력은 죽음을 관할하는 영역에 복종과 예경(禮敬)을 담보로 생명을 부지하고 복(福)을 구하는 방식으로 발전하였다. 결국 화를 피하고[免禍] 복을 받으려는[求福] 인간의 의지는 죽음의 공포와 두려움의 극복은 물론 영생으로 안내하는 종교 문화적 틀을 정립하며 발전해 나간다.

죽음 후 잔재(殘在)를 처리하는 일은 살아남은 자들의 몫이다. 주검을 처리하는 방식은 죽은 자를 염두에 두긴 하지만 남은 이들의 입장에서 전개될 수밖에 없다. 그러한 방식은 고인의 시신을 장엄하게 감추고 명복(冥福)을 추선(追善)하면서, 남은 이들이 고인을 애도한 후 변화된 현실로 복귀하고 적응하는 상장의례의 과정으로 전승되어 왔다.

애초 이러한 취지를 살려 진중하게 다루어야 할 죽음 처리 방식은 현대 자본주의의 특성인 단축성, 편리성, 효율성이란 경제 논리에 치우쳐 간소화, 축소지향, 소규모화, 신속화를 우선하는 방식에 밀려 제자리를 잃고 있다. 급기야 최근에는 위기로 다가서는 죽음의 사건을 정리하는 절차인 상장의례를 쓸데없이 번잡하다 매도하고, 그것이 가진 가치와 기능을 무시하는 지경에 이르고 있다.

그럴수록 현대인들은 상장의례에 의례 고유의 시간과 공간을 통해 제공하는 고인의 천도(薦度) 기능과 유족을 위무(慰撫)하고 애도의 과정을 겪어나가게 하고, 죽음의 가치를 깨닫게 하며, 현실로 복귀시키는 기제(機制, mechanism)가 정밀하게 작동함을 인식해야 한다.

그를 위해 죽음의 관점에서 문화와 사회 그리고 유교식 전통 상장의례의 진행 방식과 그것이 가진 애도 과정의 기능과 역할, 상장의례의 진행 공간인 장사 및 추모 시설, 산업과 서비스 등을 깊이 이해해야 한다. 그럼으로써 경제적 논리로 왜곡된 상장의례의 가치가 우리 자신을 보호하는 삶의 도구로서 요긴하게 활용할 수 있게 될 것이다.

1. 문화와 사회

문화란 한 사회의 개인이나 인간 집단이 자연을 변화시켜온 물질적·정신적 과정의 산물이다. 문화는 개인과 지역, 단체, 사회, 국가, 민족 등의 집단적이며 대중적인 생활의 종합적인 전체성을 가리킨다.[1] 문화는 상당한 세월의 연계성과 지속성을 기반으로 성립되므로, 평면적이지 않으며 입체적이다. 문화는 지역적 요소와 인간의 집단적 삶의 역사적 발전이 병행하며 진화한다. 따라서 문화란 대중의 시간과 공간적으로 다양한 방면과 부문의 생활과 삶의 총체를 가리킨다.

문화는 그렇게 집적된 지식과 지혜를 바탕으로 개인의 인생을 규범하고 지도하는, 개인의 인생 밖에 초월한 객관적인 것이다.[2] 그러한 문화는 신념, 가치관, 대화방식, 의례(ritual), 대인 관계 방식, 삶을 조직하는 방식, 자신과 타인을 규정하는 방식들의 집합이기도 하다.[3] 문화는 인류 생활을 경제, 정치, 과학, 종교, 도덕, 문학, 예술의 7개 부문의 배합으로 드러낸다. 이렇듯 문화는 개개인의 삶에서 표현하지만, 그 삶은 문화를 이탈하여 존재할 수 없다.

사회(社會)란 사람들이 살아가는 온갖 집단체계를 폭넓게 일컫는 말이다. 그 집단은 작게는 가정에서 크게는 국가나 세계 단위까지 걸쳐있다. 모임인 사(社)와 회(會)를 합쳐서 생겨난 단어로 사람 간의 교제(society)라는 뜻을 가진다.

사회화는 문화에 개입하여 어떤 사람이 그 사람이 속한 문화에 적합하게 되는 방식이면서 동시에 주위 사람들이 그 사람을 문화에 적응하게 만드는 과정이다.[4] 이 과정은 삶의 과정에서 발달과 변화를 계속할 수밖에 없는데, 사회구성원들이 자신들에게 일어나는 모든 것, 그들을 둘러싼 사람들, 대중 매체, 그들을 에워싸고 진행되는 문화에 의해 계속해서 영향받기 때문이다.

문화와 사회화는 인간이 주의를 집중하고 자신들이 아는 바를 요약할 수 있게 하고, 생존하도록 도와주는 필수 불가결한 개념과 과정들이다. 이러한 취지 아래에 문화는 전승되어 온 삶의 경험 중 선별한 가치들을 소장한 보고(寶庫)를 후세에 열어 보이고 안내한다. 문화는 죽어가는 그리고 죽은 사람과 살아있는 사람과의 관계에서도 적절한 해결 방식으로 인도한다.

---

[1] 錢穆 著, 『文化學槪論』, 을유문화사, 1962, pp.18~19.
[2] 錢穆 著, 위의 책, p.20.
[3] Paul C. Rosenblatt, Culture, Socialization, and Loss, Grief, and Mourning, *Handbook of Thanatology*, Association for Death Education and Counseling, ROUTILEDGE, p.115.
[4] Paul C. Rosenblatt, 위의 책, p.115.

2. 상장례 문화와 사회

사람들은 자신이 속한 집단 문화의 기준과 규칙을 준수함으로써, 사회구성원으로서 무엇이 옳은지 배우게 된다. 이러한 학습 방식 중 하나로, 기능하는 공식적인 사회적 의례들은 사회 구성원 간의 관계 구조와 그 관계 안에서 어떠한 방식으로 변화를 반영하는지를 설명하면서, 의미 있는 상징의 기능적 역동성과 정황적 역동성을 모두 드러내 보인다.[5]

그런 관점에서 죽음이 발생한 시기에 진행하는 상장의례는 문화가 주변 구성원들에게 진행하는 문화화하는 과정이며 동시에 유족들을 사회화하는 과정이기도 하다. 유족들은 자신이 속한 사회의 문화적 규범과 기준을 통해 죽음을 기점으로 발생하는 모든 일에 대해 의미를 부여할 수 있게 되고, 도덕적 영적, 종교적 기준에서 올바른 일을 행한다는 확신을 통한 안정감을 확보하게 된다.

아널드 반 게넵 (Arnold van Gennep, 1873-1957)은 『통과의례(The Rites of Passage, 1909)』에서 인간이 자신이 소속된 사회가 실천하는 문화를 기반으로 수행하는 의례의 사회적 역할을 설명하고 있다.[6] 그는 특별히 삶의 위기 상황에서 수행(perform)하는 의례의 기능에 초점을 두었다. 그는 생의 위기를 곧 한 개인이 하나의 지위에서 또 다른 하나의 지위로 옮겨 갈 때 나타나게 되는 사회적 삶의 결정적인 순간으로 보았다. 이때 수행되는 의례는 연쇄적으로 분리(separation), 이행(移行, transition), 통합(incorporation)의 세 단계로 나타난다고 분석했다.[7] 그는 첫째 단계인 분리는 종종 정화(淨化)와 옛 정체성의 상실을 상징적으로 암시(결국 옛 자아의 죽음을 뜻함)하는 의례들로 특징을 이룬다고 하였다. 둘째 단계인 이행에서는 의례에 참여하는 사람은 잠시 상징적으로 관습적인 사회문화적 질서 밖에 있는 것을 의미하는 장소에 머물도록 조치된다고 설명하였다. 이 상태에서는 그에 따르는 규칙 때문에 정상적인 일상생활은 중지된다. 셋째 단계에서는 그 사람이 새로운 지위를 얻게 되므로 그를 수용함에 초점을 맞추는 상징적인 통합의 절차들이 있게 된다고 하였으며, 거기에는 새로운 이름과 직책, 관(冠)과 같은 상징물의 수여와 예식, 연회, 회식 등이 따르게 된다고 하였다.

반 게넵은 이러한 통과의례와 같은 규범은 사회를 와해할 수 있는 무질서한 사회적 변화를 질서 있게 만든다고 주장했다. 그는 의례의 기능주의를 암시적으로 제시하면서 의례는 분명히 구분된 경계를 설정하여 지위에 따라 집단을 구별하고, 사회적 정체성과 역할은 안정화에 기여한다고 주장

---

[5] 캐서린 벨, 『의례의 이해』, 류성민 옮김, 한신대학교출판부, 2007, p.88.
[6] 반 게넵, 『통과 의례』, 전경수 옮김, 인하대출판부, 2000, p.30.
[7] 반 게넵, 위의 책, p.41.

하였다.[8] 그는 의례를 사회 체계의 통합을 유지하는 질서를 부여하고, 승인된 방법으로 집단들을 변화시키며 재구성하는 수단으로 보았다.

빅터 터너(Victor Turner, 1920-1983)는 의례를 사회적 평정을 유지하게 하는 메커니즘을 의례 상징의 조직화와 연관된 구조적 관점과 결합하였다. 이후 터너는 후속 연구를 통해 사회를 폐쇄적이고 영원히 구조화된 체계로 보는 모델에서 벗어나면서, 그러한 모델에서는 한 사회가 갈등으로 혼란에 빠지게 되면 의례적 카타르시스를 통해 조화로운 상태로 되돌아올 수 있다고 주장했다. 이러한 의례의 구조는 네 개의 주요 단계로 구성되는데, 첫째, 정상적인 관계성이 균열되는 단계, 둘째, 그 균열에 뒤따르는 위기감의 고조 단계, 셋째, 균열을 회복할 수 있는 행동을 요구하는 단계, 넷째, 갈라진 관계들을 재통합하는 행위나 갈라진 상태에 대한 사회적 승인으로 절정에 이르는 단계가 그것이다.

터너는 이러한 연속적 과정에 더욱더 근본적인 변증법을 적용하였는데, 곧 사회적 질서와 구조(structurel)를 말하는 커뮤니티(community)와 커뮤니타스(communitas)라고 지칭한 사회적 무질서와 전이 기간인 임계(臨界, liminality)의 기간(반구조, antistructural) 사이의 변증법적 방식의 전개로 설명하였다.[9] 터너는 '사회적 드라마'라는 개념을 통해 정적인 조직이 아닌 역동적 과정으로서의 사회적 구조를 구상할 수 있었다.[10] 그는 다양한 의례들이 문화 사회적 구조와 변화로 인해 형성된 스트레스와 긴장의 동일시를 통해 드러내고 조절하며 정화하는 신분 역전 의례로서 기능한다고 하였으며, 이는 의례의 사회적 무질서의 평정 기능과 자기 발전적이며 적응적 기능을 강조한 것이다.

---

8 캐서린 벨, 앞의 책, p.87.
9 빅터 토너, 『의례의 과정』, 한국심리치료연구소, 2005, pp.145-149.
10 빅터 토너, 위의 책, pp.255-259.

제2절
상장의례의 구조와 기능

1. 의례의 성격과 특징

의례는 형식을 갖춘 예의로써 예의는 사회생활과 사람과의 관계에서 공손하며 삼가는 말과 몸가짐을 말한다.[11] 본래 의례(儀禮)의 어원은 관혼상제(冠婚喪祭)를 포함한 중국 고대사회의 전통적 사회의식을 자세히 기록한 책의 이름으로 당시의 종교 및 사회학적 면모를 들여다볼 수 있는 귀중한 사료[12]이다.

의례의 성격은 의도적이고 자발적이며 반복적인 것으로 양식화되고 상징적 신체 행위로 표현되는, 우주적 구조나 신성한 존재를 중심으로 이루어진 것[13]이다. 그러므로 의례는 자신의 틀 속에서 뿜어 나오는 의례만의 시간과 공간의 문화적 긴장감과 생생함 그리고 종교적 성스러움[14] 등을 내재화할 기회를 참여자들에게 제공한다.

의례가 가진 중요한 특징 중 하나는 행위를 통해서 자기 세계의 토대의 극화(Dramatize, 劇化)를 시도한다. 의례는 이러한 시도를 통하여 자기 세계를 구조화하고 표현하는 것으로 본성을 삼는다. 의례는 이를 통해 사람이 종교를 이해하게 하는 역할을 한다. 합리적인 시각에서 보면 원시적이고 비합리적으로 볼 수 있는 행위의 요소가 포함되어 있다고도 볼 수 있다. 하지만 독특한 구조와 기능성 언어들을 통하여 그 자체가 가진 힘을 발휘하게 하여, 체계적이고 통제된 행위를 유도하여 원하는 상태를 확보하고 악한 결과를 피하려고 시도하기도 한다. 따라서 의례는 구현되지 않은 평범한 것에 자신의 목적을 위해 의도적으로 행위와 시간을 활용하여 구조화해 나가는 것이다.

---

11 이기문 감수, 『동아 새국어사전』, 두산출판, 1997, p.1616, p.1769.
12 『의례』 지재희·이지한 역주, 자유문고, 2004.
전한(前漢: 기원전 202년~기원후 8년)시대 노나라의 지역에서 고당생이 전한 사례(士禮) 17편이 의례의 시초로 여겨지고, 후한 시대에 오경의 하나인 예경으로서 중시되었다. 의례라는 이름은 진나라(서진)시대부터 시작된다. 주나라의 계급 질서는 왕·제후·경·대부·사이다. 이 책은 사(士)에 관한 예를 중심으로 성립됐지만 일부 대부(大夫)의 예와 제후(諸侯)의 예가 포함되어 있다.
13 장철수, 『한국의 관혼상제』, 집문당, 1997, p.16
14 M.엘리아데, 『성과 속』, 한길그레이트북스, 2005, p.22.

이러한 의례의 핵심 요소는 초점화(focusing)하고 틀 짓는(framing) 성격 그리고 무엇인가를 드러내는(displaying) 성격이다.[15] 의례는 초점화를 통해 자신의 목적과 그의 실현을 위해 할당된 시간과 공간을 독점한다. 의례는 독점된 시간과 공간의 영역 내에 함입된 의식(意識)을 고양시키고 확장한다. 이를 통하여 참여자에게 내재된 것을 표면화하게 하기도 하고 분열된 것을 집중하게 하며 미약한 것을 강렬하게 하며 이탈된 것을 유입시키거나 오히려 배제해 버림으로써, 보다 충만한 힘을 획득하게 하기도 한다.

의례는 자신의 틀(frame)에 올라타게 함으로써 의례의 시간과 공간 그리고 참여자에게 긴장감이나 생생함으로 역동하게 한다. 의례 틀의 속성으로 절차를 밟기 시작하면 의례의 시간은 긴장성을 띠게 된다. 어떤 의례이든지 그가 가진 틀이 구성하는 고유의 시간과 공간은 실제적이 되고 살아있게 되고 효력을 보이기 때문이다. 이렇게 외부 세계와 차단된 의례 고유의 내적 세계는 생명과 역동성과 영적이며 성스러운 감정으로 충만하게 된다.

또한 의례는 드러내는 성격을 통해 언제나 자신의 정체를 감각의 세계에서 직접 드러낸다. 의례는 항상 감각적으로 드러내며 만지고 보고 들을 수 있으며 몸을 통해 표현된다. 의례는 행위로 자신의 언어를 삼기 때문에 말로 표현할 수 없는 것도 몸과 행위로 드러낸다. 즉, 무릎 꿇기, 엎드리기, 음식 나누기, 음식의 절제, 서 있기, 행진, 씻기, 목욕, 춤, 바치기, 장엄하기, 고통의 부과하기, 싸움, 게임, 노동하기, 몸짓하기. 노래 부르기, 침묵, 옷 입기, 옷 벗기 등을 통해 자기 신체 등을 매개로 동원해 진술한다.

이렇게 역동적인 의례의 성격에도 불구하고 대부분 현대인은 그들이 참여하고 있는 의례의 참모습이나 그것이 주는 의미나 효용을 자각하지 못하고 있다. 의례의 의미에 대한 미흡한 이해는 관례적이고 타성적인 참여와 그 결과를 무의미한 것으로 잘못 평가하고 의례의 시행에 대한 회의를 남기고 있다.

2. 상장의례의 기능과 역할

상장의례는 죽음을 수용하고 사별의 슬픔과 고통을 해소하는 데 도움을 준다. 상장의례 절차를 통해 거치는 애도의 과정은 사별로 인한 슬픔과 고통을 해체하려는 사회나 문화집단의 구성원들이

---

15 윌리암 페이든, 『비교의 시선으로 바라본 종교의 세계』, 이진구 옮김, 청년사, 2004, p.130.

제1부 죽음의 이해

나 집단이 수행하는 사회적 표현과 행동이다. 죽음이 일어난 지 얼마 안 돼 마무리하는 상장의례의 짧은 일정은 본래의 기능을 충분하게 발휘하지 못하게 한다.

유족이 사별 반응을 사회적으로 표현하는 애도 방식은 상례, 장례, 영결식, 추도식, 미사, 추모예배, 49재, 기제사, 1주기, 천도재 등의 다양한 예법과 절차들이 있다. 상장의례가 가진 기능과 역할은 다음과 같다.

- 고인의 시신을 존엄하게 처리하고, 고인을 장엄(莊嚴)화 한다.
- 고인을 영적, 종교적으로 천도할 수 있는 의례의 공간을 제공한다.
- 고인의 죽음을 사건화하고 사별의 현실을 기정사실로 하고 수용하도록 돕는다.
- 유족이 사별 반응을 드러내고 표현하게 해준다.
- 고인과의 삶의 여정을 회상하고 기억하며 애도하는 시간과 공간을 제공한다.
- 유족들에게 실존에 대한 깨달음을 제공하는 시간과 공간을 제공한다.
- 고인에 대한 기억을 재정리하고 현실의 삶에 복귀하게 한다.
- 유족에게 사회적 관계망을 연결하는 기능과 역할을 한다.
- 유족에게 사회적 지지망을 제공하는 기능과 역할을 한다.

3. 전통 상장의례의 애도 기능과 역할

(1) 전통 상장의례의 의미

상(喪)은 '죽을 상' '잃을 상'이라 읽으며 잃어버린 것을 슬퍼하여 우는 것을 뜻한다. 장(葬)은 '장사 지낼 장'이라 읽으며 죽은 사람을 받침에 얹어 풀숲 속에 두는 것을 뜻한다. 의례(儀禮)의 의(儀)는 '거동 의'라 읽고 자세와 태도를 뜻하며, 예(禮)는 '예도 례'라고 읽으며 "사람이 행해야 할 중요한 도리"를 뜻하여 "형식을 갖춘 예의"[16]라는 뜻으로 쓰인다.

예로부터 상례에서는 사별의 슬픔[哀]을 극진히 표현할 것을 강조했다. 『논어(論語)』「자장(子張)」에서도 "상례는 애달파함을 극진히 할 뿐"[17]이라 하였고, 「팔일(八佾)」에서도 "상사를 당하여 애도하지 않는다면 내가 무엇을 볼 것이 있겠는가?"[18]라 하여 사별의 슬픔과 고통이 중심이 되어야

---

16 이기문, 앞의 책, p.17.
17 『論語』「子張」 喪致乎哀而止

함을 강조하고 있다. 『예기(禮記)』 「제통(祭統)」에서도 "상(喪)에서 그 자신의 슬픔을 본다"[19]고 하여 인간이 사별로 상실당하였을 때 슬퍼함을 보이는 것이 가장 중요한 일이라는 것을 강조하여 유족 사별의 애통(哀痛)함을 노출하는 것을 지지하였음을 알 수 있다.

현대 심리학에서도 유족들은 상실로 인한 충격을 받게 되면, 여러 가지 감정적, 인지적, 신체적 충격을 받게 된다고 한다. 유족들은 감정적으로는 슬픔, 분노, 죄책감과 자기 비난, 불안, 외로움, 피곤함, 무력감, 쇼크, 그리움, 해방감, 안도감, 멍함 등이 있으며, 신체적으로는 위가 텅 빈 느낌, 가슴이 답답함, 목이 답답함, 소리에 과민 반응, 비현실감, 숨 막힘, 에너지 부족감, 입안이 마름 현상, 그리고 인지적으로는 불신, 혼란, 몰두, 망자의 현존, 환각 등이 나타난다.[20]라고 하였다.

사별에 의한 상실은 사람에게 심리적으로 가장 큰 충격을 가하는 것 중 하나로 유족들에게는 이 시기가 사별 슬픔으로 인한 격렬한 심리적 통증을 감내해야 하는 매우 힘든 기간이다. 따라서 상장의례는 그 수행(遂行) 과정에서 그 절차를 중요하게 여겨야 하지만, 형식이 사별의 애통함의 표출을 억압하지 않도록 경계하여야 한다.

이러한 시기는 애도의 과정이라 할 수 있으며 죽음을 수용하고 고인과의 관계성만큼 고통스러워 하다가 고인 없는 상황을 자각하고 적응해나가는 과정이라 할 수 있다.[21]

유교식 전통 상장의례는 애도 과정의 기준으로 볼 때, 죽음 직후부터 1주기인 1년 정도로 보는 애도 전반기 과정과 후반기 과정으로 나누어 본다. 이 전반기는 죽음의 발생으로 인한 위기 대응 체계가 가동되는 과정이라고 할 수 있으며, 유족이 상장례 절차를 통해 죽음 사건에서 받은 충격을 완화하고 사별의 현실을 받아들이며 사별의 비통함에 대처하는 과정으로 볼 수 있다. 이 시기에 거행되는 상장 의례는 고인을 차마 보내지 못하는 유족에게 사별 슬픔과 고통을 사회적으로 드러내고 지지받도록 허용하는 치유의 시간과 공간을 제공한다.

전통 상장의례의 후반기 과정은 대상(大祥) 이후라 할 수 있으며, 절차에 따라 유족은 반복적으로 고인과의 삶의 여운(餘韻)을 추념(追念)하고 송별하는 의식에 참여하면서 애착 관계를 정리하며, 다른 한편으로는 더 이상 고인이 존재하지 않는 일상(日常)을 받아들이고, 새로운 삶의 현실로 유도하는 과정으로 구성되어 있다. 사람마다 다른 최적의 사별 슬픔과 고통의 수준이 다르므로 이러한 과정은 유족의 생각과 감정이 의식(意識) 속에 나타나도록 허용되고, 새롭고 의미 있는 세계 관 구성에 기여할 수 있는 방식이 중요하다.[22] 그것은 '인지적 구조조정(cognitive restructuring)'이

---

18 『論語』「八佾」 臨喪不哀 吾何以觀之哉
19 『禮記』「祭統」 喪則觀其哀
20 William Worden, 『유족의 사별애도 상담과 치료』 이범수 역, 해조음, 2007, pp.30-46.
21 William Worden, 위의 책, pp.56-74.

라 할 수 있으며 상장의례는 서서히 이 과정을 달성할 수 있도록 구조화되어 있다.

애도 후기과정은 유족이 고인과의 관계를 새로이 정립하면서 스스로 자치권을 확립하는 단계이다. 유족은 이 단계를 거치며 사별의 비통함에서 빠져나와 자신의 새로운 삶을 만들기 시작하는 것도 중요하다는 것을 깨닫고 그를 시작하게 된다.

이러한 반응은 1주기 등의 기념일, 제삿날, 추도 예배, 천도재, 생일, 휴가, 소개받기 등의 사건을 중심으로 일어나며 심리적 전환으로 발전할 수 있다. 따라서 추도 의례나 기념 의례, 묘지 참배 등은 과거로부터 유족을 해방시키고 새로운 공약을 수행할 수 있도록 하는 통과 의례적 의미를 가질 수 있다.[23]

(2) 유교식 전통 상장의례 절차와 애도 과정

애도란 사람의 죽음을 슬퍼하고 애석(哀惜)해하는 것이다. 애도의 과정은 사별로 받은 충격에 대한 반응을 사회집단의 구성원으로서 소속 사회의 문화 기준과 규칙에 맞추어 관습적으로 드러내고 지지받는 개인적이며 사회적 과정이다.

① 임종(臨終)

임종은 환자가 운명하는 순간에 함께하는 절차이다. 요즈음 임종은 대부분 병원에서 하는 것이나, 드물게 병원에서 집으로 모신 후 임종을 맞이하는 경우도 있다. 이 절차는 죽음을 맞이하는 이에게 자신의 존재가 죽음과 더불어 무화(無化)되는 것이 아니라, 자손을 통해 존속 될 수 있다는 확신과 안도를 주며 죽음 수용에 도움을 주는 과정이다. 임종하는 환자에게 생전에 정리되지 못한 미진한 부분을 마무리할 기회를 주게 된다.

② 속괭(屬肱)

속괭(속광, 촉광)[24]은 과거 죽음이 임박한 사람의 코와 입 사이의 인중에 솜 따위를 놓아서 그 움직임 여부를 통해 죽음을 확인하는 일을 말한다. 이 밖에도 눈의 동공이 풀어졌는지 손발이 굳어오는지를 살피는 절차이다. 또 운명할 사람의 허리 밑에 손을 넣어 허리가 땅바닥에 밀착되어 손이 들어가지 않으면 운명한 것으로 간주하기도 한다. 죽음으로 인해 환자 가족에서 순간적으로 유족

---

22 Colin Murray Parkes · Holly G, Prigerson, *BEREAVEMENT STUDIES OF GRIEF IN ADULT LIFE*, FOURTH EDITION, Penguin Books, 2010, p.214.
23 Colin Murray Parkes · Holly G, Prigerson, ibid. p.217.
24 속괭; 속광(屬纊): 솜을 기울인다, 촉광(屬纊): 솜을 붙여본다.

으로 전환되는 과정으로 유족에게 매우 놀랍고 당황스러운 경험이다. 인지적으로 혼돈과 부인, 감정적으로는 충격을 받으며 죽음과 맞닥뜨리는 순간이 된다.

③ 고복(皐復[25]; 초혼(招魂)

고복은 죽은 사람의 옷을 가지고 지붕 가운데 올라가 왼손으로 목을 잡고 오른손으로 혼이 간다는 유음지방(幽陰之方)인 북쪽을 바라보고 "복(復)!, 復! 復!"하고 외치는 것으로 유교상례의 진수인 진애지도(盡愛之道)[26]가 담겨있다. 일부 유교식 장례를 치르는 경우, 고복을 하는 경우가 있지만, 요즈음은 대부분 병원에서 임종을 맞이하기 때문에 고복의 절차는 대부분 생략한다.

죽음의 발생을 직접적으로 선언하는 방식이 아닌, 망자 혼의 회귀를 권하는 매우 완곡한 유족과 주변인에게 고인의 죽음을 비로소 공식적으로 간접적 선언하는 방식이다. 이는 은유적인 방법으로 죽음을 알리고 현실화하면서도, 유족을 배려하는 기제가 내재된 절차이다. 이 방법은 유족들에게는 충격을 줄이고, 주변인들에게 알려 상장례의 절차를 자연스럽게 착수할 수 있게 한다.

④ 수시(收屍)

가정에서 운명하여 수시를 하는 경우도 있지만, 대부분 병원에서 간략하게 한 후 장례식장에서 수시(收屍)를 한다. 아직 고인의 몸이 굳지 않았으나 온기가 식어감에 따라 고인의 변화로 유족에게 사별을 실감하게 한다.

⑤ 발상(發喪)

발상(發喪)과 죽음으로 상(喪: 죽음)의 사건이 발생했음을 공식적이고 사회적으로 선언하는 절차이다. 이러한 실무적이며 공식적인 선언은 상례를 진행하기 위한 준비와 절차를 착수하게 하는 것이다. 상실의 주인공들인 유족들은 이러한 상례를 위한 준비와 진행 과정들이 자신들의 행동궤도와는 별도의 흐름으로 진행되어야 상실(喪失)의 비통함에 전념할 수 있다.

⑥ 사자상(使者床)

고복이 끝나면 죽은 이의 회생을 기대하기 어렵다. 따라서 저승에서 온 사자를 대접하는 상을 차리는 것은 죽음 사실을 수용해야 할 수 있는 절차이다. 이 과정은 저승에서 온 사자와 새로운

---

25 皐(고): 부르는 소리 고, 復(복): 돌아올 복
26 『禮記』「檀弓 下」 "盡愛之道也 有禱祠之心焉 望返諸幽 求諸鬼神之道也 北面 求諸幽之義也"

제1부 죽음의 이해

여정을 가야 하는 고인과 유족의 분리를 암시하는 절차로 애도의 첫 번째 단계인 고인의 죽음을 받아들이게 하는 절차이다.

⑦ 입상주(立喪主)

발상(發喪) 이후 입상주(立喪主)라는 절차를 통해 상주가 확정되는 절차는 고인의 생전 지위를 승계하거나 역할을 인정받는 과정이다.

⑧ 입호상(立護喪)

이 절차에서는 상주의 가까운 일가 어른 가운데 상장의례에 밝고 덕망 있는 사람을 호상으로 뽑는데, 상주를 도와 장례 일체를 관장한다. 그러나 호상(護喪)은 세우되, 사서(司書: 총무), 사화(司貨: 재무)는 별도로 세우지 않는 경우가 많다. 호상주(護喪主)의 임무는 시신과 유족, 상장의례 과정을 보호하고 진행하는 것이다. 호상을 선정하는 절차는 상주와 유족들이 안심하고 애도에 전념할 수 있게 한다.

⑨ 명정(銘旌)과 영좌(靈座) 설치 및 시사전(始死奠)

현대 장례에서는 수시(收屍)를 한 이후 안치실에 시신을 안치하고 곧바로 분향소를 차린다. 이때 고인의 영좌를 설치하고 시사전에서 음식을 올린다. 유족들에게 불안감과 상실감을 줄 수 있으나 명정과 영좌를 설치함으로써 그를 좌표 삼아 아직도 망자의 영혼이 유족들 곁에 머물고 있다는 위안과 안정감을 줄 수 있다.

⑩ 치관(治棺)

관을 마련하는 절차이다. 오늘날은 관은 장례용품 제조공장에서 대량 생산하여 공급하므로 관을 따로 만드는 경우는 거의 없다. 대개 장례지도사와 상담하여 구매하는 것으로 볼 수 있다.

⑪ 부고(訃告[27])

장지(葬地)와 발인(發) 및 하관일시(下棺日時)가 결정되면 부고를 한다. 이전까지의 절차들이 고인의 개인적 죽음을 사건화하는 절차였다면, 부고는 고인의 죽음을 사회화하는 과정이다. 상장의

---

27 訃(부): 사람의 죽음을 알림, 告(고): 알림.

례 과정에서 사회화는 고인과 상주의 지위 변경, 애도를 위한 지지 제공과 애도 과정 이행 등을 위해 필수적인 단계이다.

⑫ 염습(殮襲)과 반함(飯含)[28]

(가) 염습(殮襲)

습(襲)은 시신(屍身)을 깨끗이 목욕시키고 수의를 입히는 절차이다. 소렴(小殮)은 작은 이불[소렴포]로 주검을 싸고 염포[布]로 묶는 절차이며, 대렴(大殮)은 소렴(小殮)이 끝난 뒤 시신을 대렴포로 싸고 묶어서 입관(入棺)하는 절차를 말한다.

다른 한편으로 유족들은 망자에게 무언가를 직접 제공할 마지막의 기회임을 인식하게 되면서 슬픔, 안타까움, 절박함, 미련, 죄책감 등의 다양한 감정과 생각들이 역동하게 된다. 이 과정은 유족들이 망자의 시신을 매개체로 망자를 신체적으로, 심리적으로 접촉할 수 있으며 직접 대면할 기회를 제공하는 중요한 절차이다.

(나) 반함(飯含)

반함은 망자의 입에 쌀, 엽전, 구슬 등을 넣고 1, 2, 3천 석을 부르는 절차이다. 그러나 다른 한편으로는 유족들은 망자의 시신에게 직접 망자의 저승에서의 안위를 위해 물품을 제공할 수 있는 마지막 기회임을 인식하게 되면서 슬픔, 안타까움, 절박함, 미련, 죄책감 등의 다양한 감정들이 역동하게 된다.

⑬ 입관(入棺)

염습한 시신을 관에 넣는 절차이다. 입관의 과정 중 유족들은 망자의 얼굴을 마지막으로 볼 수 있는 시간이므로, 상례 중 가장 강렬한 역동이 일어나는 절차이다. 입관의 과정은 망자를 다시는 볼 수도, 만날 수도 없다고 여기기 때문에 격렬한 감정 노출이 있게 마련이므로, 적정한 수준에서 사별의 내적 반응을 노출하거나 표출하는 것이 좋다.[29] 이 과정을 통해 유족들이 망자에게 평소에 하고 싶었거나 못다 한 말을 하거나 편지 등의 물품을 전달하는 것은 애도의 과정에 매우 효과적이다.

---

28 殮(염): 거둘염, 숨길 염, 襲(습) : 엄습(掩襲)할 습
29 William Worden, 앞의 책, p.92.

⑭ 성복(成服)

성복은 염습과 소렴 대렴을 마친 후 입관이 끝나면 망인과의 관계에 따라 상복(喪服)을 입는 절차이다. 성복의 절차는 비로소 죽음을 받아들이고 애통한 마음으로 예(禮)를 올리는 절차이다. 상주는 상가의 모든 일은 호상에게 맡기고 빈소를 지키며 조문받으며 애통함을 다할 뿐이다. 성복은 유족들에게 고인의 사별을 상징하는 의복을 입게 함으로써 상주의 지위를 받아들이고 고인의 죽음을 수용하고 애도의 표현과 수습의 책임을 다하는 마음을 무르익게 한다.

⑮ 문상(問喪)

조문객은 상가에 도착하면 먼저 호상에게 성명을 밝히고 빈소에 입장한다. 이때 호상은 어느 곳의 누가 왔음을 상주에게 귀띔해 준다. 문상(問喪) 시 상례의 전체적인 흐름에 맞추기 위해서 문상하는 방법과 위치에 대해서도 다음과 같이 그 적절함을 적시하고 있다.

> 백고가 위나라에서 죽어 공자에게 알리니, 공자께서 말하기를, '내가 어디에서 곡을 할 것인가? 형제는 내가 묘(廟)에서 곡을 하고, 아버지 친구는 묘문(廟門) 밖에서 곡을 하고, 스승은 침실에서 곡을 하고, 친구는 침문 밖에서 곡을 하고, 아는 사람인 경우는 들에서 곡을 한다. 들에서 곡을 하는 것은 너무 소원하고, 침실에서 하는 것은 너무 중하다. 그는 본래 자공이 소개하여 만났으니, 나는 자공의 집에서 곡을 하리라' 하였다. 그리고 자공을 주상(主喪)으로 명하고, 말하기를 '너를 알기 때문에 곡하러 오는 자는 그에게 절을 하고, 백고를 알아서 오는 자에게는 절하지 마라'라고 하였다.[30]

위의 예에서 문상받는 유족들에게 심리적 부담이나 괴로움을 끼치지 않으려는 주도면밀함을 알 수 있다.

⑯ 치장(治葬)

치장(治葬)은 매장(埋葬)이나 화장(火葬)을 치르기 위해 준비하는 일련의 과정으로 고인의 시신을 갈무리하는 절차이다. 요즈음 화장 시에는 화장을 예약하거나 봉안당에 봉안하기 위해 봉안당

---

30 『禮記』「檀弓 上』 "伯高死於衛 赴於孔子 孔子曰 吾惡乎哭諸 兄弟 吾哭諸廟 父之友 吾哭諸 廟門之外師, 吾哭諸寢 朋友 吾哭諸寢門之外 所知 吾哭諸野 於野 則已疏 於寢 則其重夫由賜也見我 吾哭諸賜氏 遂命子貢爲之主 曰 爲爾哭也來者 拜之 知伯高而來者 勿拜也"

내에 자리를 마련하는 순서로 볼 수 있다.

⑰ 발인(發引) 및 노제(路祭)

발인은 운구를 위해 끈을 당기는 데서 유래한 것으로, 통상적으로 견전(遣奠)과 발인(發靷)이 거의 동시에 이루어진다. 발인전(發靷奠) 또는 영결식(永訣式)이라고 하며, 종교적으로 많은 차이가 있지만 화장(火葬)과 매장(埋葬) 이후의 절차는 달라진다. 이 절차는 망자의 시신이 죽음 발생 후 처음으로 위치를 이동하기 시작하는 것으로, 유족들은 망자를 영영 떠나보내는 걸음을 내딛는 충격의 순간으로 인식하게 된다.

⑱ 급묘(及墓), 하관(下棺) 및 화장로(火葬爐) 입관(入棺)

장지에 도달하는 것을 말한다. 매장일 경우 상여(喪輿)가 묘지(墓地)에 도착하여 하관한다, 하관은 관에 안치된 시신을 땅에 묻는 과정이며, 토지신인 후토(后土)에 제사 지내며 신주(神主)를 모시고 성분(成墳)을 하는 절차까지 진행한다.

화장(火葬)인 경우 화장장에 도착하여 화장을 준비하는 것을 말한다. 관의 종류는 매장용, 화장용으로 분류되며, 오늘날 90%의 사망자가 화장하므로 칠을 덜한 가장 얇은 나무나 종이 재질의 관을 사용한다. 화장로 입관 시 간단한 종교적 의례를 진행한다.

화장로 입관은 타의에 의해 애착 대상과 분리되는 순간이다. 이때 유족들은 맹렬한 비통함으로 분리 반응을 드러내게 된다. 그러나 다른 면으로는 망자의 죽음을 온전히 현실로 받아들여 내재화하는 과정이 될 수 있다. 따라서 유족들에게는 고통스러운 시간 속에서도 애도 과정이 진행되는 의미 있는 순간이 될 수 있다.

⑲ 수골(收骨) 및 장지 안치 혹은 산골장(散骨葬)

수골은 시신의 화장 이후 유골을 가루로 만드는 과정을 거쳐 골분을 한지에 싸거나 유족이 제공한 유골함에 넣어 유족에게 인도하는 절차를 말한다. 이후 유족은 유골을 봉안당, 추모공원, 자연장지 등에 봉안하거나 또는 유택동산, 산야 등에 뿌리는 경우 산골장이라 하고 바다에 산골할 시에는 해양장이라고 한다. 대부분 유족은 화장이 끝나고 이전 고인의 모습이 전혀 다른 형체로 인도될 때 크게 오열하며 애통해 하나 믿지 못하는 경우도 있다. 죽음의 현실을 자각하는 지점이다.

⑳ 반혼(返魂), 삼우제(三虞祭)

(가) 반혼

시신을 매장하거나 화장한 유골을 봉안한 후, 신주나 영정을 가지고 집으로 돌아오는 절차이다. 이로써 고인은 비로소 사망 후 영혼이 된 것을 인정받게 된다.

(나) 삼우제

우제는 출상 당일인 초우(初虞), 이튿날인 재우(再虞), 3일째 되는 날[三虞]을 말하며 이때 매장지나 봉안 장소를 방문하여 무사한지 걱정하며 다시 되돌아보며 세 차례 제사를 지내는 절차이다. 현대에 들어 삼우제 이후의 절차는 각 상가의 문화에 따라 다양하게 달라지고 있다. 시신의 안장 후 유족들은 망자를 낯선 곳에 버려두고 집으로 돌아온다는 죄책감과 미안함을 느낄 수 있다. 그리고 유족들은 큰 행사를 마치며 몸과 마음이 기진(氣盡)하여 회한과 고인이 없는 미래에 대한 걱정을 하게 된다.

㉑ 졸곡(卒哭), 부제(祔祭), 소상(小祥), 대상(大祥), 담제(禫祭), 길제(吉祭)

유교에서도 사별로 인한 상신(傷腎)·건간(乾肝)··초폐(焦肺)의 애달파하는 정[哀情]은 1년으로는 정상 회복을 못 하고 다시 1년이 지나 대상이 되어야 상처가 아물며 정상을 되찾을 수 있다고 하였다. 유족들은 상례를 거치면서 망자의 죽음을 받아들이고 슬픔을 겪어나가는 작업을 해야 한다. 그리고 망자가 없는 환경에 다시 적응해야 한다. 그렇다고 망자를 마음에서 몰아내는 것은 아니며, 마음속에서 망자의 자리를 다시 만들어내야 한다. 윌리엄 워든은 그러한 기간이 현대 임상에서는 2년에서 5년이 걸린다고 주장한다. 『예기(禮記)』의 「삼년문(三年問)」에서도 다음과 같이 애도 기간이 3년이 적절하다고 주장하고 있다.

> 삼년상이란 무엇이냐? 말하기를 정에 맞도록 예를 만들어서 이것으로써 무리를 장식하여 친소와 귀천의 절차를 분별하고 손익을 알 수 없다. 상처가 큰 자는 그 해가 오래가고 아픈 것이 심한 자는 그 낫는 것이 더디다.
> 3년이란 정에 맞도록 예문(禮文)을 만드는 것이니 지극히 애통한 것이 심한 것이다. (중략) 3년 상이란 27개월로 끝난다. 애통해하는 것이 다하지 못하고 사모하는 마음을 잊을 수가 없으나, 그런데도 복을 이것으로 끊는다는 것은 어찌 죽은 이를 보내는 일에 끝이 있고 생시로 돌아오는 일에 절도가 있는 것이 아니겠는가?

제3절
동서양 상장의례 예법과 절차

1. 중국의 유교식 상장의례 예법과 절차

(1) 중국의 상장의례 예법[31]

오늘날 중국은 한족과 더불어 55개의 소수민족으로 이루어져 있으며, 기후, 경제, 관습, 종교 등의 요소에 따라 내륙지방과 황하 유역과 초원지대, 연안 지방, 농경 생활과 유목 생활, 불교와 유교를 바탕으로 다양한 유형의 상장 문화를 발전시켜 왔다. 그 장법들로는 시신을 땅속에 매장하는 토장(土葬), 시신을 태워 재만 남기는 화장(火葬), 시체를 공중에 매달아 장사하는 현관장(懸棺葬), 시신을 독수리에게 먹이는 천장(天葬), 죽은 자를 나무 위에 안장하는 수장(樹葬)이 존재하였다.

중국의 전통적 의례에는 상장의례인 흉례(凶禮)를 비롯하여 길례(吉禮), 빈례(賓禮), 군례(軍禮), 가례(嘉禮) 등의 오례(五禮)가 있다. 중국인들은 예부터 가족의 행사 특히 부모나 조상의 상장의례에 관한 일을 그 무엇보다 중요하게 여겼고, 그러한 전통 속에서 중국의 장례 제도는 엄격한 형식의 전통 의례로 자리매김해 왔지만, 공산주의하에서 애초의 취지는 크게 변색하고 말았다.

(2) 중국의 상장의례 절차[32]

한반도에 주자가례를 통해 전해진 중국의 전통 상장의례 방식은 한국 상장의례 문화로 자리잡고 여전히 일부 사회에서 수행되고 있기에 비교 참조할 필요가 있다.

중국의 대표적인 한족의 장법인 토장(土葬)의 절차는 초종(初終) → 복(復) → 무렴(無殮) → 명부(命赴) → 조언(弔唁)[33] → 명정(銘) → 목욕(沐浴) → 반함(飯含) → 습(襲) → 설모(設冒)[34] → 설중(設重) → 설료(設燎)[35] → 소렴(小殮) → 대렴(大殮) → 성복(成服) → 조석곡(朝夕哭) → 서택(筮宅)

---

31 강진석, 「중국의 다양한 장례문화」, 『세계의 장례문화』 한국외국어대학교 출판부, 2006, p.85.
32 강진석, 앞의 책, pp.105-107.
33 조(弔): 조상할 조, 문안할 조, 언(唁): 위문할 언.
34 모(冒): 무릅쓸 모, 수의(壽衣)

→ 복일(卜日) → 천구(遷柩) → 발인(發引) → 하장(下葬) → 우제(虞祭)→졸곡제(卒哭祭) → 부제(祔祭)의 순서로 구성되어 있다

2. 일본의 민속신앙과 장의(葬儀)불교의 상장의례 예법과 절차

(1) 일본의 상장의례 예법

사령(死靈)들이 후손들의 추선공양에 의해 과거 사람의 성질을 버리고 신(神)이 되고 나면 더 이상 공포의 대상이 아니며, 선조로서 유족이나 근친들이 사는 공동체의 산이나 숲에 살면서 정기적으로 후손을 방문하고 후손들과 공동체를 보호해 준다고 믿는다. 일본은 전통적으로 시신을 매장하는 매장묘와 고인의 영혼을 공양(供養)하기 위한 공양묘로 분리하여 두 개의 묘를 쓰는 양묘제(兩墓制) 방식으로 장사를 치렀다. 그러나 현대에 이르러 양묘제는 사라지고 99.9퍼센트의 사망자를 화장(火葬)하면서 장례문화가 급격히 바뀌었다. 일본에서는 화장률이 높아지면서 자연스럽게 장례 절차도 간소화되었다. 일본의 장례 기간은 보통 3일 장으로 한다. 요즘은 수습한 유골을 불교식 공양탑 하단부에 납골하는 형태가 일반화되어 있다.

현대 일본의 장례식은 신도(神道)식과 기독교식도 혼재되어 있지만 94퍼센트 정도가 장의불교(葬儀佛敎)가 주관한다. 따라서 일본인은 저승길을 '오조'(往生:왕생)라 부르고, 주검을 '호토케'[佛]라 부르며 초상이 나면 유족들은 아무리 슬퍼도 조문객 앞에서 슬픈 표정을 드러내지 않는다. 일체 곡은 하지 않고 울음을 속으로 삼키며 대체로 조용하게 장례식을 치른다.[36]

(2) 일본의 상장의례 절차

일본의 장의 절차는 다음의 혼 부르기[魂呼] → 유간[湯灌] → 마쿠라메시[枕飯] → 쓰야[通夜] → 납관(納棺) → 출관(出棺) → 사체 처리 등의 순서로 진행된다.[37]

혼 부르기[魂呼]는 환자의 곁이나 지붕, 혹은 우물을 향하여 환자의 이름을 부르는 것이다. 이때 환자가 입었던 옷을 흔들며 혼을 부르는 것인데, 현대 장의 절차에서는 거의 볼 수 없다. 마쿠라메시[枕飯]는 사람이 죽은 것이 확인되면, 곧 음식을 준비하여 사자의 베갯머리에 바치는 것으로 사자

---

35 료(燎): 화톳불 료, 밝다. 비추다
36 김후련, 「민속신앙과 불교가 습합된 장례문화」, 『세계의 장례문화』, 한국외국어대학교 출판부, 2006, p.52.
37 『일본을 아는 사전(日本知事典)』(社會思想社, 1971년) 중에서 장식(葬式) 부분(pp.28~31)을 김후련, 「민속신앙과 불교가 습합된 장례문화」, 『세계의 장례문화』 한국외국어대학교 출판부, 2006, p.52에서 재인용.

의 근처에 맴돌고 있는 영혼을 다시 육신으로 불러들이기 위한 절차이다. 쓰야(通夜)는 사망 당일 시신을 그대로 이불로 덮어두고 근친들이 하룻밤을 새우는 절차이다. 납관(納棺)은 사체를 관에 넣는 절차이다. 이때 망자가 입게 되는 수의는 불교적 사후관에 따라 보시(布施)를 위한 주머니, 염주, 각반 등으로 구성된 승려의 여행 복장으로 한다. 보시 주머니에는 실, 가위, 바늘, 동전, 쌀, 그리고 망자가 생전에 좋아했던 기호품 등을 넣는다. 일본인들은 사후에 망자에게 부처의 제자라는 표시로 계명(戒名)을 부여한다. 출관(出棺) 절차에서는 장례식에 참석한 사람은 망자와 헤어지는 고별식이 끝나고 나면, 가족만이 사자와 작별을 고하기 위해 서서 식사하는 '다치하노메시'(立飯:입석밥), 생전에 사자가 기원하고 있었던 소원을 취소하는 의식을 거행한다. 이러한 '릿칸호도키'(立願解) 절차를 진행한다.

3. 독일 기독교의 상장의례 예법과 절차

(1) 독일 기독교의 상장의례 예법[38]

고대 독일의 장례문화는 화장하는 것이었다. 성 아우구스티누스가 초기 기독교의 장례문화 지침을 신학적으로 완성한 뒤부터 유럽에는 매장 문화가 자리를 잡게 되었다.

초대교회에서 묘지는 육신의 부활이라는 기독교적 믿음으로 거룩한 장소로 여겨졌고, 순교자들은 교회 내 지하나 지상에 안치되었다. 중세에는 화장을 금하고 교회와 가까운 곳에 시신을 안치할 것을 규정하였는데, 평민과 성직자, 귀족 등 신분에 따라 다르게 적용되었다. 장례 의식은 초대교회에서는 죽은 사람을 위해 제물을 바치고 기도를 올리는 것이 주였지만, 중세에 이르러서는 장례미사, 곧 위령미사로 발전하였다. 그러나 죽은 뒤에도 남은 사람들의 기도와 행위로 죄 사함을 받을 수 있다는 가톨릭교회의 면죄부 판매 논쟁과 함께 루터의 종교개혁이 이루어졌고, 이후 개신교에서는 위령미사와 장례미사를 배제하게 되었다.

독일의 묘지 문화를 근본적으로 바꾸어 놓은 계기는 14세기 유럽을 휩쓸었던 흑사병이 16세기에 다시 창궐하면서이다. 재앙을 경험하며 죽음에 대한 두려움과 함께 관심도 커질 수밖에 없었다. 하지만 기독교의 부활에 대한 믿음은 엄청난 죽음이 휩쓸고 간 자리에 망연자실한 사람들의 가슴에 삶을 향한 희망의 끈을 놓지 않게 하였다.

---

38 건양대학교 웰다잉 융합연구회, 「독일의 장례역사와 죽음 인식」, 『세계의 장례와 문화』, 2019, pp.175-177.

(2) 독일 기독교의 상장의례 절차[39]

독일에서는 사람이 집에서 사망하면 먼저 의사가 와서 사망원인을 확인하며, 법적으로 시신이 집에 머무를 수 있는 36시간 이내 법의학 의사가 장의사에게 자연사인지, 자살인지, 타살인지 등을 다시 확인해 준다. 집에서 사망했을 경우. 집에서는 영정 등을 설치하지 않으며, 머리맡에 촛불을 켜놓는 것으로 망자에 대한 예의를 대신한다. 장의사가 와서 시신을 모셔갈 때도 특별한 예식 없이 관에 담아 운구한다. 대부분 늦은 밤에 와서 시신을 모셔 가는 것은 이웃들에게 피해를 주지 않기 위해서다.

병원에서 사망할 경우, 곧바로 시신을 안치실로 옮기고 약 2시간 정도 대기한 뒤 의사가 사망진단을 내리면 곧바로 지하 냉장실로 옮긴다. 그 뒤에 장의사가 와서 시신을 장례식장으로 옮긴다. 독일 사람들은 병원에서 사망할 경우, 촛불도 켜보지 못하고 고인을 보내는 것을 가슴 아프게 생각한다. 그래서 될 수 있으면 집에서 죽기를 원한다.

고인이 사망하면 유족은 가족과 친척에게 전화로 먼저 사망 소식을 알리고, 친지 등에게 부고장을 보내며 지역신문에 부고를 올린다.

독일의 장례식은 고인의 가족과 친척, 친구 가깝게 지내던 이웃들 정도가 참석한 가운데 조용히 치러진다. 자녀의 친구나 직장 동료가 조문하러 오지 않는다. 장례 일정은 아무리 늦어도 일주일을 넘기지는 않는다.

4. 폴란드 가톨릭의 상장의례 예법과 절차

(1) 폴란드 가톨릭의 상장의례 예법

폴란드는 인구의 95퍼센트 이상이 구교 신자인 전통적인 가톨릭 국가이다. 966년 로마 가톨릭을 국교로 수용한 이후, 초기 기독교의 사생관에 따른 부활 신앙이 전파되면서 죽음을 두려움 없이 받아들이게 되었다. 따라서 죽음이란 단지 세상의 종말까지 몸과 영혼이 잠을 자는 것이며, 부활 예수가 재림하게 되면 천국으로 들어갈 수 있다고 믿고 있다.[40]

오늘날 폴란드의 상장의례 풍속은 가톨릭의 의식을 근간으로 하고 있으나, 전승되어 온 슬라브 민족의 토속적인 민간신앙의 관습들도 장례 풍속과 관련한 여러 가지 금기와 미신들로 나타나고

---

39 건양대학교 웰다잉 융합연구회, 위의 글, pp.178-181.
40 최성은, 「폴란드의 장례문화」, 『세계의 장례문화』, 한국외국어대학교 출판부, 2006, p.253.

있다.[41]

(2) 폴란드 가톨릭의 상장의례 절차[42]

폴란드에서 전통적인 장례식은 가톨릭교회의 성교예규(聖教禮規)에 따라서 다음과 같은 순서로 치르게 되는데, 그 안에는 다양하고 풍부한 민간 신앙적 요소들이 담겨 있다.

그 순서는 유언(遺言) → 종부성사(聖事) → 작별 인사 → 임종(臨終) → 시신 수습 → 입관(入棺) → 문상(問喪) → 밤샘 기도 → 출상(出喪) → 장례 행렬 → 연(煉)미사 → 매장(埋葬) → 장례 연회로 구성되어 있다. 장례식이 끝난 뒤 3일과 7일, 그리고 30일이 되는 날엔 교회에서 고인을 추모하며 연미사를 드리는 것이 관행으로 자리 잡고 있다.

폴란드에서는 죽음을 앞둔 병자에게 정직하고 믿음직한 지인들을 증인으로 배석시킨 가운데, 공개적으로 마지막 유언을 남기도록 하는 전통이 있다. 병자가 마지막 유언을 하고 나면 가족들은 병자의 얼굴, 눈, 코, 입, 귀, 손발 등을 깨끗이 씻긴 뒤, 교구 신부를 불러 종부성사(終傅聖事)를 받게 한다.

병자가 마지막 숨을 멈추고, 임종을 맞으면 집안의 여자들은 큰소리로 곡하여 가족의 죽음을 이웃에 알렸다. 교회에서는 종을 울려 죽은 자의 영혼에 대하여 정중한 예를 표하고, 마을 사람들에게 부음(訃音)을 전했다.

고인의 영혼이 단정한 모습으로 저승에 갈 수 있도록 시신을 수습하는 작업은 일반적으로 '시신 처리사'(trupiara)라 불리는 나이 많고, 경험도 풍부한 노파가 담당한다. 일부 지역에서는 시신의 두 눈 위에 동전을 올려놓아 눈을 뜨지 못하게 하는 풍습이 행해지기도 했는데, 이것이 고인에 대한 예우라고 여겼다.

서민들의 경우에는 3일 정도 시신을 상가(喪家)에 안치했다가 매장하지만, 일부 빈민층에서는 임종 즉시 시신을 땅에 묻기도 한다. 상중에는 화덕에 불을 피우지 않는 것이 원칙이었으므로 보통 가까운 이웃에서 음식을 장만하여 상가(喪家)로 가져온다.

묘지로 향하는 운구 행렬은 성당이나 교차로 앞에서 세 번 멈췄다 가는데, 행렬이 멈출 때마다 고인의 편안한 잠을 기원하는 기도문을 바친 뒤, 가족이나 친지 가운데 한 명이 망자의 장단점을 솔직하게 이야기하는 짧은 연설을 하기도 한다. 이렇게 함으로써 망자가 이승 친지들과의 오해나 앙금을 풀고, 홀가분하게 저승으로 떠날 수 있다고 믿기 때문이다.

---

41 최성은, 위의 책, p.274.
42 최성은, 위의 책, pp.255-273.

연(煉)미사는 교회 내에서 치르는 장례식으로, 조문객들이 배석한 가운데 망자의 영혼을 위해서 봉헌되며, 죽은 이의 죄를 용서하는 사면 의식과 함께 향을 피우고 시신에 성수(聖水)를 뿌린다. 장례미사가 끝난 뒤에 시신은 비로소 장지로 옮겨진다.

매장과 함께 모든 장례 절차가 끝나면, 장지에 모였던 가족과 친지들은 일단 자신들의 집으로 돌아간다. 유족들은 장례식에 참석해 준 친지들에게 보답하기 위해 '스티파'라고 불리는 장례 연회를 준비하고, 상가(喪家)에는 음식을 청하는 걸인들과 빈민들이 모여 기도하는데, 이들을 통해 초대장을 전달하기도 한다. 고인의 명예를 기리기 위해 이들을 배불리 대접하는 것은 유족의 의무이다.

5. 중동 이슬람의 상장의례 예법과 절차

(1) 이슬람의 상장의례 예법[43]

이슬람의 전통에 따르면, 인간의 삶은 어머니 태(胎) 속에서의 삶, 현세에서의 삶, 묘지 속에서의 삶, 저승에서의 삶(천국과 지옥) 네 단계로 구분한다.[44]

무슬림들은 출생을 영혼이 천상 세계와의 분리 후 물질세계인 이 세상과 '통합'되는 것으로 의미한다. 무슬림들은 타인의 죽음 앞에서 "우리들은 알라의 것이니, 알라께로 돌아가게 될 것이다(꾸란 2:155~156)"라는 꾸란의 말씀을 반복한다. 이 말은 죽음과 사별의 고통을 겪는 이들에게 무한한 위로를 준다. 그래서 이슬람 전통에서는 사별을 당했다고 해서 함부로 슬픔과 고통을 드러내는 것을 자제하게 하고 있다.

무슬림들이 말하는 출생이란 영혼이 천상 세계로부터 '분리된 후 육체와 결합'하는 것이다. 태아는 임신 후 120일째부터 생명체로 인정된다. 예언자 무함마드의 언행록인 하디스(Hadith)에 따르면, 이날 천사가 강림하여 태아의 육체에 영혼을 불어넣어 생명을 갖게 된다고 한다. 반면 죽음이란 영혼이 육체와 분리된 후 천상 세계와 재결합하는 것이다.

따라서 출생과 죽음은 그 방향만 다를 뿐 영혼이 '성·속' 혹은 '저승 이승을 오가는 여정'을 의미하며, 그 전이기는 40일로 이슬람의 출생과 죽음 의례에서 매우 강조된다.[45]

이슬람 세계에서는 사람이 죽게 되면 '말리크 알 마우트(Malik al-Maut)'라고 불리는 죽음의 천사

---

[43] 김정명, 「중동의 장례문화」, 『세계의 장례문화』 한국외국어대학교 출판부, 2006, pp.178-184.
[44] 김정명, 위의 책, p.178.
[45] 김정명, 위의 책, pp.176-177.

가 내려와 영혼을 떼어 간다고 한다. 영혼이 육체로부터 제거되는 순간, 인간은 진(Jinn)이나 천사와 같은 영적인 존재로 변하게 된다. 이때 망자의 영혼은 당분간 자신의 주검 위에 머무르다 천사에게 이끌려가 알라의 심판을 받은 영혼은 다시 지상으로 내려와 최후의 심판 날까지 대기해야 한다. 최후의 심판 날이 도래함과 동시에 묘지 속에서의 삶은 끝이 나고, 사람들은 삶의 4단계인 천국 혹은 지옥의 삶을 살게 된다. 땅속에 갇혀 지내던 죽은 자의 영혼은 이때 부활하며, 각자 정해진 운명에 따라 천국 혹은 지옥으로 가게 된다. 최후의 심판 날이 언제 올지는 아무도 모른다.

(2) 이슬람의 상장의례 절차

이슬람 사회는 시신을 가능한 한 빨리 매장한다. 아침에 임종이 있게 되면 시신은 당일에 매장되며, 임종이 오후거나 밤에 있으면 시신은 그다음 날에 매장된다. 이러한 풍습이 생겨난 이유는 종교보다는 중동의 더운 기후 탓으로 보인다. 무슬림의 장례 절차는 남녀 구분 없이 거의 동일하다.

임종의 징후가 발견되면, 임종자의 얼굴을 메카 방향으로 향하게 하고 눈을 감기는데, 이는 마지막 죽음의 순간을 쉽게 통과하도록 돕기 위해서이다. 숨이 멈추면 고인의 옷을 벗겨내고 옷을 갈아입인 후, 시트로 덮은 후 '무갓실(Mughassil)'이라는 자가 와서 주검을 목욕시키는 '습(襲)' 절차를 진행한다.

시신에 대한 염습을 마치게 되면 곧바로 장례식을 치르게 된다. 장례식은 집에서 치러도 무방하지만, 대개 가까운 모스크에서 예배 보는 것으로 거행된다. 영구(靈柩)가 모스크에 도착하면, 모스크에서 장례식이 거행된다. 상여로 쓰인 관은 우측면이 메카 방향을 향하도록 놓으며, 모스크의 이맘(Imām: 예배 인도자)의 인도로 장례 예배를 마치고 장지로 떠난다.

대체로 이슬람 사회에서는 시신을 관에 넣어 운구하지만, 매장할 때는 관을 사용하지 않는다. 매장에는 그다지 긴 시간이 걸리지 않는다. 무덤 내부에 시신이 안치되면 감았던 헝겊이 풀려진 뒤, 시신은 몸 오른쪽이 바닥에 닿아 뉘어진다. 이때 얼굴은 메카 방향을 향하도록 두며, 이 형태를 유지하기 위해 얼굴을 벽돌로 받치기도 한다. 소량의 흙을 시신의 곁이나 위에 뿌린 뒤 무덤 입구는 석재지붕으로 봉한다.

안내 성직자인 이맘은 시신을 매장한 후 고인을 위해 교리 문답 형식으로 마지막 가르침을 주는데, 이는 죽음 이후 저세상에서 치루는 '문키르'(Munkir)와 '나키르(Nakir)'의 시험에 대비하기 위한 것이다.

중동의 무슬림들은 대체로 고인의 영혼은 40일 동안 무덤의 주변에 머무른다고 믿는다. 망자의 영혼은 매우 어정쩡한 불안한 상태에 있기 때문에, 악령에 붙잡히거나 이승과 저승 사이에서 방황하기 쉽다. 가족이나 친구들은 자주 망자의 무덤 위에서 꾸란을 읽어 주는데, 이는 망혼이 악령에게 잡혀가지 않게 하기 위해서이다. 영혼은 40일의 전이기를 지난 후에야 비로소 저승에 완전히 통합된다고 믿기 때문이다.

제4절
현대 상장 문화와 시설 및 산업

1. 현대의 상장(喪葬)문화

많은 한국 사람에게는 스스로 영성(靈性)이 내재하고 있다는 믿음이 있다. 따라서 존엄한 생명과 영성을 담았던 시신 역시 자연으로 돌아가는 과정인 상장의례가 장엄(莊嚴)하는 절차하에, 화장으로 시신을 소멸한 후까지 존엄하게 다루어야 한다는 사유체계가 자리 잡고 있었다.

그러나 현대사회에 들어 산업과 의학의 비약적인 발전은 인공 수정 출산, DNA와 줄기세포 등의 생명과학이 발전하면서 생명과 죽음에 대한 관점도 변하고 있다. 이러한 경향은 죽음 수용의 거부나 지연을 정당화하고 있다. 이는 죽음이 수명 한계성이 아닌 의학의 발달로 야기된 결과이다. 현대의 죽음은 환자의 거주 공간에서 자손들이 임종하는 가운데 맞이하는 것이 아니라, 의료진과 의료 장비에 둘러싸인 채 맞는 것이다.

과거의 집은 출생과 죽음의 장소였으나 이제는 병원이 그 역할을 대신하고 있다. 과거 객사(客死)라 하여 꺼리던 풍속과 달리, 병원에 입원해 있던 사람은 물론이고 집에서 죽음이 임박한 경우 대부분 병원으로 옮겨 죽음을 맞는 일이 당연시되고 있다.

또한 죽음 발생 이후 집에서 진행하던 상장의례가 장례식장, 화장장, 장묘시설, 추모공원 등지에서 장례지도사들과 같은 전문 시설과 인력의 안내에 따라 진행하고 있다. 이와 같이 현대에 들어 비약적으로 늘어난 상장 및 추모 관련 시설과 산업은 상장 및 추모문화와 밀접한 영향을 주고받으므로 이에 대한 이해는 중요하다.

2. 현대 상장 문화와 의례의 특성

(1) 간소화

죽은 이를 위한 추모 의례인 제사 또한 과거 유교적 전통에서는 4대 봉사가 기본이었다. 그러나 현대 한국 사회에서는 핵가족화의 영향으로 조상, 가족, 친척 등과의 혈연공동체 연대감의 감소로 2대 봉사, 혹은 기제사를 한 날로 모으거나 명절 차례로 대체하는 등 간소화하고 있다. 복식도 현대에서는 평상복을 입고, 제수도 구매한 것으로 지내며, 제사 거행 시간도 직장 사정을 고려하여 초저녁에 지내고, 제사 의례도 한날로 모아 간소화하는 경향이 늘어나고 있다.

(2) 소규모화

현대인의 상장의례는 과거 농경사회에서의 지역공동체가 가진 응집력이 약화하면서 개인이나 가족 단위의 일로 변하였다. 더욱이 장례식장이 상장의례에 관련한 장소, 물품, 음식 등을 제공하는 역할을 맡기 때문에 전통적인 상부상조의 전통이 재화 교환 형태로 대체되고 있다. 따라서 고인이 속한 공동체의 참여는 줄어들고 참여 인원의 규모도 축소될 수밖에 없다. 또한 평균 기대수명이 84세를 넘어서며 상주들이 현업에서 은퇴하여 사회적 관계가 축소되면서 조문객이 줄어들고 있다. 초고령 사회를 미리 겪는 일본과 같이 한국에서도 조문객이 평균 15명 정도 참여하는 소규모 가족장이 될 것으로 예상된다.

(3) 신속화

한국 사회는 신속성을 원하는 자본주의의 경쟁사회 환경에서 전통 방식의 상장의례를 거행하는 것이 문화적으로 적당하지 않다는 시각이 늘고 있다. 따라서 한국 사회구성원들은 과거의 방식이나 시간을 사용하여 상장의례를 진행하거나 참여하지 않으려 한다. 애도 기간을 공식적으로 종결하는 전통적 25~26개월 탈상 방식은 삼우재, 49일, 100일, 1년 탈상으로 전환하는 경우가 늘고 있다.

(4) 축소화

과거 상장례의 장소는 대부분 가정에서 이루어졌다. 그러나 1995년 의료법 개정으로 병원 장례식장의 개설이 인정됨에 따라 2000년대 들어 병원 장례식장에서 치르는 경우가 증가하고, 이후 전문 장례식장도 크게 증가하면서 최근에는 가정에서 상장례를 치르는 경우는 특별한 경우를 제외하고는 거의 없다고 할 수 있다.

3. 한국의 장사시설[46] 현황

(1) 화장시설

화장시설이란 시신이나 유골을 화장하기 위한 화장로 시설(대통령령으로 정하는 부대시설을 포함한다)을 말한다. 화장시설은 2021년 기준 전국에 62개소에 화장로 375기가 운영 중이다. 부대시설이란 다음 각호의 시설을 말한다.

1. 시신 안치실 및 분향실, 2. 유족대기실 및 편의실, 3. 관리사무실, 4. 주차장, 5. 화장한 유골을 뿌리는 시설, 6. 장례용품 또는 음식물 등을 판매하는 시설

(2) 자연장지

자연장이란 화장한 유골의 골분(骨粉)을 수목·화초·잔디 등의 밑이나 주변에 묻어 장사 하는 것을 말하며, 자연장지(自然葬地)란 자연장으로 장사할 수 있는 구역을 말한다.

자연장의 형태는 일반적으로 잔디형과 화초형, 수목형, 수목장림으로 구분하여 설명할 수 있으며, 수목형과 수목장림의 차이는 수목장림의 경우 지목이 산지이며 표지의 차이는 수목장림은 200제곱센티미터(㎠) 이내의 고인표지를 1개만 나무에 매다는 방식으로 설치하고 수목형의 경우는 수목의 지면에 안치구 수만큼 200제곱센티미터(㎠) 이내의 고인 표지를 설치할 수 있다.

전국의 자연장지는 2019년 12월 말 기준으로 공설 63개소, 사설 법인 20개소, 종교단체 61개소가 운영 중이며 자연장 안치 능력은 공설 519,000구이며 사설 407,000구이며, 안치 가능 구(柩)수는 공설 411,000구, 사설 368구가 가능하다.

(3) 봉안시설

봉안시설이란 유골을 안치(매장은 제외한다)하는 다음 각 항목의 시설을 말한다.

봉안시설의 형태는 분묘의 형태로 된 봉안묘, 「건축법」 제2조 제1항 제2호의 건축물인 봉안당, 탑의 형태로 된 봉안탑, 벽과 담의 형태로 된 봉안담이 있다.

전국의 봉안당은 2019년 12월 말 기준으로 공설 143개소, 사설 법인 73개소, 종교단체 207개소가 운영 중이며 봉안 능력은 공설 1,694,000구, 사설 2,471,000구이며 봉안 가능 구 수는 공설 732,000구, 사설 1,786구가 가능하다.

---

46 장사시설: 묘지·화장시설·봉안시설·자연장지, 장사 등에 관한 법률 제28조의 2·제29조

(4) 묘지

묘지란 분묘를 설치하는 구역을 말하며 분묘란 시신이나 유골을 매장하는 시설을 말한다. 묘지의 형태는 봉분형과 평분형, 평장형으로 구분하여 설명할 수 있다.

전국의 묘지는 2020년 12월 말 기준으로 공설 306개소, 사설이 153개소이며 매장 기수는 공설 478,118기, 사설 933,163기이며 매장 가능 기수는 공설 706,436기, 사설 1,557,082기가 매장이 가능하다[47].

(5) 장례식장

장례식장이란 장례의 예를 집전하는 장소이다.

일반적으로 장례식장은 병원의 부대 시설로 운영하며 병원 장례식장과 전문 장례식장으로 구분할 수 있다. 전국의 병원 장례식장은 613개소이며 전문 장례식장은 494개소이다. 전국의 장례식장은 2019년 12월 말 기준으로 공설은 72개소이며 사설은 1,035개소가 운영 중이다. 빈소 수는 5,021개소이며 안치 능력은 8,446구이다.

4. 현대 상장 및 추모 사업

2020년 사망자는 305,100명으로 고령화된 인구가 계속 늘고 있어 2040년에는 487,000명이 사망할 것을 예측한다.[48] 우리 사회에 사망자가 늘어날수록 다른 한 편으로 애도와 추모[49]를 위한 물리적, 문화적, 사회적으로 마무리해야 하는 일들이 늘어난다.

추모 산업을 추모 시설 등의 장치 산업과 추모 관련 제조 산업 그리고 추모 서비스 산업으로 나누어 볼 수 있다. 추모 산업은 다음과 같이 추모 시설 관련 품 제조산업과 서비스 산업으로 나눌 수 있다.

---

[47] 2021년 보건복지통계 연보.
[48] 「내외국인 인구 전망: 2020~2040」, 통계청 보도자료, 2022.4.14.
[49] 필자 주 : 애도와 추모의 경계를 굳이 나누어 본다면 애도는 Worden의 애도과정 4단계 중 1, 2차 단계에 해당되는 것으로 볼 수 있으며, 추모는 일반적으로 그리움과 현실성 감각이 본격적으로 일어나기 시작하는 3단계인 중기 이후로 볼 수 있다. 그러나 그 또한 매우 주관적인 요소가 많다. 상(喪)의 발생 시점을 애도 과정 초기로 현실로 복귀하기 시작하는 시기를 중기로 삼으면 애도와 추모를 나눌 수 있을 것이다.

(1) 상장 및 추모 관련 산업

① 장례식장 시설 및 운영 관리

코로나의 여파로 추도식의 필요성이 증대되면서 장례식장을 추도 공간으로 활용한다.

② 화장시설 운영 관리

산골장이 늘어나면서, 유골을 화장장의 유택동산에 산골하므로 추모의 장소로 인지한다.

③ 봉안시설 및 운영 및 관리

봉안시설에 모신 고인을 지속해서 방문하고 추모한다.

④ 추모 공원 시설 운영 및 관리

추모 공원이 봉안담이나 봉안당을 병행 설치하고 추모와 연관된 오브제 등을 설치하면서, 과거의 공원묘지보다 수승한 추모 공간으로 전환하고 있다. 납골당 부근에 펜션·연수원을 지어 휴양식 추모 시설을 만드는 방식이 증가하고 있다.

⑤ 자연장 시설 운영 및 관리

자연장 시설의 공원화로 유족들의 나들이 겸 추모 공간으로 활용하고 있다.

⑥ 상장의례용품 제조 및 유통산업

관, 수의, 화환 등을 제조 및 유통 공급하고 있다.

(2) 상장 및 추모 관련 서비스업

① 상조산업

상장의례 진행, 개장, 추도식, 추모행사 진행하며, 최근 선불제 상조에서 후불제 상조로 전환하고 있다.

② 상장의례 및 추모의례 의전(儀典)사업

상장의례 및 추모의례 진행, 개장(改葬), 이장(移葬)하는 일을 진행한다.

③ 상장의례 및 추모 이벤트 사업

상장의례, 추모를 기념식이나 공연 등 이벤트성 형식으로 사업을 진행한다.

④ 온라인 추모 공간 사업

(가) 온라인상에 추모 공간 만든다(초대 및 공유-함께 추모하기).
(나) 아카이브(개인의 삶과 관계된 사진, 동영상, 서신, 저작물 들을 포함한 역사적 기록물들을 정리 문화적 양식으로 제작하여, 장례식이나 기일, 기념일, 추도식에서 사용하게 한다.
(다) 자서전 출판 사업을 한다.

⑤ 추모 기념물 사업

묘비 및 기념비, 유골분으로 인조다이아몬드 펜던트나 구슬을 제작하여 제공한다.

⑥ 추모문화 사업

박물관, 기념관, 장학사업 등 문화적 형태로 제공한다.

⑦ 반려동물 상장 및 추모 사업

위의 사업 형식을 반영하여 반려동물을 중심으로 진행한다.

(3) 생활유품 정리사업(Death Cleaning)

현대 한국 사회는 급격한 사회 및 가족 공동체의 변동으로 1인 가구 및 무연고 가구들을 양산하고 고독사, 무연사 등이 늘고 있다. 연고가 없거나 연고가 있어도 관계가 단절된 사망자, 또는 가족이 있다고 해도 사정상 돌봄을 받지 못하는 사망자의 유품을 분류하고 정리해서 처리해야 하는 난감한 경우가 늘고 있다. 이중 이러한 일을 맡아 대신 할 관계인이 없는 경우, 지방자치단체가 주도해 장례를 치르거나 사망 후 생활 유품 정리 인력을 투입한다.

① 생활유품 정리의 개념

(가) 생활유품은 고인이 소유했거나 사용했던 가전제품, 가구류, 도서, 의류, 생필품 등의 생활 물품을 말한다.
(나) 생활유품 정리는 생전에는 본인 주관으로 정리하거나 위탁해 할 수 있다. 사후에는 유족 주관으로 정리 처분하거나 무연고 등의 경우 지방자치단체가 전문 업체에 위탁해 정리 처분

할 수 있다.
(다) 고인과 유족에 대한 존경심을 갖고 행하는 실질적 상장의례의 마무리로 볼 수 있다.

② 생활유품 관리사의 자격
아직 법적으로 인정된 자격 기준은 없으나 기본적으로 다음의 기능을 갖추어야 한다.
(가) 생활유품 정리·처리 및 상담 전문 기능을 갖춘 자
(나) 관련 법규 기본 행정지식과 윤리의식을 갖춘 자

③ 생활유품 관리사의 업무
(가) 생활유품(비상속 재산/유족 위탁) 분류, 정리 및 상담(생전/사후)
(나) 고인 거소 정리- 청소 및 방역소독(생활폐기물 처리, 생활유품 소각)
(다) 고독사, 무연고 사망자 현장 특수청소
(라) 정리 수납(생전 생활유품 정리)
(마) 고인 단순 생활민원(읍·면·동) 정리 대행 – 공과금 납부 등(유족 요청 시)
　　※ 간혹 사망신고 등의 행정정리 지원하거나 경찰과 협조하여 강력 범죄 피해 현장을 정리
　　　 할 때도 있으나 법적 사항 일체 관여하지 않는 것이 원칙.
(바) 생활유품 정리 관리업의 협조 업종 : 장례식장, 상조회사, 노인 전문병원, 요양병원, 요양원 등
(사) 생활유품 정리사는 변호사, 법무사 등 전문가와 연계하여 유족에게 상속업무, 부동산, 자동
　　 차 등 중요 유품 처리 등에 대한 행정 사항을 안내할 수 있다.

④ 생활유품관리사의 업무 관련 법규
공중위생관리법, 건물위생관리법, 폐기물관리법, 자원의 절약과 재활용촉진에 관한 법률(제14조), 행정지원 관련 : 장사법(제12조), 형법(제329조) 소독업 신고, 공중위생영업 신고, 생활폐기물 수집·운반업.

제5절
요약

　한국인들은 사람에게는 신령(神靈)스러운 영성(靈性)이 내재하고 있다고 생각한다. 따라서 그들은 존엄한 생명과 영성을 담았던 시신 역시 자연으로 돌아가, 소멸할 때까지 존엄하게 다루어야 한다는 사유체계가 자리 잡고 있다. 그러므로 고인이 된 생명을 다루는 상장의례는 수많은 세월을 거치며 집적된 인간 간의 생명에 대한 존중과 신념 그리고 예의와 경험이 담긴 최고의 문화적 체계라 할 수 있다.

　그러나 애초의 취지와는 달리, 과학과 자본주의의 영향으로 퇴색되고 현대 문화에 익숙해진 많은 사람의 심성으로 상장의례를 관습적으로 성립된 절차에 따라 진행하는, 쓸데없이 복잡하고 낭비적인 방식으로 치부하는 경향이 늘고 있다.

　그러나 이 상장의례를 숙고해보면, 이 과정은 죽음이 일어나는 순간부터 절차에 따라 그 죽음의 사건이 마무리될 때까지 고인 생명의 자취를 후세에 사람들이 이어나가는, 아버지의 생명을 아들이 이어받고 아들의 생명을 자손이 이어받는 생명 띠잇기 의식으로 볼 수 있다. 따라서 상장의례의 이면에는 우리에게 생명을 전해준 선대(先代)인 고인의 시신을 엄숙히 처리하고, 그 사건으로 달라진 지위와 신분으로 후손을 양육해야 할 책임을 맡은 유족을 보호하고 위무하도록 구성되어 있는 깊은 의미가 잠재된 것이다. 다시 말해 상장의례는 각자 책임을 맡은 생명들이 죽음의 사건으로 파생된 다양한 심리적, 철학적, 영적, 자연적, 사회적 방면으로 생존을 유지하기 위해 해결해야 할 과업을 부여받고 실천하는 과정이라고도 볼 수 있다. 따라서 그러한 유족을 보호하기 위해 유교식 전통 상장의례에는 유족을 보호하기 위한 치밀한 애도 과정을 위한 기제가 작동하고 있다. 거기에는 유족이 상장의례의 과정을 통해 사별의 비통함을 위로받고 애도 과정을 촉진 받아 하루속히 현실로 복귀하여 이 땅에서 생명성을 발현할 것을 격려하는 목적이 있다.

　그를 위해 우리는 다양한 문화에서 실현하는 상장의례의 비교연구를 통해 인간에게 전승되어 온 이질적인 사회의 고유적인 문화 표현인 상장의례를 이해하고 공감할 수 있어야 한다. 그리고 그렇게 다양한 문화적 양식들이 어떠한 경로로 자신들의 장법과 상장의례를 구현하는지 존중의 시선으로 숙고할 필요가 있다.

그러한 맥락에서 현대의 장묘문화와 장사시설, 상장의례 및 추모에 관한 사업과 산업들도 제각기 시간과 공간의 환경에 따라 변화하는 상장의례의 다양성에 맞춰가며, 자신의 기능과 역할을 우리 사회에 제공하는 것이다.

이러한 다양한 문화적 시스템들이 모여도, 그 소통의 핵심에는 무엇보다 고인을 영원한 세상으로 보내고 유족의 애도 과정을 도우며 그와 문화적으로 얽힌 생명체들이 함께 평안하고 행복하게 생존하기를 바라는 염원의 총체일 수 있다.

제6장
죽음과 법

신현호

    본 장에서는 죽음교육의 실행가로서 죽음 관련 법적 개념 이해를 기초로 죽음 관련 법적 쟁점이 되는 문제들을 이해하고 학습한다. 구체적으로 유언제도, 상속제도, 연명의료결정법을 살펴봄으로써 죽음 과정에서 법적 권리를 돕는 데 목적이 있다.
    유언제도와 상속제도에서는 유언방식, 유언에 들어가야 할 사항, 상속의 개념, 절차, 목적, 유류분 등을 다루며, 유언서 작성의 중요성을 강조한다. 연명의료결정법에서는 연명의료결정법 법률제정 취지, 호스피스 완화의료, 각국의 입법 동향의 이해 등 다룬다. 이러한 법적 이해를 기초로 각 영역과 상황에 대한 논의를 증진하고자 한다.

Key word : 유언, 상속, 공정증서, 유류분, 연명의료결정법, 사전연명의료의향서, 생명권, 호스피스 완화의료

제1절
유언과 상속

민사상 사람은 사망과 동시에 유언의 효력이 발생하고, 재산이 상속된다. 유언과 상속은 재산제도와 매우 깊은 관련성을 가지고 있다.[1] 이 때문에 유언의 요건, 능력, 상속결격 사유에 대해서 엄격하게 해석하고 있고, 상속권을 침탈하기 위해 연명의료를 원하거나 거절하는 환자의 뜻에 반하여 사망 시기를 임의로 결정하게 하지 못하게 하여야 한다.

한편 상속은 불로소득의 인식이 일부 있어, 유언자의 유언에도 불구하고 법정 상속인에게 유류분제도를 인정하고 있기도 하다. 그러나 이혼과 재혼이 많아지고, 가족법의 채권법화 현상을 보이고, 친권자 일방이 양육의무를 다하지 아니한 상태에서 상속권이나 유류분권을 요구하여 사회적 비난을 받는 경우도 있으므로, 향후 상속분, 유류분, 기여분 제도에 대한 근본적인 개정이 필요하다.

1. 유언제도

(1) 유언방식

유언은 사망한 후 발효되는 것이므로, 위변조의 위험이 있어 민법상 자필증서에 의한 유언, 녹음에 의한 유언, 공정증서에 의한 유언, 비밀증서에 의한 유언, 구수증서에 의한 유언 등 5가지의 방식 중 하나인 경우에만 유효하다.(민법 제1065조)

(2) 유언에 들어가야 할 사항

유언에는 법률로 정해진 법적인 권리와 의무에 관련된 사항,[2] 전문, 작성 연월일, 주소, 서명날인 등이 반드시 들어가야 유효한 요식주의를 취하고 있다.(민법 제1060조) 피상속인이 치매 등으로 인지능력이 저하된 경우, 성년후견제도를 이용하여 법적 분쟁을 막을 필요가 있다. 피성년후견인

---

[1] 김주수 외 1, 친족상속법 17판, 법문사, 2020. 809쪽
[2] ① 가족관계에 관한 사항, ② 상속재산의 처분에 관한 사항, ③ 상속재산의 분할과 유언집행에 관한 사항

은 의사능력이 회복된 때에만 유언을 할 수 있다.(민법 제1063조 제2항)

(3) 유언의 철회
유언은 언제든지 전부 또는 일부를 생전에 철회할 수 있고, 전후 유언이 다를 경우 앞의 유언은 철회된 것으로 본다.(민법 제1108, 1109조)

(4) 유언의 발생 시기
유언은 유언자가 사망할 때로부터 효력이 생긴다(민법 제1073조). 뇌사자의 경우 뇌사판정위원회에서 뇌사판정시를 사망 시기로 본다.

(5) 유언의 집행
유언의 집행은 유언자가 지정할 수 있고, 지정된 유언집행자가 없는 때에는 상속인이 유언집행자가 된다.(민법 제1093, 1095조)

(6) 공정증서 무효사례
① 청주지법 2014.9.25. 선고 2014가합26078 판결
(가) 사건 개요 : 甲 사망 전 공증변호사 丙의 친족 乙 등이 증인으로 참여한 공정증서에 의한 유언효력이 문제 된 사항
(나) 관련 법규
- 민법 제1068조 공정증서유언은 유언자가 증인 2인 참여, 공증인의 면전에서 유언의 취지를 구수하고 공증인이 필기낭독하여 유언자와 증인이 그 정확함을 승인한 후 각자 서명 또는 기명날인하여야 한다.
- 공증인법
  제29조 ② 촉탁인이 참여인의 참여를 청구한 경우에는 참여인을 참여하게 하여야 한다.
  제33조 ③ 6호 공증인의 친족, 피고용인 또는 동거인은 참여인이 될 수 없다. 단, 제29조 2항에 따라 촉탁인이 참여인의 참여를 청구한 경우에는 그러하지아니하다.
(다) 판지
- 乙은 丙의 친족

- 甲의 촉탁 부재
- 무효

② 유언무효(遺言無效) 확인 청구 항소 사건, 大阪高判 2007.4.26.
(가) 사건 개요
- A(1912년생) 인지저하증으로 입원- 전처 자식 X, 후처 자식 Y
- 2004.3.4. 유언 공증(후처 자식 Y에게 재산상속)
- 2004.4.13. 사망
- X가 Y상 대로 유언능력이 없음을 이유로 무효 청구

(나) 주장
- X: 유언공정증서는 A의 구수(口授), A에 대하여 읽어서 들려주지 않고 작성된 것이어서 무효라고 주장
- Y: A는 생리적인 지적 노화는 인정, 그러나 의사능력 존재
  공증인은 A의 의사에 의하여 작성된 유언서 전문 읽고, 본인 의사대로 라는 것을 확인, A의 서명 대필, 유효

(다) 법원의 판단
- 1심(神戶地尼崎支判 平18.10.18.)
  • 유언 당시 고령, 인지증(認知症) 악화, 유언능력 부족
  • 유언 취지를 공증인에게 口授, A에게 읽어준 본 유언 이해하여야 하나, A상태는 필기의 정확을 승인하는 것이 불가능, 민법 969조 요건 결여, 위반.
  • 유언무효(X의 청구인용)
  • Y 불복 항소
- 항소심(확정)
  • 항소기각
  • 민법 제969조 '유언자는 유언시 그 능력을 가지지 않으면 아니 된다.'
    '공정증서유언시 유언자가 취지를 공증인에게 구수(口授)하고, 공증인이 유언자의 구술을 필기하여, 유언자에게 읽어주고, 유언자가 서명하여야 하는 바(민법 제969조), 본 공정증서의 작성 경위가 불명 또한 부자연스럽다.'
  • 유언은 임종 임박한 시점에서 이루어지는 경우가 많아 유언자 의사능력이 유언 분쟁의

주된 쟁점

2. 상속제도

(1) 상속의 개념
"상속은 자연인이 사망하여 그의 재산이 그의 자녀들에게 무상으로 승계되는 것을 의미한다."
상속법 제1005조 (상속과 포괄적 권리 의무의 승계) 상속인은 상속 개시된 때로부터 피상속인의 재산에 관한 포괄적 권리 의무를 승계한다.

(2) 상속 절차

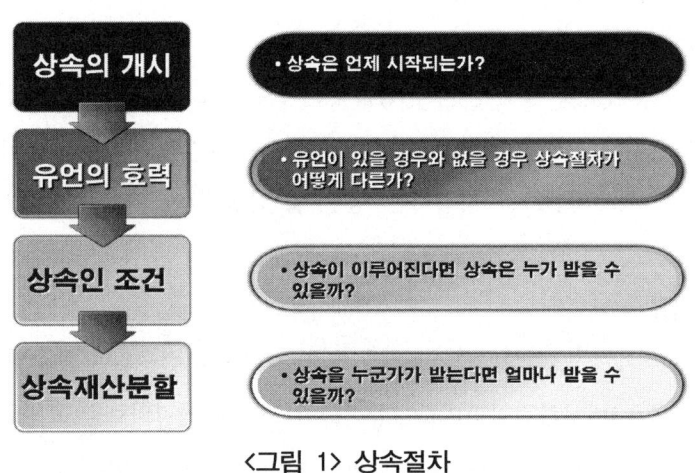

<그림 1> 상속절차

(3) 상속제도의 목적
상속제도는 종족 보존이라는 인간의 본능에서 출발하였고, 자본주의의 근간인 사유재산제도의 변형이다. 공산혁명을 일으킨 러시아에서 한때 상속제도가 불로소득이라며 폐지하였다가 부활한 이유도 한계생산력을 확보할 수 없었기 때문이다. 상속제도는 여명 증가와 연명의료제도 도입으로 인하여 근본적인 변화를 갖게 되었다. 호주상속제도가 없어지고, 배우자의 권리가 증대되고, 2~3번의 결혼이 드물지 않게 되면서 자식과 배우자 간의 법적 분쟁이 늘어나고 있다. 연명의료 중단을 둘러싼 가족 간의 갈등은 상속인 자격이 없다는 주장으로 이어지고 있다.

제1부 죽음의 이해

(4) 상속의 개시

상속은 상속 신고 여부와 상관없이 사망하면 그 시간부터 자동으로 개시된다.(민법 제997조) 사망의 시기는 호흡정지, 심장박동 정지, 뇌 기능의 상실, 폐 기능의 상실 등을 기준으로 한다.[3] 다만 뇌사자 장기이식의 경우 뇌사 판정 위원회에서의 뇌사 판정을 한 때 사망한 것으로 간주한다. (장기 등 이식에 관한 법률 제18조 제2항)

(5) 상속의 순위 및 상속비율

상속순위는 '피상속인(사망한 자)의 "1. 직계비속 → 2. 직계존속 → 3. 형제자매 → 4. 4촌 이내의 방계혈족' 순이다. 태아도 상속능력이 있어 유복자로 출생하는 경우 직계비속으로서 상속받는다. (민법 제1000조)

피상속인의 배우자는 위 상속인과 같은 순위로 공동상속인이 되고, 그 상속인이 없는 때에는 단독상속인이 된다.(민법 제1003조) 예를 들어, 자식이 있을 때는 자식과, 자식이 없을 때는 배우자의 부모와 공동상속을 한다.

동순위의 상속인이 여럿일 경우에는 그 상속분은 균분하고, 배우자의 상속분은 공동상속인의 상속분에 5할을 가산한다. (민법 제1009조) 재혼이 늘면서 혼인 기간, 재산 증식 기여도에 관계없이 법률혼 배우자에게 50퍼센트를 가산하는 경우 법 감정에 어긋나는 경우가 종종 있다.

(6) 상속 결격 사유

상속인이 고의로 직계존속, 피상속인, 그 배우자 또는 상속의 선순위나 동순위에 있는 자를 살해하거나 살해하려고 한 경우, 사전연명의료의향서를 위조하여 연명의료를 고의로 중단하여 상해를 가중시키거나 사망에 이르게 한 경우, 상속에 관한 유언서를 위조·변조·파기 또는 은닉한 경우 등 패륜 행위나 부정행위를 한 경우에는 상속 결격 사유에 해당된다.(민법 제1004조) 예를 들어, 연명의료를 바라는 환자의 의사에 반하여 연명의료 중단을 대리 결정하거나 상속을 더 받기 위하여 유언장을 위조하거나 없애는 경우 상속권을 상실한다.

상속권을 상실하는 경우 상속결격자의 직계비속이 상속한다.(민법 제1010조) 예를 들어, 아들이 연명의료를 바라는 아버지의 뜻에 반하여 연명의료 중단으로 사망케 한 경우, 아들은 상속을 받을 수 없게 되고 손자가 아들 몫의 재산을 상속받는다.

---

3 이인영, 『생명의 시작과 죽음: 윤리논쟁과 법 현실』, 삼우사, 2009, 389쪽, 대한의사협회, 『진단서 등 작성·교부지침』, 2015, 39쪽은 "심장과 폐의 기능이 모두 영원히 멎은 때"를 사망기준으로 하고 있다.

(7) 상속의 대상

① 재산권

상속재산은 물권, 채권, 무체재산권, 위자료 등 모든 재산권이 상속된다. 직계혈족 및 배우자는 공동 부양의무자에 해당하는데(민법 제974조), 이 중 1인 만이 부양의무를 이행한 경우, 나머지 공동 부양의무자에게 이미 지출한 과거 부양료에 대한 상환을 청구[4] 하거나 기여분을 주장할 수 있다.

② 불법연명의료중단 등 불법행위에 기한 손해배상채권

피상속인이 연명의료의사에 반하여 치료 중단된 경우, 피상속인은 연명의료를 중단을 공모하고 실행한 상속인과 의료인에게 공동불법행위에 기한 손해배상채권을 가진다. 피상속인의 손해배상채권은 나머지 상속인에게 상속된다. 이때 재산적 손해뿐 아니라 정신적 손해도 상속된다.(대법원 1969.4.15. 선고 69다268 판결)

(8) 상속의 효력

① 공동상속

(가) 상속은 채권뿐 아니라 채무도 포괄적으로 승계된다.(민법 제1005조)
(나) 상속인이 여러 명일 경우 공동상속 한다.

② 특별수익자 및 기여분 공제

(가) 공동상속인 중 재산을 분배받았거나 재산 증식에 기여한 자는 그 부분만큼 공제 혹은 가산하여 형평을 꾀한다.
(나) 피상속인으로부터 재산의 증여 또는 유증을 받은 자가 있는 경우에, 그 수증 재산이 자기의 상속분에 달하지 못한 때에는 그 부족한 부분의 한도에서 상속분이 있다.(민법 제1008조) 이때 특별수익재산의 평가는 물가 변동이 있으므로, 증여 시기가 아니라 상속재산 분할 시를 기준으로 한다.[5]
(다) 피상속인을 상당한 기간 동거·간호 등 특별히 부양하거나 피상속인의 재산의 유지 또는 증가에 특별히 기여한 자가 있을 때에는 상속분에 기여분을 가산한 액을 더하여 상속분으로

---

[4] 대법원 1994.5.13.자 92스21 전원합의체 결정
[5] 대법원 1997.3.21.자 96스62 결정

추가한다.(민법 제1008조 제2항)

(9) 상속재산 분할 방법

① 유언 분할

상속재산은 피상속인이 유언으로 분할 방법을 정하거나 이를 정할 것을 제3자에게 위탁할 수 있고, 상속개시의 날로부터 5년을 초과하지 아니하는 기간 내의 그 분할을 금지할 수 있다.(민법 제1012조)

② 협의 분할

유언이 없는 경우 공동 상속인은 협의에 의하여 상속 재산을 분할할 수 있다.(민법 제1013조)

③ 재판상 분할

공동상속인 사이에 특별수익 혹은 기여분 계산에 합의가 되지 아니하는 경우, 가정법원이 결정한다.(민법 제1013조 제2항) 이때 법원은 현물분할을 원칙으로 하되, 현물 분할시 현저히 가액이 감손될 염려가 있을 때는 경매하여 가액분할을 명할 수 있다.(민법 제269조)

(10) 상속의 승인과 포기

① 승인 또는 포기

상속인은 상속개시 있음을 안 날로부터 3월 내에 단순승인이나 한정승인 또는 포기를 할 수 있다.(민법 제1019조 제1항) 한번 상속 승인 또는 포기하면 이를 취소하지 못한다.(민법 제1024조 제1항) 다만 사기, 강박, 착오 등으로 승인, 포기한 경우에는 이를 취소할 수 있다.(민법 제110조, 제111조)

상속인이 상속채무가 상속재산을 초과하는 사실을 중대한 과실 없이 제1항의 기간 내에 알지 못하고 단순승인을 한 경우에는 그 사실을 안 날부터 3개월 내에 한정 승인을 할 수 있다.(민법 제1019조 제3항). 이는 피상속인의 재산 상태를 알지 못한 상속인을 보호하기 위한 규정이다.

② 특별연고자에 대한 분여

상속인이 없는 경우 가정법원은 피상속인과 생계를 같이 하고 있던 자, 피상속인의 요양 간호를 한 자 기타 피상속인과 특별한 연고가 있던 자의 청구에 의하여 상속 재산의 전부 또는 일부를 분여할 수 있다.(민법 제1057조의 2 제1항) 그 예로 고아로서 법률상 혼인하지 않은 상태에서 사망한 경우 동거한 배우자, 간병한 자, 보육원 원장 등이 특별연고자로서 재산상속을 받을 수 있다.

(11) 유류분
① 유류분제도의 취지
상속은 사적자치의 원칙에 따라 피상속인이 자유롭게 분배할 수 있다. 하지만 상속제도의 취지가 피부양자의 생계를 유지하기 위하여 만든 제도인 바, 피상속인이 특정인에게 재산을 모두 상속하게 되면 나머지 상속인들의 생존이 위협받을 수 있다. 이에 사적자치와 생계유지의 원칙을 조화롭게 하기 위하여 나머지 상속인들에게 최소한의 상속권을 보장해 주기 위하여 유류분 제도를 만들었다.

② 유류분권자 및 유류분 비율
유류분권자는 상속인과 같다. 즉, "피상속인의 직계비속 및 배우자는 그 법정상속분의 1/2, 피상속인의 직계존속 및 형제자매는 그 법정상속분의 1/3"이 유류분에 해당한다.(민법 제1112조)

③ 유류분 산정
유류분은 피상속인의 상속개시 시에 있어서, 가진 재산의 가액에 증여재산의 가액을 가산하고 채무의 전액을 공제하여 이를 산정한다.(민법 제1113조 제1항)

증여는 상속개시 전의 1년간에 행한 것에 한하여 제1113조의 규정에 의하여 그 가액을 산정한다. 당사자 쌍방이 유류분 권리자에 손해를 가할 것을 알고 증여를 한 때에는 1년 전에 한 것도 같다.(민법 제1114조) 예를 들어, 후처가 전처 자녀의 상속권을 침해한다는 것을 알면서도 자신의 자녀에게 증여 시킨 경우에는 1년 전 것이라도 유류분에 포함하여 산정한다.

④ 유류분반환청구
유류분권리자는 유류분에 부족이 생긴 때에는 부족한 한도에서 그 재산의 반환을 청구할 수 있다. 증여 및 유증을 받은 자가 수인인 때에는 각자가 얻은 유증가액의 비례로 반환하여야 한다.(민법 제1115조)

유류분반환의 청구권은 상속의 개시와 반환하여야 할 증여 또는 유증을 한 사실을 안 때로부터 1년 내, 상속이 개시한 때로부터 10년 이내에 청구하지 않으면 시효에 의하여 소멸한다.(민법 제1117조)

3. 나가는 말

초고령화 사회에 진입하면서 피상속인이 질병, 장애, 노령, 그 밖의 사유로 인한 정신적 제약으로 사무를 처리할 능력이 결여된 경우가 드물지 않게 발생하고, 유언이 임종이 임박한 시점에서 이루어지는 경우가 많아, 상속인들 간에 유언의 효력을 다투는 소송이 늘고 있다. 생전에 사전연명의료의 향서처럼 유언도 미리 남겨놓는 것이 바람직하다.

제2절
연명의료결정법

모든 인간은 인간의 존엄과 가치권을 가지고 이를 유지하기 위해 기본권으로서 생명권을 보호받는다. 국가의 일차적 존립 이유가 생명권을 보호하고 인간다운 삶을 영위하게 하는 데 있다. 국가는 생명권을 보호하기 위하여 형법상 살인죄, 상해죄, 과실치사죄 등, 의료법상 진료 거부금지 조항을 두고 있다. 개인은 사회를 유지하기 위하여 국방, 교육, 근로, 납세의무를 부담하고 있어 죽을 권리가 제한받을 수밖에 없다.

그러나 의료기술과 영양상태 증진 등으로 초고령화 사회가 급속히 진행되면서, 삶의 양 못지않게 삶의 질도 고려하지 않으면 안 되게 되었다. 1975년 미국의 카렌 퀸란(Karen Quinlan)사건[6]을 계기로 안락사의 입법화 논의가 시작되었고, 2001년 네덜란드에서는 의사 조력자살까지도 허용하는 법률이 제정되었다.

우리나라에서의 연명치료 논란은 1997년 서울 보라매병원 사건[7]에서 촉발되었고, 2008년 연세대 세브란스병원의 김 할머니 사건[8]을 계기로 사회적 합의를 거쳐 2016년 호스피스·완화의료 및

---

[6] 1975년 친구 생일파티에 참석한 후 심정지로 식물인간 상태인 카렌 퀸란의 부모가 자연스럽게 죽음을 맞이할 수 있도록 호흡기를 제거해줄 것을 청구한 사건에 대하여 뉴저지대법원이 치료중단을 허락하고, 의사가 생명유지장치를 제거하는 것에 대해 민·형사상 책임을 면제하였다(Quninlann, 355 A. 2d 647(N.J. 1976), cert. denied 429 U.S. 922, 97 S. Ct.319, 50 L.Ed. 2d 289(1 976))하면서 전세계적으로 안락사 논란의 계기되었다. 카렌 퀸란은 이 판결로 인공호흡기를 제거하였지만 호흡이 회복되어 1985.6.11.경 사망함으로써 치료중단의 적법성 논란이 일었다.

[7] 대법원 2004.6.24. 선고 2002도995 살인 판결은 1997.12.6.경 뇌손상을 입고 신경외과 중환자실에서 치료받던 피해자(58세)에 대해 처가 경제적 능력이 없다는 이유로 치료를 거부, 퇴원을 요구하고, 이에 퇴원 지시를 하여 피해자를 사망에 이르게 한 의사들에 대하여 살인방조죄를 인정하였다.

[8] 대법원 2009.5.21. 선고 2009다17417 무의미한 연명치료 장치 제거 등 이행 청구 판결은 2008.2.18.경 폐조직 생검 중 폐동맥 손상으로 뇌손상을 입은 피해자(75세)가 인공호흡기 제거 청구를 한 사건에 대하여 "생명권이 가장 중요한 기본권이라고 하더라도 인간의 생명 역시 인간으로서의 존엄성이라는 인간 존재의 근원적인 가치에 부합하는 방식으로 보호되어야 할 것이다. 따라서 이미 의식의 회복 가능성을 상실하여 더 이상 인격체로서의 활동을 기대할 수 없고 자연적으로는 이미 죽음의 과정이 시작되었다고 볼 수 있는 회복 불가능한 사망의 단계에 이른 후에는, 의학적으로 무의미한 신체 침해 행위에 해당하는 연명치료를 환자에게 강요하는 것이 오히려 인간의 존엄과 가치를 해하게 되므로, 이와 같은 예외적인 상황에서 죽음을 맞이하려는 환자의 의사결정을 존중하여 환자의 인간으로서의 존엄과 가치 및 행복추구권을 보호하는 것이 사회 상규에 부합되고 헌법정신에도 어긋나지 아니한다고 할 것이다. 그러므로, 회복 불가능한 사망의 단계에 이른 후에 환자가 인간으로서의 존엄과 가치 및 행복추구권에 기초하여 자기 결정권을 행사하는 것으로 인정되는 경우에는 특별한 사정이 없는 한 연명치료의 중단이 허용될 수 있다"고 판시하였다.

임종 과정에 있는 환자의 연명의료 결정에 관한 법률[9]을 제정하였다. 이 법의 제정으로 임종 과정 및 말기 환자의 생명권과 자기 결정권이 보장되는 획기적 기전이 마련되었다.[10] 생명권 보장을 위해 연명의료결정법은 모든 조건과 절차가 충족되도록 엄격하게 해석하고 있다.

1. 각국에서의 형법적 논란

(1) 영국의 앤서니 블렌드(Anthony Bland) 사건

① 블렌드(사건 당시 17세 6개월) 1989년 4월 15일 리버풀축구장 참사로 폐에 손상을 입고 뇌간만 기능하는 상태

② 주치의는 1989년 8월 회복 가능성이 없어 치료 중단 요구: Coroner(檢死官) 치료 중단 시 형사처벌 경고

③ 1992.11.19. 고등법원 가사부(the Family Division of High Court) 치료 중단 결정: '(가) 환자에 대한 인공호흡·인공영양보급·수분보급을 포함한 모든 생명 유지 치료 및 의료 처치를 합법적으로 중지할 수 있을 것 (나) 안락한 죽음을 맞이하게 하는 것 이외의 모든 치료행위를 합법적으로 중지 조치를 할 수 있을 것'이라고 결정(대법원 1993.2.4. 환자 측 상고 기각)

(2) 일본의 안락사 논쟁

① 나고야 사건(전신불수 아버지 유기인제 살해 사건): 촉탁살인죄

(가) 불치의 병에 걸리고, 죽음이 목전 임박

(나) 환자의 고통이 극심

(다) 죽음의 고통 완화 목적으로 시행

(라) 환자 본인의 진지한 촉탁 또는 승낙

(마) 의사의 손에 의하는 것을 원칙

(바) 방법이 윤리적으로도 타당

---

9 이하 '연명의료결정법'이라 한다.
10 서울대병원 윤영호 교수팀이 2022.5.경 발표한 여론 조사 결과 우리나라 국민의 76.3%가 안락사 내지 의사 조력자살 입법화에 찬성한다고 발표한바, 향후 이에 대한 사회적 합의가 지속적으로 이루어질 것으로 예상된다. 다만 말기 치료비가 부담되는 현실 하에서 순수한 자기결정으로 의사 조력자살을 선택하지 못하는 경우에는 살인죄의 책임추궁으로 사회적 갈등이 늘어날 것이 우려된다.

② 가와사키市 고노 병원 살인 유죄 사건
(가) 기관지 천식 발작, 혼수상태, 기관 내 튜브 발관, 근이완제 IV, 질식사, 살인 기소, 존엄사
(나) 1심: '말기 의료에서의 치료 중지는 환자의 자기결정과 치료 의무 한계를 전제로 인정, 이 건은 요건 불충분, 발관 행위도 치료를 다 하지 않은 시점에서 이루어진 것'이라 하여 살인죄 인정, 징역 3년, 5년간 집행유예
(다) 상고심 : '말기 환자의 치료 중지 적법 근거로서, 자기 결정권과 의사의 치료 의무의 한계가 요구, 발관 행위가 환자 의사에 기초하거나 치료 의무가 한계에 달한 것 아니다'라고 하여 살인죄로 징역 1년 6개월, 3년 집행유예(最高裁平 21.12.7. 선고)

(3) 우리나라의 생사관(生死觀)과 형법적 논란
① 사기 공자세가(史記 孔子世家)
(가) 계로문귀신, 자왈 미능사인 언능사귀(季路問鬼神, 子曰 未能事人 焉能事鬼)
계로가 귀신에 대해 물으니, 공자 왈 사람을 섬기는 것도 잘 못하는데, 어찌 귀신을 섬기겠느냐?
(나) 왈 감문사 왈 미지생 언지사(曰 敢問死 曰 未知生 焉知死)
죽음에 대해 감히 물으니, 공자 왈 삶도 제대로 모르면서 어찌 죽음을 알겠는가?

② 현세주의
'개똥밭이라도 이승이 낫다'는 속담처럼 전세나 후세에 대한 관심보다 현세에 대한 지속적 관심을 갖는 것으로 지금 이 세상이 전부라는 관점을 갖는다. 현재의 삶이 무엇보다도 중요하기에 현재 열심히 살아서 부자가 되길 꿈꾸기에 기복주의에 빠지거나 감각적 즐거움에 빠진다. 이는 극단적 쾌락주의에 빠지거나 욕구가 좌절되었을 때 허무주의에 빠지는 이중적 함정에 빠지게 된다.

③ 우리 법원의 생명권 입장: 생명 절대주의 vs. 사형합헌의 이중적 태도
(가) 생명권절대주의 입장

존엄사가처분결정: 생명권은 절대적 기본권이고 헌법정신에 비추어 볼 때 결코 포기할 수 없는 법익이라고 할 것이므로 치료를 중단하는 것으로서 환자가 사망하는 결과에 이르게 되는 것이라면 결국 생명에 대한 포기권 또는 처분권을 인정하는 것과 같아 절대적 생명보호의 원칙을 고려할 때 자기 결정권이 무제한적으로 인정된다고 볼 수 없다.(서울서부지방

법원 2008.7.10.자 2008카합822 결정)

(나) 헌법재판소 판결: 무면허의료행위에 대한 일률적 규제 위헌신청사건: 국가의 의무는 인간으로서의 존엄과 가치를 보장하고, 국민의 생명권, 건강권, 보건권 및 그 신체활동의 자유 등 전체 국민의 보건을 책임지는 것이다.(헌법재판소 1996.10.31. 선고 94헌가7 결정)

(다) 보라매병원판결: 환자 처에 의한 중환자 남편 퇴원 사망사건
'환자 생명과 신체를 보호하여야 할 지위와 의무를 가지게 된 의사는 자기 결정권에 기하여 의료행위의 계속을 원하지 아니하는 경우, 원칙적으로 더 이상 의료행위를 계속할 필요가 없게 된다 할 것이나, 의료행위의 중지가 곧바로 환자의 사망이라는 중대한 결과를 초래하는 경우 의사로서는 더 높은 가치인 환자의 생명을 보호할 의무가 우선한다. 의료행위의 중지가 곧바로 환자의 사망 시 부작위에 의한 살인이 된다.'(서울남부지법 1998.5.15. 선고 98고합9판결[11])

(라) 여호와증인 신생아 수혈 거부 사건: 선천성 대동맥판막 협착, 양방단실유입증, 심방심실 중격 결손증 등 폰탄수술 필요한 상황서 수혈 거부 사건. 무수혈에 의할 경우 생명에 중대, 심각한 침해 결과가 발생할 가능성이 큰 반면, 수혈 시 회복 가능성이 훨씬 높고, 대체 진료 방법이 없는 점에 비추어 수혈 거부는 친권의 범위를 넘어서는 것이어서 효력이 없고, 생명권은 다른 기본권보다 우선되고, 수혈 수술이 절실하고 긴급한 점에 비추어 수혈 방해의 배제를 구할 수 있다.(서울동부지법 2010.10.21.자 2010카합2341 결정)

(마) 말기 뇌종양 부친 존속 살해 사건
- 2012.12. 뇌암(종양) 6-8개월 말기진단
- 입원치료포기(경제적 사유: 차상위계층)

---

11 이후 대법원은 '보호자가 의학적 권고에도 불구하고 치료를 요하는 환자의 퇴원을 간청하여 담당 전문의와 주치의가 치료중단 및 퇴원을 허용하는 조치를 취함으로써 환자를 사망에 이르게 한 행위에 대하여 보호자, 담당 전문의 및 주치의가 부작위에 의한 살인죄의 공동정범으로 기소된 사안에서, 담당 전문의와 주치의에게 환자의 사망이라는 결과 발생에 대한 정범의 고의는 인정되나 환자의 사망이라는 결과나 그에 이르는 사태의 핵심적 경과를 계획적으로 조종하거나 저지·촉진하는 등으로 지배하고 있었다고 보기는 어려워 공동정범의 객관적 요건인 이른바 기능적 행위지배가 흠결되어 있다는 이유로 작위에 의한 살인방조죄만 성립한다.'고 하여 살인방조죄만 인정하였다. (대법원 2004.6.24. 선고 2002도995 판결)

- 2013.5. 5월경부터 편한 대로 보내달라. 죽을 수 있는 약을 구해달라. 네 손으로 가고 싶다며 호소
- 2013.8. 신체상태 급변(대소변받음, 심신미약)
- 2013.9.8. 13:00경 처, 큰딸, 아들 모여 합의
- 2013.9.8. 15:30 아들이 목졸라 살해
- 2013.9.11. 아들 자살시도, 작은 딸 신고(구속)
- 2014.3.3. 징역 아들 7년, 딸 5년, 처 2년(집4년)

④ 생명권 상대주의 입장 판례
(가) 사형합헌

생명권 역시 헌법 제37조 제2항에 의한 일반적 법률유보의 대상이 될 수밖에 없었고, 생명을 빼앗는 형벌이라 하더라도 헌법 제37조 제2항 단서에 위반되는 것으로 볼 수는 없다. 생명을 부정하는 범죄행위에 대한 불법적 효과로서 지극히 한정적인 경우에만 부과되는 사형은 죽음에 대한 인간의 본능적 공포심과 범죄에 대한 응보 욕구가 서로 맞물려 고안된 "필요악"으로서 불가피하게 선택된 것이며 지금도 여전히 제 기능을 하고 있다는 점에서 정당화될 수 있다.[12]

(나) 존엄사 판결

생명권은 기본권 중의 기본권이라 할 것이라고 하더라도 인간의 생명 역시 인간으로서의 존엄성이라는 인간 존재의 근원적인 가치에 부합하는 방식으로 보호되어야 할 것이다. 회복 불가능한 사망의 단계에 이른 예외적인 상황에서는 환자의 의사결정을 존중하여, 환자의 인간으로서의 존엄과 가치 및 행복추구권을 보호하는 것이 사회 상규에 부합되고 헌법 정신에도 어긋나지 아니한다.(대법원 2009.5.21. 선고 2009다17417판결)

(다) 여호와의 증인 수혈거부 무죄사건

여호와의 증인, OS 인공고관절 치환술 후 대량 출혈사를 한 사건. 환자 및 남편은 타가 수혈 불가, 자식은 타가 수혈을 강력 요구하였다. 종교적 신념에 따라 자가 수혈만 허용하는 무수혈 치료 방식을 선택하였다면, 설령 그 선택으로 생명에 위험이 발생할 가능성이

---

[12] 헌법재판소 1996.11.28. 선고 95헌바1 결정, 헌법재판소 2010.2.25. 선고 2008헌가23 결정

생긴다고 하더라도, 환자의 결정이 헌법상 허용되는 자기 결정권의 한계를 벗어났다고 볼 수는 없다. 의사가 타가 수혈을 하지 않은 행위는 형법 제24조 소정의 피해자의 승낙에 의한 행위로서 위법성이 조각된다.(대법원 2014.6.26. 선고 2009도 14407 판결)

2. 연명의료결정법 법률제정 취지

우리나라는 생명권 절대주의를 법적 특징으로 가지고 있다. 이는 서구사회가 인간으로서의 존엄과 가치를 최상위기본권으로 상정하고 생명권은 하위기본권으로 보는 것과 다르다. 의사는 임종기 환자가 아닌 한, 환자의 생명을 절대적으로 보장하고 치료하여야 할 법적 의무가 있다. 세브란스병원 김할머니 사건이 발생하자 의료진은 생명보호 의무, 진료 거부 금지의무를 들며 치료 중단을 거절하였다. 이에 가족들이 환자가 평소 무의미한 연명의료 거부 의사를 가지고 있었다고 회복이 불가능한 상태에서 연명의료는 불법이라며 소송을 제기하였다. 대법원은 임종 과정에 접어든 경우에는 환자의 자기 결정권이 존중되어야 한다고 판시하면서 입법을 촉구하였다. 이에 국회는 2016년 연명의료결정법을 제정하게 되었다.

이 법은 임종기 환자의 생명권, 치료받을 권리를 보장해 주기 위해서 만든 것이다. 자칫 치료 중단을 합법화, 합리화시키는 방향으로 운용될 경우, 현대판 고려장법으로 악용될 수 있어 사회가 상호감시하고 인간으로서의 존엄과 가치가 확보될 수 있도록 하여야 한다. 이를 위해 돈이 없어 치료를 포기하는 환자가 발생하지 않도록 세금과 건강보험료를 더 내서 완벽한 사회복지 국가체제가 선행되어야 한다.

3. 연명의료 중단 허용 조건

연명의료 중단은 임종기 환자 중에서 죽음의 과정에 들어선 회복 불가능한 경우에 예외적으로 허용된다. 임종 과정의 환자에게 연명의료를 시행하려면 환자가 자신의 상태와 예후 및 향후 본인에게 시행될 의료행위에 대하여 분명히 안 후 스스로 자기 결정을 하여야 한다.[13] 피해자 승낙 없이

---

13 연명의료결정법 제3조 1, 2항

연명의료를 지속적으로 시행하는 행위는 형법상 정당성을 상실하기 때문에 상해죄 또는 업무상과실치상죄에 해당된다. 명시적이든 추정적이든 환자의 자기 결정권이 확인되어야 상해죄 등의 위법성이 조각된다.

연명의료 유보 또는 중단 시에도 환자에게 수액, 수분, 영양분은 공급되어야 하고, 기관확장제, 콧줄 산소공급 등 편하게 임종할 수 있는 모든 처치를 행해야 한다. 연명의료 중단 행위는 심폐소생술, 혈액 투석, 항암제 투여, 인공호흡기 착용 적극적인 연명의료 행위를 중단할 뿐, 치료를 포기하거나 환자를 방치하여서는 아니 된다. 진료 거부 금지의무가 있는 의료인이 연명의료 중단 의사가 없는 환자에게 형식적 조건을 맞추어 치료 중단하는 경우 살인죄로 처벌된다.

4. 연명의료, 호스피스 대상 환자

(1) 연명의료 중단 대상 환자

연명의료 중단 대상은 회생의 가능성이 없고, 치료에도 불구하고 회복되지 아니하며, 급속도로 증상이 악화되어 사망에 임박한 상태의 환자[14]와 적극적인 치료에도 불구하고 근원적인 회복의 가능성이 없고 점차 증상이 악화되는 환자[15]를 대상으로 한다. 연명의료 중단 요건에 맞는지에 대한 의학적 판단은 담당 의사와 전문의 1명 등 2명이 진단하여야 한다.[16]

(2) 호스피스 완화의료 대상 환자

호스피스 완화의료는 신체적, 심리사회적, 영적 치료를 말한다.[17] 단순히 진통제 투여로 육체적 통증만을 없애는 것이 아니라 종교적, 심리적, 문화적, 예술적 치료 등 다양한 치료 방법을 통하여 인간으로서의 존엄과 가치를 가지고 생을 마감할 수 있도록 개발된 제도이다. 초기 종교단체에서 행려병자나 독거노인 등을 상대로 한 종교활동으로 호스피스제도가 시작되었다가, 통증 완화치료가 필요하여 의학적인 개입이 되면서 호스피스 완화의료로 발전하였다.

---

14 연명의료결정법 제2조 1호
15 연명의료결정법 제2조 3호
16 연명의료결정법 제2조 2호
17 연명의료결정법 제2조 6호

5. 연명의료 유보 또는 중단 결정서 작성절차

(1) 환자에 의한 사전연명의료의향서 작성

평소 건강할 때는 사전연명의료의향서를 직접 작성하여 등록기관에 등록할 수 있다. 가장 바람직한 방법이나 우리 정서상 아직 사전연명의료의향서를 작성하는 비율이 높지 않고, 의향서 작성 이후 마음이 바뀌어 연명의료를 원하는 경우가 있어, 연명의료 중단 결정 시는 물론 이행 시에도 확인하여야 한다.[18]

(2) 담당 의사에 의한 연명의료계획서 작성

질병이 생겨 의료기관에 입원하는 경우, 의사가 연명의료계획서를 작성할 수 있다. 담당 의사는 임종 과정 등 환자에게 환자의 질병 상태와 치료 방법, 연명의료의 시행 방법 및 연명의료 중단 등 결정, 호스피스의 선택 및 이용 등에 관하여 충분히 설명한 후 자기결정을 받아 작성하여야 한다.[19]

6. 연명의료 중단 객관적 및 주관적 시행 요건

연명의료 중단을 위해서 객관적 요건으로서 의학적 임종 과정 또는 말기 환자 상태여야 하고, 주관적 요건으로서 환자의 진정한 연명의료 중단 의사가 있었어야 한다.

(1) 객관적 요건으로서 임종 과정 진단

연명의료 중단은 임종 과정 판단, 말기 환자 진단이 우선되어야 한다. 임종 과정 혹은 말기 환자가 아님에도 오진하거나 살해 목적으로 연명의료를 중단하는 것을 방지하기 위하여, 2명의 의사(담당 의사와 제3의 해당 분야 전문의)가 함께 판단 또는 진단하고 그 기록을 남겨야 한다. 이는 말기 환자의 생명권을 보장해 주기 위한 필수 절차이다.[20]

---

18 연명의료결정법 제12조 1, 2항, 제15조, 제17조
19 연명의료결정법 제10조 1, 2, 3항
20 연명의료결정법 제16조 1, 2항

(2) 주관적 요건

① 환자의 직접 의사표시

주관적 요건은 사전연명의료의향서, 연명의료계획서가 작성되었을 때 충족하는 것으로 추정할 수 있다. 그러나 환자의 연명의료 중단 의사가 변동될 수 있으므로, 연명의료 중단을 이행할 때에 그 의사를 다시 확인하여야 한다. 직접적인 의사 확인 방법은 의료인이 구두로 확인하거나 연명의료의향서와 같은 문서로 한다.[21] 임상에서 말기 환자가 입원하면서 연명의료 중단 의사를 표시했고, 쇼크가 발생하여 적극적인 치료를 하지 않았는데 회복하는 경우가 있는데, 이러한 경우 의료진은 회복한 말기 환자에게 다시 연명의료 중단 의사를 확인하여야 한다.

② 환자의 간접 의사표시

환자가 명시적으로 의사표시를 한 기록이 없으나 평소 일기장, 편지, 대화 등을 통해 연명의료 거부 의사 표시를 한 경우, 가족이 환자의 의사를 추정하여 결정할 수 있다.[22] 이러한 경우 19세 이상의 환자에 대해서는 배우자, 직계비속, 직계존속, 형제자매 중 2명 이상의 가족이 "환자가 연명의료 중단 의사가 있었다"라는 일치된 진술을 하는 경우 연명의료를 유보 또는 중단할 수 있다.

③ 환자 가족에 의한 대리 결정

환자의 간접 의사조차 확인할 수 없는 때에는, 환자가 19세 이상의 성인인 경우 '배우자와 1촌 이내의 직계존속·비속'이, 이들이 없는 경우 '2촌 이내의 직계존속·비속'이, 이들조차 없는 경우 '형제자매' 전원의 일치된 의사로 연명의료 중단을 대리 결정할 수 있다.[23] 환자가 미성년자인 경우 친권자에 한하여 대리 결정을 할 수 있다.[24]

그러나 담당 의사 등이 "환자가 연명의료 중단을 원하지 아니하였다"는 사실을 확인한 경우 가족에 의한 대리 결정은 무효이다. 입법 당시 가족에 의한 대리 결정에 대해 종교계에서 반대가 있었으나 현실적으로 환자 본인이 평소 직간접 의사표시를 하지 않은 경우가 대부분이어서 제도의 활성화를 위해 도입되었다. 사회부조제도가 발달되지 않고, 건강보험의 보장성이 60%대에 불과한 우리나라에서 대리 결정은 환자 본인의 입장에서 고려한 것이 아니라 경제적 사유나 가족 간의 갈등 등으로 오남용될 수 있어 신중하게 판단하여야 한다.

---

21 연명의료결정법 제17조 1항 1, 2호
22 연명의료결정법 제17조 1항 3호
23 연명의료결정법 제18조 1항 2호
24 연명의료결정법 제18조 1항 1호

(3) 연명의료 이행서

연명의료를 중단하고자 할 때는 연명의료 이행서를 작성한 후 시행하여야 한다.[25]

7. 연명의료 중단 방법

(1) 영양분, 물 등 공급의무

연명의료를 유보 또는 중단하는 경우 "심폐소생술, 혈액 투석, 항암제 투여, 인공호흡기 착용 및 그밖에 대통령령으로 정하는 의학적 시술로서 치료 효과 없이 임종 과정의 기간만을 연장하는 치료행위"를 하여서는 아니 된다.[26] 다만 통증 완화를 위한 의료행위와 영양분 공급, 물 공급, 산소의 단순 공급은 시행하지 아니하거나 중단되어서는 아니 된다.[27]

그러나 세계적인 입법례와 판례는 임종 과정의 환자에게 영양분이나 물 공급 등은 무의미한 치료이므로 일체를 중단시키고 있어 향후 입법 개정 논의가 필요하다.

(2) 연명의료 중단 거부 권리

모든 의료인은 종교적, 도덕적 이유로 연명의료 중단을 거부할 수 있다. 이러한 경우 해당 의료기관의 장은 윤리위원회의 심의를 거쳐 담당 의사를 교체하여야 한다. 이 경우 의료기관의 장은 연명의료 중단 등 결정의 이행 거부를 이유로 담당 의사에게 해고나 그밖에 불리한 처우를 하여서는 아니 된다.[28]

8. 호스피스 · 완화의료

(1) 연혁

호스피스 돌봄(care)은 행려병자에 대한 종교적 구휼 활동으로 시작되었다. 이 과정에서 증상의 개선이 아니라 증상 완화, 통증 치료에 초점을 둔 완화의료가 더해지면서, 호스피스 완화의료라는

---

25 연명의료결정법 제19조
26 연명의료결정법 제2조 4호
27 연명의료결정법 제2조, 제19조 제2항
28 연명의료결정법 제2조, 제19조 제3항

전인적 치료프로그램으로 발전하게 되었다.

(2) 호스피스시설

호스피스기관은 입원형, 자문형, 가정형으로 구분하여 설치·운영되고 있다.[29] 우리나라 의료시스템이 공급자 위주로 의료기관 또는 요양시설에서 호스피스 치료가 시행되도록 입법하였으나, 향후 가정형 호스피스를 중심으로 법과 제도가 바뀌어야 할 것이다. 호스피스 완화의료의 취지 자체가 자신이 살던 집에서 통증 없이 편하게 자연사하는 것이기 때문이다.

(3) 환자의 자기 결정권 보장

호스피스 전문 기관의 의료인은 호스피스 대상 환자나 그 가족 등에게 호스피스의 선택과 이용 절차, 질병 상태, 치료 방침 등에 관하여 자세하게 설명하여 환자의 자기 결정권을 보장해 주어야 한다.[30]

(4) 호스피스 치료 중단 절차

호스피스 전문기관에서 호스피스를 이용하는 말기 환자가 임종 과정에 있는지 여부에 대한 판단은 담당 의사 1명만의 판단으로 연명의료 유보 또는 중단의 결정을 할 수 있다.[31]

9. 벌칙

연명의료 중단은 환자의 생명을 단축시키는 효과가 있기에 오남용 시 엄격한 형사처벌과 의료인 면허취소 등 행정처분이 가해진다. 연명의료결정법 제40조 제1항 2호는 임종 과정에 있는 환자에 대하여 제17조에 따른 환자의 의사에 반하여 연명의료를 시행하지 아니하거나 중단한 자에 대해서 1년 이하의 징역 또는 1천만 원 이하의 벌금에 처하도록 규정하고 있다.

---

29 연명의료결정법 제21조 제1항 제2호
30 연명의료결정법 제27조
31 연명의료결정법 제16조 제2항

10. 각국의 입법 동향

(1) 네덜란드 적극적 안락사 및 조력자살에 관한 법률

① 적극적 안락사 및 조력자살의 요건은 환자의 자의적인 요청, 질병의 회복 불가능, 환자에 대한 의사의 설명, 환자에 대한 합리적인 대안 결여와 환자의 동의, 환자를 직접 문진한 최소 1인의 주치의 외 다른 의사의 소견서와 자살 조력 실행.
② 안락사 시술은 다른 의사에게 위임되지 않고, 조력사 자살의 경우 자살 시행하여 사망 시까지 입회해야 함.
③ 18세 이상인 경우 자신의 의사로, 그 이하인 경우 부모 또는 후견인의 동의 요구.
④ 16세 이상의 의식 불명의 환자인 경우 사전동의서가 존재할 때 안락사 가능.

(2) 벨기에의 안락사법의 주요 내용

① 안락사의 시행 결정과 과정은 연방 관리 심사 위원회(the Federal Control and Evaluation Commission)에 의해 이루어짐.
② 2002년 행위능력자가 자발적(voluntary), 신중(serious), 반복적(repeated)으로 안락사 요청 2014년 미성년자도 허용.
③ 정신적 고통도 안락사 요건.
④ 담당 의사는 위원회에서 제시한 일정 양식을 기재하고 이를 4일 내에 위원회에 송부.
⑤ 위원회는 이 문서를 토대로 안락사법에서 규정된 요건을 갖추고 절차를 준수하였는지를 판단하여 안락사 시행 여부를 결정.
⑥ 안락사법에 따라 시행된 안락사의 결과로 사망한 사람은 입원 당시 질병을 원인으로 사망한 것으로 간주.

(3) 독일

① 2013년 환자의 동의에 관한 법률을 제정하여 연명의료 중단을 허용함
② 연명의료 중단은 중환자에 대한 고도의 집중 치료와 건강 회복을 목적으로 하는 매우 강도 높은 진료인 집중 의료를 포괄하는 집중 처치를 시행하는 과정에서 발생하는 것으로 구성함
③ 집중 처치 시행 과정에서 연명의료 중단을 할 것인지 생명 연장을 위한 의료행위를 할 것인지는 환자의 복리를 우선적으로 고려하여 결정되어야 함.

④ 독일 연방헌법재판소는 2020.2.26. 업무상 자살방조죄에 해당하는 형법 제217조가 환자의 '죽음에 대한 자기 결정권'과 임종 지원 단체 및 개인 활동가들의 '직업의 자유'를 침해하여 위헌이므로 무효라고 결정함.

(4) 프랑스
① 2016년 소극적 안락사 허용법 통과되면서, 의사단은 무익한 연명조치의 중지를 결정 할 수 있게 됨.
② 환자와 의사의 의견이 틀리는 경우 다른 의사단에게 상담할 수가 있음.
③ 의식이 없는 환자에 대해서는 의식이 있는 동안 미리 선택의 지시(생전의사)를 남겨 놓을 수가 있음.
④ 지시가 없는 경우에는 치료 중지를 위한 결정은 할 수 있는 모든 합의 아래서 내려야 함.
⑤ 의료적 유언은 강제적 집행력을 갖는 것은 아님.

(5) 미국
① 워싱턴 주의 자연사법의 주요 내용
(가) 성인은 말기상태나 영구적 무의식 상태에서 생명유지 장치를 보류하거나 중단하는 지시가 가능.
(나) 혈연이나 결혼으로 환자와 관련되어 있지 않은 두 사람의 증인의 입회 하에 서명 작성되어야 함(상속권이 부여되지 않은 자.
(다) 연명치료의 보류나 중단이 예상되는 경우, 이러한 지시서는 환자의 의료기록의 일부가 되어야 하고, 기록관리자는 그 사본을 의료기관에 제출해야 함.
(라) 지시서는 언제든지 철회가 가능.
(마) 자연사법의 규정에 의해 행위를 한 의료기관과 의료인의 민사적·형사적 책임은 면제됨.

② 오레곤 주의 존엄사법의 주요 내용
(가) 의사 조력자살의 요건은 18세 이상의 오레곤 주민, 말기 환자, 자의적인 자살조력 요청, 법정의 투약 요청서의 작성.
(나) 환자 서명, 날짜, 2인의 증인 서명요구.
(다) 주치의는 환자 의사의 자의성 등 확인, 환자 상태, 치료 방법, 처방할 극약의 효과 등 설명

책임.

(라) 자문의사(consulting doctor)의 확인 의무, 환자의 철회권은 철저히 보장.

(마) 일정한 숙려기간(熟廬其間)이 요구.

(바) 요건과 절차충족 시 의료인은 민·형사상 책임 면제.

③ 캘리포니아주의 임종 선택에 관한 법률의 주요 내용

(가) 환자가 자신의 임종을 선택할 수 있으려면 의료결정을 할 능력이 있어야 함.

(나) 주치의는 환자 의사의 자의성 등을 확인하고, 환자의 상태와 실현 가능한 대안 혹은 부가적 치료 기회 등에 관한 설명을 해야 함.

(다) 환자는 임종 선택에 관하여 의사로부터 정보를 제공받을 법적 권리가 있고, 그 결정은 설명에 의한 결정(informed decision)이어야 함.

(라) 자문의사(consulting doctor)의 확인 의무, 환자의 철회권은 철저히 보장.

(5) 대만의 호스피스 의료 조항의 주요 내용

① 신청서 서명에 행위능력자 2인 이상 현장 증인 요구.

② 내용은 소생 거부(Do Not Resuscitate, DNR) 허용법.

③ 서면작성 의무: 서면으로 위임의사 명시, 의사 표현 불능시 대리인.

④ 2인의 의사에게 말기 환자로 확실히 진단을 받아야 함.

⑤ 미성년자의 경우 반드시 법정 대리인의 동의가 요구.

⑥ 말기 환자가 의식 불명이거나 신청 의사를 밝힐 수 없을 때는 가까운 친척이 제출한 동의서로 대체함.

⑦ 의사의 고지 의무와 진료기록 보존 의무도 부과됨.

11. 나가는 말

죽음과 관련된 법과 제도는 인간으로서의 존엄과 가치권을 보장해 주는 수단에 불과하다. 자칫 그 자체가 목적이 되어 죽음을 합법화하려는 경향이 있다. 이는 법을 빙자한 살인 행위이다. 이를 막기 위하여 법의 이해와 사회복지제도 확립이 우선되어야 한다. 연명의료결정법이 현대판 고려장법으로 악용되고, 왜곡된 상속제도에 의한 눈에 보이지 않는 여명 단축이 외면되어서는 아니 된다. 사회통합 기능을 하여야 할 법이 사회분열의 도구로 악용될 수 있다.

　법과 제도는 그 자체로도 중요하지만 어떻게 운용되는가가 더 중요하다. 관련 법률이 인격권, 생명권, 재산권을 보장해 주고, 안심하고 생을 마감할 수 있도록 운용되도록 하는 것은 국민들의 권리이자 의무이다.

제7장
죽음과 윤리

박충구

　죽음이 생명이 정지하는 사건이라면, 죽어감은 생명이 죽음으로 향하는 과정을 의미한다. 죽음교육 영역에 관여하게 되는 당사자 환자와 그를 돌보는 이(의사, 간호사, 간병인, 가족 등)가 공통적으로 공유해야 하는 윤리이론 및 논쟁점, 그리고 특수한 난제에 대한 이해를 도모함으로써 죽음과 관련한 다양한 과정에서 개별자의 혹은 집단의 윤리적 판단을 돕는 데 이 과정의 목적이 있다.

──────────

Key word : 성품의 윤리, 의무론적 윤리, 효용성의 윤리, 생명윤리

제1절
윤리적인 인간

사람은 윤리적인 존재다. 사람은 학습하고 경험하며, 학습하고 경험한 것을 종합적으로 사유하면서 매사에 가치 판단을 내리며 살아가기 때문이다. 더 나은 가치, 더 좋은 가치를 선(善) 혹은 좋은 것이라 여기고, 그렇지 않은 것은 악(惡), 혹은 나쁜 것이라 여긴다. 이런 점에서 인간은 보다 선하고 좋은 것을 희망하는 윤리적인 존재다. 여기서 말하는 윤리란 인간의 삶에서 보다 선하고 좋은 것과 악하고 그릇된 것의 본질을 숙고하고 가려내는 가치 판단을 위한 학문 영역을 이른다.

사람에게는 학습과 경험 이전에 주어진 것도 있다. 자연적 본능이다. 인간은 성욕, 식욕과 같은 생존 본능을 가지고 있고, 본능을 넘어 다양한 욕망을 품는다. 에른스트 블로흐(Ernst Bloch)는 인간의 가장 깊은 욕망은 인간의 근원적 상태, 즉 결핍에서 촉발된다고 보았다. 이 결핍을 일러 그는 다양한 의미를 함축하는 배고픔(hunger)이라고 불렀다. 그는 몸의 배고픔만이 아니라 정신적, 관계적, 경제적, 그리고 사회적 결핍을 의식하는 미성의식(not yet consciousness)이 그 결핍 상태를 극복하고 보다 나은 세계를 이루려는 역사의 동력이 되었고, 그 결과 결핍으로 가득 찬 야만 상태를 조금씩 극복해 옴으로써 오늘의 문명사적인 성취를 이루어 낸 것이라고 논증하였다.(Ernst Bloch, 1959).

결핍을 극복해 온 인류 역사는 "보다 나은 것"을 선택할 줄 아는 인류의 윤리적 가치판단에 의하여 추동되어 온 것이다. 이런 점에서 인간은 개인적으로나 집합적으로, 윤리적이며 도덕적인 존재이고, 또한 그런 존재로 살아가야 한다. 그렇다면 인간은 어떻게 보다 나은 세상, 보다 나은 가치, 보다 보람 있고 의미 있는 것을 추구하며 살아가는 것일까? 이 질문은 자신이 학습하고 경험한 것을 어떤 가치에 따라서 정리하는가에 대한 질문이다. 다시 말하여 "인간은 무엇을 가치 있는 것이라고 판단하는가?"라는 질문이다.

이 질문은 인간의 삶은 그저 본능에 따른 기계적 행위로 채워지는 것이 아니라, 사유와 행위를 밀접하게 연관시키는 가치 판단으로 이루어지는 것이라는 전제를 가지고 있다. 인간은 사유와 행동의 자유가 있지만, 사유를 통한 선택이 초래하는 결과에 대해 책임져야 하는 존재다. 따라서 자유와 책임은 인간을 윤리적으로 이해하는 근본 요소다. 만약 인간에게 행위 선택의 자유가 없다면 그 선택한 행위에 대한 책임을 질 아무런 이유가 없을 것이다. 따라서 책임적인 행위는 결국 '보다 가치 있는 것을 궁구하고 선택하는 행위'와 밀접하게 관련된다.

"무엇이 가치 있는 것인가?"라는 물음에 답하는 다양한 이론들이 있지만, 이 글에서는 윤리학에서 보편적으로 합의된 것이라 여기는 세 가지 이론을 다룬다. 윤리적 가치는 한 인간이 지니고 있는 속성에 따라 사유와 행동이라는 좌표 선상에서 현실화된다. 따라서 윤리적 사유와 행동의 성격은 행위자의 인간 됨됨이를 일컫는 품성에 크게 좌우한다. 예일 대학교의 오글트리(Thomas Ogletree) 교수는 현상학적 개념에 가치 판단 이론을 상응시켜 이해했다(Thomas W. Ogletree, 1983, 15). 그는 다음 세 가지 명제로 인간의 윤리적 사유와 행동 양식을 특징지었다.

첫째, 인간은 목적 지향적이어서 의도(intention)를 가진다.
둘째, 인간은 간주관성(inter-subjectivity)을 가지고 있는 관계적 존재다.
셋째, 인간은 변할 수 있는 존재이므로 언제나 잠정성(temporality)을 가진다.

인간은 의도성(意圖性), 상호 관계성, 그리고 가변성(可變性) 속에서 사유하고 행동하는 존재라는 것이다. 이러한 인간의 세 가지 특성은 (1) 선하고 좋은 목적 혹은 결과를 지향하는 목적론적 윤리(utilitarian or teleological ethics) (2) 경험에 제약되지 않는, 순수한 동기를 중시하는 의무론적 윤리(ethics of duty), (3) 수시로 변하는 사람됨의 질(質)을 살필 수 있는 성품의 윤리(ethics of character)와 상응한다. 따라서 인간의 행위는 적어도 이상의 세 가지 중층의 윤리학적 이론의 조명을 받을 때보다 명료하고 심층적으로 이해될 수 있다.

제2절
성품의 윤리

1. 개념

덕(德)의 윤리학을 체계적으로 설파한 이들은 서양에서는 아리스토텔레스(Aristoteles), 동양에서는 공자(孔子)다. 이들의 윤리 사상은 덕의 윤리(ethics of virtue), 혹은 성품의 윤리(ethics of character), 혹은 인간의 성품을 갈고 닦아서 완전하게 할 수 있다는 완전주의적 윤리학(perfectionist ethics)이라고 불린다. 이 입장은 참된 행복의 근본은 '덕이 있고 품위 있는 온전한 인간됨'의 형성에 의존한다는 교육 원칙을 지지한다.

세상에는 다양한 사람들이 공존하고 있다. 교양 있는 사람이 있는가 하면, 무례한 사람이 있고, 희생적인 봉사도 마다하지 않는 사람이 있는가 하면, 자기만 아는 이기적인 사람도 있다. 한편에는 남에게 폐가 되거나 해악을 끼치는 일을 피하기 위하여 사려 깊게 헤아리는 사람이 있는데 비하여, 다른 편에서는 다른 이에게 해악을 끼치더라도 자기 욕망과 만족을 채우려 하는 사람이 있는 것이다. 따라서 우리는 "왜 이 사람은 덕스러운데, 저 사람은 덕스럽지 못하고 사악한가?"라는 물음을 가지게 된다. 이에 대한 적절한 답변은 성품의 윤리학에서 얻을 수 있다.

아리스토텔레스는 사람의 도덕성은 그의 습관(habitus)에서 평가될 수 있다고 보았다. 어릴 때부터 어떤 행위를 반복하느냐에 따라서 그의 행위가 습성화되기 때문이다. 사람은 자기가 좋아하는 것에 이끌려지기 때문에 무엇인가에 대하여 감정이 상하면 그것을 피하게 되고, 무엇인가 만족스러우면 그것을 자꾸 찾게 된다. 나쁜 것은 회피하고 좋은 것을 찾는 행위를 반복적으로 하게 되는 삶의 반복에서 개인의 습성이나 습관이 형성되는 것이다. 이런 습관은 처음에는 선호의 감정에 따르지만, 거듭되는 반복을 거쳐 이성적으로 체계화된다.

예를 들어서 사람은 배부른 것을 좋아하여 식탐이라는 습관이 생길 수도 있지만 너무 많이 먹어 불편함을 겪으면 먹는 양을 이성적으로 조절함으로 균형 잡힌 식습관을 가지게 된다. 거식이나 과식을 피하는 지혜를 갖추는 것이 현대인들의 자기 관리를 위한 중요한 한 과제가 되는 이유다. 이와 같이 인간은 개인적으로 그리고 사회적으로 반복적인 행위를 통하여 무엇이 가장 적절하고

(appropriate) 최상의 것인지를 체득하여 습관화하게 된다. 가장 적절한 행위가 바로 윤리적 출중함(excellency), 혹은 덕(virtue)으로 이어지는 것이다.

아리스토텔레스와 유사하게 공자는 윤리적으로 균형이 잡힌 적절한 행위를 중용(中庸)이라고 보고, 여기에 "덕"의 자리가 있다고 보았다. 따라서 덕이란 과도하거나 모자라는 행위가 아닌, 가장 적절한 행위를 반복하게 하는 좋은 습관을 의미한다. 그리하여 우리는 좋은 습관을 가진 사람을 좋은 성품의 사람이라고 여긴다. 이렇게 좋은 성품, 혹은 높은 교양과 고결함을 풍기는 사람은 어느 순간 문득 무엇인가 깨달아 갑작스럽게 변화된 사람을 뜻하는 것이 아니다. 오랜 기간에 걸쳐 행위와 사유의 반복을 통해 형성된 습관에서 우러난 덕스러움을 갖춘 이를 우리는 스스로 실천할 좋은 능력, 곧 좋은 성품을 가진 사람이라 이르는 것이다(Aristotle, 1983, 270 이하).

아리스토텔레스는 좋은 습관, 곧 덕은 악덕과 비교되는 것이라고 보았는데, 덕은 행위의 적절성을 지니지만 악덕은 행위의 부적절함을 지니는 데에서 그 차이가 두드러진다. 만일 누군가 항상 화를 다스리지 못하고 걸핏하면 폭력 행위와 언사를 사용하는 사람이 있다면, 그는 평화적인 행위를 습관화하기보다는 폭력적인 감정과 행위에 더욱 습성화된 사람이라고 보아야 한다. 따라서 덕의 윤리는 사람의 도덕성에 대한 평가를 일순간의 행위가 아니라, 그의 지속적인 습성을 통해 평가해야 한다는 입장을 견지한다.

그러므로 어느 특정한 순간의 덕스러운 행위를 근거로 삼아 누군가를 덕스러운 사람이라 단순 평가하는 것은 윤리학적 타당성을 가지기 어려운 판단이 된다. 진정으로 용기 있는 행위는 어느 한 순간의 행위에서 판별하는 것이 아니라, 언제나 그의 자발적인 습관적 행위를 보고 판별하는 것이 옳은 것이다. 아리스토텔레스는 이런 관점에서 그리스의 주요 덕목을 젊은이에게 가르치는 윤리교육 이론, 즉 덕의 윤리학을 제안했다. 이 제안이 그의 아들의 이름으로 나온 『니코마쿠스 윤리학』에 담겨 있다.

아리스토텔레스가 주장한 습관화된 덕은 서양 사회 지배층 교육에 적용되었을 뿐 아니라, 종교적으로도 무수히 반복되는 행위를 요하는 제의나 기도, 성직자의 훈련 과정에도 적용되었다. 특히 가톨릭교회는 말씀에 의한 깨달음보다는 반복적 행위의 습관화된 신앙생활을 중시했는데 이는 토마스 아퀴나스(Thomas Aquinas)가 아리스토텔레스의 윤리 이론을 받아들여 기독교 도덕신학으로 발전시킨 결과라 볼 수 있다. 이에 비하여 개신교는 하나님과의 직접적인 체험을 강조하는 신비주의적 깨달음의 종교라는 측면이 강해 덕(德)보다는 믿음을 더 강조하는 전통을 가지고 있다.

아리스토텔레스는 인간의 행복이란 덕의 출중함(excellency)에 정비례하는 것이라고 생각했다. 그는 인간의 출중함을 잘 드러내는 많은 덕목들 중에서 특히 지혜, 절제, 용기, 정의를 중시했다.

덕의 본질에 대해 그는 다음과 같이 언급했다.

> "만일 우리가 인간의 기능에 대하여 어떤 생명의 형태라고 말한다면, 생명의 형태를 합리적인 원리들과 연계된 영혼의 능력이나 활동들의 실행이라고 말한다면, 그리고 바로 좋은 사람의 기능을 일러 이러한 활동들을 잘 그리고 바르게 수행하는 것이라면, 그리고 어떤 기능이 그것에 적절한 출중함에 따라 수행되는 경우 가장 잘 행사된다면 … (중략) … 바로 이런 전제들로부터 좋은 사람이란 출중함이나 덕에 따라서, 혹은 인간의 출중함이나 덕이 여럿 있다면 그중에서 가장 최고의 완벽한 것에 따라 그의 영혼의 능력이 실행되는 사람이다."(Aristotle, 1983, 13)

인간으로서 인간의 자기 목적에 가장 적절한 행위를 하는 사람이 출중한 사람이며 덕을 가진 사람이라는 것이다. 이런 출중함은 인간의 존재 이유요, 목적이라 할 수 있는 행복과 직결된다. 그러므로 덕이란 인간의 자기 목적에 충실한, 즉 행복에 이르게 하는 수단이다. 우리가 금전을 필요로 하는 이유는 금전 그 자체가 목적이 아니라 그 돈이 무엇인가 얻기 위한 수단이 되는 것과 같이, 덕은 그 덕 자체가 목적이 아니라 행복을 얻기 위한 수단인 것이다. 인생의 목적인 행복을 얻기 위한 수단, 기능이 있다면 그것은 최상의 것이 되어야 한다. 이런 의미에서 덕은 가장 출중한 (excellent) 행위 능력을 의미한다.

> "덕이란 과도함이나 결핍이라는 두 개의 악덕 사이에 머무는 중용이라 할 것인데 악덕은 각기 모자라거나 열정이나 행동에 있어서 옳은 것을 지나치는 것이지만 덕은 그 중간 중용적인 것을 찾아 선택하는 것이다.(Aristotle, 1983, 39)

아리스토텔레스는 덕을 지적인 것 (intellectual virtues)과 도덕적인 것으로 (moral virtues) 나누어 생각했다. 지적인 덕은 명상적인 것과 산술적인 것이 있고, 도덕적 덕에는 용기, 절제, 금전 거래에 있어서의 관대함, 부유함이나 권력 앞에서의 당당함, 당연한 권리와 몫을 요구하는 긍지, 분노에 대한 절제로서의 유순함, 기꺼이 옳은 것을 인정하는 동의, 진실함, 그리고 유머 감각 등이다. 이 중에서 아리스토텔레스는 정의, 용기, 지혜, 절제를 특정하여 주덕으로 중용지도(中庸之道)의 균형 위에 세워지는 것이라 주장했다.

아리스토텔레스의 덕론에 따라 중용지도에 이르는 길은 세 가지 요소를 빌어 설명될 수 있는데, 그 첫째가 균형(equilibrium)이다. 균형이 잘 잡힌 상태란 양극단으로 처지지 않은 상태를 이르는 것이다. 옳고 그름이란 다름 아닌 균형이 잘 잡힌 상태인가 아닌가에서 결정된다는 의미다. 둘째, 덕은 상대적인 것(relative)으로서 주어진 정황에 따라 그 규범적 적절성이 다를 수 있다. 예컨대 1에서 9까지의 중용은 5이지만, 1에서 25까지의 경우 중용지도의 덕은 13이 되는 것과 같다. 만일 25까지의 수에서 균형이 잘 잡힌 덕스러운 상태를 첫 번의 경우를 원칙 삼아 5라고 주장한다면, 25라는 전체의 수 앞에서 그것은 모자람이거나 부족한 상태가 되는 것과 같은 이치다. 셋째, 종합한다면 덕이란 양극단에 있는 악덕 사이에(in-between) 존재하는 것이다. 즉, 과도한 것(excess)이나 결핍(deficiency)에서 벗어난 중용의 자리에 덕을 위치시킨 것이다.

아리스토텔레스는 인간의 행위의 성격을 자발적인 것(voluntary), 비자발적인 것(involuntary), 그리고 무자발적인 것(non-voluntary)으로 분류하고(Aristotle, 1983, 48) 덕과 관계된 행위는 오직 자발적인 것 하나뿐이라고 보았다. 자발적인 행위만이 도덕적인 것이며, 그 행위의 결과는 행위자의 책임과 직결되어 비난이나 칭송을 받는 것이라고 보았기 때문이다. 만일 강요된 것이나, 혹은 무의식적인 행위, 혹은 의도하거나 의지하지 않았던 행위라면 그것은 진정한 도덕적 평가를 받을 만한 행위라고 보기 어렵다는 것이다.

이상과 같은 아리스토텔레스의 사상을 종합하여 그의 4주덕을 도표로 그려본다면 다음과 같은 것이 된다.

<표 1> 아리스토텔레스 4주덕

모자람의 악덕	균형 잡힌 덕목	지나침의 악덕
용기의 결핍 = 비겁	용기	과도한 용기 = 무모함
관용의 결핍 = 인색	관용	지나친 관용 = 낭비
지혜의 결핍 = 우둔	지혜	과도한 지혜 = 사악
정의의 결핍 = 불의	정의	지나친 정의 = 부정의

지나침과 결핍을 피하여 잘 균형 잡힌 중용의 도를 유지하는 것이 출중한 덕의 사람의 특징이다. 그런데 정의와 절제, 혹은 용기와 지혜가 모두 덕임에도 불구하고, 각기 지나침이나 결핍에 빠질 경우에는 덕이 아니라 오히려 부덕으로 규정된다. 따라서 오랜 삶의 반복을 통하여 과도나 결핍을 피하여 중용을 지키도록 습성화된 덕, 그것이야말로 실천 능력을 가진 출중한 덕이라 불릴 수 있다는 것이다. 도표에서 보는 바와 같이 덕스러운 삶이란 특정한 일회적인 개념 파악이나 지적 이해의 문제가 아니라, 오랜 실천적 습관에서 나온 것으로 지나침이나 모자람의 양극단을 피해 잘 균형 잡힌 판단의 반복에서 꽃피는 것이다.

사회 심리학자 존 도리스(John M. Doris)는 아리스토텔레스가 주장한 그런 덕은 사실 없다고 주장했다. 왜냐하면 상황에 따라 변하는 기준을 덕의 특성이라고 지칭하기에는 많은 문제가 있다고 보았기 때문이다(John M. Doris, 1998). 그러나 출중한 덕스러운 행위의 반복과 연속성을 낳게 하는 능력을 함축하고 있는 덕론은 인간의 도덕적 삶에서 매우 실질적인 것이라는 입장을 견지하는 이들도 있다. 가톨릭 도덕 신학자들, 소종파적인 전통을 가진 윤리학자들, 그리고 현대 사상가 중에는 맥킨티어(Alasdair MacIntyre, 1985), 하우어와스(Stanley Howerwas, 1975), 그리고 페미니스트 캐롤 길리건 (Carol Gillian, 1981)같은 이들이 바로 덕의 윤리학을 지지하는 입장을 보여주고 있다.

2. 비판적 평가

덕의 윤리학은 인간의 도덕성을 사회 전체 안에서 조망하면서 행복한 삶의 원리를 행위자의 도덕 능력에서 찾았고, 이러한 능력을 키워내는 도덕 교육의 중요성을 강조했다. 하지만 덕의 윤리는 언제나 사회적 정황에 적절한 중용적 행위를 유도함으로써 불의한 세상을 바꾸어 낼 수 있는 급격한 변화나 혁명적 요구를 담아 내지 못하는 현존 체제유지(status quo) 이론이라는 비판을 받아 왔다.

또한 덕의 윤리는 행위자의 도덕적 질을 구별할 이론적 근거를 마련했다는 점에서는 타당성을 가지지만, 그 구별의 원리가 고귀한 사람과 천박한 사람, 혹은 귀족이나 천민을 가려 차별하는 데 유용한 논거를 제공하고 있다는 점에서도 비판을 받았다. 예컨대 덕의 윤리를 중시하던 유교 사회는 반상(班常)의 신분적 차별을 용인했고, 서양에서도 신분적, 인종적 차별을 지속시켜 온 역사 배후에 덕의 윤리가 부정적으로 기능했다는 점을 부정할 수 없기 때문이다. 이런 약점을 보완하는 이론이 다음에 다룰 임마누엘 칸트(Immanuel Kant)에 의하여 제안된 의무론적 윤리학(deontological ethics)이다.

제3절
의무론적 윤리

1. 개념

    덕의 윤리가 윤리적 정황을 사회 속에서 살아가는 '개인'에게 초점을 맞추고 있다면, 칸트의 의무론적 윤리학은 '개인과 개인 사이의 윤리'에 초점을 맞추고 있는 이론이다. 칸트는 인간 이성의 가치를 높게 평가한 계몽철학 전통을 완성한 철학자로 평가되는 사상가다. 그는 인간이란 필연이라는 법칙에 매여 있는 자연 세계와는 달리 자유를 지닌 존재라고 이해하고, 인간의 도덕률은 자연이 부여한 필연적인 것이 아닌, 자유와 합리적 이성에 기초한 것이어야 한다고 생각했다. 따라서 그는 오직 인간만이 이해하고 받아들일 수 있는 윤리학의 근거가 무엇인가에 대하여 고심했다.

    칸트는 이성을 가진 인간이라면 개별적인 경험적 판단을 넘어서 순수한 합리적 사유의 연장에서만 이해될 수 있는 최고 선(The Highest Good)을 이해할 수 있다고 믿었다. 합리적 이성을 가진 인간이라면, 강요나 명령, 혹은 기대에 따른 행위가 아니라, 자신의 합리적 이성이 밝혀주는 최상의 선을 인간은 이해할 수 있고, 그 최상의 선을 향한 일종의 도덕적 의무(moral duty)를 자각할 수 있다고 본 것이다. 칸트의 묘비에는 그의 〈실천이성비판〉의 결론 첫 문장에서 가져온 다음과 같은 글귀가 새겨져 있다.

> "두 가지 것이 아주 자주, 그리고 묵상할 때마다, 항상 새롭게, 넘치는 놀라움과 경외의 감정을 나에게 가득 채워준다: 저 위 별이 빛나는 하늘과 내 안에 있는 도덕률(Immanuel Kant, 1974, 186)."

    별들이 빛나는 하늘이 경이롭듯이 인간의 가슴에서 느껴지는 도덕률 역시 경이롭다는 칸트의 고백에는 경건과 도덕적 책무에 대한 그의 깊은 인식이 담겨있다. 칸트가 말하는 도덕률은 인간이 자각할 수 있는 도덕적 의무의 근거다. 사람이 가지는 의무는 두 가지가 있는데 하나가 타율적으로 주어지는 의무라면, 다른 하나는 자율적으로 자각한 의무다. 외적으로 주어지는 요구는 "명령",

"지시", 혹은 대가를 보장하는 "요구"라는 성격을 가진다면, 내적인 의무는 행위자가 스스로 자기 자신에게 자율적으로 부과하는 의무를 이르는 것이다.

유대인 학살 전범으로 체포되어 재판에 회부된 나치 친위 대장 루돌프 아이히만(Rudolf Eichmann)은 자신은 히틀러로부터 유대인 학살 명령을 받았고, 외적인 명령 계통과 군인의 신분을 가지고 있는 상명하달의 관계에서 그 명령에 따르는 것은 군인의 의무이지 결코 죄가 될 수 없다고 주장했다. 명령과 규율을 따르도록 잘 훈련된 군인으로서 권위를 가진 자가 명령을 내릴 경우, 이에 복종하는 것은 얼핏 보면 매우 당연해 보인다.

아이히만은 자신의 행위의 근거를 독일 실정법과 명령체계라는 외적 의무에서 해명하려 했다. 하지만 칸트의 자율적인 내적 의무의 관점에서 평가한다면, 아이히만은 유감스럽게도 히틀러의 명령이라는 외적 의무에서 자기 행위의 정당성을 찾으려고 했을 뿐, 한 인간으로서 내적 의무를 주체적으로 인식하지 못한 인식의 실패, 혹은 사유의 부재(sheer thoughtless)에 빠진 것이었다.

아이히만이 저지른 범죄에 대하여 한나 아렌트(Hannah Arendt)는 그의 반인륜적인 범죄는 그가 한 인간으로서 내면의 의무를 깊이 숙고하지 못한 결과라고 보았다. 그것을 아렌트는 깊은 합리적 "사유를 결여한 악의 평범성"(Hannah Arendt, 2006, 349), 즉 자기 비판적 사유의 결여 때문이라고 본 것이다. 전범 재판관들은 국제법적인 인권의 보편의 원칙에 의거하여 아이히만이 저지른 인종 학살을 "인간성을 위배한 범죄"(crime against humanity)로 규정하고 그에게 사형을 선고했다.

전범 재판관들은 아이히만이 복종했던 바, 특수한 사회적 환경에서 만들어진 외적 의무, 즉 히틀러의 명령이나 군법을 넘어서 '보다 보편적인 규범'에 근거한 의무를 가리키는 도덕법이 있다고 생각했다. 그것은 인간으로서 인간다움을 지키라는 마음의 도덕률이다. 칸트가 별이 빛나는 밤하늘처럼 모든 인간이 내면에는 별처럼 빛나는 자율성의 원리, 곧 도덕성이 빛나고 있다고 본 관점이다.

이렇듯 외적인 강제나 의무보다 더 보편적인 성격을 지닌 윤리 규범은 특수한 경험이나 지엽적인 가치 체계에서 나온 규범보다 더 우월한 윤리성을 가지고 있다. 따라서 이런 '보편적인 가치'는 특수한 국가, 계급이나 인종, 혹은 권력의 이익을 옹호하는 가치보다 더 심원하게, 인간이라면 그가 누구이든지간에 그의 존엄성을 지켜주어야 한다는 내적인 명령, 곧 "정언적 명령(categorical imperative)"을 낳는다.

칸트가 말하는 내적 의무는 그러므로 외적인 의무에 앞서는 것이며, 또한 인간의 경험적 가치를 초월하는 것이다. 여기서 칸트는 인간이 가진 최고의 도덕률의 본질은 자신의 경험과 지식에서 나온 것이 아니라 '경험에 앞선 것(a priori)'이라고 주장했다. 인간의 경험에서 나온 가치를 초월하여 보다 보편적인 도덕률을 합리적으로 제시하려는 것이 칸트의 의무론적 윤리학이 지향하는 이론적 지평이다.

우선, 칸트는 보편적인 정언 명령(universal and categorical imperative)이라는 개념을 제시했는데, 여기서 '보편적이라는 말은 부분적이거나 어느 특정한 파당을 지지하는 것이 아니라 누구에게나 적용 가능한' 이라는 뜻이다. 그는 '어느 한 사람에게 공정한 것은 누구에게나 공정한 것'이어야 한다고 주장했다. 이 공정함의 룰은 언제나 어디서나, 누구에게나 '보편적으로 타당성을 가질 수 있는 것'이기 때문이다.

나아가서, 이 보편성의 원리를 검증하려면 '가역성(reversibility)의 원리'가 수용되어야 한다. 즉, 어떤 행위가 보편성을 획득하려면 일방적으로 '해도 되고 안 해도 되는' 그런 것이 아니라, '반드시 역으로도 적용'이 되어야 비로소 그 보편타당한 성질을 획득하기 때문이다. 이것이 칸트가 말하는 보편적 도덕률의 속성이다. 여기서 나오는 공리는 '그대가 공정하게 취급받기를 원한다면, 그대도 다른 이를 공정하게 대해야 한다'는 존중의 원칙이다. 이 존중의 원칙은 그의 생명 경외의 윤리사상의 기초다.

이 원칙을 적용한다면, 사람 사이에서 일어나는 모든 차별은 보편성의 법칙을 어기는 도덕적 오류가 된다. 무슨 이유에서든지 사람을 차별하는 것은 결국 강자가 약자를 차별하는 불평등한 판단을 유통한 결과일 수밖에 없다. 일단 차별의 논리를 유통하는 사람, 예컨대 한 명의 성차별주의자가 있다면, 그는 동일한 차별적 시각에서 이주 노동자, 유색인, 가난한 사람, 사회적 약자를 일방적으로 차별하는, 즉, 가역성이 성립하지 않는 일방적인 행위를 하는 습성을 가진 사람인 것이다.

이상과 같은 칸트의 윤리 사상은 다음과 같은 세 가지 명제를 부수한다.

① 언제나 그대 행위의 원칙이 모든 인간에서 수긍될 수 있는 보편법을 따르는 것이 되게 하라.
② 언제나 그대 스스로나 혹 다른 이를 궁극적인 목적 그 자체로 대해야지, 그저 수단으로 대해서는 안 된다.
③ 언제나 그대의 행위가 뉴욕 타임스 머리기사로 나와도 부끄럽지 않을 정도로 투명한 것이 되도록 하라.

첫 번째 것을 "보편성(Universalität)의 법칙"이라고 부를 수 있다면, 두 번째 것은 보편성의 원칙에서 결과하는 의무, "존중(Achtung)의 법칙", 그리고 세 번째는 존중의 법칙에 근거하여 사회 평화를 이룰 수 있는 "공공(Öffentlichkeit)의 법칙"이다. 이 세 가지, 즉 보편성, 생명 경외의 가치, 그리고 투명한 공공성을 담보하는 행위가 되어야 한다는 요구는 모두 곧 최상의 선에 대한 내면의 의무에서 나오는 것이다. 이런 윤리적 요구는 우리의 행위가 단지 외적 명령이나 강요에 따르는 것이 아니라, 인간의 존엄성을 지키고 보다 깊은 평화를 이루어 나가야 한다는 자율의 의무, 곧 합리적 사유의 결과다.

따라서 칸트는 "어느 특정한 같은 상황에서" 하나의 행위는 언제나 누구에게나 보편적으로 옳은 것이 되어야 하며, 그 옳음은 공정함과 인간의 존엄성을 자율적으로 지키는 것이어야 한다는 원칙을 강조하였다. 즉, 합리적 "자율성"을 중요한 윤리적 행위의 조건으로 본 것이다. 인간관계에서 피차 서로를 향하여 합리적이며 자율적인 도덕 판단에 따라 행하는 관계, 이것이 인간다움을 지켜내는 칸트의 의무론적 윤리가 바라보는 지평이다.

반대로, 합리적 자율성을 억압하고 부정하는 행위는 곧 비윤리적인 강요이거나 전근대적인 후견적(patronizing) 행위가 된다. 이런 사회적 조건은 칸트의 입장에서 본다면 전근대적인 것으로 "미성숙"한 것이며, 사람 사이에서 힘의 불균형이 인간의 존엄성과 자유를 훼손하고 있는 사회의 징표다. 그러므로 참된 인간다움을 드러내는 것은 칸트에게 있어서 강제가 없는 자유와 상호 존중이 낳는 평등의 지평이라 할 수 있다.

성별, 인종, 학력, 신분, 재산, 종교, 성적 성향 … 등등의 조건을 가지고 질을 따져 사람을 차별하는 행위는 필연적으로 한편의 자유가 축소되고, 평등한 관계가 깨어져 공정함이 사라진 현실을 결과한다. 여기서 평등의 반대는 불평등이 아니라 차별이며, 동시에 차별에 대한 무관심이다. 이런 비윤리성은 종교적으로 말한다면 죄악이고, 정치적으로 말한다면 억압이며, 경제적으로는 특혜를 초래하여 언제나 힘을 가진 이에게 더 편한 세상을 유지시키는 불평등의 요인이다.

"인간을 수단이 아닌 목적 그 자체로 바라보라"는 칸트의 권고는 현대 인권사상과 인간의 존엄성에 대한 이해를 증진시키는 데 크게 기여했다. 인간이라면 차별 없이 누구나 존엄한 존재로 여겨져야 한다는 주장과 그의 투명한 공공성의 원칙은 보편성을 상실한 특권층과 권력을 오남용하는 이들에 대한 비판의 논거로 작용하기 때문이다. 그리고 존엄한 인간의 자유와 자율성에 대한 칸트의 이해는 오늘날 개인의 자기 결정권, 행복 추구권이라는 개념의 중요성을 심원하게 확산하는 데 크게 기여했다.

2. 비판적 평가

칸트의 윤리에 대한 비판 중의 하나는 칸트가 이성적 합리성을 지나치게 강조하여 인간의 감정을 거의 무시했다는 것이다. 인간은 자율적이어야 한다는 명제는 언제나 옳은 것이지만, 구체적인 삶에서 사랑하는 사람의 행위와 미움을 가진 사람의 행위가 다르다는 점에서 인간 주체의 감정과 합리적 행위 사이에 있는 거리를 고려하지 못했다는 비판이 있다. 즉, 합리성이 지나치게 강조되어 인간의 감정이 제대로 평가되지 않았다는 것이다.

나아가 어떤 불이익과 곤경이 있더라도 양보할 수 없는 생명 존중의 원칙을 고수하도록 그 강직함을 후원한다는 점에서 칸트의 윤리학은 진실이나 정직의 가치를 중시하는 장점이 있지만, 그에 따른 결과에 대해서는 칸트 스스로 책임을 지지 않는다는 약점이 있다. 즉, 정직하다고 하여 언제나 보상이 제대로 주어지는 것은 아니기 때문이다.

이런 까닭에 칸트는 이 세상에서 선한 의지에 대한 보상이 충분히 주어지지 않을 수도 있다는 점을 시인하고, 반드시 신의 존재와 죽음 이후의 세계에서 도덕적 심판이 있어야 한다는 주장을 하게 된다. 악이 번영하는 세상에서 최후의 도덕적 판단은 사후(死後)에라도 반드시 정의롭게 집행되어야 한다는 생각에서 칸트는 궁극적 심판자인 신의 존재와 인간 영혼의 불멸성을 주장했다. 이런 그의 요청을 실천이성의 요구라고 하기도 하고, 신학에서는 신의 존재를 요청할 수밖에 없는 '요청적 유신론'이라고 이해하고 있다.

매듭짓자면, 칸트의 의무론적 윤리학은 그 자체로서 매우 중요한 윤리이론을 구성하고 있으나 그의 윤리이론만으로 우리 삶의 모든 문제들을 풀어나갈 수 없기 때문에, 앞서 소개한 성품의 윤리학이나 다음에 소개할 결과론적 혹은 효용성의 윤리학으로 보완되어야 한다.

제4절
효용성의 윤리(Utilitarian Ethics)

1. 개념

 덕의 윤리가 인간 개인의 성품에서 윤리적 실천 능력을 보았다면, 칸트의 의무론적 윤리는 인간의 이성이 확보한 보편성에 근거하여 인간의 존엄한 가치를 인식할 수 있는 시야를 연다. 그러나 우리의 삶에는 개인이나 인간관계라는 차원을 넘어서 또 다른 가치 형성 영역이 존재한다. 우리가 숫자로 환산할 수 있는 가치를 가장 효과적으로 사용하는 물적, 사회적 영역에서의 가치판단 영역이다. 이 영역에서 유용하게 응용할 수 있는 윤리 이론이 바로 효용성의 윤리다.

 우리 행위의 향방을 결정하는 동기와 계기는 사실상 대부분 효율적인 것을 선택하는 행위에 모아진다. 옷을 사도, 문구점에서 필기구를 고를 때도, 컴퓨터를 구입하거나 심지어는 집을 살 때도 객관적인 가치를 평가하는 구조가 작동하고 있다. 사랑에도, 공부의 방향에서도, 직업을 고르거나, 심지어 성직자가 설교를 준비하면서도 이런 가치판단 구조가 은연중 운용된다. 우리는 "어떤 것이 나(우리)의 삶에 가장 좋은 결과를 가져올 수 있을까?"라는 내면의 질문을 가지고 있는 셈이다. 이 질문은 목적 지향적인 것으로서, 우리의 선택적 행위에는 결과적으로 최고의 가치를 얻는 것이 되어야 한다는 목적이 내재되어 있는 것이다.

 효용성의 윤리 전통을 발전시킨 제레미 벤담(Jeremy Bentham), 아담 스미스(Adam Smith), 존 스튜어트 밀(John Stewart Mill)과 같은 이들은 인간은 좋은 것과 나쁜 것을 가치 판단하는 존재라는 점에서 일치된 견해를 가지고 있다. 진정으로 가치 있는 행위는 '보다 큰 행복이나 즐거움을 불러오는 것이어야 한다'는 원칙을 강조한 사상가들이다. 이들의 주장에 의하면 사람에게 행복을 주지 못하고 오히려 고통을 가져오는 행위는 도덕적 정당성을 결여한, 나쁘거나 혹은 그릇된 행위라는 평가가 내려진다. 따라서 "도덕의 기초로 받아들여진 신조란, 효용성 혹은 최고의 행복이라는 법칙은 행복을 비교적 증진시키는 행위는 옳지만, 불행을 가져오는 행위는 나쁘다는 것을 지지한다. (Jon Sturart Mill, Utilitarianism, 1863)."

 이 입장은 다음 세 가지 명제를 담고 있다.

① 진정한 가치는 즐거움, 곧 행복이다.
② 즐거움을 산출하는 행위는 선하거나 좋은 것이지만, 그 반대로 고통을 산출하는 행위는 악하거나 나쁜 것이다.
③ 사람은 최소의 비용으로 최고의 행복을 추구하는 경향이 있다.

효용론적 윤리를 주장하는 이들은 인간의 행위란 행복을 위한 수단이지, 그 자체로 목적을 가지는 것이 아니라고 생각한다. 이들은 행복의 '양과 질을 따지면서' 더 많은 행복, 더 좋은 행복을 결과하는 행위가 보다 윤리적인 정당한 행위라 여긴다. 따라서 이들은 "무엇이 행복을 얻는 데 있어서 가장 효율적인 방법인가?"를 묻고, '최대의 효율을 불러오는 행위가 곧 좋은 것이다'라는 원칙을 적용한다. 여기서 하나의 공리가 형성되는데, 그것은 '최소의 비용으로 최대의 효과' 혹은 '최대한 많은 이에게 최고의 행복'을 안겨주는 행위가 보다 옳고 윤리적인 선이라는 것이다.

예컨대 우리가 이웃을 사랑한다면 '어떤 사랑이 가장 효율적인 것인가?'라는 질문을 제기하게 되고, '최대 다수의 이웃에게 최고의 행복'을 가져오는 방법이야말로 가장 바르게 사랑을 실천하는 것이라는 답에 도달하게 된다. 이 길을 찾기 위해 우리는 지난 경험의 데이터를 참고하면서 실패와 오류를 가려낸 후, 보다 성공적인 결과를 불러올 수 있는 방안을 찾거나 예측하는 것이다. 이처럼 효용성의 윤리는 실질적인 경험과 그 경험을 통한 예측에 크게 의존한다. 실패를 피하고 보다 좋은 결과를 얻으려는 목적을 위하여 지난 경험의 권고를 진지하게 받아들이는 것이다. 칸트의 윤리학에서 다소 소홀히 했던 지평이다.

만일 어느 특정한 행동이 다수의 사람들 중에 몇몇 사람에게만 특혜를 주는 것이라면, 모든 사람에게 공평하게 혜택을 주는 방법에 비하여 편파적이며 공정치 못한 것이라고 비판받게 될 것이다. 왜냐하면, 우리는 소수보다는 다수에게 유익을 주어 행복하게 하는 행위가 더 크게 인정을 받고, 소수나 개인만을 위한 행위는 집단 이기성이나 혹은 개인적 이기성에 빠진 것이라고 평가하는 효용성의 원칙을 적용하기 때문이다. 그러므로 효용성의 윤리란 다수를 위한 효용가치(utility)를 극대화를 불러오는 방법이 가장 윤리적으로 옳고 선한 것이라는 판단을 지지한다.

이렇듯 오직 결과를 중시하는 효용성의 윤리는 행위자의 도덕성이나, 혹은 행위의 순수한 동기보다 어떤 행위에 따른 결과에 초점을 두고 윤리적 평가를 내린다는 점에서 칸트의 순수 동기의 윤리나 아리스토텔레스자 주창한 성품의 윤리와는 상이한 윤리적 시야를 가지고 있다. 칸트의 관점에서 본다면 행위의 선함은 행위의 결과로 평가할 것이 아니라, 순수한 동기에서만 평가되어야 더 윤리적이라는 입장을 옹호한다. 반면 효용성의 윤리는 다양한 행위 중에서 결과가 확실히 유익해야 그 행위가 정당한 것이라고 평가하는 것이다. 한편이 동기(動機) 중심의 평가를 한다면 다른 편은 결과 중심의 평가를 함으로써 상이하며, 상호 보완적인 성격을 가진다. 양자의 차이는 칸트의 윤리가 인격적인 관계에 적용되는 성격을 가진다면, 효용성의 윤리는 사회 공학적 차원에서 적용하기에 유용하다는 점에 있다.

2. 효용 개념의 다양성

벤담은 가능하다면 우리 사회 모든 구성원의 즐거움(pleasure)을 높이기 위하여 노력해야 한다고 주장했다. 소외나 박탈감보다는 참여와 성취감을 불러오는 것이 훨씬 더 많은 이에게 즐거움을 안겨줄 수 있다고 생각했던 것이다(Jeremy Bentham, 1907). 그러므로 그는 다수의 사람들에게서 고통의 총량을 줄이고 쾌락의 총량을 증대하는 방안이 보다 윤리적으로 정당한 것이라는 원칙을 제시했다.

하지만 그가 말한 쾌락, 혹은 즐거움이란 가치가 다소 물질적인 것이어서 구체적으로 느낄 수 있는 장점이 있지만 그 지속성에 대해서는 의문이 제기되었다. 즐거움이란 것이 단지 물질적이고 육체적인 기쁨이 된다면 그보다 더 높고 숭고한 기쁨과 즐거움을 생각하지 못하는 "돼지의 쾌락" 같은 것이 아니냐는 비판도 있었다.

벤담의 학문적 아들 격인 밀은 우리가 진정으로 추구하는 삶의 효용성은 즐거운 쾌락(pleasure)을 넘어선 정신적인 행복(happiness)이라고 주장했다. 비록 고되고 힘들어도 삶의 오랜 목표를 이루어 냄으로써 얻는 정신적 만족이야말로, 보다 지속적 가치를 지니는 인간다운 가치라는 생각에서 나온 주장이다. 고통이나 아픔을 무가치하게 보았던 벤담과는 달리, 밀은 보다 나은 행복을 위하여 희망을 가지고 인내하는 것도 소중한 의미를 지닌다고 본 것이다. 따라서 밀은 일시적이고 순간적인 쾌락보다는 그 지속성이 길고 의미가 깊은 행복을 윤리적 행위의 목표로 삼아야 한다고 주장했다.

이들에 비하여 밀 이후의 사회철학자들은 추상적인 가치가 더 심원한 행복의 조건이라고 주장했다. 무어(G.E. Moore, 1873-1958)는 삶의 효용성을 극대화하기 위하여 우리에게 필요한 것은 자유, 정의, 미, 지식과 같은 이념들(ideals of freedom, knowledge, justice and beauty)이라고 주장했다. 19세기 초 전체주의자들이 벌인 전쟁의 비극을 겪은 세대의 입장에서 무어의 주장에는 추상적 가치나 이상이 사라진 사회야말로 우리를 더 불행하게 만드는 요인이었다는 지적 반성이 담겨 있다. 하지만 우리가 추상적 가치이론을 받아들일 경우, 그 추상적 가치를 어떻게 셈하고 평가할 것인가의 문제가 남는다. 추상적 가치들도 소중한 가치라는 점에는 이견이 없지만, 효용성의 관점에서 그것들의 가치를 평가하기에는 많은 난점이 있기 때문이다.

또한 노벨 경제학상을 수상한 스탠포드 대학의 케네스 애로우(Kenneth Arrow)는 우리들이 좋아하는 것(preferences)은 본유(本有)의 가치라고 주장했다. 쾌락, 행복, 추상적 가치의 효용성에 더하여 인간이 자유를 가지고 그 자유를 행사할 수 있는 선택권, 결정권까지 행복 개념에 포함시킨 것이다. 개체 인간의 감정과 합리적 목적을 존중하고, 개인의 자유로운 선택을 인정하는 가치, 곧 개인은 자신이 선호하는 것을 선택함으로써 진정한 행복을 얻을 수 있다는 것이다.

여러 가지 효용 가치 이론이 있음에도 불구하고, 좋은 결과라는 것이 언제나 자연스럽게 보장되는 것이 아니라 합리적으로 추정된 판단에 크게 의존할 수밖에 없다는 점에서, 효용성의 윤리는 다분히 전략적이며 계산된 행위를 요구한다. 여기서 산술적인 계산을 필연적으로 도입하게 되는데, 주로 측정하는 방법은 수치의 증가나 저하에 따라 쾌락, 행복, 이념, 선호성 등을 평가하게 된다. 동시에 행복의 지수를 떨어뜨리는 고통, 불편, 혼란, 통제, 억압 등의 요건들을 최대한 제거하고 행복의 조건을 확대하려는 데에 산술적 계산의 목적이 있다. 이런 산술적 계산 방법의 약점은 쉽게 평가할 수 없는 가치들, 예컨대 신뢰, 사랑, 배려, 동정, 가족, 정직, 정의, 평등, 자유 등은 쉽게 산술적 가치로 치환하기 어렵기 때문에 소홀히 처리하게 된다는 점이 지적될 수 있다.

3. 비판적 평가

효용성의 윤리학을 살펴보면 우리는 다음과 같은 결론에 도달하게 된다. 효용성의 윤리는 모든 사람이 지닌 선호도의 다양성을 인정하는 다원성, 자결성, 그리고 선택권을 존중하는 사회의 형성을 목표로 한다는 것이다. 행복을 가져오는 가치들이 다양하기 때문에 개인의 선호에 따라 서로 다를 수도 있다는 다원적 사유와 더불어, 개인이 모든 가치를 다 향유할 수 없다는 한계 또한 인정해야 한다는 주장도 있다. 이런 논리는 오늘날 다수의 사람들의 권리를 인정하는 민주사회에서 인권 개념의 실질적 확장을 불러와 생존권, 복지권, 환경권 등과 같은 새로운 권리 이해를 증진시키는 계기를 마련했다는 점에서 긍정적으로 평가될 수 있을 것이다.

효용성의 윤리는 또한 다수의 사람을 위하여 가장 효과적인 사회, 정치, 혹은 경제 정책, 혹은 대외적인 외교적 관계에 적용할 수 있는 윤리 이론으로 평가받는다. 정책 입안 과정에서 치밀하게 요구되는 것은 어떤 행위가 불러올 효과에 대한 합리적인 손익 계산(calculus of benefits and costs)이다. 향후 해로울 것을 미리 예측하고, 또한 유익할 것을 미리 예측하는 손익 계산은 효용성의 윤리에서는 필수불가결한 요소다. 하지만 이러한 손익계산은 사전에 추정하여 산정하게 되므로 정확한 것이 될 수 없는 추정적 판단에 머무를 수밖에 없다는 약점이 있다. 판단이 잘못될 경우, 예측이 빗나갈 경우 다수의 사람들이 행복이 아닌 고통을 겪을 수도 있기 때문이다.

또한 효용성의 윤리는 우리가 어떻게 해서라도 좋은 결과를 얻어야 한다는 강박관념에 사로잡히게 만들 수도 있다. 더 좋은 효과를 가져올 수 있다면, 기존의 논리와 원칙을 포기하고 더 효율적인 방안을 선택하도록 요구하기 때문이다. 여기서 도덕적 원칙과 정직함이 유지될 경우는 개선이라 할 수 있겠지만, 더 나은 효용적 가치를 얻기 위하여 인격적인 신뢰나 혹은 지켜야 할 약속을 저버림으로써 행위의 인격적 통전성(integrity)을 포기하게 하는 경우도 있을 수 있다. 따라서 오직 효용성의 윤리만을 앞세운다면, 우리는 우리의 인격이나 도덕적 통전성을 유지하기 어렵게 된다. 그러므로 효용성의 윤리가 지니고 있는 결점은 반드시 칸트의 인간 존중의 윤리 이론, 아리스토텔레스의 성품의 윤리로 보완될 필요가 있는 것이다.

제5절
생명윤리 기초이론을 위한 종합

이상 소개한 세 갈래 윤리 이론은 생명과 죽음의 문제를 안고 있는 인간을 개인적 차원, 관계적 차원, 사회적 차원에서 각기 가치판단을 위한 윤리적 논거를 제공하고 있다. 보다 나은 우리의 윤리적 판단은 이상의 세 가지 윤리적 지평을 종합적으로 운용할 때 가장 좋은 결과를 불러올 수 있다. 자아 성숙의 과제를 생각하면 아리스토텔레스가 중요하고, 인간관계에서는 칸트의 의무론적 통찰이 매우 중요한 의미를 가지며, 또한 다수의 사람을 위한 사회, 정치, 경제적 판단을 위해서는 효용성의 윤리가 중요해진다.

우리의 윤리적 사유 안에서 이 세 가지 이론은 각기 중시하는 가치가 다르기 때문에 서로 충돌하며 상호 견제하게 된다. 칸트의 윤리학이 지시하는 대로 "생명 존중 그리고 정직과 신의의 원칙을 지킬 것인가?" 아니면 그런 가치보다 "현실적으로 보다 큰 효용 가치를 불러오는 유익을 취할 것인가?"라는 물음들이 우리 내면의 성품 속에서 충돌할 수도 있기 때문이다.

이런 가치들이 충돌할 때 그 문제를 조정하는 힘은 아마도 우리 안에 형성된 품성에서 나오는 정신적인 힘, 혹은 인격의 힘, 통전적인 도덕성이다. 어떤 이는 자기 유익을 위하여 신의(信義)를 버리기도 하지만, 어떤 이는 이익보다는 신의를 지키는 것이다. 그러나 단지 이론을 안다고 실천 능력이 생기는 것도 아니다. 인식과 실천이 함께 일어나는 통전적인 판단만이 보다 아름다운 도덕적 삶을 낳는다는 믿음은 인류 사회가 지켜온 무형의 유산이다. 이런 믿음이 깨진 사회에서는 도덕적 판단이 저급해지고 무책임한 것이 될 수 있고, 그 결과 많은 이들의 고통과 불행을 초래하게 된다.

우리 삶은 생명이 살아있는 시간으로 채워진다. 생명을 다루는 의료 영역이나, 복지 영역, 혹은 종교 영역에서도 행위 주체의 인간다움의 질이 중요하고, 그 행위 주체가 보이지 않는 무형의 가치와 산술적으로 계산할 수 있는 가치 사이에서 책임적인 선택을 할 때, 그 선택의 질은 행위 주체의 도덕적 자아, 곧 성품에 따라 결정되는 것이다. 인간의 생명과 죽음의 영역에서 가장 가까이에서 생명 돌봄의 소명을 수행하는 성직자, 의사, 간호사, 복지사, 요양보호사, 돌봄이, 그리고 환자의 가족들 역시 크거나 작거나 간에 이러한 윤리 이론들의 직간접적인, 또는 상호 보완의 관계에서 생각하고 판단하며 행동하게 되는 것이다.

<표 2> 윤리 이론의 특성(Beauchamp, Tom L, 1991)

윤리 이론	1차적용영역	장점	단점	생명윤리학적 공리
효용론적 윤리 이론	social relation 사회적관계	개인이나 집단의 산술적, 사회적 이익을 증대시키는 목적에 유효하다.	산술적 가치에 과도하게 경도되어 본유의 내면적 가치를 약화할 수 있다.	1. 해악 금지의 원칙 2. 호혜의 원칙
의무론적 윤리 이론	personal relation 인간관계	천부의 인간 존엄성과 권리를 보장하고 옹호하는 이론으로 중시된다.	보이지 않는 가치에 대한 믿음은 반드시 좋은 결과를 동반하지 않는다는 문제가 있다.	3. 생명존엄과 경외의 원칙 4. 정직의 원칙
성품의 윤리 이론	maturity of self 개인의성숙	인간 행위의 윤리적 질적(성품의) 차이를 해명하는 이론으로 적절하다.	성품의 질적 차이를 인정하게 됨으로써 차별의 논리에 쉽게 빠질 우려가 있다.	5. 자율성의 원칙 6. 행복 선택권의 원칙

제2부
죽음교육 실천

제8장 호스피스·완화의료와 말기돌봄
제9장 돌봄과 소통
제10장 상실과 애도상담
제11장 상담 평가와 개입
제12장 외상성 죽음 대처
제13장 생애주기별 죽음교육
제14장 죽음교육 프로그램 개발의 이론과 실제

제8장
호스피스·완화의료와 말기돌봄

김혜지

이 장은 호스피스·완화의료의 어원, 역사를 통해 그 발생의 근원과 철학을 이해하고 호스피스·완화의료의 정의와 필요성을 다루고 있다. 또한 임종의 순간까지 인간의 존엄성 보장을 목적으로 하는 한국의 연명의료결정법에 대해 이해함으로써 무의미한 연명치료 대신 삶의 마지막 순간을 주체적으로 살아가도록 돕는 호스피스·완화의료의 역할에 관해 살펴보고자 한다.

호스피스·완화의료는 환자와 그 가족의 총체적 고통을 해결하기 위한 '다학제 의료팀'을 구성하여 서비스를 제공하고 있다. 이 장을 통해 팀의 각 구성원들의 역할을 공부함으로써 구체적인 호스피스·완화의료 서비스에 대해 깊이 이해할 수 있다. 또한, 죽음교육 실행가로서 한국의 호스피스·완화의료 제도와 서비스 제공 형태, 이용 방법에 대해 숙지함으로써 실제 호스피스·완화의료가 현실에 적용되고 있는 방식을 익히고자 한다.

Key word : 호스피스, 완화의료, 연명의료, 연명의료결정법, 사전연명의료의향서

제1절
호스피스·완화의료의 역사

인간은 누구나 마지막까지 인간다운 삶을 영위하며 편안하고 존엄한 죽음을 맞이하기를 소망한다. 죽음은 인간이라면 모두가 경험하는 것임에도 불구하고, 현대의학의 발전은 생명을 연장하고 병을 완치하는 것에 초점을 맞추고 있다. 그러나 최근 웰다잉 문화가 확산되며 말기 환자의 삶의 질에 대한 관심이 늘어남에 따라 생애 말기의 다양한 고통을 경감시키고 마지막 순간까지 인간다운 삶을 살며 편안한 임종을 맞이하도록 돕는 호스피스·완화의료의 중요성이 대두되고 있다. 따라서 죽음교육 실행가로서 호스피스·완화의료의 정의와 역사, 철학과 윤리의 이해를 통해 그 필요성을 인식하고 실제 호스피스·완화의료의 구성과 체계, 한국의 호스피스·완화의료 제도와 유형을 학습하는 것이 필요하다.

1. 서양의 호스피스(hospice)

호스피스(hospice)의 어원은 라틴어 호스피탈리스(Hospitalis)와 호스피티움(Hospitium)에서 기원하였다. 호스피탈리스는 주인을 뜻하는 호스페스(hospes)와 병원을 의미하는 호스피탈(hospital)의 복합어이고, 호스피티움은 주인과 손님 사이의 따뜻한 마음과 이러한 마음을 표현하는 장소를 의미하며 오늘날의 호스피스(hospice)로 변화하였다.

서양의 호스피스는 중세기에 예루살렘으로 가는 순례자나 여행자가 쉬어가던 휴식처에서 병자와 임종을 앞둔 환자들을 돌보는 종교적 활동으로 시작되었다. 11세기 십자군 운동 당시 십자군들의 숙소이자 병자들을 수용하는 역할을 하였고 이 활동을 지속하기 위한 수도회가 창설되기도 하였다. 종교개혁 이후 수도원이 쇠퇴하며 호스피스에 대한 지원이 약화되었다가 17세기 프랑스에서 성 빈센트 폴(Saint Vincent de Paul)에 의해 다시 호스피스가 부흥하기 시작하였다. 성 빈센트 폴은 병자와 행려자, 고아, 가난한 이들을 돌보는 자선수녀회(Sister of Charity)를 설립하였으며 이에 영향을 받은 프랑스에서 1842년에 진 가니어(Mademe Jeanne Garnier)가 갈바리(Dames du

Calvaire)를 설립하여 임종 환자들을 돌보았다.

19세기 초 독일에서는 성 빈센트 폴의 정신을 이어받아 자비의 수녀회(Sister of Charity)가 창립되어, 1879년 아일랜드 더블린에 성모 호스피스(Our Lady's hospice)를 개설하고 1905년에는 런던에 성 요셉 호스피스를 설립하였다. 이 두 호스피스는 죽어가는 환자들에게 간호와 영적 지지를 제공하며 오늘날 호스피스가 임종을 앞둔 환자들을 돌보는 의미로 정착하는 계기가 되었다.

1967년 영국의 간호사이자 의사, 의료사회복지사인 시슬리 손더스(Cicely M. Saunders) 박사는 현대의학을 호스피스에 접목시킴으로써 현대적 의미의 호스피스·완화의료의 개념을 확립하였으며 오늘날 '호스피스의 어머니'라고 불린다. 시슬리 손더스는 말기 환자들이 겪는 어려움을 총체적 고통(Total pain)이라는 개념으로 설명하였고, 호스피스의 역할에 대해 말기 환자의 신체적 고통, 영적, 정신적 고통을 총체적으로 돌보는 것이라고 하였다. 또한, 환자와 환자의 가족, 사별 가족까지 호스피스 돌봄의 범주에 포함시키고, 통증 조절을 위한 적절한 마약성 진통제의 사용을 체계화하여 오늘날 호스피스·완화의료의 시초가 되었다. 그녀는 1967년 최초의 현대적 호스피스 기관인 성 크리스토퍼 호스피스(St.Christoper's hospital)를 설립하고 말기 환자와 임종 환자를 돌보는 교육과 연구를 진행하였으며, 이는 현대 호스피스 활동의 모델이 되었다.

1980년대에는 영국에 전국적으로 호스피스 기관이 확대되었고, 1991년에 영국 정부는 호스피스 국가위원회(National Hospice Council, NHC)를 설립하였으며, 2001년 완화의료에 대한 보험 지원과 서비스 지침을 개발하고 보급하였다. 2005년에는 사전의료결정에 대한 법적 기준을 마련하고, 2008년에는 생애 말기 돌봄 전략(The End of Life Care Strategy)을 제정하여 완화의료 체계를 확립하였다. 영국은 이와 같이 오랜 호스피스·완화의료의 문화를 가지고 공공의료와의 협력을 통해 발전해왔다. 현재에도 다양한 유형의 호스피스·완화의료를 제공하며, 암성 질환뿐만 아니라 비암성 말기환자까지 점차 이용률이 증가하고 있다.

독일에서는 1980년대부터 본격적으로 호스피스 운동이 확산되었다. 1992년 독일 연방 호스피스 협회가 설립되었고, 임종자를 위한 법정 규정과 정책, 지원이 마련되었다. 2015년 호스피스·완화의료법이 제정되면서 가정, 요양기관, 호스피스 병동, 병원 등에서 다양한 형태의 호스피스 서비스를 의료보험 혜택에 의해 이용할 수 있도록 하였다.

1963년 미국을 방문한 시슬리 손더스가 호스피스에 대한 강연을 한 것은 미국 사회에 호스피스에 대한 관심을 불러일으켰다. 1969년에는 엘리자베스 퀴블러 로스(Elizabeth Kubler Ross)의 *On Death and Dying*이 출판되면서 미국에서 죽음과 말기 환자 돌봄에 대한 관심이 점차 커지기 시작했다. 퀴블러 로스는 '죽음의 5단계'를 부정과 고립, 분노, 협상, 우울, 수용의 과정으로 정립하였고,

대중들이 죽음을 삶의 일부로 받아들임으로써 삶을 더욱 잘 이해하고 현재의 삶을 충실히 살아가도록 하였다.

　이러한 노력은 죽음이라는 주제를 의학과 의사들만의 영역에서 개인의 사적인 영역으로 확장시키며 사회적인 반향을 일으켰다. 이후 미국에서 1971년 호스피스협회가 결성되고 코네티컷에서 가정 호스피스 프로그램을 최초로 시작하였고, 1975년 뉴욕의 성 누가 루스벨트 병원은 호스피스 프로그램을 운영하며 미국 호스피스의 모델이 되었다. 1979년에는 26개의 호스피스 기관에서 시범 사업을 진행하며 코네티컷 호스피스에서 44병상의 호스피스 입원시설을 운영하기 시작하였다. 1978년 결성된 미국호스피스협회(National Hospice Organization, NHO)는 호스피스·완화의료 프로그램의 원칙과 표준을 만들었으며, 이 단체(NHO)는 2000년에 미국호스피스·완화의료협회(National Hospice and Palliative Care Organization, NHPCO)으로 명칭이 개정되어 지금까지 운영되고 있다.

　1982년 메디케어 호스피스 급여 적용이 의회에서 제정되면서 미국의 호스피스 프로그램이 본격적으로 운영되기 시작하였다. 미국은 65세 이상 노인에 대한 미국 공공의료 보장 체계인 메디케어와 주로 저소득층에게 제공되는 보험인 메디케이드 급여를 주된 재원으로 하여 호스피스 서비스를 제공하고 있다. 서비스 제공 장소는 독립형 호스피스 기관, 병원 중심 호스피스 기관, 가정 중심 호스피스 기관, 간호요양원에 따라 나뉜다. 그리고 4가지 호스피스 서비스 형태로 구성되어 있는데, 크게 가정에서 이루어지는 가정간호와 병원에서 이루어지는 병원 간호로 구분된다. 가정간호의 경우, 환자가 1차 거주하는 곳(생활 보조 시설이나 장기 요양 시설 등)에서 호스피스 간호를 받는 '일반 가정간호', 그리고 일반 가정간호와 같이 가정에서 서비스를 제공받지만 일반 입원 간호와 유사한 임상적 특성을 가지며 1일당 8~24시간 동안 제공되는 '지속적 가정간호'가 있다. 입원 간호는 환자가 통증 조절이나 다른 시설에서 관리할 수 없는 증상 관리를 위해 입원 시설에서 치료를 받는 '일반 입원 간호'와 간병인의 휴식을 위해 단기간 환자가 시설을 이용하는 '단기 입원 간호'로 이루어져 있다.

　미국에서 호스피스에 대한 인식이 개선되고, 이에 대한 요구가 늘어남에 따라 2018년에는 50개 주에서 4639개의 호스피스 프로그램을 운영하며 매년 155만 명의 미국인들이 호스피스 서비스를 이용하고 있다. 2018년 호스피스 케어를 받으며 사망한 케이스가 전체 사망 케이스의 50%에 이르며, 이는 1992년 메디케어 수혜자 12명 중 한 명 만이 호스피스 서비스를 이용한 것과 비교하면 매우 급격한 성장이라고 할 수 있다. 호스피스 운동의 성장과 인구의 노령화에 의해 호스피스 돌봄을 받는 말기 환자의 질환의 종류도 점차 변화하고 있다. 1990년대 미국에서 호스피스 케어를 받는 환자의 53%가 말기 암이었던 반면, 2018년에는 암의 비중은 29.6%로 줄어들었으며 만성 심장 질환, 치매, 만성 폐질환, 뇌졸중 등 다른 말기 비암성 질환 환자들의 호스피스 서비스 이용 비율이 점차 늘어났다.

2. 한국의 호스피스

1964년 내한한 호주의 '마리아의 작은 자매회' 수녀들이 1965년 강릉에 설립한 '갈바리 의원'에서 호주인 자원봉사자 의사 1명과 수녀 4명이 14개의 병상에서 임종 환자들을 돌보며 호스피스 활동을 시작한 것이 한국 호스피스의 시초이다. 갈바리 의원은 한국뿐만 아니라 아시아 최초의 호스피스 병원이기도 하다. 1980년에 들어 기독교와 가톨릭교를 중심으로 임종 환자 돌봄에 대한 관심이 높아지고, 가톨릭의대, 연세대학교, 이화여자대학교 등 병원과 대학에서도 관심을 가지기 시작하였다. 1981년 가톨릭의과대학 성모병원에서 의과대학 및 간호대학 학생들과 의사, 간호사, 수녀들이 호스피스 연구모임을 시작하였고, 1988년에는 강남성모병원에 한국 최초로 호스피스과가 신설되어 14병상의 호스피스병동이 설립되었고, 같은 해 세브란스병원 암센터와 이화여대에서 가정 호스피스 프로그램을 시작하였다.

1990년대에는 호스피스 활동이 활발해지며, 1991년 기독교를 주축으로 한 한국호스피스협회, 1992년 가톨릭계가 주축이 된 한국가톨릭호스피스협회가 창립되어 종교계를 중심으로 발전하였다. 1996년에는 WHO에서 가톨릭대학교 간호대학을 호스피스 협력센터(Collaborating Center for Hospice and Palliative care)로 지정하여 아시아 최초의 호스피스 교육 연구소가 개설돼 한국 호스피스 분야의 국제적인 활동이 시작되었다. 그리고 1998년 7월 4일 "호스피스·완화의료의 학문적 발전, 말기 암 환자의 삶의 질을 높여, 편안한 삶을 살도록 도움, 호스피스·완화의료 제도를 보건정책 및 의료법에 반영, 국제 호스피스·완화의료 학회나 협회와 교류 및 정보 교환"에 그 설립의 취지를 두고, 의사, 간호사, 사회복지사, 성직자 등 다학제적인 전문가가 모여 한국호스피스·완화의료학회를 창립하였다. 한국호스피스·완화의료학회는 말기 환자와 가족의 존엄성을 유지시키고, 생애 말기 돌봄의 질 향상에 기여하는 것을 미션으로 한다.

한국호스피스·완화의료학회의 비전은 첫째, 최적의 연구를 통해 근거 중심에 기반한 질 높은 돌봄의 표준화를 제공하고, 둘째, 호스피스·완화의료 전문 인력의 역량을 강화하기 위해 지속적인 교육을 실시하며, 셋째, 호스피스·완화의료 돌봄제공자 간 상호 협력을 촉진하고, 넷째, 돌봄의 다양성을 통한 호스피스·완화의료 이용의 접근성 향상을 도모하고, 다섯째, 호스피스·완화의료를 국민의 기본 권리로 정착시키는 것으로 하며 현재까지도 활발한 활동 중이다.

말기 암 환자가 꾸준히 증가하고 한국인의 사망원인 1위를 말기 암이 차지하며, 말기 환자에게 적절한 의료서비스를 제공하기 위한 호스피스 기관의 필요성이 대두되고 호스피스·완화의료 제도화에 대한 요구가 늘어났다. 2000년대에는 공공기관에서도 호스피스에 관심을 두기 시작하였다. 정부는 국립암센터 설립 후 국가암관리사업단 내 호스피스·완화의료 사업부서를 설치하여, 호스피스·완화의료 기관들을 육성하고 지원하였다. 2002년 호스피스·완화의료 제도화 및 법제화를 위한 시범 사업 계획을 수립하였으며, 2003년에 암관리법을 제정하여 말기 암 환자 관리에 대한 국가의 책임을 명시하고 2003~2004년 호스피스 서비스 시범 사업을 실시하였다. 이를 기반으로 2006년 '말기 암 환자 전문 의료기관 지정 기준 고시'를 제정하여, 완화의료 전문기관의 인력과 시설, 장비 기준 등을 제시함으로써 호스피스 서비스의 질적 표준을 마련하였다. 2011년 암관리법을 통해 호스피스·완화의료 이용에 대한 법적 근거를 만들었으며, 2015년 7월 15일 말기 암 환자 대상의 입원형 호스피스·완화의료에 대한 건강보험 수가를 도입하였다.

그리고 2016년 2월 '호스피스·완화의료 및 임종 과정에 있는 연명의료 결정에 관한 법률(이하 '연명의료결정법')'이 제정되었으며, 이에 따라 2017년 8월부터는 암관리법에서 말기 암 환자의 호스피스 완화의료에 대한 내용은 삭제되었다. 이후 연명의료결정법에 근거하여 호스피스·완화의료 대상자의 범위를 늘리고 호스피스·완화의료기관을 운영하도록 하고 있다. 또한 호스피스·완화의료 기관들을 관리하고 지원하기 위해 국립암센터에 중앙호스피스센터를 설립하고 지역별 권역호스피스센터를 지정하였다. 이러한 노력에 따라 현재 한국의 호스피스 기관은 전국에 107개로 늘어나 입원형, 자문형, 가정형 호스피스 형태로 체계화된 호스피스 서비스를 제공하고 있으며, 86개의 입원형 호스피스 기관에서 1,429개의 호스피스 병상을 운영하고 있다.(2021.6.15. 기준)

제2절
호스피스・완화의료의 정의와 철학

1. 호스피스・완화의료의 정의

호스피스는 임종을 앞둔 말기 환자의 고통스러운 증상을 조절하고 환자와 그 가족들이 겪는 정신적, 사회적, 영적 고통을 포함한 총체적 고통을 돌보는 것이다. 호스피스는 적극적인 치료가 중단되고 완치의 가능성이 없는 말기 진단이 분명할 때 시작되고 보통 여명이 6개월 미만으로 예측될 때 제공한다.

세계보건기구(WHO)는 완화의료를 "생명을 위협하는 질환이나 건강과 관련하여 심각한 고통을 겪는 환자와 가족들의 삶의 질을 향상시키는 것으로, 이는 단지 임종 돌봄에 국한되지 않고, 마지막 수단이 되어서는 아니하며, 생명을 위협하는 질환을 겪는 환자의 조기 돌봄까지 통합되어야 한다."라고 정의하고 있으며, "완화의료는 이러한 환자의 조기 발견으로 고통을 예방하고 완화하며 정확한 평가를 통해 통증이나 신체적, 심리・사회적, 영적 문제를 치료하는 것"이라고 명시하고 있다.

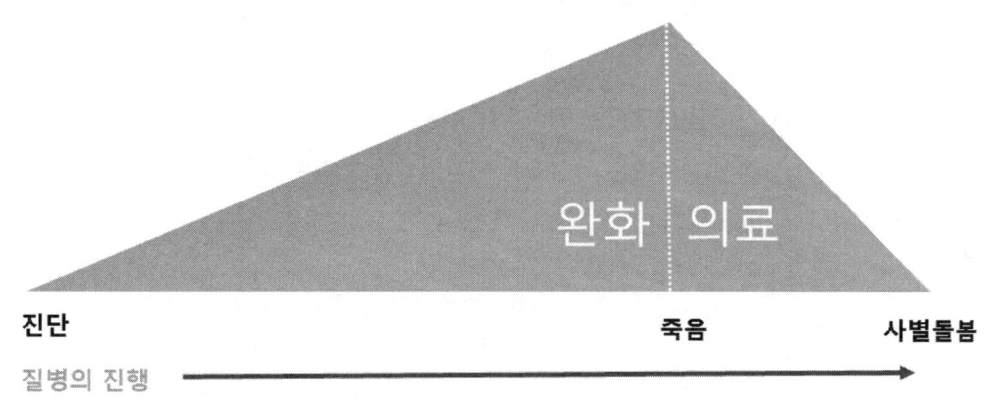

<그림 1> 말기 질환의 진행에 따른 완화의료

WHO에서 말하는 완화의료는 심각한, 생명을 위협하는 질병의 예방, 조기 진단, 치료 모두와 통합되어 환자의 문제를 조기에 발견하고 적절히 평가하며 치료하는 것을 수반한다. 질병 과정 전반에 걸쳐 환자와 가족 모두에게 제공됨으로써 환자와 가족의 삶의 질을 향상시키고, 인간의 위엄을 지키며 편안함을 도모함으로써 환자의 질병 과정에 긍정적인 영향을 미친다. 삶을 연장시키고자 시행되는 다른 치료들과 병합하여 질병의 과정 전반에 걸쳐 일찍부터 적용이 가능하고, 생애 말기에는 생명 연장 치료의 대안이 되며 연명치료에 대한 결정을 내리는 것을 돕는다. 완화의료는 심각한 말기 질환의 치료 과정에서 겪는 지속적인 신체적, 심리·사회적, 영적 문제에 대해 지지하고, 환자의 사망 후 가족의 사별 돌봄까지 포함한다. 질병과 장애로 인해 겪는 재정적 고통으로부터 환자와 가족을 보호함으로써 경제적 어려움이 질병에 미치는 영향을 완화하기 위한 방법을 찾는다. 완화의료는 의도적으로 죽음을 연기하거나 앞당기려 하지 않고 환자가 추구하는 가치에 맞추어 적절한 수준의 편안함을 추구한다. 훈련받은 일차 의료 제공자, 일반의, 전문의 등 다양한 돌봄 제공자에 의해 여러 완화 돌봄 레벨에서 제공이 가능하고 환자의 집에서도 적용이 가능해야 한다. 완화의료는 지역사회와 그 구성원들의 참여를 독려하고 돌봄의 연속성을 향상시킴으로써 건강 돌봄 시스템을 강화할 수 있다.

각국의 의료체계와 역사적 발전 배경에 따라 호스피스, 호스피스·완화의료, 완화의료, 생애말기 돌봄과 같이 혼재된 단어를 사용하고 있지만, 일반적으로 호스피스와 완화의료는 질병 진단의 시점을 기준으로 구별하는 경향이 있다. 완화의료는 병의 진단 시기부터 시작할 수 있고 완치를 목적으로 한 치료와 병행하는 반면, 호스피스는 여명이 6개월 미만으로 예측되는 말기 진단이 분명한 시기에 시작하기 때문에 완화의료가 호스피스보다 확대된 개념이라고 할 수 있다. 그러나 호스피스와 완화의료는 돌봄의 철학, 돌봄 계획 수립, 심리사회적, 영적지지 제공, 임종과 사별 돌봄 등에 대해 유사한 원칙을 갖고 있다. 또한 최근 의학은 말기 진단 후에 호스피스 돌봄을 시작하는 기존의 방식에서 벗어나 치료와 병행하여 처음부터 완화의료를 함께 제공하도록 권고하고 있으며, 질병이 진행되어 말기 단계에 들어가는 과정에서 완화의료와 호스피스가 연속성 있게 돌봄을 제공하는 쪽으로 발전하고 있다.

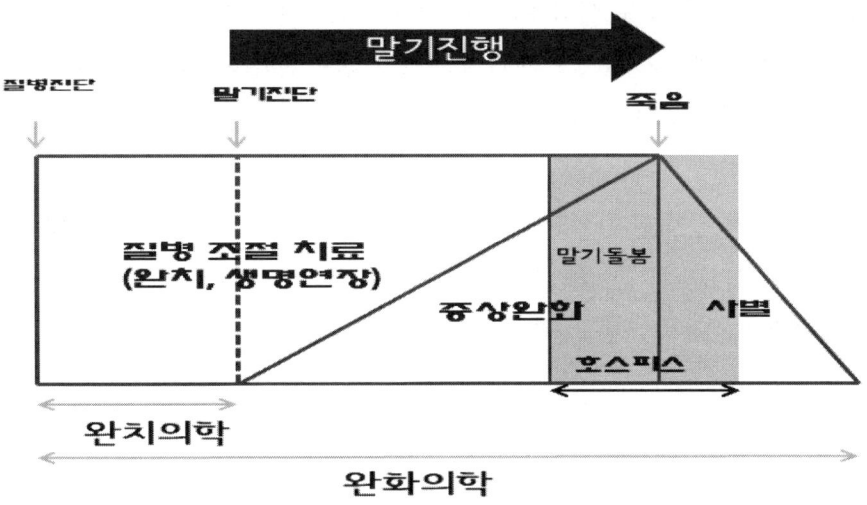

<그림 2> 완화의학과 호스피스와의 관계

2. 호스피스·완화의료의 철학

　호스피스·완화의료는 인간을 신체, 사회·심리, 영적 측면의 총체적 합으로 이해하며 인간의 존엄성과 생명 존중의 정신에 근본을 두고 있다. 기존 의학은 의사 중심의 결정 방식, 원인이 되는 질병의 완치를 목적으로 하기 때문에 신체를 치료하는 것에 중심을 두고 병원에서의 서비스 제공이 주가 되어 왔다. 반면 호스피스·완화의료는 환자와 그 가족이 중심이 되어 호스피스 돌봄 제공자와의 긴밀한 의사소통을 통해 치료 방향을 결정하고 치료 목표를 증상 완화와 삶의 질 향상에 둔다. 또한 신체적 증상뿐만 아니라 환자가 호소하는 총제적 고통을 조절하기 위해 의사 단독이 아닌 호스피스 팀 접근을 통해 전인적 치료를 제공한다.
　호스피스·완화의료는 죽음을 끝이 아닌 삶의 자연스러운 과정으로 보며, 임종까지 인간의 존엄성을 유지하기 위한 돌봄을 제공한다. 억지로 생명을 연장하거나 단축하지 않고 죽음을 자연스러운 과정으로서 받아들이며 환자와 가족이 아름답게 삶을 완성시킬 수 있도록 돕는다. 호스피스·완화의료에서 가장 중요한 것은 말기의 삶의 질 향상이며, 이는 존엄한 죽음도, 아름다운 마무리도 환자의 삶의 질 토대에서 이루어지기 때문이다. 삶의 질 향상은 호스피스·완화의료의 정의와 철학, 돌봄의 목표의 주요 바탕이 된다. 삶의 질이란 신체적, 심리사회적, 영적 영역을 포괄한 개인의 주관적인 안녕 상태를 의미한다. 삶의 질은 삶으로부터 얻어지는 가치, 의미, 만족의 정도에 따라 평가하며 보통 신체 상태와 기능, 정서 상태, 스트레스 정도, 자아 존중감, 경제 상황, 가족을 비롯한 대인 관계에 의해 영향을 받는다. 삶의 질에 대한 의미는 개인차가 있고 본인의 경험에 의해 이해하기 때문에, 환자가 원하는 삶의 질이 무엇인지 정확히 파악해야 한다. 질병 과정, 임종기, 사별 기간까지 전반에 걸쳐 환자와 환자의 가족들에게 최선의 삶의 질을 유지할 수 있도록 돕는 것이 호스피스·완화의료의 기본적인 취지이다. 호스피스·완화의료는 돌봄의 정신을 중요히 여기며, 환자와 가족의 아픔과 고통, 슬픔에 공감하고 지지하며 사랑과 연민으로 환자를 돌보아야 한다.

제3절
호스피스 · 완화의료와 연명의료

의료기술과 생명과학의 발달은 생명을 유지시키는 의술을 발전시켰고 일부 의학 기술은 환자를 회복시키지 못한 채 죽음에 이르는 시간만 연장시키는 기술로 사용되기도 하였다. 특히 적극적인 치료에도 불구하고 근원적인 회복의 가능성이 없고 점차 악화되며 수개월 내에 사망할 것으로 진단받은 말기 암 환자의 경우 연명치료를 중단하는 행위로 인해 가까운 시기에 사망의 결과가 도래할 가능성이 높기 때문에 이러한 논쟁의 주된 대상이 된다. 무의미한 연명치료의 중단에 대하여 찬성 의견을 내는 사람들은 인공호흡기를 비롯한 생명 유지 장치에 의존해 수명을 연장하고 있는 말기 환자들의 삶의 질이 매우 낮고, 인위적으로 생명을 연장시키는 것이 환자뿐만 아니라 가족, 의료진, 사회에 과도한 부담을 주며 모든 사람들은 죽음을 포함하여 자신의 운명을 스스로 결정할 수 있는 권리가 있다고 주장한다. 반대 의견을 내는 사람들은 의사가 환자의 죽음에 개입하게 되면 연명치료 중단의 오남용 문제나 의사에 대한 환자의 불신 등의 사회적 문제가 발생할 수 있고, 생명은 신에게 속한 영역이므로 이를 인간이 인위적으로 단축할 수 없다고 주장한다.

임종에 이르는 과정에서의 의료의 개입은 환자에게 고통을 야기할 수 있는 침습적인 행위를 포함하고 있기 때문에 환자 본인의 의사가 중요하다. 인간이 스스로 삶의 방식을 선택하고 자신의 존엄성을 유지할 권리를 보장받고 있다면 죽음에 직면한 순간에도 이는 동일하게 적용되어야 한다. 죽음의 방법에 있어서 어떻게 인간의 존엄성을 보장할지에 대한 각국의 고민은 안락사, 존엄사, 연명의료 중단에 의한 사망과 관련한 법률 제정 등의 제도화로 나타났다. 우리나라는 2016년 연명의료결정법을 제정함으로써 무의미한 연명치료 중단에 대한 법적 정당성과 실체적이고 합리적인 근거를 마련하였다. 무의미한 연명치료의 중단에 대해 이해하기 위해서는 먼저 이와 구별되는 안락사, 의사조력자살에 대해 알 필요가 있다.

1. 안락사와 의사조력자살

안락사의 의미는 유럽완화의학회에 따르면 '개인의 자발적이고 법률적 요청에 의해 의사가 의도적으로 약을 주입하여 개인을 죽음에 이르게 함'이라고 정의하고 있다. 네덜란드는 2001년 4월 10일 '요청에 의한 생명 종결과 자살 조력을 통제하기 위한 법률'을 통과시켜 안락사를 가장 먼저 합법화한 바 있으며 네덜란드에서의 안락사의 의미는 '환자의 분명한 요청에 의해 환자의 생을 마감시키려는 분명한 의도로 의사가 약물을 주입하는 것'이다. 안락사의 정의에서 가장 중요한 것은 환자의 자발성과 능동적인 행동이다.

의사 조력자살은 환자의 자발적이고 권한이 있는 요구가 있을 때, 스스로 복용할 수 있는 약을 제공함으로써 의사가 환자의 자살을 돕는 것을 말한다. 이에 반해 간접적인 조력은 환자가 자살하기 위해 도움을 요청하지 않고 의사도 직접적으로 도움을 주지 않으나, 환자의 자살에 도움이 되는 것을 말한다. 예를 들어 환자가 자살을 목적으로 처방약을 모으는 것을 알고도 의사가 묵인하는 경우처럼 의사가 환자가 이를 실행할지 말지 알 수 없는 상황을 간접적인 조력이라 할 수 있다.

안락사와 의사조력자살 사이의 차이점은 최후의 순간을 환자가 조절하느냐, 의사가 조절하느냐에 있다. 그러나 죽음이 환자의 자발적이고 적극한 요청에 의해 유발된 경우 둘 사이 큰 차이는 없다. 안락사와 의사 조력자살 모두 환자의 삶을 단축시킬 것을 의도하여 구체적인 행위를 능동적으로 행하는 것이기 때문에 포괄적으로 적극적 안락사로 분류된다. 소극적 안락사는 죽음의 진행과정을 저지하거나 연명시킬 수 있는 능력이 있음에도 불구하고 치료를 중단하고 수분과 영양공급을 제한하는 등의 행위를 통해 의도된 죽음에 이르게 하는 것을 말한다.

우리 사회에서는 불가역적인 질병의 진행으로 인해 임종 과정에 들어선 말기 환자에게 무의미한 연명치료를 지속하는 것에 대한 논쟁이 지속되어 왔다. 극심한 고통을 경험하고 있는 말기 암 환자나 회복의 가능성이 전혀 없이 의료 장치에 의지하여 죽음을 기다리는 중환자들이 단지 생명 연장을 목적으로 연명치료를 받는 것이 과연 인간적이라고 할 수 있는가에 대한 의문이 반복적으로 제기되어왔다.

우리나라에서 무의미한 연명치료의 중단에 관한 결정을 사회적으로 공론화시킨 중요한 사건에는 두 가지가 있다. 그중 하나는 1997년에 있었던 보라매병원 사건이다. 1997년 뇌출혈로 혈종 제거 수술을 받은 후 중환자실로 옮겨져 인공호흡기를 달고 있던 남자 환자의 부인이 치료비 문제로 병원에 퇴원을 반복적으로 요청하였다. 당시 환자는 다른 생체 징후가 안정적이고 의식이 회복되는 추세였으나, 자발호흡이 아직 돌아오지 않아 인공호흡기의 도움을 받고 있었던 터라 인공호흡기를 제거하면 환자가 사망할 수 있음을 들어 담당 전문의는 부인의 퇴원 요구를 거절하였다. 그러나 부인의 지속적인 퇴원 요구에 의료진은 부인에게 자의퇴원 각서를 받고 '의학적 충고에 반한 퇴원'으로 퇴원 조치하였다. 환자는 집에 도착하고 기도 삽입관이 제거된 후 얼마 지나지 않아 사망했고, 이후 환자의 친형제가 병원에 소송을 제기하였다. 법원은 "전적으로 의사들의 의학적 판단에 따라 관리되어야 하는 중환자를 아내의 퇴원 요구만으로 내보내 죽게 한 것은 살인 행위"라며 부인에게는 살인죄를, 해당 의료인에게는 살인방조죄를 선고하였다. 이 사건은 환자가 회복하는 과정에 있었기에 임종 과정에 있거나 곧 임종 과정에 들어갈 것으로 예견되는 환자의 연명치료 중단에 관한 사건이라고 보기는 어려우며, 의학적 권고에 반하는 퇴원에 해당하는 사건이다. 하지만 이 사건을 계기로 우리 사회에서 임종기 환자의 연명치료 중단을 관행적으로 실시하던 방식에서 큰 변화가 나타났다. 의료계는 연명치료의 중단이 법적인 처벌을 받게 될 수 있는 중대한 사안이라고 인식하였고, 환자의 의사와 상관없이 중단을 거부하는 방어적인 자세를 취하게 되었다. 의료인들은 회복 가능성이 없는 환자와 그 보호자의 연명치료 중단 요구에 소극적으로 대처하며, 임종이 가까워진 환자들에게 마지막까지 심폐소생술과 같은 연명의료를 지속하는 현상이 빈번하게 발생하였다. 무의미한 연명의료에 대한 의료진의 의학적 결정을 스스로 회피함으로써 법적 책임으로부터 자유롭고자 했던 의료인의 자기 보호의 행태였다.

　이후 다시 한번 연명의료 중단에 대한 사회적 관심을 불러일으킨 사건이 발생하였고, 이는 세브란스병원 김 할머니 사건이라고 불린다. 2008년 2월 세브란스병원에서 폐 조직검사를 받다가 출혈에 의한 뇌손상으로 3일 만에 식물인간 상태에 빠진 김 할머니는 이후 인공호흡기 등의 생명 유지 장치에 의존해 연명해오고 있었다. 김 할머니의 자녀들은 모친이 생전에 연명치료를 받지 않겠다고 말해온 점을 들어 병원에 인공호흡기 사용 중단을 요구했지만, 병원 측은 살아있는 환자의 치료를 중단할 수 없다며 거절했다. 이에 자녀들은 그해 5월 '무의미한 연명치료 중지' 가처분 신청을 법원에 냈고 2009년 5월 대법원은 "병원은 환자에 대하여 인공호흡기를 제거하라"는 연명치료 중단 판결을 선고하였다. 이는 국내 최초로 연명치료를 중단하는 존엄사를 인정하는 첫 판결이 되었다. 법원은 "의학적으로 환자가 회복 불가능한 사망의 단계에 이르러 이루어지는 연명치료가 환자의 질병 호전을 목적을 하는 것이 아니라, 오로지 현 상태를 유지하기 위해 이루어지는 치료에 불과하고 환자가 인간으로서의 존엄과 가치 및 행복추구권에 기초하여 자기 결정권을 행사하는 것으로 인정되는 경우에는 특별한 사정이 없는 한 연명치료의 중단이 허용될 수 있다"고 하였다. 병원 의료진은 연명치료 중단 판결에 따라 김 할머니의 인공호흡기를 제거하였으나, 환자는 그 이후 자발 호흡을 유지하여 201일을 더 생존하였다.

김 할머니 사건 이후 우리나라에서 무의미한 연명의료 중단에 대한 사회적 공감대가 점차 확산되면서 2013년 국가 생명윤리심의위원회가 특별위원회를 구성하여 연명의료중단에 대한 구체적 절차와 방법을 논의하였고, 그에 따라 연명의료에 관한 특별법 제정의 필요성을 권고하였다. 이에 2016년 2월 '호스피스·완화의료 및 임종 과정에 있는 환자의 연명의료결정에 관한 법률'(이하 연명의료결정법)이 제정되었고, 이 법에 따라 연명의료결정제도가 2018년 2월 4일부터 시행되었다.

2. 연명의료결정법

연명의료결정법은 '임종 과정에 있는 환자'라는 의학적 판단이 선행된 환자에 대하여 연명의료를 시행하지 않거나 중단할지를 환자 스스로 결정할 수 있고, 그 결정을 법적으로 보호함으로써, 환자의 최선의 이익을 보장하고 자기결정을 존중하여 인간으로서의 존엄과 가치를 보호하는 것을 목적으로 하고 있다. 연명의료결정법은 다만, 의사가 의료행위를 시행하는 데에는 반드시 환자의 상태 및 예후 등을 종합적으로 고려한 의학적 판단이 우선해야 하며, 환자 또는 보호자의 부당한 요구에 의해 의료행위의 시행 여부가 결정되는 것은 바람직하지 않다고 명시하고 있다. 따라서 모든 환자는 병의 상태와 예후 및 향후 본인에게 시행될 의료행위에 대해 분명히 알고 스스로 결정할 권리를 보장받아야 하며 의료인은 환자에게 최선의 치료를 제공하고, 연명의료 중단 등 결정에 관하여 정확하고 자세하게 설명하며, 그에 따른 환자의 결정을 존중해야 한다.

연명의료 결정법은 말기 환자나 임종 과정에 있는 환자가 불필요한 연명치료를 받지 않겠다는 의사를 표명한 서식을 미리 작성하고 국가기관에 등록하면 의료인들이 이 서식을 열람, 확인한 후 환자의 연명치료 중단을 이행할 수 있도록 하였다.

'사전연명의료의향서'는 19세 이상이면 건강한 사람도 누구나 작성이 가능하며 본인이 직접 보건복지부가 지정한 사전연명의료의향서 등록기관을 찾아가 충분한 설명을 듣고 작성해야 법적으로 유효하다. '연명의료계획서'는 의료기관 윤리위원회가 설치되어 있는 의료기관에서 담당 의사 및 전문의 1인에 의해 말기 환자나 임종 과정에 있는 환자로 진단 또는 판단을 받은 환자가 연명의료를 원치 않는다는 의향을 표시하면, 담당 의사가 환자로부터 이를 직접 확인하여 작성하는 서식이다. 연명의료를 유보 또는 중단하기 위한 요건으로는 먼저 임종 과정에 있는 환자인지를 의료진이 판단하는 것이 필요하다. 담당 의사와 전문의 1인에 의해 회생의 가능성이 없고, 치료에도 불구하고 회복되지 않으며 급속도로 증상이 악화되어 사망에 임박한 상태에 있는 환자라는 판단을 받아야 한다. 그다음 환자 또는 환자 가족이 환자에 대한 연명의료를 원치 않는다는 의사를 표시하고 담당 의사 또는 담당 의사 및 전문의 1인의 확인이 있어야 한다. 만약 사전에 연명의료계획서나 사전연명의료의향서가 모두 없고 환자가 의사 표현을 하는 것이 불가능한 상태라면, 평소 연명의료에 관한 환자의 의향을 환자 가족 2인 이상이 동일하게 진술하고, 그 내용을 담당 의사와 해당 분야 전문의가 함께 확인하여 작성할 수 있다. 만약 위의 경우가 불가능하다면, 환자 가족 전원이 합의하여 환자를 대신해 결정하고 이를 담당 의사와 해당 분야의 전문의가 함께 확인해야 한다.

연명의료결정법은 호스피스의 선택과 이용에 관한 사항 역시 명시하여 호스피스의 의미와 이용 대상 환자, 호스피스 서비스 제공 기관 및 신청 방법 등에 관한 사항을 개괄적으로 설명하고, 이용 의향을 표시하도록 안내하고 있다. 다만 의향이 있더라도 반드시 이용할 수 있는 것은 아니며, 별도의 호스피스 서비스 신청 절차를 거쳐야 한다. 연명의료결정법에서 말하는 호스피스 대상 환자는 암, 후천성면역결핍증, 만성 폐쇄성 호흡기질환, 만성 간경화를 앓고 있는 자로서 호스피스를 이용하려는 경우에는 호스피스 이용동의서와 의사가 발급하는 호스피스 대상 환자임을 나타내는 의사소견서를 첨부하여 호스피스전문기관에 신청하여야 한다.

연명의료결정법이 제정됨에 따라 미리 사전연명의료의향서나 연명의료계획서를 작성하도록 함으로써 환자가 임종 과정에 있을 때 심폐소생술 포기각서라는 형태로 환자의 가족이 대신 연명치료 중단을 결정해왔던 기존의 관행이 사라지고, 연명의료 중단에 대한 결정을 환자 스스로 하는 문화가 정착되고 있다. 만약 환자 스스로 연명의료 중단을 결정하지 못하는 상황에서 환자 가족이 대신 이를 결정해야 할 때, 그 과정을 까다롭게 함으로써(가족 전체의 동의 등) 비윤리적인 의도를 가진 연명의료 중단의 사례를 최소화하도록 하였다. 연명의료결정법은 생명을 인위적으로 유지하는 의료로서 연명의료의 법적 개념을 정의하고, 연명의료를 중단 또는 보류하는 행위에 대해 생명을 해하는 행위가 아니라 인간의 존엄성을 추구하기 위해 규범적 정의를 부여한 법률이다. 연명의료의 중단, 보류 행위가 환자의 최선의 이익과 인간의 존엄성에 근거한 자기 결정권의 행사로서 해석될 수 있도록 하는 지침이 되고자 하고 있다.

그러나 연명의료결정법은 아직 부족하고 보완해야 할 점들이 많다. 환자가 사전연명의료의향서나 연명의료계획서를 아직 작성하지 않은 상황에서 급격하게 임종 단계로 접어들었을 때, 환자가 비록 사전에 연명의료 중단을 원했다 할지라도 환자 가족들이 대신 연명의료 중단에 대한 결정을 내릴 시간적 여유가 없을 경우, 의료인은 환자 의사에 반해 연명의료를 시작할 수밖에 없다. 추후 가족이 환자의 의향을 반영하여 서식을 작성한 후 연명의료를 중단할 수는 있으나, 이미 환자는 본인이 원하지 않았던 연명의료를 시작했기 때문에 고통을 받을 여지가 있다. 또한, 가족이나 법적 대리인이 없는 환자가 스스로 의사결정을 할 수 없을 경우, 의료적 판단하에 호스피스 · 완화의료를 받는 것이 환자에게 가장 필요한 상황이라고 하더라도 환자가 호스피스 · 완화의료를 원하는지 유무를 알 수 없기 때문에 호스피스 서비스를 받을 수가 없다. 또한 연명의료결정법은 호스피스 · 완화의료 대상 질환을 암, 후천성면역결핍증, 만성폐쇄성 호흡기질환, 만성 간경화, 그밖에 보건복지부령으로 정하는 질환으로 하고 있는데 이는 호스피스 · 완화의료가 말기 암에서 비암성 질환으로 확대되는 장점이 있지만, 오히려 명시된 질병 이외의 다른 말기 질환에 대해서는 호스피스 · 완화의료를 제공할 수 없다는 제한점을 만들 수 있다. 그리고 연명의료결정법은 연명의료중단 등 결정 이행 시 통증 완화를 위한 의료행위와 영양분 공급, 물, 수분, 산소의 단순 공급은 시행하지 아니하거나 중단되어서는 아니 된다고 명시하고 있는데, 이는 의료인의 의학적 판단에 의해 결정할 수 있는 부분을 침해하는 경향이 있다. 임종기 환자에게 수분 공급은 부종을 유발하여 고통을 악화시킬 수 있고 임종 직전의 산소 공급은 단순히 사망 시간을 늦추어 고통을 연장하는 결과를 낳을 수 있다. 이러한 부분까지 법적으로 세밀하게 명시함으로써 의료진이 환자의 최선의 이익을 위해 선택할 수 있는 의료적 처치와 결정을 제한하는 결과를 만들었다.

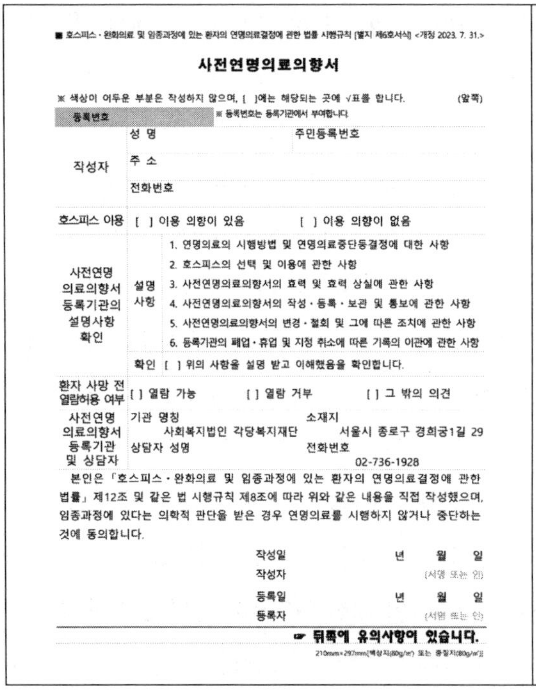
■ 호스피스 · 완화의료 및 임종과정에 있는 환자의 연명의료결정에 관한 법률 시행규칙 [별지 제6호서식] <개정 2023. 7. 31.>

사전연명의료의향서

※ 색상이 어두운 부분은 작성하지 않으며, [ ]에는 해당되는 곳에 √표를 합니다. (앞쪽)

등록번호	※ 등록번호는 등록기관에서 부여합니다.	
작성자	성 명	주민등록번호
	주 소	
	전화번호	
호스피스 이용	[ ] 이용 의향이 있음	[ ] 이용 의향이 없음
사전연명 의료의향서 등록기관의 설명사항 확인	설명 사항	1. 연명의료의 시행방법 및 연명의료중단등결정에 대한 사항 2. 호스피스의 선택 및 이용에 관한 사항 3. 사전연명의료의향서의 효력 및 효력 상실에 관한 사항 4. 사전연명의료의향서의 작성 · 등록 · 보관 및 통보에 관한 사항 5. 사전연명의료의향서의 변경 · 철회 및 그에 따른 조치에 관한 사항 6. 등록기관의 폐업 · 휴업 및 지정 취소에 따른 기록의 이관에 관한 사항
	확인	[ ] 위의 사항을 설명 받고 이해했음을 확인합니다.
환자 사망 전 열람허용 여부	[ ] 열람 가능 [ ] 열람 거부	[ ] 그 밖의 의견
사전연명 의료의향서 등록기관 및 상담자	기관 명칭 사회복지법인 각당복지재단	소재지 서울시 종로구 경희궁1길 29
	상담자 성명	전화번호 02-736-1928

본인은 「호스피스 · 완화의료 및 임종과정에 있는 환자의 연명의료결정에 관한 법률」 제12조 및 같은 법 시행규칙 제8조에 따라 위와 같은 내용을 직접 작성했으며, 임종과정에 있다는 의학적 판단을 받은 경우 연명의료를 시행하지 않거나 중단하는 것에 동의합니다.

작성일 년 월 일
작성자 (서명 또는 인)
등록일 년 월 일
등록자 (서명 또는 인)

☞ 뒤쪽에 유의사항이 있습니다.

210mm×297mm[백상지(80g/㎡) 또는 중질지(80g/㎡)]

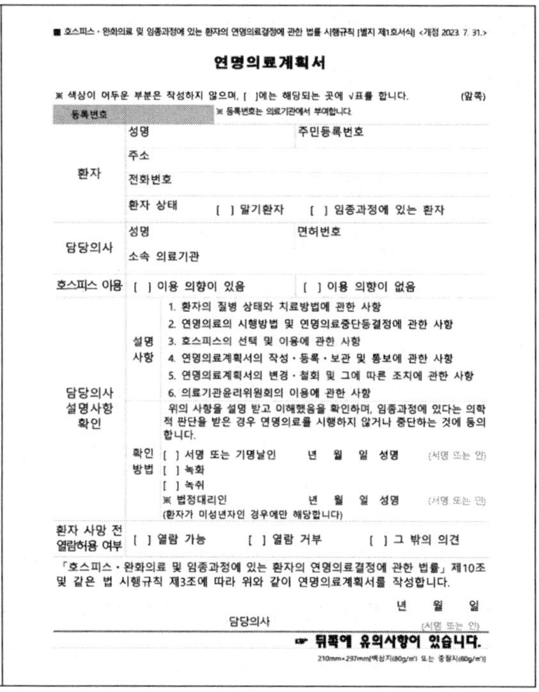
■ 호스피스 · 완화의료 및 임종과정에 있는 환자의 연명의료결정에 관한 법률 시행규칙 [별지 제1호서식] <개정 2023. 7. 31.>

연명의료계획서

※ 색상이 어두운 부분은 작성하지 않으며, [ ]에는 해당되는 곳에 √표를 합니다. (앞쪽)

등록번호	※ 등록번호는 의료기관에서 부여합니다.	
환자	성명	주민등록번호
	주소	
	전화번호	
	환자 상태 [ ] 말기환자	[ ] 임종과정에 있는 환자
담당의사	성명	면허번호
	소속 의료기관	
호스피스 이용	[ ] 이용 의향이 있음	[ ] 이용 의향이 없음
담당의사 설명사항 확인	설명 사항	1. 환자의 질병 상태와 치료방법에 관한 사항 2. 연명의료의 시행방법 및 연명의료중단등결정에 관한 사항 3. 호스피스의 선택 및 이용에 관한 사항 4. 연명의료계획서의 작성 · 등록 · 보관 및 통보에 관한 사항 5. 연명의료계획서의 변경 · 철회 및 그에 따른 조치에 관한 사항 6. 의료기관윤리위원회의 이용에 관한 사항
		위의 사항을 설명 받고 이해했음을 확인하며, 임종과정에 있다는 의학적 판단을 받은 경우 연명의료를 시행하지 않거나 중단하는 것에 동의합니다.
	확인 방법	[ ] 서명 또는 기명날인 년 월 일 성명 (서명 또는 인) [ ] 녹화 [ ] 녹취 ※ 법정대리인 년 월 일 성명 (서명 또는 인) (환자가 미성년자인 경우에만 해당합니다)
환자 사망 전 열람허용 여부	[ ] 열람 가능 [ ] 열람 거부	[ ] 그 밖의 의견

「호스피스 · 완화의료 및 임종과정에 있는 환자의 연명의료결정에 관한 법률」 제10조 및 같은 법 시행규칙 제3조에 따라 위와 같이 연명의료계획서를 작성합니다.

년 월 일
담당의사 (서명 또는 인)

☞ 뒤쪽에 유의사항이 있습니다.

210mm×297mm[백상지(80g/㎡) 또는 중질지(80g/㎡)]

<그림3> 사전연명의료의향서와 연명의료계획서 서식

비록 연명의료결정법이 제정되어 한국의 연명의료에 대한 기틀을 마련하고 환자들의 자기 결정권을 존중하여 존엄한 죽음이 가능할 수 있는 분위기가 만들어졌지만, 앞으로 지속적인 사회적 합의를 통해 조금씩 나은 방향으로 수정하고 보완해 나가야 할 필요성이 있다.

3. 호스피스·완화의료와 윤리 문제

호스피스·완화의료 현장은 여러 형태의 가족 관계를 가진 환자들이 삶과 죽음의 경계에서 다양한 고통을 호소하는 과정에서 많은 윤리적 갈등을 유발하게 된다. 대표적인 것이 여명이 얼마 남지 않은 환자에게 진실을 알리는 문제이다. 가족들은 환자가 죽음이 얼마 남지 않았음을 인지하였을 때, 생을 포기하고 치료를 거부하거나 정신적 스트레스로 질병이 더욱 빠르게 악화하여 나쁜 결과로 이어지지는 않을까 걱정한다. 때로는 의료진들에게 환자에게 진실을 알리지 말 것을 종용하기도 한다. 하지만 임종이 가까워진 환자에게 진실, 즉 나쁜 소식을 알리는 것은 환자의 진실을 알 권리를 보장해야 하는 윤리적 문제이다. 환자는 본인의 죽음이 얼마 남지 않았음을 인지하고 삶을 정리하고 주변인들에게 마지막 인사를 전할 기회를 가질 권리가 있다. 그러나 죽음을 받아들이는 방식은 사람의 감수성과 수용 능력에 따라, 그리고 환자 상태와 대인 관계 능력, 가족들의 반응에 따라 다양하게 나타나므로 진실 알리기에 있어 주의해야 할 것이 있다. 너무 일찍, 너무 늦게 알려서도 안 되며 너무 과장하거나 축소하여 설명해서도 안 된다. 사실을 명확하게 알리되 환자의 반응을 잘 살피고 처음 환자가 진실을 들었을 때 받을 충격에 대해 지지해 줄 수 있어야 한다.

호스피스 현장에서는 환자가 고통에서 벗어나기 위해 빨리 생을 마감하고자, 또는 불안, 우울 등의 심리적 영향으로 모든 치료를 거부하는 경우가 있다. 이때 의료진은 환자의 자율성을 존중하여 수분, 영양 공급과 같은 기본적인 처치를 모두 중단하는 것이 옳은 것인가 하는 고민을 하게 된다. 의료 기술의 발전으로 육체적, 정신적 기능이 모두 감소한 상태에서 장기간 생존해 있는 경우가 많아지면서 환자는 고통스러운 시간의 연장을 경험하고 가족들은 심리적, 경제적 부담을 느끼게 된다. 이는 환자가 생을 포기하고 모든 치료를 거부하게 만들게 된다. 모든 의료 과정에서 환자의 자기 결정권은 존중받아야 함을 원칙으로 하지만, 환자가 이러한 결정을 하게 된 경위를 파악하고 환자의 선택이 가져올 영향에 대해 정확히 정보를 제공함으로써 환자가 삶의 질 향상을 위한 더 나은 선택을 할 수 있도록 유도하는 것이 옳다.

호스피스·완화의료의 신체적 돌봄에 있어 가장 중요한 것이 통증 조절이다. 통증은 말기 암 환자의 90%에서 나타나는 흔한 증상이며 그 고통의 정도가 극심하다. 통증은 다른 말기 암 증상을 악화시키고 삶의 질을 떨어뜨려 심리, 정신적 고통을 유발한다. 그래서 호스피스·완화의료는 말기 암 환자의 통증을 조절하기 위해 적극적으로 마약성 진통제를 사용하고 있다. 마약성 진통제는 허용 용량의 한계가 없어 환자의 통증이 증가함에 따라 용량을 무한하게 늘릴 수 있다. 진통제 용량을 증가시키는 과정에서 발생할 수 있는 마약성 진통제의 부작용이 의료윤리적 쟁점을 야기할 수 있는데, 대표적인 것이 환자의 의식 저하, 호흡억제와 같이 생명을 위협할 수 있는 부작용이나 습관성 유발과 같은 마약 의존이다. 그러나 최우선되어야 하는 것은 환자의 고통을 완화해주는 것이고 부작용을 미리 환자에게 설명하여 환자의 동의를 구하고 부작용을 최소화하는 약물과 치료를 선택하는 것이 중요하다. 적절한 마약성 진통제의 사용은 심각한 부작용 없이 환자의 통증을 완화해줌으로써 삶의 질을 향상시키는 데에 큰 역할을 함에도 불구하고, 환자의 마약성 진통제에 대한 잘못된 오해로 적절한 치료를 제공할 기회를 놓치는 것이 더욱 문제가 될 수 있다.

호스피스·완화의료에서 진정제 역시 자주 사용되는 약물이다. 완화 진정이란 임종이 임박한 환자에서 어떠한 치료에도 호전이 없는 증상을 완화시키기 위해 일부러 수면을 유도하고 진정을 유지시키는 것을 의미한다. 2006년 국가보훈처 국립윤리위원회에서는 완화 진정을 "공격적이고 증상에 특이한 치료에도 해소되지 않는 난치성 통증이나 기타 증상을 해결하기 위해 말기 환자를 비마약성 제제를 투입하여 진정시키는 것"이라고 정의하였다. 말기 환자의 증상을 완화하기 위해 진정제의 사용이 필요한 경우가 많지만, 상당수 의사들은 이를 꺼리게 된다. 진정제의 사용이 환자의 경과에 악영향을 미치거나 죽음을 조장하지 않을까 하는 두려움이 있기 때문이다. 그리고 진정제를 사용하여 인위적으로 환자를 무의식 상태로 만드는 것이 윤리적으로 타당한가에 대한 판단이 어렵다. 또한 임종 과정의 자연스러운 과정과 안락사 사이의 구분이 힘들다는 점에서 역시 진정제 사용을 주저하게 된다. 그러나 완화 진정은 '이중효과의 원칙'에 따라 윤리적 정당성을 갖는다. 이중효과의 원칙이란 해로운 부작용이 불가피한 상황에서 적용되는 개념으로, 한 가지 해로운 부작용을 선택해야 할 때 이러한 행위는 최소한 좋은 효과를 가져야 하며 도덕적으로 받아들여질 수 있는 것이어야 한다는 것이다. 환자의 고통의 경감을 위하여 투여한 약물에 의한 간접적 결과로 환자의 생명을 단축시키더라도 이는 도덕적으로 허용된다. 투약행위의 의도는 환자의 죽음이 아니라 고통의 경감이기 때문이다.

이와 같이 호스피스·완화의료를 제공하는 의료 현장에서는 다양한 윤리적 문제와 부딪히는 경우가 많다. 호스피스·완화의료에서 발생하는 윤리적 문제들은 일반적인 의료윤리적 원칙에 기초하여 해결해야 한다. 일반적 의료윤리는 1) 선행의 원칙, 2) 자율성의 원칙(자기 결정권의 존중),

3) 정의의 원칙, 4) 악행 금지의 원칙, 5) 진실에 대한 권리, 6) 비밀의 보장, 7) 설명에 의한 동의를 말한다.

호스피스·완화의료의 철학에 합치하여 환자의 고통을 경감시키고 삶의 질을 향상시킴으로써 마지막까지 환자가 편안한 삶을 유지하는 목적에 부합한다면, 그리고 환자에게 최선의 이익이 되는 의료적 결정을 환자와 환자 가족과의 끊임 없는 소통을 통해 내린다면, 호스피스·완화의료 현장에서의 윤리적 갈등은 해소될 수 있고 그 판단이 합당하다고 할 수 있다.

제4절
호스피스 · 완화의료의 구성과 체계

1. 호스피스 · 완화의료의 대상자

말기 질환을 가진 환자는 누구나 호스피스 · 완화의료의 대상자가 될 수 있다. 말기 질환이란 적극적인 치료에도 불구하고 근원적인 회복의 가능성이 없고 점차 증상이 악화되어 몇 개월 내에 사망할 것으로 예상되는 경우를 말한다. 대개 임상적으로 판단되는 예상 사망 시기가 6개월 이내인 경우이다. 우리나라를 포함한 대부분의 국가에서 완화의료 대상이 되는 질환의 가장 큰 영역을 차지하는 것이 말기 암이다. 질병이 진행되어 항암치료의 효과가 떨어지거나 항암치료의 부작용으로 더 이상 치료를 지속하기 힘든 경우, 말기 암 진단을 받게 된다. 말기 암을 4기 암과 혼동하여 사용하는 경우가 많은데 4기 암은 암이 원발 장기에서 원격 장기로 전이된 상태를 말하며, 이 시기에는 항암화학요법이나 방사선치료를 통해 암의 크기를 줄이고 생명을 연장시키는 것이 가능하다는 것에서 차이점이 있다. 암은 말기로 진단받는 시점이 비교적 분명하고 말기 진단 이후 임종에 이르기까지 통증과 같은 신체적 고통이 수반되기 때문에 호스피스 · 완화의료 제공이 필수적인 대상이다. 그래서 우리나라를 비롯한 여러 국가에서 말기 암을 대상으로 호스피스 · 완화의료 제도가 발달해왔다. 그러나 노인 인구가 증가하고 여러 가지 만성 질환을 가진 환자들의 호스피스 · 완화의료 요구도가 올라가면서 호스피스 대상자에 비암성 질환을 포함해야 한다는 지적이 주목받고 있다. 이러한 사회적 필요성에 따라 연명의료결정법은 호스피스 · 완화의료 대상자에 말기 암뿐만 아니라 후천성면역결핍증, 만성 폐쇄성 호흡기질환, 만성 간경화를 포함하였다. 그러나 현재 한국의 호스피스 · 완화의료 제도 하에서는 호스피스 병동에 입원하여 치료를 받을 수 있는 질병은 말기 암에 국한되어 있다. 다른 말기 질환은 협진 형태의 자문형 호스피스나 가정 호스피스를 통해 호스피스 · 완화의료 서비스를 제공받을 수 있다.

호스피스 · 완화의료는 그 대상자에 환자뿐만 아니라 환자의 가족까지 포함된다는 점에서 다른 의료와 차이를 갖는다. 가족은 환자의 가장 가까운 직접적인 돌봄 제공자이며 동시에 호스피스 · 완화의료 돌봄의 대상자이다. 환자와 마찬가지로 가족들 역시 환자의 죽음에 대하여 두려움을 가지고 임종 과정에 어떻게 대처해야 할지 막연해한다. 죽음을 받아들이는 것은 비단 환자만의 문제가 아니며, 환자를 떠나보내야 하는 가족들에게도 큰 고통이 된다. 때로는 환자의 죽음에 대해 논하는 것에 거부감을 가지고 이를 인정하기 힘들어하는 경우도 많다. 단순히 환자를 돌보는 것만으로는 환자의 총체적 고통을 해결할 수 없으며, 환자의 가장 가까운 돌봄 제공자인 가족을 함께 케어하는 것이 결국 환자의 고통을 경감시키는 데 도움이 된다. 또한 호스피스·완화의료는 사별 가족 돌봄까지 호스피스 돌봄의 영역으로 포함하고 있다. 사별 가족은 상실에 대한 아픔으로 일상생활로의 복귀에 어려움을 겪고, 이것은 가족과 사회에 부담으로 작용한다. 사별에 대한 비정상적인 병적 슬픔과 정상 애도 반응을 구별하기 위한 지속적 평가로 고위험 사별 가족을 파악하고, 그들이 상실의 고통에서 벗어나 차츰 사회로 복귀할 수 있도록 돕는 것이 호스피스·완화의료의 역할이다.

2. 호스피스·완화의료 팀 구성

호스피스·완화의료에서 팀 활동은 서비스 제공의 기본 요건이다. 말기 환자는 수많은 신체적 증상과 사회·심리적, 영적 고통과 같은 총체적 고통(Total pain)을 갖고 있기 때문에 광범위하고 복잡한 요구를 하게 된다. 그러므로 다양한 분야의 전문 인력들이 한 팀이 되어 각자 전문적인 역할을 수행하게 되는데, 이를 "다학제 의료팀"이라고 한다. 다학제 의료팀은 팀원 간의 협력과 의견 교환을 통해 환자와 관련된 정보를 공유하고 함께 문제 해결을 모색한다. 팀원 각자의 전문 분야에 대해 역할을 하되, 그 활동과 문제 해결 과정을 팀원들과 공유함으로써 환자에게 효과적이고 통합적인 치료를 제공할 수 있다. 국제 호스피스·완화의료연합(International Association for Hospice & Palliative Care, IAHPC) 가이드라인에서는 완화의료팀을 의사, 간호사, 사회복지사, 성직자, 자원봉사자, 치료사들을 핵심 전담팀으로 정의하고 있다. 그러나 더 광범위한 의미의 다학제 호스피스·완화의료팀은 호스피스 전문 의사뿐만 아니라 통증 전문의나 정신과, 치료방사선의학과 의사 등 협진이 가능한 의사를 포함시킬 수 있고, 물리치료사, 작업치료사, 약사, 영양사도 함께 참여할 수 있다. 우리나라의 호스피스·완화의료 제도는 호스피스·완화의료 서비스를 제공하기 위한 기본 요건으로 의사와 전담 간호사, 전담 사회복지사를 필수 인력으로 하여 팀을 구성하도록 제시하고 있다. 한국의 호스피스·완화의료 필수 인력 세 직종은 병원 내 호스피스 서비스 제공 허가를 위한 최소한의 기본 요건일 뿐이며, 실제 호스피스·완화의료 의료기관의 운영과 양질의 호스피스 서비스 제공을 위해서는 성직자, 자원봉사자, 요법치료사 등 다학제팀의 참여가 필수적이다.

3. 다학제 호스피스·완화의료팀의 역할

다학제 호스피스·완화의료팀의 첫 번째 구성 인력은 의사이다. 보통 호스피스·완화의료 현장에서 의사는 호스피스·완화의료팀의 리더의 역할을 한다. 팀 운영을 관리, 감독하고 각 팀원이 가지는 전문성을 극대화시키고 직종 간의 긴밀한 연계를 통해 일을 추진하게 된다. 의사는 병력 청취와 신체적 검진, 기능적 평가를 포함한 초기 평가를 통해 환자의 기대 여명을 예측하고 돌봄 계획을 수립한다. 그리고 환자와 가족에게 환자의 질병 진행 과정과 예후, 기대 여명 등에 대해 알리고 치료 과정을 설명하는 과정을 통해 최종적인 임상적 의사결정을 한다. 말기 환자는 통증, 호흡곤란, 쇠약, 피로감, 오심, 구토, 섬망 등의 다양한 신체적 증상을 호소하는 경우가 많기 때문에, 의사는 세심한 병력 청취로 환자가 가지고 있는 신체적 고통에 대하여 신중하게 판단하고 환자에게 가장 적절한 처방을 선택해야 한다.

두 번째 구성 인력인 간호사는 호스피스·완화의료에 있어서 가장 중요한 역할을 한다. 환자나 환자의 가족과 가장 많이, 그리고 가깝게 접촉하는 사람이 바로 간호사이기 때문이다. 간호사는 환자의 신체적, 심리·사회적, 영적 측면을 포괄하는 전인적 간호를 제공한다. 증상 관리, 환자와 가족의 교육, 상담, 지지의 역할을 하며 임종 돌봄을 제공한다. 특히 환자의 통증을 사정하고 진통제를 투여한 뒤 증상 조절의 정도를 체크하며 직접적인 돌봄을 수행한다. 또한 간호사는 환자나 가족들이 갖는 궁금증이나 스트레스를 제일 먼저 해결하고, 병환과 간병에 지치고 임종에 대한 두려움을 가진 환자와 가족들을 격려함으로써 이들에게 위로가 되어줄 수 있다.

세 번째 구성 인력은 사회복지사로서 환자의 심리·사회적인 고통을 돌보는 역할을 한다. 말기 환자는 가족이나 대인 관계의 갈등, 직업적 또는 경제적 문제, 영적 또는 존재적 고통, 심리적 고통과 같은 심리·사회적 문제를 가지고 있다. 사회복지사는 상담을 통해 환자의 심리·사회적 고통을 찾아내고 이를 중재하는 역할을 한다. 가족 간의 불화를 화해로 조정하고 분리된 관계를 이어줌으로써 말기 과정에 환자와 가족이 긴밀히 정서를 나눌 수 있도록 돕는다. 또한 질병의 진행과 사별 과정에서 환자와 가족이 겪는 심리적 불안과 우울을 해결하는 역할을 한다. 사회복지사는 환자와 가족이 경제적 어려움을 갖고 있는 경우, 다양한 지역사회의 자원을 발굴하고 연계하여 경제적 부담을 덜 수 있는 방법을 모색한다. 환자와 가족이 원하는 장례에 대해 상담하고 장례 과정에 대해 정보를 제공하기도 한다. 또한 사회복지사는 사별 가족 관리와 자원봉사자 관리에 참여하고 요법 및 돌봄 행사 등의 프로그램의 관리와 운영을 맡고 있다.

네 번째는 영적 상담가로서 보통은 기독교, 천주교, 불교의 목사, 신부, 수녀, 스님, 법사 등과 같은 종교인들이 이 역할을 수행하고 있다. 말기 환자는 죽음이 얼마 남지 않았고 이를 받아들여야 하는 상황에 직면해 있기 때문에 다양한 영적 고통을 호소한다. 죽음으로 유한한 자신의 존재를 영원한 존재, 신에게 의지하고 싶은 욕구가 강해진다. 반면 종교를 가진 환자가 오히려 죽음 앞에서 신의 존재에 대해 의문을 표현하거나 원망을 갖기도 하고 스스로를 버려진 존재로 느끼며, 자신의 삶의 가치와 의미에 대해 고민하게 된다. 영적 상담가는 숙련된 경청자로서 환자가 인격적으로 존중되고 사랑받는 존재임을 깨닫게 하고, 죽음 앞에서도 긍정적인 마음을 갖고 삶의 의미와 가치를 찾는 데 도움을 준다. 그리고 환자의 종교에 따라 기도, 병자성사 등 종교의식을 통해 영적 지지를 제공한다.

다섯 번째 구성 인력인 자원봉사자 역시 호스피스·완화의료 서비스를 제공하는 데 있어서 필수불가결한 역할을 하고 있다. 호스피스 자원봉사자는 인정된 호스피스 자원봉사자 교육을 받고 호스피스 환자에 대한 이해를 바탕으로 활동을 한다. 자원봉사자는 환자의 목욕, 머리 감기, 미용, 체위 변경, 림프 마사지, 구강 간호 등의 신체 간호를 돕고, 영적 상담가와 함께 환자에게 기도, 병자성사 등을 하며 영적 지지를 제공한다. 요법치료에 참여하거나 산책을 함께 하며 환자의 동무가 되어줌으로써 정서적 유대감을 형성하여 환자의 심리 안정에 도움을 준다.

호스피스·완화의료팀은 이와 같이 다학제팀을 이루어 환자에게 포괄적이고 총체적인 돌봄을 제공하며, 각자의 역할을 성공적으로 수행하고 정기적으로 팀 회의를 열어 팀원 간에 정보를 교환하며 협력을 도모하고 있다. 팀 회의에서 다학제팀은 환자 및 가족 평가에 기반한 돌봄 목표를 확인하고 돌봄 계획을 수립하며 주기적으로 재평가를 하여, 돌봄 계획을 수정하고 그 결과와 효과를 재평가하는 과정을 반복한다.

〈그림4〉 다학제 호스피스·완화의료팀

제5절
한국의 호스피스·완화의료제도와 유형

1. 한국의 호스피스·완화의료 제도

한국의 호스피스·완화의료 제도는 암 환자를 중심으로 발전해 왔으며 암관리법에 의해 그 토대가 마련되었다. 정부는 1996년 제1기 암관리 10개년 계획을 수립한 이후 지속적으로 호스피스·완화의료 법제화를 위해 노력해 왔으며, 2002년 호스피스·완화의료 제도화 및 법제화를 위한 시법사업 계획을 수립하고 2003년 암관리법을 제정하여 말기 암 환자 관리에 대한 국가의 책임을 명시하고 2003년부터 2년간의 시범사업을 실시하였다. 호스피스·완화의료 서비스와 교육 모형을 개발하였고 2005년에는 15개의 호스피스·완화의료 전문기관을 선정하여 국고 지원 사업에 의해 호스피스의 인력, 시설, 장비에 대한 지원을 시작하였다. 2006년에는 완화의료전문기관의 인력, 시설 및 장비 기준을 마련하고 말기 암 환자 전문 의료기관 지정 기준 고시를 제정하여 운영을 지원하였다. 2011년에는 암관리법을 개정하여 표준화된 호스피스·완화의료 이용절차와 평가제를 도입하여, 호스피스·완화의료 이용에 관한 의료인의 설명 의무, 호스피스 완화의료 이용 희망 시 동의서 제출, 호스피스·완화의료 전문기관 지정 취소 및 변경 사항에 대한 내용을 포함하였다. 호스피스·완화의료를 활성화하기 위해 제도를 체계화하여 호스피스·완화의료팀제(PCT, Palliative Care Team)를 도입하였고, 건강보험 수가도입과 사전 홍보와 안내를 강화함으로써 운영 활성화를 도모하였으며, 완화의료전문기관 지정 취소 강화, 호스피스 교육 강화를 통해 관리의 내실화를 꾀하였다.

호스피스·완화의료의 건강보험 급여화를 위해 2009년부터 2011년까지 1차 시범 사업, 2011년부터 2015년까지 2차 시범 사업을 시행하였고, 그 결과 2015년 7월 1일부터 호스피스·완화의료 입원 병상에서 말기 암 환자를 대상으로 한 완화의료 서비스의 건강보험 급여화가 시작되었다. 이는 한국에서 호스피스·완화의료 기관이 증가하고 제도가 정착하게 되는 괄목할 만한 계기가 되었다. 건강보험 급여화는 일당정액수가를 적용하되, 경제적 논리에 의해 증상 조절이 소홀해질 우려를 막고자 진통제와 증상 조절을 위한 시술에 대해 별도의 행위별 수가를 인정하였다. 또한,

다학제팀의 상담에 대해 상담 수가를 책정함으로써 의사, 간호사, 사회복지사가 지속적으로 환자에게 상담을 제공하며 전인적 돌봄을 할 수 있도록 하였다. 임종기에 이루어지는 호스피스·완화의료 서비스에 대한 수가를 인정하여, 임종관리료를 신설하고 음악, 미술, 원예 요법치료 등에 대한 급여를 포함하였다. 그리고 필연적으로 간병이 제공되어야 하는 환자의 상태를 고려하여 간병비를 급여화 함으로써 환자와 보호자의 간병비 부담을 완화하였다.

이후 2016년 '호스피스·완화의료 및 임종 과정에 있는 환자에서 연명의료 결정에 관한 법'이 제정 발표되었으며, 한국의 호스피스·완화의료 제도는 이 법에 의해 현재까지 운영되고 있다. 호스피스·완화의료 서비스의 유형을 입원형, 자문형, 가정형으로 나누어 관리하고 각 형태에 따라 필요한 시설, 인력 및 장비를 갖추도록 하고 있다. 또한 보건복지부 장관이 인정하는 호스피스·완화의료 전문 교육을 받은 뒤 자격을 갖춘 의사, 간호사, 사회복지사로 구성된 호스피스 전담 필수인력으로 팀을 꾸리고, 지속적인 보수교육을 통해 그 자격을 유지하도록 함으로써 수준 높은 서비스의 질을 제공하도록 하고 있다.

2. 호스피스·완화의료의 유형

(1) 입원형 호스피스

보건복지부 지정 호스피스전문기관 병동에 입원한 환자들에게 제공하는 서비스로 한국에서는 말기 암 환자만 유일하게 입원형 호스피스를 이용할 수 있다. 입원형 호스피스는 국내에서 가장 보편화된 서비스 형태로 현재 총 86개의 기관에서 1,429병상을 운영하고 있다.(2021년 6월 기준) 양질의 입원형 호스피스 서비스를 제공하기 위해 환자 대비 인력의 비율 기준을 맞추도록 하고 있는데, 병상 20개당 전문의 1명 이상, 병상 10개당 간호사 1명 이상(각 교대근무 시 최소 인력 기준으로 배치)이 필요하며 호스피스 병동당 1명의 1급 사회복지사가 필요하다. 호스피스 병동에서 간호사의 숫자는 밀접한 케어를 요구하는 말기 암 환자의 특성상 많을수록 좋다. 그러나 병원에서 경제적인 이유로 법적 기준에 맞는 최소한의 인력만 배치하는 경우가 흔하다. 그래서 간호사 숫자에 따라 일당정액제의 입원료에 차등을 둠으로써, 더 많은 간호사가 투입되어 의료의 질을 높일 수 있도록 유도하고 있다. 입원형 호스피스에서는 통증 및 신체 증상 완화를 비롯하여 임종관리, 사별 가족 돌봄 서비스를 제공하고 있다. 포괄적인 초기 평가를 통해 돌봄 계획을 수립하고 직종별 상담을 제공하며 환자와 가족 교육을 진행한다. 또한 음악, 미술, 원예 요법 등의 프로그램,

환자 및 가족의 심리, 사회, 영적 문제에 대한 상담, 호스피스·완화의료 자원봉사자들의 돌봄 서비스, 지역사회 자원 연계나 환자와 가족을 위한 특별한 이벤트를 받을 수 있다.

(2) 자문형 호스피스

자문형 호스피스는 말기 암뿐만 아니라, 연명의료결정법에 명시된 호스피스·완화의료 대상자에 해당하는 말기 질환인 후천성면역결핍증, 만성 간경화, 만성 폐쇄성 호흡기질환 환자들이 서비스를 받을 수 있다. 말기 진단 이후 호스피스 병동으로 입원하지 않고 기존의 담당 의사 변경 없이 호스피스 서비스를 받고 싶을 때에는 자문형 호스피스 서비스를 이용한다. 일반 병동과 외래에서 진료를 받는 말기 환자와 가족에게 호스피스 팀이 담당 의사와 함께 호스피스·완화의료 서비스를 제공한다. 자문형 호스피스 환자는 신체 증상 관리 자문을 받고 생애 말기 돌봄 계획과 상담, 임종 준비 교육과 돌봄을 지원받을 수 있다. 자문형 호스피스는 환자에게 심리적, 사회적, 영적 지지와 함께 지역 사회 자원 연계를 통해 경제적 지원을 하고, 재가서비스를 연계하거나 말기 암인 경우 호스피스 입원을 연계한다. 자문형 호스피스에서도 입원형과 마찬가지로 자원봉사자의 돌봄과 요법치료, 환자와 가족을 위한 돌봄 행사 프로그램을 받을 수 있다. 현재 우리나라에서는 33개의 기관에서 자문형 호스피스를 운영하고 있다(2021년 1월 기준).

(3) 가정형 호스피스

자문형 호스피스와 마찬가지로 가정형 호스피스는 연명의료결정법으로 정한 호스피스 완화의료 대상자라면 누구나 서비스를 받을 수 있다. 가정형 호스피스란 가정에서 지내기를 소망하는 말기 환자와 가족에게 호스피스 팀이 가정으로 방문하여 서비스를 제공하는 것이다. 가정형 호스피스 팀은 포괄적인 초기 평가를 통해 돌봄 계획을 수립하고 심리적, 사회적, 영적 지지를 제공한다. 그리고 임종 준비 교육과 임종 돌봄을 지원하고 사별 가족 돌봄 서비스를 지원한다. 가정에서 환자를 돌보기 위해 필요한 장비를 대여해 주고 의료기관으로의 연계 및 의뢰 서비스를 제공한다. 주야간 상담 전화를 운영함으로써 가정에서 환자에게 발생하는 여러 가지 상황에 대해 가족들이 당황하지 않고 의료진의 조언에 따라 대처할 수 있도록 돕고 있다. 현재 우리나라에서는 39개의 기관에서 가정형 호스피스를 운영하고 있다.(2021년 1월 기준) 가정형 호스피스를 운영하기 위해서는 1명의 의사, 1명의 가정형 호스피스 전담 간호사, 1명의 사회복지사가 필요하다. 보통 의사는 초기 1회 가정 방문을 통해 초기 평가, 돌봄 계획을 세우고 진료와 상담을 제공하며, 이후 의학적 판단에 따라 필요시 방문하거나 전화 상담을 한다. 보통 병원에서 이루어지는 침습적 처치(복수천자, 배농,

배액, 절개, 봉합, 봉합사 제거 등)를 가정에서 시행하기도 한다. 가정형 호스피스 전담 간호사는 정기적으로 가정을 방문하며, 필요시에는 응급 방문을 하기도 한다. 정기적으로 환자와 가족의 상태 변화를 모니터링하고 영양제나 수액, 진통제를 가정에서 투약할 수 있으며, 욕창 치료와 같은 상처 드레싱을 직접 시행하기도 한다. 간혹 요법치료사나 자원봉사자가 의료진과 함께 방문하여 환자에게 정서적 지지를 제공할 수도 있다.

3. 호스피스·완화의료 서비스 이용 절차

환자는 담당 의사에게 말기 진단을 받은 후 이를 통보받고 호스피스·완화의료 이용 의향을 결정한다. 환자가 사전연명의료의향서를 미리 작성하지 않았을 때에는 보통 이 과정에서 담당 의사와 함께 연명의료계획서를 작성하게 된다. 환자가 호스피스·완화의료의 이용을 희망하면 담당 의사는 '환자가 말기 상태이고 호스피스 서비스 이용을 원한다'는 내용을 담은 소견서를 작성해 준다. 환자는 이 서식과 이전의 진료 내역을 담은 의무기록 사본을 지참하여, 호스피스 기관의 외래, 응급실 또는 입원해 있는 병동 등에서 호스피스 담당 의사의 진료를 통해 호스피스를 신청해야 한다. 호스피스·완화의료 서비스에 대해 자세한 설명을 듣고 호스피스·완화의료 이용동의서를 작성한 후, 환자는 본인의 상황에 따라 적절한 형태의 호스피스 서비스 유형을 선택하게 된다.

환자가 의사결정능력이 없는 상태에도 가족에 의해 거의 동일한 과정으로 호스피스 신청이 이루어진다. 다만 가족이 호스피스 신청하는 경우에는 가족들이 호스피스·완화의료에 대한 정확한 이해에 기초하여 희망하는지, 단순히 경제적인 이유나 간병 문제로 호스피스를 희망하는 것은 아닌지를 의료진이 판단해야 하며, 만약 가족의 희망이 적절하지 않다고 판단되는 경우에는 가족에게 호스피스의 적절한 대상이 아님을 설명하고 적절한 대안을 제시해야 한다.

제2부 죽음교육 실천

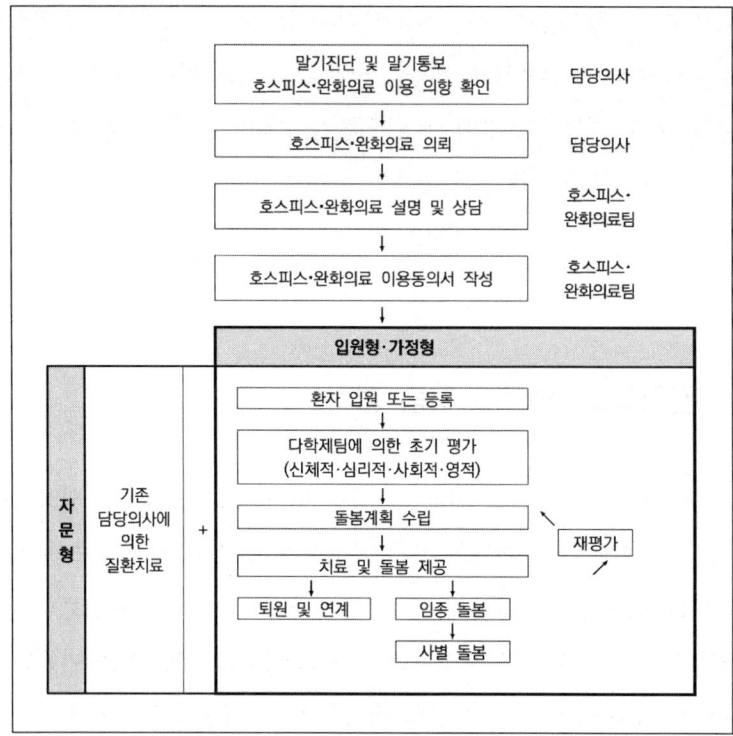

<그림5> 호스피스·완화의료 이용 절차

제6절
나가는 말

　호스피스·완화의료는 말기 환자와 임종 환자들에게 전인적, 포괄적 서비스를 제공하고 총체적 고통을 완화함으로써 생애 마지막까지 품위를 유지하고 인간답게 지낼 수 있도록 하여 삶의 가치를 찾도록 돕는 것이다. 사회가 발전하며 전반적인 삶의 질이 향상되고 좋은 죽음에 대한 사회적 관심과 요구가 늘어남에 따라 기존의 완치와 생명 연장 중심의 의학에서 죽음을 앞둔 환자의 돌봄에 대한 의학으로 의료의 관심이 점차 확장되고 있다. 이에 따라 호스피스·완화의료의 중요성 또한 대두되고 있는 현실이다. 호스피스·완화의료는 오래전부터 각국의 문화와 역사에 따라 다양한 형태로 발전해왔다. 강릉의 갈바리 의원에서 시작된 한국의 호스피스는 그동안 사회적, 종교적, 의료적 요구와 호스피스·완화의료 종사자들의 끊임없는 노력에 의해 수많은 과정을 거치며 괄목할만한 성과를 이루고 지금의 호스피스·완화의료 제도에 이르렀다.

　연명의료결정법이 제정된 이후 국민들은 건강할 때부터 미리 죽음에 대해 고민해야 할 필요성을 인식하게 되었고, 삶을 잘 마무리하고 죽음의 방식을 선택하는 주체가 본인임을 점차 깨닫고 있다. 이러한 사회적 분위기의 변화에 따라 호스피스에 대한 인식 역시 변화하고 있다. 호스피스는 단순히 죽음을 기다리기 위해 입원하는 곳이라는 이전의 편견에서 벗어나, 호스피스·완화의료의 취지를 이해하고 생애 말기에도 높은 삶의 질을 유지하며 좋은 죽음을 맞이하고자 호스피스 서비스를 이용하려는 사람들이 많아지고 있다. 이에 따라 죽음교육 실행가는 죽음이 가까운 기간에 인간이 가장 밀접하게 경험하는 의료서비스인 호스피스·완화의료에 대해 잘 이해할 필요가 있다.

　이 장을 통해 호스피스·완화의료의 역사와 철학을 이해하고 그 개념을 정립함으로써 호스피스·완화의료의 중요성을 인식할 수 있을 것이다. 죽음과 관련한 생명의료윤리적 논점에 대하여 이해한 뒤, 인간의 존엄한 죽음과 자기 결정권을 보장하기 위해 제정된 연명의료결정법과 연결하여 호스피스·완화의료의 필요성을 알 수 있을 것이다. 또한 실제 호스피스·완화의료 서비스를 받는 대상자와 다학제 호스피스·완화의료팀의 구성과 그 역할을 학습하고 한국의 호스피스·완화의료 제도를 이해함으로써 구체적인 한국의 호스피스·완화의료 서비스에 대해 습득하고, 아울러 호스피스·완화의료에 대해 폭넓게 이해함으로써 죽음교육 실행가로서 호스피스·완화의료 서비스를 잘 제공할 수 있을 것이다.

제9장

돌봄과 소통

이지원·이명진

한국 사회는 급속한 고령화의 진행으로 노인 비율이 증가함에 따라 다양한 서비스가 요구되고 있다. 노인은 여러 가지 질병을 동시에 갖고 있으며 만성 퇴행성 질환이 많아 돌봄의 의존이 높다. 돌봄의 과정에는 대상자의 고통 감소, 지역사회의 여건 등 치유의 환경을 만들어 삶의 질 유지, 증진과 죽음의 질이 향상될 수 있도록 전인적인 돌봄이 필요하다. 이에 본 장에서는 돌봄의 정의와 노인 돌봄 서비스의 개념, 삶의 마지막 시기의 노인 돌봄 정책들을 살펴본다. 더불어, 치매 환자 돌봄에 대해서 다룬다.

또한 돌봄을 베푸는 사람들이 갖추어야 할 바람직한 의사소통의 자세와 실제 기술에 대해 배우고 익힌다. 수용, 공감, 경청과 질문의 기본 기술을 통해 대상자도 스스로 깨닫지 못했던 자신의 깊은 내면과 접촉하게 된다. 이를 통해 인식이 확장되고 삶과 죽음의 의미를 새롭게 깨달아, 자신에게 주어진 삶에 대해 더욱 소중히 여기고 감사하며 긍정적인 모습으로 살아가도록 돕고자 한다.

신뢰와 마음 열기를 가능하게 하는 수용과 공감의 대화법, 상대방이 자신의 내면과 접촉할 수 있도록 도와주는 적극적 경청과 내면 탐색의 기술, 그리고 상대방의 의식 확장과 새로운 삶의 실현을 가능하게 하는 질문의 기술을 익히고자 한다.

Key word : 돌봄, 소통, 생애 말기, 노인 돌봄 서비스, 돌봄 정책, 치매 예방, 돌봄, 의사소통, 수용, 공감, 경청, 신뢰, 마음 열기, 내면 탐색 기술, 질문의 기술

제1절
돌봄

1. 생애 말기의 돌봄 서비스

전 세계적으로 사회구조적 변화, 생활환경의 개선, 교육 수준의 향상, 의료서비스 발달 등으로 인하여 기대수명이 점차 연장되고 있다. 특히 한국은 저출산과 평균수명의 지속적 증가로 급속하게 고령화가 진행되고 있으며, 2018년에는 65세 이상의 노인 인구가 14퍼센트를 넘어 고령사회가 되었고, 2025년에는 20퍼센트가 넘는 초고령사회에 진입할 것으로 예상된다(통계청, 2019).

노년층은 고령화와 남녀 기대여명 차이에 따른 사별 등 가족 구성원의 탈락이 주된 원인으로 비자발적인 독거 형태인 노인 1인 가구가 대다수를 차지하고 있다(김가원, 2020). 이처럼 가족주의의 쇠퇴, 핵가족화, 여성의 사회진출 등 사회적 구조의 변화로 노인 돌봄의 욕구가 가족의 책임에서 벗어나 보편적 사회 문제로 여겨지면서 '돌봄(Care)'이 전문적인 의료 행위의 의미를 넘어서 인간의 삶을 규정하는 실존적 차원의 노인 돌봄 정책으로 성장하고 있다.

2018년 지역사회 통합 돌봄(커뮤니티 케어) 정책이 발표되었으며, 이는 돌봄이 필요한 노인이 자신의 거주지에서 개인의 욕구에 맞는 서비스를 받으면서 주거, 보건의료, 요양, 돌봄, 독립생활의 지원이 통합적으로 확보되는 지역 주도형 사회서비스 정책을 의미한다(보건복지부, 2018). 2020년 1월 새롭게 노인 맞춤형 돌봄 서비스가 추진되면서, 건강한 노화, 지역사회 거주, 장기 요양 등 고비용 돌봄 진입 예방을 위한 예방적 돌봄을 지향하며 변화하고 있다(보건복지부, 2020). 현재 우리나라 노인 돌봄 정책은 예방 차원의 이용자 중심과 개인의 자기돌봄에 대한 관심으로 점차 확대되고 있다(김가원, 2020). 이는 인구의 고령화로 인해 노년기 만성질환이 보편화되면서 지역사회 노인의 생활 습관과 생애과정에서의 연관성 등의 사정과 관리가 미래의 위험성에 대한 대처를 의미하는 것이다. 한편 김경래 등(2016)은 80세 이상 노인을 고령후기 노인으로 구분하고 이들에 대한 정책을 생활 기반 안정(well-being) 정책과 생애 마무리 지원(well-dying) 정책으로 구분하여 접근하였다.

가족구조의 변화로 인한 가족부양 기능의 약화와 노인의 네 가지 고통인 빈곤, 질병, 고독, 역할 상실에 대한 간병이나 수발이 지역사회나 정부에서 제공하는 노인 돌봄 서비스로 이루어져야 할 필요성을 갖게 되었다. 특히 생애 말기에는 환자와 가족의 신체적·심리적 고통과 돌봄 부담 등이 급증하는 시기로 의료·복지적 돌봄과 지원이 필수적인 시기로 호스피스·완화의료, 존엄사, 고독사 예방 대책, 죽음교육 및 죽음 준비, 사별 가족 지원 정책이 포함된다. 생애 안정 정책에 포함된 재택의료 서비스에는 실질적으로는 호스피스·완화의료와 동일한 서비스로서 의사에 의한 재택진료 서비스, 간호사에 의한 가정간호 서비스, 의사, 간호사, 사회복지사 등에 의한 가정 호스피스 등이 포함된다(김경래 등, 2016). 이에 삶의 질을 향상시키기 위한 생애 말기의 다양한 돌봄 서비스에 대해 알아보고자 한다.

2. 돌봄의 정의와 노인 돌봄 서비스 개념

(1) 돌봄의 정의

돌봄 서비스(care service)는 신체 수발을 제공하는 호스피스에서 기원을 찾을 수 있으며, 신체 수발과 치료적 활동을 중시하는 간호 부문의 돌봄에서도 정서적 측면이 강조되고 있다. 일반적으로 돌봄은 '수발', '부양' 등과 동의어로 사용되고 있지만, 의미는 조금씩 차이가 있다. '돌봄(care)'은 '건강 여부를 막론하고 건강한 생활을 유지하거나 증진하고 건강의 회복을 돕는 행위'로 대상자와 가까이 있으면서 일상생활을 직접 돌보고 세심하게 보살피는 것을 의미한다(국립국어원, n.d.).

이현주(2006)는 부양(support)은 생활 능력이 없는 사람의 생활을 돌보는 것으로 대상자와 함께 살면서 직접 돌보지 않고 떨어져 지내면서 경제적 지원을 하는 것이며, '수발'은 사람의 곁에서 여러 가지 시중을 들며 보살피는 것으로 주로 거동이 불편하거나 병이 든 사람을 대상으로 가까운 곳에서 돌보는 것이라고 하였다.

Engster(2007)는 돌봄은 관심을 갖고 반응하고 존중하면서 필수적인 생물학적 욕구를 충족시키는 것이며, 관심(attentiveness), 반응(responsiveness), 존중(respect)을 돌봄의 필수적 세 가지 덕목이라 하였다. 이병숙(1996)은 돌봄을 관심과 정성으로 대인 관계를 통하여 다른 사람을 돕는 과학적이고 체계적인 일련의 활동이며, 돌봄의 형태는 시대의 일정한 지역과 시대적 문화를 반영하며 형성된다고 하였다. Thomas(1993)는 돌봄 제공자와 돌봄 대상자의 정체성, 돌봄 제공자와 돌봄 대상자 간의 관계, 돌봄의 성격, 돌봄 관계의 사회적 특성 등의 다양한 차원들이 복합적 결합으로 상호작용하면서 생성된 결과물이기 때문에, 돌봄에 대한 기존의 협소한 선입견과 경험에서 탈피하여 돌봄을 다차원적으로 정의해야 한다고 하였다.

(2) 노인 돌봄 서비스의 개념

노인 돌봄 서비스는 혼자서 일상생활을 영위하기 어려운 노인과 독거노인의 욕구에 따라 안전을 확인해 주고, 생활교육과 서비스를 연계시켜 주는 것으로 가사 지원 및 활동 지원 등 맞춤형 복지서비스로, 2007년 7월부터 독거노인 생활관리사 파견 사업과 노인 돌보미 바우처(방문요양서비스)사업을 시행하였다. 노인 돌봄 서비스는 2009년 1월부터 보건복지가족부에서 독거노인생활관리사 파견 사업과 노인돌보미 바우처사업을 통합하여 추진하는 맞춤형 노인복지사업으로, 독거노인의 삶의 질을 높이기 위한 사회복지 정책의 일환이다(권태준, 2010). 특히 생애 말기는 환자와 가족의 신체적·심리적 고통과 돌봄 부담 등이 급증하는 시기로 의료·복지적 돌봄과 지원이 필수적인 시기이다. 따라서 사회적 변화와 개인의 가정에서 질적인 수준의 돌봄 제공이 어렵다는 함의가 형성되었고, 노인 돌봄과 관련된 이슈는 사회적 수준에서 다루어야 할 문제로 변화하고 있다(한국노인간호학회, 2020). 이에 고령화와 노인 돌봄에 대한 사회적 역할의 중요성에 대해 전국적인 함의가 형성되어 2008년 장기 요양 보험제도가 실시되었다(한국노인간호학회, 2020). 이처럼 급속한 사회 변화에 노인 돌봄은 더 이상 가족과 마을 공동체가 해결할 수 없는 문제가 되었다. 또한 돌봄의 탈가족화 현실 속에서 노인 돌봄의 주체에 대한 문제와 돌봄 제공과 돌봄 관계에 있는 당사자들에 대한 지원 등은 사회적 재화의 분배 및 부담을 결정하는 사회적이고 정치적인 문제로 대두되었다. 이에 죽음 관련 정책과 제도 사항을 살펴보면 다음과 같다〈표 1〉.

<표 1> 죽음 관련 정책 및 제도

생애 후반기	생애말기 – 임종 과정	사후
장기·인체조직 기증 및 이식	호스피스·완화의료	장사제도
요양비	연명의료	유족연금
웰다잉문화조성을 위한 사업		공영장례사업
고독사 예방사업		
죽음 준비 교육과 상담		
사전연명의료의향서		

자료: 이명호(2019), p13

따라서 지역사회에서는 노인이 존엄성을 존중받으며 삶의 마지막 시기를 잘 지낼 수 있도록 다양한 지원체계의 구축으로 사회적 부담 감소와 지역주민의 건강 유지·증진을 통해 생의 말기까지 최상의 기능 상태와 독립성을 갖고 살도록 돕고, 평온한 임종을 맞이하도록 지지하고 전인적인 돌봄이 이루어질 수 있도록 해야 할 것이다.

(3) 삶의 마지막 시기의 돌봄

급속한 인구의 고령화 사회에서 노인의 문제는 생산인구의 비율을 저하시키는 사회적 환경의 변화뿐만 아니라, 노인들의 문제와 욕구 해결을 위한 노인 부양 부담이 늘어나면서 가정 문제에 이어 사회 문제로 대두되면서 국가에 큰 부담이 되었다. 특히 의료비 상승과 사회적 부담이 가중되었다. 나이가 들어감에 따라 신체적·생리적 기능의 쇠퇴와 만성 질환의 증가로 두 가지 이상 복합적으로 만성 질환이 발생하는 경우가 많아진다. 최근 웰빙과 웰다잉에 대한 관심이 높아지면서 환자와 가족들은 대부분 적극적 치료보다는 완화치료를 선호하고 있으며, 편안한 삶의 마무리를 소망한다(변비조, 2016). 특히 지역사회를 중심으로 죽음까지 관리하는 웰다잉의 개념이 대두되면서 웰다잉에 대한 관심은 연명의료결정법 이후에 더욱 늘어나, 지자체 단체에서도 웰다잉 인식 확산을 위한 다양한 활동과 웰다잉 문화조성을 위한 조례를 제정하고 있다. 이에 지역사회 복지차원에서 삶의 질을 향상하고자 시행하는 노인 돌봄, 노노(老老) 돌봄(Elderly Care by Elderly), 장기 요양 돌봄과 더불어 최근 우리나라 국가의 중요정책의 사회적 이슈인 치매 관리 사업과 관련하여 살펴보고자 한다.

○ 삶의 마지막 시기 노인의 경험

① 심리·정서적 변화

은퇴로 인한 경제적인 문제, 노화로 인한 만성 질환 등의 건강 문제, 사회 관계성의 문제, 배우자 사별에 따른 상실감, 가족관계 등의 심리적인 문제가 삶의 질에 영향을 주고 있다(이경란, 박지혜, 2014). 또한 노년기는 노화에 따른 신체적·정신적 기능 저하, 역할의 상실, 주변인의 죽음 등을 경험하며 심리적·정서적으로 불안정한 상태를 더 많이 경험하게 되는 시기이기도 하다. 이러한 상황과 가족구조의 변화에 의한 노인 부양의 문제는 사적·공적 체계에서 중요한 과제로 개인적 문제에서 국가와 사회의 문제가 되었다.

② 노년기 건강 문제

노인들은 노화로 인한 만성 퇴행성 질환의 건강 문제를 갖게 된다. 우리나라 전체 노인의 89.5퍼센트는 만성 질환을 갖고 있고, 장기 요양 수급자의 경우에는 고혈압, 치매와 당뇨 등 평균 3.4개의 노인성 질환을 갖고 있으며(질병관리청, 2020), 심리적인 불안과 신체적인 기능 저하로 인하여 일상생활의 유지를 어렵게 할 수도 있다. 노화로 인한 신체 변화와 생활의 변화는 노인의 우울감, 무력감, 고독감 등 정신적 건강 문제를 야기하며, 노인의 삶의 질을 낮추는 요인이 된다. 특히 상실, 죽음 불안 등의 삶의 변화는 스트레스와 무력함 등 부정적 감정을 느끼게 하여 우울을 경험하게 한다. 국민건강통계(2019)에 의하면 최근 1년 동안 연속적으로 2주 이상 일상생활에 지장이 있을 정도로 슬프거나 절망감 등 우울감 경험률이 65세 이상 노인의 경우 12.7퍼센트로 높은 수준이었다(보건복지부, 2020). 지속적 우울감은 중증 우울증으로 발전되어 자살로 이어질 수 있다. 노인의 자살 행동, 자살 사고는 고위험군이 우울이므로 예방과 관리가 필요하다. 아울러 생존과 삶의 유지 및 향상을 위한 사회적 돌봄을 원한다면 지역사회의 연계 기관인 노인 돌봄 종합 서비스 및 독거노인 돌봄, 정신 보건 복지센터, 치매 지원센터, 보건소 방문간호 등에서 복지와 건강관리의 사회적 돌봄 서비스를 제공받을 수 있다.

③ 노인 단독가구 증가와 문제점

최근에 빠른 노인 인구의 증가 및 도시화, 핵가족화, 노부모 부양에 대한 가치관의 변화 등으로 독거노인 가구, 노인 부부 가구와 같이 노인 단독 세대가 급속도로 늘어나고 있다. 노인 단독가구는 2020년 464만 2천 가구로 전체 가구의 22.8퍼센트, 고령자 가구의 67.34퍼센트이며, 고령자 가구의 유형은 독거노인 가구 비중이 34.2퍼센트로 가장 높고, 부부가구가 33.1퍼센트를 차지하고 있다(통계청, 2020).

1인 단독가구는 주로 사회구조적 변화에 기인한 것으로, 특히 인구의 고령화와 관련하여 노년층의 1인 가구는 가구 전 연령대에서 가장 큰 폭으로 증가세를 보인다(김가원, 2020). 특히 독거노인은 가족과 동거하는 노인에 비해 교류가 부족하고, 외로움이나 우울감 등을 더 자주 느끼며, 혼자 식사하는 빈도가 높아 영양불균형이 크고, 흡연이나 음주 등 고위험 건강 습관에 노출될 환경에 놓이게 되는 경우가 많고, 질병 등 응급상황에서 도움을 요청할 사회적 자원이 적어 대처가 더 어렵다. 이에 사회복지 차원의 수발 돌봄과 더불어 의료, 보건, 간호인력 중심의 의학적 돌봄의 통합적 노인 장기요양 제도가 이루어져야 할 것이다.

④ 노부모 부양에 대한 가치관 변화

우리나라의 급속한 고령화는 독거노인이 증가하면서 돌봄 문제로 우리 사회의 많은 영역에서 감당하기 어려운 사회 문제를 초래하고 있다. 우리나라의 기대수명은 의료 기술 발달과 생활 수준

향상으로 남자는 79.5세, 여자는 85.6세로 노인 인구에 진입되어도 15년에서 20여 년 동안 노년기를 보내게 된다. UN은 한국의 기대수명이 22세기에는 95세까지 올라갈 것으로 예측하였다(정현진 외, 2019). 한편 Negarten와 Moorn(1995)은 노인을 75세 미만의 전기 노인과 75세 이상의 후기 노인으로 구분하였고, UN(2010)에서도 80세 이상 또는 85세 이상을 초고령자로 구분하였다. 후기 노인은 일상생활 수행 능력의 저하로 인해 더욱 의존적인 상태로 진전되며, 배우자나 친구의 사망, 경제적 어려움, 체력과 건강 상태 악화, 심각한 사건 경험 증가로 인해 더 많은 어려움을 겪을 수 있다.

기대수명의 늘어남은 축복이지만, 우리 사회는 전통적으로 가족이 노인을 부양했으나 대가족 제도의 해체와 여성의 사회참여 등 사회변화로 가족 내 세대 간 충분한 돌봄 서비스를 제공하는 것은 어렵게 되었다. 오늘날 저출산과 고령화는 가정 돌봄을 제공할 인력의 감소와 생산적 활동과 사회생활을 지속해야 할 부양가족의 부담이 더욱 늘어남으로 사회 문제로 대두되었다. 즉 기대수명의 연장과 부양의 사회화에 따른 부양 비율의 증가는 노인 의료비와 공공 지출 등 재정적 압박을 받아 정부는 고령화 사회에 대한 복합적인 노인 문제에 대응하는 방안으로 시설보호가 아닌 지역사회 내에서 가정에서 이웃과 함께 생활하는 재가 복지서비스에 대한 정책을 강화하고 있다.

○ **노인 돌봄 정책**

우리나라의 노인 돌봄 정책은 2018년 지역사회 통합 돌봄(커뮤니티 케어) 정책이 발표되면서 새로운 패러다임 변화를 모색하였다. 즉 자신이 사는 곳에서 노인 자신의 욕구에 따른 돌봄 서비스를 받을 수 있는 주거, 보건의료, 요양, 돌봄, 독립생활의 지원이 통합적으로 확보되는 지역 주도형 사회서비스 정책이다(보건복지부, 2018). 2020년 1월 새롭게 추진된 노인 맞춤 돌봄 서비스는 기존의 노인 돌봄 종합 서비스, 노인 돌봄 기본 서비스, 단기 가사 서비스 등 기존의 유사·분절적 노인 돌봄 사업 6개를 통합한 것이다. 특히 건강한 노화, 지역사회 거주, 장기 요양 등 고비용 돌봄 진입 예방을 위한 예방적 돌봄을 지향하며(보건복지부, 2020), 노인 돌봄에 대한 근본적인 철학의 변화를 꾀하고 있다(김가원, 2020).

노년기 만성 질환의 보편화로 지역사회 노인의 생활 습관 등에 대한 면밀한 사정과 생애과정의 맥락을 고려한 조망의 중요성 증대로, 노인 돌봄 정책 또한 예방 차원의 이용자 중심 접근과 더불어 개인의 자기돌봄 지원에 대한 관심이 점차 확대되고 있다(김가원, 2020). 간호학 분야에서는 처음으로 자기돌봄을 제시하였으며, 노인 간호 서비스는 노인의 신체적, 사회적, 심리적, 발달적, 경제적, 문화적, 영적, 옹호적 욕구 충족을 위해 제공하는 모든 노인 간호 행위라고 하였다. 이에 노인간호 서비스가 현재 병원, 의원, 재활센터, 가정간호, 요양시설, 양로원, 복지회관, 보건소, 완화 케어, 호스피스 등 다양한 의료 현장에 제공되고 있다(한국노인간호학회, 2020).

○ 돌봄 서비스 종류

돌봄 서비스란 부양, 수발 보호, 돌봄 보살핌이며, 노인 스스로 일상생활을 할 능력이 부족하여 타인의 도움이 필요한 노인들에게 보살핌을 제공하는 것이며, 수발과 가사 지원 등 정서적 지지가 포함된 복합적인 서비스를 말한다. 돌봄은 정부의 복지개입과 노인 돌봄에 대한 사회적 가치의 변화로 사회적 돌봄이 확대되어 실시하고 있으며(김윤수, 류호영, 2012; 최희경, 2009), 노인 돌봄 서비스는 2007년 보건복지부에서 노인에 대한 종합적인 사회안전망 구축을 목적으로 전국에 설치하여 기초 자치단체에서 시행되고 있다.

① 돌봄 요구의 수준에 따른 서비스

지지적, 예방적 서비스(Supportive and Preventive Services): 독립적으로 자가간호가 가능한 노인을 대상으로 최소한의 도움으로 지역사회에서 독립적 생활을 영위할 수 있도록 하는데 목적이 있다. 경제적 서비스, 취업, 영양, 주거, 의료, 사회적 지지와 활동 등이 포함된다.

② 부분적, 간헐적 돌봄 서비스(Partial and Intermittent Care Services)

자가간호 및 치료 능력에 약간의 제한이 있어 부분적, 일시적 도움이 필요한 노인을 대상으로 대상자의 요구를 충족시키기 위해 지역사회 또는 기관에서 제공하는 서비스이다. 식사 배달 서비스, 가정간호, 주간 돌봄 서비스, 생활 보조시설(assisted living), 임시돌봄 서비스 등이 포함된다.

③ 전반적, 지속적 돌봄 서비스(Complete and Continuous Care Services)

자가간호 및 능력에 상당한 제한으로 인해 전반적, 지속적인 도움이 필요한 노인을 대상으로 병원과 요양시설 등 기관에서 제공되는 서비스이다. 병원 돌봄, 요양시설 돌봄이 대표적이다.

(4) 다양한 과도기(transition) 상황에서의 돌봄 서비스 연속성

○ 돌봄의 연속성

돌봄 서비스를 제공할 때 다양한 과도기(transition) 상황에서 돌봄의 연속성이 요구되고 있다. 이에 노인 돌봄 서비스의 연속성을 위해서는 반드시 기관과 기관, 의료인과 의료인, 환자와 의료인

사이의 지속적인 조율, 협동, 정보 공유가 필요하다(한국노인간호학회, 2020).

① 정보 연속성(Informational Continuity)
　의료인들이 어디에서든 대상자 과거 의료기록 및 정보에 대한 접근을 갖는 것.
② 시간 연속성(Longitudinal Continuity)
　의료인들이 한 대상자를 장시간 돌봄에 따라 그 대상자에 대한 지식과 이해가 증가하는 것.
③ 대인 관계 연속성(Interpersonal Continuity)
　대상자와 의료인 간의 지속적인 관계를 통해 신뢰감과 책임감을 형성하는 것.
④ 지역 연속성(Geographic Continuity)
　기관 및 장소와 상관없이 일관성 있게 돌봄이 제공되는 것.
⑤ 다학제간 연속성(Interdisciplinary Continuity)
　서로 다른 전문 분야 간에 대상자에 대한 정보 공유로 돌봄의 일관성, 연속성을 유지하는 것.
⑥ 가족 연속성(Family Continuity)
　한 가족 내 구성원들이 같은 의료인들에게 돌봄을 제공받는 것이 포함된다(Saultz, 2003).

○ **노노(老老) 돌봄(Elderly Care by Elderly)**

노노(老老) 돌봄이란 건강한 노인이 거동이 불편한 노인을 방문하여 청소, 말벗, 세탁, 취사 및 설거지 등 일상생활을 도와주는 것으로, 노인 일자리 사업의 하나로 '노-노 간병사업'이라는 명칭으로 독거노인, 고령 및 중증 노인을 보호하는 복지형 일자리 사업의 신규사업으로 추진하였고(보건복지부 노인지원과, 2005), 개정된 노인복지법을 근거로 2006년 설립된 한국노인인력개발원에 기반하여 노인 일자리 사업의 추진 방향을 공공근로와 같은 공익형 일자리는 축소하고 복지형 일자리는 확대하였다. 이에 복지형 노인 일자리 사업에 '노노케어'라는 용어가 공식적으로 처음 등장하였다(최동준, 2015). 독거노인 돌봄 지원사업, 거동 불편 노인 돌봄 지원사업, 재가노인복지시설 등 이용자에 대한 관리·지원하는 생활 시설 이용자 돌봄 지원사업 등 세 가지로 〈표 2〉와 같이 구분 특화 운영하였다(보건복지부, 2011; 최동준, 2015).

<표 2> 노노케어(노인 일자리 사업 중 복지형: 소외계층 돌봄 지원 사업)

서비스 이용 대상
1. 독거노인 돌봄 지원사업 지역 내 독거노인 대상
2. 거동불편 노인 돌봄 지원
3. 부양가족이 경제활동으로 주간에 돌볼 사람이 없는 저소득 노인 및 기타 수행기관에서 판단하는 요보호 대상자 등
지원 유형 내용
1. 개인 활동: 목욕, 용변 수발, 외출 동행, 이발, 면도 등
2. 가사: 식사 도움, 생필품 구매, 청소, 빨래 등
3. 행정업무: 행정관청 업무 대행
4. 정서: 말벗, 책 읽어주기 등
5. 건강: 혈압, 혈당 체크, 투약 관리, 병원·약국 동행 등

자료: 노(老)-노(老)케어 일자리 34천개에서 44천개로 확대(보건복지부, 2011.2.15. 보도자료), 최동준(2015). 고령화 사회의 노노케어 사업 활성화 방안. 경희대학교 공공대학원 석사학위논문. p13.

노-노 돌봄 사업은 노인의 삶의 질 향상·증진이 궁극적인 목적이므로 봉사자 교육훈련으로 자원봉사 관련 교육과 더불어 전문적인 현장 교육으로 노인에 대한 이해, 죽음준비교육, 애도 교육, 건강관리 등 전문적 지식을 위한 교육이 제공되어야 할 것이다.

○ 장기요양시설 돌봄

노인성 질환의 증가 현상과 핵가족화 및 맞벌이 가족의 증가로 정부는 노인의 부양 문제와 노인의 장기 요양에 대한 해결 및 노년의 삶의 질 향상을 위하여 노인장기요양보험 제도를 시행하였다. '노인 장기 요양 시설'은 노인장기요양보험법(법률 제8403호, 제정 2007.4.27.)에 의해 장기 요양 급여 수급자에게 장기요양급여를 제공하는 기관 중에서 '시설급여를 제공하는 입소정원이 10명 이상인 노인 요양시설'만을 의미하고, 일반적으로 사용하는 '노인요양원'을 의미한다.

시대가 변화하면서 병원이나 장기 요양시설에서 임종을 맞이하고 있다. 특히 노인요양시설 입소 노인 대부분이 임종 직전까지 시설에서 생활하는 것을 고려하여 장기 요양 서비스 질 향상을 위해 장기 요양기관 평가 항목으로 특별침실(임종실)을 입소정원의 5% 이내의 범위에서 두면서 요양시설 내 임종이 더 확대되었다.

우리나라에 급증하고 있는 장기 요양시설과 등급 인정 노인 수를 고려할 때, 앞으로 장기 요양 시설에서 죽음을 맞이할 노인은 더욱 증가할 것으로 예측된다. 이에 요양시설에서 삶의 마지막 시기의 임종 돌봄을 통해 편안하고 아름다운 마무리를 맞이할 수 있도록 요양보호사 등 직원 보수교육에 전인적 돌봄과 양질의 임종 돌봄 수행을 위한 다양한 죽음교육이 제공되어야 할 것이다.

3. 치매 환자 돌봄

(1) 치매의 정의

치매는 퇴행성 뇌질환 또는 뇌혈관계 질환 등으로 인하여 기억력, 언어능력, 지남력, 판단력 및 수행 능력 등의 기능이 저하됨으로써 일상생활에서 지장을 초래하는 후천적인 다발성 장애로 정의된다(치매관리법 제2조). 세계보건기구(WHO)에서는 치매를 뇌의 만성, 또는 점진적 진행성인 특징을 가지는 인지기능에 장애를 보이는 증후군으로 간주해, 주로 기억력, 사고력, 지남력, 이해, 계산, 학습 능력, 언어 및 판단력에 영향을 주며, 의식의 혼탁이 없이 일상생활 활동이 손상된 정도의 장애가 최소 6개월 이상 지속되어야 한다고 규정한다(WHO, 2019). 즉 인지기능의 저하가 있고, 인지기능의 저하로 일상생활에 어려움이 있을 때, '치매'라고 할 수 있다(한국노인간호학회, 2020).

치매는 조기 진단하는 것이 매우 중요하며, 치매의 발병을 2년 정도 지연시킬 경우는 20년 후 치매 유병률이 80퍼센트 수준으로 감소된다(보건복지부, 2016). 치매는 발병 이후 완치 또는 발병 이전으로의 회복이 어려워 치료 기간이 길고 돌봄 비용이 장기간에 걸쳐 발생하기에 가족 갈등과 더불어 사회적 문제로 유발되고 있다. 이에 우리나라도 치매가 사회적 관심과 개입이 필요한 질환임을 인식하여 국가적 차원에서 2008년부터 치매 관리 대책을 마련하여 5년 주기로 치매 관리 종합계획을 수립, 시행하고 있다. 이와 더불어 최근에는 '치매국가책임제' 추진계획을 발표로 치매로 인한 고통과 부담을 정부가 책임지는 등 치매 관리에 적극적으로 대처하고 있다(윤혜정, 손창우, 2021).

(2) 치매의 종류

치매 중 가장 대표적인 것은 알츠하이머병과 혈관성 치매가 있으며 그 외 루이소체 치매와 전두측두엽 치매 등이 있다. 알츠하이머병은 대표적인 퇴행성 뇌질환으로 전체 치매 원인의 약 55~70퍼센트를 차지하며, 서서히 발병하고 점진적으로 악화가 진행되는 특성으로 진행성(퇴행성, 비가역성) 치매로 분류된다(보건복지가족부, 2009). 뇌혈관질환에 의해 발생하는 혈관성치매는 치매의 약 15~20퍼센트를 차지하고 원인이 어느 정도 밝혀져 예방이 가능하다. 당뇨, 흡연, 지방 섭취, 고혈압, 고지혈증 등으로 뇌혈관이 막히면 뇌경색이 생겨 뇌세포가 괴사된다. 이때 건망증이 잦아지는데 이를 혈관경도인지장애라고 한다. 이때 빨리 발견해서 약물 등으로 치료하면 효과가 좋다. 그러나 방치하면 뇌 괴사 부위가 넓어져 치매로 발전한다. 즉 혈관성치매, 알츠하이머 환자의 뇌혈관도 깨끗하지 않은 것이 관찰되므로 평소에 혈관을 건강하게 유지하는 것이 치매를 예방하는 길이다.

또한, 치매는 경증, 중등증, 중증의 세 가지로 구분되며, 경증은 사회활동은 심각한 손상이 있어도 개인위생 수행 및 온전한 판단을 수반한 독립적인 생활 능력이 보존된 경우이고, 중등증은 독립적인 생활은 위험하므로 어느 정도의 감독이 필요하며, 중증은 뇌 신경세포가 많이 손상되어 일상생활 활동의 지속적인 감독과 관리가 필요한 경우로 최소한의 개인위생도 스스로 유지할 수 없다. 치매는 대부분 진행성 질환으로 시간이 지날수록 악화되며, 대체적으로 원래 상태로 돌아갈 수 없는 비가역적인 특성이 있기에 조기 발견과 조기 치료가 중요하다(보건복지가족부, 2009).

(3) 치매의 유병률

고령 인구가 늘어나면 대표적인 퇴행성 뇌질환인 치매도 늘어나는데, 이는 고령 인구 증가에 따른 환자 수의 절대적 증가가 일차 원인이다. 의료서비스의 향상과 함께 다른 질병으로 인한 사망의 감소로 상대적으로 동일한 노령 인구에서 치매를 앓는 사람의 수가 더 늘어나는 것도 요인이다. 아울러 치매에 대한 조기 치료와 관리 강화로 생존율이 높아져 유병률도 증가한다(대한치매학회, 2021). 치매는 전 세계적으로 65세 이상 노인 중에서 약 5~10퍼센트 정도의 유병률을 보이며, 연령 증가와 더불어 5년마다 약 2배씩 증가를 나타낸다.

한국은 2018년도 전국의 65세 이상 치매 환자 수는 75만 명을 넘어 전체 환자 인구의 10분의 1에 해당되는 수준으로 2024년 100만 명, 2039년 200만 명, 2050년에 300만 명을 넘어설 것으로 추정하였다. 치매 유형별 분포는 알츠하이머병(50~70%), 혈관성치매(20~30%), 루이소체치매(2~5%), 전두측두엽치매, 파킨슨병치매 등이다. 과거에는 혈관성치매가 알츠하이머병보다 많다고 하였으나 최근에는 알츠하이머병 유병률이 높다(대한치매학회, 2021).

(4) 치매의 예후

○ **사망률**

우리나라 통계청(2019a) 자료에서 치매에 의한 사망자 수는 총 9,739명이었다. 치매 사망률은 여성이 남성보다 2.4배나 높았으며, 연령이 증가할수록 사망률은 급격히 높아지며, 90세 이상에서 가장 높았고 치매 유형별로는 알츠하이머병에서 사망률이 가장 높았다. 치매 유형에 따른 사망률은 2018년 인구 10만 명당 알츠하이머병이 12.0명, 혈관치매가 1.3명, 상세 불명의 치매가 5.7명으로 알츠하이머병으로 인한 사망률이 가장 높았다. 치매 자체가 고령 인구 사망률을 1.7~6.3배까지 높인다고 한다. 치매 노인은 정상인지 노인보다 사망률이 2.7배 높았다. 치매 환자의 사망원인은 치매가 직접 원인으로 작용하기보다는 동반되는 다른 질병으로 사망하는 경우가 많다(대한치매학회, 2021).

○ 생존 기간

알츠하이머병 환자의 생존 기간은 65세 이상 인구에서 약 4~8년이며, 일반적으로 평균 10년 정도이며, 우리나라에서는 알츠하이머병 환자의 평균 생존 기간은 첫 증상 후 약 12.6년, 첫 진단 후 9.3년 생존한다. 치매 유형에 따른 생존 기간은 알츠하이머병이 6.2년, 전두측엽치매가 6.4년, 혈관성치매가 5.7년, 루이소체치매가 5.1년이었다(대한치매학회, 2021). 치매는 75~84세 후기 고령자의 입원 다빈도 질환 중 내원일수와 진료비가 가장 높은 질환으로, 치매로 인한 사망률도 매년 증가하여 2018년부터 10대 사망원인 중 하나로 자리매김하였다(통계청, 2019b).

(5) 치매 돌봄

치매 환자는 주로 배우자, 자녀 등 가족 구성원에 의해 돌봄이 이루어지며, 하루 24시간 중 평균 6~9시간을 치매 환자 돌보는 데에 할애하고 있다(중앙치매센터, 2019). 가족이 치매 돌봄의 중심이 되기에 국가의 치매 돌봄 관련 계획은 치매를 앓고 있는 환자 당사자뿐만 아니라, 치매 환자 돌봄 제공자에 대한 지원의 필요성을 강조하고 있다.

○ 치매 증상

첫째, 인지기능 저하 증상으로 기억력 저하, 언어력 저하, 시공간 능력의 장애, 실행 능력 장애, 주의집중력 장애가 있다. 둘째, 행동 심리 증상으로 생각, 기분, 지각, 행동 변화와 같은 증상을 이상행동 및 심리 증상, 행동 심리 증상 또는 정신행동 증상이라고 한다. 치매 초기에는 주로 불안, 초조, 불면, 우울 등의 심리 증상이 흔하며, 중기에는 망상, 환각 등의 정신 증상과 공격성, 배회, 식습관의 변화, 성적 행동, 강박행동 등의 이상행동을 주로 보인다(대한노인병학회, 2015). 행동 증상으로는 배회, 초조행동, 탈억제, 공격행동이 있고, 심리 증상에는 우울, 망상, 환각, 오인, 무감동, 불안 등이 있다.

○ 치매 예방

첫째, 알코올성 치매를 유발할 수 있는 치매의 적인 술을 끊는 것이 좋다. 필름이 끊어지는 경우가 잦으면 치매에 걸릴 가능성이 많다. 알코올은 뇌의 해마 등 기억을 담당하는 부위를 손상하며, 특히 전두엽을 크게 파괴한다.

둘째, 하루 30분에서 1시간씩 매일 몸을 움직이는 것이 좋다. 일정한 시간에 집 주변을 걷기만 해도 뇌혈류의 개선과 뇌세포가 촉진된다. 이는 인지기능이 떨어지는 것을 예방한다.

셋째, 글을 읽고 쓰는 창조적 뇌 활동이 치매 예방에 더 효과적이다. 독서는 상상하고 분석하기 위한 작업기억(working memory)으로 전두엽을 활성화시킨다. 독서, 도서관 이용, 연극, 영화, 공연 관람 등 지적 활동이 많을수록 알츠하이머의 발생위험이 낮아진다. TV 시청을 하는 것보다 라디오가 방송 내용에 집중해야 하고 상상하므로 전두엽 활동에 좋다.

넷째, 정기적인 건강검진을 하고 혈압, 혈당, 콜레스테롤 수치를 잘 살펴본다. 혈관관리는 치매 예방에 도움이 된다. 60세 이상은 치매지원센터에서 무료 치매 선별검사를 받을 수 있다.

다섯째, 소통이다. 특히 퇴직과 함께 모든 사회활동이 단절되는 사람은 치매 위험이 1.9배 높아진다. 우울해지면 스트레스호르몬이 과하게 활성화되며, 기억을 담당하는 해마의 손상으로 뇌세포가 괴사하기 시작한다. 즉 만성 스트레스나 우울증은 알츠하이머 위험이 커질 수 있다.

여섯째, 오랜 시간 한 가지 일을 한 사람의 뇌피질은 두껍고 특정한 일과 관련된 정보가 쌓여있다. 즉 평소 살았던 방식이 치매 증상에 반영이 되므로, 평소 건강하고 건전하게 생활한 사람은 치매에 걸려도 증상이 온순하므로 이런 치매를 '예쁜 치매'라고 한다.

○ 치매 관리

약물치료(행동 심리 증상의 약물치료)와 비약물 관리 방법(회상요법, 인정요법, 현실 인지 요법, 빛 요법, 음악요법)을 사용한다. 제3차 국가 치매 관리 종합계획의 추진 비전은 치매 환자와 가족이 사회에서 안전하고 편안하게 살아갈 수 있는 사회 조성으로, 치매 예방 및 조기 발견, 치매 환자 치료 및 돌봄 서비스, 치매 환자 가족 지원이다(최인규, 유근환 외 2018). 그러므로 치매 예방을 위한 우울 정도를 포함한 생활 습관의 실천, 치매 지식 향상을 위한 교육, 가족 부양자의 스트레스 관리, 부양 부담 감소 등을 위해 국가에서는 다부처 간의 연계 및 조정 체계의 구축으로 구체적이고 체계적인 치매 관리가 이루어지도록 노력해야 할 것이다.

○ **치매 돌봄 중재**

첫째, 치매 노인을 위한 일반적 돌봄 접근법으로 안전관리, 잔존기능의 극대화가 목표이다. 일상생활 구조화와 치매 이외에 동반하고 있는 질환 관리로 삶의 질을 높이기 위해 치매 노인에게 의미 있는 활동과 관계 등을 제공한다. 예측되는 돌봄계획과 사전지시서 제공, 문제해결, 이용 가능한 자원 연계와 정서 지지와 휴식 간호 제공에 관한 정보 등 교육을 한다.

둘째, 인간 중심 돌봄을 해야 하며, 치매 환자도 자아를 가진 '전인(Whole Person)'으로 기쁘고 슬픈 감정을 표현할 수 있는 자아가 있는 '인간임, 사람임(Personhood)'을 기억해야 한다. 이에 치매 환자에게 돌봄 접근 시에도 존경과 인권을 중시하는 인간 중심의 간호(Person-centered care, PCC) 철학에 근거하여 접근해야 한다. 기본적인 4가지 핵심 요소는 치매 환자와 돌봄 제공자들을 모두 존중해주기, 치매 환자 개인만의 선호도, 습관, 인간적인 역사를 가진 개인으로 인정하기, 치매 환자의 관점에서 환자의 행동이나 감정을 이해하기, 치매 환자와 상호작용할 수 있는 긍정적인 돌봄 환경 구축이다.

셋째, 잔존한 장기기억과 익숙함을 이용한 돌봄 제공이다. 치매 환자의 남아있는 기능과 손상이 없는 뇌의 부분을 최대한 이용함으로써 돌봄의 효과를 극대화한다. 즉 잔존기능의 이용과 익숙한 환경의 제공은 치매 환자 돌봄에서 매우 중요하다. 익숙한 물건이나 사진, 그림 등의 이용은 이미 학습된 기술과 습관인 절차기억을 강화시킬 수 있다.

○ **부양 부담**

부양 부담이란 돌봄 제공자가 치매 환자의 신체적 수발을 할 때 환자의 신체적 의존성과 인지력 부족으로 인해 받게 되는 스트레스를 의미한다. 부양 부담 스트레스로 인해 신체적, 심리적, 사회적, 경제적인 문제와 개인 시간 부족, 일상적인 외출 제한과 사생활 제약에 따른 사회적 고립을 경험한다. 치매 노인 가족의 심리적, 신체적, 사회적, 경제적 어려움과 갈등은 가정의 안녕에 영향을 주어 가족의 기능까지 상실하는 위기 상황을 초래할 수 있다. 이에 가족이 숨은 희생자가 되지 않도록 도덕적 책임을 다하는 가족 구성원의 돌봄 평가의 확인과 가족의 기능 향상에 노력하는 것이 중요하다(이정은, 고일선, 2018). 치매 환자의 가족은 기한 없는 돌봄으로 인하여 신체적, 정신적, 경제적, 사회적 고립을 경험하며, 이로 인해 삶의 질 저하, 우울 등의 문제는 자살, 가족 해체 등으로 연결되는 등 심각한 사회 문제로까지 연결된다(이현주 외, 2015). 이에 치매 환자의 문제행동에 대한 대응 기술과 의사소통 방법, 신체활동, 스트레스 관리 등 치매 환자와 돌봄 제공자의 삶의 질 향상을 위한 교육프로그램과 심리적 부담을 완화하기 위한 상담과 지역사회 기반의 심리교육, 사회적 서비스의 지지 프로그램의 제공이 필요하다.

4. 나가는 말

고령사회에서 만성질환과 치매의 높은 유병률은 초고령층의 건강상의 취약함과 생애 말기의 의료비 지출뿐만 아니라, 장기간의 부양 부담으로 인해 신체적, 정서적, 사회, 경제적 문제가 점차 늘어났다. 특히 노인들의 부양은 고령화 사회에서 점점 커다란 사회적 문제로 대두되고 있다. 또한 사회구조의 변화로 독거노인의 증가와 고령화로 인한 만성 퇴행성 질환과 치매로 인해 장기 요양시설에서 생의 마지막을 보내는 노인 또한 증가하고 있다. 이에 일상생활 습관 및 정신보건, 치매 예방·관리교육과 생애 말기의 체계적인 돌봄은 대상자의 건강 형평성의 확보 및 삶의 질을 높여 사회경제적 비용의 경감 효과로 이어질 것이다. 아울러 웰다잉에 대한 새로운 시각과 사회적 차원의 관심으로 삶의 질 유지, 증진과 죽음의 질이 향상될 수 있도록 다양한 대처 방법을 준비해야 할 때가 되었다. 즉, 국가와 지방자치 단체는 제도뿐만 아니라 관련 기관과 연계하여 담당자, 노인, 노인성 질환자, 돌봄 가족, 요양보호사 등에게 치매 예방·관리 교육, 맞춤형 자살 예방 교육, 죽음 준비 교육, 상실 치유 프로그램 등 보건의료서비스 제공과 지역사회의 여건 등 치유의 환경을 만들어 위험의 최소화와 치료 효과로 지역 주민의 삶의 질 유지, 증진과 죽음의 질이 향상될 수 있도록 더욱 노력해야 할 것이다.

제2절
소통

1. 돌봄 대화의 중요성

　죽음을 앞둔 사람이나 사랑하는 이와 사별한 사람을 돌보는 일에 종사하는 사람들은 특별한 의사소통의 역량을 갖출 필요가 있다. 왜냐하면 그런 사람과의 대화에는 위로와 치유의 힘이 들어 있어야 함은 물론이고, 더 나아가 분노와 슬픔의 골짜기를 무사히 통과할 수 있도록 이끌어 주는 힘도 있어야 하기 때문이다. 말 속에는 사람을 일으켜 세울 수도 있고, 무너뜨릴 수도 있는 엄청난 위력이 들어 있다. 우리는 갑자기 암 판정을 받아 죽음을 앞두게 된 사람이나 사랑하는 사람을 잃고 슬픔에 빠져 있는 사람들을 만나서, 그들을 위로하고 힘이 되어주고 싶지만, 막상 만나면 무슨 말을 해야 할지 몰라서 마주치는 것을 피하기도 한다. 실제로 우리는 불행을 당한 사람들에게 하지 말아야 할 말과 해주어야 할 말을 잘 구분하지 못한다. 그래서 의도했던 바와는 달리 말실수를 통해 커다란 상처를 주고, 관계 단절에까지 이르기도 한다. 죽음과 사별의 위기를 당한 사람들은 극심한 정서적 혼란 가운데 있기 때문에, 그들을 돌보고자 하는 사람들은 그들이 처한 상황과 위기의 발달단계를 잘 이해하는 데서 오는 각별한 민감성을 가지고 대화에 임해야 한다.
　돌보는 사람들의 대화가 치유를 넘어 성장까지 가능케 하는 것이 되려면 기본적으로 다음의 대화의 기술들을 갖출 필요가 있다.

　첫째, 무엇보다도 신뢰 관계를 형성하기 위한 수용과 공감의 기술.
　둘째, 상대방의 삶의 상황으로 들어가서, 그 사람의 마음속에서 일어나고 있는 주관적 경험을 헤아리기 위한 경청의 기술과 내면 탐색의 기술,
　셋째, 그들로 하여금 당면한 위기 가운데서도 의미를 발견하고, 새로운 미래를 열어갈 수 있게 도와주는 질문의 기술이다.

이러한 기본적 대화 역량을 갖추게 될 때, 우리는 비로소 돌봄 다운 돌봄을 제공할 수 있게 된다.

2. 치유 관계 형성: 수용적 존중과 공감적 이해

바람직한 관계가 형성되지 않는다면, 누군가를 도와주고자 사용하는 어떠한 대화기술도 효과를 발휘할 수 없게 된다. 대화 가운데서 치유가 일어나려면 돌봄을 받는 사람들이 다음과 같이 느낄 수 있어야 한다. '이 사람에게는 어떠한 이야기라도 할 수 있겠다.', '이 사람은 내가 얼마나 힘든지, 내 심정을 잘 이해하고 있구나.', '이 사람은 나를 진심으로 도우려 하고 있고, 도울 수 있는 능력도 있는 것 같아.'라고 생각하면서, 마음속에 신뢰와 소망이 생겨나야 한다.

(1) 수용을 통한 안전감의 형성

수용은 돌봄을 받는 사람들에게 안전감을 제공하기 위해 필수적으로 요구되는 대화의 자세이자 기술이다. 하지만 실제적으로는 가장 하기 어려운 부분이다. 어느 정도 종교관, 윤리관, 가치관이 분명하게 정립되어 있는 사람에게는 특히 그렇다. 왜냐하면 평소에 판단을 하고, 평가를 내리기에 매우 익숙해져 있기 때문이다. 흔히 '어떻게 그럴 수 있는가?' 또는 '절대로 그럴 수는 없다.'라는 식으로 생각하고 말하기 쉬운데, 그렇게 하는 대신 '그럴 수도 있겠다' 또는 '그럴 수밖에 없었겠다'라고 이해하는 것이 바로 수용의 자세이다. 수용은 허용과는 다른 것이다. 허용은 '그래도 된다'는 용납의 측면이고, 수용은 "그럴 수도 있다"는 이해의 측면이다. 상대방의 그릇된 생각이나 행동을 허용하는 것이 아니고, 그의 마음을 수용하는 것임을 분명히 구별할 때, 또 그 사람 안에서 변화의 잠재력을 믿을 수 있을 때, 우리는 마음속으로 갈등함이 없이 그를 있는 그대로 수용할 수 있다. 예를 들어, 사랑하는 아들을 교통사고로 잃은 엄마가 자신도 따라서 죽겠다고 몸부림치며 길로 뛰어들 때, 그 충동적인 행동에는 제한을 두어서 따라 죽는 것을 단호하게 막을 것이지만, 그 절박한 심정에 대해서는 '오죽하면 그럴까'라면서 무조건적인 수용의 태도로 돌보아줄 수 있는 것이다.

자신의 죽음이나 사랑하는 사람의 죽음 앞에서 위기를 당한 사람들이 절망감 속에서 몸부림칠 때, 비록 많은 말을 하지는 않지만, 함께 있어 줌으로써 상대방으로 하여금 안전한 대상을 만났다는 느낌을 줄 수 있다면 좋을 것이다. 그래서 이 사람에게라면 어떤 말이든지 할 수 있다고 느끼게 할 수만 있다면, 그것만으로도 최선의 돌봄이 될 수 있다. 돌보아야 할 사람을 있는 그대로 존중하고, 그가 무슨 말을 하든, 무슨 행동을 하든 수용한다는 것은 문제를 해결해 주려는 어떠한 종류의 조언이나 노력보다도 큰 힘이 된다.

얼마 전, 여행길에서 버스가 전복되는 대형 교통사고로 인해 남편을 잃고 자신의 두 다리마저 절단하게 된 여인이 있었다. 그 소식을 전해 들은 친구들은 지극정성으로 병문안을 다녔고, 자녀들도 번갈아 가며 보살펴주었다. 그날도 한 친구가 병원에 찾아갔다가 여전히 절망 속에 울부짖는 친구의 탄식에 마음이 너무나 괴로운 나머지, 참지 못하고 "이제는 아이들을 생각해서라도 그만 좀 정신을 차리고 일어서라"고 훈계의 말을 내뱉고 말았다. 그 이후 두 사람은 원수가 되어버렸다. 그 친구는 참변을 당한 친구의 아직 끝나지 않은 애도 과정을 좀 더 기다리며, 수용했어야 했다. 친구를 위한다고 한 말이 용서가 안 되는 분노를 불러일으킬 줄은 몰랐을 것이다. 때로는 손만 잡아주며 침묵하는 것이 가장 현명한 돌봄이 될 수 있다.

(2) 공감을 통한 위로와 치유

누군가를 돌보려고 다가가는 사람들에게 첫 번째로 찾아드는 유혹은 '어떻게 이 사람의 상황을 빠른 시간 내에 파악해서, 효과적으로 도울 수 있을까?' 하며, 정보를 수집하기에 급급해지는 것이다. 그러나 사람과의 대화에서 무엇보다도 가장 중요한 것은 그를 '심정적으로' 이해하는 것이다. 죽음과 관련된 위기를 맞이한 사람들은 매우 다양한 부정적인 감정에 휩싸여 있으며, 대인 관계 속에서 받은 2차적인 상처로 인해 가지게 된 복잡한 감정들을 스스로 자각하지 못한 채 혼란에 빠져 있는 경우가 많다. 공감적 반영은 핵심적인 감정을 거울로 비춰주듯 반영해 줌으로써 그 사람의 자기 이해를 도와줄 뿐 아니라, 다른 사람들에게서 정말로 이해받고 있다는 인식을 심어주는 대화 기술이다.

그러나 자신이 직접 경험하지 않았는데 다른 사람의 감정을 거의 같은 수준으로 이해하는 것은 쉽지 않은 일이다. 말 속에 흐르는 주요 감정을 놓치지 않고 반영해 주려면 돌보는 사람에게 따뜻함과 민감함이 요구된다. 그런데 돌보는 사람들이 이런 능력을 지니는 것은 가능한 일일까? 절대로 쉽다고는 말할 수 없지만, 연습을 통해 노력하면 가질 수 있는 능력이다. "공감적 이해의 능력은 타고난 심성적 측면이라기보다는, 훈련과 실습을 통해 습득할 수 있는 실천지(實踐知)이므로 공감적 이해의 능력을 기르는 것은 가능하다."(권수영, 2007, p.65) 그렇지만 공감에 대해 제대로 배워보지 못한 사람은 일상생활에서 공감인 줄 알고 전혀 공감이 아닌 반응을 하는 경우가 많다. 우선 공감인 줄 알고 잘못 사용하는 대화법에 대해 살펴보고, 제대로 공감을 실천하는 방법에 대해서도 알아보자.

○ 공감인 줄 알고 잘못 사용하는 대화법(권수영, 2007)

① 자기 노출(self-revelation)

돌봄 대상자와 매우 흡사한 경험을 했을 경우에 우리는 누구나 공감을 표현하기 위한 시도로서 쉽게 우리 자신의 이야기를 하고 싶어진다. 그러나 많은 경우 우리의 이야기를 듣고 나서 대상자는 우리의 경험이 궁극적으로 자신의 경험과는 다르다고 느끼며, 우리의 경험과 자신의 문제를 분리시키는 '이탈'의 경험을 하게 된다. 또 대화의 주제가 우리 자신의 경험으로 옮겨져 돌봄 대상자의 문제에서 벗어나 있으므로, 우리가 그와 함께 있지 않다는 '부재'의 느낌을 갖게 된다. 권수영(2007)은 이런 위험을 피하기 위해서는 자기 노출은 "비슷한 경험 자체에 대한 이야기가 아니라 그 경험 중에 느꼈던 감정에 대해 정의를 내리고 표현하는 자기 감정 표명(self-definition of emotion)에만 국한시켜야 한다"고 말한다. 예를 들어, 돌아가신 어머님께 생전에 잘해 드리지 못한 것에 대해 자책하는 사람에게 자신도 어머님이 돌아가신 후에 얼마나 후회가 되었었는지 그 느낌에 대해 표현하는 것까지는 좋으나, 어머니가 돌아가시기 전에 여행을 모시고 갔다 올 수 있어서 다행이었다는 이야기를 장황하게 늘어놓아서는 안 된다는 것이다.

② 일반화(generalization)

돌봄 대상자가 자신만이 세상 짐을 모두 지고 가는 것처럼 문제에 압도되어 있을 때, 우리는 "다른 사람들도 다 그렇다"고 하면서 그의 문제를 일반화시켜 짐을 어느 정도 경감시켜 주고자 한다. 그러나 우리는 위로가 되라고 해준 말이지만, 이러한 일반화를 통한 위로에 사람들은 오히려 섭섭함을 느낀다. "많은 경우 돌봄 대상자들은 일반화가 마치 자신의 상처에 반창고를 살짝 붙여주고 이제 괜찮다고 등을 떠미는 행위로 느낀다. 상처는 아물지 않고 덮여버려 오히려 더 곪아갈지도 모른다."(권수영, 2007) 따라서 일반화보다는 당사자의 개인적인 문제를 잘 듣고, 풀어서 다시 이야기(paraphrasing)해 주면서, 따라가 주는 것(pacing)이 더 도움이 된다.

③ 자의적 독심법(mind-raping)

이는 상대방의 감정이나 생각을 잘 확인하기도 전에 무의식적으로 제멋대로 짐작하고 반응하는 것이다. 짐작에 의한 독심술은 공감을 위한 시도였을지라도 아무런 도움이 되지 않는다. 돌봄 대상자의 심리에 대해 확신할 수 있는 상황일지라도, 대화 중에 해야 하는 일은 "나는 이렇게 느껴지는데, 당신의 마음은 어떠한가요?"라고 되물어보는 재구성의 과정이 되어야 한다. 권수영(2007, p.80)은 "재구성이란 대상자에 대한 우리의 감정을 스스로 알아차려 일단 표명하고 나서, 그에 대한 대상자의 의견은 어떤지 물어봐 가면서 조율해 나가는 과정"이라 말한다.

○ **공감 실습(권수영, 2007)**
이제 제대로 된 공감은 어떻게 실천할 수 있는 것인지 단계별로 알아보자.

① 1단계
대상자의 감정을 우선 자신이 민감하게 느껴보는 것이다. 자신이 일순간 대상자가 되어 그의 아픔을 안으로부터 느끼는 체험을 하는 단계이다. 즉 역지사지의 단계로 내가 이런 일을 당했다면 어떨까 상상해보는 것이다. 우리는 대개 잠시라도 그 사람이 되어 보는, 이 첫 번째 단계를 거치지 않고 그냥 관찰하고 분석하려고 들기 때문에 제대로 된 공감에 실패하게 된다.

② 2단계
자신이 대상자가 되어 보았을 때 느껴지는 감정을 스스로 알아차려 표현하는 자기감정 표명의 단계이다. 자신의 감정을 알아차릴 수 있는 사람만이 타인의 감정을 헤아릴 수 있게 된다. 또한 아무리 자기감정을 알아차렸어도 그것이 표현되지 않는다면 아무 소용이 없다.

③ 3단계
자신의 감정을 표현한 직후에 단정을 짓지 말고 그런 마음이 맞는지 대상자에게 되물어 재구성하는 단계이다. 즉 자신이 느끼는 감정과 대상자의 진짜 감정 사이를 조율하는 것이다. 공감은 돌보는 자와 돌봄을 받는 자 두 사람 사이에서 조율을 통해 구성되는 '상호적인 경험'으로 완성되는 것이다.

예를 들어 최근에 남편이 자살한 한 여성이 있었다. 그녀에게는 3살밖에 안 된 쌍둥이 자녀가 있었고, 남편이 죽음을 택한 이유는 주식으로 많은 빚을 지게 되었기 때문이었다. 이런 일은 상상도 하기 싫은 끔찍한 일이지만, 이 여성에게 꼭 필요한 공감을 하기 위해서는 일단 우리 자신에게 그런 일이 일어났다면 어땠을까를 일순간 느껴보아야 한다. 만약 남편이 몹시 원망스러울 것 같은 마음이 들었다고 치자. 그러면, 단정을 짓지 말고, "나 같으면, 아무리 빚이 무거웠더라도 사랑하는 아이들을 버리고 가버린 남편이 원망스러울 것 같은데, 마음이 어떤가요?"라고 물어보는 것이 좋다. 아마 그 여성은 틀림없이 무책임한 남편에 대해 원망의 감정이 있었을 것이므로, 한 편으로는 이해받았다고 여길 것이다. 그러나 다른 한 편으로는 남편에 대한 그리움이 더 클 수도 있을 것이다. 그러면 우리가 표현한 느낌에 대해 아니라고 말하거나, 그 위에 다른 느낌을 보완함으로써 자신의 진짜 감정에 점점 가까이 닿을 수 있게 된다. 가령 "아니오, 원망스럽기보다는 그 사람의 빈자리가 느껴져서 견딜 수 없어요. 다시 한번만 얼굴을 볼 수 있다면, 딱 한 번만 손을 잡아 볼 수 있다면, 살 수 있을 것 같아요" 또는 "아뇨, 남편을 죽인 것은 저예요. 그를 벼랑 끝으로 몰아붙인 것이 저예요. 제 잘못이에요"라고 죄책감을 표현하기도 할 것이다. 그럼 그 당시 여인이 느끼고 있는 핵심적인 감정은 원망이 아니라 그리움이고, 죄책감이라는 것을 다시 표현해 주는 것이 좋다. "그렇죠, 갑자기 남편이 사라졌으니 얼마나 보고 싶고, 빈자리가 크게 느껴지시겠어요" 또는 "내가 몰아붙이지 않았더라면 남편이 죽음을 선택하지 않았을 거라고 자책하고 계시는군요"라고 비쳐주어야 한다. 이처럼 "공감은 단정 짓는 것이 아니라 상호감정을 조율해 나가는 공동 창조의 경험"임을 기억해야 한다.(권수영, 2007, p.94)

○ 공감의 치유 효과(로젠버그, 2004)

공감은 대단한 치유의 능력을 가진다. 불행한 일을 당한 사람들에게 진정으로 필요한 것은 그의 마음속에 실제로 일어나는 것, 바로 그 순간에 그 사람이 경험하는 독특한 느낌과 욕구에 공명해 줄 수 있는 능력이다. 사람들은 언제나 공감하며 들어줄 수 있는 사람과 충분히 만나서 접촉하기만 하면, 자신을 무력하게 만드는 정신적 고통에서 벗어날 수 있다.(로젠버그, 2004) 수준 높은 공감은 단순히 그 사람의 감정을 알아주는 것을 넘어서 그가 무엇을 원하고 있는지를 알 수 있게 도와줌으로써, 자신이 당면한 문제에 대한 해결책에 스스로 이를 수 있도록 도와주는 것이다.

자신이 임파선 암에 걸렸으며 전이까지 일어났다는 판정을 받은 한 남성이 있었다. 아무 일 없이 잘 지내고 있다가 정기적인 건강검진을 받으러 갔는데, 그런 황당한 소식을 접하게 된 것이다. 갑자기 닥쳐온 죽음의 공포에 휩싸여 완전히 무력해진 그 남성은 한 지인의 소개로 영성형성 집단에 참여하게 되었다. 거기서 자신의 이야기를 나누고, 집단에 참여한 사람들로부터 죽음의 공포에 대해 진심 어린 공감을 받음으로써 차츰 평안함을 되찾을 수 있었다. 그는 단지 충분한 공감을 받은 것만으로, 이후 여덟 차례의 항암치료를 거뜬히 이겨내고, 6개월 만에 거의 완치에 가깝다는 판정을 받게 되었다. 이처럼 누군가로부터 꼭 필요한 공감을 받은 사람은 부정적인 감정일지라도 직면할 수 있는 용기를 얻게 되고, 두려움을 뛰어넘어 삶의 의미를 발견하고, 더 성숙한 모습으로 성장할 수 있다.

3. 진정한 만남: 적극적 경청과 빙산 탐색 대화

(1) 적극적 경청을 통해 대상자의 삶 속으로 들어가기

경청은 가장 중요한 의사소통 기술이다. 경청은 상대방을 존중하는 것으로서 자신의 관심과 욕구와 편견을 한쪽으로 밀어놓고, 대상을 진정으로 이해하고 공감하겠다는 의지의 표현이다. 명확한 의사소통을 위해서는 먼저 상대방의 말을 잘 들어야 한다. 대개는 말로 표현되는 것만이 의사소통이라고 여기지만 사실은 얼굴 표정, 몸짓, 하다못해 가만히 움직이지 않고 있는 것조차 중요한 의미를 전달한다. 따라서 잘 듣기 위해서는 말뿐만 아니라 신체로 표현되는 것까지 모두 주의 깊게 들어야 한다.

상대방의 말을 잘 듣기 위해서는 우선 자신의 마음을 비워야 한다. 건성건성 듣거나, 부정적 태도를 취하거나, 자신의 문제를 투사하거나, 대화를 회피하려 하거나, 또는 대화를 단절하려고 할 때에는 좋은 의사소통을 기대하기 어렵다. 적극적 경청은 상대방이 말을 할 때 단순히 입을 다물고 가만히 있는 것이 아니라 상대방을 존중하고, 이해하고, 배우고 돕고자 하는 태도를 적극적으로 보여주는 것이다. 적극적 경청의 기술은 주의집중과 인정반응, 다시 말하기, 더 많은 이야기로 초대하기 위한 관심 어린 질문, 그리고 공감적 반영의 기술들로 구성된다. 경청을 다시 정의하자면, 단순히 상대가 하는 이야기를 소극적으로 듣는 것이 아니고, 상대가 하고 싶었던 말을 끝까지 잘 정리해서 말할 수 있도록 적극적으로 도와주는 대화의 기술이다. 적극적 경청의 방법에 대해 다루기 전에, 우선 경청을 방해하는 걸림돌들에는 어떤 것들이 있는지 살펴보자.

○ **경청을 어렵게 만드는 걸림돌(김영애, 2010)**
① 짐작하기

상대방의 말을 있는 그대로 받아들이기보다 자신의 경험에 들어맞는 단서들을 찾아 자신의 생각을 확인하면서 어떤 틀에 끼워 맞추려 하는 것이다. 상대방의 이야기를 다 들어보기도 전에 추측을 해 버리므로, 잘못된 대응을 할 수밖에 없다.

② 대답할 말 준비하기

처음에만 상대방의 말을 듣고 곧 자신이 다음에 할 말을 생각하기에 바빠서 상대방이 말하는 것을 듣지 않는 것을 말한다. 결국 자기 생각에 빠져서 문제의 핵심을 놓치고 대화의 방향을 엉뚱한 방향으로 끌어가 버린다.

③ 걸러내기

상대방의 말을 듣긴 하지만 온전하게 듣지 않고 듣고 싶은 것만 선택적으로 듣는 것이다. 사람들은 타인의 상황을 자신이 지니고 있는 문제의 틀로 생각하는 경향이 있다. 따라서 자신의 문제가 무엇인지를 자각하고 있어야 하며, 역전이를 일으켜 자신의 문제에 걸려들지 않도록 경계해야 한다.

④ 판단하기

상대방에 대한 부정적인 편견 때문에, 또는 상대방을 비판하기 위해 말을 듣지 않는 것을 말한다. 상대방이 어리석다거나, 고집이 세다거나, 이기적이라고 판단한다면 경청하기를 그만두거나, 듣는다고 해도 그 사람이 자신이 판단한 그대로라는 증거를 찾기 위해서만 귀를 기울이게 된다.

⑤ 딴생각하기

상대방에게 관심을 기울이는 것이 점차 더 힘들어지고, 그가 말을 할 때 딴 생각을 하게 된다면, 이는 무슨 이유로든 그와 대화하기 싫지만 이러한 상황을 직면하기를 회피하고 있다는 위험한 신호이다.

⑥ 조언하기

어떤 사람들은 강박적으로 다른 사람들의 문제를 해결해 주려고 한다. 그러나 해결책을 제시하려고 말끝마다 조언하면서 끼어들면 말하는 사람들은 하려고 했던 말을 끝맺을 수 없다. 옳은 해결책을 찾고 모든 것을 제대로 고치려는 돌보는 자의 욕구 때문에, 마음을 털어놓고 마음껏 이야기하고 싶은 소박한 바람이 좌절되고 만다. 누군가 이야기를 잘 들어주기만 해도 사람들은 스스로 자신의 생각을 정리하게 되고, 이야기하는 사이에 해결책이 저절로 떠오르게 된다.

⑦ 슬쩍 넘어가기

상대방의 말이 너무 사적이거나 위협적이면 주제를 바꾸거나 농담으로 넘기려 한다. 예를 들어, 자살에 대한 언급 같은 것이다. 문제를 회피하려 하거나 상대방의 부정적 감정을 회피하기 위해서 유머를 사용하거나 초점을 잘못 맞추게 되면, 상대방의 진정한 고민을 들을 수 없게 된다.

⑧ 비위 맞추기

상대방을 위로하거나 비위를 맞추기 위해서 너무 빨리 동조하는 것을 말한다. 지지하고 동의하는데 너무 치중한 나머지 자신의 생각이나 감정을 충분히 표현할 시간을 주지 않게 되면, 상대방은 진심으로 이해받지 못했다는 생각 때문에 마음의 문을 닫아 버리게 된다.

○ **적극적 경청의 기술**

① 주의집중과 인정반응

먼저 편안한 대화의 분위기를 조성하고 말하는 이로 하여금 듣는 이가 신체적으로 정신적으로 그와 함께 있다는 느낌을 받을 수 있도록 관심을 보여주는 신체적 자세를 취한다. 그리고 내담자가 펼쳐놓은 이야기에 대해 일단 알아들었다고 인정해 주는 반응을 한다. 인정해주는 반응 언어로는, "네", "으음", "물론이지요!", "그랬었군요", "세상에!", "그럼요!", "맞아요!", "좋은 것 같아요", "충분히 그럴 수 있지요", "걱정이 많으셨겠군요", "힘들었겠네요", "그렇게 고민이 되었군요!"와 같은 간단한 말들이다. 이런 짧은 추임새들이 상대방으로 하여금 하기 어려운 이야기들을 힘을 내서 말할 수 있게 도와준다.

② 다시 말하기(Repeating), 간결하게 바꾸어 말하기(paraphrasing)

적극적 경청의 두 번째 기술인 다시 말하기는 쉬워 보이지만, 평소에 우리가 잘 사용하지 않는 대화법이다. 상대방이 무언가 중요한 내용을 말했을 때 그것을 해석하려 들지 말고 그 말을 그대로 받아서 다시 한번 말해 준다. 말하는 이가 길게 이야기했을 때는 간결하게 바꾸어 말해주면 된다. 이때는 듣는 이의 의견이 일체 반영되지 않는 것이며, 단지 메아리치듯 들은 그대로 반복해서 말해 주는 것이다. 이는 대화를 진지하게 이어 나갈 수 있는 매우 효과적인 의사소통 기술이다. 다시 말하기를 하면서 듣는 이는 대화의 내용을 잘 기억할 수 있고, 자신의 생각에서 벗어날 수 있게 됨으로써, 경청을 방해하는 무수한 걸림돌에 걸려들지 않게 되며, 말하는 사람은 수용되고 인정받았다는 느낌을 받게 된다.(김영애, p.168) 듣는 사람은 상대방이 말하는 것을 자신의 입에 담아봄으로써 점차 말하는 사람의 입장에 서보게 되면서, 진정한 수용과 공감의 자리로 나아갈 수 있게 된다.

③ 개방적인 질문을 통해 명료화하기(clarifying)

내가 들은 내용이 맞는지 확인해 보는 단계이며, 상대방이 제공한 정보가 미흡하다고 생각될 때 열린 질문을 통하여 다시 한번 자신의 상황에 대해 설명할 기회를 제공하는 것이다. 때로는 어떤 점이 궁금하니 예를 들어 좀 더 자세히 설명해 달라고 요청할 수도 있다. 질문을 할 때는 의심하거나 비난하는 태도가 아니라, 상대방에 대해 진심으로 이해하고자 하는 태도로 해야 하며, 상대방만의 독특한 주관적 경험을 알리고 더 많은 이야기로 초대하는 것이다. 좋은 질문을 던져줄 때, 말하는 이는 그에 대한 답을 생각하면서 자신의 이야기를 정리하게 된다.

④ 긍정적이고 공감적인 반영하기(mirroring)

적극적 경청 기술의 마지막 단계는 공감이다. 전달되는 정보의 내용을 파악하는 것에서 한 걸음 더 나아가 상대방의 입장이 되어 그의 감정과 욕구를 이해하는 것이다. 반영적 경청을 할 때 가장 민감하게 파악해야 할 것은, 말하는 사람이 어떤 느낌을 전달하고자 하는 가이다. 느낌을 이해받기 시작할 때 사람들은 자신의 깊은 내면을 열어서 보여주게 된다. 느낌을 통과함으로써 우리는 대상자가 무엇을 바라는가를 헤아릴 수 있게 되며, 원하는 것까지를 구체적으로 짚어줄 때 온전한 경청이 완성된다.

(2) 빙산 탐색을 통한 내면과의 접촉
○ 개인의 빙산 (김영애, 2010)

경험주의 가족치료의 대가인 버지니아 사티어(Virginia Satir)는 사람을 빙산에 비유하였다. 사람들은 겉으로 드러나 보이는 것보다 훨씬 크고, 중요한 부분을 내면에 지니고 있다고 설명하였다. 마치 빙산이 수면 밑에 더 큰 부분을 숨기고 있듯이, 사람들은 겉으로 드러나는 행동이나 대처방식 외에도 감정, 지각, 기대, 열망 등을 내면에 간직하고 있다.

겉에 드러나는 행동이나 말은 단지 빙산의 일각이며, 오히려 보이지 않는 내면의 감정, 그 감정에 대한 감정, 지각 체계, 기대, 열망 등이 우리의 행동이나 말에 더 많은 영향을 끼치고, 그것이 어릴 적부터 학습된 대처방식으로 표현된다고 하였다. 따라서 건강한 대인 관계 형성을 위해서는 우선 내가 느끼고 있는 감정은 무엇인가, 그 감정에 대한 2차적 느낌은 무엇인가, 나의 신념, 가치 체계 등은 무엇인가, 내가 기대하고 바라는 것은 무엇인가, 그리고 사랑받고, 인정받고, 돌봄을 받고 싶은 기본적인 욕구와 열망은 무엇인가 등을 파악하여, 자신의 내면을 자각하고 일치적으로 표현할 수 있어야 한다. 더 나아가 나와 대화하고 있는 타인에 대해서도 그 사람의 마음속에는 그 사람만의 감정, 지각, 기대와 열망이 있음을 헤아려, 전인적으로 이해하고자 노력해야 한다.

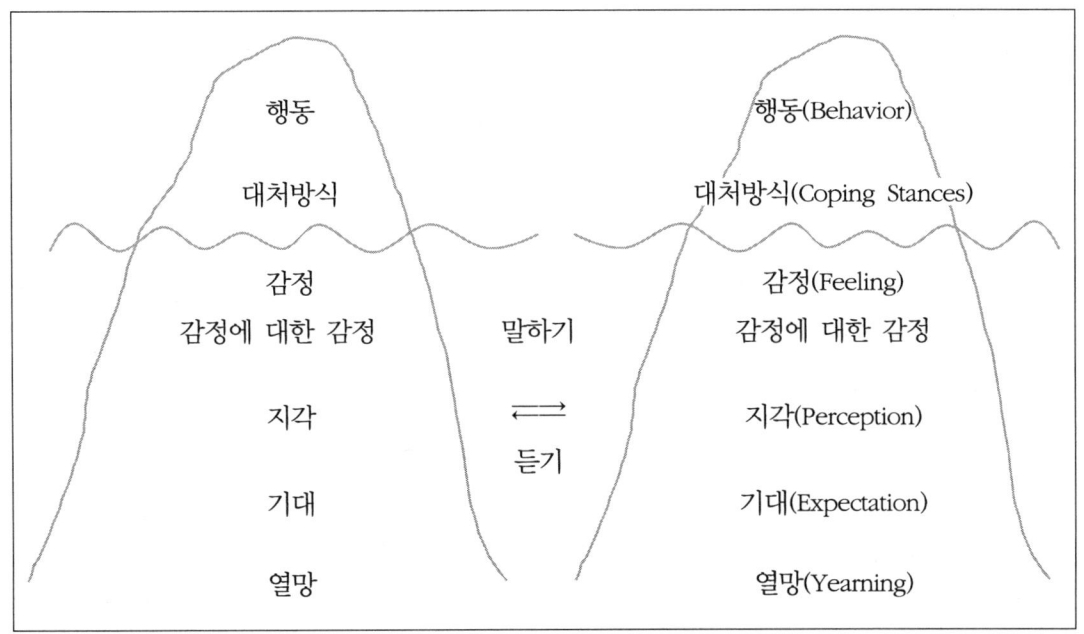

<그림> 사티어 빙산모형

빙산의 요소들을 간단히 설명하면 다음과 같다. 행동은 일상에서 나타나는 사람들의 모습으로 말, 표정, 행동까지 포함한다. 대처방식에는 다섯 가지 유형이 있는데, 사티어(Satir) 치료의 목표이면서 성숙의 목표인 일치적 유형이 있고, 비일치적 유형으로는 회유형, 비난형, 초이성형, 산만형이 있다.

감정은 우리가 스트레스를 받는 상황이 되면 제일 먼저 일어나서 빙산의 전체에 영향을 준다. 감정은 우리의 내면을 더 깊이 탐색해 들어갈 수 있도록 하는 출발점이 된다. 지각은 우리의 인지체계로서 일어난 상황에 의미를 부여함으로써 감정을 불러일으키게 되는 이유가 된다. 오랜 삶의 경험에서 만들어진 신념, 사고방식, 가치관 등이 이에 포함되며, 자신과 타인과 세상을 바라보는 관점을 말한다. 기대는 우리가 어떤 대상을 향하여 구체적으로 원하는 바로서, 나에 대한 기대, 상대방에 대한 기대, 상황에 대한 기대가 포함된다. 열망은 인간 모두에게 있는 보편적인 욕구이다. 사랑하고 싶고, 사랑받고 싶고, 인정받고 싶고, 소속되고 싶고, 안전감을 누리고 싶고, 힘을 행사하고 싶고, 즐거움과 자유를 누리고 싶고, 자아를 실현하고 싶은 욕구와 영적 열망 등을 포함한다. 사람마다 중요시하는 욕구는 다 다를 수 있으나, 그 속성은 보편적이다.

○ 빙산 탐색 대화: 내면과의 접촉(김영애, 2010)

죽음에 대한 관점이나 사별의 경험은 모든 사람에게 있어 다 다르다. 그러므로 죽음과 사별의 위기를 당한 사람들을 대할 때, 그들만의 독특한 경험에 대해 이야기하고, 들을 필요가 있다. 이를 위해서 돌봄을 베푸는 사람들은 상대방의 마음속에 있는 빙산의 요소들을 염두에 두고 대화할 필요가 있다. 그들의 복잡한 감정과 죽음에 대한 관점과 간절히 기대하고 열망하는 바가 무엇인지 헤아리려 노력해야 한다. 처음에는 이야기를 하는 자신도 모르는 혼란스러운 마음속이지만, 돌보는 이의 체계적인 질문과 경청을 통해 그들의 마음속이 정리되고 편안해진다. 자신의 혼란스러운 감정과 생각이 이상한 것이 아니라, 당연히 있을 수 있는 것이라는 확신만으로도 그들은 안심하게 되고 자존감이 회복될 수 있다. 돌보는 이들은 바로 죽음의 위기 앞에서 극도의 혼란을 경험하는 사람들에게 그들의 내면을 비춰주고, 질서 있게 만들어주는 깨끗한 거울의 역할을 하는 것이다. 즉 빙산 탐색 대화는 돌봄 대상자의 독특한 경험이 그 사람 자신의 것이 될 수 있도록 심리내면과의 접촉을 가능케 하는 체계적인 대화의 과정이다. 단순히 겉으로 드러난 사실에만 머물지 않고, 마음속으로 깊이 들어갈 수 있는 대화 방식이다. 먼저 감정에서부터 출발한다. 복잡한 감정의 소용돌이 속에서 느낌 하나하나를 찾아 이름을 붙여가면서 일어난 일에 대해 상세히 듣고, 다른 사람들의 무심한 행태로 인해 가지게 된 이차적인 정서에 대해서도 말할 수 있게 도와준다. 그리고 죽은 사람과 자기 자신에 대해 무슨 생각을 하고 있는지, 앞으로 누가 무엇을 어떻게 해주기를 원하는지, 간절한 열망은 무엇인지 등에 대해 길을 잃어버리지 않고 체계적으로 탐색해 들어가는 것이다.

4. 의미 발견과 인식의 확장: 질문 기술

(1) 질문의 기능

질문의 기능은 단순히 일어난 사실에 대해 탐색하는 것에 그치지 않는다. 질문은 죽음과 사별의 위기를 맞이한 사람들로 하여금 새로운 조망을 갖게 하고, 현재와 미래의 삶에 집중하게 하는 등의 긍정적인 기능을 한다. 질문하기는 위기의 상황에서도 긍정적 의미를 발견하게 하고, 인식의 확장을 가져올 수 있는 매우 효율적인 대화 기술이기는 하지만 조심해서 사용하여야 한다. 질문은 돌봄을 베푸는 사람들이 의식을 가지고 의도적으로 하는 것이어야 하며, 미심쩍어하거나, 자신의 관점을 내세우기 위해서나, 비난하는 태도가 아니라 상대방에 대해 더 배워서 그를 이해하고 돕고자 하는 태도로 해야 한다. 그래서 질문은 구체적이고 분명한 내용을 담고 있어야 한다.

(2) 질문의 형식

"왜?"라는 질문은 가능한 한 피하는 것이 좋다. 사람들은 '왜'라는 말을 들을 때 비난받는 것으로 느껴 방어하거나, 그 상황에서 회피하려 하거나, 혹은 공격적으로 될 가능성이 있다. 또한 폐쇄적인 질문보다는 개방적인 질문을 하는 것이 좋다. 개방형 질문은 누가, 무엇을, 언제, 어떻게 했는지 관심을 가지고 물어보는 것이다. 이런 질문은 말하는 사람으로 하여금 무슨 대답을 해야 할지 생각하게 만들고, 다양한 각도에서 문제를 바라보는 기회를 갖도록 해주며, 자유롭게 자신의 의사를 표현할 수 있게 도와주므로 점점 깊이 있는 대화로 이어진다. 이에 반해 폐쇄형 질문을 하게 되면 사람들은 "예", "아니오", "모르겠어요" 등으로 답을 하게 되므로, 결국 한정된 정보만 얻을 수 있을 뿐이다. 질문 자체가 오직 명백한 사실만을 요구함으로써 말하는 이의 말문이 닫히게 되며, 관계도 나빠지기 쉽다.

(3) 치료기법으로써의 질문

다양한 상담 접근법에서 질문은 그 자체로서 치료기법이 되고 있다. 예를 들어, 앞서 언급했듯이 사티어(Satir)의 경험주의 가족치료에서는 개인의 내적 경험과의 접촉을 위한 빙산 탐색 과정으로 빙산의 요소인 행동, 감정, 지각, 기대, 열망에 대해 체계적으로 탐색해 들어가는 질문을 던진다. 해결 중심 단기 치료에서는 개인의 잠재력과 자원을 이끌어내기 위한 방법으로 예외 질문, 기적 질문, 대처 극복 질문, 척도질문 등을 활용한다. 이야기 치료에서는 이야기를 해체하기 위한 질문, 의미질문, 이야기를 미래로 확장하는 질문 등을 통해서 위기 상황 속에서 의미를 발견하고, 더 나아가 새로운 미래를 향해 인식을 확장해 나아갈 수 있도록 도와준다. 즉 질문은 단지 현상에 대해 탐색하는 것을 넘어서서, 깨달음과 미래를 향한 새로운 출발을 가능하게 하는 위력을 지닌다.

(4) 다양한 질문의 영역

질문의 내용은 대상, 시간과 장소에 따라 다양해져야 한다. 만나고 있는 대상이 환자인지, 유가족인지, 의료진인지, 만나는 시점이 투병 중인지, 임종 직전인지, 사별 직후인지, 만나는 장소가 요양원인지, 일반병원인지, 호스피스 상황인지에 따라 대화의 내용은 달라질 수밖에 없다. 좋은 질문은 공식처럼 별도로 존재하는 것이 아니다. 돌봄 대상자의 이야기를 잘 경청함으로써 그가 처해 있는 위기 상황을 바로 이해하는 데서부터 비롯될 수 있는 것이다. 말하자면 경청과 질문은 언제나 함께 맞물려 수행되는 과정인 것이다. 삶을 새롭게 뒤바꿔 놓을 수 있을 만큼 지혜롭고 강력한 질문은 수용과 공감 어린 온전한 경청 위에서만 나올 수 있다는 사실을 잊지 말아야 한다.

사람들이 처한 죽음의 상황은 실로 천차만별하다. 여기서 모든 상황을 다 다룰 수는 없지만, 사별을 경험한 유가족들을 돌보는 상황을 예로 들어보자. 하바드 대학의 사별자 연구(Harvard Bereavement Study)에서는 사람들의 비애의 양상을 결정짓는 요인을 여섯 가지로 정리하면서, 다음과 같은 질문을 통해 사별자들의 애도의 과정을 예측하고 돌볼 수 있다고 밝혔다(Worden,1991).

하나, 죽은 사람이 누구인가? 부모인가, 자녀인가, 사랑하는 사람인가?
둘, 그 사람과의 관계는 어떠했는가? 친밀했는가, 갈등 관계였는가?
셋, 어떤 방식으로 죽었는가? 질병으로 사망했는가? 갑작스러운 죽음이었나? 자살인가?
넷, 과거에 또 다른 상실의 경험이 있었는가? 그 일을 당시에 어떻게 경험하였는가?
다섯, 위기를 당한 사람은 어떤 성격의 사람인가?
여섯, 특수한 사회적 상황이 있었는가?

5. 나가는 말

이 장에서는 죽음이라는 인간의 실존적 상실 앞에 놓인 사람들을 돌봄에 있어 가장 기본이 되는 수용과 공감, 경청과 내면 탐색, 질문하기 등의 의사소통 기술에 대해 다루었다. 그러나 의사소통 기술보다 더 중요한 것은 이 기술을 구사하는 사람이 갖추어야 할 '함께 있음'의 마음가짐이다. 말을 많이 하기보다는 온전히 함께하면서 위기를 맞이한 사람의 이야기를 진정으로 들으려고 하는 자세를 통해 사람들은 무엇보다도 가장 크게 위로받고, 또다시 살아갈 힘을 얻는다.

제10장
상실과 애도상담

차유림

상실과 애도상담에서는 상실과 애도에 관련된 기본 개념을 이해하고 사별을 포함한 다양한 상실과 이에 따른 반응과 상실 이후 겪게 되는 비탄과 애도의 과정을 이해할 수 있게 되며, 부모, 형제자매, 배우자, 자녀, 반려동물 등의 사별 대상별로 상실이 개인에게 어떠한 영향을 미치는지를 살펴본다.

또한 사별을 포함한 다양한 상실에 대한 반응으로 개인의 신체적, 정서적, 인지적, 행동적 영역에 어떤 영향을 미치는지와 특별히, 일반적 사별 반응과 복합적 사별 반응을 이해하고, 애도과정에 미치는 다양한 요인들을 살펴보게 된다. 마지막으로 애도를 위한 몇 가지의 실질적인 전략들을 학습한다.

Key word : 상실, 애도상담, 비탄과 애도과정, 사별 반응, 복합적 사별 반응, 다양한 상실

제1절
애도상담의 기본개념

누구나 죽음을 경험하며 살아간다. 그러나 사랑하는 사람의 죽음은 일상적인 경험이 아니라 매우 충격적인 것이다. 특히 가족 구성원 중 한 사람이 사망하면, 남아있는 가족 구성원 간의 역할이나 관계가 새롭게 조정되어야 하고, 현재 달성해야 할 과업이나 혹은 앞으로 발생할 수 있는 욕구를 충족시키기 위해 가족의 구조가 새롭게 재정비되는 등 다양한 변화가 생겨난다. 이로 인해 가족체계의 변화나 붕괴와 같은 가족 내 위기 상황이 초래될 수 있고, 장기적으로도 구성원 개개인의 삶에 여러 방면으로 영향을 미치게 된다는 연구 결과들이 일관되게 발표되고 있다(차유림, 2012).

최근 우리 사회는 고령화사회로 접어들고, 많은 국민들이 사고 및 재난 등 예기치 않은 죽음과 상실을 직·간접적으로 겪고 있으며, 10대에서 60대 이상의 모든 세대에서 자살이 주요한 사망원인으로 꼽히고 있다(통계청, 2021). 이러한 사회적 변화를 고려할 때, 죽음과 상실을 다루는 애도상담의 중요성은 더욱 부각되고 있다 하겠다.

본 장에서는 죽음교육 강사로서 이해하고 숙지해야 하는 상실과 애도상담에 관련된 기본개념을 소개한다. 이를 위해 첫째, 애도상담가로서 알고 있어야 하는 사별, 비탄, 애도, 상실 등의 유사한 개념에 대해 이해하게 될 것이다. 둘째, 부모, 형제자매, 배우자, 자녀, 반려동물 등의 상실이 개인에게 어떠한 영향을 미치는지 대상별로 나누어 설명하게 될 것이다. 셋째, 개인의 신체적, 정서적, 인지적, 행동적 영역에 모두 영향을 미치는 사별에 따른 반응을 학습한다. 넷째, 일반적 사별 반응과 복합적 사별 반응 등의 사별 반응 양상에 대해 이해한다. 다섯째, 애도과정에 영향을 미치는 것으로 알려진 개인적 요인, 죽음과 관련된 요인, 환경적 요인 등 애도과정의 중재 요인을 살펴보게 될 것이다. 마지막으로 애도를 위한 몇 가지의 실질적인 전략들을 학습하게 될 것이다. 이와 같은 교육을 통해 실천가는 상실과 애도 과정에 있는 개인과 가족을 바르게 이해하고 도울 수 있는 준비를 하게 될 것이다.

애도상담이란 상실로 인해 겪게 되는 감정들을 위로하고, 상실로 인해 발생할 수 있는 신체적, 정서적, 인지적, 행동적 문제들을 해결하며, 애도의 과정을 거쳐 상실 이후 삶이 재구성되고 회복될 수 있도록 돕는 상담의 과정이다. 애도는 보편적인 경험임과 동시에 각 개인별로 나타나는 독특한 경험이다. 따라서 애도상담자는 전문적인 지식과 기술, 태도 등을 갖추어야 한다. 이를 위해 애도상담자가 숙지해야 할 유사 개념들을 정리하면 다음과 같다.

1. 사별(Bereavement)

사별은 중요한 사람을 죽음으로 인해 상실한 객관적인 상황을 말한다. 사별은 상실로 고통을 당하고 있고, 의미 있는 사람의 죽음으로 인해 신체적, 심리적, 사회적 스트레스를 겪고 있는 개인의 상태를 뜻하는 용어이다. 사별에는 첫째, 가치 있는 사람이나 사물과 맺은 관계, 둘째, 이별, 별거 등과 같은 관계의 상실, 셋째, 상실로 인해 불행해진 생존자 등의 세 가지 요소들이 포함된다(Corr, Nabe, & Corr, 2000).

2. 비탄/슬픔(Grief)

비탄/슬픔은 상실에 대한 정서적 반응을 의미한다. 보울비(Bowlby)는 비탄/슬픔을 '상실 이후 애도와 함께 연속적으로 일어나는 주관적인 상태'라고 말한다. 울펠트(Wolfelt)는 비탄이 두려움이나 슬픔과 같은 구체적인 감정이라기보다는 다양한 사고, 감정, 행동으로 표현될 수 있는 일련의 과정이라고 본다. 따라서 이를 간단하게 정의하면 비탄/슬픔은 상실에 대한 반응이라고 할 수 있다. 이러한 반응은 신체적, 정서적, 인지적, 행동적 영역에서 나타날 수 있다(Worden, 1991). 개인이 비탄/슬픔을 경험하는 것은 매우 정상적인 현상이며, 개인이 보이는 비탄/슬픔에 대한 반응은 이전에 경험한 상실, 개인이 속한 사회의 특성, 상실의 유형 등에 따라 다양하게 나타난다.

3. 애도(Mourning)

애도는 상실 경험에서 기인한 슬픔과 고통의 정서인 동시에, 상실 이후 변화하는 생활 속에서 적응하는 과정까지를 의미한다. 애도는 인지·정서·행동적으로 구별되는 반응을 보이고 개인·사회·문화·역사적 영향을 반영하는 독특하고 다차원적인 반응이다(Humphrey, 2009). 애도는 사별을 경험할 경우 발생하는 자연스러운 반응으로, 사별이라는 상실 사건의 적응에 있어서 남은 이들이 경험하는 애도 과정의 수행 정도가 회복을 돕는 주요한 요인으로 보고되고 있다. 반면 애도 과정을 거치지 못한 이들은 죽음으로 인한 상실을 인정하지 못하고 삶에 적응하는 것에 어려움을 겪는 경향이 높은 것으로 나타나, 상실 이후 충분한 애도의 시간과 기회를 가지는 것이 회복과 적응에 매우 중요하다는 점을 알 수 있다(Weinstein, 2008).

4. 상실(Loss)

상실은 대개 애착 대상의 죽음이나 이별과 같은 커다란 의미에서의 상실을 의미하지만, 다양한 차원으로 개념화되기도 한다. 미쉘과 앤더슨(Mitchell & Anderson, 1983)은 인간이 겪는 상실을 여섯 가지로 구분한다. 첫째, 눈에 보이는 소유물이나 수입을 상실하는 물질적인 상실, 둘째, 이혼이나 이별로 인한 관계의 단절이나 친구 관계 변화 등의 관계적 상실, 셋째, 자신이 추구하고자 했던 중요한 이미지의 상실, 가능성의 상실, 미래를 위한 꿈의 상실 등의 정신내적 상실, 넷째, 신체의 일부가 기능을 잃는 경우나 말기 질병 등의 기능적 상실, 다섯째, 가족이나 직장에서의 역할 등을 잃는 역할 상실, 마지막으로 이사나 이민 등으로 인해 자신이 속한 공동체를 떠나는 공동체 상실이 이에 해당된다. 예를 들어, 오랫동안 다니던 직장에서 갑작스럽게 실직하게 된 개인은 수입이 상실되는 물질적인 상실, 직장 동료들과의 관계가 단절되는 관계적 상실, 직장에서의 미래를 꿈꾸던 것이 사라지는 정신내적 상실, 직장에서 일하던 특정 역할이 없어지는 역할의 상실, 직장을 떠나게 되는 공동체 상실을 모두 경험할 수 있다.

블룸필드, 맥윌리엄스, 콜그로브(Bloomfield, McWilliams & Colgrove, 2006)는 상실을 다섯 가지로 구분한다. 첫째, 사랑하는 사람의 죽음, 이혼, 실직, 파산 등 분명히 알 수 있는 상실, 둘째, 이사, 질병, 오랫동안 품고 있던 이상과 목표의 상실 등 명확하게 드러나지 않는 상실, 셋째, 졸업, 청춘의 상실, 완경, 은퇴 등 나이와 관련된 상실, 넷째, 이혼 위기를 맞이한 부부, 배우자나 연인과 연락이 닿지 않는 상황 속에 놓여있다는 느낌 등 불확실한 상황과 관련된 상실, 마지막으로 죽음이 임박했다거나 이별을 해야만 하는 상황과 같은 피할 수 없는 상실이 그것이다. 이와 같이 상실 개념의 하위 차원을 구분하는 기준에는 다소 차이가 있으나, 상실이 누구에게나 인생 전반에 걸쳐 피할 수 없는 경험인 것은 분명하다.

보울비(Bowlby)는 위의 개념들을 다음과 같이 정리한다. "만약 상실의 경험이 상처를 입거나 화상을 입는 것과 같은 종류의 경험이라면, 상실 이후의 애도 과정은 상처가 나아가는 과정과 유사할 것이다. 상처가 나아가는 과정은 시간이 지나면서 온전히 혹은 거의 다 기능이 회복되는 단계를 밟는다. 혹은 이와는 반대로 어느 정도 기능이 손상되는 상태를 거치기도 한다. 애도 과정 역시 죽음을 경험한 뒤 사랑하는 관계를 새롭게 만들어가고 유지시키는 능력을 회복할 수 있는 수준에까지 이르기도 하고, 기능이 손상되는 상황이 벌어지기도 한다." 이에 대해 웹(Webb, 2010) 또한 건강함과 건강하지 않음이 상처의 치유과정에서 나타나는 것처럼 애도 과정에서도 그러한 모습들이 동일하게 나타난다고 설명한다.

제2절
대상별 사별 경험

인간의 죽음은 누구에게나 일어나는 생활사건이다. 그러나 사랑하는 대상의 죽음은 일상적인 경험이 아니라 매우 충격적인 것이고, 삶의 큰 변화를 초래하는 고통스러운 삶의 사건으로 여겨진다. 실제로 사별은 인생에 있어 가장 심각한 스트레스 사건으로 이미 밝혀져 있으며, 이러한 사별에는 다양한 대상과의 사별이 포함된다.

1. 부모

부모의 죽음은 자녀가 직면하는 가장 중요한 상실 중의 하나이다. 평소에 부모는 물질적으로나 정서적으로 자녀를 지지하고, 자녀가 성장할 수 있는 안정된 가정환경을 제공한다. 또한 부모는 자녀를 위한 보호자 역할을 하며 자녀의 모델이 된다. 산업사회 발달과 함께 급속히 변화된 현대 핵가족 사회에서는 자녀의 수가 줄어들면서 부모-자녀 간의 관계가 더욱 친밀하여지고, 소규모 가족 구성원 개개인의 역할과 존재의 중요성은 더욱 커지게 되었다. 이 외에도 부모는 자녀의 적절한 성유형화와 동일시의 최소 단위가 될 뿐만 아니라, 사회적 규범을 가르치는 교사의 역할과 자녀의 행동모델과 그들의 행동에 영향을 미치는 최초의 강화자 역할을 담당하게 되었다. 이러한 사회문화적 특성을 고려할 때, 자녀의 보호와 양육을 전적으로 담당하는 부모의 사망은 자녀들에게 큰 상실감과 변화를 발생시킨다(차유림, 2012).

부모의 사망을 경험하는 자녀는 연령과 관계없이 어린 자식처럼 반응하게 된다. 이들은 더 이상 부모가 존재하지 않는다는 것에 대해 '고향을 잃었다'거나 '울타리가 사라진 듯하다'고 표현되는 상실감을 느끼게 된다. 부모와의 관계에서 해결되지 않은 문제나 갈등이 있었던 자녀는 후회나 회한 등을 경험하기도 하고, 자신의 성공이나 성취에 대해 인정받고 격려받고 싶은 갈망을 느끼기도 한다.

특히 아동기 및 청소년기에 경험하는 부모 사별은 자녀의 성장과 발달, 가치관 형성에 중대한 영향을 미치며, 성인이 되어 경험하는 부모 사별과 그 영향이 동일하지 않으므로 더욱 주의를 기울여 살펴볼 필요가 있다. 부모의 죽음을 경험한 뒤 적절한 수준의 지지를 받지 못하게 되면, 아동과 청소년들은 심리적으로는 깊은 슬픔, 무기력, 공포, 죄책감 등을 경험하게 되고, 이러한 영향들이 주의 깊게 다루어지지 않을 경우, 외상 후 스트레스 장애나 우울, 불안 등의 정신장애로 연결되기도 한다. 행동적으로는 공격적이거나 반사회적인 행동 등이 증가하기도 하고, 식욕이 저하되어 식사를 거르게 되거나, 잠을 잘 자지 못하며, 주의집중에 곤란을 느끼기도 한다(Hooyman & Kramer, 2006). 부모의 죽음은 아동과 청소년의 학교생활에도 영향을 미칠 수 있다. 부모의 죽음을 경험한 아동과 청소년들은 집중력과 자기 통제력이 요구되는 읽기와 쓰기, 기억하기, 또래들과 협력하기, 문제 해결하기 등에 어려움을 겪으면서, 학업성적이 저하되거나 친구들과의 관계에서 갈등을 경험하게 되기도 한다. 특히 죽음이 자살이나 살인 등과 같은 외상사건과 관련된 것이라면, 아동과 청소년이 자신을 다른 사람과는 연결될 수 없는 존재라고 여기면서, 그동안 맺었던 친구나 교사와의 관계를 단절시키고 학교에서도 철회행동을 보이게 될 수 있다고 연구자들은 말한다(Cohen, Mannarino, & Deblinger, 2016).

반면, 부모의 죽음을 경험한 아동과 청소년들에게서 긍정적인 결과들이 발견된다는 선행연구들도 발표되고 있다. 국외에서 진행된 연구의 경우, 삶에 대한 감사가 증가한 것, 의사소통 및 문제 해결 기술이 향상된 것, 다른 사람들과의 유대감이 향상된 것, 정서적 능력이 강화된 것, 자기 유능감이 증가한 것, 친구나 사랑하는 사람들을 보살피거나 돌보는 수준이 증가한 것, 살아가는 현재를 소중히 여기게 되고 삶의 의미를 추구하게 되면서 스스로 성장했다고 여기는 변화 등이 그것이다(Balk, 1996). 국내에서도 아버지가 사망한 뒤 어머니와 사는 가정의 자녀를 대상으로 진행된 연구의 경우, 결과로 아버지 사망 이후 자녀들의 형제애, 책임감, 자립심이 더 강해졌고, 가족들과의 유대관계가 향상되었음이 밝혀지면서 죽음 안에 청소년에게 미치는 긍정적인 영향이 존재한다는 것이 강조되었다(이필금, 2001).

아동기 및 청소년기의 자녀들은 발달 단계상 신체적, 인지적, 도덕적, 대인 관계적, 심리사회적 전환이 일어나는 시기에 속한다. 아동과 청소년들은 성인에 비해 미숙하고, 갈등 해결을 위한 기술이 부족하며, 한정된 자원을 보유하고 있고, 정체감 형성이 채 이루어지지 않고 이와 관련된 과업을 달성하기 위해 노력하게 된다. 따라서 이들은 스트레스에 취약성을 보이고, 특히 부모 사별은 매우 심각한 수준의 위기를 가져올 수 있다. 동시에 부모의 죽음이 아동과 청소년에게 미치는 영향 가운데에는 긍정적인 내용도 존재한다는 것을 선행연구들을 통해 알 수 있다. 따라서 부모의 죽음을 경험한 아동과 청소년을 지속적으로 관찰하고 그들의 필요를 충족시키려는 노력을 기울이는 동시에, 긍정적인 결과들을 생동시키고 강화시킴으로써 부모의 죽음을 경험한 아동과 청소년이 상처로부터 회복하고 성장하도록 거드는 노력이 필요하다 하겠다.

2. 형제자매

형제자매에 관한 연구들을 살펴보면 그들은 서로에게 애착을 형성하면서도 적이 되기도 하고, 보호자가 되기도 하고, 놀이 친구가 되기도 한다. 형제자매들은 삶의 시간과 유대감을 공유하고 있기 때문에 서로에게 깊은 지지와 지도, 정보, 친구 관계 등을 제공할 수 있는 잠재력이 있다. 따라서 형제나 자매가 사망할 경우, 그것이 아주 어린 아이일 때나 임신 중 혹은 출산 직후에 발생한 사망이라도 다른 형제자매에게 미치는 영향은 매우 심각할 수 있다.

1960년대까지는 형제자매의 죽음이 성인기 정신장애 발병에 어떠한 영향을 미치는지에 관한 연구들만이 진행되었으나, 1970년대 들어서부터는 이들의 병리적인 측면 뿐만 아니라 잠재적인 성장 능력까지도 살펴보는 연구들이 발표되기 시작하였다. 이후 1980년대 들어 많은 연구들의 연구 초점이 형제자매의 사별을 경험한 것을 정신장애와 관련된 문제로 보는 관점에서 사별을 경험한 아동의 건강을 증진시킬 수 있는 방안을 모색하는 쪽으로 옮겨지기 시작했다. 최근에는 사별을 경험한 형제자매들을 위한 개입프로그램을 개발하고, 그 효과성을 평가하는 쪽으로 연구자들의 관심이 향하고 있는 추세이다(Webb, 2010).

형제자매의 죽음을 경험한 아동들은 일반적으로 다음과 같은 반응을 보인다(Davies, 1999). 첫째, 슬픔, 분노, 좌절, 외로움, 두려움, 불안, 과민반응, 죄책감 등을 포함하는 감정을 느낀다. 아동들은 울거나, 아프다고 하면서 관심을 끌거나, 나쁜 행동을 하거나, 통증을 호소하거나, 싸우거나, 악몽을 꾸거나, 식욕을 잃거나, 학업에 집중하지 못하거나, 과식을 하는 등의 방법으로 이러한 감정을 보다 명백하게 드러내는 경향이 있다. 둘째, 아동들은 인지발달 수준에 따라 죽음을 이해하기 때문에 자신에게 벌어진 일을 이해하지 못하는 상황도 겪게 된다. 죽음과 관련해 이해할 수 있도록 도움을 받지 못하면 아동은 혼란을 느끼게 되고, 혼란은 불안을 가중시키게 되며, 이러한 불안은 아동을 더욱 혼란스럽게 만든다. 셋째, 자신이 충분하지 않은 존재라고 여길 수 있다. 부모가 자신보다 죽은 형제자매를 더 사랑했다고 느끼는 아동은 이러한 반응을 보일 수 있다. 죽은 형제자매가 특별하고 자신은 그렇지 않다고 여기면서 죽어야 할 사람은 바로 나라고 생각할 수도 있고, 자신이 무엇을 하든 부모님을 행복하게 하기에는 충분하지 않은 사람이라고 여기게 될 수도 있다. 동생이 죽은 후 부모님들이 임신하려고 애쓰는 모습을 볼 때도 아동들은 자신이 충분하지 않다는 느낌을 갖게 될 수도 있다.

그러나 형제자매의 죽음에 대한 이러한 반응은 단독적으로 발생하지 않는다. 아동 개인의 특징(성별, 건강 상태, 대처유형, 기질, 자아개념, 죽음과 상실에 대한 이전 경험 등), 죽음을 둘러싼 상황(죽음의 원인, 투병 기간, 사망 장소, 사망 후 경과된 시간, 관련성 등), 환경적 요소들(생활공간, 가족 환경, 부모 자녀 간의 의사소통, 부모의 슬픔, 가족 기능 등) 간의 상호작용이 형제자매의 사별 경험에 영향을 미치게 된다. 이뿐만 아니라 위와 같은 반응이 보이지 않는다고 해서 형제자매의 죽음이라는 사건의 중요성을 간과해서도 안 된다. 어떤 반응들은 내재화되어 눈에 보이지 않을 수 있기 때문이다.

사별을 경험한 모든 형제자매들이 상담을 받을 필요는 없지만, 대부분의 아동들은 자신의 반응들에 대해서 이야기할 수 있는 기회만 얻게 되더라도 많은 도움을 받을 수 있다. 반대로 죽음과 자신의 반응에 대해 이야기할 수 있는 기회가 없었던 아동들은 어려움을 겪게 될 수 있다. 따라서 형제자매 사별을 경험한 아동들이 위로받고, 배우고, 인정받는 경험을 할 수 있도록 돕는 것은 매우 중요한 일이라 하겠다.

3. 배우자

평생의 동반자였던 아내나 남편의 죽음을 경험하는 것은 삶의 가장 큰 스트레스 중 하나이다. 배우자를 사별한 당사자는 첫째, 슬픔이나 불안, 막막함, 외로움, 절망감, 그리움, 공허감, 미안함, 두려움, 쓸쓸함, 죽음 불안, 회한, 오랜 기간 투병했던 배우자가 더 이상 고통받지 않는다고 여겨지는 안도감, 우울 등의 심리적 측면에서 변화를 겪는다.

한국과 미국, 영국, 유럽, 중국의 55세 이상 고령자 26,835명을 대상으로 배우자 사별 후의 우울 정도를 분석한 종단연구 결과, 우리나라 응답자들의 경우 배우자 사별 후 우울감 상승 폭이 비교 대상 국가보다 월등히 높은 것으로 나타났다. 국가별로는 한국의 우울감 상승 폭이 미국의 2.6배, 영국의 2.9배, 유럽의 1.9배에 달했다. 배우자 사별에 따른 우울감은 모든 나라에서 여성보다 남성에게서 오래 지속되었다. 배우자를 잃은 첫해에는 남녀 모두 우울감이 가장 높았지만, 여성은 최장 10년의 관찰 기간에 서서히 결혼한 상태와 비슷한 수준으로 회복되었다. 반면 남성은 유럽을 제외한 모든 나라에서 사별 후 6~10년이 지나도 높은 수준의 우울감이 유지되었다. 한국의 경우, 여성은 사별한 지 1년이 지나기 전에 신체적, 정서적 우울이 최고 수준으로 높아졌다가 점차 안정세를 되찾아갔지만, 남성은 2년 후에 우울감이 최고치를 보인 이후에도 이런 감정이 가라앉지 않는 특징을 보였다(연합뉴스, 2017.03.27.). 배우자 사별 이후 경험하는 우울감은 자살사고에도 영향을 미치는 것으로 보고되고 있어(이혜경, 2016) 배우자 사별로 인한 우울감을 알아차리고 해소할 수 있도록 돕는 일은 애도상담에 있어 중요한 과업 중 하나라고 할 수 있다.

둘째, 신체적 측면에서는 체중감소, 불면증, 식욕부진 등이 발생한다. 연구들을 통해 극심한 슬픔이 신체적으로도 영향을 미쳐 질병에 대한 면역체계를 손상시키고 사망률을 증가시킨다는 것이 일관되게 보고되고 있다. 배우자를 잃은 뒤 극심한 슬픔 행위를 보이는 사람들은 다른 사람들보다 체내 염증 수치가 증가하며, 심장마비, 심근경색, 뇌졸중에 걸릴 가능성이 높다. 영국에서 진행된 한 연구에 의하면 배우자와 사별한 노인은 그렇지 않은 노인에 비해 사별 후 30일 이내에 심근경색을 일으킬 위험이 2.14배, 뇌졸중을 일으킬 위험은 2.4배 높은 것으로 나타났다. 또 사별 후 90일 내에는 심근경색을 제외한 관상동맥질환 위험이 2.2배, 폐색전증 위험이 2.37배 높았다. 이뿐만 아니라 갑작스럽게 배우자와 사별한 노인들은 배우자를 사별하지 않은 노인들에 비해 사별 후 1년 이내에 사망할 위험이 1.61배 높았고, 만성질환으로 배우자와 사별한 노인들은 사별하지 않은 노인들에 비해 사망 위험이 1.21배 높은 것으로 보고되기도 하였다(헬스데이뉴스, 2015.03.19.). 즉 배우자와의 사별이 배우자의 정신건강에 부정적인 영향을 주고 신체적인 건강 상태에도 영향을 끼쳐 사망률을 증가시킨다는 것이다.

셋째, 행동적 측면에서는 술과 담배 등에 과도하게 의존함, 사회적 활동의 위축, 사회적인 고립을 선택함, 개인 및 가족들의 일상생활이 변화되면서 이에 적응해 감 등의 변화를 겪는다. 이러한 행동상의 변화에 더해 다른 생활사건 스트레스까지 경험하게 되면 그 영향은 더욱 증폭되어 이차적인 삶의 문제들을 겪게 되기도 한다(손의성, 2007).

반면 배우자 사별을 경험한 이들이 시간이 지나면서 긍정적인 적응 결과를 보인다는 연구도 보고되고 있다(황영란·홍(손)귀령, 2021). 배우자 사별을 경험한 이들이 인생의 의미와 가치에 대해 새롭게 인식하게 되고, 스트레스에 대처하는 능력이나 자기 신뢰감이 향상하며, 배우자 사별의 긍정적인 의미를 찾게 되고, 새로운 삶의 경험을 추구하면서 경제활동, 봉사활동, 자선활동, 신앙생활, 건강관리, 새로운 이성과 만남 등 삶에서 의미 있는 활동을 하기도 하며, 자신의 죽음을 준비하고 새로운 자신의 인생을 출발하게 되었다는 것이 그 내용이다. 특히 노인들의 경우 배우자 사별 이후 경험하게 되는 갈등과 긴장을 이겨내고, 노년기 발달과업인 자아 통합과 노년 초월을 이루어간다는 것이다. 따라서 배우자를 사별한 이들이 사별로 인해 경험하는 부정적인 영향을 최소화하고 새로운 기능과 역할, 상황에 기능적으로 대처할 수 있도록 돕는 전문적 개입은 이러한 과정에 핵심적인 원동력이 될 수 있다.

4. 자녀

자녀 사별은 자신의 일부와 삶의 의미를 상실하는 큰 충격적인 사건이다. 이는 자연의 흐름에 반하는 경험임과 동시에 상대적으로 흔하지 않은 과정이기 때문에 자녀를 잃은 부모들은 삶의 모든 영역에서 평생에 걸쳐 심각한 수준의 고통을 겪으며, 일상 속에서 파도처럼 밀려오는 자녀에 대한 그리움과 애도의 시간을 거치게 된다(유주연·방경숙 2015). 한 연구(Arnold & Gemma, 2008)에 의하면 자녀를 잃은 부모는 자신의 부모나 배우자를 잃을 때보다 훨씬 더 심한 고통을 겪게 된다고 한다. 자녀의 죽음은 태어나고 죽어가는 자연적인 시간의 순서를 거스르는 것일 뿐만 아니라 부모가 자녀에 대해 갖고 있던 꿈과 기대, 소망 모두를 잃는 것이기 때문이다. 이러한 절망, 좌절, 분노, 우울, 죄책감, 두려움, 외로움, 공허함 등은 자녀를 잃은 부모들이 겪는 일반적인 감정이다. 특히 분노는 의료진이나 다른 가족, 또는 신에게로 향하기 쉽다. 부모들은 일상생활이나 직장생활을 유지하는 것에 어려움을 느끼기도 하고, 주변 사람들과 만남을 꺼리게 되기도 한다(윤득형, 2015).

청소년기 자녀가 자살로 사망한 부모를 대상으로 진행된 연구(김가득, 2017)에 의하면 자살로 자녀를 잃은 부모들의 경우 우울, 슬픔, 복합비애, 자녀의 자살을 막지 못했다는 죄책감, 부정, 수치심, 분노, 후회, 심한 감정 기복, 그리움, 자살사고 및 행동, 자살에 대한 사회의 부정적인 시선으로 인한 자녀의 죽음에 대한 침묵, 사회적 고립 방조, 술과 담배에 대한 지나친 의존 등의 경험을 하게 된다. 자살 등 폭력적인 방법으로 자녀를 잃은 부모의 경우, 비폭력적인 방법으로 자녀를 사별한 부모보다 외상 후 스트레스 장애 수준이 3배 이상 높은 것으로도 알려져 있다. 그러나 자녀 사별 이후 5년 이상의 시간이 흐른 뒤, 부모들은 상실감과 분노를 다스릴 수 있게 되고, 자살한 자녀의 선택을 존중할 수 있게 되며, 다른 유가족들을 돕는 일을 하거나, 호스피스 자원봉사자로 활동하기도 하면서 자녀가 없는 삶을 재구조화해가는 경험을 하기도 한다.

소아암으로 자녀가 사망한 부모들을 대상으로 그들의 경험을 살펴본 연구에 따르면 소아암으로 자녀를 사별한 부모는 자녀가 가장 행복해야 할 시기를 병마와 싸우는 시간으로 채우고, 결국 부모와 헤어지는 아픈 경험까지 한 경우라 할 수 있다(김민아 외, 2020). 아동기에 발생하는 암은 환아와 가족에게 신체적, 심리적, 사회적, 경제적 어려움을 줄 뿐만 아니라, 모든 가족에게 영향을 미친다. 의학 기술이 발전하면서 소아암의 생존율이 높아지는 상황에서 부모는 자녀를 살리기 위해 할 수 있는 모든 방법을 다 해 보려고 하는 경향을 보인다. 따라서 죽음에 대해 깊이 있게 생각하거나 준비할 틈 없이 갑작스럽게 자녀의 죽음을 맞이하면서, 왜 내 자녀가 떠나야만 했는지에 대해 의문을 갖고 상대적 박탈감을 느끼게 되기도 한다. 또한, 책임감과 죄책감으로 자녀를 간호하던 부모는 자녀의 죽음 이후 간병과 돌봄으로 채웠던 시간이 텅 비게 되고, 할 것이 아무것도 없는 허망함을 느끼게 되며, 이를 채워가는 과정을 겪는다.

사고, 자살, 질병, 영아돌연사증후군, 유산, 사산, 낙태 등의 이유로 자녀를 사별한 부모들은 커다란 슬픔에 압도되고 힘겨운 애도 과정을 거치게 된다. 따라서 부모들이 자녀의 죽음으로 인해 받을 수 있는 부정적 영향을 완화시키고, 슬픔과 고통을 승화시켜 의미 있는 삶을 살아갈 수 있도록 적절한 돌봄을 제공하는 것은 이 시기에 필수적인 요건이 될 수 있다.

5. 반려동물

현대사회는 매우 복잡하고, 다양한 사건들이 일어난다. 하지만 이런 일들이 개인의 삶에 미치는 스트레스와 영향들을 대부분 잘 깨닫지 못하고 지낸다. 사랑하고 아끼던 반려동물이 나이가 들어 죽게 되거나, 심각한 병에 걸려 죽거나, 다쳐서 죽거나, 안락사를 결정하게 되거나, 누군가가 훔쳐서 사라지거나, 잃어버려서 헤어지게 되는 것도 그러한 경우에 속한다. 과거에는 반려동물이 죽고 난 후의 슬픔은 사회적으로 인정받지 못하는 슬픔으로 여겨졌으나, 최근 들어서는 반려동물이 죽고 난 후 개인이 느끼는 슬픔이 매우 고통스럽고, 강렬하며, 현실적이라는 것에 대한 사회적 동의가 확장되고 있다.

반려동물은 사람에게 무한한 사랑을 주며, 사람과 같은 공간에서 생활하면서 눈빛과 몸짓, 목소리 등을 통하여 감정을 교류하고 애정을 표현하면서, 인간과는 다른 동반자 혹은 반려자 역할을 한다. 우리나라 현행 동물보호법에서는 반려동물을 반려의 목적으로 키우는 동물로 정의하고, 개, 고양이, 토끼, 햄스터 등의 포유류와 앵무새, 카나리아 등의 조류, 금붕어, 열대어 등의 어류, 이구아나, 카멜레온 등을 언급하고 있는데 전문가들은 반려동물의 범위가 계속 늘어날 것으로 예상한다.

농림축산식품부가 실시한 「2020년 동물보호 국민의식조사」 결과에 의하면 우리나라의 반려동물 양육 가구는 총 638만 가구이고, 양육 인구는 약 1,530만 명으로 추산된다. 이는 2019년 대비 112만

명이 증가한 수치이며, 반려동물 양육 가구 수는 2010년부터 지속적인 증가 추세를 보이고 있다(데일리벳, 2021.4.27). 이러한 사회적 변화를 고려할 때, 반려동물의 죽음으로 인해 영향을 받게 되는 개인을 대상으로 하는 애도상담 수요도 더욱 증가할 것으로 예측된다.

반려동물 사별 이후 경험하게 되는 반응들은 다음과 같다.

첫째, 심리적으로 깊은 슬픔, 그리움, 미안함, 죄책감, 후회, 자책, 우울, 불안, 혼란, 절망, 분노, 허무함, 무력감, 좌절감, 소외감, 해방감 혹은 안도감, 반려동물에게 버림받았다는 마음 등이 생겨난다.

둘째, 신체적으로는 미각 상실, 가슴이 죄어 옴, 입이 마름, 수면 장애, 식욕장애, 집중력 저하, 피로감 등을 경험한다. 일부는 환각(잃은 반려동물의 모습을 보는 것), 환청(잃은 반려동물의 울음소리와 걷는 소리가 들리는 것), 잃은 반려동물의 냄새가 나는 것, 잃은 반려동물이 피부에 닿는 것 같은 느낌을 갖기도 한다.

셋째, 행동적으로는 불안 행동, 부주의한 잦은 실수, 외출 시에 원하지 않는 사람과 만나고 싶지 않고 타인의 반려동물을 보고 싶지 않으며 텔레비전이나 신문도 보고 싶지 않기도 한다. 또는 근로의욕, 학생의 학습 의욕 저하, 추억의 물건 보관, 상실한 반려동물의 흔적 찾기, 반려동물의 죽음을 연상시키는 사고현장이나 병원을 피한다.

이러한 세 가지 반응들이 반려동물 상실 후 흔히 볼 수 있는 특징이다. 물론 개개인이 모두 위의 증상들을 표현하지는 않지만, 대체로 위의 증상 내에서 강도와 기간들이 다양하게 나타난다. 일반적으로 혼자서 반려동물을 키우는 사람들이 반려동물 죽음 이후 더 큰 고통을 느낄 수 있다고 보고되며, 가족들 간에 반려동물과의 관계 정도가 달랐다면 상실감도 다른 것으로 알려져 있다. 반려동물을 얼마나 사랑했는지에 따라 상실감의 깊이에도 차이가 나기 때문에 친밀감이 높을수록 상실감도 심화된다(이해수, 2019).

제3절
상실에 따른 반응

상실에 따른 반응은 상실을 경험한 당사자와 상실의 특성에 따라 여러 가지 측면에서 나타날 수 있다. 상실을 경험한 당사자가 이러한 반응을 보이게 되는 것은 매우 정상적이고 자연스러운 일이므로 애도상담자가 상실에 따른 반응을 종합적으로 이해하는 것은 중요한 과업이라 할 수 있다. 윤득형(2015)은 상실에 따른 반응을 크게 네 가지 차원으로 나누어 설명하였고, 그 내용은 다음과 같다.

1. 신체적 반응

주요한 신체적 반응은 목멤, 일시적인 호흡곤란, 한숨, 뱃속에 느껴지는 공허감, 근력 약화 등을 들 수 있다. 이 외에도 일반적인 신체적 증상으로는 두통, 불면, 식욕부진, 체중감소, 피곤함, 빈혈, 소화불량 등이 나타난다. 상실 이후 나타나는 이러한 신체적 반응들은 전혀 이상한 것이 아니다. 이는 우리의 감정뿐만 아니라 몸 전체가 상실을 슬퍼하기 때문에 나타나는 현상이다.

2. 정서적 반응

무감각, 공허감, 외로움, 고립감, 두려움, 죄책감, 수치심, 분노, 슬픔, 좌절, 절망, 안도감 등이 상실에 따른 정서적 반응의 예이다. 상실에 대한 소식을 듣게 되는 초기에 무감각해지는 것은 큰 충격을 경감시키기 위한 일종의 자기방어기제이기도 하다. 충격과 무감각이 상실로 인한 초기 반응이라고 한다면 슬픔은 가장 오랜 기간 유지되는 반응 중 하나이다. 분노도 대다수 사람이 느끼게 되는 감정 중 하나이다. 분노의 대상은 죽은 사람이 되기도 하고, 의료진, 가족, 신을 향하기도 한다. 죄책감을 느끼는 경우는 오랜 병간호로 인해 불평하는 마음을 가지고 있었다거나, 가족 문제로 다툼을 하고 난 후에 사고가 났거나, 자신의 잘못이라고 생각하는 경우에 나타날 수 있는 감정이다. 사람들은 상실

이후에 두려움과 불안이라는 감정을 경험하게 된다. 사랑하는 사람이 사망한 이 세상에서 어떻게 살아가야 할지에 대한 두려움과 불안을 느끼게 되는 것이다. 만족이나 안도감 역시 상실을 경험한 이들이 종종 느끼는 감정들이다. 예를 들면 고인이 더 이상 질병으로 인해 고통스럽지 않을 것이라고 여기는 것에서 오는 만족이나 안도감을 느낄 수 있지만, 이러한 감정들을 알아차리게 되면 사람들은 이러한 감정을 느낀 자신에 대해 놀라거나 죄책감, 모호함 등을 가지게 될 수도 있다.

3. 인지적 반응

가장 빈번하게 나타나는 초기의 인지적인 반응은 불신이다. 갑작스러운 죽음에 대한 소식을 들었을 때 사람들은 '설마' 혹은 '아니야 그럴 리 없어' 등과 같은 생각을 하게 된다. 이들은 죽음에 대한 사실을 믿지 않으려 할 뿐 아니라 정신적인 혼란을 겪는다. 일이나 학업에 집중하지 못한다거나 기억력에 일시적인 장애를 겪을 수도 있다. 혹은 반대로 일이나 학업에 몰두하게 되거나 강박적인 생각을 가지게 될 수도 있다.

4. 행동적 반응

행동적인 반응 중 가장 빈번히 나타나는 것은 외출을 삼가게 되고 혼자 있고 싶어지는 것이다. 또한, 잠을 자는 데 불편함을 느끼거나 식사를 거르는 일이 많아지기도 한다. 어떤 사람들은 죽은 사람을 떠올리게 하는 물건들을 치워버리기도 하고, 어떤 사람들은 소중한 기억들을 간직하기 위해서 그러한 물건들을 치우지 않거나 오래도록 유지하기도 한다. 눈물을 흘리거나 한숨을 쉬는 행동도 자주 보이며, 사랑하는 사람이 죽었던 장소나 병원, 무덤을 찾거나 반대로 그러한 장소를 방문하는 것을 피하는 일도 자연스러운 행동들이다. 아동의 경우 퇴행행동을 보이기도 하는데, 수유를 마친 아동이 다시 젖병을 찾는 것 등이 그 예이다. 학교를 다니는 연령대의 아동과 청소년들은 학업에 흥미를 잃고 성적이 저하되거나, 자기 파괴적인 행동을 하고, 충동적이거나 공격적인 행동을 보이기도 하고, 친구들과의 관계에 몰두하거나 반대로 단절되는 행동을 보이기도 한다.

애도상담가는 상실을 경험한 이들이 보이는 위의 네 가지 반응에 대해 숙지하고 있어야 한다. 그뿐만 아니라 이러한 반응을 보이는 것에 개별적인 차이가 있다는 것, 즉 개인마다 상실로 인한 슬픔을 표현하는 방식이 모두 다르다는 것을 잘 알고 있어야 한다.

제4절
사별 반응의 이해

죽음에 대해 연구하는 학자들은 개인적, 문화적, 종교적, 환경적 요인에 따라 사람들에게서 사별 슬픔을 표현하는 형식과 기간이 다양하게 나타난다는 것에 동의한다(Webb, 2010). 그렇다면 사별을 경험한 개인의 특정 반응에 대해 우리는 어떤 기준으로 그것이 일반적인 슬픔 반응 인지 혹은 개인의 삶을 심각하게 방해하는 복합적 슬픔 반응인지 말할 수 있을까. 두 가지의 슬픔 반응에 대해 살펴보면 다음과 같다.

1. 일반적 슬픔 반응

사별을 경험하고 난 뒤 겪게 되는 슬픔 반응은 크게 두 가지로 나누어 이해할 수 있다. 첫 번째는 일반적 슬픔 반응이다. 앞서 언급한 상실에 대한 신체적, 정서적, 인지적, 행동적 반응이 이에 해당된다. 일반적인 슬픔 반응을 보이는 개인의 경우 반드시 전문적인 상담을 받게 하거나 정신건강 전문의에게 의뢰해야 하는 것은 아니다. 일반적인 슬픔 반응을 보이는 개인은 가족이나 이웃, 주변 사람들로부터의 지지와 격려, 대화 등을 통해서 적절한 도움을 받고 완화될 수 있다.

2. 복합적 슬픔 반응

반면, 어떤 사람들은 사별 경험 이후 상실 이전의 수준으로 기능이 회복되지 못하는 상태에 머무르게 되는데, 이것이 두 번째 슬픔 반응인 복합적 반응이다. 일반적 슬픔 반응과 구분되는 개념으로 '장애가 되는 슬픔 반응' 혹은 '병리적 슬픔 반응'이라는 용어도 사용되었으나 최근 들어 사별로 인한 상실의 어려움을 해결하는 데 문제를 겪고 있는 개인을 의미하는 '복합적 슬픔 반응'이라는 용어가 등장하면서 보다 보편적으로 사용되고 있다. 복합적 슬픔 반응 용어는 성인을 대상으로 실시된 연구에서 생겨난 개념이지만, 아동 및 청소년에게도 적용 가능성이 높다(Webb, 2010).

복합적 슬픔 반응에는 네 가지의 슬픔 반응이 포함된다. 첫 번째는 만성형 슬픔 반응이다. 만성형 슬픔 반응은 과도하게 슬픔이 지속되거나 절대 만족하는 결론에 도달하지 않게 되는 것을 말한다. 만성형 슬픔 반응은 만성적 우울증, 알코올 중독을 유발할 수도 있다. 사별 이후 긴 시간이 지난 후에도 "나는 살아갈 수가 없다", "이 슬픔은 영원히 끝나지 않을 것이다", "나는 나 자신을 찾을 수가 없다" 등과 같이 느끼는 것이 그 예이다.

둘째, 지연된 슬픔 반응이다. 지연된 슬픔 반응은 연기된 슬픔 반응, 억눌린 슬픔 반응 등으로 불리기도 한다. 상실의 슬픔을 표현하는 것이 금지되거나 억압됨으로써 충분히 표현하지 못하였다가 이후에 다양한 상황에서 부적절한 모습으로 슬픔이 표현되는 것을 뜻한다. 즉, 사별 당시 어느 정도의 감정 반응은 있었으나, 충분한 감정이 아니었을 경우 혹은 사별 직후 슬픔을 표현하지 못하고 억누른 경우에 사별과 관련된 감정들이 시간이 지난 후, 혹은 예측할 수 없는 순간에 나타나게 되는 것을 의미한다. 처음에는 그다지 위험해 보이지 않는 반응들이 이후에 파괴적인 모습으로 나타날 수 있기에, 사별을 경험한 사람들이 보이는 다양한 반응들을 주의 깊게 살펴볼 필요가 있다. 관에 누워 있는 어머니의 시신을 볼 때도 아무런 느낌이 없던 여성이 어머니의 1주기가 될 무렵 갑자기 기운이 없고 회사에 가는 것조차 귀찮아졌는데, 어머니가 사망한 지 3년이 지난 뒤에야 증상의 원인이 어머니의 죽음이라는 것을 알게 되는 경우가 그 예이다.

셋째, 위장된 슬픔 반응이다. 무감각하거나 슬픔을 느끼지 못하며 이러한 증상이 상실과 연관이 있다는 사실을 본인이 깨닫지 못한다는 것이 특징이다. 사별을 경험한 사람이 자신을 힘들게 하는 여러 증상을 경험하지만, 그것이 상실과 관련된 증상이라는 것을 인정하려 하지 않는 것을 말한다. 이렇게 위장된 슬픔은 신체적 증상으로 위장되어 나타나거나, 부적응적 행동으로 위장되어 나타난다. 자아가 애도 과정의 고통을 감당할 만큼 발달이 안되었거나, 그 과정을 회피하려는 일종의 방어기제를 사용하는 경우 위장된 슬픔 반응을 보이게 된다.

넷째, 과장된 슬픔 반응이다. 슬픔의 감정에 압도되어 부적응적인 행동을 하는 것을 말한다. 죽음으로 인해 압도당하는 느낌을 가지면서 자신들이 겪고 있는 증상과 행동이 상실과 연관되어 있다는 것을 알고 있는 사람들이 보이는 반응이다. 위장된 슬픔 반응과 다른 점은 자신의 증상이 상실과 연관이 있다는 것을 개인이 안다는 점이다. 과장된 슬픔 반응은 임상적 우울증, 불안, 공포증, 알코올 중독, 약물남용, 외상 후 스트레스 장애 등의 정신장애로 나타나기도 한다.

복합적 슬픔 반응은 사별로 인한 상실에 적응하는 것에 어려움을 겪고 있는 개인에게 도움이 필요하다는 신호일 수 있다. 그러므로 애도상담가는 이러한 반응들을 민감하게 알아차리고 적절하게 개입할 수 있어야 할 것이다.

제5절
애도 과정과 중재 요인

1. 애도 과정

애도 과정은 죽음에 대한 단순한 반응으로 이해하기보다 새로운 삶에 적응해가는 과제 해결의 과정으로 보는 것이 적절하다. 따라서 사별로 인한 슬픔을 충분히 경험하는 것 즉, 충분히 애도하는 시간과 기회를 갖는 것은 필수적이다. 충분한 애도 과정이 결여될 경우 신체적·심리적·사회적 측면에서 부정적인 영향을 받게 되며, 이는 일상의 삶에 적응하는 것을 어렵게 만든다. 또한, 애도 과정의 결여는 이후 다시 상실을 경험하게 될 때 이전에 다루지 못했던 감정이 되살아나 더 격렬하게 반응할 수 있게 만드는 위험 요소가 되기도 한다.

반면 애도를 위한 충분한 기회와 시간을 가졌을 경우, 이후의 신체적·심리적·사회적 성장에 긍정적인 영향을 미치는 것으로 나타난다. 예를 들어, 부모의 죽음에 대한 애도 과정을 잘 거쳐낸 자녀의 경우 부모 죽음을 경험하지 않은 자녀에 비해 삶에 대해 감사하는 태도를 가지며, 영적·정신적 성숙을 보이고, 대인 관계 측면에서 배려심의 증가 및 정서적 성숙을 경험하는 것으로 보고된다. 즉, 개인이 애도 과정을 어떻게 경험하느냐에 따라서 사별이 고통스러운 상실로만 남을 수도 있고, 반대로 상실 이후 아프고 고통스러운 경험으로부터 회복뿐만 아니라 성숙과 성장을 이끌 수도 있음을 의미한다.

이와 관련하여 이규민(2014)은 애도 과정을 애도 전기, 애도 중기, 애도 후기의 세 가지 시기로 나누고 있다. 애도상담을 통해 애도 전기에는 현재 사항을 파악하고 이해하며 유족을 보호하는 방안을 모색하고, 애도 중기에는 죽음을 경험한 개인이 정서적으로 수용하고 고인과의 관계를 재설정하도록 돕는 것이 필요하다고 설명한다. 애도 후기에는 새로운 관계와 정체성을 수립하고, 정상적인 일상을 지속하면서도 간헐적으로 떠오르는 과거의 기억과 고통을 감내하도록 지원해야 한다고 제시하고 있다.

2. 애도 과정에 영향을 미치는 중재 요인

사별을 경험한 이들 중 일부는 애도 과정을 마치고 난 후 생활에 건강하게 재적응을 하게 되고, 또 다른 일부는 이에 어려움을 겪고 지속적인 정서적·행동적 문제들을 보이는 모습이 관찰되면서 근래에는 개인의 애도 과정에 영향을 미치는 요인들이 무엇인지 파악하려는 연구가 주요한 연구 주제로 떠오르고 있다. 지금까지의 연구 결과들을 종합적으로 살펴보면 애도 과정에 영향을 미치는 요인은 개인적 요인, 죽음과 관련된 요인, 환경적 요인 세 가지로 나누어 볼 수 있다.

(1) 개인적 요인

① 대처 기제

대처란 스트레스 사건과 적응을 중재하는 핵심 기제로써, 개인의 수용 능력을 위협하는 것으로 평가되는 내적·외적 요구들을 다루기 위해 지속되는 인지적·행동적 노력을 의미한다. 특히 개인이 스트레스 요인을 제거하고 위기 상황에 적응하기 위해 다양한 방법을 사용하게 되는데, 이때 사용되는 방법을 대처 기제라고 한다. 대처 기제는 크게 문제 해결적 대처 기제와 정서적 대처 기제로 구분된다. 문제 해결적 대처 기제는 개인이 문제 되는 사람이나 환경에 작용을 가함으로써 문제를 일으키는 사람과 환경 간의 관계를 변화시키고자 하는 대처전략을 일컫는다. 정서적 대처 기제는 스트레스 원인을 회피하거나 인지적으로 재구성하고, 자아와 상황의 긍정적 측면만 선별하여 정서 상태를 통제하려는 노력이다. 정서적 대처 기제는 일시적인 스트레스 극복에는 효과적이지만, 장기적으로는 자기기만 및 현실 왜곡을 내포하는 반응이므로, 이후 스트레스 극복에 방해가 될 수 있다. 실제로 부모 사별을 경험한 청소년들의 경우 정서적 대처 기제를 사용하는 청소년은 사별 이후 낮은 적응 수준을 보이는 것으로 보고되고 있다(Wolchik et al., 2008-2009).

② 자아존중감

많은 연구들에서 자아존중감이 높은 개인은 사별로 인한 스트레스에 효과적으로 대처한다고 보고되고 있다. 선행연구들에 의하면 사별을 경험한 개인의 자아존중감은 사별 직후 다소 낮아지나, 이후 자아존중감이 향상되면서 자신이 사별 경험으로 인해 성장하게 되었다고 인식하게 되며, 사별로 인한 슬픔의 수준 역시 낮아지는 것으로 나타났고, 동기부여 수준을 유지하는 것으로 설명되고 있다. 연구자들은 개인의 자아존중감 수준이 높은 경우, 갑작스러운 죽음이 가져오는 부정적인 영향력을 경감시키고, 삶의 질 수준을 높이 평가할 수 있도록 작용하게 된다고 본다. 갑작스러운 죽음이 예기되었던 사건은 아니지만, 자아존중감이 높은 개인은 자신이 이를 다룰 수 있다고 여기는 정도가 높기에 사별 이후의 긍정적인 적응이 가능해진다고 보는 것이다.

③ 영적 안녕감

영성은 개인적인 의미와 상호의미를 지니는 인간관계, 환경, 그리고 신 혹은 초월자에 대한 인간의 추구라고 표현될 수 있다. 영성의 의미는 종교에서 추구하는 신앙심과 유사하지만, 무신론자 입장에서도 인간성 가운데 보편적으로 내재해 있다고 이해할 수 있다(Canda, 1998). 영적 안녕감이란 인간의 영적 본성을 최대한 계발시키는 능력이며, 총체적으로 인간에게 영향을 미치는 삶의 원리와 동등한 것으로 시간과 공간을 초월하여 존재하는 절대자, 최고의 가치, 자신, 이웃 환경과의 관계에서 조화된 삶을 영위하는 것으로써 사람의 내적 자원이 총체적으로 건강한 상태를 말한다.

선행연구들을 통해 스트레스 사건 특히 사랑하는 사람의 죽음, 학대 등의 트라우마를 경험한 이후, 이를 극복하는 과정에서 극복할 수 없는 것으로 여겨지는 여러 가지 장애물들을 해결해 나가는 데 영적 안녕감이 중요한 역할을 한다는 것이 밝혀지고 있다. 영적 안녕감은 역경을 개인의 성장과 발전을 위한 기회로 보는 가능성을 허용하고, 불가해한 것을 이해하기 위한 맥락을 제공한다. 또한, 자기 수용과 다른 사람에 대한 관용에 기초를 제공하고, 고난에 직면하여 희망을 얻고 확신을 찾는 능력과 연결된다는 점에서 일상의 어려움을 극복하는 매우 주요한 수단으로 기능한다. 이뿐만 아니라 삶의 분명한 목적과 방향을 제시해 줌으로써 개인적인 삶의 위기 상황에서 정서적 안정감을 주는 자원 역할을 하고, 안녕과 건강을 위협하는 중대한 삶의 사건들 속에서 영적 고뇌를 극복하도록 돕는 촉진자 역할을 할 수 있다(오복자·강경아, 2000).

④ 죽음 및 상실과 관련된 이전 경험

개인에게 누적되어 온 죽음 및 상실과 관련된 경험들은 다시 발생한 죽음 및 상실을 애도하는 과정에 영향을 미치게 된다. 죽음 및 상실과 관련된 이전 경험을 잘 다루어 보았던 사람이라면 다시 맞닥뜨리게 된 죽음 및 상실 앞에서 어느 정도의 자신감과 유능감을 가질 수 있다. 그러나 이전에 죽음 및 상실을 다루면서 어려움을 느꼈던 사람이라면, 또다시 죽음 및 상실을 경험하게 되었을 때 과거의 경험과 관련된 슬픔을 되씹고 다시 다루면서 더 많은 문제를 겪게 될 수도 있다(Webb, 2010).

(2) 죽음과 관련된 요인

① 죽음의 유형

첫째, 예기된 죽음이었는지 혹은 갑작스러운 죽음이었는지가 애도 과정에 영향을 미친다. 예기된 죽음의 경우, 가족들이나 주변 사람들이 죽음을 예상하고 준비할 수 있다. 반면 질환으로 인해 오랜 시간 병간호를 하면서 죽음을 준비해 왔던 가족들의 경우 신체적·정서적·경제적 자원이 고갈되어 사망 이후 새롭게 발생하는 문제들을 다루는 데 한계가 발생하고 이로 인해 적응 문제들이 발생한다는 결과가 보고되기도 한다. 갑작스러운 죽음일 경우 더 깊고 오래 슬픔을 느끼게 되며, 자신의 안전에 대한 믿음도 흔들리게 되어, 적응 과정에 어려움이 발생할 수 있는 것으로 알려져 있다. 또한, 사망한 사람과의 미해결된 관계들로 인해 고통의 시간을 경험하게 될 수도 있다.

둘째, 폭력이나 외상의 유무가 애도 과정에 영향을 준다. 폭력이나 외상이 포함된 죽음이라면 그것을 경험한 개인은 높은 수준의 불안감을 느끼게 되고, 높은 불안감은 애도 과정에 장애물로 작용하여 적응에 어려움을 겪게 된다.

셋째, 죽음의 유형과 관련하여 중요하게 고려할 또 다른 사항은 죽음과 낙인의 관련 여부이다. 낙인이 찍힐 수 있는 죽음의 예는 자살, AIDS, 약물남용, 살인 등으로 인한 죽음이다. 낙인과 관련된 죽음의 경우, 사별을 경험한 사람들은 '사회적으로 인정받지 못하는 슬픔'을 경험하면서 수치심과 죄책감, 박탈감, 분노를 느끼게 되고 복합적 슬픔 반응을 보이게 될 수 있다.

② 죽은 사람과의 접촉

죽음이 발생할 당시에 그 자리에 있을 것, 시신을 보는 것, 장례식, 49제, 1주기 등의 각종 의례에 참여하는 것, 묘소를 찾아가는 것 등의 접촉 여부는 애도 과정에 영향을 준다. 위에서 예를 든 접촉 기회를 얻게 되면 개인은 죽음과 관련한 정확한 정보를 얻게 되고, 죽은 사람에게 마지막으로 작별을 고할 수 있으며, 누구도 통제할 수 없는 죽음이라는 상황에서 개인적으로 무언가를 실행했다고 여길 수 있기에 애도 과정에 영향을 미치게 된다.

③ 죽은 사람과의 관계

죽은 사람과의 관계가 가까웠을수록 살아있는 사람이 받게 되는 영향은 더 커진다. 사별자와 관계가 질적으로 좋았던 경우에는 애도 과정에서 고인을 추억하며 자연스럽게 애도하는 과정을 통해 건강한 사별을 할 수 있지만, 이전 관계가 소원했거나 부정적인 감정이 많은 경우에는 이러한 추억의 과정이 오히려 더 큰 죄책감을 불러일으키거나 슬픔을 회피하게 하는 요인이 될 수 있을 것이다. 후자의 경우에 야기되는 죄책감은 일반적으로 가까운 사람을 상실한 사람이 겪게 되는 일반적인 수준의 죄책감과 분노의 감정보다 더 깊고 치명적인 정서가 되어 남은 이들을 계속해서 힘들게 하는 요인이 될 수 있다. 따라서 죽은 사람과 개인이 맺었던 독특한 관계에 따라 상실이 갖는 개인적인 의미를 고려하는 것은 매우 중요하다.

(3) 환경적 요인

애도 과정에 영향을 미치는 환경적 요인으로는 죽음을 대하는 가족과 사회의 문화를 포함하여 가족 간 의사소통 유형, 사회적 지지, 부정적 생활사건 등이 해당된다.

① 가족 간의 의사소통

죽음에 대한 가족 구성원 간의 의사소통은 개인이 죽음에 적응하고 성장을 돕는 데 중요한 요인이 된다(Webb, 2010). 가족 구성원이 서로의 생각이나 감정에 대해 지지적으로 정보를 교환하고, 죽음에 대해 자연스럽게 이야기를 나눌 수 있는 개방적 의사소통 유형은 애도 과정에 긍정적인 영향을 미친다. 누구나 자신의 감정이나 어려움 등에 대해 말할 수 있고, 자신의 감정을 인정받고 지지받을 수 있는 환경이 조성되기 때문이다. 부모 사별 이후 자신을 스스로 가치 있고 정서적으로 안정되어 있다고 평가한 성인들을 대상으로 진행된 연구 결과, 자신들이 남아있는 부모와 좋은 관계를 유지하였고, 공개적이고 정직하게 감정이나 생각의 변화를 공유하는 데 익숙하며, 사별한 부모나 죽음의 환경에 대한 질문들도 자연스럽게 할 수 있었다는 특징이 발견된다(Russel, 1999). 반면 가족 구성원 간의 폐쇄적이고 역기능적인 의사소통은 가족 간의 갈등을 만들고 우울 수준을 높이는 것으로 알려져 있다. 실제로 배우자가 암으로 사망한 성인과 그 자녀를 대상으로 진행된 연구 결과, 남은 부모와 자녀 간의 의사소통이 활발할 경우 갈등을 효과적으로 해결할 수 있게 되고, 더 높은 수준의 사회적 적응을 보였으며, 우울과 스트레스 수준은 낮아진다는 것이 밝혀졌다. 가족 간의 의사소통 수준 증진을 목적으로 하는 프로그램에 참여한 사별 가족의 경우도 프로그램에 참여하지 않은 가족에 비해 사별 이후 적응이 긍정적인 모습으로 나타났다고 보고되었다(Burns, 2010).

② 사회적 지지

사회적 지지란 개인 혹은 집단과의 공식적·비공식적 만남을 통해 위로와 지원, 정보를 얻는 것을 뜻하고, 이것을 개인이 인지하는 수준을 통해 측정된다. 선행연구들을 통해 죽음을 경험한 개인이 가족 이외의 이웃이나 또래와의 친밀한 관계를 활용하여 죽음에 대해 이야기를 할 수 있도록 사회적 지지체계를 구축하고 활용하는 것은, 죽음이라는 위기 사건의 영향을 완충시킬 수 있는 중요한 요인 중 하나로 손꼽히고 있다. 사회적 지지체계는 죽음을 경험한 이들이 그들이 혼자가 아니고, 자신의 상실에 관심을 가지고 도우려는 사람들이 있으며, 도움이 필요할 때는 언제든지 원하는 도움을 얻을 수 있다는 생각을 하게 한다. 또한, 사회적 지지는 정서적인 스트레스를 감소시키고, 사별로 인한 부정적 영향력을 완충시키는 역할을 한다. 다양한 죽음과 상실 상황에 따른 구조적·비구조적 자조집단이 사회적 지지의 예이다. 실제로 배우자의 죽음 이후 성공적으로 적응하면서 적응유연성을 보이는 가족들을 대상으로 진행된 연구 결과를 보면 확대가족이나 친구의 지지, 종교 활동으로부터의 지지 등과 같은 환경적 지지가 주요한 영향을 미치는 것으로 확인된다(Greeff & Human, 2004). 노인들 역시 사회적 지지 수준이 높다고 여기는 사람들의 경우 우울이 감소하는 것으로 나타나(김승연 외, 2007) 애도 과정에 있어 사회적 지지가 중요한 역할을 한다는 것을 알 수 있다.

③ 부정적 생활사건

사별 경험 여부 자체가 개인의 애도 과정에서 결정적인 역할을 하는 것은 아니다(Noppe & Noppe, 2004). 그보다 사망 사건이 발생한 이후 개인의 삶에 영향을 미치는 다양한 변화들 즉, 경제적 수준의 변화, 역할의 변화, 이사, 가족들의 스트레스 등과 같은 생활사건들이 애도 과정에 어려움을 발생시키게 되고, 일상생활을 예측할 수 없거나 변화가 심한 경우 역시 애도 과정에 부정적인 영향을 미치게 된다. 죽음과 같은 주요한 스트레스 사건들은 특성상 그 영향이 요원하며 발생 시간과 근접해서 발생한 부정적인 생활사건들이 죽음의 영향을 증가시키게 된다. 이때 개인의 자원과 환경 자원들은 이와 같은 부정적 생활사건의 영향에 작용하는 기제들을 형성하게 된다. 다시 말해 죽음과 같은 주요 생활사건에 뒤따르는 부정적 생활사건들과 자원 간의 역동적인 상호관계가 이후 애도 과정에 영향을 주게 되는 것이다.

죽음과 상실이라는 사건이 스트레스 사건임에는 분명하다. 그러나 그것이 반드시 개인에게 문제를 유발하는 것은 아니다. 애도상담가는 개인과 개인을 둘러싼 환경체계를 동시에 고려하는 생태체계적 관점을 갖추고, 어떠한 요인들에 영향을 받아 개인이 문제상황에 처하게 되는지 그 상호작용을 이해하고 있는 것이 매우 중요하다. 이는 애도상담을 통해 개인의 애도 과정에 긍정적인 영향을 미칠 수 있는 요인들을 강화하고 생동시키는 방안을 모색하는 동시에, 개인의 애도 과정에 부정적인 영향을 미칠 수 있는 요인들을 감소시키고 예방하는 역할을 할 수 있기 때문이다.

제6절
좋은 애도를 위한 전략들

셰익스피어는 그의 4대 비극 중 하나인 맥베스에서 "슬픈 말이라도 하세요. 말하지 않은 슬픔은 괴로운 가슴에 속삭여 그것을 갈기갈기 부숴 버릴 테니까요"라고 말한다. 사랑하는 사람의 죽음 혹은 의미 있고 중요한 것의 상실 앞에서 우리는 그것을 덮어두거나 회피하기보다 애도해야 한다. 다양한 형태의 상실로 인한 신체적, 정서적, 인지적, 행동적 어려움을 잘 다루고, 상실의 의미를 찾아가는 애도의 과정을 거칠 수 있어야 한다. 상실의 경험이 제대로 다루어지지 못하면 그것은 개인의 신체적, 심리적 건강뿐만 아니라 이후의 생활에도 지속적인 영향을 미치게 된다.

따라서 이 과정에서 애도상담가가 좋은 애도를 위한 전략들에 대해서 알아두는 것은 애도 과정 중에 있는 개인과 가족에게 효과적으로 개입하는 것에 도움이 될 것이다. 이와 관련하여 알렌 휴 콜(Allan Hugh Cole)은 좋은 애도를 위한 전략들을 다음과 같이 제시하였다(윤득형, 2015).

- 상실이 일어났다는 사실과 그 빈 자리를 안고 삶을 지속해야 한다는 사실을 지속해서 자기 자신에게 말하라. 죽음이라는 말을 사용하는 것을 피하지 말라.
- 당신에게 위로와 힘이 되는 다양한 의례를 활용하라. 장례뿐 아니라 가족만의 고유한 추모 의례나 추모 활동을 만들어 보라.
- 목회자와 신앙공동체 혹은 신뢰할 만한 친구들에게 도움을 구하라. 정기적인 방문을 요청해도 좋고, 감정이 힘든 시기라 할지라도 언제든지 마음의 문을 열어라.
- 혼자 있게 되는 것을 두려워 마라. 좋은 애도를 위해 혼자 있는 시간은 꼭 필요하다. 일상의 삶과 사람들에게서 떨어져 자신의 감정과 생각을 정리하고 충전할 시간이 필요하다.
- 당신의 감정, 생각, 행동을 지속해서 확인하고, 변화를 평가해 보라. 가령 1~5점 척도를 사용하여 자신의 슬픔, 분노, 두려움 등의 감정이 어느 단계인지를 확인하면 자신을 객관적으로 평가하고 이해할 수 있게 된다.
- 사실에 적응하기 위해 필요한 변화를 인지하고 우선순위를 매기라. 하지만 너무 급한 변화를 추구하는 것은 바람직하지 못한 방법이다. 따라서 한두 가지 꼭 필요한 변화를 우선시하는

것이 좋다.
- 애도를 위한 자신만의 장소를 마련하라. 가까운 집이나 교회, 바닷가나 호숫가 같은 곳일 수도 있고, 특정한 장소에서의 낚시, 등산, 하이킹 등의 활동도 될 수 있다.
- 새로운 기회, 관심, 역할, 관계, 목표 등이 줄 수 있는 유익함을 생각해 보라. 상실을 통해 때로는 새로운 변화를 추구할 수 있다. 삶의 새로운 가치와 의미 방향 등을 깨달을 수 있다. 또한, 새로운 삶의 헌신을 가져올 수 있다.
- 당신은 자신만의 구별된 방법으로 애도하게 될 것이라는 사실을 상기하라. 모든 사람은 각기 자신만의 방식으로 애도한다. 다른 사람과 비교할 필요가 없다.
- 하나님에 대한 신앙을 더 깊이 하도록 애쓰라.

제7절 나가는 말

　이 장에서는 죽음교육 강사로서 이해하고 숙지해야 하는 상실 및 애도상담과 관련된 기본 개념을 학습하였다. 첫째, 애도상담의 기본 개념 중 사별, 비탄, 애도, 상실의 개념에 대해 학습하였다. 둘째, 대상별 사별 경험을 부모, 형제자매, 배우자, 자녀, 반려동물로 구분하여 학습하였다. 셋째, 상실에 따른 반응을 신체적, 정서적, 인지적, 행동적 반응으로 나누어 이해하였고, 이러한 반응들이 매우 자연스럽고 일반적인 것임을 학습하였다. 넷째, 일반적 사별 반응과 복합적 사별 반응에 대해 학습하였다. 다섯째, 애도 과정에 영향을 미치는 중재 요인을 개인적 요인, 죽음과 관련된 요인, 환경적 요인으로 구분하여 학습하였다. 마지막으로 좋은 애도를 위한 몇 가지 전략들을 익혀보았다.

　애도는 인간이라면 누구나 겪게 되는 보편적인 경험이다. 동시에 각 개인이 경험하는 상실의 유형, 애도 과정에 영향을 미치는 개인적 요인, 죽음 유형 요인, 환경적 요인 등의 영향을 받아 개별화되어 나타나는 독특한 경험이다. 뿐만 아니라 애도 과정을 통해 상실 이후 삶이 재구성되고 신념과 가치가 변화할 수 있는 복합적인 반응임을 고려할 때, 그 특수성에 요구되는 애도상담자의 세부적인 지식과 치료 기술, 태도를 익히는 것은 매우 중요한 일이다.

　죽음교육 강사는 삶과 죽음의 의미와 가치 창출을 위해 죽음 관련 지식 및 활용 능력을 갖추고 개인, 가족, 지역사회 등을 대상으로 의미 있는 삶과 죽음에 대한 교육·강의·상담 등의 업무를 수행하게 된다. 특히 상실과 애도에 대한 상담을 진행할 때, 죽음교육 강사는 본 장에 기록된 지식을 습득하고, 그것을 현장에서 적절하게 활용하는 기술을 연마함으로써 애도 과정 중에 있는 당사자들을 바르게 도울 수 있는 준비를 하게 될 것이다. 준비된 죽음교육 강사는 누구도 피할 수 없는 상실과 애도의 과정을 걷는 이들의 손을 잡고 함께 그 길을 걸어갈 수 있을 것이다.

제11장
상담 평가와 개입

양준석

　평가와 개입에서는 죽음교육 실행가로서 죽음 관련 문제들에 대한 평가와 개입을 위해 임종자, 가족, 사별 가족 등의 심리와 임상적인 문제들을 평가, 진단을 하며 이에 기반하여 개입하기 위한 틀과 실제 임상적 적용을 학습한다. 평가와 개입의 교육 목표는 죽음 관련의 심리적인 문제들에 대한 진단과 평가의 개념을 익히고, 사별 경험 관련의 다양한 개입 방식과 이론에 대해 정리를 하며, 생애 발달 과정에 따른 사별 경험의 특징과 평가와 개입을 이해하는 것이다.

──────────

Key word : 평가, 개입, 진단, 임상적 적용, 생애 발달 과정, 죽음, 사별

제1절
평가와 검사의 이해

애착과 의존 정도가 심할수록 사별 경험은 함께했던 삶을 잃어버린 상실감으로 인해 시간과 공간, 사람에 대해 '멈춤 현상'에 직면한다. 바삐 움직이는 일상 속에서 무엇을 해야 할지 모른 채 관성대로 움직이거나 지난 시간을 반추하면서 살아간다. 마냥 시간이 흐른다고 상실의 슬픔이 해결되는 것은 아니다. 오히려 시간이 지날수록 더 큰 무게감과 압박으로 삶을 송두리째 바꿔놓기도 한다.

현대적 관점에서 사별 경험은 더 이상 자연스러운 과정으로 치부될 수 없으며, 사별 경험에 따른 여러 증상들에 대한 평가와 진단이 필요하다. 이에 죽음 관련 임종자, 가족, 유족 등의 심리상태를 평가, 진단하기 위한 기초적 개념과 생애주기별 대상에 따른 개입에 대해 정리하고자 한다.

1. 평가, 검사, 측정의 개념

평가(assesments)는 대상자의 문제를 확인하고 해결하기 위한 과정으로, 사별 경험 관련 정보를 수집하고 수집된 정보를 종합하여 개인에 대한 최종적인 해석과 판단을 내리는 과정이다. 평가는 검사(test), 관찰(observation), 면담(interview)을 통한 정보를 분석 종합하여 임상적 지식을 통해 진단(diagnosis)하는 과정으로 절차, 과정, 결과의 측면이 강하다.

검사(test)는 사별 경험 관련 현상을 관찰하고 척도나 유목을 사용하여 그것을 기술하기 위한 체계적 절차(황정규, 1990)로 평가에서 매우 중요한 역할을 차지하고 있다. 검사는 피검자의 성격, 인지적, 정서적, 행동적, 관계적 표본을 표준화되고 체계화된 방식으로 수량화하여 측정하는 것으로 도구적 측면이 강하다.

측정(measurement)은 사별 경험 관련 피검자의 특정한 속성에 대해 숫자를 부여하는 것으로 '양적 또는 수량적 자료(지필검사 점수, 척도 점수)를 수집하는 과정'으로 정의된다(이승희, 2010). 측정은 개념적 정의에 따라 조작적으로 정의한 규칙에 따라 수량화하는 것으로 측정 결과는 평가를 위한 정보로 제공하며, 측정의 질은 타당도, 신뢰도, 객관도, 실용도 등의 준거에 따라 평가된다(한국교육평가학회, 2004).

2. 평가의 목적

평가의 목적은 사별 경험 관련 위험성을 식별하여 적절한 개입을 위한 방안을 마련하기 위한 것이다. 평가의 요소 중 심리검사의 목적을 Talbott(1988)은 다음과 같이 기술하고 있다.

첫째, 임상적 진단을 명료화하고 세분화한다.
둘째, 증상과 문제의 심각도를 구체화한다.
셋째, 피검자의 자아 강도를 평가한다.
넷째, 인지적 기능을 측정한다.
다섯째, 적절한 치료유형을 제시한다.
여섯째, 치료전략을 기술한다.
일곱째, 피검자를 치료적 관계로 인도하며 자아강도와 문제영역을 인식하도록 돕는다.
여덟째, 치료적 반응을 검토하고 치료효과를 평가한다.
아홉째, 피검자의 정신역동적 진단을 명료화한다.

물론 이러한 목적을 위해 다양한 수행을 해야 하지만, 중요한 것은 임상적 진단과 자아 강도 평가를 통한 적절한 치료유형과 개입의 전략을 기술하는 것이라 할 수 있다. 예를 들면 사별 경험에 따라 어떤 사람은 우울장애(depressive disorder), 불안장애(anxeity disorder), 외상 후 스트레스 장애(post-traumatic stress disorder, PTSD), 지속성 복합사별장애((persistent complex bereavement disorder) 등을 경험할 수 있다. 이 경우 현재 경험하고 있는 증상들이 어떤 장애에 속하는지 세부적으로 감별해야 한다. 또한 치료기법의 발달에 따라 보다 세분화된 치료기법이 활용될 수 있으므로 평가는 피검자의 임상적 특징을 기초로 하여 어떤 치료가 보다 효과적인지 제언하여야 한다. 예를 들면, 피검자의 우울장애가 인지적 장애를 동반하는 경우라면 인지적 치료가 특정하게 추천되어야 하며, 만약 우울장애에 특정한 행동장애가 동반하는 경우라면 행동치료가 처방될 수 있을 것이다.

3. 평가 시 고려할 사항

평가는 사별 경험에 따른 개인들의 상황(situation)과 특성(characteristic)에 대한 자료수집과 진단을 포함하는 과정으로 공식적 절차와 비공식적 절차 모두를 사용하게 된다. 공식적 절차는 표준화된 평가도구, 지시문, 실시 절차, 해석 등을 제공하고 피검자가 속한 집단에서 통계적 규준에 의한 상대적 비교를 통해 정상과 이상을 구분할 수 있다. 이를 통해 검사 실시 환경 또는 상황을 일정하게 함으로써 행동적 특성에 대한 영향력을 추정할 수 있다. 이에 비해 비공식적 절차는 표준화된 평가도구나 절차가 없는 것으로 비체계적 면담이나 관찰 등을 통해 자료 등을 수집하는 것이다.

공식적 절차나 비공식적 절차에 의해 수집된 자료는 우울이나 불안, PTSD, 지속성 복합 사별장애 등 진단적 의미를 가진 진단명으로 기술된다. 다만 진단적 기술은 절대적 의미를 갖는 것이 아닌 가설적 개념으로 추정될 수 있을 뿐이다. 왜냐하면 진단은 각각의 이론적 입장에 따라 다르게 해석되기 때문이다. 물론 진단이 의미를 갖기 위해서는 진단과 실제 증상이 얼마나 잘 부합되느냐와 피검자가 임상적 진단에 얼마나 동의하느냐에 달려 있다. 이를 위해 평가의 목적을 분명히 하고, 그러한 목적 달성에 적절한 검사를 선정하는 것이 필요하다. 검사 도구 선정 시 몇 가지 고려해야 할 사항을 정리하면 다음과 같다.

첫째, 검사의 신뢰도를 검토해야 한다. 신뢰도는 검사 결과의 일관성으로 피검자에게 동일한 검사를 실시할 경우 측정 결과가 일관적인 결과를 띈다는 것으로 검사자의 의사결정을 돕기 위해 그 결과는 반드시 신뢰성을 확보해야 한다.

둘째, 검사의 타당도를 확보해야 한다. 타당도는 본래 그 검사가 측정하고자 하는 바를 잘 측정하는가의 문제로 검사 도구가 무엇을 재고 있느냐에 대한 능력과 특성적 개념을 반영하는 것이다.

셋째, 검사의 실용도를 고려해야 한다. 실용도는 평가도구를 시간과 정력을 적게 들이고 소기의 목적을 달성할 수 있느냐의 정도를 말한다.

넷째, 검사의 객관도를 고려해야 한다. 객관도는 측정의 결과에 대한 여러 검사자가 어느 정도 일치된 평가를 하느냐를 말한다.

다섯째, 검사의 선택은 검사실시의 목적이나 연령, 학력 등 대상에게 적합한 검사를 선택하여야 한다.

4. 신뢰도와 타당도에 영향을 미치는 요인

신뢰도에 영향을 미치는 요인은 다음과 같다.

첫째, 검사지시가 표준화되어 있지 않으면, 검사지시 내용의 변화에 따라 결과에 영향을 미쳐 측정 오류가 일어나 신뢰도에 영향을 미친다.

둘째, 검사 채점 과정에서 실수가 있을 때, 신뢰도에 영향을 미친다.

셋째, 측정의 주관성이 개입되면 신뢰도가 낮아진다. 주관적인 평가가 신뢰로운 경우는 명백하게 측정할 수 있는 행동을 관찰하는 경우로 제한되며, 복잡한 특성을 단순한 몇 가지 특성에만 맞추어 측정할 때 신뢰도의 문제가 생긴다.

넷째, 검사 실시 환경조건이 신뢰도에 영향을 줄 수 있으므로, 가능한 한 동일한 조건에서 검사가 실시되어야 한다.

다섯째, 검사의 대상(혹은 개인차)과 문항 수의 많고 적음에 따라 신뢰도에 영향을 미친다.

여섯째, 문항 반응 수(예: Likert의 5점, 7점 척도)와 검사유형(예: Speed 또는 Power test)에 따라 달라진다. 이와 같은 심리검사 도구의 신뢰도는 검사 상황, 평가자, 피검자의 특징에 따라 영향받게 된다.

타당도에 영향을 미치는 요인은 다음과 같다.

첫째, 검사 목적에 따른 측정될 행동 영역과 부합되지 못할 때, 타당도에 영향을 미친다.

둘째, 심리적 구성개념이 반영되지 못할 때, 타당도는 낮아진다.

셋째, 작은 표본일 때, 표집오차는 커지고 추론 절차의 통계적 검증력은 감소하여 타당도에 영향을 미칠 수 있다.

넷째, 신뢰도가 낮을 때, 문항 수가 적을 때도 타당도에 영향을 미친다.

다섯째, 검사 도구 및 그 내용, 환경적 요인, 개인적 요인, 사회적 요청, 검사자의 편견도 타당도에 영향을 미치게 된다.

신뢰도와 타당도의 관계에서 타당도 계수는 한 검사의 신뢰도 계수의 제곱근을 초과하지 못한다. 따라서 신뢰도가 낮으면 타당도는 이에 비례해서 낮아지기 때문에, 신뢰도는 타당도의 선행조건이 된다. 따라서 신뢰도 없이 타당도가 높은 검사 도구는 존재할 수 없다.

제2절 진단과 분류

1. 정상과 이상의 분류기준

어떤 증상(symptom)에 대해 정상(normality)과 정신장애(mental disorder)를 구분하는 것은 매우 중요하다. 평가 과정을 통해 특정 장애에 적합한 치료적 기법을 사용할 수 있고, 치료 프로그램의 효과도 평가할 수 있기 때문이다. 실제 사별 경험으로 오는 많은 내담자들은 자신들이 경험하고 있는 상태에 대해 진단을 요구하거나 치료자들도 평가의 틀 범주 안에서 내담자를 진단해야 하기 때문이다. 물론 관점에 따라 정상과 이상은 정도의 차이만 존재할 뿐이라는 주장도 있지만 이들을 판별하는 몇 가지 기준이 존재한다.

첫째, 심리적, 주관적 불편감과 개인적 고통을 호소하는 경우로 불안, 우울, 비애, 분노, 절망 등의 심리적 고통이 이에 해당한다.
둘째, 부적응적 행동이나 적응적 기능의 저하 및 손상으로 사회적, 직업적, 대인 관계적 기능의 손상이 이에 해당한다.
셋째, 사회문화적 규범 혹은 기준에 어긋나거나 행동으로 사회적 상황에서 따라야 할 규범에서의 일탈행위 등이 이에 해당한다.
넷째, 통계적 규준의 일탈로 평균에서 2표준편차 이상 일탈된 경우, 이상행동으로 규정하는 것이 일반적이다. 하지만 이러한 기준도 이상과 정상을 구분하는 완벽한 판별기준에 미치지 못한다는 여러 비판이 있기에 여러 기준을 복합적으로 고려하여 이상행동을 판단해야 한다.

관련해서 정신장애와 관련된 용어를 정리해보면 다음과 같다.

- 증상(symptom) : 질병의 부정적 현상과 체험으로 불평하는 항목이나 의심되는 행동 등을 말한다.
- 증후군(symdrome) : 여러 증상들의 집합체를 말한다.

- 장애(disorder) : 이상행동이나 증상들로 구성된 증후군을 말한다.
- 역학(epidemiology) : 특정 정신장애에 대한 유병률, 발병률, 위험 요인 등에 대한 연구 등을 말한다.
- 유병률(prevalence) : 전체 인구 중 특정 정신장애를 지니고 있는 사람들의 비율 등을 말하며 시점유병률, 기간유병률, 평생유병률 등으로 나누어진다.
- 발병률(incidence) : 일정 기간 특정한 정신장애를 새롭게 지니게 된 사람의 비율 등을 말한다.
- 위험 요인(risk factor) : 어떤 특성을 지닌 사람들이 어떤 정신장애에 취약한 요인 등을 말한다.

2. 진단의 개념

진단은 질병과 건강, 정상과 이상을 식별하는 작업으로 평가 과정의 일부이며 개인이 보이는 증상을 토대로 임상적 문제를 범주화하고 확인하는 것이다. 진단에는 의학적 진단(medical diagnosis), 심리적 진단(psychological diagnosis), 감별 진단(differential diagnosis)으로 나눌 수 있다.

의학적 진단은 신체 증상들을 조사해 질병의 유형을 범주화하고 이를 통해 질병의 인과성을 추론하여 적절한 처방을 내리는 과정이 포함된다.

심리적 진단은 정서나 행동 문제들을 확인하고 이를 토대로 개인의 심리적 상태를 기술하고 이 과정에서 개인의 정서적, 인지적, 행동적, 관계적 문제의 인과성을 추론하여 심리적 개입방안을 제안하는 과정이 포함된다.

감별 진단은 개인이 고통받고 있는 증상들에 대해 두 가지 이상의 적합한 진단을 비교하여 결정하는 것으로 세계보건기구의 『국제질병분류체계 11판(International Classification of Diseases 11ed, ICD-11』과 미국 정신의학회의 『정신장애 진단 통계편람 5판(Diagnostic and Statistical Manual of Mental Disorders-5ed, DSM-5』를 사용하고 있는데 보통 DSM-5를 가장 많이 사용하고 있다.

사별 경험 연구자들은 사별 경험에 따라 정상적 비탄(normal grief)과 병리적 비탄(pathological grief)으로 구분하는데, 정상과 병리적 비탄의 핵심적 차이는 비탄 반응의 강도와 지속시간이다. 특히 사별 경험 관련 병리적 비탄 반응이 동시다발적으로 나타나 부적응 상태에 빠져드는 것을 복합적 사별증후군(complicated bereavement syndrome)이라 한다(Prigerson et al., 1995; Shear et al., 2005). DSM-5에서는 '달리 명시된 외상 후 스트레스 관련 장애(Other Specified Trauma-and Stressor-Related Disorder)'에서 복합적 사별증후군이 1년 이상 장기간 지속 될 경우, 지속성 복합 사별장애(Persistent Complex Bereavement Disorder)로 지칭하면서 이후 연구를 통해 공식적 정신장애로 편입될 후보군으로 올려놓았다(권석만, 2019).

3. 분류 목적과 방법

정신장애는 다양하고 개인마다 독특하게 나타나기에, 이를 분류하는 것은 복잡하고 독특한 개인의 임상적 증상과 현상들을 이해하기 쉽게 정리하는 과정이라 할 수 있다. 분류의 장점은 다음과 같다.

첫째, 해당 분야의 전문가들이 공인할 수 있는 용어를 정의함으로써 전문가들 간의 효과적인 의사소통과 불필요한 혼란과 모호함을 감소시킬 수 있다.

둘째, 연구 결과와 임상적 지식을 축적하고 체계화함으로써 효과적인 정보 제공과 과학적 연구와 이론 개발을 위한 기초를 제공할 수 있다.

셋째, 환자들 간의 유사성과 차이점을 인식하여 감별진단에 기여할 수 있다.

넷째, 증상에 따른 정신장애의 진행 과정을 예측하여 이를 적절하게 통제할 수 있으며, 치료적 효과도 예측할 수 있다.

하지만 분류의 여러 위험성도 동시에 지니고 있다.

첫째, 개인에 대한 정보를 요약하는 과정에서 개인적 정보 유실로 개인의 독특성이 간과될 수 있다.

둘째, 개인과 진단명에 대한 고정관념으로 사회적으로 정신장애자에 대한 낙인의 위험성을 유발할 수 있다(예: 주변의 편견, 환자의 행동에 영향, 자기이행적 예언 등).

셋째, 정신장애자의 예후나 치료 효과에 대한 선입견이 작동하여 치료 방법이 실제 증상보다는 진단에 의해 결정될 수 있다.

넷째, 분류체계는 비연속적 행동 범주로 가정되기에 정상과 이상의 연속성이 고려되지 못하고 있으며, 실제 신뢰성 있고 타당한 진단 분류가 가능한가라는 근원적 문제 제기가 있다.

일반적으로 정신장애 분류는 범주적 분류(categorical classification)와 차원적 분류(dimensional classification)로 나눌 수 있다.

범주적 분류는 이상행동이 정상행동과는 질적으로 구분되며 흔히 독특한 원인에 의한 것이기 때문에 정상행동과는 명료한 차이점을 지닌다고 가정한다. 예를 들면 조현병과 우울증은 범주적으로 다른 질적인 차이를 강조하며 정상과 이상의 연속적인 면을 인정하지 않는다.

이에 비해 **차원적 분류**는 정상행동과 이상행동의 구분이 부적응성의 정도 문제일 뿐, 질적 차이는 없다는 가정하에 특정 장애 범주에 포함하지 않고 몇 가지 차원상에 위치 지운다. 예를 들면, 같은 우울증도 증세에 따라 심각도가 다르고 우울증과 불안증을 동시에 가지고 있을 때 이를 어떻게 분류할 수 있는가 등의 문제가 있다.

정신장애를 범주적 방식으로 분류할 것인지 아니면 차원적 방식으로 분류할 것인지를 선택하는 것이 쉽지 않다. 왜냐하면, 차원적 분류는 범주적 분류에서 잃어버리기 쉬운 개인의 다양한 정보를 고려하여 다차원적으로 평가할 수 있지만 정신장애자를 이해하는 방식이 복잡하고 전문가들의 객관적 진단을 어렵게 할 수 있다. 범주적 분류는 정신장애자에 대한 빠른 이해와 진단적 일치도가 높고 의사소통이 쉽기에 실질적으로 유용할 수 있으나 다차원적 접근의 결여와 정상과 이상을 범주적으로 진단하는 것이 과연 타당한 것인가에 대한 비판들이 존재한다.

그럼에도 불구하고 범주적 분류 방식이 널리 사용되고 있다. 다만 범주적 분류의 위험성과 한계를 보완하기 위해 차원적 분류 방식을 도입한 혼합모델(hybrid model)을 적용하여, 진단명이 '~ 스펙트럼(~spectrum) 장애' 또는 '~ 관련(~related) 장애'로 사용되고 있다.

4. 정신상태를 기술하는 5가지의 기본적인 틀(Frame Work)

Reed는 "정신상태의 각 요소들은 상호 간에 영향을 주고받는다. 예를 들자면, 지각은 인지, 정동, 운동, 행동에 의존적이며, 같은 현상이라도 다른 요소들의 변화에 따라 달리 지각될 수 있다"라고 언급하였다. 따라서 정신상태에 대해 관찰한 바를 구성된 틀에 따라 묘사하는 것이 단지 진단명만을 기술하는 것보다 환자의 행동 전체를 이해하는 데 훨씬 도움이 된다. 예를 들면, "환자의 기분은 슬픈 상태이고, 동작과 사고는 느리며, 지각은 부정적이며, 사회적 위축을 보인다"라고 기술하는 것이 "환자는 우울증이다"라고 하는 것보다 더 유용하다.

정신상태를 기술하는 기본적인 5가지 틀은 다음과 같다.

첫째, 인지(cognition)는 인간이 대상에 대해 의식하고 사고하는 정신작용으로, 문제를 해결해나가는 정신활동을 말한다. 즉 총체적인 지적 능력을 의미하는 것으로 판단, 이해, 기억, 추론 등 여러 가지 측면이 인지기능에 포함된다.

둘째, 정동(affect)은 어느 순간 자신에 의해 표현되고 타인에 의해 관찰되는 감정의 복합체를 말하며, 종종 생리적인 현상을 동반하기도 한다. 이와 비교되는 개념으로 기분(mood)은 좀 더 장시간 동안 지속되는 지배적인 주관적 감정을 말한다.

셋째, 동기(motivation)은 자발적인 언어와 동작을 시작하게 하는 의지, 욕구, 의욕 등을 표현한다.

넷째, 지각(perceptions)은 외부로부터 들어온 감각자극(sensory stimulus)을 과거의 경험과 결부시켜 해석하여, 그 외부 자극의 성질을 파악하고 이해하는 능력이다. 지각은 외부 자극을 직접 받아들이는 말단 감각기관, 중추신경으로 전달하는 신경계통, 자극을 해석하는 고위 중추 기능, 자극을 평가하는 데 기준이 되는 과거의 경험에 모두 직접적인 영향을 받으며, 자극이 들어올 당시의 정동상태에도 유의한 영향을 받는다.

다섯째, 행동(behavior)은 대인 관계를 형성하고 이에 영향을 주며 삶의 스타일에 큰 영향을 주는 관찰되는 행위이다. 정신병리는 행동에 반영되므로, 정신과 환자를 검사하는 과정에서 제일 먼저 평가해야 할 것은 바로 환자의 행동이며, 이를 바탕으로 환자 내면에 있는 정신병리를 추적해 나가는 것이 필요하다.

5. 정신상태 평가(Mental Status Examination)

이러한 정신상태를 간단하게 평가하는 도구로 정신상태 평가(Mental Status Examination)가 있다. 이는 1902년 Adolf Meyer에 의해 정신의학계에 소개된 이후 가장 많이 쓰이는 평가도구이다. 이 검사는 정밀한 검사를 하기 전에 검사가 짧고 체계적인 방식으로, 관련 영역의 기능을 평가하기에 많은 유용성을 가진다.

정신상태 평가는 환자의 병력, 신체검사, 과거력, 개인력, 가족력 등과 함께 환자에 대한 총괄적 평가 결과를 제시하는 것으로, 면담 당시의 환자에 대한 관찰 및 진단적 인상에 대한 종합적인 기술이라고 할 수 있다. 하지만 환자의 역사(history)는 안정적인 데 비해 정신상태 평가는 하루 동안에도 변할 수 있는 변화 가능성을 항상 내포한다.

(1) 전체적 외모와 행동, 태도
- 외모와 옷차림, 자세와 얼굴표정 : 단정한, 수수한, 화려한, 깨끗한, 지저분한, 특이한, 긴장된, 굳어있는, 피곤한, 평온한 등
- 검사자에 대한 태도 : 협조적인, 적대적인, 의심하는, 거부적인, 조정하는, 유혹하는, 양가적인, 무관심한 등
- 행동장애 : 과다활동, 과소활동, 반복적 행동, 자동증, 거부증, 강박행동, 충동적 행동, 공격적 행동, 습관적 경련 등

(2) 언어
- 언어 양, 언어 속도, 언어 질 등
- 언어장애 : 언어 빈약, 언어 압박, 실어증, 함구증, 반향언어, 발음장애, 억양장애 등

(3) 정서
- 기분 : 적대적인, 가변적인, 부적절한, 둔화된, 밋밋한, 유쾌한, 불안, 초조, 공황, 막연한 불안, 우울한 기분, 팽창된 기분, 기분의 기복, 고양된, 두려운, 놀란, 이자극성 등
- 정동 : 부적절한 정동, 둔마, 무감동, 무쾌감증 등

(4) 사고
- 사고형태 장애 : 횡설수설, 자폐적사고, 비현실적 사고, 구체적 사고 등
- 사고진행 장애 : 사고의 비약, 사고의 지연, 연상이완, 우원증, 사고의 막힘, 사고의 부적절성, 신어조작증 등
- 사고내용 장애 : 지배관념, 망상, 망상적 오인, 공포증 등

(5) 지각
- 착각 : 거시증, 미시증, 공감각 등
- 환각 : 환청, 환시, 환후, 환미, 환촉, 운동환각, 신체환각 등

(6) 인지
- 의식, 지남력, 최근 사건에 대한 기억, 새로운 정보에 대한 학습, 주의력과 집중력, 이해, 계산,

추상적 사고력, 추리력, 판단력 등의 정신작용 등
- 의식장애 : 지남력, 양적변화(혼탁, 졸음, 혼미, 혼수), 질적변화(섬망, 혼돈) 등
- 기억장애 : 기억상실, 심인성 기억상실, 작화증, 기시현상, 미시현상 등
- 지능장애 : 지적장애, 치매 등

(7) 병식 및 판단력
- 병식 : 자신이 갖고 있는 증상들이 비정상적이고 병적이라는 것을 아는 것
- 자신의 상태에 대해서 어떤 태도를 갖는가, 현재 상태가 병이고 치료를 필요로 한다고 생각하는가, 치료를 기꺼이 받아들이는가, 자신의 어려움이나 비정상적인 경험이 무엇 때문이라고 생각하는가에 대해 평가하는 것이다.

(8) 신뢰도
- 정신상태 검사의 맨 마지막에는 환자 정보의 신뢰도를 평가한다. 신뢰도에 영향 요인으로 환자 지적수준, 솔직함, 정신병적 상태나 기질성 장애, 문제를 과장하거나 축소하는 경향 등이 영향을 미친다.

제3절
사별 경험에 대한 평가와 개입

역사적으로 사별 경험자에 대한 돌봄과 치유는 가족과 공동체의 몫이었다. 하지만 점점 분업화되고 개별화되는 현대사회에서 사별 경험에 따른 애도와 치유는 이제 공동체에서 개인으로 그 역할과 책임이 지워졌다. 특히 병리적인 비탄에 대한 치료적 개념으로서 사별 경험에 대한 평가와 개입은 20세기 초 정신 치료(psychotherapy)의 부상에 근거를 두고 있다. 우리나라에서도 호스피스 관련법이나 웰다잉법 논의 등에서 애도상담과 치료에 대한 필요성이 더욱더 공고히 되고 있다. 이에 사별 경험에 대한 평가와 개입에 대해 정리하면 다음과 같다.

1. 평가와 개입에 대한 역사

평가와 개입에 대한 역사는 1944년 린데만(Lindemann)이 보스톤(Boston) 근처 코코넛 그로브(Coconut Grove) 마을의 화재에서 희생된 사람 등을 통해 정상적인 비탄 과정이나 병적 비탄 반응 증상을 관찰하고 이를 보고하면서부터이다. 린데만과 동료들은 이 사건으로 사랑하는 사람을 잃은 가족들을 연구하였으며, 이 자료들을 모아 『급성 사별 비탄의 증후학 및 관리(Symptomatology and Management of Acute Grief)』를 썼다. 이 논문에서 당시 101명의 유족들을 관찰한 결과, 그는 정상적 또는 급성 비탄의 병리학적 특징을 기술하였다.

첫째, 일정한 유형의 신체 또는 육체적인 고통
둘째, 고인의 이미지에 대한 집착
셋째, 고인 혹은 죽은 환경과 관련된 죄의식
넷째, 적대적 반응들
다섯째, 상실 이전처럼 기능할 수 없음

위의 다섯 가지 외에도 많은 환자들이 보여주는 여섯 번째 특징을 묘사했는데, 그것은 유족들의 행동에서 고인들의 생전 버릇들을 발달시키는 것처럼 나타났다. 물론 그의 연구에는 많은 한계가 있음에도 불구하고 그의 논문이 의미가 있는 것은, 그의 관찰된 평가와 보고가 현재 사별경험을 한 유족들의 행동과 매우 유사하다는 것이다. 또한 그는 정신건강 치료자들이 사별로 인한 고통을 받는 사람들을 여러 치료적인 방법으로 도와 줄 수 있을 것으로 생각하였고, 매사츄세츠(Massachusetts)에 공동정신건강소를 만들고 간단히 제한된 시간 안에서 직접적인 치료기술로써 치료적 개입을 실시하였기 때문이다.

이후 사별 관련 비탄 반응이 정상적이냐 병리적이냐의 논쟁이 죽음학 분야에서 지속되었고(Hogan, Worden, & Schmit, 2006), 이와 유사한 문제로 비탄과 우울, PTSD의 유사점과 차이점에 대한 변별논쟁 등을 통해 복합적 사별증후군을 DSM-5의 PTSD 관련 장애 중 '달리 명시된 외상 스트레스 관련 장애'로 '지속성 복합 사별장애(F43.8)'를 예시하게 되었다.

이러한 과정에서 핵심 문제는 애도과업(grief work)에 대한 이해 문제였다. Freud(1917)가 처음 제기하였던 애도과업(grief work)은 고인에 대한 감정적 에너지를 회수하고 다른 관계에 재투자하는 것을 말하는데, 정상적 애도는 점진적 초탈(decathexis)이 요구되었고 병리적 애도는 고인과의 관계를 놓지 못하는 것으로 간주되었다.

실제 이를 기본으로 사별 경험에 대한 다양한 단계모델(stage model)과 과업모델(task model)등이 제시되었다. Kubler-Ross(1969)가 제안한 5단계 모델이나 Worden(2002) 애도과업모델은 전문가는 물론 일반인에게도 소개되어 인정받고 있다.

하지만 사별 경험에 대한 종단연구를 통해 사별 경험자들이 단계모델처럼 일정한 단계를 거친다거나 패턴이 있다는 단계모델이나 과업모델의 타당성에 의문을 갖기 시작하였다. 이러한 논쟁을 거치면서 Stroebe와 Schut(1999)가 제시한 이원과정 모델(Dual Process Model, DPM)이나 Neimeyer(2000) 의미재구성 모델(Meaning Restruction Model, MRM), Klass, Silverman, Nickman (1996)의 지속성 유대감(결속감) 모델(Continuing Bonds Model, CBM)등 사별 경험 연구에 대한 다양한 논의들이 제시되고 있다.

2. 평가와 개입의 이론적 근거로서 생물·심리·사회적 통합모델

평가와 개입에 대한 다양한 이론적 근거들이 있다. 이중 통합적 모델로서 생리·심리·사회적모델(Biopsychosocial model)은 1977년 Engel에 의해 개발된 모델로서 생물학, 심리학 및 사회 환경 요인 간의 상호 연결을 보는 학제 간 모델이다. 이 모델은 하나의 증상에 대한 다면적 사고를 적용한 모델로 각 영역 간의 한계에 대한 비판이 있지만, 과학적 중요성에서 평가와 개입의 중요한 영향을 미치고 있다. 이는 기존의 생물학적 측면에만 초점을 맞춘 의학적 모델에 대한 비판으로 심리학, 사회학 및 사회사업과 같은 다른 분야로 확장되었고, 증상에 대한 설명력과 개입으로 인해 분야에서 주된 관심사가 되었다.

(1) 생리적 요인

증상은 신체 또는 뇌의 화학 작용에 기초하는 것으로, 장애는 기관의 기능 부전, 외부 인자의 침입 또는 호르몬 불균형에 기인한다. 특히 개인의 유전적 부하와 관련된 요소도 강조하는데 최근 연구에서 유전자가 신체 및 뇌에 영향을 미치는 특정 질병의 출현에 매우 중요한 역할을 한다는 것이 발견되었다.

(2) 심리적 요인

증상은 생각, 신념 및 태도와 같은 심리적 요인도 영향을 미친다. 실제 몸과 마음은 이원적이 아니라 서로 영향을 미친다는 것이 밝혀졌다. 우울증이나 불안, 비탄에도 사별 경험을 어떻게 의미 짓느냐에 따라 회복과 성장에 큰 영향을 미친다.

(3) 사회적 요인

증상은 사회적 스트레스와 사회적 지지와 같은 사회적 요인도 무시할 수 없다. 신체적 정신적 증상들도 가족의 지원이나 사회적 지원체계에서 증상을 호전시키거나 증상을 사전에 예방 할 수 있다.

3. 세 가지 개입

사별 경험에 대한 치료적 접근에는 기본적으로 세 가지 접근법이 있다.

첫째, 부모나 자녀, 배우자의 죽음 등 친밀한 가족의 사별 경험자 모두에게 치료적 개입을 제공하는 것이다. 이런 관점의 이면에 있는 가정은 죽음은 관련된 사람에게 매우 충격적인 사건이며 치료와 상담은 그들 모두에게 제공되어야 한다는 것이다. 하지만 사별 경험자 모두에게 애도상담이나 치료적 개입을 해야 한다는 당위론적인 주장은 이해할 수 있지만, 비용과 다른 요인들 때문에 보편적으로 도움을 제공하는 것이 불가능할 수도 있고, 치료적 개입이 모든 사별 경험자에게 필요한 것은 아니라는 연구가 있다(Worden, 2018).

둘째, 일부 사람들은 사별을 애도하는 데 도움이 필요하지만, 그들은 어려움을 겪고 나서 자발적인 도움의 필요성을 인식하고 도움을 요청할 때 상담과 치료적 개입을 하는 것이다. 이런 관점은 첫째 관점보다 비용 면에서 효율적이지만 도움을 받기 전에 어느 정도 고통을 겪어야만 한다. 그러나 적극적으로 상담이나 치료적 개입을 찾는 사람들이 요청하지 않은 사람들보다 치료적 측면에서 더 좋은 결과를 보인다(Schut, Strobe, van den Bout Terheggen, 2001).

셋째, 예방적 정신건강 모델에 기반을 두는 입장으로 예방적 개입을 하는 것이다. 누구든지 사별 경험을 할 것이고, 사별 경험 후 1, 2년 안에 가장 큰 어려움을 겪을지 예측할 수 있기에, 사별 경험에 대한 이해와 부적응적 경험 등을 미연에 방지하기 위해 죽음교육이나 애도상담에 대한 교육을 통해 조기에 개입을 하는 것이다.

4. 개입의 유형

문제가 되는 비탄에 도움을 주거나 혹은 일상적 비탄 과정을 용이하게 할 수 있는 개입에 대한 다양한 유형이 있다. 사랑하는 사람의 죽음 이후 어떤 유형의 형식적 개입을 실제로 받은 수많은 사람들에 관한 자료들 역시 거의 없다. 다만 몇 가지 주요 형태를 정리해 보면 다음과 같다.

(1) 호스피스 케어와 완화치료

서구에서는 호스피스 케어(hospice care)나 완화치료(palliative care)를 받은 가족들에게 일반적으로 애도적 개입을 제공한다. 일반적으로 호스피스 관련 기관에서는 첫해 동안 사별 경험자에게서 다양한 치료적 개입을 제공한다. 개인, 가족, 집단상담, 애도교육, 사회적 지원 프로그램, 통합적 예술치료뿐만 아니라 아이들을 위한 상실치유캠프, 배우자를 상실한 애도프로그램 등 특정 인구층을 위한 전문적인 사별 서비스를 제공한다.

(2) 지역사회 기관의 사별관련 프로그램

종교단체, 사회복지관, 상조회사, 병원, 사별 경험 단체 등도 애도적 개입을 지원한다. 미국에서는 아이를 잃은 부모를 위한 'Compassionate Friends'와 배우자 사별자를 위한 'Widow to Widow'와 같은 '사별 경험 자조모임' 등이 있다. 대부분 이들은 정신건강 전문가나 성직자에 의해서 운영되며, 자조모임 등은 비슷한 사별 경험자들이 일정 정도의 교육을 받은 후 이들에 의해서 운영된다.

(3) 아이들을 위한 사별 센터

미국에서는 지역사회 기반 모델 중의 하나로 아이들을 위한 사별센터로 포틀랜트(Portland)에 있는 Dougy Center가 있다. 이 센터에서는 아동들을 대상으로 발달 중심 놀이 혹은 토의를 위한 지원 등을 제공하고 있으며, 어른들을 위한 토의/지원 그룹들 역시 제공하고 있다. 이 프로그램은 미국을 포함해 전 세계적으로 퍼져가고 있으며, 아이들을 위한 가치 있는 사별 치료로 포괄적으로 인정되고 있다.

(4) 재난치료

지원 그룹 모델의 일종의 변형으로는 Critical Incident Stress Debriefing(CISD) 혹은 Critical Incident Stress Management(CISM) 등이 있다. 이 모델은 자연재해나 외상적 사건 이후 집단모임을 위한 구조적인 프로토콜(protocol)을 제공하고 있다. 참여자들은 고통스러운 상황에 대한 경험과 외상 후 반응 등에 대한 정보들을 제공받는다. 이런 형태의 개입은 경찰관이나 소방관 같은 위기 상황 요원들을 위해서 개발되었는데, 최근에 와서는 지속적이고 다양한 초점에 맞춘 통합적 지원체계로 제공하고 있다(Kristensen, Franco, 2011).

(5) 온라인 지원

새로운 경향은 슬픔에 빠진 사람들을 돕기 위해 소셜 미디어(Social Media)와 다른 온라인 자원(Online Resources)을 이용하는 것이다. 이러한 *사이버 애도(cyber mourning)* 자원은 고인을 추모하는 방법으로, 유족에 대한 개입 방법으로, 사별 및 애도 과정에 대한 연구를 진행하는 방법으로 이용될 수 있다(Stroebe, van der Houwen, & Schut, 2008).

① 온라인 추모(Online memorials)

가족, 친구, 지인들이 고인에 대한 생각을 인터넷에 올리고 조의를 표할 수 있다. 추모 관련 단체나 개인 등이 온라인 추모 촛불을 켜거나 추도문, 추모예술, 사진 전시, 추모 페이지 등을 통해 죽음이나 장례식을 알리고, 고인의 삶을 추모하기 위해 사용할 수 있다.

② 인터넷 기반 개입(Internet-based intervention)
보통 치료자들에 의해 다양한 유형의 상실과 진단으로 고통받는 사람들을 대상으로 온라인 치료를 제공한다. 외상 후 스트레스 장애, 우울장애 그리고 지속성 복합 사별 장애, 유산이나 LGBT 파트너 상실과 같이 말하기 어려운 박탈된 비탄을 겪고 있는 사람들을 도울 수 있다.

③ 인터넷 사별 지원 단체(Internet bereavement support groups)
인터넷 사별 지원 단체들은 온라인에서 찾을 수 있으며, 자살과 같은 특별한 유형의 상실을 지원하기 위해 만들어졌다. 이러한 단체들은 참여를 승인하거나 거부할 수 있는 전문가에 의해 주도되거나 모니터링 된다(Paulus, Varga, 2015).

④ 자조 웹 페이지(Peer-support web pages)
자연재해(홍수, 허리케인, 지진 등), 대규모 충격 및 기타 재난 후에 만들어지는 것으로, 웹 사이트를 통해 사람들은 감정이나 질문을 표현할 수 있으며, 일반적으로 이러한 사건에 대해 고심하는 지역사회의 소속감을 느낄 수 있게 한다(Miller, 2015).

⑤ 죽음과 애도교육(Death & Grief education)
교육의 목적은 비탄과 상실에 대한 정보를 제공하고 애도과정에 대한 이해를 통해 그들이 경험하는 것이 정상적이라는 것을 알 수 있게 한다. 상호소통을 하지 않지만 관련 주제에 대한 정보를 제공하도록 설정되었다.

⑥ 고인과 소통(Communication with the deceased)
일부 사이트와 일부 페이스북은 고인의 이름으로 설정되어 있다. 방문객들은 고인에게 정기적으로, 종종 그들의 생각, 감정, 질문을 표현하는 글을 쓰고 싶을 때 이 페이지를 사용할 수 있다. 연구에 의하면 고인과의 소통이 주로 의미 만들기 목적으로 사용되며 또한 고인과 지속적인 유대감을 형성하기 위해 사용된다고 한다(Bell, Bailey, & Kennedy, 2015).

5. 애도 치료에서 증거 기반 치료

(1) 복합적 애도치료(Complicated Grief Treatment: CGT)

CGT는 Shear와 동료들(Shear, Frank, Houch, & Reynolds, 2005)에 의해 개발되었으며, 애도 작업에 대한 심리교육을 제공할 뿐만 아니라, 상실의 고통을 좀 더 생생하고 강렬하게 체험하도록 도움으로써 애도 과정을 촉진하는 다양한 치료 방법으로 구성되어 있다. 치료기법으로 심상적 재방문(imaginal revisiting), 상황적 재방문(situational revisiting), 상상적 대화(imaginary conversation), 정서적 기억작업(emotional memory work), 미래 계획하기(planning for the future) 등이 있다. CGT는 개인 치료법으로 개발되었지만 가족 구성원이나 친구를 초대하여 사별자를 지지하는 치료 시간을 갖기도 한다.

(2) 인지행동치료(Cognitive Behavior Therapy: CBT)

CBT는 다양한 심리적 장애를 치료하는 대표적인 심리치료로서 복합적 사별증후군의 치료에도 적용되고 있다(Boelen, van den Hout, & van den Bout, 2006). 이 치료는 사별자가 자신의 상실 경험을 기존의 자서전적 지식에 통합하고, 도움이 되지 않는 사고패턴을 변화시키며, 부적절한 회피 반응을 적절한 행동과 대처방식으로 대체함으로써 복합적 사별증후군에서 벗어날 수 있다는 가정에 근거하고 있다. CBT는 노출과 인지적 재구성을 통해서 사별자가 내면적 경험과 외부적 자극에 직면하도록 도움으로써, 상실과 관련된 고통을 감내하는 것이 가능하다는 것을 깨닫도록 촉진한다.

(3) 의미재구성 치료(Meaning Reconstruction Therapy: MRT)

Neimeyer(1999)는 애도작업이 성공적으로 이루어지기 위해서는 사랑하는 사람의 죽음으로 인해 손상된 의미체계를 복구하거나 재구성하는 적극적인 과정이 필수적이라 주장한다. 최근 연구(Neimeyer & Sands, 2011)에 따르면, 사별자들은 사랑하는 사람의 죽음이라는 비극 속에서도 나름대로의 의미를 발견하려는 고통스러운 추구를 시도할 뿐만 아니라, 사별에 대한 의미 발견은 사별 적응에 긍정적인 영향을 미친다. 의미재구성 치료에서 치료자는 사별자가 사랑하는 사람의 죽음과 관련된 여러 가지 사건들을 연결하고 통합하여 사건 이야기(event story)로 구성하도록 도움으로써 사별의 의미를 발견하도록 지원한다. 또한 고인이 살아 있을 때 경험했던 그와의 관계를 배경 이야기(back story)로 구성함으로써 사별자로 하여금 고인과의 안정애착감을 재경험하면서 그로부터 의미를 발견하도록 돕는다.

(4) 가족초점적 애도치료(Family Focused Grief Therapy: FFGT)

Kissane와 Block(2006)에 의해서 개발된 FFGT는 사별 가족을 대상으로 실시되는 가장 대표적인 가족치료로서, 사별 후에 많은 어려움을 겪을 것으로 예상되는 취약한 가족을 대상으로 사별 전부터 6~18개월에 걸쳐 시행된다. FFGT는 가족 구성원들이 애착 대상의 상실에 대한 슬픔을 공유하도록 촉진하면서 가족의 기능(의사소통, 협동, 상호 지지)이 향상되도록 돕는다. 또한 집단에서 의견 교환과 토론은 가족 구성원들이 사별의 슬픔을 해소할 뿐만 아니라, 심리적 발달과 성숙을 촉진하는 데에도 기여한다.

(5) 가족사별프로그램(Family Bereavement Program: FBP)

Sandler와 동료들이 만든 FBP는 부모를 잃은 아이들에게 사별 위험을 줄이고 방어적인 요인을 강화하기 위해 만들어졌다. 아이, 청소년 그들의 부모에게 긍정적 상호작용과 활동적 대처방식을 증가시키고, 사별에 대한 부정적 평가와 사별 감정의 억제를 위한 평행적 집단경험을 제공한다. 개입의 효과연구를 통해 집단의 긍정적 효과가 치료 후 6년까지 지속된다고 보고하고 있다(Sandler et al., 2010).

제4절
생애 발달 과정에서 평가와 개입

생애 발달 과정에 따른 다양한 역할 관계 속에서 상실을 경험할 수 있으며, 정상적으로 애도하지 못하였을 경우 그 영향은 지속적이며 일생에 걸쳐 영향을 미치기도 한다. 그리고 발달 과정에 따라 슬픔에 대처하는 양식의 차이가 있으며, 애도 방법에도 차이가 있다. 이에 생애 발달 과정에서 사별 경험의 특징과 평가와 개입에 대한 정리를 하면 다음과 같다.

1. 아동기 사별 경험 특징과 평가

"아무도 죽지 않는 세계라고 표현하는 아동기는 어른들의 환상일 뿐이다." (Kastenbaum)

(1) 아동기 사별 경험 특징

아동기는 반려동물, 조부모, 부모의 죽음을 경험할 수 있으며, 그중에서도 가장 큰 영향은 아동기 세상의 전부이며 애착 대상이자 의존 대상인 부모의 죽음일 것이다. 아동기 사별 경험에 대해 많은 사람들은 '아동을 장례식에 참석시켜야 하는가의 문제'로 고민스럽다는 이야기를 한다. 부모 사별을 주제로 아동과 이야기하기보다는 지금은 '때가 아니다'라고 판단하여 '멀리 여행을 갔다', '하늘나라로 갔다', '영원히 잠들었다', '해외로 일 갔다'로 표현하기도 한다. 이처럼 죽음을 직접적으로 입에 올리기보다는 암시적이거나 함축 또는 은폐하여 아동들이 성장하기를 기다리는 경우가 있다. 또한 늘 함께하던 애완동물의 죽음이 아동들에게 얼마나 중요한지 인식하지 못하여 대수롭지 않게 지나치거나 새로운 대체 애완동물을 사주겠다 약속하는 경우가 있다. 그러나 많은 연구에서 아동들도 죽음을 둘러싼 사실에 대해 알고 싶어하고 상실에 대한 슬픔이나 대처하는 방법에 대한 정보를 필요로 한다고 한다.

아동기 사별 경험의 특징은 다음과 같다.

첫째, 아동기 자체가 외부의 자극에 대한 인지발달이 왕성해지는 시기이기에 연령에 따른 죽음 이해가 큰 차이를 보인다.

둘째, 아동들이 처한 문화와 사회적 상황 등 환경에 따라 죽음에 대한 이해와 애도의 방식이 영향을 받을 수 있다.

셋째, 보통 아동들이 접하는 사별 경험의 중요성에 과소평가하는 경향이 있다.

넷째, 사별 경험에 대해 아동들의 중요문제는 "죽음이 나에게도 일어나는 일인가?", "내가 나쁜 생각을 했기 때문에, 미워했기 때문에 죽음이 일어난 것인가?", "누가 나를 돌보게 되는가?"의 문제에 아동들은 관심을 가진다고 한다.

(2) 아동기 사별 경험 평가

아동기는 죽음이나 상실 경험을 받아들이고 처리하는 역량이 개인별로 다르다. 연구에 따르면 5세 미만의 아동들이 부모의 죽음을 경험하며 정신적 외상이 될 가능성이 큰데 이는 부모의 죽음과 같은 사건을 처리할 만한 상황인식, 처리능력이 미숙하기 때문이다(Lieberman, Compton, Van Horn, & Ghosh Ippen, 2003). 따라서 아동기의 사별 경험 평가는 부모 또는 주 양육자, 선생님 등과 같이 다양한 주변 사람들의 영향력과 성장배경에 대한 조사한 후에 이루어져야 한다.

아동들의 사별 평가에서 세 가지 구성요소(Webb, 1997)는 다음과 같다.

첫째, 아동들의 나이, 발달 수준, 대처 능력 가정과 학교의 기능, 과거의 상실 경험 등 아동기의 기능수준을 고려해야 한다.

둘째, 아동기의 사별 경험 관련 요소로 죽음의 유형, 고인과의 애착, 상실의 의미 등을 고려해야 한다.

셋째, 아동들의 원가족, 확대가족, 학교, 또래, 기타 외부 자원 등 아동기의 지지체계를 고려해야 한다.

아동기의 사별 경험 평가도구로 Hogan 애도 반응 척도(HGRC), 아동 행동 체크리스트(CBC), 아동용 사고충격척도(CIES), 아동용 우울검사(CDI), Beck 우울검사(BDI) 등 표준화 검사와 집나무사람(HTP)검사, 문장완성검사(SCT), 아동용 주제통각검사(CAT), 로샤(Rorschach) 등 투사적 검사 등이 있다. 이외에 놀이치료, 미술치료, 문학치료와 같이 아이들이 관심을 갖는 매체를 통해 사별 경험에 대한 아동들의 감정과 행동에 관한 정보를 수집할 수 있다. 이러한 사별 경험 평가에 사별에 대한 반응을 조사해야 하는데, 사별 경험 아동들은 슬픔을 여러 행동을 통해 표현을 한다, 예를 들면, 어지러움, 두통, 악몽, 소화불량 등 다양한 신체적 반응을 나타낼 수 있고, 죽음에 대한 분노와 두려움이 강하게 표출, 공격적이거나 위축된 행동, 공부 의욕과 집중력 저하 등으로 나타날 수 있다. 실제 어린 나이에 부모와의 사별 경험은 우울장애, 불안장애, 품행장애 같은 다양한 정신건강 문제를 유발할 가능성이 높다. 주위의 어른이 화가 나서 "내가 너 때문에 죽겠어"와 같은 무심한 언어로 인해, 아동들은 상처와 죄책감에 휩싸일 수 있다. 때때로 관심과 주의를 끌고자 공격적인 행동을 하기도 한다.

2. 청소년기 사별 경험 특징과 평가

"청소년의 슬픔은 실제로 발생하기 전에 절대 알 수 없다." (Christ, Siegel, & Christ)

(1) 청소년기 사별 경험 특징

청소년기는 자아 정체감을 형성하는 시기이기에 개인의 자아 강도나 자기 정체성의 확립 정도, 성숙의 깊이에 따라 개인적 차이가 변수로 작용한다. 청소년기에는 조부모, 부모, 형제자매, 친구, 선망하는 유명연예인, 반려동물의 죽음을 경험할 수 있다. 모든 죽음으로 인한 상실이 그러하듯 인지적으로 죽음을 안다고 하여도 실제로 경험하는 것은 결코 같지 않다. 더욱이 청소년기는 역동적이고 민감한 시기를 보내고 있기에, 감정적 동요가 크고 충격과 복잡함으로 다가올 수 있다. 이러한 상처는 우울증, 불안증, 섭식장애 등으로 나타나기도 하고, 음주, 흡연, 무면허 운전, 불안정한 성관계 등 빈번한 청소년 비행이나 심지어 범죄에도 연관될 수 있다. 초기 청소년들은 생리적 어려움을, 후기 청소년들은 심리적 어려움을 겪는 것으로 나타났다(이이정, 2011).

청소년기 사별 경험의 특징은 다음과 같다.

첫째, 청소년들이 정체성이 형성되는 시기이기에 내적 자아와 외적 세계에 대한 개념이 정립된 정도에 따라 상실과 비탄에 대처하는 성숙의 차이가 있다(Balk, 1990).

둘째, 인지발달의 성숙으로 추상적 사고가 가능하여 죽음의 특징을 이해하고 죽음 이후에 대해서도 사고가 가능하지만, 완성되지 못한 특징을 갖는다.

셋째, 자아중심성(egocentrism)의 원리로 사별 경험을 경험했을 때 분리불안, 단절의 공포, 정체성을 잃어버릴 것 같은 공포가 지나치게 과장되어 드러날 수 있다.

넷째, 부모나 친구와 같은 중요 애착대상의 상실의 경우 자신이 버림받았다는 느낌과 함께 정상적인 발달과업을 달성하기 어렵고 자율성과 독립성에 위협이 되기도 한다.

(2) 청소년기 사별 경험 평가

청소년기 사별 경험 평가에는 청소년들의 자아개념, PTSD 증상 유무, 불안과 우울 수준, 외로움 정도, 분노 반응 유무 등이 포함된다(Fleming, Balmer, 1996). 이를 위해 대화와 매체를 활동을 통해 라포를 형성하는 것이 중요하다. 청소년기의 사별 경험 평가도구로 Hogan 애도 반응척도(HGRC), 다면적인성검사(MMPI-A), 간이정신진단검사(SCL-95-R), 청소년 행동체크리스트(YBC), Beck 우울검사(BDI), Beck 불안검사(BAI) 등 표준화 검사와 집나무사람(HTP)검사, 문장완성검사(SCT), 주제통각검사(TAT), 로샤(Rorschach) 등 투사적 검사를 사용할 수 있다.

청소년기는 가족 역동에 취약한데 이는 삶에 대한 이해와 경험 부족 그리고 그들 욕구 충족을 가족에게 의존해야 하는 특성 때문이다. 가족 관련 평가에서 다음과 같은 질문을 던져보는 게 좋다.

- 생존한 부모와 맺는 관계의 질은 어떠한지?
- 애도하는 청소년들의 독특한 욕구를 돌볼 수 있는 부모의 역량은 어떠한지?
- 형제자매의 죽음의 경우, 그에 대해 부모가 어떻게 반응하는지? : 부모가 슬픔에 압도되어 방임 또는 과잉보호 / 사망 전 형제자매의 이상화된 이미지
- 상실로 부모가 일상생활을 할 수 없어 청소년들이 거꾸로 부모를 돌봐야 하는 책임을 지고 있는지? 등을 수집해야 한다.

또한 대부분 청소년들이 학교생활을 하고 친구들을 사귀고 애착이 발달되는 곳이기에 학교 관련 평가에서 다음과 같은 질문이 필요할 것이다.

- 학교는 사별 경험 청소년들에게 안전한 피신처이고 평범한 일상으로 돌아갈 수 있도록 허락하는 곳인지?
- 학교에 돌아간다는 것이 불편한 상황이나 또래와 다시 어울리고자 할 때 상실감과 심리적 고통은 두드러지는지?
- 교사들과 학생에게 부과된 과제량, 기대 수준 등이 어떤지?

- 집에서 드러나지 않은 문제가 학교에서 심각해 질 경우가 있는지?

이때 학교 상담자는 사별 경험 청소년들 편에 서서 대변인 역할을 할 수 있으며, 청소년 관련 정보를 가족 구성원이나 교사에게 알릴 수 있고, 학생이나 학급 전체에 지지와 정보를 제공하는 것이 좋다. 특히 전체 학교에 영향을 미칠 만한 외상적 죽음의 경우, 외부 전문가의 애도상담 뿐 아니라, 위기 개입 집단이 학생 개인과 학교 전체에 삶의 질을 높이는 영향을 줄 수 있다. 학교 밖 상담자는 개입이 효과적으로 관찰되기 위해, 학교 교사 및 학교 상담자와 정보를 공유하는 것에 대해 학생 보호자로부터 동의를 얻어야 한다.

3. 성인기 사별 경험 특징과 평가

"우리는 일생 살아가는 법을 배워야만 하네. 그런데 훨씬 놀라운 것은 일생 죽는 법도 배워야 하는 거라네." (Seneca)

(1) 성인기 사별 경험 특징

성인기는 청소년기가 끝나는 20대 초반부터 노년기가 시작되는 60대 중반까지 인생의 가장 긴 시기를 말한다. 이 시기를 성인 초기와 중기로 구분하여 성인 초기의 주요 발달과업을 친밀감을 달성하는 것이며, 성인 중기의 주요 발달과업을 생산성으로 정의한다(Erikson, 1963). 실제 성인기는 가족관계에서 부부, 부모자녀, 형제자매 체계를 구성하며, 직장에서도 다양한 역할을 수행한다. 사별 경험도 조부모, 부모의 죽음, 배우자, 형제, 친구, 선후배, 동료, 자녀의 죽음 그리고 자신의 죽음 등 모든 측면의 죽음과 관련된 상실을 복합적으로 경험할 수 있다.

성인기 부모의 사별 경험은 더 이상 기댈 수 없는 대상임에도 부모의 어린 자식으로서 그 죽음에 반응한다. 성인기는 부모로부터 심리적·경제적으로 독립을 한 시기임에도 그러하다. 부모세대의 죽음을 경험하면서 '자신은 죽지 않을 것이라는 개인적 불멸성이나 영속성에 대한 착각'에서 깨어나게 된다. 부모가 생존한 경우에는 사망은 순서 있게 발생하여 부모에 의해 자신은 죽음으로부터 보호받는다는 생각을 갖게 된다는 심리적 방어물이 제거됨을 의미한다. 이제 가장 윗세대가 되었으며, 다음 차례는 '나'임을 자각하게 된다.

성인기 배우자의 사별 경험은 성인 초기와 중기의 발달단계에 따라 의미와 영향이 다르다. 그렇지만 대부분 배우자의 죽음에서 살아남은 배우자들은 완전한 혼자 그리고 불완전한 감정에서 오는 황폐함을 언급한다. 물론 배우자의 사별에 반응하는 양식은 사람마다 다르다. 성격, 개성, 결혼생활의 내용, 결혼 생활의 기간, 죽음의 원인, 이전에 겪었던 다른 사람과의 사별, 나이, 성별 등의 요인에 따라 애도의 깊이와 감정이 달라질 수 있다. 화가 나는 감정, 버림받았다는 느낌, 외로움, 혼란, 내가 했던 어떤 일에 대해 죄책감을 느끼기도 한다. 금융자산의 상속 및 보험금 등 분노와 죄책감의 양가감정 등 여러 상황에 따라 달라질 수 있다. 죽음의 원인에 따라 죽음 이후에 안도감을 느끼는 경우도 있다.

성인기 자녀의 사별 경험은 그 자녀를 어떤 시기의 발달단계에서 상실했는지에 따라 부모에게 주는 의미와 영향이 다르다. 유산, 사산, 신생아 사망은 죽음 인식 부족으로 인해 부모는 꼭 필요한 지원, 이해, 그리고 애정을 받지 못할 때가 많다. 스스로 부여하는 죄책감도 있지만, 남편과 친척들 친구들이 별생각 없이 내뱉는 말들로 죄책감을 가중시킨다. 영유아 돌연사와 같이 납득하기 힘든 원인으로 사법 당국에 대한 질문으로도 상처를 받기도 하고, 아기에 대한 애착과 죄책감으로 고통이 유발되기도 한다. 아동기 혹은 청소년기 자녀의 죽음은 아마도 일생토록 겪을 수 있는 가장 큰 충격이며, 자신에게 내려진 형벌, 도저히 이해할 수 없는 세상의 부조리이다. 특히 청소년 자녀의 자살일 경우는 미리 알아채지 못하였고 지켜주지 못하였음에 분노하고 죄책감을 오랫동안 지니고 있다. 이는 박탈된 비탄으로 사회적으로 인정받지 못한 죽음은 정상적인 애도를 방해한다.

성인기 형제자매의 사별 경험은 그 형제자매를 어떤 시기의 발달단계에서 상실했는지에 따라 의미와 영향이 다르다. 일반적으로 형제자매 관계는 동료애와 정서적 지지를 기반으로 전 생애를 함께한 친구이자, 경쟁자이며, 적이나 동지 관계이다. 발달 시기에 따라 정서적 개입이 약화되는 시기가 있을 수 있으나, 중년기에 빈둥지증후군을 경험할 시기가 되면 더욱 친밀한 관계가 되기도 한다. 그러므로 형제자매의 사별 경험은 살아남은 자신의 정체성에 상실이 일어나게 된다. 뿐만 아니라 향후 함께 할 시간과 자원을 잃게 된다.

(2) 성인기 사별 경험 평가

성인기 사별 경험 평가도구로 Hogan 애도 반응척도(HGRC), 다면적인성검사(MMPI-2), 간이정신진단검사(SCL-95-R), Beck 우울검사(BDI), Beck 불안검사(BAI), 사별스트레스척도(BSI), 지속성비탄척도(PGI), 복합적비탄척도(CBI), 심리적안녕감척도(PWI) 등 표준화 검사와 집나무사람(HTP)검사, 문장완성검사(SCT), 주제통각검사(TAT), 로샤(Rorschach) 등 투사적 검사를 사용할 수 있다.

성인기는 보통 위로는 부모부양 문제를 아래로는 자녀 양육을 하는 시기이기에 샌드위치 시기라 한다. 성인 발달 시기에 따라 또는 정서적 대처 스타일에 따라 사별 경험에 따른 감정적 충격과 복잡함을 다루지 않고 과도한 음주나 일중독, 약물복용과 같은 다른 방식으로 대처할 수 있다(Schnider, Elhai, & Gray, 2007). 이는 우울장애, 불안장애, PTSD, 지속성 비탄장애 등 심리적 문제를 야기하기도 하고 결국 가족관계나 직장 문제를 초래하여 사회적 적응 기능의 문제를 일으키기도 한다.

4. 노년기 사별 경험 특징과 평가

"생명을 위협하는 질병 및 임종에 대처하는 노인의 4가지 과업은 자신의 정체성을 유지하고, 자신의 삶을 결정하고, 자신의 삶이 여전히 가치가 있음을 확인하고, 적절한 건강관리 서비스를 받는 것이다." (Cook, Oltjenbruns)

(1) 노년기 사별 경험 특징

노년기는 이미 지난 삶의 축적된 상실과 노화로 인한 '작은 죽음'의 경험들로 슬픔에 빠지게 된다. 실제 노인들은 노화로 인한 질병을 갖고 살아가고 있으며, 삶의 질이 떨어지고 있음을 느낀다. 인지기능의 손상으로 신체적 질병 이전에 치매와 같이 자신의 정체성을 망각하는 심리적 죽음을 먼저 맞이하거나, 신체적 기능 저하로 이동의 제한에 묶이기도 한다. 이를 통해 죽음이 다가오고 있음을 안다.

노년기 배우자의 사별 경험은 분리와 결핍, 그리움, 고통, 분노 등이 섞인 비탄 감정, 고립, 고독감을 경험하게 한다. 배우자의 죽음으로 사회적 관계망이 좁아지게 되어, 홀로 된 노인은 사회적 관계에 활동이 감소하는 경향이 있다. 오래된 부부 동반 모임은 홀로 됨으로써 혼자 참여하기 불편한 모임이 되기도 한다. 특히 남성 노인은 아내의 사망으로 정신적 타격과 일상을 홀로 해결해야 하는 것이 부담이 되기도 한다.

노년기 형제자매의 사별 경험은 유대감과 친밀감의 지지체계의 상실을 경험하게 된다. 나이가 들수록 형제자매 관계는 사회적 지지망으로써 중요한 기능을 하게 된다. 형제자매는 동시대를 함께 보냈으며, 서로를 이해하고 어려울 때, 누구보다 먼저 힘이 되어주고자 한다. 기존의 가족 관계에서 경쟁 관계가 되기도 했었으나, 시기 질투를 내려놓고 유대감과 친밀감, 즐거움의 원천이 되어주며, 신체적 질병이나 심리적 스트레스의 완충 역할을 한다. 하지만 형제자매의 죽음은 자신도 곧 죽음의 문제에 직면해야 한다는 측면과 유대와 친밀의 지지체계가 상실되었다는 것을 의미한다.

노년기 자녀의 사별 경험은 애착 대상으로서 또 다른 의미를 갖는다. 자신도 노화로 질병에 노출되고 경제적·심리적으로 의존할 시기에 장성한 자녀를 죽음으로 잃게 되면 심정이 복잡해지고, 적절한 애도를 하기 힘들어진다. 자연의 순서에 어긋난 죽음에 대한 고통, 자녀를 돌보지 못한 죄책감, 남아있는 유가족에 대한 안쓰러움과 슬픔, 이제 자신의 건강과 안위를 걱정해야 하는 문제 등으로 격렬한 감정이 과중될 수 있다.

노년기 반려동물의 사별 경험은 더욱 특별한 의미로 애정과 돌봄, 교감의 대상의 상실로 경험된다. 반려동물은 노인의 손길을 필요로 하고 이야기 친구가 되어주며, 운동이나 외출이 싫어도 반려동물을 위해 산책을 해야 한다. 하지만 반려동물은 노인의 외로움을 달래 줄 친구이며, 돌봄을 제공하기 위해서라도 살아야 하는 이유가 된다. 그러면서도 자신이 더 약해지면 돌봄제공이 더 이상 이루어지지 않을 것에 대해 염려한다. 아픈 반려동물, 중대한 수술이 필요한 경우, 막대한 병원비가 필요한 경우, 큰 상실과 슬픔을 느끼기도 한다. 또한 지나치게 동물에게만 교감할 경우 사회적 접촉이 제한되기도 한다.

이처럼 노년기 사별 경험의 주요 특징은 다양한 상실과 중첩된 상실, 잇따른 상실로 '상실 과부하' 상황에 놓이게 된다. 따라서 충분히 애도할 시간을 갖지 못하고, 슬픔이 끊이지 않고 동반되기 쉽다. 충분히 애도하지 못하기에 반복된 사별 경험은 심리적 비통함을 오래 지속시킬 수 있다.

(2) 노년기 사별 경험 평가

노년기 사별 경험 평가도구로 다면적인성검사(MMPI-2), 간이정신진단검사(SCL-95-R), 노인우울척도(GDS), Beck 우울검사(BDI), Beck 불안검사(BAI), 사별스트레스척도(BSI), 지속성비탄척도

(PGI), 복합적비탄척도(CBI), 외로움평정척도(LS), 심리적안녕감척도(PWI) 등 표준화 검사와 집나무사람(HTP)검사, 문장완성검사(SCT), 주제통각검사(TAT), 로샤(Rorschach) 등 투사적 검사를 사용할 수 있다.

노년기는 흔히 말하는 질병에 의한 고통, 외로움에 의한 고통, 일이 없음으로 인한 고통, 경제적 문제로 인한 고통 등 다양한 스트레스로 여러 위기를 경험하는 시기이다. 또한 고독과 병고로 힘들게 지내는 노인일수록 자살로 이어질 수 있기에 각별히 주의를 기울여야 한다. 특히 평소에 알콜중독이나 과거의 자살 시도, 우울증과 같은 증상을 앓고 있는 경우는 더더욱 그러하다. 많은 노인들은 누구나 죽음을 겪는 것으로 인식하기에, 다른 생애주기보다 적절한 지지를 못 받거나 주변에 도움을 청하는 것을 불편하게 느낄 수 있다.

제5절
나가는 말

　죽음과 삶은 분리되지 않은 하나이며, 삶과 죽음은 동전의 앞뒷면이다. 죽음에 대한 성찰 없이 드러난 현상에만 주목한다면 죽음을 부정하는 현대인의 근본적인 문제와 태도는 변할 수 없을 것이다. 오히려 죽음에 대한 왜곡된 신화로 극단적 선택을 하거나 죽음 불안과 공포는 더욱 커지고 이는 생명 왜곡과 비극을 키우게 될 것이다.
　이에 평가에 기초한 개입을 위해 몇 가지 제안을 하면 다음과 같다.

　첫째, 생애 발달 주기에 따른 죽음교육과 애도상담과 치료를 실시해야 한다. 아동기부터 노년기까지 다양한 방식으로 죽음에 대한 담론을 키우고 사별 과정 이해와 애도를 위한 죽음교육을 통해 죽음을 수용하고 죽음을 통해 성장하는 방법을 익히게 될 것이다.
　둘째, 가족을 잃은 아이들, 청소년, 성인, 노인 등 사별자 가족들을 지원하는 체계를 구성해야 한다. 우리나라도 자살 유가족 지원을 위한 원스톱서비스 논의가 국회를 중심으로 일어나고 있다. 보통 아동들은 가족들이나 종교단체를 통해 전문적인 상담을 통해 지원하고 있다. 청소년들은 학교에서 위기 상담이나 자살 예방 교육을 통해 지원을 받을 수 있으며, 학교 내 또는 학교 밖 상담자를 통해 지원을 받을 수 있다. 성인과 노인들은 종교기관, 의료기관, 사회복지기관, 사별 경험 단체 등을 통해 애도적 개입을 위한 지원을 받을 수 있다.
　셋째, 사별자 가족, 유족을 대상으로 개인상담, 가족상담, 집단상담 등과 같은 프로그램들이 활성화되어야 한다. 사별 경험을 한 모든 사람들이 상담이나 치료를 받을 필요는 없다, 하지만 급작스럽고 예상치 못한 사별 경험은 심리적 고통뿐만 아니라, 외상적 경험으로 자신이 속해있는 지지체계가 붕괴할 수도 있다. 특히 사별 경험을 받아낼 수 없는 아동 청소년기나 노년기일수록 전문적인 상담이나 치료는 필수적이다. 전문적인 상담자나 치료자를 통한 개인상담, 가족상담, 집단상담 등 여러 형태로 도움을 받을 수 있다. 이러한 상담이나 치료적 개입의 경우 정신역동적 접근, 정서중심적 접근, 인지행동적 접근, 가족치료적 접근, 매체활용적 접근 등 다양한 모델들이 있기에, 치료적 모델의 이론적 근거와 효과성을 고려하여 선택해야 한다.

넷째, 애도상담과 치료적 개입에 있어서 최근의 이슈는 전문적인 상담자나 정신건강 치료자들의 자기돌봄을 해야 한다. 사별 경험자를 돌보는 상담자나 정신건강 치료자들은 일차적으로 사별 경험자들을 고통을 목격하면서 스트레스를 받는다. 실제 많은 상담자들은 애도상담을 하면서 자신의 상실을 자각하여 상담자 자신도 괴로울 수 있다. 또한 자신도 다양한 상실에 대해 걱정하게 되는데, 내담자의 상실 경험이 자신의 예상되는 상실과 유사하다면 효과적인 상담이나 치료를 방해할 수 있다. 죽음에 대한 실존적 불안감과 자기 자신에 대한 죽음 자각이 애도상담의 특별한 도전이 될 수 있다. 이에 상담자나 정신건강 치료자들도 주기적인 운동, 균형 있는 식단, 다양한 취미, 적절한 휴식과 가족들의 지지와 관심이 필요하다.

사별 경험에 대한 평가와 개입은 심리적 병리(psychopathology)를 완화하고 현실에 적응하는 것에만 목적이 있는 것이 아니라, 사별 경험 후 성장과 회복력을 고양하는데 더 많은 관심을 가져야 한다. 회복력에 대한 연구, 지속적인 유대의 발전에 관한 연구, 외상 후 성장에 대한 연구 등은 죽음으로 인한 상실이 힘든 고통이기도 하지만, 인간의 심리적 성장의 또 다른 원천일 수 있음을 제안하고 있다. 사별 경험에 대한 평가와 개입에 대한 연구는 애도상담과 애도치료에 있어 이제 막 고려되기 시작했다. 하지만 합리적이고 과학적인 방식을 통해 치료적 효과성에 대한 고려와 치료 과정에서 무엇이 발생하는지에 이론적 근거를 만들고, 궁극적으로 삶과 죽음에 대한 지평을 넓힌다는 측면에서, 모든 상실에 내재되어 있는 가능성을 일깨우는 새로운 접근과 기법에 대한 연구들을 한층 독려해야 한다.

제12장
외상성 죽음 대처

임승희

본 장에서는 죽음교육 실행가로서 외상성 죽음의 개념과 유형별 특징, 외상성 죽음으로 인한 생존자와 유가족의 애도 반응을 이해하고, 다양한 외상성 죽음에 대한 치료적 접근과 대처 방안을 살펴보며 외상성 죽음 중 현대사회에서 빈번히 발생하는 천재지변(재난), 교통사고 및 자살로 인한 죽음을 중심으로 살펴본다.

Key word : 외상성 죽음, 재난, 자살, 애도 반응, 생존자, 유가족, 죽음의 유형, 외상성 죽음에 대한 치료적 접근, 복합성 비탄, 외상성 사건

제1절
외상성 죽음의 개념

1. 외상성 사건(traumatic event)과 외상(trauma)의 개념

외상성 사건이란 한 개인에게 심리적 상처를 깊게 남겨서 사건이 종료된 이후에도 최소한 1개월 이상 장애 후유증을 남기는 극심한 충격적인 사건을 뜻한다. DSM-5에 의하면 외상성 사건(traumatic event)이란 "실제적이거나 위협적인 죽음이나 심각한 상해, 개인이 신체적 안녕을 위협하는 사건에 대한 개인의 직접적인 경험 또는 타인의 죽음, 상해, 신체 건강을 위협하는 사건의 목격, 가족이나 친지의 예기치 못한 무자비한 죽음이나 심각한 상해 및 이들이 경험한 죽음이나 상해에의 위협을 포함"하고 있다.

외상적 사건은 매우 다양하다. 단 한 번의 충격적 사건에도 커다란 심리적 상처를 남기는 일회적 외상(single-blow trauma), 부모나 다른 사람들로부터 주기적이며 반복적으로 당한 학대와 같은 반복적 외상(repeated trauma), 전쟁, 테러, 살인, 폭행, 강간, 고문 등 타인의 고의적 행동에 의해 외상을 받는 대인 관계적 외상(interpersonal trauma), 지진, 태풍, 홍수, 산사태, 화산폭발과 같이 재난이 몰고 오는 인간 외적인 외상(impersonal trauma)도 있다. 이외에도 교통사고와 같이 처참한 돌발적 사고를 당했다든지, 생명을 위협하는 질병의 진단을 받았다든지, 신체의 어느 특정한 부위가 절단되었다든지, 투옥되었다든지, 납치를 당했다든지 등은 모두 개인에게 외상 후 스트레스 장애를 유발시킬 수 있다.

외상은 외상을 일으킨 사건의 심각성에 의해 결정되기도 하지만, 그 사건을 어떻게 받아들이느냐 하는 개인의 주관적인 반응에도 크게 영향을 받기 때문에, 자연재해뿐 아니라 사랑하는 이들의 죽음, 사고 목격과 같은 사건도 외상이 될 수 있다. 전쟁, 자연재해, 성폭력과 같은 엄청난 사건은 의식이 충분히 통제할 수 없는 범주의 경험이어서, 의식의 방어기제 너머의 무의식에 정신적 상처, 즉 외상(trauma)을 가하게 된다.

따라서 이 외상의 재기억화는 상처를 재경험하는 정신적 고통이 수반되기 때문에 의식적으로는 가능한 한 그 회상을 회피하거나 외상을 연상시키는 장소와 사람, 유사 사건 등에 대해 기피 혹은 무감각한 태도를 보인다. 하지만 이런 의식의 억압에도 불구하고, 외상은 반복 강박적으로 빈번한 회상, 악몽, 심한 불안과 과각성(hyperarousal) 등의 증상으로 대체되어 나타나기도 한다. 이와 같이, 외상이 극심한 공포, 무력감, 두려움과 같은 감정을 경험한 경우를 말하며, 이로 인해 심리적, 행동적으로 증상을 보이는 것을 외상 후 스트레스 장애라고 한다.

2. 외상 후 스트레스 장애 개념(Post Traumatic Stress Disorder, PTSD)

(1) 외상 후 스트레스 장애의 개념

외상을 경험한 사람 모두가 외상 후 스트레스 장애로 진단받는 것은 아니지만, 증상이 지속적으로 나타날 경우 의심해 볼 필요가 있다. DSM-5의 '외상 사건 노출의 기준'에서 극심한 공포, 무력감, 고통이 동반된다는 부분이 제외되고 '성폭력'을 외상 사건의 한 유형으로 포함하였으며 대리외상을 새로운 하위범주로 설정하였다. 이는 외상 사건으로 인한 일차적 피해자뿐만 아니라, 타인의 외상을 보거나 알게 된 경우에도 PTSD가 유발될 수 있음을 말한다(Bride & Figley, 2009). 마지막으로, 진단 준거 D에 해당하는 '인지와 감정의 부정적인 변화'이다. 예를 들어, '나는 항상 나쁜 판단만 하게 되지', '권위 있는 사람들은 믿을 수 없다.', '삼촌이 나를 학대하는 것은 모두 내 잘못이야.' 등이 이에 해당한다(APA, 2013).

외상 후 스트레스 장애에 관하여 진단 기준을 세워놓은 DSM은 미국 심리학회의 진단·통계위원회가 발간한 정신장애 진단 및 통계편람으로 외상 후 스트레스 장애의 진단 기준을 제시하였다.

(2) 외상 후 스트레스 장애의 심리적 증상

외상 후 스트레스 장애는 심리적, 정서적으로 여러 가지 문제를 발생시킨다. 즉, 우울 및 우울성 신경증, 불안, 사망 각인 및 사망의 불안, 충동적 행동, 물질 중독, 신체화, 긴장, 자아 기능상의 변화, 죄책감, 회피, 손상된 대인 관계, 배신감, 불신감 등이 동반된다. 이렇게 다양한 심리적 증상들은 외상 후 스트레스 장애의 재경험과 회피나 반응 마비, 과각성의 증상들과 상호작용하여 서로 영향을 미치고 개인에 따라서는 심리적 문제들이 치명적인 증상으로 작용할 수 있다.

외상 후 스트레스 장애를 겪는 사람들은 일반적으로 우울 증상을 동반하고 불안, 긴장으로 인해 자신이 처한 상황을 부정적으로 이해하거나 미래를 부정적으로 예측하기도 한다. 특히 불안이 극도로 심해지면 현실적 접촉이나 관계 맺기에 어려움을 보이고, 환각이나 망상과 같은 현실 검증력을 상실하기도 한다.

전형적으로 외상 후 스트레스 장애 증상에는 다음과 같은 네 가지 심리적 증상들이 나타난다(김청송, 2015).

첫째, 침투 증상(intrusion symptom) : 충격적인 사건이 반복적으로 떠오르고, 꿈에 나타나기도 하며, 사건과 관련된 유사한 단서들을 접하게 되면 그 사건이 재발하고 있는 것 같은 행동이나 느낌이 계속되어 심리적, 신체적 고통이 초래된다. 외상 사건의 기억이 반복적으로 침투하여 재경험 하는 것으로, 이와 관련된 꿈이 반복적으로 경험되기도 한다.

둘째, 회피 증상 : 외상과 관련 자극을 회피하고 외상 전에는 없었던 증상들이 나타난다. 지속적인 회피로 외상 사건과 관련된 기억, 생각, 감정을 유발하는 자극을 회피하거나 회피하려는 노력이다. 즉 외상적 사건과 관련된 생각이나 대화를 피하고 그와 관련된 장소나 사람을 피하게 되며, 감정이 무뎌지고 다른 사람들로부터 고립감과 소외감을 느끼고, 중요한 활동에 대한 흥미가 크게 저하된다.

셋째, 부정적 인지와 감정의 전환 : 부정적 정서 상태(예: 공포, 분노, 죄책감, 수치심)와 인지의 부정적인 변화로 외상 사건의 중요한 부분을 기억하지 못하거나, 자신을 포함하여 세상에 대한 부정적 신념(예: 나는 저주받았어, 다시 좋아질 것이 하나도 없어)이나 기대를 과잉적으로 나타내는 것이다. 또한 외상 사건이나 원인이나 결과에 대해 인지적 왜곡을 나타내거나 중요한 활동에 대한 관심이나 참여의 현저한 저하 및 타인과의 거리감이나 소외감을 느끼기도 한다.

넷째, 과각성과 행동 변화 : 외상 사건과 관련한 각성과 반응성의 뚜렷한 변화가 현저한 것으로, 과민한 행동과 분노 폭발, 수면 곤란, 과장된 놀람 반응, 집중력의 문제 등으로 나타난다.

(3) 외상 후 스트레스 장애의 부적응 유형의 특성

외상 후 스트레스 장애의 부적응 유형은 일반적으로 죽음의 각성, 생존자로서의 죄책감, 둔감화, 소외감, 정서적 어려움 등 다섯 가지가 있다(한인영 외역, 2018).

① 죽음의 각성

외상을 경험하는 것은 자신의 실제 생물학적 의미에서는 죽음을 생생하게 상상할 수 있게 한다. 특히 젊은 희생자는 강인함에 대한 자신감을 잃고, 새롭게 알게 된 자신의 죽을 운명에 대해서 분노한다.

② 생존자로서의 죄책감

죄책감은 다양한 형태로 나타난다. 다른 사람은 살아남지 못했는데 자신은 살아남았다는 죄책감, 다른 사람을 살리지 못했다는 죄책감, 그 상황에서 더 용감하지 못한 것에 대한 죄책감, 더 고통스러운 사람이 있는데도 불평했던 것에 대한 죄책감, 외상의 일부는 자신의 잘못이라는 죄책감 등이 있다. 일반적으로 죄책감은 '나는 더 잘할 수도 있었는데, 그랬다면 그는 죽지 않았을 거야', 또는 '만일 내가 그때 그렇게 했더라면 그 일은 일어나지 않았을 텐데' 등의 침입적 사고로 나타난다.

③ 둔감화

절대 수용할 수 없는 사건에 대해서 둔감해지고 평화로운 세계의 정상 비슷한 상태로 돌아가려고 노력하는 것이다. 희생자의 평온한 겉모습 밑에는 계속적으로 폭력이 들끓고 있고, 내면에서 요동치는 이러한 강한 상반되는 감정의 변화 때문에 전혀 안정을 찾지 못하는 적대적이고, 방어적이고, 불안하고, 우울하고, 공포스러운 상태에 이른다.

④ 소원함

앞으로의 모든 관계는 가짜일 것이라는 감정이다. 관계는 하찮고 아무것도 아니라는 것이다. 외상의 경험을 생각나게 하는 사람 또는 사물을 피하려고 할 때 심각한 대인 관계상의 어려움이 발생한다. 그들이 경험했던 아주 다른 경험 때문에 희생자는 동료들과 소원해지고 사람들이 자신을 이해 못 한다며 사회적 관계를 단절시킨다.

제2절
외상성 죽음의 유형별 이해

1. 재난으로 인한 죽음

재난은 갑작스럽게 짧은 시간 내에 많은 사람들의 생명을 위협하는 불행을 가져오는 사건으로 정의된다. 이러한 재난은 홍수와 지진 등 자연재해 현상뿐만 아니라 화재, 대형 사고, 핵 오염 등 산업화에 의한 인간 행동의 결과에 기인한 현상들도 포함한다. 이러한 재난의 발생은 과학과 기술이 발전하는데도 점차 증가하는 추세이다. 특히 복잡한 현대 기술 체계는 예상하지 못한 상호 작용을 통해 인간에 의한 새로운 재난 사건을 유발하는 결과를 낳았다. 물론 높은 기술 수준은 과거에 비해 재난에 의한 피해를 경감시키는 데 기여하였다. 그런데도 재난에 의한 희생은 여전히 존재하고 있는 것이 현실이다.

인위적 사고 혹은 자연현상의 변화를 통한 인명이나 재산의 피해를 일반적으로 '재난'이라 지칭하고 재난은 '자연재난'과 '사회재난'으로 분류되며, 교통사고는 사회재난에 속한다(법제처 국가법령정보센터, 2017). 재난으로 자녀를 상실한 부모들의 시간은 재난 사건을 이정표나 나침반으로 삼은 것처럼 '재난 사건 이전'과 '그 이후'로 나누어진다. 사건 이후 유가족은 이러한 분열 상태를 자신들의 삶 속에 통합시키기 어려우므로 삶의 일관성과 연속성을 유지하지 못하며, 정상적인 상태와 자신들의 생각이 일치되지 않으면 스스로 사회와 단절해 버린다. 사건 이전과 완벽하게 분리되거나 단절된 사건 이후 삶은 회복 과정의 실마리를 마련하기 매우 어렵게 된다.

재난은 현시대를 살아가는 사람들만이 겪는 문제는 아니며, 재난은 우리의 역사이자 미래이며 인류가 성장해 가는 동안 항상 함께 존재하였다. 재난은 개인의 안녕을 위협하고 삶의 터전을 파괴하여 개인과 사회에 막대한 물적, 인적 손실을 야기하는 위험한 상황을 말한다(강석훈, 2015). 산업화 이후 빠르게 변화하는 사회는 더욱 재난에 노출되어 있으며 취약해지게 되었다. 현대사회는 고위험 기술이 영향을 미치면서 재난이 불가피해졌고, 누군가는 인간의 문명을 '활화산 위의 문명'이라고 부르기도 하였다(Perrow, 1984; Beck, 1986). 우리나라의 경우에는 「재난 및 안전관리기본법」을 통해 '국민의 생명·신체·재산과 국가에 피해를 주거나 줄 수 있는 것'이라는 법률적 정의를 내렸다. 구체적인 항목은 아래와 같다(법제처 국가법령정보센터, 2015).

(1) 자연재

태풍, 홍수, 호우(豪雨), 강풍, 풍랑, 해일(海溢), 대설, 낙뢰, 가뭄, 지진, 황사(黃砂), 조류(藻類)대 발생, 조수(潮水), 그밖에 이에 준하는 자연현상으로 인해 발생하는 재해

(2) 사회재

화재, 붕괴, 폭발, 교통사고, 화생방사고·환경오염 사고 등으로 인하여 발생하는 대통령령으로 정하는 규모 이상의 피해와 에너지, 통신, 교통, 금융, 의료, 수도 등 국가기반체계의 마비, 「감염병의 예방 및 관리에 관한 법률」에 따른 감염병 또는 「가축 전염병 예방법」에 따른 가축 전염병의 확산 등으로 인한 피해를 말하며, 사회재난에 해당하는 재난의 종류는 인적 재난의 의미를 확실히 내포하고 있다. 과거에는 '인위적 재난'을 '인적재난'과 '사회재난'으로 각각 구분하여 정의하였지만, 2014년 개정 후, 2015년부터 시행된 법률에서는 사회재난으로 통합하여 소개하였다. 이런 사회재난은 자연재해와는 다른 특징을 가지는데 그 항목은 다음과 같다(국민안전처, 2013).

- 실질적인 위험이 크더라도 그것을 체감하지 못하거나 방심한다.
- 본인과 가족과의 직접적인 재난 피해 외에는 무관심하다.
- 시간과 기술·산업 발전에 따라 발생 빈도나 피해 규모가 다르다.
- 인간의 면밀한 노력이나 철저한 관리에 의해 상당 부분 근절시킬 수 있다.
- 발생과정은 돌발적이며 강한 충격을 지니고 있으나 같은 유형의 재난 피해라도 형태나 규모, 영향 범위가 다르다.
- 고의나 과실이든 타인에게 끼친 손해에 대한 배상의 책임을 가진다.

위에서 기술한바, 교통사고는 사회적 재난으로 볼 수 있기에 피해자 개인이 스스로 해결해야 할 문제라기보다는 공적인 관심과 대처가 필요하다고 볼 수 있다.

(3) 재난에 대한 태도

잠재적인 재난의 영향력을 경감시키기 위해 다양한 방법들이 고안되었으며, 이러한 방법을 수행함으로써 재난에 의한 상해와 위험은 줄일 수 있었다. 특히 기술의 발달은 잠재적인 재난의 영향에

관한 예견을 가능하게 함으로써 재난에 의한 상해와 죽음의 위기를 경감시키는 것에 중요한 역할을 담당하였다. 그러나 여전히 잠재적인 재난의 영향력에 대해 모든 것을 예견하는 것은 불가능하다.

(4) 재난 후의 적응

재난을 경험한 사람들이 필요로 하는 것은 무엇이며, 어떤 유형의 도움이 필요할 것인가? 이런 의문에 대한 반응은 스스로가 '재난의 피해를 입은 생존자'라고 상상하는 것이 도움이 될 수 있다. 재난을 경험한 많은 생존자들은 사건에 대한 쇼크 상태에 있으며, 사랑하는 이들을 잃고 혼자 생존한 것에 대한 죄책감 및 공허감 등을 경험한다. 또한 미래에 대한 불안과 더불어 존재적 위기를 경험할 수도 있다. 현실적으로 재난이 이들 생존자들에게 미치는 영향은 매우 다양하다. 어떤 이들은 사랑하는 사람을 잃고 상실과 비탄을 경험하며, 어떤 이들은 죄책감을 다른 이들은 소외와 고립감을 느낀다. 또 다른 이들은 분노와 좌절감을 경험하기도 하고, 우울감에 빠지거나, 예전의 개인적인 관계의 문제가 되풀이되는 경우도 있는 것으로 나타났다. 이러한 다양성은 재난 후 생존자들의 회복을 위한 원조 프로그램이 즉각적인 요구에 부응하는 재난 직후의 일반화된 원조에서 점진적으로 구체화된 원조로 연결되어야 할 필요성을 제시하고 있다.

(5) 재난에 대한 태도

잠재적인 재난의 영향력을 경감시키기 위해 다양한 방법들이 고안되었으며, 이러한 방법을 수행함으로써 재난에 의한 상해와 위험은 줄일 수 있었다. 특히 기술의 발달은 잠재적인 재난의 영향에 관한 예견을 가능하게 함으로써, 재난에 의한 상해와 죽음의 위기를 경감시키는 것에 중요한 역할을 담당하였다. 그러나 여전히 잠재적인 재난의 영향력에 대해 모든 것을 예견하는 것은 불가능하다.

(6) 재난 후의 적응

재난을 경험한 사람들이 필요로 하는 것은 무엇이며, 어떤 유형의 도움이 필요할 것인가? 이런 의문에 대한 반응은 스스로가 '재난의 피해를 입은 생존자'라고 상상하는 것이 도움이 될 수 있다. 재난을 경험한 많은 생존자들은 사건에 대한 쇼크 상태에 있으며, 사랑하는 이들을 잃고 혼자 생존한 것에 대한 죄책감 및 공허감 등을 경험한다. 또한 미래에 대한 불안과 더불어 존재적 위기를 경험할 수도 있다. 현실적으로 재난이 이들 생존자들에게 미치는 영향은 매우 다양하다. 어떤 이들은 사랑하는 사람을 잃고 상실과 비탄을 경험하며, 어떤 이들은 죄책감을 다른 이들은 소외와 고립감을 느낀다. 또 다른 이들은 분노와 좌절감을 경험하기도 하고, 우울감에 빠지거나, 예전의 개인적인 관계의 문제가 되풀이되는 경우도 있는 것으로 나타났다. 이러한 다양성은 재난 후 생존자들의 회복을 위한 원조 프로그램이 즉각적인 요구에 부응하는 재난 직후의 일반화된 원조에서 점진적으로 구체화된 원조로 연결되어야 할 필요성을 제시하고 있다.

2. 교통사고로 인한 죽음

2007년부터 2016년까지의 최근 10년간 일어난 교통사고의 숫자는 약 21만 명에서 23만 명 사이로 큰 차이가 없으나 교통사고 사망자 수, 특히 인구 10만 명당 교통사고 사망자 수는 12.7명에서 8.5명으로 꾸준히 감소되고 있다. 반면에 보행자 교통사고로 인한 사망은 해마다 다소 증가추세를 보이고 있다. 그럼에도 여전히 사망사고의 최우선 요인인 교통사고는 갑작스럽고 그 결과의 처참함으로 반드시 사후 조치에 대한 논의가 필요하다.

(1) 교통사고로 인한 죽음의 특징

교통사고를 포함한 사고로 인한 사망은 특히 갑작스럽고 사망 당시 상황의 참담함이나 남겨진 가족 구성원과의 이별 유예기간이 없이 발생한다. 사고 상황에 대한 당황스러움과 생소한 사고처리와 수습 과정을 겪으면서 슬픈 자신의 감정을 추스르거나 위로를 받을 기회를 놓치는 경우가 거의 대부분이다. 뿐만 아니라, 사망의 원인이나 이유가 불합리하거나 비정상적인 경우에는 가해자의 억지나 과한 방어적 발언으로 인해 유족들은 더 큰 상처를 겪기도 한다. 사고 발생에 영향을 미치는 요인은 크게 내적 요인과 외적 요인으로 구별할 수 있다(조계화 외 공저, 2006).

① 사고에 영향을 미치는 내적 요인

내적 요인은 주로 사고에 영향을 미치는 개인적 차원의 요인을 의미하는 것으로, 흔히 사고 발생 가능성에 대해 개인이 어느 정도 통제권을 행사한다는 것을 전제로 설명하고 있다. 사고 발생에 영향을 미치는 내적 요인은 주로 개인의 육체적, 정신적 특성과 관련된 요인들이다. 사고에 영향을 미치는 내적 요인에 관한 연구는 다른 사람에 비해 사고가 많이 발생하는 사람들의 특성을 조사하였다. 대표적인 특정 요인으로 연령과 성별 등을 들 수 있다. 연령의 경우 다른 세대에 비해 상대적으로 청소년기와 초기 성인기가 발달단계의 특성상 사고의 위험에 노출될 경향이 가장 높은 것으로 밝혀지고 있다.

또 다른 요인인 성별의 경우, 대부분의 문화에서는 남성이 여성에 비해 사고의 위험에 노출될 가능성이 높다는 점이 통계적으로 입증되었으며, 이러한 원인에 대한 설명은 다양하다. 생물학과 유전학적 이론에 의하면 남성이 여성에 비해 위험을 시도하려는 경향이 더 많은데, 이는 선천적인 원인에 의한 것이라 설명한다. 반면, 사회학습과 여성학 이론에서는 남성이 여성에 비해 위험한 활동에 더 참여해야 한다고 고무하는 사회·문화적 태도를 통해 학습된 것이라고 설명한다.

연령과 성별 외에도 사고 발생에 영향을 미치는 내적 요인으로서는 위험 상황에 대한 태도, 인식 유형, 행동 유형 등 다양한 요인들이 있다. 이러한 내적 요인에 대한 이해는 우리 생활에서 사고를 예방하기 위한 예방 프로그램을 개발하는 데 필요한 기초 자료로 활용될 수 있음은 물론, 궁극적으로 사고 발생을 줄이는 데에도 도움을 줄 것이다.

② 사고에 영향을 미치는 외적 요인

사고 발생에 영향을 미치는 외적 요인을 강조하는 입장에서는 '사고는 우연히 또는 운명에 의해 발생하는 것'이라는 정의를 어느 정도 수용한다. 따라서 사고 발생은 개인적 차원에서 통제할 수 없다는 한계성을 받아들인다. 외적 요인은 주로 사고가 발생하는 환경체계 내에 존재하는 상황들과 관련된 요인들을 의미하는 것으로, 종종 위험과 안전에 관련된 사회·문화적 가치체계 및 태도 등이 포함될 수 있다. 외적 요인은 사고가 발생하는 환경체계의 원인과 관련된 것으로서 상대적으로 거시적 차원의 요인들이라고 할 수 있다.

(2) 교통사고로 인한 가족원의 상실 경험

교통사고로 인한 죽음은 '재난'의 관점에서 사회적 재난으로 분류되며 교통사고에 의한 가족원의 상실은 전체 가족원의 삶에 지대한 영향을 미치고 가족원들은 고통과 혼돈상태로 미해결된 슬픔을 경험하게 된다. 교통사고로 인한 사별 경험은 이후에도 지속적으로 영향을 미치는데, 윤명숙과 최수연(2013)의 연구에 의하면 유가족들은 사고 후 2주가 지난 뒤에도 사고를 재경험(re-experiencing)하고, 과도한 각성상태가 유지되며, 고위험 스트레스 상황에 놓이게 되는 것으로 나타났다. 뿐만 아니라, 유가족들은 교통사고 이후 갑작스러운 불안 증상의 발현과 자살 생각 등의 정신 건강의 문제들을 경험하게 되며, 교통사고 발생 후 3년이 지난 뒤에도 이러한 증상은 지속되는 것으로 보고되었다. 교통사고로 인한 가족원의 상실 경험은 4가지로 볼 수 있다.

① 불의의 사고에 대한 불예측성에 대한 극도의 불안 경험을 통해 정신적 허탈감과 불안정을

해소하기 위한 노력이 필요하다. 이러한 극단의 감정은 다른 가족 구성원과의 관계와 사회적 관계에 부정적인 영향을 줄 수도 있다.

② 이별 준비기간의 미흡 혹은 불가역적(不可逆的) 현상에 의한 애도시간의 부족이다. 당혹스러운 이별과 함께 낯선 새로운 환경에 대한 무기력감으로 고인에 대한 예우와 적절한 애도 과정을 경험하지 못할 수 있기 때문에, 그에 대한 지원이 필요하다.

③ 사고의 참혹함이 가져오는 고인에 대한 안타까움이다. 사고 현장이 참혹함을 직접 보게 되는 상황은 물론, 보지 못한 상황일지라도 사망사고 현장의 일반적 분위기는 고인의 신체 혹은 사고 주변의 외형적 손상과 훼손된 장면에 대한 기억으로 인한 참담함을 떨치기가 쉽지 않은 게 현실이다.

④ 일상생활에서 지속적으로 떠오르는 침투적 반추로 인한 불편함이다. 교통편을 이용하는 일상생활에서 사망사고 장면과 유사한 혹은 연관된 장면에서 사망사고 유가족이 느끼는 정신적 트라우마는 생활의 불편함을 초래할 수 있다.

3. 폭력으로 인한 죽음

현대 사회에서 죽음을 야기하는 잠재적 유형 중 하나가 폭력이다. 이것은 인간의 생각과 행동에 영향을 주며, 심지어 직접적인 희생자가 되지 않았을 때조차 영향을 미친다. 특히 산업화와 현대화에 의한 사회·문화적 생활방식과 가치관의 변화는 폭력 발생과 그 특성의 변화도 야기하였다. 여기에서는 현대 사회에서 발생하는 죽음과 관련된 폭력의 특성을 살펴보고, 이러한 폭력을 줄일 수 있는 요인에 관해 소개하겠다.

(1) 현대 사회의 폭력

죽음과 관련된 개인 간의 폭력은 살인이다. 폭력에 의한 살인이 발발하는 그 원인을 살펴보면 과거와는 명백한 차이가 존재하는데, 대표적인 특성으로 폭력 대상의 무작위화와 폭력 행위자의 저연령화를 들 수 있다. 먼저 폭력 대상의 무작위화 현상은 다음과 같이 나타난다. 과거에 발생한 대부분의 폭력 사건은 주로 금전 문제와 애정 문제 또는 다른 이슈나 사기행위 등에 기인한 것으로, 주로 폭력 행위에 대한 명백한 원인이나 근거가 존재했다. 그러나 최근에는 아무런 이유도 없이 발생하는 폭력이 증가하고 있는 실정이다.

국내에서 살인미수를 포함한 살인사건이 한 해 평균 1,000여 건을 넘어서고 있다(경찰청, 2017). 이로 인해 피해를 당하는 유가족은 최소 7~10명인 것으로 알려졌으나, 관련 피해자의 친구, 이웃, 동료들까지 포함시킨다면 그 수는 수십 명으로 증가할 것이다(Heidi, Alyssa, Alesia, Benjamin, & Dean, 2009; Redmond, 1989). 살인사건 피해자를 '살인생존자들(homicide survivors)', 혹은 '공동피해자들(co-victims)'이라는 용어로 칭하지만(Heidi et al., 2009), 아직 국내에서는 이에 대한 합의된 정의가 없을 정도로 관련 연구가 제한적이다.

우리나라에서 폭력으로 인한 죽음에 관심을 보이기 시작한 것은 2008년 전국 범죄피해자지원연합회가 창설되면서이지만, 아동과 여성들을 대상으로 하는 성폭력과 가정폭력은 2000년을 기점으로 활발한 활동을 하고 있다. 이에 반해, 강력범죄 사건의 피해자와 가족에 대한 지원은 범죄피해자 보호법이 제정되고 나서야 2010년에 서울에서 스마일센터가 개소되었고, 이후 각 지방 검찰청 단위로 개소하고 있는 상태이다.

(2) 폭력으로 인한 상실 경험

폭력이 가지는 상실 경험 중 잠재적인 위협 중 하나가 바로 직접 경험하지 않았을 때조차 개인의 생각과 행동에 영향을 미친다는 것이다. 실제 폭력이 가지는 이러한 특성은 가정폭력을 목격한 아동들을 대상으로 한 연구들에서 입증되었다. 흔히 폭력을 목격한 아동을 '조용한 희생자'라고 부르며, 비록 이들은 신체적으로 손상을 입지는 않았으나, 삶 속에서 높은 수준의 폭력에 노출되어 폭력에 노출되지 않았던 아동에 비해 상대적으로 쉽게 폭력을 문제 해결의 한 방법으로서 수용하는 것으로 나타났다. 현대 사회는 다양한 폭력 현장을 아동과 청소년들에게 쉽게 노출시킴으로써 폭력 발생의 저연령화와 폭력 행위의 잔인화, 비인간화를 유발하고 있는 실정이다.

선행 연구에 의하면 살인사건 피해 유가족들은 다른 강력범죄 피해자들과 유사한 심리적 문제뿐만 아니라, 더 심각한 심리적인 고통을 받는 것으로 알려져 있다. 이들의 경우, 다른 강력범죄 피해자들과 유사하게 경제적인 스트레스와 지역사회의 낙인, 유사한 범죄 피해가 재발할 것에 대한 공포, 사건을 떠오르게 하는 대상에 대한 불안, 자신과 자신이 속한 세상에 대한 부정적인 믿음, 사건과 관련된 죄책감과 책임감 등을 호소한다. 그러나 살인 사건 피해 유가족들의 경우 언론과 사법 체계로 인한 2차 피해에 더 많이 노출되며, 가해자에 대한 복수심이 크다(Heidi et al., 2009; Hertz, Prothrow-Stith, & Chery, 2005). 특히, 살인 사건은 강력 사건 중에서도 가장 심각한 범죄로 여러 가지 측면에서 강간이나 폭력 사건, 혹은 여타의 외상 사건 피해와 다르다. 첫째, 살인 사건 피해 유가족은 예기치 못한 상황에서 폭력적 방식으로 가족이 죽었다는 사실에 가해자에 대한 분노와 복수심에 사로잡힌다고 한다. 둘째, 살인 사건이 노출되면서 유가족의 사생활이 공공연하게 노출되거나 권리를 침해당하는 경우가 많아 2차 피해에 직면하게 된다. 셋째, 살인 사건은 주요 형법 위반에 해당되는 사건으로, 유가족의 욕구보다는 재판부의 판결이 초점이 되면서 피해 유가족은 제3자로 취급당하기에(Amour, 2002), 이로 인해 피해 유가족은 국가와 자신이 속한 지역 사회에 대한 극심한 분노 및 불신감에 사로잡히기도 한다. 이처럼 살인 사건 피해 유가족들은 다른 강력 범죄 피해 또는 자살이나 사고로 가족을 잃은 경우에 비해 외상 후 스트레스 장애 발병이 높은 것으로 알려져 있다(Murphy, Johnson, Wu, Fan, & Lohan, 2003).

(3) 폭력 피해를 경감시키는 요인들

폭력에 의한 죽음에서 가장 큰 피해자는 희생자다. 희생자가 생존하지 않은 상황에서 희생자에게 '나쁜 사람', '부주의한 사람' 또는 '살인자와 엮인 그렇고 그런 사람'이라는 낙인을 찍으면서 마치 희생자에게 잘못이 있었던 것처럼 해석하는 상황도 있음을 생각해 볼 때, 폭력에 의한 살인이 발생할 가능성을 경감시키기 위한 방법을 고려하는 것은 의의가 있다.

이러한 취지에서 카스텐바움과 에이젠버그(Kastenbaum & Aisenberg, 1976)는 폭력 유발의 잠재력을 줄이기 위한 지침을 제시하였는데, 이를 구체적으로 살펴보면 다음과 같다.

① 자신이나 타인에게 편견적이고 비인간적이며 무시하는 호칭을 사용하는 것을 피한다.
② 자신이나 타인들의 비인간화된 인식들을 지지하는 상황을 제거하거나 피한다.
③ 잠재적인 폭력 행위자들에게 차이점이 아닌 유사점과 공통점을 강조하면서 의사소통과 접촉의 기회를 증진시킨다.
④ 교육과 훈련의 주요한 방법으로서 체벌과 신체적 벌을 사용하는 것을 자제한다.
⑤ 좋고 선한 사람들의 행동을 칭찬한다.
⑥ 아동들에게 폭력을 재미있는 것도, 멋진 것도, 그리고 똑똑한 행위도 아니라는 것을 가르친다. 그리고 자신의 행동에 대한 책임감을 강조한다.
⑦ 폭력에 대한 대안을 제공할 수 있는 인간 자원을 양육하고 동일시한다. 예를 들면 아동들 사이의 나눔을 강조하고, 그들이 다른 아동에게 가능한 한 충동적이고 무서운 행동을 취하기 전에 스스로 생각하도록 유도한다.
⑧ 대중 매체(mass media)에서 폭력의 매력을 제거한다.

4. 자살

자살은 시대를 막론하고 대부분의 인간 사회에서 발생하는 현상으로, 인간이 스스로의 의지와 힘으로 자신을 죽이는 행위를 의미한다. 여기에서는 자살 행동에 관한 이론을 제시하는 사회학적 모델과 정신·심리학적 모델을 바탕으로 자살의 원인을 살펴봄으로써, 자기 파괴적인 행동의 결과인 자살에 대한 이해를 돕고자 한다.

(1) 자살 관련 모델
① 사회학적 모델

자살 행동에 대한 사회학적 모델은 자살의 원인을 개인과 사회 사이의 관계에 두고 자살이 발생하게 된 사회적 맥락을 강조하고 있다. 즉, 개인의 자살은 그 개인이 속한 사회체계의 사회적 규제와 통합의 정도에 따라서 예방될 수 있다고 설명한다. 자살에 대한 사회학적 관점을 처음으로 제시한 뒤르켐(Durkheim, 1897)은 『자살론』이라는 저서를 통해 자살 가능성이 높은 사람이 누구인가를 연구한 결과를 세 가지 유형으로 분류하여 발표하였다.

첫째, 이기적 자살(egoistic suicide)이다. 이는 사회적 자아에 거역하고 개인적 자아가 과도하게 주장된 상태로서 사회적 규제를 일탈한 과도한 개인화의 결과로 발생한 자살이다. 예를 들면, 사회적 규칙에 따르는 일반적인 사람들보다 사회에 적응하지 못하는 고립된 사람들이 자살할 가능성이 훨씬 높다는 사실이다.

둘째, 아노미적 자살(anomic suicide)이다. 이는 인간이 사회적 혼란이나 그 밖의 사회적 무질서 상태에 노출되거나, 개인이 지위나 권위를 상실하거나 상실할 위기에 직면하였을 때 발생하는 자살 유형을 의미한다.

셋째, 이타적 자살(altruistic suicide)이다. 이는 타인을 위한 자살이라 할 수 있으며, 집단 본위적인 자살이라고 할 수 있다. 자기 본위적 자살과 반대로 개인이 집단 속에 완전히 매몰되어 사회적 자아가 개인적 자아를 과도하게 지배하는 상태에서 발생하는 자살 유형을 의미한다.

사회학적 모델에서는 이와 같이 자살을 인간의 개인적 행동에 근거한 것으로 해석하기보다는 사회의 한 현상으로 간주하면서, 인간과 사회와의 관계의 결과로써 자살을 이해하고 있다.

② 정신·심리학적 모델

자살에 대한 정신·심리학적 모델은 개인의 의식과 무의식적 동기에 초점을 두고 자살의 발생을 설명하고 있다. 프로이트(Freud)는 자살의 원인을 자아 방어의 붕괴와 무의식 속에 항상 존재하고 있는 죽음의 본능과 관계가 있는 것으로 설명하고 있다. 그리고 아들러(Adler)는 의존성, 자기중심성, 충동성, 공격성 등을 자살의 원인으로 제시하였다. 그밖에 자살 연구에 공헌한 링겔(Ringel)은 자살이란 타자에 대한 장기간에 걸친 억압된 공격성이 자기 공격으로 전환된 것이라고 설명하면서, 자살에 이르기까지의 심리 과정을 3단계로 제시하여 자살 전 증후군에 관한 이론을 주장하였다. 첫째 단계는 자아의 협소화 단계로, 이 단계에서는 개인적 가능성의 협소화, 감정 세계의 협소화, 대인 관계의 협소화, 가치 세계의 협소화를 경험하게 된다. 둘째 단계는 자기에로 향한 공격성의 단계로, 인간이 본래 지니고 있는 공격성이 자아의 협소화에 의해 비정상적으로 강화되어 자신에게로 향하게 되는 것을 경험하는 단계다. 마지막 단계는 자살의 환상 단계인데 죽어 있는 자기를 자주 상상하고, 이것이 강화되어 자살하는 것을 자주 생각하며, 결국 이러한 환상을 구체화시켜 자살 시기와 방법을 심각하게 생각하게 되는 과정이다.

(2) 자살 유형

자기 파괴적 행동인 자살을 데스펠더와 스트릭클랜드(DeSpelder & Strickland, 1996)는 크게 네 가지 유형으로 구분하였다. 도피처로써의 자살, 우울과 정신장애에 의한 자살, 반의도적·만성적 자살, 구원 요청으로서의 자살이 그 유형이다.

① 도피처로써의 자살

자살은 종종 도피처, 즉 육체적 고통 또는 정신적 고뇌에서 해방되기 위한 수단으로 생각되기도 한다. 도피처로써의 자살을 선택하는 또 다른 예는, 잘못된 개인의 논리에 의해서 발생하기도 한다. 이러한 경우, 자살 행동을 시도한 대다수 사람들의 자아개념이나 자기 정체성은 혼란스러우며, 스스로를 실패자로 인식하기도 한다. 이러한 유형의 자살은 객관적으로 불만족스러운 상황에 근거한 것이 아니라, 개인이 주관적으로 경험하는 과다한 고뇌감과 혼란에 의한 것이다. 즉 부정적 자아 개념과 혼란스러운 자기 정체성의 삶의 의미를 상실하게 하며, 궁극적으로 상황에서 벗어나 도망가고자 하는 감정을 유발할 수 있는 것이다.

② 우울과 정신장애에 의한 자살

자살은 우울과 정신장애와 밀접한 연관성을 가지고 있으며, 이는 자살자의 정신 부검 연구를 통해 입증되었다. 기존 연구에 의하면 자살자의 90퍼센트 이상이 하나 이상의 정신장애 진단의 범주에

속하는 것으로 나타났으며, 정신과 환자의 자살 위험은 일반인에 비해 3~12배 높다고 제시되었다. 정신장애와 관련된 자살은 죽으려는 의식적인 의도보다는 자신을 해침으로써 자신의 정신 속에 존재하는 악을 없애거나 벌을 주려는 것이다. 따라서 이런 경우 자살 충동에 정신 치료가 먼저 요구된다.

자살 발생의 또 다른 주요 위험 요인으로 우울을 들 수 있다. 우울한 사람들은 알코올이나 약물 중독을 포함한 해로운 행동으로 자신의 무력감과 고립감을 표현하기도 한다. 우울은 매우 중요한 자살 경고 표시인데도, 가족이나 주위 사람들은 개인이 경험하는 우울의 심각성을 인식하지 못하고 간과하는 경우가 많다. 따라서 개인의 우울이 자살 행동으로 연결되는데, 가족과 주변인들의 반응은 중요한 역할을 담당하게 된다.

③ 반의도적 · 만성적 자살

완전히 의도적인 자살은 아니지만, 자기 파괴적인 위험성이 높은 행동을 계속적으로 이행함으로써 그 결과 자살이 발생한 경우다. 예를 들면 개인이 부주의하거나 불필요하고 현명하지 않은 위험을 감수함으로써 자살이 발생한 경우로서 흔히 마약, 알코올, 흡연 등과 같은 생활 습관으로 자신을 파괴하는 행동을 말한다. 이런 유형은 또한 '성격학적 자살'이라고 불리기도 하는데, 이들의 대부분은 의식적으로는 자살에 대하여 부정적이고 자살을 수용하지 않지만, 그들의 생활방식은 전형적으로 '죽음에 대한 동경'을 드러내고 있다.

④ 구원 요청으로서의 자살

이러한 유형의 자살은 그 목적이 죽는 것이 아니라 문제 해결에 있다. 즉, 주된 목적은 현재 개인이 처한 상황을 바꾸려는 것이며, 그 목적 달성을 위한 방법으로 자살을 선택한 것이다. 따라서 이러한 유형의 자살 행동은 '나는 더 이상 이러한 삶을 살 수 없다. 나의 생활은 변해야만 한다'라는 메시지를 표현하고 있다. 흔히 청소년기나 초기 성인기의 개인이 손목을 칼로 긋거나 수면제를 과다 복용하는 등의 자살 행동하는 경우에 해당되는데, 그 행동 결과 죽을 수 있다는 사실에 대한 완전한 이해 없이 자신들의 좌절감을 표현하고 관심을 끌기 위해 행해지는 것이다. 이런 경우 대부분 자살 시도 경험이 과거에는 거의 없으며, 또한 치사율도 매우 낮다.

(3) 자살에 영향을 미치는 요인

개인이 자살을 선택하는 데 영향을 미치는 요인으로는 개인의 성격, 해로운 외부 환경, 사회적 관계 등이 있다. 또한 데스펠더와 스트릭클랜드(DeSpelder & Strickland, 1996)는 자살에 영향을 미치는 위험 요인으로서 문화, 인성, 개인적 상황, 생물학적 요인을 제시하였다.

① 문화(Culture)

문화는 개인이 자살을 이해하고 인식하는 관점에 영향을 미치는 요인으로, 개인의 자살에 대한 수용과 자살 행동을 시도하는 데 중요한 역할을 담당한다. 자살과 관련된 문화적 특성으로 자살 발생에 대한 사회적 전염성과 삶과 죽음 사이의 균형을 들 수 있다. 이런 자살 행동의 모방은 후에 '베르테르 효과(Werther effect)'라고까지 불렸다.

② 성격(Personality)

인간의 특성은 타고난 생김새만큼이나 다양하다. 따라서 같은 상황에 노출되어서도 사람들의 반응은 각기 다르다. 어떤 사람은 타고난 낙천주의자이며, 반면 어떤 사람은 타고난 염세주의자다. 개인의 이러한 특성은 삶에서 타인과 관계를 맺고 문제에 대처하는 방식을 결정하게 되며, 그것이 또한 자살 생각과 자살 행동을 결정하는 데도 영향을 미치는 요인이 될 수 있다. 특히 개인의 성격과 관련된 죽음 태도는 자살 행동을 결정하는 중요한 요인으로, 이는 죽음에 대한 공포를 가진 사람보다 죽음을 삶의 연장선상에 있는 매력적인 한 부분으로 인식하는 사람이 자살을 시도할 가능성이 더 높기 때문이다.

③ 개인적 상황(the individual situation)

모든 사람들은 생활 속에서 자살 위험을 유발하는 다양한 정도의 스트레스를 경험하며, 이러한 사건들은 후에 자살 행동과 연관될 수 있다. 구체적인 예로, 우리나라 청소년들의 자살은 대부분 입시에 의한 학문적 스트레스에 기인한 것을 들 수 있다. 사회 내에 존재하는 모든 사회적 요인과 가족, 친구, 경제적 여건, 성격 등의 개인적 요건은 개인의 자살 행동에 영향을 미치는 중요한 요인이다.

④ 생물학적 요인들(biological factots)

최근 자살을 행하거나 시도한 사람들을 대상으로 한 생화학적 연구에서, 자살 행동이 신경전달 대사 주치의 수준과 관계가 있는 것으로 나타남으로써 유전적 요인도 자살 행동에 영향을 미치는 한 요인이 되었다. 이러한 생물학적 요인은 자살 위험을 평가하는 중요한 지표가 될 수 있다. 이런 생물학적 요인에 의한 자살 행동은 그 원인이 명백하므로, 적절한 약물 치료를 통해 자살 위험과 자살 행동을 감소시킬 수 있다는 측면에서 다른 원인에 비해 예방 가능성이 높다고 할 수 있다.

제3절
외상성 죽음 유가족의 애도 반응 이해

　가까운 사람과의 사별은 대부분의 사람들에게 강한 스트레스가 되고, 이러한 사건이 가져오는 깊은 심적 고통은 어떤 문화에서도 마찬가지이다. 사고, 자살, 살해의 폭력적 방식으로 가족을 잃은 경우 질병으로 가족을 잃은 경우보다 심한 애도 증상을 경험하고 증상이 수십 년에 달하는 긴 시간 지속되기도 한다(Murphy, Braun, Tillery, Cain, Johnson, & Beaton, 1999).

1. 외상성 애도 반응의 특징

　외상적 애도는 사별의 원인이 외상적 사건으로 인한 죽음에 한정될 수 있으며, 갑작스러운 상실과 같은 위험 요인을 강조한다. 감정적으로는 슬픔, 외로움, 불안에 더해 사건을 막지 못한 것에 대한 합리적인 또는 비합리적인 죄책감, 사건을 막기 위해 자신이 할 수 있는 것이 아무것도 없었다는 분노를 경험한다. 인지적으로는 사별을 믿지 못하고 혼란스러워하고, 사별한 사람에 대한 침입적 사고를 경험하며, 떠난 사람에 대한 생각에 몰두한다. 심지어, 사별 직후 수 주일 동안에는 떠난 사람에 대한 일시적인 환각을 경험하거나, 떠난 사람이 여전히 현재의 시간과 장소에 존재하는 느낌을 갖는 일도 흔하다(Worden, 2009).

　외상적 죽음을 경험한 많은 유가족이나 생존자들은 죽음과 관련된 강렬하고 부정적인 기억으로 인해 고인을 객관적으로 회상하는 과정이 자연스럽게 진행되지 않아서 고인의 죽음을 수용하기 매우 어렵다. 일반적으로 고인이 죽기 전에 고통스러워했을 장면에 집착하고 사인 규명에 매달릴 뿐만 아니라, 엄청난 죄책감에 시달린다(Wortman, Pearlman, Feurer, Farber, & Rando, 2012).

　폭력적인 방식으로 일어나는 죽음은 자살, 사고, 살해의 형태를 포함하며, 갑작스럽고 예기치 않은 형태로 일어나게 된다. 이러한 유형의 죽음은 유가족들이 그러한 일이 일어나지 않도록 하기 위해서 내가 무엇을 했어야 했는가와 같은 질문에 집착하게 하고 죄책감을 갖게 한다. 또한, 남은 가족들이 가진 세상에 대한 믿음, 세계관을 흔들어놓을 가능성이 극히 높다. 이에 더해, 사별한 사람 없이 세상을 살아가는 것에 대해 효능감을 갖거나 심리적으로 적응하기 어렵게 하며, 외상

제12장 외상성 죽음 대처

후 스트레스 장애가 발병할 가능성도 높아진다.

이러한 폭력적 방식으로 가족을 잃는 것은 질병과 같이 비교적 자연스러운 방식으로 가족을 잃는 것보다 더욱 심하고, 외상적 수준의 애도 반응을 가져오며, 복합적 비탄 장애로 이어질 가능성이 상당히 높아진다. 정상적인 애도는 시간이 지나면 자연스럽게 경감되지만, 복합적 비탄은 지속적인 심리적, 신체적 기능 장애를 유발하기 때문에 치료가 필요하다는 점에서 이 둘을 구별하는 것은 중요하다. 또한, 대부분의 일반적 애도의 경우 3~24개월 내에 가장 심한 정서적 고통을 경험한다고 보고한다(Rando, 1991). 외상적 애도의 경우 Feigelman et al(2009)는 3년에서 5년 이상 걸리는 것으로 보고 있다. 외상적 죽음을 경험한 사람은 일반 사별과는 상이한 반응을 보인다.

기존의 연구를 살펴보면, Mortensen과 Olsen(2003)의 연구에서는 폭력적 방식으로 자녀가 사망할 경우, 그 어머니는 자녀 사망 후 3년 안에 사망할 확률이 그 원인은 제시되지 않았지만 유의미하게 높았다. 아버지 역시 같은 위험에 노출되었는데 그 기간은 더 짧았다. 자녀를 교통사고로 잃을 경우 자신이 달리 할 수 있는 것이 없었음에도 불구하고 부모는 자녀를 보호하지 못한 자신을 자주 비난하였다(Rando, 1996). 교통사고로 배우자나 자녀를 잃은 가족들은 장기적인 심리적 문제를 갖게 되는 경향이 있었다(Lehman, Wortman, & Williams, 1987). 자녀를 자살로 잃은 사람들은 강한 슬픔과 낙인찍히는 느낌과 사회적 지지원이 없는 상태를 호소하였다(Jordan, 2001; Thomson & Range, 1991). 가까운 친족이나 친구가 자살을 하였을 경우 흔히 외상 후 스트레스 장애 증상을 경험하거나(van der Wal, 1989), 우울 증상을 경험하였다(Seguin, Lesage & Kiely, 1995). 자녀를 살해 사건으로 잃은 경우 강한 분노, 적개심을 호소하고 사건의 재경험, 사건을 회상시키는 자극의 회피, 각성의 증가를 호소하여 외상 후 스트레스 장애의 진단 준거에 부합하였다(Stevens-Guille, 1999; Thompson et al., 1998). 가족 구성원이 살해사건으로 희생되었을 때도 외상 후 스트레스 증상이 자주 보고되었다(Parkes, 1993; Rynearson, 1984).

2. 복합성 비탄과 외상적 애도 반응의 차이

최근 '정신장애진단 및 통계편람 제5판(the fifth edition of the diagnostic statistical manual: DSM-5)'에서는 추가 연구가 필요한 명시적 기준에 복합적 비탄과 지속성 비탄을 종합하여 '지속성 복합 사별장애(Persistent Complex Bereavement Disorder: PCBD)'로 지칭하면서 정신장애 후보군으로 올려 놓았다. 이처럼 PCBD는 정신장애로 분류될 만큼 치료적 개입이 필요하다고 볼 수 있다.

PCBD의 주요증상은 아래와 같다(Prigerson et al., 1995; 남일성, 2015 재인용).

- 고인과 관련된 물건이나 장소에 마음이 쓰임
- 고인의 죽음 이후 많은 시간 외로움을 느낌
- 고인에 관한 생각에 사로잡혀 평소에 하던 일을 못함
- 고인의 죽음을 받아들일 수 없음
- 고인의 죽음에 대해 화가 나는 것을 참을 수가 없음
- 고인의 죽음 이후에 사람들을 믿기 힘듦
- 고인이 생각나는 것을 피하기 위해 노력 함
- 고인의 목소리가 들림
- 고인이 내 앞에 서 있는 것을 봄

불안, 죽음을 수용하는 것의 어려움, 사별한 대상에 대한 갈망, 다른 사람에 대한 불신, 공허한 감정, 감정의 무감각, 죽음에 대한 비통함 등이 있다(Prigerson et al., 1995). 복합적 비탄은 이처럼 부정적인 심리적 결과와 관련이 있으며(Prigerson et al., 1997), 사회적 모임의 감소, 정서적인 회피, 장기적인 기능 장애(Prigerson et al., 1995)와 관련이 있다. 이러한 복합적 비탄을 예측하는 변인으로는 성별, 사별 대상과의 관계, 친밀도, 상실 원인과 상실의 예측 가능성 등이 있다(Miyabayashi & Yasuda, 2007; Stroebe, Schut, & Stroebe, 2007). 선행 연구를 살펴보면, 사고, 자살, 타살 등과 같은 갑작스러운 상황으로 인한 사별은 개인의 내적 신념의 혼란을 야기하였으며(Davis, Nolen-Hoeksema, & Larson, 1998), 복합적 비탄도 높은 경향을 보였다(Brown, Richard, & Wilson, 1996; Field et al., 2009; Rujoiu & Rujoiu, 2014; Wong et al., 2017).

지속성 복합 사별장애(PCBD)와 외상 후 스트레스 장애(PTSD)는 모두 외상성 경험에 의해 촉발될 수 있다는 점, 놀람, 침습적 사고, 고인의 죽음 혹은 죽음과 관련된 장소와 인물, 물품 등을 피한다는 점에서 유사하다. 그러나 PCBD는 분리의 고통에서 비롯된 반면, PTSD는 끔찍하고 충격적인 사고의 경험에서 비롯된다는 점에서 다르다. 따라서, PTSD의 진단 체계에는 극한 그리움, 재결합의 희망 등의 분리 고통과 관련된 증상을 포함하고 있지 않다. 또한, PCBD를 겪는 사람들은 고인과의 재결합을 원하고, 고인과 함께한 경험을 떠오르면서 행복감을 느낀다는 점에서 PTSD와 차이를 보인다(Raphael, Martinek, & Wooding, 2004; 남일성, 2015 재인용). PTSD에서는 불안이 강하게 나타나지만, PCBD에서는 슬픔이 더 지배적이다. PTSD에서 보이는 불안은 위협에 대한

것이지만, PCBD의 불안은 분리불안으로 경험된다(Stroebe, Schut, & Finkenauer, 2001). PTSD에서의 침입적 사고는 외상적 사건과 관련된 기억이지만, PCBD에서의 침입적 사고는 전형적으로 사별한 사람의 심상이다(Raphael & Martinek, 1997). 전자가 부정적이고 고통스러운 느낌을 주는 한편 후자는 긍정적이고 편안한 느낌을 준다(Horowitz, Bonanno, & Holen, 1993; Prigerson & Jacobs, 2001). 이 때문에 사별을 경험한 사람은 떠난 사람에 대한 침입적 사고가 의식에 남아있도록 허용하고 이를 놓지 않으려 하여 다음 단계로 나아가기 어려워지곤 한다(Horowitz, Bonanno et al., 1993). PTSD에서는 외상적 사건을 회상시키는 대상을 피하려는 증상을 보인다. 그러나 PCBD에서는 떠난 사람의 부재를 회상시키는 자극들을 부인과 해리 등을 통해 피하는 한편(Prigerson & Jacobs, 2001), 떠난 사람의 존재를 회상시켜 주는 자극은 찾는 경향이 있다(Stroebe et al., 2001).

제4절
외상성 죽음 생존자(Traumatic death Survivors) 반응 이해

1. 외상성 죽음 생존자의 어려움

외상성 죽음 생존자가 겪는 어려움은 다음 몇 가지로 정리할 수 있다. 자신의 감정을 조절하지 못해서 오는 불편과 어려움, 기억력 감퇴와 주의력 감소, 사고 현장의 재현에서 오는 불안은 형태와 표현의 방식에서 이를 보이지만 전체적으로 조절(control)과 관련이 있다. 마지막으로, 감각과 맞물린 트라우마 기억이 자신의 의식 수준에서 조절되지 않는 데서 오는 일상생활의 어려움이다.

(1) 감정조절의 어려움

사고 이후, 불쑥 솟구쳐 오르는 감정을 억누르지 못해 불같이 화를 내고 후회하는 일이다. 예전 같으면 참았거나, 아무렇지도 않았을 상황에 참을 수 없이 화가 나고 그 화를 참을 수 없어 내지르거나 폭력을 행사하기도 한다. 예를 들어, 대구 지하철 사건의 한 고등학생 생존자는 사고 이후 지하철을 자유롭게 타지 못하는 자신에게 무심코 '지하철을 타고 오너라'라고 얘기한 아버지의 뺨을 때렸다. 아버지를 때린 후 바로 후회가 밀려들며 아버지께 용서를 구하였지만, 사고 이전으로 돌아갈 수 없는 자신이 미워졌다고 한다.

(2) 기억력 감퇴 및 주의력 감소

기억력 감퇴와 집중력 저하이다. 거의 모든 생존자가 아주 다양한 종류의 예를 들어가며 호소했다. 외출하기 전에 몇 번씩 집을 들락거리며 지갑, 핸드폰 등 잊고 나온 물건을 다시 챙겨야 하는 일이 가장 흔하고, 자신의 업무 내용을 잊어버리거나 할 일을 잊어버려 메모를 해 두는데 그 메모조차 어디에 두었는지 찾을 수 없었다. 학생은 수업 시간에 집중을 하지 못해 내용을 이해하지 못하는 경우가 많았고, 시험과 같은 집중을 요하는 일은 그만두기 일쑤였다. 심지어 아기 엄마의 경우에는 백화점에서 쇼핑을 하면서 한 매장에 아이를 맡겨둔 채 다른 매장에 쇼핑을 했는데, 아이를 찾지 않고 쇼핑만 마치고 집에 돌아오기도 했다. 조금 심한 건망증으로 치부하기에는 생존자들이 거의 한결같은 목소리로 자신의 문제를 호소했다. 생존자를 지켜보는 가족도 생존자와 마찬가지로 사고 이전에 비해 생존자의 기억력이 떨어졌고 주의력이 감소했음을 보고했다.

(3) 사고 현장의 재현에서 오는 불안

일상의 단서로부터 사고 현장이 재현되는 데서 오는 불안이다. 그 예는 극장에서 영화를 보고 나오면서 갑자기 쓰러져 정신을 잃은 경우와 대형 실외 운동장에서 응원을 하고 나오다가 정신을 잃은 경우에서 찾을 수 있다. 지하에서 무질서하지만 줄을 지어 걸어 나온 경험이 무의식적으로 되살아나면서 생존자를 사고 당시로 되돌아가게 했다. 주위가 어두운 가운데 여러 사람들이 줄을 지어 작은 불빛('비상구'라고 쓰인 불빛)을 바라보고 걸어가는 모습(극장에서 출구로 나가는 모습)과 극장처럼 어둡지는 않지만 순식간에 많은 사람들이 무질서하게 출구를 찾아 이동하는 모습(대형 실외 운동장에서 관람을 마치고 밀려 나가는 모습)이 지하철 화재 사고를 떠오르게 하였다.

생존자는 이와 같은 상황이 사고 현장과 비슷하다고 생각이 미치기도 전에 정신을 잃어 쓰러졌다. 생존자들은 위와 같은 사실을 보고하면서 많은 사람들 앞에서 자신이 조롱거리가 되었다며 부끄러워했다. 생존자들은 자신의 심리적 고통을 바깥으로 여과 없이 드러냈다는 사실이 괴로우면서도 언제 어디에서든 이와 같은 행동이 자신도 예상하지 못한 상태에서 벌어질지 모른다는 두려움과 불안을 가지고 있다.

(4) 일상생활의 어려움

감각과 맞물린 트라우마 기억이 자신의 의식 수준에서 조절되지 않는 데서 오는 일상생활의 어려움이다. 의지에 의한 것(감정이나 기억)이든 의지에 미치지 못하는 것(사고 경험을 다시 반복하게 하는 단서)이든 '조절에 대한 불안정성(instability of control)'의 징후로 보인다. 이렇게 보면 생사의 기로에 선 충격적인 경험이 생존자들에게 변화를 주었다는 사실을 추측할 수 있다. 생존자들이 호소한 어려움을 '주의 및 조절'이라는 인지적인 문제로 받아 이를 관찰함으로써, 생존자들에게 이들의 변화에 대한 보다 적극적이고 체계적인 설명을 할 수 있을 것이다. 앞으로 일어날 재난은 점점 피해 규모가 커지고 재난 발생 기간은 짧아지며 재난 발생을 미리 예측하기 힘들어진다고 전망하고 있는 상황에서(노진철, 2010; 이재열, 2005; 이재열 & 김동우, 2004), 그 피해자가 더욱 많이 늘어날 수밖에 없다는 사실을 쉽게 예측할 수 있다. 재난 발생을 피할 수 없다면 재난의 특성, 변화 등 재난 자체에 대한 연구뿐 아니라, 재난피해자에 대한 보다 깊은 연구가 필요하다.

2. 외상성 죽음 생존자의 보편적 특성

증상들을 분류하는 가장 일반적인 방식은 과각성(hyperarousal), 침투(instrusion), 억제(contriction) 등 세 범주에 하위 증상들을 포함시키는 방식이다. 과각성의 범주에는 작은 유발에도 위험이 언제라도 돌아올 것 같은 극도의 놀람, 불안, 공포, 경계, 과민성이 포함된다. 또, 억제의 범주에는 마치 사건이 일어나지 않은 것처럼 의식이 변형되고 감정이 유리되어 둔감화가 일어나며, 변화의 주도권을 포기하는 수동적인 상태가 되는 것이 포함된다(Herman, 2007). 생존자들의 특성을 다음과 같이 세 가지 영역으로 나누어 볼 수 있다.

(1) 감각을 느끼지 않으려는 경향성

트라우마적 죽음 상황을 경험한 사람들은 감각이 깨어나거나 흥분하거나 화를 내거나 즐거운 감정적 활성화가 일어나지 않게 하고, 일어났다면 오래 지속되지 않게 한다. 트라우마의 경험이 지속적인 감각 박탈(sensory deprivation) 경험과 같다고 본다. 이러한 감각 박탈이 일어나는 이유는, 현재에 머물기 위해서는 여러 자극들을 알아차리고 받아들이는 것이 필수적인데, 트라우마의 생리적 반응에 갇히게 되면 시간이 지날수록 즉각적 반응력이 저하된다.

(2) 움직이지 못하거나 얼어붙는 경향성

불가동성이나 얼어붙는 반응은 움직이지 않으려는 경향성을 만든다. 과도한 반응이 일어나는 것을 통제하기 위해 생존자들이 하는 방법 중 다른 하나는 과민감성(hyper-vigilance)이다. 이것은 항상 경계 상태에 있으면서 활성화를 일으킬 만한 어떠한 단서라도 잡아내기 위해 주변을 살피는 것이다. 생존자의 뇌는 트라우마 사건과 비슷한 측면을 가진 것이 있는지 알아내기 위해 환경을 탐색하고, 그러한 요소를 하나라도 찾아내면 그것에 커다란 의미를 부여한다. 냄새, 감각, 소리 등의 지각 경험이 조금이라도 트라우마 사건과 닮아 있으면 편도체를 활성화시키고, 싸우거나 도망가는 반응을 다시 시작하게 하여 호르몬을 방출하고 에너지를 충전시킨다. 이런 경험이 반복되면 생존자들은 자신에게서 일어나는 강력한 에너지에 대한 두려움 반응에 갇히게 된다.

(3) 경직되는 경향성

트라우마 생존자를 경직되게 만드는 감정들로는 수치심, 죄책감, 자기혐오감 등이 있다. 수치심은 트라우마로부터 스스로를 보호하지 못하고 아직까지도 치유되지 못한 사실 때문에 생기는 감정인 경우가 많다. 이런 생각과 감정은 계속해서 머리에서 떠나지 않으며 영향을 미친다. Anderson (2009)은 트라우마나 그 후유증에 대한 책임감으로 인해 죄책감 및 자기 혐오감을 경험할 수도 있다고 말한다. 많은 생존자들의 내적 환경은 혹독한 경우가 많아서 자신이 말하고 행동하고 생각하는 어떤 것이든 부인하거나 내적 비판을 계속하게 된다. 이런 특성은 시간이 흐를수록 더 강력해져서 자기혐오를 피할 수 있는 어떤 것이든 하게 된다. 즉, 약물이나 알코올 중독, 식이장애, 파산, 과로, 상호의존, 자해 등으로 나타날 수 있다.

3. 외상성 죽음 생존자의 회복 단계

허먼(Herman, 2016)은 생존자가 경험하는 트라우마의 작동 원리를 '공포', '단절', '속박' 단계로 설명한다.

(1) 공포 단계

생존자 트라우마 사건에 대한 '공포'를 심리 내면에 가지게 되는데, 이 공포는 위험이 닥칠 것이라는 불안으로 이어져 생존자의 신체와 정신을 '과각성' 상태로 유지시킨다. 트라우마에 대한 기억과 고통은 생존자의 내면에 남아 의식 속으로 끊임없이 '침투'하고 생존자는 고통의 침투를 막기 위해 의도적으로 '억제'와 회피 행동을 보이게 된다. 이렇듯 공포는 과각성, 침투, 억제의 반응으로 생존자의 고통을 유지시키고 치유 기회를 잃게 만든다.

(2) 단절 단계

트라우마 사건 후 생존자는 기존에 가지고 있던 인간과 세상에 대한 기본 신념과 신뢰를 의심하게 되고 결국 기본적인 신뢰감을 상실하게 된다. 신뢰감의 상실은 생존자 스스로 가족과 사회로부터 소외감과 단절감을 느끼도록 만들어 인간관계와 사회로부터 단절의 결과를 가져온다.

(3) 속박 단계

속박은 특히 만성적이고 반복적으로 발생하는 트라우마 사건에서 일어나는데, 가해자로부터 벗어날 수 없는 속박의 구조는 피해자가 가해자의 행동과 신념을 닮아가도록 심리적 구조를 변형시킨다. 피해자를 노예로 만들려는 가해자의 목표가 속박을 통해 이루어지는 것이다.

제5절
외상성 죽음에 대한 치료적 접근 및 대처 방안

1. 외상성 죽음에 대한 치료적 접근(의미 만들기; Neimeyer, 2001; 조명숙, 2012 재인용)

대부분의 사람들은 세상이 이해 가능하다는 가정을 갖고 살아간다. 즉, 세상에서 일어나는 일들은 임의적이지 않고, 정의롭고, 통제 가능하다고 믿고 살아가는 것이다. 그러나, 외상적 사건들은 이러한 믿음을 깨뜨린다. 가까운 사람의 죽음을 경험하는 경우, 한 개인이 세상과 삶에 대해 갖고 있던 믿음은 깨어지게 된다. 개인들은 자신을 상실의 고통에서 보호하고, 삶이 질서를 갖고 안전하고 안정되어 있다는 느낌을 회복하기 위해서, 사건이 일어난 이유를 알고자 애쓰게 된다. 무엇이 가까운 사람을 죽음에 이르게 했는지, 자신이 왜 이러한 상실의 고통을 짊어져야 하는지, 이러한 고통이 삶에서 갖는 의미는 무엇인지를 스스로 묻게 된다. 개인은 이러한 질문에 대한 답을 얻기도 하고 그렇지 못하기도 하며, 더 이상 답을 얻으려 하지 않기도 한다. 많은 연구자들이 사별 사건에서 의미를 찾는 과정을 애도의 핵심적 요소로 보았다.

(1) 의미 만들기 과정
최근의 애도에 대한 치료적 접근들은 이러한 의미 만들기 과정을 지향한다. 이러한 의미 만들기는 두 가지 방식으로 이해하기(understanding)와 이득 찾기(benefit-finding)로 나누어 볼 수 있다.

① 이해하기
가까운 사람과 사별한 사건에 대해서 기존에 가지고 있던 도식 안에서, 보다 온건한 해석을 시도하는 과정이다. 이러한 과정이 가능하지 않을 경우, 해당 사건을 설명할 수 있는 새로운 도식을 만들어내야 한다. 예를 들어서, 어떤 사람은 사별 사건을 신의 의지로 설명할 수 있고, 질병으로 인한 사별의 경우, 떠난 사람이 평소 건강에 해로운 행동을 했다며 개인의 책임으로 돌릴 수 있다. 이를 통해 사건을 이해와 설명이 가능한 것으로 만들 수 있다.

② 이득 찾기

사랑하는 사람과의 사별과 같이 심하게 부정적인 사건이 자신의 삶에 갖는 긍정적 함의를 찾아서, 사건의 부정적인 함의를 최소화하고 희석시키는 것이다. 예를 들어서, 어떤 사람은 사랑하는 사람의 죽음에서 관계의 소중함을 깨닫게 될 수 있고, 어떤 사람은 다른 사람을 돕기 위해 노력하는 삶을 사는 성장, 변화를 경험할 수 있다.

③ 두 개념의 공통점을 만들고 찾기

'만들기(making)', '찾기(finding)'라는 단어에서 보이듯이, 의식 수준에서 적극적인 정신적 노력을 기울이는 과정이다. 따라서, 억압이나 회피의 하나인 반추(Rumination)와 구별해서 자신의 의지에 의하는 자발적 반추 과정으로 표현되기도 한다. 이 두 개념의 차이점을 살펴보면, 첫째는 집중하는 영역이 각기 다르다. 이해하기는 '사건' 자체를 이해하고 설명하는 것이고, 이득 찾기는 사건과 관련된 '경험'에서 의미, 가치를 찾는 것으로 볼 수 있다. 전자는 사건이 설명 가능한 의미(sense)를 갖는 것으로 이해하기에 해당한다. 후자는 사건의 경험이 개인의 삶에서 갖는 가치(value, worth)를 말하는 것으로 이득 찾기에 해당한다.

(2) 외상적 사망 사건과 의미 만들기의 관계

외상적 사건이 개인의 믿음, 기대, 관점을 흔들어놓는 영역은 자신이 살아가는 세계, 즉 사건 자체에 대한 것과 그 하위 영역으로서의 사회적 세계, 즉 사람(person)에 대한 것으로 나누어질 수 있다. 예를 들어, 자녀가 사망한 사람이 '부모보다 아이가 먼저 세상을 떠나는 일이 어떻게 일어날 수 있나'라고 생각하는 것은 전자에 해당하고, '그 아이가 없는 나는 누구인가'라는 의문을 갖는 것은 후자에 해당한다. 가족의 죽음을 기존의 의미체계에 통합하거나 새로운 의미 체계를 재구축해서 통합해야 하는 필요성이 커지게 된다(Figley, 1978; Resick, 1993; Worden, 2009).

이해하기가 의미 만들기의 중요한 한 축이기는 하나, 가족의 폭력적 사망과 같이 이해하기 어려운 사건에 집요하게 매달리는 것은 개인을 피폐하게 만들 수도 있다. 이해하기가 사건의 객관적 사실에 대한 파악이 아니라 사건의 주관적 의미를 구성하는 것을 뜻하지만, 실종과 같이 사건의 정확하고 객관적인 전말을 알기 어려운 경우는 이해하기 과정이 이루어지기 어려운 조건이라고 할 수 있다. 이러한 경우에는 오히려 이득 찾기에 집중하는 것이 증상의 회복에 도움이 될 것이다.

Neimeyer(2001)는 이해하기 과정을 거친다고 해서 이후 이득 찾기 과정이 쉽게 이루어지게 하는 것은 아니며, 이득 찾기가 이해하기를 보완할 수는 있다고 보았다. 이득 찾기의 성공적 과정이 어떻게 이루어지는가에 대한 답은 단순한 매일의 일상적 과제들을 수행하는 능력에서 찾을 수 있다.

첫째, 상실이 가져온 커다란 고통에 집중하지 않고, 사별한 사람이 존재하지 않는 일상에 적응하려는 노력은 문제 해결을 위한 시행착오 과정의 하나이다. 이는 다른 도전, 성취, 변화의 과정에서도 찾아볼 수 있는 것이다. 문제 해결 과정이 좌절의 경험이 아닌 도전이 되게 하려면, 능력에 비해 과제가 지나치게 크지 않아야 한다. 일상에 집중하는 것은 상실이라는 고통스럽고 압도되기 쉬운 문제 상황을 극복 가능해 보이는 작은 문제 상황들로 나누어 준다.

둘째, 이러한 과정에서 반복되는 도전과 성취의 경험은 상황에 대한 '통제감'을 제공할 수 있고, 자신감, 독립성, 삶에 대한 긍정적 태도가 가능하게 한다. 또한, 이것이 실제로 긍정적인 경험이 되기 위해서는 성취 경험에 주목하고 이를 성취로 인정하는 것이 필요하다. 자신이 애초에 바란 적 없는 변화를 개인이 자각하고 긍정적인 것으로 해석해서 받아들여야만, 비로소 고통스러운 경험에서 얻은 긍정적 경험이자 이득이 되는 것이다.

2. 외상성 죽음에 대한 대처 방안

(1) 위기 개입 모델

위기 개입 모델은 위기 상황에 즉각적으로 개입하여 단기 전문 원조를 제공하기 위한 모델이다. 위기 개입이란 위기로 인한 불균형 상태를 회복하기 위하여 일정한 원조 수단을 개인, 가족, 집단 그리고 지역사회 등에 적용하는 과정을 말한다. 위기란 위협적 혹은 외상적 위험 사건을 경험함으로써 지금까지의 대처 전략으로는 스트레스나 외상에 대처하거나 경감할 수 없는 불균형의 상태가 되는 것을 말한다. 위기란 개인의 일상적이고 안정적인 상태에서 급격한 정서적 동요가 일어나 지금까지 사용해 오던 문제 해결 및 대처 능력이 더 이상 작동하지 않는 특징을 지닌다. 이러한 위기는 스트레스를 유발하는 뚜렷한 생활상의 사건이 선행되면서 발생하여 신체적 인지적 그리고 관계상에서의 고통과 증상으로 드러난다(강홍구, 2015).

① 위기 개입의 목표와 원칙

Rapoport(1970)는 위기 개입의 목표로 여섯 가지를 제시하였다.

- 위기의 증상 제거
- 위기 이전의 기능 수준 회복
- 불균형 상태로 촉발 사건에 대해 어느 정도 이해
- 클라이언트, 가족이 사용하거나 지역사회자원에서 이용할 수 있는 치료 기제에 대한 고민
- 현재의 스트레스를 과거의 생애 경험, 갈등과 연결
- 새로운 인식, 사고, 정서 양식을 개발하고 위기 상황 이후에도 사용할 수 있는 새로운 적응적 대처 기제의 개발

② 자살위험자에게 하지 말아야 할 금지 사항

히플(Hipple, 1985)과 커크(Kirk, 1993), 니마이어와 파이퍼(Neimeyer & Pfeiffer, 1994)는 자살위험에 있는 사람들에게 몇 가지 하지 말아야 할 사항을 제시하였다(한인영 외역, 2018).

- 강의, 비난, 충고, 판단, 설교를 하지 말라. 이런 것이 효과적이었다면 클라이언트가 지금 당신과 함께 있지 않을 것이다.
- 클라이언트나 클라이언트의 선택, 또는 그들의 행동을 비난하지 말라. 클라이언트의 모습에서 클라이언트의 치명적인 행동을 이해하라.
- 자살의 이익과 손해에 대해 논쟁하지 말라. 치명적 사건에 이어지는 것들과 철학은 아무 관련이 없다.
- 위기는 지나갔다는 클라이언트의 말에 현혹되지 말라. 클라이언트의 말을 '사건이 해결되었다', '지금은 좋다'라는 의미로 받아들이지 말라.
- 클라이언트의 자살 생각을 부정하지 말라. 생각은 행동을 유도한다. 어떤 사람이 자신의 치명적인 의도에 대해 농담으로나 혹은 무심코라도 말한다면 꼭 체크하라.
- 충격요법을 쓰지 마라. 충격이 행동으로 나타날 수 있다.
- 클라이언트를 혼자 있게 하지 말고, 늘 관찰하며 지속적으로 연락하라. 클라이언트의 안전을 지킬 수 있도록 장치를 갖추어야 하는데, 이는 누군가의 모니터가 필요하다는 뜻이다.
- 급성 단계에서 클라이언트를 진단하거나 행동을 분석하거나 해석하면서 직면하지 말라. 이 시점에서 "왜"라는 심리역동적인 해석은 중요하지 않다.
- 수동적으로 행동하지 말라. 위기분류 사정에서 높은 점수를 나타내면 적극적, 직접적으로 행동해야 한다.

- 과도하게 반응하지 말라. 자살/타살 행동은 두려운 것이기는 하지만, 충분히 다룰 수 있는 행동이다. 초인이 될 필요가 없다. 배운 대로 그저 침착하게 실천하면 된다.
- 비밀보장의 덫에 갇혀 자살 사고를 비밀로 하지 말라. 당신이 친구이든 전문가이든 이는 생명을 위협하는 행동이다. 클라이언트의 안전을 지킬 수 있는 사람에게 알려라.
- 외적인 이슈나 사람, 주변적인 문제에 빠지지 말라. 다른 문제는 신경 쓰지 말고 치명성을 다루어라. 다른 문제도 사람만큼 중요하지만 그것뿐이다.
- 교과서나 현재 타인의 자살 행동을 영웅시하거나 미화시키거나 숭배하지 말라. 자살을 야기할 수 있다.
- 방어적이 되지 말라. 치명적 행동을 다루는 데는 전이의 가능성도 많다. 치명적인 느낌은 무섭지만 밝혀지고 드러내는 것이 필요하다.
- 고통스럽고 무서운 현실 앞에서 숨는 것은 도움이 되지 않는다. 정면으로 맞서 관계를 형성하라.
- 촉발 사건을 밝혀라. 자살이나 타살로 이끈 원인을 찾아내라. 일반적인 이유는 도움이 되지 않는다.
- 어느 수준의 긍정적인 발언을 이끌어 낼 때까지 개입을 종결하지 말라. 아무도 해치지 않겠다고 할 때까지 할 수 있는 한 개입하라.
- 사후관리를 잊지 말라. 위기가 지나갔다 할지라도 계속 연락을 취하라.
- 기록으로 남겨라. 클라이언트에 대한 사정과 제안 등을 기록으로 보관하라.
- 당신에게 의뢰되지 않았다고 할지라도 부끄럽게 생각하지 말라. 다른 전문가에 의한 사례를 보는 것이 치료적, 법적 감각을 만들어 준다.
- 자신을 유용하고 접근할 수 있는 자원으로 만들라. 자살과 타살 클라이언트에 개입한다면 이용이 가능해야 하고 지지자원이 되어야 한다.

제13장
생애주기별 죽음교육

길태영

이 장은 죽음교육을 실행하는 전문가로서 죽음교육의 정의 및 필요성, 역사적으로 조망하여 다양한 접근방식을 이해하고, 인간의 발달단계를 기초로 생애발달과 생애주기별(아동기, 청소년기, 성인기, 노년기) 죽음에 대한 인식과 태도를 이해하며, 죽음교육에 대한 실제를 이해함으로써 관련 교육을 수행하고자 한다.

Key word : 죽음교육, 호스피스, 애도상담, 전생애적 접근법, 죽음교육의 실제

제1절
죽음교육의 정의와 필요성

1. 죽음교육의 정의

　죽음은 필연적인 것으로 저항하기 힘들고, 선택할 수 있는 것이 아니므로 우리는 가족이나 가정에서 죽음으로부터 자유롭게 살아갈 수 있는 기술을 가장 먼저 배워야 한다. 죽음은 삶의 한 부분이며 이러한 죽음을 교육적 측면에서 완전히 무시할 수가 없다(Tapio and Ulla, 2013). 따라서 많은 사람들이 죽음에 대해 생각하고 진지한 해답을 얻을만한 질문을 내어놓을 수 있도록 죽음에 대한 사회적 공론화가 매우 중요하게 되었다. 이를 위해 죽음교육의 목적과 구체적인 목표를 설정하고, 커리큘럼을 설계하고, 자원을 개발하여 교육적 욕구를 갖고 있는 대중들에게 죽음과 죽어가는 과정 그리고 사별에 관한 전문적인 교육을 제공해야 한다(길태영, 2017a).

　죽음학은 철학, 심리학, 사회학, 종교, 간호학, 의학, 교육학, 사회복지학 등 여러 학문 분야의 다학제간 협력이 요구되는 특성을 갖고 있으며, 죽음학 또는 생사학(生死學)이라는 학문으로 정립되어 있다. 죽음학과 죽음교육은 20세기 중반 헤르만 페이펄(Feifel, 1959)의 「죽음의 의미(The Meaning of Death)」와 퀴블러로스(Kübler-Ross, 1969)의 「죽음과 죽어감(On Death and Dying)」이 발표되면서 죽음에 관한 왕성한 학문적 활동을 펼친 선구자들을 통해 현대의 죽음 인식 확산 운동이 발전되었다. 우리나라에서는 1970년대 후반 덕성여대에서 정규교과과정으로 개설한 것을 시작으로 학문적 관심이 증가하였고, 1991년 김옥라 박사(사회복지법인 각당 명예이사장)가 죽음을 학문적으로 탐구하고 교육하는 '삶과 죽음을 생각하는 회'를 창립한 후 웰다잉문화를 선도하며 다양한 분야로 확산되었다.

　이처럼 1960년대 들어서서 학문 분야로서의 죽음교육이 등장하였고, 죽음과 죽음현상에 대한 형식적이고 조직화 된 교육프로그램을 제공하려는 시도가 증가하였다. 최근에는 죽음교육에 관한 연구 활동이나 실천 영역이 더욱 다양해지고 있으며, '죽음준비교육(Death preparation education)', '삶의 교육(Life education)', '웰다잉교육(Well-dying education)' 등 다양한 용어가 혼용되고 있다. 한국죽음교육협회에서는 보편적으로 '죽음교육(Death education)'이라는 용어를 사용하고 있다.

죽음교육은 죽음과 관련된 주제에 대한 지식, 기술, 태도가 교육·학습되는 과정으로, 죽음을 주제로 여러 학문분야가 공동으로 연구하는 다학제적 성격을 띠고 있는 죽음학과 교육학이 접목되어 성립된 것이기 때문에, 개념을 정의할 때도 사람들이 무엇을 알고자 하고, 어떻게 느끼고, 어떻게 행동(실천)하며, 무엇을 가치 있게 여기는지에 대한 특성을 그대로 반영해야 한다. 또한 기본적으로 모든 인간을 대상으로 하며, 임종환자에 대한 교육, 사별 가족을 위한 교육, 죽음과 죽어감의 과정에 있는 사람들을 조력하는 사람들을 위한 교육, 죽음교육 전문가 등을 대상으로 이루어진다.

이와 관련하여 죽음교육을 인지적 차원, 정서적 차원, 행동적 차원, 가치적 차원을 고려해서 실시해야 한다(이이정, 2016; Corr, 2003). 인지적(지적) 차원은 죽음과 관련된 경험에 대한 정보제공, 경험에 대한 이해를 돕는 것이며, 정서적(정의적) 차원은 죽음, 죽어가는 과정, 사별과 관련된 감정을 다루는 것이며, 행동적(실천적) 차원은 죽음 관련된 행동에 대한 고찰 및 탐색을 시도하는 것이며, 가치적 차원은 인간의 삶을 지배하는 기본적인 가치를 확인하고 명확히 규정하는 것이다

죽음교육이 실시되는 시기 또는 대상에 따라 죽음에 대한 초기 예방 또는 예방적 건강교육, 죽음의 문제로 고통 받는 사람들에게 죽음에 대한 직면, 자살에 대한 대응, 개입자로서의 활동을 배우도록 돕는 죽음문제 개입교육, 죽음이 발생한 이후의 반응에 개입하여 부정적인 영향을 제거하도록 돕는 사후 개입 또는 치료적 교육으로도 정의할 수 있다. 이러한 기본적 합의에 기초하여 국내외 여러 학자들이 제시한 죽음교육의 정의를 살펴보고, 이를 토대로 〈표 1〉에 제시한 바와 같이 죽음교육에 대한 정의를 내려 보고자 한다.

〈표 1〉 죽음교육의 주요 정의

주요 학자	죽음교육의 정의
워렌 (Warren, 1989)	죽음, 죽음의 과정, 사별과 관련된 모든 측면의 교육을 포함하는 것으로 죽음과 관련된 주제에 대한 지식, 태도, 기술이 학습되는 과정. 즉, 죽음의 과정과 죽음의 현상을 다루는 형식적, 제도적 프로그램을 제공하는 시도로 죽음과 관련된 정보를 알리고 죽음이 삶이라는 사실에 대해 교육하는 것
와이즈만 (Weisman, 1972)	죽음과 관련된 현재의 상황들, 미해결된 문제 등과 관련하여 유용한 형식으로 관련 정보를 제공하는 서비스와 교육
쿨리첵 (Kurlychek, 1979)	죽음과 관련된 다양한 지식을 유용하게 하며 죽음에 대한 가치와 태도가 인간행동에 어떻게 영향을 미치는지에 대해 생각할 기회를 제공하는 사회적 활동
데켄 (Deeken, 1992)	죽음에 대한 불안이나 두려움을 감소시키는 것을 목적으로 죽음과정의 전반적인 이슈를 다룸으로써 삶의 마지막 단계를 효과적으로 마무리할 수 있도록 도와주는 평생교육의 일환
둘락 (Durlak, 1994)	죽음학을 이론적 배경으로 설명하였으며 인간이 태어나서 죽을 때까지를 다루는 평생교육의 일환

코르 (Corr, 1995)	죽음에 있어서 인간과 감정적 측면에 초점을 맞춘 죽음과 죽어감의 과정에 관한 교육으로 죽음의 생물학적인 가르침도 포함하면서 슬픔에 어떻게 대처하는가를 가르치는 교육
히구치 가츠히코 (桶口和彦, 1995)	끊임없이 죽음을 생각하고 자신의 가치관이나 사생관을 고쳐나가며 시간의 중요함을 알고, 새로운 것에 도전하는 태도로 죽음에 관해 공부하며 어떻게 사는가를 고민하게 하는 교육
카스텐바움 (Kastenbaum, 2001)	죽음과 관련된 사람과 사람사이의 대인 관계, 사회문화 및 상징적 관계를 중재하는 죽음의 관계를 바탕으로 죽음의 문제를 개인 관심사에서 더 큰 상황으로 확산시켜서 죽음의 역할에 대한 이해, 사회질서의 유지와 변화를 통해 죽음을 수용하게 하려는 것
호바트 (Hobart, 2002)	자신의 죽음에 대해서 생각해보는 환경이나 교육이 결핍되어 있는 사람들에게 자신이 소망하는 죽음을 위한 지침서를 제공할 뿐만 아니라 죽음이나 죽어감의 과정과 관련하여 교육서비스를 필요로 하는 이들과 그들의 가족에게 죽음에 대한 원조를 제공하는 것
홍숙자(1999)	실제 죽음이나 죽음이 일어날 가능성이 있는 상황에 대처해야 하는 사람을 교육하는 것으로 죽음과 슬픔의 의미, 슬픔에 대한 태도, 슬픔에 대처하는 방식 등에 초점을 둔 프로그램이나 강좌
이윤주·조계화·이현지 (2006)	죽음과 죽어감, 사별과 관련된 모든 측면의 계획적이고 유목적인 교육으로서 죽음과 관련된 지식, 태도, 기술 등의 전 영역에서의 학습과정을 의미하는 것으로 전 발달단계의 학습자를 대상으로 할 수 있는 교육
이이정(2006)	죽음과 관련된 주제에 대한 지식, 태도, 기술이 교육·학습되는 과정으로 죽음의 과정과 죽음 현상을 중점적으로 다루는 형식적·제도적 프로그램을 제공하고자 하는 시도이며 죽음이 삶이라는 사실에 대해 교육하는 것
강경아(2011)	삶과 죽음을 바르게 이해함으로써 현재의 삶을 소중하게 바라보고 보다 의미 있게 살도록 하는 교육
길태영(2017a)	죽음과 관련된 삶의 문제를 다루는 것으로 사람들이 죽음을 편안하게 맞이할 수 있도록 도와줄 뿐만 아니라 개인의 삶의 질 향상 및 건강한 사회를 만들기 위해 다양한 죽음의 문제와 상황을 깊이 있게 다룰 수 있는 이론과 실천기술을 제공하는 교육
심승환(2021)	죽음에 대한 객관적 이해를 토대로 적절한 삶의 가치관을 재정립하도록 교육하는 것

이상의 국내외 죽음교육의 정의에서 나타난 공통적인 특성을 정리해보면, 첫째, 죽음과 관련된 삶의 문제들을 다루는 것으로 죽음, 죽음의 과정, 사별, 슬픔 대처 등 다양한 죽음의 문제와 대처해야 할 상황을 다룬다. 둘째, 죽음과 관련된 주제에 대한 지식, 태도, 기술이 학습되는 과정으로 죽음과 죽음 현상을 중점적으로 다루는 형식적·제도적 교육프로그램이다. 셋째, 죽음과 관련된 정보를 유용한 형식으로 제공하는 서비스와 교육으로 죽음이 삶의 일부라는 사실에 대해 알게 함으로써 삶을 의미 있고 소중하게 살아가도록 하려는 것이다. 따라서 죽음교육의 개념을 확장해서 정의해보면, 죽음교육이란 '죽음에 대한 다양한 측면을 이해하고 죽음과 관련된 감정과 반응을

함께 공유하고 논의함으로써 죽음의 의미가 알게 하는 삶에 대한 필수적인 전망, 다양한 가치와 긍정적인 태도를 갖게 하려는 교육'으로 정의할 수 있다.

2. 죽음교육의 목적과 필요성

죽음교육의 가장 큰 목적은 죽음의 과정과 현상을 다루는 프로그램을 제공하여 죽음과 관련된 정보를 제공하고 죽음에 대한 긍정적인 태도를 조장함으로써 죽음이 삶이라는 사실에 대해 교육하는 것이다(Kübler-Ross, 1969). 교육을 통해 죽음에 대한 가치관이 올바르게 정립되고 죽음에 대한 인지적·정서적·행동적·가치적 측면의 준비가 되어 있을 때, 인간의 삶의 질이 향상될 수 있기 때문이다.

코르부부(Charles Corr & Donna Corr, 2009)는 죽음교육이 어떠한 목적을 지향해야 하는지에 관해 다음과 같이 세 가지 차원에서 논의하였다.

첫째, 삶과 죽음이 불가분적 관계임을 인식하도록 도와야 한다.
둘째, 삶과 죽음의 연관성을 넘어서 상호보완적 관계임을 인식하도록 안내한다.
셋째, 죽음, 임종, 사별에 대한 인식과 준비를 도울 수 있어야 한다.

초기 단계의 죽음교육은 죽어가는 환자의 돌봄을 인간화하는 것이 목적이었으나, 점차 광범위해져서 오늘날에는 삶의 이해를 확장하여 삶과 죽음이 서로 연결되어 있다는 것, 삶과 죽음에 대한 결정에 있어서 고려되어야 하는 쟁점과 이슈를 이해하도록 하는 데까지 확장되었다. 또한 죽음교육이 필요한 환자와 그 가족들, 사별 가족, 의료종사자에게 주목하였으나, 점차 대상을 확대하여 모든 사람들이 교육 대상이 되었고, 예고된 죽음을 기다리는 임종환자, 사별 후 남겨진 사람들, 죽음의 과정에 있는 사람과 그 가족을 돕는 사람들, 죽음교육을 제공하는 전문가들로 대상이 확대되었다. 저명한 죽음교육전문가 데켄(Deeken, 2002)은 레비톤(Levition, 1977)이 제시한 죽음교육의 목표를 좀 더 확장시켜서 다음과 같이 15가지로 제시하였다.

하나, 죽어가는 환자의 다양한 문제와 욕구에 대한 이해를 촉진하는 것.
둘, 전 생애를 통해 자기 자신의 죽음을 이해하고, 자신의 둘도 없는 삶을 온전히 살 수 있도록 죽음에 대한 보다 깊은 사색을 촉진하는 것.

셋, 비탄 교육으로 가까운 사람의 죽음에 의해 체험되는 비탄 과정과 그 중요성, 회복에 이르기까지의 과정을 이해하는 것.

넷, 극단적인 죽음에 대한 공포를 완화시키고, 불필요한 심리적 부담을 제거하는 것.

다섯, 죽음에 대한 금기를 제거하는 것.

여섯, 자살을 생각하고 있는 사람의 심리에 대해서 이해하고, 자살을 예방하는 방법을 가르치는 것.

일곱, 병명의 고지와 말기 환자의 알 권리에 대한 인식을 철저히 하는 것.

여덟, 죽음과 죽어감의 과정을 둘러싼 윤리적 문제에 대한 인식을 촉진하는 것.

아홉, 의학, 법률과 관계된 문제에 대한 이해를 도모하는 것.

열, 장의의 역할에 대한 이해를 도모하고, 장례의식과 방법을 선택하고 준비하는 데 도움을 주는 것.

열하나, 인간의 소중함을 발견하고, 인간의 창조적 차원을 자극하며 가치관의 반성과 재평가를 촉진하는 것.

열둘, 죽음의 예술을 적극적으로 습득시켜서 제3의 인생을 풍요롭게 살도록 하는 것.

열셋, 개인적인 죽음의 철학을 탐구하도록 하는 것.

열넷, 죽음에 대한 종교의 다양한 해석을 탐구하도록 하는 것.

열다섯, 사후 생명의 가능성에 대해 적극적으로 고찰하도록 촉진하는 것.

우리의 죽음 문화에서는 아직까지 다른 사람들과 죽음에 대해 이야기하기를 꺼려한다. 하지만 다양한 죽음의 상황과 그 상황을 다루기 위해 끊임없이 죽음문화는 변화하고 있다. 예를 들어, 2014년 4월 16일 세월호 사건과 같은 대형 사고에 대한 새로운 규정과 시스템이 개발되었고, 높은 암 환자 발생률, 각종 고위험 질환, 자살, 코로나바이러스감염증-19 등 사망원인이 다양해짐에 따라 호스피스, 요양병원, 요양원과 같은 새로운 죽음 문화의 공간이 생겨나고 있다. 이에 우리 사회가 죽음과 죽음교육에 주목하게 된 이유로 개인적 측면과 사회적 측면에서 이동윤·강선보(2016)는 죽음교육의 필요성을 다음과 같이 제시하였다.

(1) 개인적 측면

① 죽음의 이해

죽음이라는 자연의 섭리를 체계적인 죽음교육 과정을 통해서 이해하고 내면화해야 한다. 즉, 죽음의 공포를 긍정적인 삶의 에너지로 바꾸기 위해서는 다른 무엇보다 죽음 그 자체에 대한 이해가 선행되어야 하며, 이는 죽음교육으로 가능하다.

② 자아실현

죽음에 대한 깊은 성찰을 통해 비로소 참된 자아를 인식하게 되고, 이는 자아실현으로 이어진다. 결국, 죽음교육은 생의 마지막 순간까지 자아실현을 이루기 위한 촉매(catalyst)역할을 하게 된다.

(2) 사회적 측면

① 가족구조의 변화

가정에서 죽음을 경험하고 배우는 기회가 현저히 줄어들었고, 더 이상 죽음은 우리의 공통된 경험이 아니게 되었다. 또한 죽음교육이 사회적 영역(대중매체)의 몫으로 돌아가게 되면서 죽음에 대해 오류개념을 조장하고 있는 게 현실이다. 따라서 가정이나 대중매체의 비형식적 죽음교육 부재로 인해 야기되는 다양한 문제를 예방하거나 감소시키기 위해서 죽음교육이 필요하다.

② 윤리 문제의 대두

안락사나 자살과 같은 대표적인 죽음에 관한 윤리 문제는 자신의 생명유지에 관한 실존적인 개인적 문제이면서 동시에 사회적 문제이기도 하다. 안락사는 의학의 발달과 더불어 최근에 본격적으로 발생하기 시작한 윤리 문제이며, 자살은 다른 어떤 일탈행동보다 예방교육이 중요한 윤리 문제로 죽음교육에 있어서도 자살예방교육은 중요한 교육목표가 된다. 이에 OECD 국가 최고 수준인 우리나라의 자살률을 낮추기 위해서라도 죽음교육은 반드시 필요하다.

제2절
죽음교육의 역사

 예상치 못한 죽음을 경험하는 사람들의 교육적 요구가 증가하면서 여러 학문 분야에서 죽음과 죽음 현상에 대한 형식적·제도적 프로그램을 제공하려는 시도가 이어졌고, 우리나라에서도 '죽음교육 프로그램'으로 지칭되기 시작하였다. 죽음교육의 역사를 조망하는 것은 역사와 사람들의 바람(wish)이 함께 담긴 경우가 많기 때문이다. 우리가 죽음교육의 역사를 살펴볼 때 먼저 기억해야 할 것은 우리나라 죽음교육의 역사는 미국의 죽음교육 역사에 그 뿌리를 두고 있다는 점이다. 따라서 미국의 죽음교육을 먼저 살펴보는 것이 죽음교육의 의미와 변화 과정을 이해하는 데 도움이 된다. 현대적 의미에서 죽음교육이 태동하고 가장 활발하게 실시되고 있는 미국 죽음교육의 역사를 먼저 살펴본 후, 우리나라 죽음교육의 역사를 간략히 살펴보고자 한다.

1. 미국 죽음교육의 역사

 미국의 죽음교육은 초기부터 이론과 실제가 긴밀하게 연결되었고, 다양한 학제적 연구가 시도되었으며, 활발한 학술활동 및 교육프로그램의 확산을 통해 성장하였다. 또한 사회변화와 문제에 대응하기 위해 주제 영역과 접근방법이 다양해졌으며, 모든 연령대와 직업군을 대상으로 형식적·비형식적 교육을 폭넓게 수행하였고, 죽음 관련 전문가에 대한 체계적인 전문교육도 병행하였다. 미국 죽음교육의 역사는 크게 탐색기, 발전기, 대중화기, 성숙기 4단계를 거치며 더욱 확장되고 발전되었다(강선보·이동윤, 2019; 이이정, 2011; 심승환, 2021).

(1) 탐색기

 미국 죽음교육은 죽음교육이 본격적으로 등장하기 이전 죽음과 관련된 기초적 연구들이 등장하면서 출발하였다. 탐색기는 1928년부터 1957년까지로 엘리엇(Eliot, 1930)의 비탄과 사별에 대한 연구는 사회학 분야에 죽음연구의 중요성을 증명함으로써 시작되었다. 안토니(Anthony, 1940)는 아동이 성인과는 다른 방식으로 죽음을 인식한다는 것을 밝혀냄으로써 아동을 대상으로 한 죽음연구의 기초를 제공하였고, 죽음연구의 대상과 범위를 확장시켰다. 이 외에도 1950년대 중반 심리학 분야에서 죽음교육에 대한 관심이 증가되면서, 실험연구가 이루어지기 시작했다. 이러한 추세를 반영하여 페이펠(Feifel)은 1956년 미국심리학회에서 죽음을 주제로 한 분과를 조직하였고, 다학제간 접근을 시도하여 다양한 분야의 학자들이 참여하였고, 이때 죽음교육이 크게 발전하였다.

(2) 발전기

발전기는 1958년부터 1967년까지로 약 10년간 죽음교육이 다양한 학술 분야의 복합적 연구를 토대로 질적인 발전과 함께 다양한 형식적 강좌, 학술대회, 죽음 관련 학술지의 등장으로 양적 발전을 거듭하게 되었다. 죽음에 대한 학술적 연구는 20세기 후반 미국을 중심으로 죽음학(thanatology)이 등장하면서 발전하게 되었다. 1959년 당시 영국에서 일어난 호스피스 운동과 연관되면서 죽음교육, 호스피스, 애도상담 등을 주요 내용으로 하는 죽음학이 본격적으로 전개되었다.

페이펠(Feifel, 1959)은 실험연구 결과에 바탕을 둔 이론들을 제시하여 죽음교육 분야에 행동과학적 관점을 도입하였고, 그동안의 축적된 연구 성과를 바탕으로 1963년에는 풀턴(Fulton) 교수가 미네소타 대학교에 죽음을 주제로 한 최초의 정규강좌를 개설하였다. 1966년에는 죽음교육 관련분야 최초의 학술지인 「오메가(OMEGA, 1966)」가 발간되어, 이후 죽음교육 연구 발전에 큰 영향을 미치게 되었다. 1967년에는 미네소타대학교에 죽음학연구센터가 설립되었고, 이후 죽음학재단(Foundation of Thanatology)이 설립되면서 죽음학회와 죽음학회지(The Journal of Thanatology)를 통해 죽음 관련 연구를 주도하였으며, 죽음교육 현황조사를 최초로 진행하였다. 이처럼 발전기에는 이론과 실제의 연계와 다학제간 연구를 통해 죽음학 및 죽음교육이 체계화되었고, 활발한 학회 활동과 고등교육강좌 개설로 죽음교육의 학문적 성장을 이루었다.

(3) 대중화기

1968년부터 1977년까지는 죽음교육이 대중화된 시기로 죽음의 문제에 대한 사회적 인식 확대에 힘입어 죽음교육 강좌가 미국 대학을 통해 전국에 보급되기 시작하였다. 1968년 메사추세츠 일반병원 정신과가 중심이 되어 오메가 프로젝트(Omega project)를 시작하여 죽음분야의 지식을 확산시켰고, 죽어가는 환자와 가족들을 위한 상담의 교육적 역할과 모델을 제시하였다. 1969년에 레비톤(Leviton, 1977)은 죽음과 자살에 대한 체계적인 교육의 필요성을 주장하였고, 특히 학교교육에서 죽음교육이 실시되어야 한다고 주장하였다. 또한 퀴블러로스(Kubler-Ross, 1969)는 죽음학 및 죽음교육의 고전인 죽음과 죽어감(On Death and Dying)을 출간하여 죽음의 단계모델을 제시하면서 죽어가는 환자들의 반응을 정신의학적으로 분석하였고, 죽어가는 자들에 대한 돌봄의 방법을 체계적으로 고찰하여 죽음 관련 전문가, 교육자, 일반인들의 많은 관심과 인식을 확산시켰다.

1972년에 카스텐바움과 아이젠버그(Kastenbaum and Aisenberg, 1972)는 죽음 관련 개념, 이론, 실험연구, 죽음의 과정에 대한 태도, 노화, 자살, 살인 등 다양한 죽음 관련 주제들을 학술적으로 다루면서 죽음연구에 필요한 기초자료를 제공하였다. 이러한 활동들에 힘입어 1973년에는 고등교육기관에서 600여 개 이상의 죽음교육 관련 강좌가 개설되었고, 1974년에는 1100여 곳의 중등학교에서 죽음교육 관련 수업이 시작되었으며, 죽음교육과정의 내용과 방법도 체계화되었다. 1974년에는 국제회의를 개최하여 죽음, 죽어가는 과정, 사별에 대한 국제전문위원회(International Work Group on Death, Dying and Bereavement)가 조직되었다.

1976년에는 몇몇 관심 있는 교육자와 임상심리사들이 "죽음교육에 대한 포럼(The Forum for Death Education and Counseling)을 조직했다가, 몇 년 후 죽음교육상담협회(Association for Death Education and Counseling: ADEC)가 설립되면서 죽음교육 및 상담활동을 위한 연구와 실무의 중심 역할을 수행하게 되었다. 1977년에는 죽음학 및 죽음교육 전문학술지인 오늘날의 「Death Studies」가 간행되었고, 사람들의 관심과 인식이 높아짐에 따라 다양한 교육매체들을 제작하여 학교 교육에 적극 활용함으로써 죽음교육이 더욱 활성화되었다. 이처럼 대중화기는 다양한 이론적 기반으로 죽음교육의 내용과 방법이 체계적으로 구성되었으며, 다양한 차원의 죽음교육을 통해 전문교육가 뿐만 아니라 일반대중의 죽음에 관한 인식과 관심이 고조되었다.

(4) 성숙기

1978년 이후에는 죽음교육의 성숙기에는 더 이상 새로운 개념을 탐색하기보다는 어떻게 하면 질 좋은 교육과 서비스를 제공하고, 죽음이 임박한 사람들이 어떻게 하면 효과적으로 대처할 수 있는가에 주요 관심이 모아졌다. 1979년에는 미네소타대학교 풀턴(Fulton) 교수가 신문을 활용한 죽음교육 15부 강좌(Death and Dying)를 개설하였다. 이러한 관심을 반영하여 죽음교육상담협회(ADEC)는 1983년부터 죽음 교육자 및 비탄 상담사 자격과정 교육프로그램을 운영하였다. 또한 국제아동호스피스협회(Children's Hospice International: CHI)를 창설하여 시한부 아동과 가족들에게 교육, 입법, 지원을 제공하고자 하였다.

1994년에는 미국호스피스재단(American Hospice Foundation, AHF)은 최초의 원격회의를 개최하였고, 이후 매년 열리는 최대 규모의 죽음교육 토론의 장으로 발전하였다. 또한 미국 죽음 프로젝트(The Open Society Institute's Project on Death in America(PDIA), 1994-2003)가 발족하였고, 교육, 예술, 연구, 치료, 공공정책분야에서 죽음과 사별 문화의 개혁을 위해 다각도로 지원하기 시작하였다. 1997년에는 미국의사협회(American Medical Association, AMA) 주관으로 미국 및 전 세계 의사들을 대상으로 완화 및 임종돌봄교육(Education on Palliative and End of Life Care: EPEC)이 시작되었다.

새로운 세기인 2000년에 들어서면서 자살 문제, 아동 대상 죽음교육 등 죽음학 및 죽음교육 연구가 기존보다 훨씬 다양하게 전개되었다. 임종간호교육협회(End-of-Life Nursing Education Consortium: ELNEC)는 전 세계 간호사 및 기타 건강돌봄전문가들을 대상으로 죽음교육을 시작하였다. 코르 부부(Charles Corr and Donna Corr, 2009)는 미국의 여러 대학에서 다양한 죽음 관련 교과목을 강의하였고, 죽음교육상담협회를 비롯한 여러 단체에서 왕성한 학술활동을 펼쳤다. 이들은 자신들의 연구와 교육경험을 바탕으로 죽음교육의 목표와 구체적인 교육 내용을 제시하였다. 2012년 예일대학교 셸리 케이건(S. Kagan) 교수는 「죽음이란 무엇인가(Death)」를 출간하여 철학적 관점의 죽음 이론을 일반대중에게 널리 확산시켰다.

또한 죽음과 관련된 법적 이슈가 등장하게 된 계기로 2006년 곤잘레스(Gonzales) 대 오레곤(Oregon) 사건과 2012년 파이널사(Final Exit Network) 대 조지아주(State of Georgia) 사건이 발생하면서 죽음교육 분야에서도 법적 이슈를 중요하게 다루기 시작했다. 이 사건은 존엄사법의 의미와 국민적 인식의 분수령이 되었고, 임종간호제공자들에게 전국적인 호응을 불러일으켰다. 인간의 생명을 연장하거나 끝내게 하는 데 있어서, 환자, 가족, 의료인은 어떠한 태도와 행동을 취해야 하는가의 문제는 하나의 답으로 귀결될 수 없는 사안으로 윤리학, 법학, 의학 등 다양한 관련학문의 학자들이 논의하였고, 학생들에게도 존엄하고 자유로운 죽음에 대한 사고를 키우는 토론교육이 적용되었다. 이처럼 성숙기에는 급격한 사회변화에 따른 자살, 안락사, 아동의 죽음, 테러와 트라우마, 죽음 문화와 종교, 죽음과 윤리적 문제 등 새롭게 부각된 주제들이 연구 분야와 교육 영역에서 활발히 다루어지기 시작했다.

출처: https://www.pbs.org/wnet/religionandethics/headlines/californias-right-die-law-takes-effect/
곤잘레스 대 오레곤 사건

출처: https://fortmyers.floridaweekly.com/articles/final-decision/
파이널사대 조지아주 사건

2. 한국 죽음교육의 역사

한국의 죽음교육은 서구에 비해 상대적으로 역사가 매우 짧다. 1970년대부터 현재까지 각종 교육기관과 사회교육단체에서 죽음교육관련 강좌가 개설되고 있다. 1973년 덕성여대에서 김상태 교수를 중심으로 처음 대학교에 정규교과목으로 개설하여 운영하다가 폐강되었고, 1979년 서강대학교와 1990년 덕성여대 평생교육원에서 죽음교육 강좌가 개설되어 대학생과 일반인을 대상으로 죽음과 관련된 교육을 실시하였다.

1991년 사회복지법인 각당복지재단 김옥라 이사장을 중심으로 〈삶과 죽음을 생각하는 회〉가 발족되어 지금까지 매년 죽음을 주제로 한 공개강좌, 세미나 및 워크숍, 자격증교육과정을 운영하고 있다. 특히 2012년~2013년에는 전국 11개 지역에 죽음 준비 교육기관과 네트워크를 형성하여 웰다잉 교육을 확대하였다. 또한 2016년 우리나라 최초로 슬픔 치유의 일환인 애도상담 전문가과정을 개설하였고, 2018년부터 민간자격 과정으로 웰라이프 지도사 전문 강사 과정을 운영하고 있다. 그 외에 자살 예방 전문가 교육, 호스피스 교육과 봉사 등 다양한 활동을 지속적으로 해오면서 삶과 죽음을 위한 교육의 저변 확대에 기여하였다. 특히 '죽음교육은 곧 아름다운 삶을 위한 교육'이라는 인식 하에 다양한 프로그램 운영으로 우리 사회에 웰다잉 문화를 정착시켰고, 수많은 죽음교육 전문 강사를 배출하여 교육활동을 지원하고 있다. 또한 죽음을 친숙한 주제로 다룸으로써 죽음과 관련된 국민적 이해와 관심을 높이는 데 크게 공헌하였다.

1993년 한림대학교 오진탁 교수를 중심으로 한림대 철학과에 죽음 준비 교육 과목이 개설되었고, 2004년에 국내 최초로 〈생사학연구소〉가 설립되었다. 2012년 한국연구재단 10년 프로젝트에 선정되어 〈한림대 생사학HK인문한국연구단(2012-2022)〉이 발족되어 다학제간 연구로 국내외 학술대회, 강좌, 콘서트 등 한국적 생사학 정립과 자살 예방 네트워크 구축 사업이 활발하게 진행되고 있으며, 정규교과과정으로 석·박사 학과가 개설되어 죽음 관련 연구와 체계적이고 조직적인 교육을 수행하고 있다.

2005년에는 이화여자대학교 최준식 교수를 중심으로 〈한국죽음학회〉가 창립되어 매년 1~2회의 학술대회와 월례포럼을 개최하였고, 학술지 '죽음연구'발간 및 한국인의 웰다잉 가이드라인을 제공하였다.

2007년부터 전일의료재단과 임병식 박사를 중심으로 말기 암 환자를 대상으로 싸나톨로지 프로그램과 강좌가 개설되었고, 2016년부터 국제싸나톨로지 자격시험을 고려대학교 국제센터에서 진행해오고 있다. 또한 2015년부터 전국 5개 대학 평생교육원 및 대학원에서 일반인을 대상으로 국제 표준죽음교육을 실시하고 있다.

2009년 동의대학교 인문사회연구소에서 사생학 연구과정을 운영하다가 한국연구재단의 인문사회·과학기술 학제 간 융합연구지원사업 지원으로 '호모 후마니타스(Homo Humanitas) 사생학' 사업단이 발족하였다.

2014년 건양대학교 웰다잉 융합연구팀은 한국연구재단의 학제 간 융합연구사업의 새싹형 사업에 선정되어 '한국인의 사회적 삶의 질 향상을 위한 의료인문학 기반 완성적 죽음교육프로그램 개발'(2015~2017)사업을 벌이고 있다. 2018년 고려대학교에서 심리학부 소속의 죽음교육연구센터를 설립하여 죽음학에 대한 프로그램 연구와 개발을 진행하고 있다.

이처럼 1970년대 후반부터 각종 교육기관 및 단체를 통해 죽음교육이 실시되어 왔고, 최근에는 '호스피스·완화의료 및 임종 과정에 있는 환자의 연명의료결정에 관한 법률'(시행 2017.8.4) 재정으로 좋은 죽음(Well-dying)과 존엄사에 대한 사회적 이수가 대두되면서, 국민건강보험공단에서도 '호스피스 활성화를 위한 대국민 프로그램 및 홍보전략 개발' 연구와 함께 온오프라인으로 죽음교육을 실시하였다(길태영, 2017b).

우리나라에서는 1990년대부터 죽음교육 관련 연구가 시작되었는데, 죽음교육 프로그램 개발이 부족한 상황에서 죽음을 준비하는 건강교육 프로그램(서혜경, 1992), 중년 대상 죽음 준비 교육 모형개발(이영화, 1997), 노인 대상 죽음 준비 교육 프로그램 개발(안황란, 1999) 등 1990년대에는 중년, 노년층을 위한 프로그램이 개발·적용되었다.

이후 교육학, 신학, 간호학 및 의학, 철학 등에서 점차 증가하기 시작하였고, 기관별, 대상자별, 연령별로 체계적인 맞춤형 교육프로그램 개발에 기초한 효과성 검증 연구들이 활발하게 이루어지기 시작했다. 교육학에서는 교육 철학적 의미의 죽음교육(김소희, 2002)을 시작으로 노인 학습자를 위한 죽음 준비 교육 프로그램 개발(이이정, 2006), 아동·청소년 대상 죽음교육 모형과 프로그램 개발(노상우, 2010; 박시내, 2011; 권미연, 2017) 등 다양한 연구들이 발표되었다. 사회복지학에서는 1992년 서혜경의 프로그램 개발 연구를 시작으로 이기숙(2001), 현은민(2005), 임찬란·이기숙(2006), 박지은(2009), 송양민·유경(2011), 조성희·정영순(2015) 등 노인 대상 연구가 가장 많이 발표되었고, 길태영(2016)은 장애노인, 도농복합지역 독거노인, 베이비부머, 사회복지전공 대학생 등 특별한 문제와 욕구를 갖고 있는 다양한 대상별 죽음 준비교육의 효과성을 검증하였고, 사회복지학 분야에서의 죽음 준비 교육의 연구 동향을 발표하였다. 간호학에서는 대학생 죽음교육(김숙남·최순옥, 2005)을 시작으로 중년층을 위한 죽음 준비교육 프로그램 개발 및 효과(강경아, 2011), 호스피스 간호대학생 죽음교육(함미영, 2017), 자원봉사자 대상 죽음교육(2019) 등 주로 죽음교육의 행동·실천적 측면에 해당하는 호스피스 완화의료 분야의 연구가 많았다. 종교에서는 불교의 죽음교육에 대한 일 연구(정재걸, 2006)를 시작으로 기독교 죽음교육(이원일, 2010), 원불교 죽음교육(김도공, 2011), 생사문화화 불교적 죽음교육 방안(이범수, 2016) 등 여러 종교를 중심으로 다양한 연구가 이루어졌다. 철학에서는 실존주의 철학에서 본 죽음교육(강선보, 2003), 노인 대상 죽음 준비 교육의 효과성 검증(오진탁·김춘길, 2009), 동양사상과 청소년 죽음준비교육 프로그램 개발(정재걸 등, 2014) 등 죽음과 관련된 철학적, 생사학적 관점의 연구가 주로 이루어졌다. 이렇게 다양한 분야에서 엄청난 양의 문헌이 축적되었고, 특히 교육학에서 관련 연구가 가장 활발하게 이루어져 왔다.

　죽음교육의 목적을 실현하기 위해 미국의 경우 1960년대부터 전국에서 매년 죽음교육학회가 개최되고 있으며, 「오메가(OMEGA, 1966)」, 「죽음교육(Death Studies, 1977)」 등 전문 학술지가 발간되고 있으며, 일반대중을 위한 강좌와 대학 내 강좌가 증가하고 있을 뿐만 아니라 초·중·고등학교 교육과정에서도 죽음교육이 개설되고 있다. 그렇지만 우리나라의 경우 90년대 후반에 들어서서 일부 대학의 강좌나 소수 민간 단체를 중심으로 죽음교육이 실시되고 있으며, 대학이나 학교 교육 또는 평생교육 과정으로 확대되지 못하고 있는 실정이다. 우리나라는 상대적으로 짧은 시간에 죽음교육이 빠르게 보급되고 성장하였다. 그리고 앞으로 사회적 합의를 거쳐 해결해야 할 과제도 도전해야 할 분야도 많다.

제3절 생애주기별 죽음인식과 태도의 이해

1. 전생애적 접근법에 대한 이해

어떻게 하면 인간을 더 잘 이해할 수 있을까? 다양한 분야에서 인간의 삶의 질 향상에 관여하는 휴먼서비스전문가들이 갖는 공통된 관심사이다. 따라서 인간을 어떻게 바라보고 접근할 것인지를 규정하는 것은 중요한 문제이다. 인간을 완전히 이해한다는 것은 불가능하다는 전제하에 성격이론에서는 관찰할 수 있는 사람들의 행동을 바탕으로 판단되는 성격(Personality)을 통해 인간을 이해하려고 하였다. 인간을 이해하기 위해서는 개인의 인성(행동)뿐만 아니라 '개인-환경'의 상호관련성과 '개인-상황'의 교류의 본질에 대한 정보를 주는 것이 중요하다. 사회적 환경은 가족과 가정생활, 고용과 소득, 학력과 교육 기회, 주거, 지역사회 내 사회복지자원, 정치적 참여 기회, 건강에 대한 접근, 이웃과 친구 관계, 경찰의 보호와 범죄통제, 여가시설 등으로 자연환경을 제외한 인간의 제반 활동에 직간접적으로 영향을 미치는 모든 상황과 조건이 포함된다. 물리적 환경은 인간에 의해 만들어진 인위적 차원과 자연적 상태를 포함한다. 이러한 환경은 복잡한 방식으로 상호작용하며 이들 간 상호작용은 문화적 환경으로까지 확대되기도 한다.

현대사회에서 개인이 갖고 있는 빈곤, 질병, 죽음, 부적응 등의 문제를 그 개인에게 원인과 해결에 1차적 책임을 둘 것인지, 그 개인을 둘러싼 주위 환경의 변화가 더욱 중요한지는 논란이 있을 수 있다. 사회에서 불필요한 존재는 자연적인 순리에 의해서 제거되어야 한다는 '사회적 다원주의(Social Darwinism)'와 인간의 천성을 존중하고 스스로를 도울 수 있는 가능성 있는 존재로 여기는 '인도주의(Humanitarian Ethos)'의 논리가 실제로 공존하고 있다. 현대사회에서는 전자인 사회적 다원주의 가치를 받아들이는 경향이 있으나, 사람들의 삶의 문제를 다루는 죽음교육전문가는 후자를 우리의 철학으로 받아들일 수 있어야 한다.

인간의 생애는 개인의 성장과 사회적 환경이 밀접하게 연관된 상호작용의 연속이다. 브론펜브레너(Bronfenbrenner)는 인간의 사회적 발달을 강조하였고, 에릭슨(Erikson)은 생애주기단계에 따른 사회심리발달에 주목하였으며, 프로이드(Freud)는 심리성적발달, 피아제(Piaget)는 인지발달을 강조하여 생애주기를 구분하였다. 이처럼 학자마다 강조하는 분야가 다르지만 대체로 연령과 생애사건을 중심으로 생애를 구분하며, 학자별 이론은 생애주기의 여러 측면을 이해함으로써 미래를 준비고자 하는 목표에 기초한다. 과거에 발달은 아동기와 청년기를 중심으로 어떤 특징이 양적으로 증대되거나 구조가 복잡해지고 기능이 유능해지는 긍정적 변화에 주로 관심을 가졌다. 그러나 최근에는 중년기 이후 노년기에도 문제 해결 능력, 추론 또는 통합적 사고 등의 여러 영역에서 긍정적 발달이 지속되는 것으로 알려지고 있다. 이와 같은 관점에서 인간의 발달(Development)에 대한 접근법은 전 생애 발달 관점을 강조하며, 인간의 신체적·심리적·사회적 요인과 이들 요인 간의 상호작용은 수정에서부터 사망에 이르기까지 전 생애에 걸쳐 성장·성숙·노화라는 역동적 과정인 발달을 통해 인간이 변화하고 성숙하는 것에 중점을 두어 이에 대한 정확한 이해를 하도록 한다(조흥식 등, 2013; 장우심 등, 2020).

대표적인 발달심리학자인 에릭슨(Erikson H. Erikson, 1902~1994)은 전 생애에 걸친 인간발달을 강조하였다. 에릭슨은 발달이란 전 생애에 걸친 적응 과정이며 이러한 맥락에서 긍정적 경험만큼이나 부정적 경험도 중요할 수 있음을 갈등적 언급으로 이를 표현하고 있다. 에릭슨은 내적 본능 및 욕구와 외적 문화적 사회적 요구 간의 상호작용으로 인해 심리사회적발달이 전생애를 통해 계속된다고 주장하였다. Erikson이 주장한 주요 개념은 자아 정체감의 발달로 확고한 자아 정체감을 확립하기 위해서는 출생부터 사망까지 일생을 통해 8가지의 위기(갈등 상황)를 성공적으로 해결해야한다고 보았다. 에릭슨의 전생애 인간 발달 이론에서 각 심리사회적 단계와 발달과업의 특징을 살펴보면 〈표 2〉에 제시한 바와 같다.

〈표 2〉 에릭슨의 심리사회적 단계와 발달과업

발달시기	심리사회적 단계	발달과업
출생~1세	신뢰감 대 불신감	나는 세상을 신뢰할 수 있는가?
1~3세	자율성 대 수치심과 의심	나는 나 자신의 행동을 통제할 수 있는가?
3~6세	주도성 대 죄의식	나는 부모로부터 독립하고 나의 한계를 찾을 수 있는가?
6~11세	근면성 대 열등감	나는 생존과 적응에 필요한 기술을 숙달하고 있는가?
청소년기	정체성 대 정체감 혼란	나는 누구인가? 나는 무엇을 할 수 있는 사람인가?
성인 초기	친밀감 대 소외	나는 다른 사람에게 나눠줄 수 있는가?
성인 중기	생산성 대 침체	나는 사회에 어떤 공헌을 하는가? 나는 다음 세대에 무엇을 물려줄 수 있는가?
노년기	자아통합 대 절망	나는 지나간 내 인생에서 역할과 성취에 만족할 수 있는가?

출처: 윤혜미·김혜래·신영화(2010)

오늘날에는 신체가 완전히 성장한다고 해서 성격 발달까지도 멈춘다고 믿는 사람들은 거의 없다. 인간을 대상으로 연구하는 대부분의 발달론자들은 전 생애적 접근법에서 강조하는 것처럼 인간이 살아있는 동안 계속 변화하고 성장할 가능성이 있는 것으로 확신한다. Erikson(1982)은 단계 이론가들과는 달리 특정 단계의 과업이나 위기를 완전히 해결하지 않고서는 다음 단계로 진행할 수 없다고 생각하지 않았다. 위기를 해결하든 해결하지 못하든 일정 연령에 도달하면 생물학적 성숙이나 사회적 압력에 의해 다음 단계로 진행된다고 보았다. 새로운 단계에서는 새로운 윤리와 새로운 갈등을 만나게 된다고 주장하였다. Erickson은 갈등을 성공적으로 해결할 수 있는 잠재력(potential strength) 또는 생명력(vital strength)에 대해 언급하였고, '성공적인 해결'은 긍정적인 측면만을 의미하는 것이 아니며, 최상의 해결책은 긍정적인 측면과 부정적인 측면이 균형을 이루는 것이라고 보았다.

우리가 죽음교육을 전생애에 걸친 인간 발달로 접근하려는 것은 에릭슨의 이론에 기초하여 기본적인 인간의 가치를 품고 있고, 창의적이며 적극적인 조절력이기도 한 성숙한 차원의 자아를 통해 마지막 순간까지 인간으로서의 품위를 갖추게 하려는 것이다. 이러한 품위가 없다는 것은 우리가 아무도 진정으로 사랑할 수 없다는 것을 의미하기도 한다. 인간만이 자신이 죽을 것이라는 사실을 깨닫고 사는 존재이다. 죽음은 인간의 삶에 분명히 크나큰 변화를 가져다주는 것으로 죽음을 어떻게 받아들이는가에 따라 삶의 의미와 태도도 달라진다. 자아의 폭넓은 성숙은 사회적인 관심을 반드시 일으키고, 보다 넓게 자신의 존재감을 알리게 만든다. 이는 새로운 죽음문화를 만들어 나가려는 죽음교육의 방향과도 같은 맥락이라고 할 수 있다.

2. 생애주기별 죽음에 대한 인식과 태도

인간이 발달단계별로 경험하게 되는 인생의 사건은 출생, 시험, 결혼, 퇴직, 질병, 죽음 등으로 인간의 일생은 항해와도 같아서, 위기나 어려움을 헤쳐 나가는데 사전 준비, 기술, 의지, 대처 능력이 요구된다. 이러한 사건 가운데 심리적·정서적으로 가장 스트레스를 경험하는 사건이 바로 배우자의 죽음, 가까운 가족이나 친지의 죽음, 친구의 죽음을 꼽을 수 있다. 바람직하고 좋은 죽음에 대한 인식은 죽음에 대한 개인의 태도와 삶의 가치, 사회문화적 특성과 시대에 따라 매우 다양하여 그 의미를 규정하기란 쉽지 않지만, 일반적으로 인간으로서의 존엄성이 유지되고, 통제력을 발휘할 수 있으며, 전인적인 측면의 편안함과 나이가 들어서 준비된 죽음을 맞이하는 것을 의미한다. 죽음

태도는 죽음에 대한 공포, 불안, 두려움, 죽음의 이해, 죽음의 의미로 구성된 다차원의 개념으로 죽음 그 자체보다는 죽음으로부터 오는 공포와 삶의 불안정성 때문에 부정적인 죽음 태도를 갖게 된다.

죽음은 되풀이될 수 없는 경험이므로 무엇이 좋은 죽음이고, 무엇이 불행한 죽음인지를 개념적으로 정의하기는 어렵지만, 죽음에 어떤 의미를 부여하고 인식하는지에 따라 개인이나 공동체가 삶의 의미를 바라보는 관점이 달라질 수 있다는 점에서 각 문화권마다 사회적 합의를 도출하기 위한 노력이 이루어지고 있다. 죽음에 대한 인식은 발달단계에 따라 다르게 나타나므로 이러한 단계별 죽음에 대한 인식과 태도를 이해하는 것은, 가정과 학교, 많은 교육현장에서 죽음에 대해 무엇을, 어떻게 가르쳐야 하는지에 대한 방향성을 제시해 줄 수 있고, 죽음을 경험한 후 일상생활과 심리정서가 통합되지 못했을 때 발달과업에 훼손이 올 수 있는 부분에 대해 교육을 통한 예방적 접근을 가능하게 한다. 또한 각 발달단계별 죽음에 대한 특성과 죽음에 대한 인식과 태도를 반영한 효과적인 죽음교육 프로그램이 개발·적용하는데 도움이 될 것이다.

전생애발달 접근법에 대한 이론적 고찰과 인간 발달 학자들의 이론에 기초하여 인간의 생애 발달 주기를 아동기(12세 이하), 청소년기(13~24세), 성인기(25~64세), 노년기(65세 이상) 4단계로 구분하였다. 전 생애에 걸쳐 경험하게 되는 죽음의 문제와 관련된 새로운 윤리와 갈등을 성공적으로 해결하기 위한 최상의 방법으로 긍정적인 측면과 부정적인 측면의 이해를 돕기 위해 생애 발달 주기별 죽음에 대한 인식과 태도를 살펴보고자 한다(이근홍, 2012; 조흥식 등, 2012; 길태영·조원휘, 2017; 이나영·유지영, 2019; 장우심 등, 2020).

(1) 아동기(12세 이하)

아동기는 급격한 성장이 이루어지는 시기로, 아동기에 형성되는 죽음에 대한 인식과 태도는 아이의 인지적 발달 수준, 사회화 과정, 죽음과 죽어감에 대한 이전 경험에 의해 영향을 받는다. 아동은 어른과는 다른 방식으로 죽음을 이해하고 대처한다. 아동은 대략 5~7세 정도가 돼서야 죽음을 이해하고, 죽음을 개념화하는 방식은 인지적 성숙과 관련이 있으며, 조부모의 죽음은 중요한 상실로 인식되지 않을 수 있으나 애완동물이나 꽃의 죽음도 아이의 삶에서 중요한 사건이 될 수 있다. 그렇지만 자기중심적 사고에 빠져 있는 아동은 보통 죽음을 이해할 수 없는데, 이는 죽음이 자신의 개인적 경험 그 이상의 것이기 때문이다. 따라서 자신과 또래의 경험, 다양한 매체를 이용한 상징적 의사소통을 활용하여 죽음과 관련된 관심, 감정, 불안 등을 자연스럽게 이해할 수 있도록 도와야 하며, 죽음을 둘러싼 쟁점에 관해 이야기할 수 있는 기회를 마련해야 한다.

(2) 청소년기(13~24세)

청소년기는 급격한 신체 변화로 인한 성장과 불균형에서 비롯된 극심한 긴장과 혼란을 경험하는 '질풍노도의 시기'이며, 변화, 상실, 분리 등으로 특징지어지는 과도기적 시기라고 할 수 있다. 청소년들은 죽음을 보다 추상적으로 사고할 수 있다. 자신의 죽음에 대하여 인식하지 못하여 자신과는 거리가 먼 사건으로 생각하거나 낭만적이고 아름다운 것, 또는 무시, 과도기적 상태 등으로 생각하기도 한다. 따라서 무모하고 위험한 행동, 잔혹한 폭력을 서슴지 않고, 죽음조차 두려워하지 않는다.

또한 청소년기는 미래에 대해 사색하고 공상(Fantasy)에 잠기는 시기이기 때문에, 죽음이 자신의 미래를 끝장낼 수 있다는 사실에 동요되기도 한다. 청소년들이 자신의 죽음을 실제로 인식하는 시기는 청소년기 후반으로 개인의 정체감 형성 과정에서 인생의 의미와 필연적인 죽음, 그리고 사후생의 가능성을 탐구한다. 죽음 불안을 가장 크게 느끼는 10대는 자기 자신의 독특함과 중요성에 몰두해 있기 때문에, 죽음으로 육체적 모습을 잃게 되고 부패되는 것에 공포감을 느낀다. 이처럼 청소년은 인지능력의 발달과는 상관없이 죽음을 마주 먼 미래의 남의 일로 생각하거나, 아무런 위험이 없다고 생각하는 경향이 있으며, 또래의 죽음을 접했을 때 불멸의 환상이 깨지면서 큰 충격에 빠지기도 한다.

(3) 성인기(25~64세)

성인기는 심리적으로 중년의 위기와 가족 전체적으로 빈둥지증후군을 경험하며, 자녀와 노부모 사이에서의 역할 부담에 따른 스트레스로 어려움을 겪는 시기이다. 성인기 초기에는 죽음에 대한 걱정과 관심이 대부분 다른 사람과 관련되어 있으며, 나이가 들어가면서 점차 자신의 죽음에 대해 인식하게 된다. 부모, 동년배, 형제자매, 배우자의 죽음을 경험하게 되면서 언젠가는 자신도 죽을 존재라는 새로운 인식과 태도가 강화된다. 성인기는 인생에서 가장 생산적인 활동을 하는 시기이며, 황금기로 사회적 활동을 확장하면서 죽음을 직접적으로 인식하지는 않는다. 그렇지만 노동시장에서의 은퇴로 지금까지 이루어 온 업적과 포기해야 하는 것들이 많아지는 상황에 직면하게 되면서 죽음에 대해 생각하게 되고, 삶을 재평가하는 시간을 갖게 된다.

또한 자신의 전부라고 생각했던 시간을 다시금 재조명하는 미래시간조망을 통해 자신에게 닥친 변화와 앞으로 살아갈 날들에 대한 관심을 두고 주관적 삶을 재구성하기도 한다. 따라서 자아에 대한 성찰, 인생에 대한 재평가, 변화하는 외모와 건강에 대한 인식, 달성하지 못한 인생의 목표나 꿈을 인식하게 되면서 죽음에 대한 불안이나 공포가 훨씬 현실적이고 구체적으로 나타나기도 한다. 이처럼 중년은 죽음을 엄연한 현실로 받아들이고, 비로소 죽음을 자신의 경험을 통해 인식하게 되면서 죽음이 인생에 중요한 변화를 초래하는 추진력이 되어 자기실현을 위한 투자와 자신을 위한 삶을 절실하게 살아간다.

(4) 노년기(65세 이상)

노년기에는 자신의 삶을 수용하고 생의 자연스러운 한 부분으로 죽음을 생각한다. 자신이 살아낸 전 생애를 의미 있게 통합하고 평가하는 발달단계의 마지막 시기로 죽음에 대비하여 삶을 정리하는 중요한 과업을 수행하게 된다. 이 시기에는 자신의 삶에 새로운 의미를 부여하고 지나온 삶에서 겪었던 갈등과 죄책감을 해결해야 한다. 에릭슨(Erikson, 1976)은 노년기의 발달과업을 자아통합(self-integration)으로 제시하였고, 자아통합감의 달성은 전 생애를 돌아보는 활동을 통해서 이루어지며 이러한 활동은 노인으로 하여금 삶의 지혜를 갖게 한다. 노인은 살 만큼 오래 살았다고 생각하기 때문에, 자신의 죽음을 그렇게 부당하거나 억울하다고 생각하지 않는다. 다른 사람들의 죽음을 반복적으로 경험하면서 자신의 죽음을 당연하게 받아들인다. 다만 노인들이 삶에 있어서 두려워하는 것은 치매를 앓게 되거나, 요양원 같은 시설에 수용되어 너무 오래 고생하는 삶을 살게 되는 것이다.

노인들은 죽음에 임박할수록 자신의 삶을 전인적인 관점에서 통합하려는 내적인 욕구를 경험하게 되며, 이로 인해 내재되어 있는 자신의 영적 자아를 더욱 지각하게 된다. 따라서 교육을 통한 죽음 불안 감소는 노인이 죽음을 수용하고 인생을 성공적으로 마무리할 수 있는 것을 넘어서는 중요한 의미가 있다. 노인이 죽음에 대해 인식하고 수용하게 되면 결국 자신의 과거 삶을 정리하고 현재 행복한 의미를 찾으려는 것과 연관된다. 고령화사회에 노인들의 자아통합감을 향상시키려는 노력은 우리 사회 노인 문제를 해결할 수 있는 방안 중 하나가 될 것이다. 과거에는 미리 수의나 장지, 장례 방법을 정해두고 다가올 죽음을 준비하는 풍습이 있었다. 이러한 죽음의 문화는 지난 삶에 대한 정리와 당하는 죽음이 아닌 맞이하는 죽음의 모습일 것이다.

제4절
생애주기별 죽음교육의 실제

　죽음교육이 프로그램화되면서 교육을 통해 죽음과 관련된 경험에 대한 정보를 제공하고 죽음의 경험을 이해하도록 돕는 인지적(지적) 차원, 죽음, 죽음의 과정, 사별과 관련된 감정 및 정서를 다루는 정서적(정의적) 차원, 죽음과 관련한 대처 방안을 모색하고 실행하는 행동적(실천적) 차원, 인간의 삶을 지배하는 가치들을 확인하고 분명히 하도록 돕는 가치적(평가적) 차원으로 구성하도록 제시하고 있다(Corr, 1995). 코르(Corr)가 제시한 인지적 차원은 죽음과 비탄, 죽음의 다양한 양상, 죽음, 임종, 사별과 관련된 다양한 지식, 정서적 차원은 상실과 사별에 포함되는 다양한 감정들, 비탄 반응 등을 공유하고 논의하는 행동적 차원은 죽음과 관련된 상황에서 사람들의 행동에 대한 이해 도모와 도움이 되는 행동 탐색, 가치적 차원은 죽음과 관련된 다양한 지식을 다루는 것 외에 스스로 자신의 가치관을 되돌아보고 재평가하도록 하는 것이 주요 내용에 포함된다. 여기에 데켄(Deeken, 2008)은 죽음교육 내용에 지나온 삶의 역사를 돌아보는 인생 회고, 존엄한 죽음의 의미와 준비, 안락사와 호스피스의 의미, 상실에 따른 비탄 교육 등을 포함할 것을 제시하였다. 코르(Corr)가 제안한 죽음교육 프레임은 국내외 수많은 연구에서 적용되었고, 대상별 죽음교육 프로그램 중재 후 그 효과성이 검증되었다.

　우리나라에서는 이윤주·조계화·이현지(2006)가 대인 조력 전공자들이 전문직을 효과적으로 실천하는 데 활용할 수 있도록 죽음교육 모형을 정립하여 제시하였다. 이윤주 등(2006)의 표준화된 죽음교육 모형은 기본적으로 코르(Corr)와 데켄(Deeken)의 제안을 토대로 개발된 프로그램으로 구조화된 교육 내용을 제시하고 있으며 인지적, 정서적, 실천 및 행동적 측면의 세 가지 축을 기본 요소로 포함한다. 이윤주 등이 제시한 죽음교육 모형의 인지적 측면에는 죽음 자체에 대한 이해와 관련된 '죽음 이해'와 죽음을 둘러싼 인적·물적 환경에 대한 이해를 의미하는 '환경의 이해' 두 범주가 포함되었고, 정의적 측면에는 죽음과 관련된 정서적 문제를 다루는 '정서 작업'과 죽음에 대한 태도를 점검하고 바람직하게 잡아나가는 '태도 정립'의 두 범주가 포함되었으며, 실천 및 행동 측면에는 임종자 조력, 사별자 조력, 자살 예방의 세 범주로 교육내용을 분류하였다. 특히 이윤주 등의 죽음교육 본래의 특성과 죽음교육의 다학제적 특성을 잘 반영하여 의학, 간호학, 교육학, 사회복지학 등 대인 조력 전문 영역의 전문가들이 활용할 수 있도록 개발되었다는 점에서 의의가 있다.

그동안 죽음교육과 관련하여 말기 환자와 그 가족들의 감정변화 과정, 유익한 발견 및 변화된 상황의 적응이 주된 검토 내용이었으며, 특히 교육운영과 연구 방법, 급증하는 연구들에서 통합모델 디자인이 등장하였고, 이러한 추론을 근거로 임상실습을 위한 가이드라인이 제시되었다. 우리나라에서도 생애주기별 죽음교육 프로그램을 적용한 연구들은 대부분 이러한 선행연구의 이론 및 실천 근거에 기반 한 프로그램 내용을 구성하여 적용한 후 효과성을 증명하였다. 따라서 우리가 다양한 대상자에게 죽음교육을 제공하고자 할 때, 이러한 점을 고려한다면 더욱 효과적인 교육을 제공할 수 있을 것이다.

1. 아동 대상 죽음교육

외국에서는 1960년대부터 아동을 대상으로 죽음교육을 실시하고 있고, 아동들에게 죽음에 대해서 가르치는 것은 산다는 것을 가르치는 것이다. 또한 죽음에 대한 막연한 공포를 제거하려는 것으로 죽음교육이 더 이상 아동 대상 교육영역에서 소외시킬 수 없는 중요한 부분을 차지하고 있다(Leviton, 1977). 우리나라에서 아동 대상 죽음교육은 1984년 학위논문에서 처음으로 소개되었고 학술지 논문은 1999년에 처음으로 발표되었다. 영유아 및 아동 대상 죽음교육은 주로 그림책 활용과 문학적 접근이었고, 초등학생 대상 죽음교육은 견학, 시청각교육 및 체험활동을 제공하였다. 우리나라에서 아동을 대상으로 한 죽음교육 연구는 아직까지 미비한 실정이다. 따라서 아동 대상 죽음교육 영역은 계속해서 도전하고 개척해야 할 분야이며, 어린이집, 유치원, 학교 등 교육현장을 중심으로 사회복지 및 평생교육 분야에서의 교육활동 확대를 기대한다.

아동을 위한 죽음교육 중 〈표 3〉에 제시한 바와 같이 활용도를 높이기 위한 몇 가지 프로그램을 소개하고자 한다.

〈표 3〉 아동을 위한 죽음교육 프로그램

제목, 저자, 연도	교육내용, 대상	교육방법
아동의 죽음불안 감소를 위한 죽음대비교육의 효과(남은영·장연집, 1999)	• 3편의 동화를 선정 후 동화의 내용으로 성장과 변화, 실제적인 죽음을 점진적으로 다루고, 동화를 역할극으로 시연한 후 각자 느낀 점과 달라진 점을 토론, 심화학습으로 죽음을 일으키는 사건들을 토론하고 정리함 • 초등학교 4학년 학생	동화 읽기, 역할극, OHP 활용, 소집단 토론 등
문학적 접근을 통한 죽음개념 교육이 유아의 죽음에 대한 인식 및 죽음불안에 미치는 영향(양진희, 2007)	• 죽음 관련 동화를 활용한 문학적 접근으로 유치원 교육과정에 따른 동화듣기 활동을 적용함 • 만 5세 유아	그림동화를 활용한 교육활동
생명존중교육프로그램이 초등학생의 죽음불안, 자살위험성, 삶의 의미에 미치는 효과(류미경·이윤주, 2008)	• 참여 학생의 욕구와 생각 탐색, 너무도 소중한 하나뿐인 나, 생명의 소중함과 삶의 목표, 죽음도 삶의 일부, 자살행동에 대한 이해와 바른 태도, Well-Dying, 상실과 슬픔 다루기, 생명존중교육의 필요성 재확인으로 프로그램을 구성하여 제공함 • 초등학교 4학년 학생	재량활동과 특별활동 시간을 이용하여 강의 및 토론, 실습 교육
그림책을 활용한 죽음교육이 유아의 죽음 개념 및 줄음불안에 미치는 영향(이찬숙·조메리명희, 2009)	• 죽음 관련 그림책 읽기와 다양한 독후 활동을 실시하여 유아의 죽음개념과 죽음불안에 대한 효과를 검증하기 위한 교육활동을 제공함 • 4세~7세 유아	그림책을 활용한 죽음교육 활동
그림책을 통한 죽음교육이 아동의 인터넷 게임중독, 죽음개념 및 죽음불안에 미치는 영향(이찬숙·신혜경·주현경, 2010)	• 죽음을 소재로 다룬 그림책을 활용하여 다양한 중재활동을 실시함 • 초등학교 3학년 학생	죽음을 소재로 다룬 그림책 활용교육
불교의 환생동화를 활용한 죽음준비교육이 유아의 죽음개념 및 불안에 미치는 효과(권은주·조진희, 2011)	• 한국 전래 환생동화를 읽은 후 이야기 나누기, 역할극 등 다양한 독후활동을 제공하여 유아들이 자신의 생각을 동화책과 연결하고 죽음에 대한 올바른 이해를 증진시킴 • 국공립보육시설 만 5세 유아	한국 전래 환생동화를 활용한 죽음준비 교육 활동

2. 청소년 대상 죽음교육

죽음교육은 특히 자아에 대한 관심이 증가되는 청소년기에 적합한 죽음교육이 반드시 시행되어야 한다. 독일이나 프랑스에서는 종교, 철학 수업에서 죽음의 문제를 다루고, 일본에서는 인권의식을 고취하기 위해 동화교육과 도덕수업을 통해 청소년에게 죽음교육을 실시하고 있다. 청소년 대상 죽음교육은 죽음 그 자체의 의미를 탐색하는 것과 생명의 존엄함을 고찰하는 내용으로 구성해야 한다. 일본에서는 죽음 그 자체의 의미를 탐색하기 위한 수업으로 죽음에 대한 철학, 종교 수업, 유서 쓰기, 묘지 체험, 장례식 참관, 호스피스 병동 방문을 실시하고, 생명의 존엄함을 배우기 위한 수업으로 화분 가꾸기, 동물사육, 물고기 해부 등이 포함되어 있다. 이러한 사례를 참조하여 인성교육을 담당하는 교과과정과 창의적 재량수업을 통해 죽음교육의 장을 확대할 필요가 있다.

우리 사회는 산업화 도시화가 진행되면서 죽음의 공간과 삶의 공간이 분리되기 시작하였고, 이제는 삶의 공간에서 죽음을 목도할 수 있는 기회마저 사라진 지 오래다. 또한 의료 현장에서의 죽음 관련 이슈들, 현대사회에 만연해 있는 죽음에 대한 부정적 인식으로 죽음이 주는 삶의 교훈을 접할 기회를 상실당하고 있다. 최근 이러한 우리 사회의 반성과 성찰로 웰다잉과 존엄한 죽음에 대한 사회적 요구와 필요성이 증가하고 있다. 대학생 대상 죽음교육은 인문학과 자연과학 분야를 중심으로 여러 학문 분야에서 활발하게 논의되고 있다.

청소년을 위한 죽음교육 중 활용도를 높이기 위한 몇 가지 프로그램을 〈표 4〉와 같이 소개하고자 한다.

〈표 4〉 청소년을 위한 죽음교육 프로그램

제목, 저자, 연도	교육내용, 대상	교육방법
죽음교육이 대학생의 죽음에 대한 태도와 생의 의미에 미치는 효과(김숙남 · 최순옥 · 이정지 · 신경일, 2005)	• 죽음의 의미, 현대사회와 죽음, 생명을 돌보는 사람들, 상실과 슬픔다루기, 호스피스자원봉사, 바람직한 삶과 죽음, 영화감상, 소감나누기로 구성하여 프로그램을 제공함 • 대학교 재학생	강의와 토론형식, 비디오 감상
생명존중교육 프로그램이 중학생의 자살태도 및 학교폭력 역할유형 인지에 미치는 효과(김가령 · 전영주, 2013)	• 생명의 탄생, 소중하고 힘들게 키워진 나, 생명존중, 건강한 마음 만들기, 자살에 대한 이해, 생명지킴이, 학교폭력, 생명존중 서약식 등의 프로그램을 구성하여 제공함 • 중학교 2학년 남학생	강의, 동영상, 게임, 훈련활동
생명존중교육프로그램이 중학생의 생명존중의식과 생명존중태도에 미치는 영향(송미경 · 김경란 · 박천만, 2014)	• 생명존중 윤리의식, 캠페인, 우울 이해와 극복, 자살예방, 자살위기 대처법, 학교폭력 예방, 낙태와 생명존중, 사회적 소수자 · 약자 배려, 죽음, 뇌사, 안락사, 생애주기 과정 및 과제, 숲 체험활동 등의 프로그램을 구성함 • 중학교 1,2학년 대상	강의, 동영상, 만들기, 캠페인, 토론, 숲 체험, 모둠활동

죽음준비교육이 사회복지전공 대학생의 좋은 죽음에 대한 인식, 죽음태도 및 삶의 의미에 미치는 효과(길태영·조원휘, 2017)	• 죽음준비교육의 이해, 삶과 죽음의 이해, 죽음 관련 환경의 이해, 정서작업 및 태도 정립, 임종자 조력, 사별자 조력, 자살예방, 입관체험으로 구성함 • 사회복지학전공 대학생	강의 및 토론, Video clip
죽음준비프로그램이 포함된 호스피스 교육이 간호 대학생의 죽음인식, 죽음태도와 임종간호태도에 미치는 효과(함미영·임소희·고숙정, 2017)	• 죽음준비교육을 포함한 호스피스 교육을 제공함 • 간호대학생	강의 및 토론, 영화시청, 토론, 체험활동
의과대학생을 위한 죽음교육이 말기환자 돌봄 태도에 미치는영향에 대한 예비연구(김혜원·박중철, 2018)	• 죽음의 다양한 서사 이해, 죽음에 대한 인식과 태도 성찰, 임종환자 및 보호자와의 의사소통 역량 강화로 구성함 • 의과대학생	다큐멘터리, 영화 시청, 토론방식, 감상문 쓰기

3. 성인 대상 죽음교육

현대사회를 살아가는 성인들은 길어진 노년기를 어떻게 하면 건강하게 살아갈 수 있을지에 대한 고민이 깊어지고 있다. 이들은 주로 노동시장에 진출해 있는 시기로 Covid-19 감염증, 팬데믹 현상 등 외부 환경의 영향은 가족 내 관계와 의사소통 및 경제적 문제 외에 또 다른 사회구조적 문제를 발생시킨다. 특히 이혼, 자살, 질병, 실업, 가족 해체, 돌발 사고 등 성인들이 대처해야 할 갑작스러운 상황은 불안과 스트레스를 야기시키며 이들의 삶의 질을 저하시킨다. 죽음은 인생의 추수기이며 삶의 최종 과업으로 노인에게만 해당되는 일이 아니다. 성인들이 죽음을 어떻게 인식하고 수용하는가에 따라 삶의 태도나 노년기의 생활환경이 달라지기 때문에, 이들이 죽음을 배우는 일은 생애에 있어서 빠르면 빠를수록 더욱 의미가 있다.

성인 대상 죽음교육은 일방적인 지식이나 정보 전달보다는 이들이 살아온 삶의 경험을 학습자원으로 활용하여 새로운 삶의 의미를 발견하도록 과정 중심 프로그램을 제공하는 것이 효과적이다. 성인들은 죽음교육을 통해 인생의 가치를 인식하는 중요한 계기를 갖게 되며, 삶의 위기와 문제를 재조명하면서 미래에 대한 신념과 긍정적인 인생관을 갖고 여생을 의미 있고 가치 있게 살아가게 된다. 특히 성인 대상 죽음교육은 평생교육 그 이상의 가치를 발휘하게 되는데, 전문가를 위한 죽음교육의 필요성이 제시되고 있기 때문이다.

성인을 위한 죽음교육 중 활용도를 높이기 위한 몇 가지 프로그램을 〈표 5〉와 같이 소개하고자 한다.

<표 5> 성인을 위한 죽음교육 프로그램

제목, 저자, 연도	교육내용, 대상	교육방법
죽음준비교육 프로그램이 성인의 죽음 불안, 영적 안녕 및 삶의 의미에 미치는 효과(윤매옥, 2009)	• 삶과 죽음의 이해, 유서쓰기, 입관체험, 느낌 공유, 결단과 축복 등으로 프로그램을 구성함 • 교회에 소속된 성인	강의, 토론, 동영상 시청, 체험활동
죽음교육 참여군과 비 참여군의 삶의 의미 및 죽음에 대한 태도 비교(강경아, 2010)	• 삶과 죽음에 대한 이해, 내 삶의 회고와 성찰, 나의 참된 삶과 죽음의 내용을 진행함 • 일반 성인	강의, 토론학습, 체험 및 현장견학
중년층을 위한 죽음준비교육 프로그램 개발 및 효과(강경아, 2011)	• 앎의 기쁨이 있는 삶, 의미를 발견하는 삶, 나눔과 관계의 삶, 황혼의 준비된 삶이 교육과정의 주제로 운영함 • 중년층	강의, 교육영화 시청 및 토론, 야외수업 및 토의, 현장견학
죽음교육 프로그램이 성인의 자아존중감, 영적안녕, 통증에 미치는 효과(김복연·오청욱·강혜경, 2016)	• 죽음과 삶의 의미, 영화상영, 장례식에 대한 이해와 유서 쓰기, 묘비명 적기, 낭독으로 구성함 • 병원방문 내방객 대상	강의, 토론, 시청각 영상물, 공작 등 학습자료 활용
베이비부머대상 죽음준비교육 프로그램의 효과성 검증(길태영, 2017)	• 오리엔테이션, 죽음의 이해, 환경 이해, 태도정립, 정서 작업, 임종자 조력, 사별자 조력, 자살예방으로 내용을 구성함 • 1955~1963년까지 출생한 베이비부머	강의, 토론, 회상치료, 현장견학
성인학습자의 죽음준비교육 효과 연구(김병남·김동일, 2020)	• 자신의 소중한 가치 찾기, 명상 및 유언장 작성, 새 생명체험, 주도적인 삶 찾기의 과목명으로 구성함 • 40~50대 성인	강의, 실습, 현장체험, 실습발표

4. 노인 대상 죽음교육

노인들이 성공적 노화를 이루고 행복한 노년을 살아가기 위해서는 죽음공포 및 불안과 같은 부정적 심리를 극복하는 것이 중요하다. 노인들은 자신에게 미래의 시간이 제한되어 있는 것과 죽음이 개인적인 가능성으로 명백하게 다가옴에 따라, 시간의 속도에 대한 주관적인 느낌과 압박감을 갖고 있다. 노인의 죽음에 대한 태도는 삶에서 형성되는 것으로 이러한 태도와 삶이 상호작용을 하게 되므로, 노인에게 긍정적인 죽음태도를 갖게 하는 교육적 접근의 중재 모색은 노인 돌봄에서 무엇보다 중요한 일이다. 인생의 마지막 단계에 놓여 있는 노인들의 경우, 자신의 삶을 마무리하고 인간적인 죽음을 맞이할 준비를 하는 것이 노년기의 바람직한 적응과 삶의 질 향상을 위한 필수 과제라고 할 수 있다. 노인들의 경우 다른 세대에 비해 다양한 연령과 경험을 축적하고 있기 때문에, 노인들의 요구에 따라 유연하고 변화된 대처가 요구된다. 무엇보다 노인들이 죽음 회피, 죽음 부정의 문화 속에서 죽음에 대해 좀 더 개방적으로 의견을 나누고 어떻게 자신의 죽음을 받아들이고 맞이해야 할지, 어떻게 죽는 것이 평화롭고 고통 없이 죽는 것인지, 죽음에 대한 가치와 규범을 탐색할 수 있는 기회를 제공해야 한다.

노인교육 프로그램에서 죽음이라는 주제는 직접 경험하여 실증할 수 없기 때문에 죽음에 대한 이해는 보편적이거나 객관적일 수 없고, 개개인의 문화적 배경, 사회적 환경, 종교적 신념에 따라 달라지며, 과학적 지식이나 계몽의 정도 등 시대적 여건에 따라서도 달라질 수 있다. 따라서 죽음에 대한 이해와 공포, 자신의 죽음과 타인의 죽음, 죽음이 삶에 주는 의미, 죽음에 대한 표상의 다양성과 도덕적 판단의 등 죽음을 둘러싼 일반적 문제들은 노인에 따라 서로 다르게 정의되고 인식될 수 있으므로, 노인들의 경험과 인식구조, 죽음에 대한 감정수준을 고려한 교육 내용과 학습활동을 설계해야 한다.

노인을 위한 죽음교육 중 활용도를 높이기 위한 몇 가지 프로그램을 〈표 6〉과 같이 소개하고자 한다.

〈표 6〉 노인을 위한 죽음교육 프로그램

제목, 저자, 연도	교육내용, 대상	교육방법
노인 학습자를 위한 죽음준비교육 프로그램 개발 연구(이이정, 2006)	• 자기소개 및 죽음준비교육의 이해, 노화와 노년기, 죽음의 의미 탐색, 사별과 상실의 극복, 평화로운 죽음을 맞이하기 위하여, 내가 세상에 남긴 것, 나의 장례식 계획하기, 나의 인생 정리하기로 프로그램을 구성함 • 노인복지관 이용노인	강의 및 토론, 동영상 시청, 게임
노인대상 죽음교육 프로그램 (임찬란·이기숙, 2006)	• 용기 있는 탐험, 죽음 앞의 인간, 나의 인생 훑어보기, 축복의 죽음, 소망이 있는 내일, 횃불을 건네줄게 등으로 프로그램 내용을 구성함 • 교회에 출석하는 노인	강의, 토론, 소집단 활동, 작품전시회
죽음준비교육이 노인의 죽음에 대한 정서, 인지, 행동에 미치는 효과(박지은, 2009)	• 노년기 삶의 이해, 죽음과 임종, 존엄한 죽음, 자서전 쓰기, 상실의 치유, 장례준비, 유언장 쓰기, 장기기증, 관계 회복하기로 구성됨 • 종합복지관 이용노인	강의, 토론, 기관견학, 캠프, 홍보활동
죽음준비교육이 노인의 죽음에 대한 태도와 우울에 미치는 효과 (오진탁·김춘길, 2009)	• 죽음교육의 필요성, 존엄한 죽음, 리빙웰과 사전의료지시서 보급, 호스피스, 죽음의 유형으로 진행함 • 노인보호전문기관의 자원봉사자와 노인복지회관 이용노인	강의, 토론, 혼합형식

죽음준비교육이 노인의 죽음불안과 생활만족도, 심리적 안녕감에 미치는 효과 연구(송양민·유경, 2011)	• 죽음의 의미, 존엄한 삶과 죽음, 유언과 상속, 장기기증과 호스피스, 캠프활동, 연극관람, 건강증진, 봉사활동, 가족초청행사를 포함 • 노인복지관 이용노인	강의, 토론, 혼합형식
신체장애노인대상 통합된 죽음준비교육 프로그램의 효과성 검증(길태영·윤경아·심우찬, 2016)	• 오리엔테이션, 죽음의 이해, 환경 이해, 태도 정립, 정서 작업, 임종자 조력, 사별자 조력, 자살예방으로 내용을 구성함 • 노인종합복지관 이용노인, 교회노인	강의 및 토론, 영상자료, 현장견학, 회상치료기법

제14장
죽음교육 프로그램 개발의 이론과 실제

윤혜순

　본 장은 죽음교육 프로그램 개발 능력 함양을 목적으로 한다. 죽음교육 전문가는 죽음교육과 생애주기별 죽음교육에 대한 이해를 바탕으로 각기 다른 대상과 상황에 따른 프로그램을 개발할 수 있어야 한다. 이를 위해 본 과목에서는 죽음교육 프로그램에 대한 기본적인 개념과 특성에 대해 이해한다. 죽음교육프로그램 개발 과정(절차)인 기획, 설계, 마케팅, 실행, 평가에 대해 학습한다. 나아가 죽음교육프로그램 개발 과정을 적용한 예시를 통해 개발 능력을 함양하고자 한다.

Key word : 죽음교육프로그램 개발, 프로그램 기획, 프로그램 설계, 프로그램 마케팅, 프로그램 실행, 프로그램 평가, 학습지도안

제1절
죽음교육 프로그램 개발의 이론적 기초

죽음교육 전문가는 죽음교육과 생애주기별 죽음교육 등에 대한 이해를 바탕으로 대상에 따른 죽음교육 프로그램을 개발할 수 있어야 한다. 죽음교육 프로그램 개발은 죽음교육 전문가와 학습자 상호 간에 교육내용에 따른 적절한 교육 방법을 통해 학습 목표 달성을 가능하게 하는 매개가 된다. 죽음교육을 하기 전에 교육프로그램을 개발해야 하는 필요성은 다음과 같다.

첫째, 학습자 요구분석, 학습 목표 설정, 설계, 평가 계획 등을 미리 작성함으로써 죽음교육 전문가, 학습자, 진행요원 등의 참여의식과 책임감을 증진시킬 수 있다.

둘째, 죽음교육 관련 기관 및 단체의 목적 달성은 실제로 교육프로그램의 실현을 통해 가능하다. 따라서 학습자의 요구, 교육 여건 등에 대한 분석만이 아니라, 죽음교육 관련 기관 및 단체의 목적 달성을 위한 구체적인 프로그램 개발이 필요하다.

셋째, 프로그램을 개발함으로써 프로그램에 대한 이정표가 만들어지기 때문에, 미래에 대한 불확실성이 줄어들고 불필요한 자원의 소비를 줄일 수 있다.

넷째, 학습자들도 개발된 프로그램을 살펴봄으로써 학습계획과 역할을 좀 더 구체화할 수 있다. 죽음교육 프로그램을 효과적으로 개발하기 위해서는 죽음교육 프로그램의 개념과 특성을 파악하는 것이 중요하다.

1. 죽음교육 프로그램 개발의 개념

죽음교육 프로그램은 죽음교육 기관과 죽음교육 전문가가 함께 획득한 정보와 자원을 일정한 절차와 순서에 따라 프로그램 형태로 설계하고, 이를 학습자에게 사전에 제공하여 실행한 후 그 효과를 평가하여 프로그램을 개정하는 일련의 과정이다. 죽음교육 프로그램은 학교교육에서 주로 사용하는 '교육과정'과는 차이가 있다. 평생교육 분야인 죽음교육에서는 프로그램(program)을, 학교에서는 교육과정(curriculum)이라는 용어를 일반적으로 사용한다. 니미와 나글(Niemi & Nagle,

1997)은 〈표 1〉과 같이 프로그램과 커리큘럼의 차이를 설명하였다.

<표 1> 프로그램과 교육과정 비교

구 분	프로그램	교육과정
주요 관심	개인의 요구와 문제	교과목
학점 인정	비학점화	학점화
설계자(개발자)	학습자와 교수자	엄선된 전문가와 자문가
주제	학습자의 요구나 문제해결에 도움 되는 것	전문가의 지식, 기술, 태도, 가치 등
초점	문제 중심	내용 중심
장점	학습자 경험 활용, 학습자 요구에 부응	학습 내용이 조직화되고 계열성이 있음

Niemi & Nagle(1997)

프로그램은 학습자 요구와 문제에 관심을 두는 것에 비해 교육과정은 학교 교과목의 내용에 비중을 두고 있다. 죽음교육 프로그램에서는 교수자가 상황에 따라 학습자의 요구를 분석하며 내용을 선정하고 조직할 수 있는 반면에, 학교 교육과정에서는 엄선된 전문가와 자문가가 개발한 표준화된 교육과정에 따라 운영되는 경향이 강하다.

2. 죽음교육 프로그램 개발의 특성

죽음교육 프로그램 개발은 교육내용과 실천 방법을 통해 학습자들 스스로가 잠재 능력을 성장시켜 나갈 수 있도록 체계적으로 지원하는 의도적 노력이다. 죽음교육 프로그램 개발의 특성을 살펴보면 다음과 같다.

첫째, 죽음교육 프로그램은 학습자를 중심으로 개발한다. 즉, 아동기, 청소년기, 청년기, 중년기, 노년기의 발달 특성에 따라 학습자의 요구, 상황, 환경 등을 고려하여 개발한다.
둘째, 죽음교육 프로그램은 과정 중심의 성격을 갖는다. 즉, 성적, 학점 등 교육 결과보다는 학습자가 참여하면서 경험하는 무엇인가의 변화과정을 중시하면서 개발한다.
셋째, 죽음교육 프로그램은 미래지향적이면서도 현재 지향적 성격을 갖는다. 즉, 죽음교육은 죽음을 미리 준비한다는 성격이 있으나, 현재를 어떻게 살아갈 것인가를 더욱 생각하게 되는 특성을 동시에 갖고 있다.

넷째, 죽음교육 프로그램은 죽음교육 전문가의 역할이 학교 교육과 비교해서 상대적으로 크다. 즉, 죽음교육 전문가는 학습 목표를 정하고, 학습 내용을 선정하고 조직하며, 평가하는 것에 비해 학교 교사는 교육부와 한국교육과정평가원이 개발한 표준화된 교육과정을 따라야 하는 경우가 많다.

제2절
죽음교육 프로그램 개발의 과정

프로그램 개발 과정은 학자마다 약간의 차이가 있으나 여기에서는 김진화(2001)의 통합모형에 따라 <그림 1>과 같이 죽음교육 프로그램 개발의 과정을 기획, 설계, 마케팅, 실행, 평가 5단계로 나누어 살펴보고자 한다. 평가 결과는 프로그램개선을 위해 필요에 따라 각 단계에 피드백 과정을 거치게 된다.

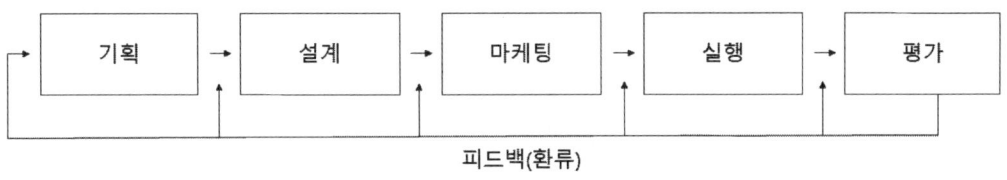

<그림 1> 교육 프로그램 개발의 과정

1. 프로그램 기획

(1) 요구분석의 개념과 기법

요구분석이란 프로그램 개발의 초기 단계로 현재 상황과 바람직한 상황 사이의 차이(gap)를 확인하고 교육을 통한 적절한 해결책을 도출하기 위한 활동이다. 이는 어떠한 프로그램을 제공해야 하며, 어떤 내용을 포함해야 하는지를 결정하기 위한 것이다(Queeney, 1995). 또한 학습자의 요구를 분석한다는 것은 학습자의 참여를 통한 학습 동기를 유발한다는 의미도 포함된다. 요구분석을 위한 방법으로는 설문, 면접, 관찰, 개별적 소개, 개인 약력, 결정적 사건분석, 직무분석, 델파이(Delphi method), 집단면접(FGI), 중요인물접촉, 무형식적 대화, 비활동적 측정 등이 있다.

(2) 우선순위 설정과 방법

우선순위 설정은 수집된 요구를 프로그램에 모두 반영할 수 없으므로, 의사결정 과정을 통해 제반 자원 즉 시간, 역량, 예산 등을 고려하여 우선순위를 정해서 목표와 내용에 반영하는 것이다. 우선순위 설정 방법은 학자마다 다양하게 제시하고 있으나, 죽음교육과 가장 적합하다고 할 수 있는 놀스(Knowles, 1980: 125)의 요구의 여과 과정 [그림 2]를 통해 살펴보기로 한다. 놀스는 개인, 기관, 사회적 요구를 분석한 후에 이러한 요구를 정제할 수 있는 여과장치 즉, 기관의 목적, 가능성과 실용성, 실수요자(학습자)의 관심을 통해 우선순위를 정하였다.

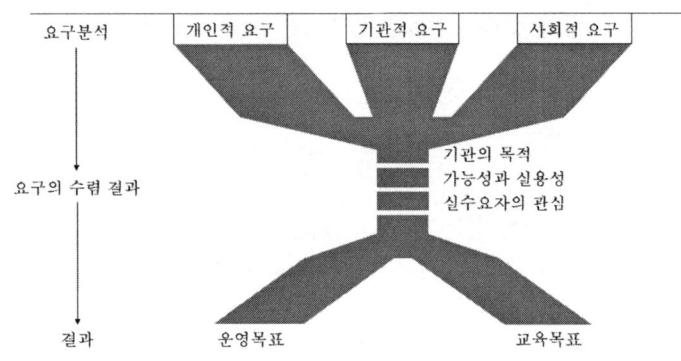

<그림 2> 요구와 이과 과정 개념도

2. 프로그램 설계

프로그램 설계란 프로그램 기획 단계에서 분석하고 설정한 요구를 기초로 프로그램의 학습 목표를 정하고, 이를 달성하기 위한 내용과 방법을 선정 및 조직하여 학습지도안으로 구성하는 것을 말한다. 프로그램 설계를 위해서는 [그림 3]과 같은 절차를 거친다.

첫째, 죽음교육 기관이 추구하는 이념에 맞추어 구체적인 학습 목표를 설정한다.
둘째, 설정한 목표를 실행하기 위한 학습 내용을 선정하고 조직한다
셋째, 그 내용을 효과적으로 전달할 수 있는 학습 방법을 선택한다.
넷째, 목표 달성에 초점을 두고 평가내용과 평가 방법에 대해 미리 작성한다.
다섯째, 위와 같은 것을 토대로 학습지도안을 구성한다.

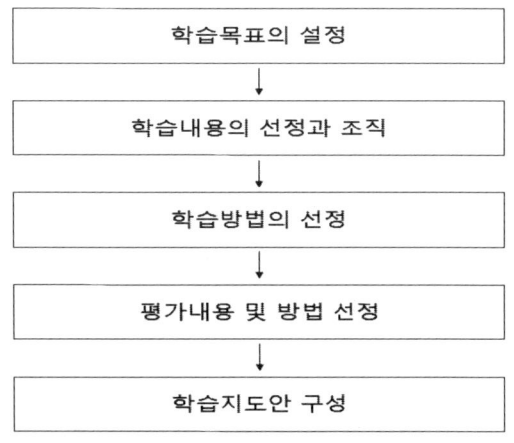

<그림 3> 프로그램 설계의 절차

(1) 학습 목표의 설정

① 학습 목표의 개념과 진술 방법

죽음교육 프로그램은 교육기관의 이념과 목적을 기본으로 개발하는 목표지향적 활동이다. 따라서 죽음교육 기관의 교육목적을 파악하고, 이에 따른 구체적인 프로그램의 목적을 설정한다. 또한 프로그램의 목적을 달성하기 위해, 요구분석에 따른 우선순위 설정을 통해 구체적인 학습 목표를 진술한다. 여기에서 교육목적이란 죽음교육 기관이 지향하는 궁극적인 교육이념을 구체화한 것으로 그 내용이 장기적이고, 추상적이며 일반적이다. 교육목적은 죽음교육 기관이 지향하는 이념, 죽음교육 기관의 구체적인 임무, 사명에 근거한다.

프로그램 목적이란 프로그램의 직접적인 의도를 체계적으로 명시하는 것으로, 교육목적보다는 훨씬 더 구체성을 갖는다. 프로그램의 목적설정은 프로그램을 통해 성취되어야 할 직접적이고 구체적인 의도가 무엇인지에 근거하여 이루어진다. 죽음교육 프로그램의 목적은 학자마다 다양하게 제시하고 있는데, 몇 가지로 나누어보면 다음과 같다(이이정, 2011: 501-503).

- 죽음 불안 감소를 통한 건전한 발달 도모
- 자신과 삶에 대한 이해 증진
- 죽음, 임종, 비탄과 관련된 요구에 효율적으로 기능하는 전문성 배양을 통한 돌봄의 질 개선
- 죽음 금기 타파, 죽음의 공론화를 통한 죽음과 관련된 정서적 문제해결
- 죽음, 비탄, 죽음 과정의 인간화

- 인간이 만들어 낸 죽음의 가능성 및 축소
- 상업적인 죽음 관련 시장에 대한 소비자 교육

학습 목표란 프로그램 목적에 따라 학습자가 달성해야 할 구체적인 과업을 제시하는 것이며, 학습이 끝났을 때 기대되는 행동, 학습 결과로써 학습자가 보여줄 수 있는 실제 행동이 무엇인지를 나타내는 것이므로 추상적으로 진술하는 것보다는 관찰할 수 있는 행동 동사로 진술한다(Bloom, 1956). 학습 목표는 대상 즉 의사, 간호사, 소방관, 초등학생, 중학생 등 대상에 맞는 진술이 필요하다. 나아가 학습자의 행동 변화를 의도하고 있으므로, 학습자의 출발점 즉, 학습자의 죽음과 관련된 경험, 죽음에 대한 인식 정도, 사후세계에 대한 인식, 죽음과 관련된 태도 등을 파악하고 진술하는 것이 필요하다.

② 학습 목표의 영역

블룸(Bloom)은 학습 목표를 인지적(cognitive) 영역, 정의적(affective) 영역, 그리고 동작이나 육체적 움직임을 나타내는 심체적(psychomotor) 영역으로 분류했다. 죽음교육은 죽음 관련 지식, 죽음 관련 가치와 태도 변화를 의도적으로 계획하는 프로그램이 많으므로, 인지적 영역과 정의적 영역의 학습 목표가 많은 부분을 차지한다. 학습 목표의 각 영역은 위계적 행동들로 구성되어 있으며, 연속되는 각 단계는 그 하위 단계를 통합하고 있고, 복잡성의 원리에 의하여 점점 고차원적인 수준의 행동들로 구성되어 있다. 각 영역의 구체적인 행동 영역에 대한 행동 동사의 예시를 살펴보면 〈표 2〉와 같다.

〈표 2〉 학습 목표의 진술을 위한 행동 동사

행동 영역		행동 동사
인지적 영역	지식	인지한다. 말하다. 진술한다. 정의하다. 찾아내다. 구별하다.
	이해	이해한다. 설명한다. 해석한다. 추론하다. 예를 든다. 예측한다.
	적용	적용한다. 활용한다. 결정한다. 조직한다. 변화시킨다. 관계짓다.
	분석	분석한다. 탐색한다. 비교한다. 대비한다. 찾아낸다. 환원한다.
	종합	종합한다. 제안한다. 수정한다. 기획한다. 개발한다. 도출한다.
	평가	평가한다. 판단한다. 결정한다. 비판한다. 고려한다. 주장한다.
정의적 영역	수용	받아들인다. 관심갖는다. 경청한다. 선택한다. 참가한다.
	반응	대답한다. 돕는다. 실행한다. 공유한다. 거부한다. 항의한다.
	가치화	깨닫는다. 의미부여한다. 형성한다. 받아들인다. 거부한다.
	조직화	구성한다. 주장한다. 조직한다. 관련짓는다. 이론화한다.
	인격화	변화시킨다. 영향을 준다. 해결한다. 개선한다. 봉사한다.

심체운동적 영역	반사운동	반응하다.
	초보적 기초운동	달리다.
	지각능력	응답한다.
	신체적 능력	고정시키다. 따르다. 묶다. 칠하다. 깎다. 구멍을 파다.
	숙련된 운동기능	설계한다. 조작하다. 연결한다. 조립한다. 분해한다. 고치다.
	동작적 의사소통	창작한다. 표현하다.

(2) 학습 내용의 선정과 조직

① 학습 내용 선정

학습 내용은 학습 목표를 달성하기 위해 선정하는 것이다. 학습 내용 선정을 위해서는 따라야 하는 원리가 몇 가지 있다(김진화, 2001; 이이정 2011).

(가) 합목적성/목표와의 일관성

학습 내용은 프로그램 목적에 적합한 것을 선정해야 한다. 또한 학습 목표가 달성될 수 있도록 일관성 있는 학습 내용을 선정해야 한다. 예를 들어, 노년기 대상 죽음 관련 문제에 대한 정보 제공을 목적으로 하는 프로그램(Wass, 1980)에서는 환자의 권리, 죽을 권리, 정서적 지지 집단, 법적 문제(유언), 장례식 등의 내용을 선정하는 것이 적절하다.

(나) 학습자의 요구, 능력 수준과 흥미에의 적합성

학습자의 발달단계 그리고 죽음과 관련한 학습자의 구체적인 요구, 사전학습, 경험과 흥미 정도, 죽음 불안정도 등을 파악하는 것이 필요하다. 이는 학습자의 출발점 행동을 파악하는 것과 밀접한 관련이 있다. 특히 죽음 개념의 이해는 학습자의 인지발달과 관련되어 있으므로, 생애 발달단계에 따라 내용을 선정해야 한다.

(다) 실용성과 다양성

학습자가 실제로 도움이 되어야 하므로, 죽음 관련 인식, 경험, 상황 등을 고려하여 문제를 해결할 수 있도록 돕는 내용을 선정해야 한다. 이는 죽음과 관련된 영역의 다양한 내용을 다루는 것이 효과적이라고 할 수 있다.

(라) 학습지도 가능성

선정된 내용이 학습자에게 적합하다고 할지라도 학습자와 교수자의 능력, 지원인력, 시설, 예산 등이 허용된 범위 내에서 실행 가능한 내용을 선정해야 한다.

(마) 유희와 오락성

죽음교육은 흔히 무겁고 심각한 내용을 다룰 수밖에 없다고 생각할 수도 있다. 그러나 학습효과를 고려하였을 때 학습자가 관심과 흥미를 갖고 있으며, 영화, 사진, 그림책, 미술작품, 게임 등을 다양하게 활용할 수 있는 내용과 더불어 인생 그래프, 버킷리스트 등 학습자의 흥미를 유발할 수 있는 내용을 선정하는 것이 필요하다.

② 학습 내용조직

죽음교육 프로그램에 포함할 내용을 선정하였다면, 이들을 보다 효율적으로 전달하기 위해 어떻게 조직해야 할 것인가를 모색해야 한다. 프로그램 내용에는 비슷하고 연관된 내용이 있어 한 갈래로 분류할 수 있는 것들이 있다. 이들을 하나의 계열로 묶어서 순서를 정해야 하며, 어떤 내용을 한 번만 제시할 것인지, 또는 반복하여 제시할 것인지, 다양한 내용을 하나로 통합해서 보다 커다란 틀로 구분을 해야 하는지 등을 모색하며 조직한다. 즉, 내용을 조직할 때 계열성의 원리, 계속성의 원리, 통합성의 원리를 고려해야 한다. 이러한 원리들을 구체적으로 살펴보면 다음과 같다.

(가) 계열성의 원리

계열성은 프로그램 내용의 종적 조직과 관련된 것으로 일정한 기준에 따라 하나의 부류로 묶는 범주화를 의미한다. 선정된 내용 중에는 서로 관련이 있거나 비슷한 것들이 있는데, 이를 분류하여 범주화할 필요가 있다. 죽음교육은 주제 중심으로 계열화하거나 생애주기와 같이 단계적 계열화를 하는 경우가 많다. 그러나 학습자의 죽음에 대한 인식 또는 불안 정도를 고려하여 계열화할 필요도 있다. 죽음에 직면할 준비가 부족한 학습자가 대상일 때에는 객관적이며 감정을 불러일으키지 않는 주제부터 시작해서 점진적으로 개인적이고 감정적인 주제를 배열하는 것이 적절하다 (Leviton, 1977).

(나) 계속성의 원리

학습 내용 또는 수준 간에 계속성을 유지해야 한다. 또한 학습자들의 경험과도 계속성을 유지하도록 조직한다. 죽음교육에서 계속성의 원리는 동일한 내용을 단순하게 반복하는 것도 있지만, 점진적으로 심화하고 확대하며 반복해서 죽음에 대한 인식과 태도의 발전을 모색해야 한다. 따라서 죽음 관련 내용을 더 깊고, 넓게 이해함으로써 학습한 내용을 적용하고, 분석하며, 통합으로까지 나아가도록 조직하는 것이 필요하다.

(다) 통합성의 원리

통합성은 프로그램 내용의 횡적 조직과 관련된 것으로, 계열성의 원리를 통해 분류된 죽음 관련 내용은 연속성과 통합성을 갖고 있다. 결국 삶과 죽음을 배운다는 것은 통합성과 관련되는 것이므로 통합적 사고능력이 향상될 수 있도록 한다.

(3) 학습 방법 선정

학습 내용의 선정과 조직 후에는 효과적 전달을 위한 방법을 선정해야 한다. 이를 위해 학습목표와 내용, 학습자의 요구와 특성, 환경 요인 등을 고려한다. 죽음교육은 전 생애주기의 학습자가 대상이며 죽음에 대한 인식과 태도, 경험 등도 차이가 크다고 할 수 있다. 죽음교육은 특히, 모델링, 지지, 정보 제공, 학습자 참여, 욕구와 동기에 효율적으로 반응하게 하는 설득 기술 등 태도 변화 이론의 여러 원칙을 통합한 복잡한 개입이기도 하다(Durlak, 1994). 죽음교육의 방법을 교육목적과 내용에 따라 분류해 보면 〈표 3〉과 같다(Rogers, 2007: 239).

〈표 3〉 교육목적과 내용에 따른 교육 방법

교육목적 또는 내용	교육 방법
지식 및 정보습득	강의, 강연, 독서, 조사, 토론, 발표
기능 습득	관찰, 시범, 실습, 역할극
분석 및 문제해결력	사례연구, 프로젝트팀, 액션 러닝(action learning), 시뮬레이션, 문제기반학습
태도 변화	역할극, 코칭(coaching), 프로젝트팀

죽음교육은 기본적으로 교훈적 프로그램과 경험적 프로그램으로 구분된다(Durlak & Reisenberg, 1991). 교훈적 프로그램은 죽음학에 관련된 지식과 정보를 강조한다. 학습자의 죽음 이해와 같은 인지적 영역의 목표에 중점을 둔다. 따라서 위의 〈표 3〉의 지식 및 정보습득을 위한 강의, 강연, 독서, 조사, 토론, 발표 등이 적합한 방법이라고 할 수 있다. 이에 비해 경험적 프로그램은 학습자가 죽음에 관한 개인의 감정과 관심을 탐색하고 토론하는 데에 비중을 둔다. 학습자가 죽음이라는

주제에 의해 발생한 부정적 감정을 받아들이고, 이러한 감정에 편안해지도록 돕는 것이다(Durlak, 1994). 이를 위해 경험적 프로그램에서는 위의 〈표 3〉에서 제시하고 있는 기능 습득, 분석 및 문제해결력, 태도 변화 등을 위해 입관 체험, 호스피스 병동 자원봉사, 역할극, 시뮬레이션 등을 통해 학습자가 죽음과 관련된 감정과 경험을 탐색하고 공유하는 기회를 확대할 수 있다. 죽음 불안, 부정적 정서에는 실습, 역할극, 액션 러닝 등 경험적 요소를 포함한 방법이 효과적이다.

(4) 평가 내용 및 방법 선정

프로그램 설계에서 평가내용과 방법도 미리 작성해 두어야 한다. 설계단계의 평가는 목표 달성에 초점을 두고 목표성취도, 평가 범위, 평가설계의 적절성, 평가모형, 자료수집 및 분석 방법, 예산, 평가 일정, 평가의 제한점 등에 대해 설계해야 한다. 프로그램 평가는 결국 이후의 의사결정 또는 정책 수립에 도움을 받기 위한 것이다. 이를 위해 프로그램 평가는 지속적이고 종합적으로 전개해야 평가목적을 성취할 수 있다. 즉, 다양한 상태와 조건들을 종합하여 의미를 찾으려 하고, 이 의미를 피드백하는 지속적 과정을 거쳐야 한다.

(5) 학습지도안 구성

학습지도안은 학습 내용의 수준과 양, 시간 등에 따라 다르기는 하지만 일반적으로 도입, 전개, 정리로 구분하여 작성한다. 학습지도안에 필요한 내용은 다음의 〈표 4〉와 같다.

〈표 4〉 학습지도안 작성

단계	시간	내용
도입	20분	학습자 파악, 목표와 과제 제시, 동기유발, 주의 환기, 평가방법 제시 등
전개	80분	새로운 내용습득, 과제해결 노력, 해결 방법 탐색 등
정리	20분	내용정리, 성과 확인, 평가, 방향 제시 등

3. 프로그램 마케팅

(1) 프로그램 마케팅의 의미

프로그램 마케팅의 의도는 프로그램에 대한 자세한 정보를 학습자에게 알리고, 참여를 유도하며, 프로그램을 새롭게 재개정하기 위한 것이다(Caffarella, 1994: 170). 마케팅은 기업교육과 달리 죽음교육에서 생소할 수 있지만 유사한 용어로 광고, 홍보, 모집 등이 있다. 이런 개념들이 갖는 공통점은 프로그램을 적극적으로 알림으로써 학습자들을 프로그램에 참여하도록 유도하기 위한 것이다.

(2) 마케팅 믹스(marketing mix)

죽음교육에서도 마케팅을 중시하는 것은 양질의 프로그램, 우수한 강사진, 좋은 시설 등을 갖추었는데도 학습자의 참여가 저조할 수 있다. 마케팅 목표를 달성하기 위하여 여러 가지 수단들을 조합하는 마케팅 믹스를 해야 한다(Kotler, 2003). 마케팅 믹스는 제품(Product), 가격(Price), 장소(Place), 홍보(Promotion)의 4P 모델을 고려하는 것이다(Boone, 1985). 이를 죽음교육 프로그램에 적용한다면 잠재적 학습자에 대한 분석을 통해 학습자에게 적합한 프로그램은 무엇인가, 참가비는 어느 정도가 적절한가, 장소는 어느 곳이 적절한가, 누구에게 어떻게 홍보할 것인가를 정해야 한다. 홍보 방법에는 주로 구두, 신문, 잡지, 라디오, TV, 전화, 팸플릿, 이메일, 홈페이지, 카카오톡, 밴드, 유튜브, 페이스북, 인스타그램 등이 있다.

4. 프로그램 실행

죽음교육 프로그램의 실행은 설계하였던 프로그램을 체계적으로 실시하여 목표를 달성하는 실천과정을 의미한다. 또한 실행은 기획과 설계가 제대로 되었는지 평가할 수 있는 핵심 과정이다. 실행은 죽음교육 전문가와 학습자가 목표 달성을 위해 직접 만나는 과정이며, 죽음교육 전문가의 역량이 발휘되는 과정이기도 하다. 프로그램 실행과정을 도입, 전개, 정리 단계로 나누어 살펴보면 다음과 같다.

(1) 도입단계

도입단계에서는 아이스 브레이킹(ice-breaking)등을 통한 친밀감 조성, 오리엔테이션, 프로그램 목표공유, 출발점 행동 파악을 위한 선수학습 및 경험 확인, 적극적 참여와 주의집중을 위한 동기 및 흥미 유발 등을 위해 노력해야 한다. 이외에도 학습자의 참여동기나 수업에 대한 기대 등을 포함한 자기소개를 통해 학습자들 간의 상호작용을 위한 토대를 마련한다. 죽음교육 특성상 학습 목표를 내면화하는 것이 중요하므로, 자기 주도적으로 참여할 수 있도록 학습 목표에 따른 활동 목표의 의미를 알려주는 것도 중요하다.

(2) 전개 단계

전개 단계는 학습자가 학습 목표를 달성하기 위해 자기 주도적으로 과제를 해결해나가는 과정으로써 실행단계의 중심 부분이다. 따라서 학습자의 주의 유지, 관심 형성, 참여 유도 등을 포함한다. 죽음교육 특성상 학습자의 인지적 영역만이 아니라, 정의적 영역도 고려하면서 다양한 사례제시 등을 통해 죽음 관련 긍정적 감정의 수용, 가치화, 인격화를 해나갈 수 있도록 정서와 경험을 고려하며 진행하는 것이 필요하다. 또한 학습자가 죽음 관련 자신의 경험과 생각 등을 이야기하면서 브레인스토밍을 통해 협동적 목표를 달성하도록 하는 것이 중요하다. 죽음교육 전문가, 학습자, 운영요원, 자원봉사자는 목표 달성을 위해 과제 유형, 활동 내용, 활동 방법, 자료 등을 혼합하여 구현할 수 있도록 자신의 역할을 숙지하도록 한다. 진행 과정에 따라 계획을 수정하기도 하고, 학습자의 반응, 아이디어, 건의 사항 등을 능동적이고 긍정적으로 수렴하면서 변화를 모색할 수도 있다.

(3) 정리 단계

정리 단계에서는 죽음교육 전문가와 학습자 모두가 활동을 정리하며 학습 결과를 공유하고 평가하는 과정이다. 학습 목표의 내면화, 자신의 변화 정도 등의 공유를 통한 성찰 및 확신감 유도를 포함한다. 죽음교육은 실생활에서 배운 것을 실천하는 행동 변화가 중요하므로 파지 및 전이의 필요성을 강조하며, 죽음 관련 종결 감정을 처리할 수 있도록 한다. 정리 단계의 기법으로는 평가를 위한 토론, 간단한 개방형 질문을 통한 평가, 평가지 작성 등이 있으며 학습자가 자기 주도적으로 정리 활동을 할 수 있도록 돕는 것이 중요하다.

5. 프로그램 평가

(1) 프로그램 평가의 개념 및 방법

프로그램 평가는 실행 후에 목표를 어느 정도 달성하였는지, 계획대로 잘 진행이 되었는지, 학습자 변화에 어느 정도 영향을 주었는지 등을 확인하는 단계이다. 평가는 학습 동기 부여, 학습자에 대한 이해와 진단, 프로그램에 영향을 주는 요인의 개선 등을 위해 필요하다.

평가 방법에 따른 분류로는 양적 평가와 질적 평가가 있다. 양적 평가는 개개인의 상황을 이해하려고 하기보다는 보편적이고 일반적인 내용을 평가하기 위한 것으로 수량화, 서열화가 가능할 수 있는 설문지 등 수량적 자료수집을 하는 것이다. 질적 평가는 개개인의 특수한 상황과 개인차를 중시하는 것으로 관찰, 면접, 서술형 문항, 소감문 등 비수량적 자료수집을 의미를 이해하고자 하는 것이다.

(2) 커크패트릭의 4단계 평가 모형

평가 모형은 학자마다 조금씩 달리하지만, 간단하고 실용적이며 죽음교육 프로그램 평가와 적합한 커크패트릭(Kirkpatrick)의 평가 모형이 있다. 커크패트릭은 [그림 4]와 같은 4단계 평가 즉, 반응 평가, 학습 평가, 행동 평가, 결과 평가를 제시하였다(Kirkpatrick, 1994).

1단계(반응)	프로그램에 대한 만족 정도
2단계(학습)	프로그램에서 배운 내용의 이해 정도
3단계(행동)	프로그램 후 참가자의 행동변화 유발 정도
4단계(결과)	프로그램 후 변화가 전체 조직에 미친 영향 정도

<그림 4> 커크패트릭의 4단계 평가

① 1단계 : 반응 평가

반응 평가는 프로그램에 대한 학습자의 느낌, 태도, 의견 등 반응에 초점을 둔 평가이다(Kirkpatrick, 1994). 죽음교육에서는 학습 목표, 내용, 방법 등이 적절했는가에 대해 학습자의 반응을 평가하는 문항이 대부분이라고 할 수 있다. 반응 평가의 범위를 확장하여 교육환경, 프로그램 운영, 학습자의 준비 정도, 참여 정도에 대한 문항도 필요하다. 또한 죽음교육 프로그램의 발전을 위해 교수자, 운영자, 학습자가 자기평가와 상호평가를 할 필요가 있다. 반응 평가 기법으로는 설문지, 관찰, 면접, 초점 집단면접 등이 활용될 수 있는데, 죽음교육 프로그램에서는 질문지법, 관찰법이 가장 일반적으로 활용되고 있다.

② 2단계 : 학습 평가

학습 평가는 목표로 설정한 지식과 기술, 태도 등을 학습자가 제대로 습득하였는가에 대해 평가하는 것이다. 학습자의 변화를 확인하기 위한 것으로 대개는 사전검사와 사후검사를 함께 실시한다. 주된 평가 영역은 목표 영역이라고 할 수 있는 지식, 기술, 태도 영역의 변화 정도이다. 평가 기법으로 지식 영역은 지필시험 또는 질문지, 기술영역은 실습, 태도 영역은 관찰, 면접, 소감문 등을 주로 활용할 수 있다. 죽음교육의 경우는 태도의 다차원성을 고려하여 다양한 측정 방법을 개발하고 병행할 필요가 있다. 또한 기술 영역 역시 애도상담 기술 등을 평가할 수 있는 다양한 측정 방법을 개발할 필요가 있다.

③ 3단계 : 행동 평가

행동 평가는 학습자의 행동 변화에 초점을 두고 학습자의 기능이나 태도 변화를 측정하는 것이다. 프로그램 종료 후 3개월 이후에 배운 내용을 적용하고 실천하는 정도, 배운 결과로 인한 가치 및 믿음의 변화 정도 등을 설문지, 점검표, 관찰, 면접 등을 활용하여 평가한다. 죽음교육 기간은 단기인 경우가 많으며, 행동 변화는 천천히 일어나는 경우가 대부분이다. 또한 3개월 후에 평가하는 것이 어려울 수도 있다. 하지만 죽음교육의 궁극적인 목표는 행동 변화라고 할 수 있으므로, 관찰이나 통계적 비교 등 신뢰성과 타당성을 갖춘 평가도구를 개발하는 것이 필요하다.

④ 4단계 : 결과 평가

결과 평가는 실행 결과가 죽음교육 기관 목표의 효율적 달성과 개선에 어느 정도 기여하였는가에 초점을 둔다. 또한 결과 평가는 죽음교육 기관이 어떠한 교육프로그램을 마련해야 하는가, 교육의 질을 어떻게 확보해야 하는가에 대한 개선 방안 마련에 유의미한 결과를 준다고 할 수 있다.

제3절
죽음교육 프로그램 개발의 실제

1. 프로그램의 필요성 및 기대효과

(1) 프로그램 개발 요청자의 요구

청소년 자살 예방 프로그램은 ○○고등학교 교사와 학부모들이 요청하였다. ○○고등학교는 청소년의 우울감과 불안감, 자살 충동을 방치하기보다는 예방 프로그램을 통해 문제를 해결하고 자아존중감 향상과 가치 있는 삶을 살 수 있는 교육을 하고자 하였다.

(2) 필요성

국가통계포털(KOSIS)에 나와 있는 통계청의 10세부터 19세까지의 고의적 자해(자살)에 관한 자료를 살펴보면 2013년 308명, 2014년 274명, 2015년 245명, 2016년 273명, 2017년 254명, 2018년 300명, 2019년 298명이나 된다. 그 원인은 교육부 보도자료(2011.4.8.) 5쪽에 의하면 학생 자살 예방 및 위기관리 강화, 가정불화, 염세 비관, 성적 비관, 이성 관계, 폭력/집단 괴롭힘, 실직/부도/결핍 등이다. 또한 자살 충동을 느낀 적이 있다고 답한 비율은 2016년 고등학생 26.8%, 중학생 22.6%, 초등학생 17.7%나 된다. 또한 주관적 행복 지수는 OECD 22개국 중 20위이다(염유식, 2016). 청소년들은 이러한 문제해결과 더불어 삶의 진정한 가치는 무엇인가에 대한 물음을 다시 해볼 필요가 있다. 대학 진학, 능력 향상 등도 중요하지만 청소년들이 삶의 가치를 긍정하고 더불어 살아가는 삶의 중요성을 내면화한다면, 좀 더 극단적인 선택을 예방할 수 있으며 어떻게 살아갈 것인가에 대해 자기 주도적으로 설계하고 의미가 있는 삶을 살아갈 수 있을 것이다.

2. 환경 및 학습자 분석

(1) ○○고등학교

○○고등학교는 서울특별시 ○○구 ○○동에 위치하고 있으며, 지역 특성상 보호자의 직업은

상업이 가장 많으며 맞벌이가 다수를 차지한다. 학력 수준은 평균적으로 고졸 이상이다. 보호자의 학생들과 대화시간은 맞벌이가 많아서 낮은 편에 속하고, 아버지보다는 어머니와 대화하는 경우가 많으며, 교육열은 높은 편이다. 학교 운영방침과 이에 따른 학사 운영은 자유스러운 편이며, 체험활동이 활발하게 진행되고 있다. 학생들은 자신의 관심에 따라 체험활동을 선택하기도 하며 학년별, 학급별로 체험활동이 이루어진다. 자살 주의군, 자살 위험군이 많은 경우는 아니지만 고립감, 우울감을 나타내는 경우가 많은 실정이다.

(2) 학습자집단 분석

<표 5> ○○고등학교 학생 분석

구분	○○고등학교
개인적 특성	• 연령 : 17~19세(고등학교 1~3학년) • 성별 : 남녀공학
개인 간 유사점	• 사춘기라서 학업, 진로, 교우 관계, 이성 관계, 가족 관계 등의 이유로 스트레스가 심하며, 표현이 거칠고, 이성에 대한 호기심이 높은 편이다. • 휴대폰 등을 통한 웹툰, 게임, SNS 활동이 많은 편이다. • 연예인에 대해 관심이 높은 편이며, 유행에 민감한 편이다. • 감수성이 예민하며, 외모에 관심이 높은 편이다. • 고립감, 우울감, 불안감이 어느 정도 있으며, 욕설과 은어 등을 자주 사용한다.
개인 간 차이점	• 남녀, 신체 발달, 가정환경, 성격, 교우 관계, 학업 관심 정도, 취미와 특기, 게임, SNS 활동 정도 등에 차이가 있음
비공식집단	• 또래 집단, 동아리, 학원 집단

3. 학습자 요구분석

<표 6> 청소년 대상 포커스그룹 인터뷰 질문

도입 질문	1. 여러분의 학년이 어떻게 되나요? 2. 인문학 교육 경험이 있나요? 자살 예방 교육 경험이 있나요? 2-1. 있다면 언제, 어떤 형태로 받았나요?
소개 질문	1. 자살 예방을 위한 인문학 프로그램 개발에 관한 인터뷰 요청을 받았을 때 어떤 느낌이나 생각이 들었나요? 2. 자살 예방 또는 인문학 교육 중에서 기억하는 것은 어떤 것인가요?
전환 질문	1. 자살 예방 또는 인문학 교육에 참여한 경험이 도움이 되었다고 생각하나요? 1-1. 도움이 되었다면 어떤 점이 도움이 되었나요? 그 이유는 무엇인가요? 2. 자살 예방 또는 인문학 교육을 들은 후, 주변 친구들의 반응은 대체로 어떠했나요?

주요 질문	1. 어떤 내용들이 자살 예방에 포함된다면 도움이 될까요? 2. 자살 예방을 위한 인문학 프로그램은 어떤 방법이 좋을까요? 3. 프로그램 교육시간은 어느 정도가 적절하다고 생각하나요? 4. 프로그램 내용 중 도움이 되지 않는다고 생각하거나, 하기 싫은 내용이 있다면 어떤 것일까요?
마무리 질문	1. 기존의 자살 예방 또는 인문학 교육에서 아쉬운 점, 보완점이 있다면 어떤 것이 있을까요? 2. 오늘 인터뷰에 참가한 소감은 어떠한가요?

4. 프로그램 선정

(1) 프로그램 목적

학생들의 고립감, 우울감, 불안감, 절망감으로 인한 자살 충동을 예방하기 위해 인문학적 사유의 기회를 갖고자 한다. 이는 탄생과 삶, 죽음의 관계에 대해 생각하면서 자아존중감과 사회적 유대감, 자기 주도적 삶을 살아갈 수 있는 능력을 향상하도록 위한 것이다. 이를 위해 다음과 같은 질문을 해본다.

첫째, 나는 누구인가? 라는 질문을 통해 청소년기의 자아존중감 향상을 추구한다.

둘째, 삶과 죽음은 어떠한 관계인가? 라는 질문을 통해 삶과 죽음의 관계 문제에 직면하면서 삶의 이유에 대해 성찰하는 힘을 갖는다.

셋째, 나는 다른 사람들과 어떻게 관계하는가? 라는 질문을 통해 무관심, 이기심, 경쟁심에 관해 성찰하고 공존, 사랑을 내면화한다.

넷째, 어떤 삶을 살고 싶은가? 라는 질문을 통해 긍정적 삶과 자기 주도적인 삶을 살아갈 수 있는 능력을 갖춘다.

(2) 기대효과 및 장애요인

인문학적 사유를 통한 자살 예방 프로그램을 통해 학생들이 자살 충동을 극복하고 더불어 살아가는 학교를 만들어가도록 한다. 인문학적 사유를 통해 자아존중감, 삶의 소중함, 사회적 연대감, 자기 주도적 삶에 대해 필요성을 느껴 나가고 이를 실천하는 학교문화 조성을 기대한다. 장애요인은 첫째, 경쟁 위주의 학교 입시 문화이다. 학생들이 이러한 문제를 어떻게 인식하고 있으며, 자살 충동에 이르게 되는 문제점들을 어떻게 해결해 갈 것인가를 충분히 고려하여 장애요인을 극복하도록 해야 한다. 둘째, 학생들이 인문학적 사유에 대해 어렵다는 선입관, 무관심, 비협조 등 부정적

인식이 예상된다. 학생들의 관심과 흥미를 유발할 수 있는 방법을 찾아가는 과정을 통해 인문학적 치유 효과를 극대화한다.

(3) 프로그램 일정 및 내용

기간 : 2021년 8월 19일~2021년 9월 20일(1개월간)

시간 : 매주 금요일 오후 100분씩(금 : 6~7교시)

장소 : ㅇㅇ 자살예방센터(ㅇㅇ 고등학교 인근)

<표 7> 자살 예방을 위한 인문학프로그램 주제 및 내용

프로그램명	강사명	내 용	담당자
나는 누구인가?	김00	인생그래프를 통한 자신의 삶 돌아보기	ㅇㅇ고등학교 교사 1명 자원봉사자 2명
나는 누구인가?	김00	나를 찾아가는 여정	
삶과 죽음은 어떠한 관계인가?	이00	그림책〈커다란 질문〉을 통한 삶과 죽음의 관계 탐색	
삶과 죽음은 어떠한 관계인가?	이00	삶과 죽음에 관한 이야기	
나는 다른 사람들과 어떻게 관계하는가?	박00	관계 맺기	
나는 다른 사람들과 어떻게 관계하는가?	박00	사랑이란? 어떤 사랑을 할 것인가?	
어떤 삶을 살고 싶은가?	윤00	10년 후의 나의 삶은?	
어떤 삶을 살고 싶은가?	윤00	버킷리스트, 내가 남기고 싶은 선물	

(4) 학습지도안

<표 8> 자살 예방을 위한 인문학 학습지도안

프로그램명	삶과 죽음의 관계	학습 회기	3회기
학습 주제	왜 태어났을까?	시간	100분
학습 목표	1. 그림책 〈커다란 질문〉을 통해 내가 태어난 이유를 말할 수 있다. 2. 그림책 〈커다란 질문〉을 통해 죽음이 삶에게 말하고 있는 것이 무엇인가를 설명할 수 있다. 3. 삶과 죽음의 관계를 탐색할 수 있다.		
유의사항	토론을 통해 친구들의 의견을 경청하고, 나와 다른 의견에 대해 비판하지 않는다.		

단계	시간	활동 내용	비고
도입	5분	· 본 주제의 의미와 목표를 소개한다. · 내가 태어난 이유가 무엇이라고 생각하시나요?	

전개	80분	그림책 〈커다란 질문〉을 읽고 난 후에 내가 태어난 이유가 무엇일까에 대하여 토론한다.
		그림책 〈커다란 질문〉에서 죽음은 삶에게 무엇을 말하고 있는가를 파악하고, 이에 대한 나의 생각을 정리해서 간략하게 발표한다.
		삶과 죽음의 관계가 무엇이라고 생각하는지 나의 생각을 간략하게 발표한다.
정리	15분	참여자들의 탄생, 삶, 죽음에 관한 이야기를 들으면서 자신의 변화된 점을 정리한다.

5. 인적·물적 자원 선정

(1) 인적 자원

본 프로그램의 교육은 죽음교육 전문가 4명이 2회씩 담당한다. 죽음교육 전문가 4명은 죽음교육을 위한 인문학프로그램을 총괄하며, 대학원생 자원봉사자들을 관리한다. ○○고등학교 교사 1명은 프로그램을 함께 기획하며, 프로그램 진행을 맡는다. 대학원생 자원봉사자 2명은 죽음교육에 대해 전문적인 이해를 하고 있다.

<표 9> 인적 자원 활용

인적 자원	죽음교육 전문가 4명
	대학원생 자원봉사자 2명
	○○고등학교 교사 1명

(2) 물적 자원

○○고등학교 자살 예방을 위한 인문학프로그램의 사례는 물적 자원 분석이 결여되어 있다.

6. 예산 편성

이 프로그램은 프로그램의 특성상 학습자들에게 수강료를 부담시킬 수 없다. 자살 예방 프로그램이 절실한 상황에서 시범사업으로서 시교육청 등에 보조금을 요청할 수 있다. 학교 예산과 시교육청을 비롯한 타 기관의 지원을 모색한다.

<표 10> 예산 편성 사례

종 목	산출근거
프로그램 진행비용	500,000원
죽음교육 전문가 초빙	시간당 150,000×8주(1주 2시간)=2,400,000원
프로그램 보조 자원봉사자 활동비	시간당 20,000×4주(1주 3시간)×2명=480,000원
간식비	20명×4주(1명당 1주 3000원)=240,000원
시설 사용료	1,600,000원
예비비	500,000원
총계	5,780,000원

7. 마케팅

이 프로그램은 홍보 대상을 교사, 학부모, 학생으로 한다. 교사와 학부모를 대상으로 프로그램의 필요성과 기대효과를 홍보한다. 학생들에게는 프로그램의 필요성 및 기대효과를 강조한다.

(1) 교사 대상

교사들 대부분이 학생들의 우울감과 절망감, 자살 충동의 심각성을 인식하고 있다. 본 프로그램의 기대효과에 대해 교사들이 신뢰할 수 있도록 프로그램의 내용을 학교 방문을 통해 적극적으로 홍보한다. 학교에 직접 방문하여 교장, 교감, 교사들과의 면담을 통해 프로그램 개발 내용과 활동지 등을 제시하고 학생들의 참여 권유를 부탁한다.

(2) 학부모 대상

학부모들과 자살 충동의 심각성과 자녀들의 고립감, 우울감, 절망감 등에 대해 직접 만남을 통해 대화한다. 또한 프로그램의 기대효과로 자아존중감, 사회적 연대감 향상 등의 측면을 알리고 행복한 삶을 영위할 수 있도록 힘을 키우는 것의 중요성을 가정통신문 등을 통해 홍보한다. 학부모들의 동의와 협조를 통해 학교와 가정의 자살 예방을 위한 협력 관계를 유지할 수 있으며, 학생들의 성실한 참여를 유도할 수 있다는 것도 직접 만남 또는 가정통신문을 통해 강조한다.

(3) 학생 대상

프로그램의 특성상 학생들의 자발적인 참여 없이는 프로그램의 효과성을 기대하기는 어렵다. 따라서 이 프로그램의 필요성에 대해 학생들 스스로가 의미를 부여하도록 SNS 등을 활용하여 홍보한다.

8. 평가

(1) 학습자 대상

<표 11> 학습자 평가서

자살 예방을 위한 인문학프로그램을 마치고

학년 :   성별 :

1. 프로그램 교육내용은 어떠했나요?

2. 프로그램 교육방법은 어떠했나요?

3. 프로그램 진행자는 어떠했나요?

4. 프로그램 보조 진행자인 자원봉사자는 어떠했나요?

5. 교실분위기를 이전과 비교할 때 변화된 점이 있다면 모두 써주세요.

6. 자신의 학교생활에 대해 이전과 비교할 때 변화된 점이 있다면 모두 써주세요.

7. 본 프로그램에 포함되기를 희망하는 내용을 모두 써주세요.

8. 본 프로그램에 제외되었으면 좋겠다고 생각하는 내용을 모두 써주세요.

9. 본 프로그램을 친구들에게 추천하고 싶다면, 그 이유를 써주세요.

(2) 프로그램 기획 및 진행자 대상

<표 12> 기획 및 진행자 평가서

자살 예방을 위한 인문학프로그램을 마치고

1. 프로그램이 계획대로 진행되었나요?

2. 프로그램 진행 과정의 문제점에 대해 구체적으로 써주세요.

3. 참여학습자의 반응은 어떠했나요?

4. 프로그램 실시 장소는 적절하였나요?

5. 프로그램을 통해 의도한 결과가 산출되었나요?

6. 예산상의 문제점이 있다면 구체적으로 써주세요.

7. 다음 프로그램에서 개선되어야 할 점을 써주세요.

참고문헌

제1부 죽음의 이해

제1장 죽음과 철학

『老子』, 현암사, 1977.
『법구비유경』, 운주사, 2017.
『별역잡아함경』, 동국역경원, 2013.
『잡아함경』, 운주사, 2019.
『論語』, 선진(先進), 非夫人之爲慟而誰爲.
『東門選』, 한국고전번역원, 1968.
『書經』, 한국교육출판공사, 1986.
『莊子』, 현암사, 1977.
김성철, 『중관사상』, 민족사, 2006.
미셸 드 몽테뉴, 『몽테뉴 수상록』, 손우성 역, 동서문화사, 2017.
박충구, 『인간의 마지막 권리: 죽음을 이해하고 준비하기 위한 13가지 물음』, 동녘, 2019.
서울대학교 중세르네상스 연구소 편, 『중세의 죽음』, 서울: 산처럼, 2015.
소갈 린포체, 『삶과 죽음을 바라보는 티베트의 지혜』, 오진탁 옮김, 민음사, 2013.
성철, 『영원한 자유의 길』, 장경각, 1996.
이현지, 「노자 죽음관의 탈현대적 함의」, 『원불교 사상과 종교문화』 No.44, 2010, 279-316.
정병석, 「논어와 장자에 보이는 죽음관」, 『동양철학연구』 Vol 55, 2008, 45-77.
Aristotle, *Nicomachean Ethics*, 천병희 옮김, 도서출판 숲, 2013.
Augustine, *The City of God*, Translated by Marcus Dods, New York: The Modern Library, 1950.
Augustine, *Confessions*, Oxford UP., 2009.
Droge, Arthur J., "Mori Lucrum: Paul and Ancient Theories of Suicide", *Novum Testamentum*, Jul., 1988.
Epicurus, *The Principal Doctrine*, Big Nest, 2018.
Garrison, Elise P., "Attitudes towards Suicide in Ancient Greece", *Transactions of the American Philological Association(1974-2014)*, Vol.121, 1991.
Goff, Jacques Le, *The Birth of Purgatory*, Chicago: Chicago UP., 1981.
Heidegger, Martin, *Einführung in die Metaphysik*, De Gruyter, 1935.
Herodotus, *The History of Herodotus*, Chicago: Chicago UP., 1987.
Hudson, Robert P., "The Many Faces of Euthanasia", *Medical Heritage* 2, 1986, 102-107.
I Ching(Book of Change), Tr. Richard Wilhelm and rendered into English by Carry F. Buynere. Piniceton: Princeton UP., 1969.
Jowett, Benjamin, *The Dialogue of Plato*, New York: Random House, 1937.

Lamprecht, S. P., *Our Philosophical Traditions: A Brief History of Philosophy in Western Civilization*(西洋哲學史), 김태로·윤병노·최명관 역, 을유문화사, 1991.
Luther, Martin, "The Judgement of Martin Luther on Monastic Vow, 1521," *Luther's Work*, No.44, Fortress Press, 1966.
Pritzl, Kurt, "Aristotle and Happiness after Death: *Nicomachean Ethik* 1. 10-11," *Classical Philosophy*, Vol. 78. No. 2(Apr. 1983).
Rist, J. M., *Stoic Philosophy*, Cambridge: Cambridge UP., 1969.

제2장 죽음과 종교

『광홍명집(廣弘明集)』 16권.
『논어(論語)』
『맹자(孟子)』
『대반열반경(大般涅槃經)』
『성리대전(性理大全)』
『아비달마구사론(阿毘達磨俱舍論)』
『아비달마 길라잡이』(하), 각묵스님·대림스님 역해, 울산: 초기불전연구원, 2004.
『아비달마대비바사론(阿毘達磨大毘婆沙論)』
『예기(禮記)』
『이정전서(二程全書)』
『잡아함경(雜阿含經)』
『중아함경(中阿含經)』
『증일아함경(增一阿含經)』
『지장보살본원경(藏菩薩本願經)』.
『티베트 死者의 書』, 白峰楚 編譯, 서울: 經書院, 1984.
『주역(周易)』
『주역본의(周易本義)』
『주자대전(朱子大全)』
『주자어류(朱子語類)』
『황제내경(黃帝內經)』
『영추(靈樞)』 本神篇第8
금장태, 『귀신(鬼神)과 제사(祭祀): 유교의 종교적 세계』, 서울: 제이앤씨, 2009.
김교빈, 「죽음에 대한 유교의 이해-죽음을 두려워 않는 낙천적 세계관」, 『철학연구회』 75, 2006, 1-15.
김균진, 『죽음의 신학』, 서울: 대한기독교서회, 2002.
도카·케니스·모건·존(Doka, Kenneth J., Morgan, John D.), 『죽음학의 이해: 죽음과 영성(Death and Spirituality)』 김재영 역, 고양: 인간사랑, 2006.
바우커, 존(Bowker, J.), 『세계 종교로 보는 죽음의 의미』, 박규태·유기쁨 역, 파주: 청년사, 2005.
이진영·강선보, 「공공자의 생사관을 통해 본 '知天命'의 죽음교육 의의: 『論語』를 중심으로」, 『한국교육학연구』 21(2), 2015, 67-91.
이필영, 『샤머니즘과 무속의 우주관』, 한남대학교출판부, 1988.
이혜숙, 「불교사회복지실천의 영성관점 확립을 위한 시론」, 『불교학연구』 22, 2009, 297-328.
인경, 「불교에서 본 영성」, 『헬스앤미션』 5, 2006, 30-44.
임병정, 「육조단경에 나타난 돈오(頓悟)와 무념(無念)의 상관성 고찰」, 『불교문예연구』 15, 2020, 429-459.

케이건, 셸리(Kagan, S.), 『죽음이란 무엇인가』, 박세연 역, 서울: 웅진지식하우스. 2012.
포르(Faure, B.), 『동양 종교와 죽음』, 김주경 역, 서울: 영림카디널, 1997.
포르(Faure, B.), 『샤먼과 무당의 호칭에 대하여』, 韓國民俗學術資料叢書 347, 우리마당터, 2003.
Astin, A., and Keen, J, "Equanimity and Spirituality." *Religion & Education,* 33(2), 2006, 39-46.
Canda, E., Furman, L. and Canda, H, *Spiritual Diversity in Social Work Practice: The Heart of Helping,* NY: the Free Press, 2010.
Hick, John, *Death & Eternal Life,* New York: Westminster John Knox, 1994.

제3장 죽음의 심리

권석만, 『삶을 위한 죽음의 심리학』, 서울: 학지사, 2019.
퀴블러 로스(Kubler-Ross, E.), 『인간의 죽음(On Death and Dying)』, 분도출판사, 1979.
Choron, J., *Death and Modern Man,* New York: Macmillan, 1974.
Deeken, A., "The Need for Death Education". *Gan to Kagaku Ryoho,* 19(9), Cancer & Chemotherapy, 1992, 1247-1252.

제4장 죽음과 사회적 관계

한겨레21, 「빈곤 안고 고립된 이들…죽음도 삶만큼 불평등했다」, 2021.10.26., https://www.hani.co.kr/arti/society/rights/1016608.html#csidx5af4b2a7421c5ca9d80a45d65dcdc7b
KBS 파노라마. 「한국인의 고독사 1편—보이지 않는 죽음. 1년의 기록」, 2014.5.22., http://www.kbs.co.kr/end_program/1tv/sisa/panorama/vod/view/2253929_68560.html
https://m.openlectures.naver.com/mobile_contents?contentsId=143627&rid=253

김경아, 「중산층을 위한 죽음준비교육 프로그램 개발 및 효과」, 『한국 호스피스 완화의료학회지』 14(4), 2011.
박형민, 『자살, 차악의 선택: 자살의 성찰성과 소통 지향성』, 이학사, 2010.
서이종, 「만주의 '벌거벗은 생명'과 731부대 특설감옥의 생체실험 희생자」, 『만주연구』 18, 2014.
서이종 편, 『고령사회의 노년기 만성질환과 호스피스의 생명정치』, 박영사, 2015.
서이종, 「고령사회와 죽음교육의 사회학: 한국 죽음교육의 비판적 고찰」, 『사회와 이론』 28, 2016.
심형화, 「웰다잉에 관한 한국인의 주관성 연구」, 『기본간호학회지』 18(1), 2011.
윤영호, 『나는 한국에서 죽기 싫다』, 엘도라도, 2014.
정진홍, 「죽음 문화의 그늘」, 한림대학교 생사학연구소 엮음, 『생과 사의 인문학』, 모시는 사람들, 2015.
천선영, 『죽음을 살다: 우리 시대 죽음의 의미와 담론』, 나남출판사, 2012.
한국죽음학회, 『죽음맞이: 인간의 죽음 그리고 죽어감』, 모시는 사람들, 2014.
한림대학교 고령사회연구소, 『노인자살연구—춘천노인 생활실태조사를 중심으로』, 한림대학교 출판부, 2015.
한림대학교 생사학연구소, 『죽음의 풍경을 그리다—한국적 생사학을 위하여』, 모시는 사람들, 2015.
한림대학교 생사학연구소, 『"죽음을 두고 대화하다—동아시아 생사학을 위하여』, 모시는 사람들, 2015.
고유미·김언주·김정훈·김현희·심경란·조은숙, 『자살, 가장 불행한 선택』, 책과 나무, 2016.
김광희, 「한국의 청년실업과 히키코모리 문제: 일본의 중장년 히키코모리와 8050 문제를 중심으로」, 『무역연구』 16(3), 2020, 467-480.
김상환, 「코로나19 사태와 생명관리정치: 『주역』과 푸코 사이에서」, Naver 열린연단, 2020.9.24.
김형수, 「미국 노인자살과 예방대책의 연구 및 시사점」, 『사회보장연구』 제18권 제1호, 2002, 163-182.

서이종, 「고령사회와 죽음교육의 사회학, 한국 죽음교육의 비판적 고찰」, 『사회와 이론』 Vol.28, 2016, 69-103.
천선영, 『죽음을 살다: 우리 시대 죽음의 의미와 담론』, 나남신서, 2012.
양운덕, 「미시권력들의 작용과 생명정치: 푸꼬의 권력분석틀과 아감벤의 근대 생명정치학 비판」, 『철학연구』 36권, 고려대학교 철학연구소, 2008, 169-213.
이홍식 외, 『자살의 이해와 예방』, 한국자살예방협회 편, 학지사, 2014.
임효연, 「일본의 고독사 현황과 대책을 통해 본 우리나라 노인복지의 방향」, 『공공정책연구』 제20권 제1호, 한국공공정책학회, 2013, 163-182.
한국과로사·과로자살유가족모임, 한국노동안전보건연구소(기획), 『그리고 우리가 남았다 : 과로사 과로자살 사건에 부딪힌 가족, 동료, 친구를 위한 안내서』, 나름북스, 2021.
內海愛子, 『俘虜敗扱に關する』諸外國からの抗議集, 東京: 不二出版, 1989.
Lemke, Thomas, Trans. by Eric Frederick Trump, *Biopolitics: An Advanced Introduction*. New York University Press, 2011.
Groβ, Dominik, "Tag, Brigitt. Schweikardt, Christoph", *Who wants to live forever?*, Postmoderne Formen des Weiterwirkens nach dem Tod. Campus Verlag Frankfurt. New York, 2011.
Agamben, Giorgio, *Language and Death: The Place of Negativity*, translated by Karen E. Pinkus. University of Minnesota Press, 2006.
아리에스 필립(Aries, Philippe), 『죽음의 역사』, 이종민 옮김, 동문선, 1998.
포콜트, 마이클(Foucault, Michael), 『성의 역사(제1권)—앎의 의지』, 이규현 역, 나남, 1990.
아툴 가완디(Gawande, AtuL), 『어떻게 죽을 것인가』, 김희정 역, 부케, 2015.
안토니 기든스(Giddens, Anthony), 『현대사회의 성, 사랑, 에로티시즘: 친밀성의 구조변동』, 새물결, 2001.
Institute of Medicine, *Dying in America: improving Quality and Honoring. Individual Preferences Near the End of Life*, Washington D.C.: The National Academies Press, 2015.
킹 멜라니(King, Melanie), 『The Dying Game(거의 모든 죽음의 역사)』, 이민정 옮김, 사람의 무늬, 2008.
퀴블러 로스(Kübler-Ross, Elisabeth), *On Death and Dying: What the Dying Have to Teach Doctors, Nurses, Clergy & Their Own Families*, New York: Scribner, 1969.
르 브렌튼, 데이비드(Le Breton, David), 『근대성과 육체의 정치학』, 홍성민 역, 동문선, 2003.
싱클레어, 데이비드(Sinclair, David A). et al. 『노화의 종말』, 이한음 역, 부키, 2020.
테인, 펫(Thane, Pat) 외, 『노년의 역사』, 안병직 역, 글항아리, 2012.
다테이와 신야(立岩真也), 『좋은 죽음』, 정효운·배관문 옮김, 청년사, 2015.
이시토비 고조, 『우리는 어떻게 죽음을 맞이해야 하나』, 임경윤·노미연 옮김, 마고북스, 2012.
노베르트 엘리아스(Norbert Elias), 『죽어가는 자의 고독』, 김수정 옮김, 서울: 문학동네, 1998.
미셸 푸코(Michel Foucault), 『성의 역사』, 이규현 옮김, 나남, 2020.
빅터 프랭클(Viktor Frankl), 『죽음의 수용소에서』, 이시형 옮김, 청아, 2005.
필립 아리에스(Philippe Ariès), 『죽음의 역사』, 이종민 역, 서울: 東文選, 1998.

제5장 상장문화와 의례

『論語』
『禮記』
『의례』, 지재희·이지한 역주, 자유문고, 2004.

錢穆, 『文化學槪論』, 을유문화사, 1962.
Association for Death Education and Counseling, *Handbook of Thanatology*, ROUTILEDGE, 2017.

Colin Murray Parkes · Holly G, Prigerson, *BEREAVEMENT STUDIES OF GRIEF IN ADULT LIFE*, FOURTH EDITION, Penguin Books, 2010.
William Worden, 『유족의 사별애도 상담과 치료』, 이범수 역, 해조음, 2007.
윌리암 페이든, 『비교의 시선으로 바라본 종교의 세계』, 이진구 옮김, 청년사, 2004.
건양대학교 웰다잉 융합연구회, 『세계의 장례와 문화』, 구름서재, 2019.
M. 엘리아데, 『성과 속』, 한길그레이트북스, 2005.
반 게넵, 『통과 의례』, 서영대 역, 인하대출판부, 2000.
빅터 토너, 『의례의 과정』, 한국심리치료연구소, 2005.
캐서린 벨, 『의례의 이해』, 류성민 옮김, 한신대학교출판부, 2007.
한국외국어대학교출판부, 『세계의 장례문화』, 2006.
이기문, 『새국어사전』, 두산동아, 2005.
장철수, 『한국의 관혼상제』, 집문당, 1997.
「내외국인 인구 전망: 2020~2040」, 통계청 보도자료, 2022.4.14.

제6장 죽음과 법

김상용 · 김주수, 『친족상속법 17판』, 법문사, 2020.
이인영, 『생명의 시작과 죽음: 윤리논쟁과 법 현실』, 삼우사, 2009.
대한의사협회, 『진단서 등 작성 · 교부지침』, 2015.
신현호, 『삶과 죽음 권리인가 의무인가』, 육법사, 2006.
이인영, 『생명의 시작과 죽음』, 삼우사, 2009.
원혜욱 · 백경희, 「호스피스 완화의료와 임종과정에 있는 환자의 연명의료 결정에 관한 법률의 문제점에 관한 검토–독일의 법제 및 판례와의 비교를 중심으로」, 『법제연구』 제52호, 2017.
장연화 · 백경희. 「조력존엄사와 관련된 연명의료결정법 일부개정 법률안의 문제점과 그 개선방안」, 『형사법의 신동향』 통권 제77호, 2002.
호스피스 · 완화의료 및 임종과정에 있는 환자의 연명의료결정에 관한 법률.

제7장 죽음과 윤리

아렌트, 한나(Arendt, H.), 『Eichmann in Jerusalem(예루살렘의 아이히만)』, 김선욱 옮김, 서울: 한길사, 2006.
Aristotle, *The Nichomachean Ethics*, Oxford UP, 1983.
Beauchamp, L. and Childress, J., *Principle of Biomedical Ethics*, New. York: Oxford UP, 1994.
Bloch, E., Das Prinzip Hoffnung: Suhrkamp Verlag, 1959.
Doris, John M., "Persons, Situations and Virtue Ethics." *Nous*, 32(4), 1998, 504-530.
Gilligan, Carol, *In a Different Voice: Psychological Theory and Women's Development*, Cambridge, MA: Harvard University Press, 1982.
Bentham, J., *The Collected Works of Jeremy Bentham: An Introduction to the Principles of Morals and Legislation*, Clarendon Press, 1996.
Hauerwas, Stanley, *Character and the Christian Life: A Study in Theological Ethics*, San Antonio: Trinity University Press, 1975.
Kant, Immanuel, *Kirtik der Praktischen Vernunft*, Hamburg: Verlag von Felix Meiner, 1974.
MacIntyre, A., *After Virtue?: A Study in Moral Theory*, London: Duckworth, 1985.
Ogletree, Thomas W., *The Use of the Bible in Christian Ethics*, Philadelphia. Fortress Press, 1983.

제2부 죽음교육 실천

제8장 호스피스·완화의료와 말기돌봄

국립암센터, 『호스피스 전문기관 서비스 제공 안내』 5판, 2020.
국립암센터, 『완화의료 팀원을 위한 호스피스 완화의료 개론』 개정판, 2012.
국립연명의료관리기관, 『연명의료결정법제화백서』, 2018.
국립연명의료관리기관, 『연명의료결정제도 안내 책자(의료기관용)』 개정판, 2019.
김정회·김열·박진노, 「미국의 호스피스 현황과 최근의 변화-급여 제도를 중심으로」, 『한국 호스피스·완화의료학회지』 14(1), 2011, 1-7.
노유자, 『호스피스·완화의료: 의미 있는 삶의 완성』, 서울: 현문사, 2018.
한국호스피스·완화의료학회, 『호스피스·완화의료』, 서울: 현문사, 2018.
한국호스피스·완화간호사회, 『호스피스·완화간호』, 서울: 현문사, 2015.
한국호스피스·완화의료학회 미션과 비전, 2021.10.5., https://www.hospicecare.or.kr/.
호스피스·완화의학, 국립암센터 e-learning 과정, https://neweducation.ncc.re.kr/.
National Hospice and Palliative Care Organization: History of Hospice Care: 2021.10.5., https://www.nhpco.org/hospice-care-overview/history-of-hospice/.
National Hospice and Palliative Care Organization, NHPCO facts and figures: 2020 edition, 2021.10.5., https://www.nhpco.org/hospice-facts-figures/.
WHO, 『Integrating palliative care and symptom relief into primary health care: a WHO guide for planners, implementers and managers』, 2018.
WHO, 『Quality Health Services and Palliative Care, Parctical approaches and resources to support policy, strategy and practice』, 2021.

제9장 돌봄과 소통

국립국어원, n.d., 표준국어대사전, https://stdict.korean.go.kr/main/main.do.
권태준, 「노인 돌봄 서비스가 독거노인의 생활만족도에 미치는 영향」, 대구가톨릭대학교 대학원 석사학위 논문, 2010.
김가원, 「노인 1인가구의 자기돌봄 유형화 및 예측요인에 관한 연구: 자율성 지지를 고려한 앤더슨 모형의 적용을 중심으로」, 숭실대학교 대학원 박사학위 논문, 2020.
김경래·황남희·정진욱·송기민·양찬미·이수현, 『초고령사회 고령후기 노인을 위한 생애말기 정책 지원방안 연구』, 세종: 한국보건사회연구원, 2016.
김윤수·류호영, 「사회적 돌봄 서비스 만족도에 대한 영향요인 분석」, 『보건사회연구』 32(3), 2012, 298-326.
대한노인병학회, 『노인병학』, 서울: 범문에듀케이션, 2015.
대한치매학회, 『치매 임상적 접근』, 대한의학서적, 2020.
변비조, 「노인요양종사자의 죽음과 웰다잉 인식이 임종간호수행에 미치는 영향」, 대구한의대학교 대학원 박사학위 논문, 2016.
보건복지부, 「지역사회 통합 돌봄 기본계획(1단계: 노인 커뮤니티케어)」, 보도자료, 2018.11.20.
보건복지부, 『2019 국민건강통계』, 서울: 보건복지부 건강정책국 건강정책과, 2020.
보건복지부, 『노인맞춤돌봄 서비스 사업안내』, 세종: 보건복지부, 2020.
보건복지부, 『2016년 전국치매역학조사』, 중앙치매지원센터, 2019.

윤혜정·손창우, 「서울시 치매로 인한 보건경제적 부담 연구」, 『서울도시연구』 22(1), 2021, 73-89.
이경란·박지혜, 「유머감각, 유머대처 및 내외 통제성이 노인의 건강관련 삶의 질에 미치는 영향」, 『한국콘텐츠학회논문지』 14(12), 2014, 243-253.
이명호, 「노인장기요양시설의 임종돌봄 서비스에 관한 질적 사례연구」, 동신대학교 대학원 박사학위 논문, 2019.
이병숙, 「환자간호의 질 평가를 위한 돌봄(caring) 측정도구의 개발」, 『대한간호과학회지』 26(3), 1996, 653-667.
이정은·고일선, 「노인장기요양보험 재가보호서비스를 이용하는 노인성 치매 환자 가족의 돌봄평가와 가족기능과의 관계」, 『한국융합학회』 9(8), 2018, 319-330.
이현주·이주원·이준영, 「치매노인 가족부양자의 부양부담 연구: 사회적 지지의 조절효과」, 『사회과학연구』 26(1), 2015, 345-367.
이현주, 「치매를 앓는 부인을 돌보는 남편의 수발경험과 적응과정」, 『한국노년학』 26(1), 2006, 45-62.
정현진·이기주·김재윤, 『커뮤니티케어 2026 비전 및 과제』, 세종: 보건복지부, 2019.
중앙치매센터, 『2018년 중앙치매센터 연차보고서』, 2019.
질병관리청, 「코로나바이러스감염증-19 국내 발생 현황」 보도자료, 2020.11.30.
최동준, 「고령화 사회의 노노(老老)케어사업 활성화 방안」, 경희대학교 공공대학원 석사학위논문, 2015.
최인규·유근환·박지은·장광현, 「지역사회 치매노인의 치매예방관리에 관한 구조화 분석: 제3차 치매관리종합계획을 중심으로」, 『국정관리연구』 13(4), 2018, 45-70.
최희경, 『노인에 대한 사회적 돌봄과 돌봄 서비스의 질 보장』, 파주: 집문당, 2009.
통계청, 『2018년 사망원인통계 결과』, 2019.
통계청, 「장래인구특별추계(2017-2065)」, 보도자료, 2019.3.28.
통계청, 『2020 고령자 통계』, 2020.
한국노인간호학회, 『노인간호학』, 서울: 현문사, 2020.
Engster, Daniel, *The Heart of Justice: Care Ethics and Political Theory*, Oxford University Press, 2007.
Negarten, B., and J. Moorn, "Age Norms, Age Constraints, and Adult Socialization", *American Journal of Sociology*, 70(6), 1995, 710-17.
Ogletree, Thomas W., *The Use of the Bible in Christian Ethics*, Philadelphia. Fortress Press, 1983.
World Health Organization, "Dementia", 2023, https://www.who.int/news-room/fact-sheets/detail/dementia

강진령, 『상담연습 치료적 의사소통기술』, 학지사, 2016.
권석만, 『현대 심리치료와 상담이론』, 학지사, 2021.
권수영, 『기독(목회)상담 어떻게 다른가요』, 학지사, 2007.
김영기, 『코칭대화의 심화역량』, 북마크, 2014.
김영애, 『사티어 빙산의사소통 방법』, 김영애가족치료연구소, 2010.
김환·이장호, 『상담 면접의 기초』, 학지사, 2010.
로저스, 칼(Rogers, C.), 『사람중심 상담』, 오제은 역, 학지사, 2007.
로젠버그, 마셜(Rosenberg, M.), 『비폭력 대화』, 캐서린 한 역, 서울: 바오출판사, 2004.
사티어·반멘·고모리·거버(Satir, V., Banmen, J., Gerber, J., & Gomori, M.), 『사티어 모델-가족치료의 지평을 넘어 서(Satir model)』, 한국 버지니아 사티어 연구회 역, 서울: 김영애가족치료연구소, 2000.
워든(Worden, W.), 『유족의 사별애도 상담과 치료(Grief Counselling and Grief Therapy)』, 이범수 역, 해조음, 2007.
조미라, 「기독교인 자살 유가족을 위한 이야기치료」, 연세대학교 연합신학대학원 박사학위논문, 2017.

Rogers, Carl, *Counseling and Psychotherapy: Classic Theories on Issues*, Palo Alto, CA: Science and Behavior Books, 1966.
Rogers, Carl, "Reply to Rollo May's letter", *Journal of Humanistic Psychology*, 1982.
Rogers, J., *Adult Learning*, England: Open Univiversy press, 2007.

제10장 상실과 애도상담

김가득, 「청소년 자녀를 자살로 보낸 부모의 사건 이후 5~7년의 경험」, 『정신건강과 사회복지』 45(2), 2017, 5-32.
김민아·김찬권·정대희, 「소아청소년암으로 자녀와 사별한 부모들의 사별지원 서비스 욕구와 선호」, 『보건사회연구』 40(4), 2020, 360-400.
김승연·고선규·권정혜, 「노인 집단에서 배우자의 사별 스트레스와 우울의 관계: 사회적 지지와 대처행동의 조절효과」, 『한국임상심리학회』 26(3), 2007, 573-596.
낸시 보이드 웹(Webb, N. B.), 『사별을 경험한 아이들과 함께하기(Helping bereaved children)』, 차유림 역, 서울: 나눔의집, 2020.
데일리벳, 「반려동물 양육 638만 가구 1,530만명…개 602만·고양이 258만 마리」(2021.4.27).
블룸필드, 해럴드·맥윌리엄스, 피터·콜그로브, 멜바(Bloomfield, H., McWilliams, P. & Colgrove, M.), 『상실과 치유의 심리학(How to survive the loss of a love)』, 권혁 역, 서울: 돋을새김, 2006.
손의성, 「배우자 사별노인의 적응에 관한 연구—성별 차이를 중심으로」, 『한국가족복지학』 21, 2007, 289-322.
오복자·강경아, 「영성 개념분석」, 『대한간호학회지』 30(5), 2000, 1145-1155.
유주연·방경숙, 「아동 호스피스·완화의료에 대한 아동병동 간호사의 인식과 지식」, 『한국호스피스·완화의료학회지』 18(3), 2015, 235-244.
연합뉴스, 「배우자 잃은 슬픔 한국이 가장 크다…미국의 2.6배」(2017.03.27.).
윤득형, 『슬픔학개론』, 서울: 샘솟는기쁨, 2015.
이규민, 「사별과 관련한 아동 이해 및 애도상담에 관한 연구」, 『한국기독교상담학회지』 25(3), 2014, 167-186.
이필금, 「사별 편모 가정의 사회·심리적 자립방안에 관한 질적 접근」, 경원대학교 대학원 석사학위논문, 2001.
이해수, 「반려동물 상실에 따른 반려인의 그리프 케어(Grief Care)와 장송(葬送)에 관한 연구」, 동국대학교 불교대학원 생사문화산업학과 석사학위논문, 2019.
이혜경, 「배우자 사별을 경험한 독거노인의 애도수준과 자살생각 간의 관계」, 『정신보건과 사회사업』 44(1), 2016, 24-47.
장수지, 「중·노년기 배우자 사별 전후의 사회적 관계망 변화에 대한 종단연구」, 『한국노년학회』 31(4), 2011, 1083-1101.
차유림, 「부모사별 청소년의 적응에 관한 연구 : 적응유연성 관점으로」, 서울대학교 대학원 사회복지학과 박사학위논문, 2012.
코르·코르(Corr, C. A. & Corr, D.), 『현대 생사학 개론(Death and Dying: Life and Living)』, 한림대학교 생사학연구소 역, 박문사, 2012.
통계청, 『2020년 사망원인통계』, 2021.
황영란·홍귀령, 「남성 독거노인의 배우자 사별 경험」, 『노인간호학회지』 23(2), 2021, 187-199.
헬스데이뉴스, 「노년기 배우자 사별, 심장에 악영향. 사별 후 심근경색·뇌졸중 위험 높아져…주변의 세밀한 관심 필요」(2015.03.19.)

Arnold, J., and Gemma, P., "The Continuing Process of Parental Grief", *Death Studies*, 32(7), 2008, 658-73.
Balk, D., "The Self-Concepts of Bereaved Adolescents", *Journal of Adolescent Research*, 5(1), 1990, 112-32.
Burns, D., *When Kids Are Grieving?: Addressing Grief and Loss in School*, New York: Skyhorse Publishing, 2014.
Canda, E. R., *Spirituality in Social Work: New Directions*, New York: The Haworth Pastoral Press, 1998.
Cohen, J. A., A. P. Mannarino, and E. Deblinger, *Treating Trauma and Traumatic Grief in Children and Adolescents*, Guilford Publications, 2016.
Davies, B., *Shadows in the Sun: The Experiences of Sibling Bereavement in Childhood*, Philadelphia: Brunner/Mazel, 1999.
Greeff, Abraham P., and Berquin Human, "Resilience in Families in Which a Parent Has Died", *The American Journal of Family Therapy*, 32(1), 2004, 27-42.
Hooyman, N. R., and B. Kramer, *Living through Loss: Interventions across the Life Span*, Columbia University Press, 2006.
Humphrey, K. M., *Counseling Strategies for Loss and Grief*, Alexandria, VA: American Counseling Association, 2009.
Mitchell, K. R., and H. Anderson., *All Our Losses, All Our Griefs: Resources for Pastoral Care*, Philadelphia: Westminster Press, 1983.
Noppe, I. C., and L. Noppe., "Adolescent Experiences with Death: Letting Go of Immortality", *Journal of Mental Health Counseling*, 26(2), 2004, 146-67.
Russel, C., "Adults View Their Childhood Bereavement Experiences", *Death Studies*, 23(1), 1999, 17-41.
Weinstein, J., *Working with Loss, Death and Bereavement: A Guide for Social Workers*, SAGE, 2007.
Wolchik, S. A., S. Coxe, J. Y. Tein, I. N. Sandler, and T. S. Ayers, "Six-year longitudinal predictors of posttraumatic growth in parentally bereaved adolescents and young adults." *Omega*, 58(2), 2008, 107-28.
Worden, J. W., *Grief Counseling and Grief Therapy: A Handbook for the Mental Health practitioner*, 2nd ed. New York: Springer, 1991.

제11장 상담 평가와 개입

권석만, 『삶을 위한 죽음의 심리학』, 서울: 학지사, 2019.
권준수·김재진·남궁기·박원명, 『정신질환의 진단 및 통계 편람』, 학지사, 2015.
신명희·서은희·송수지·김은경, 『발달심리학』, 학지사, 2013.
이승희, 『특수교육평가』 2판, 학지사, 2010.
이이정, 『죽음학 총론』, 서울: 학지사, 2011.
퀴블러 로스·데이비드 케슬러(Kubler-Ross, E., & Kessler, D.), 『상실수업』, 김소향 역, 이레, 2007.
키산(Kissane, D. W.), 『가족중심 애도치료(Family Focused Grief Therapy)』, 김은아·김혜동 역, 양서원, 2006.
포메로이·가르시아(Pomeroy. E. & Garcia, B.), 『애도상담의 실제(The Grief Assessment and Intervention Workbook)』, 강영신·이동훈 옮김, 사회평론아카데미, 2015.
한국교육평가학회, 『교육평가 용어사전』, 학지사, 2004.
황정규, 『학교장면에서 사용되는 현행 심리검사의 문제점, 심리검사의 활용』, 한양대학교 학생생활연구소, 1990.
코르·코르(Corr, C. A. & Corr, D.), 『현대 생사학 개론(Death and Dying: Life and Living)』, 한림대학교

생사학연구소 역, 박문사, 1990.

Balk, D., "Models for understanding adolescent coping with bereavement", *Death Studies*, 20(4), 1996, 367-87.

Bell, J., Bailey, L. and Kennedy, D., "'We Do It to Keep Him Alive': Bereaved Individuals' Experiences of Online Suicide Memorials and Continuing Bonds." *Mortality(Abingdon)*, 20(4), 2015, 375-89.

Boelen, P., M. Hout, and J. Bout, "A Cognitive-Behavioral Conceptualization of Complicated Grief", *Clinical Psychology*, 13(2), 2006, 109-28.

Engel, G., "The Need for a New Medical Model: A Challenge for Biomedicine." *Science, New Series*, 196(4286), 1977, 129-36.

Erikson, E., *Childhood and Society*, 2nd ed, New York: Norton, 1963.

Fleming, S., and L. Balmer, "Bereavement in Adolescence." pp. 139-154 in Handbook of adolescent death and bereavement, edited by C. A. Corr and D. E. Balk. New York: Springer, 1996.

Hogan, N. S., J. W. Worden, and L. A. Schmidt, "Considerations in Conceptualizing Complicated Grief", *Journal of Death and Dying*, 52, 2006, 81-85.

Klass, D., P. Silverman, and S. Nickman, *Continuing bonds: New understandings of grief*, Washington. DC: Taylor & Franci, 1996.

Kristensen, P., and M. H. P. Franco, *Bereavement and Disasters: Research and Clinical Intervention*, Routledge, 2011.

Lieberman, A. F., N. C. Compton, P. Horn, and C. Ghosh Ippen, *Losing a Parent to Death in the Early Years: Guidelines for the Treatment of Traumatic Bereavement in Infancy*, Washington D.C: Zero to Three Press, 2003.

Lindemann, E., "Symptomatology and Management of Acute Grief", *American Journal of Psychiatry*, 101(2), 1944, 141-48.

Miller, E., "CContent Analysis of Select YouTube Postings: Comparisons of Reactions to the Sandy Hook and Aurora Shootings and Hurricane Sandy", *Cyberpsychology, Behavior & Social Networking* 18(11), 2015, 635-640.

Neimeyer, R., "Narrative Strategies in Grief Therapy", *Journal of Constructive Psychology*, 12(1), 1999, 65-85.

Neimeyer, R. A., and Sands, D. C., "Meaning Reconstruction in Bereavement: From Principles to Practice." pp. 9-22 in Grief and bereavement in contemporary society: Bridging research and practice, edited by R. A. Neimeyer, D. L. Harris, H. R. Winokuer, and G. F. Thornton. Routledge/Taylor & Francis Group, 2011.

Varga, M., and Paulus, T., "Grieving Online: Newcomers' Constructions of Grief in an Online Support Group", *Death Studies*, 38(7), 2015, 443-49.

Prigerson, G., Maciejewski, K., Reynolds, F., Bierhals, J., Newsom, T., Fasiczka, A., Frank, E., Doman, J and Miller, M., "Inventory of Complicated Grief: A Scale to Measure Maladaptive Symptoms of Loss", *Psychiatry Research*, 59, 1995, 65-79.

Sandler, I. N., Y. Ma, J. Y. Tein, T. S. Ayers, S. Wolchik, and C. Kennedy, "Long-Term Effects of the Family Bereavement Program on Multiple Indicators of Grief in Parentally Bereaved Children and Adolescents", *Journal of Consulting and Clinical Psychology*, 78, 131-144.

Schnider, K. R., J. D. Elhai, and M. J. Gray, "Coping Style Use Predicts Posttraumatic Stress and Complicated Grief Symptom Severity among College Students Reporting a Traumatic Loss", *Journal of Counseling Psychology*, 54(3), 2007, 344-350.

Schut, H., M. S. Stroebe, J. Bout, and M. Terheggen, "The Efficacy of Bereavement Interventions: Determining Who Benefits." pp. 705-737 in Handbook of bereavement research: Consequences, coping, and care, edited by M. S. Stroebe, R. O. Hansson, W. Stroebe, and H. Schut. American Psychological Association, 2001.

Shear, K., E. Frank, P. R. Houck, and C. F. Reynolds, "Treatment of Complicated Grief: A Randomized Controlled Trial", *Journal of the American Medical Association*, 293(21), 2005, 2601-2608.

Stroebe, M. S., and H. Schut, "The Dual Process Model of Coping with Bereavement: Rationale and Description", *Death Studies*, 23(3), 1999, 197-224.

Stroebe, M. S., K. Houwen, and H. Schut, "Bereavement Support, Intervention, and Research on the Internet: A Critical Review." in Handbook of bereavement research and practice: Advances in theory and intervention. 551-574, edited by M. S. Stroebe, R. O. Hansson, H. Schut, and W. Stroebe. American Psychological Association, 2008.

Talbott, J. A., R. E. Hales, and S. C. Yudofsky, *Textbook of Psychiatry*, Washington: American Psychiatric Press, 1988.

Webb, M., *The Good Death?: The New American Search to Reshape the End of Life*, New York: Bantam, 1997.

Worden, J. W., *Grief Counseling and Grief Therapy: A Handbook for the Mental Health Practitioner*, 5th ed. New York: Springer Publishing Company, 2018.

제12장 외상성 죽음 대처

강흥구, 『의료사회복지실천론』, 정민사, 2015.

김청송, 『사례중심의 이상심리학』, 싸이북스, 2015.

남일성, 「배우자 사별 노인의 복잡성비애 위험요인」, 『한국노년학』 35(1), 2015, 35-50.

신명진, 「세월호 유가족의 사별 경험」, 한양대학교 대학원 석사학위논문, 2016.

앤더슨(Anderson, S.), 『마음치유여행(The journey from abandonment to healing)』, 안인의 역, 서울: 북하우스, 2009.

윤명숙·최수연, 「교통사고 유가족의 사별 경험」, 『한국가족복지학』 (40), 2013, 5-31.

이정명, 「트라우마 생존자를 위한 움직임 교육 프로그램 개발과 참여자 체험 연구」, 명지대학교 대학원 박사학위논문, 2015.

정지연, 「반려동물 상실과 박탈된 애도: 상실의 충격과 복합적 비탄 및 심리적 성장 간 사회적 제약의 조절 효과」, 전남대학교 심리학과 대학원 석사학위논문, 2020.

제임스·길리랜드(James, R. K.·Gilliland, B. E.), 『위기개입』, 한인영·장수미·최정숙·박형원·이소래·이혜경 편, 2018. 나눔의 집

조계화·이윤주·이현지, 『죽음학 서설』, 학지사, 2006.

조명숙, 「외상적 사별 경험에 따른 애도증상에서 의미만들기와 사건중심성의 효과」, 가톨릭대학교 대학원 박사학위논문, 2012.

허먼(Herman, J.), 『트라우마(Trauma and Recovery)』, 최현정 역, 열린책들, 2016.

Hipple, J., Suicide: *The Preventable Tragedy*(Mimeographed Monograph. 25pp), Denton: North Texas State University, 1995.

Kirk, W. G., *Adolescent Suicide: A School-Based Approach to Assessment and Intervention*, Champaign, IL: Research Press, 1993.

Murphy, S. A., T. Braun, L. Tillery, K. C. Cain, L. C. Johnson, and R. D. Beaton, "PTSD among Bereaved

Parents Following the Violent Deaths of Their 12 to 28 Year Old Children: A Longitudinal Prospective Analysis", *Journal of Traumatic Stress* 12(2), 1999, 273-291.

Neimeyer, R. A., and Pfeiffer, A. "The Ten Most Common Errors of Suicide Interventionists" pp. 206-225, in The Treatment of Suicidal People, edited by Leenaars A.A., Maltsberger J.T., Neimeyer R.A. Taylor & Francis; New York, 1994.

Neimeyer, R. A., *Meaning Reconstruction and the Experience of Loss*, Washington, DC: American psychological association, 2001.

Prigerson, H. G., "Complicated Grief: When the Path of Adjustment Leads to a Dead-End", *Bereavement Care*, 23(3), 2004, 38-40.

Prigerson, G., Maciejewski, K., Reynolds, F., Bierhals, J., Newsom, T., Fasiczka, A., Frank, E., Doman, J and Miller, M., "Inventory of Complicated Grief: A Scale to Measure Maladaptive Symptoms of Loss". *Psychiatry Research*, 59, 1995, 65-79.

Raphael, B., N. Martinek, and S. Wooding, "Assessing Traumatic Bereavement." pp. 492-510 in JP Wilson & TM Keane(Eds.), Assessing Psychological Trauma and PTSD. New York, NY: Guilford Press, 2004.

Worden, J. W., *Grief Counseling and Grief Therapy: A Handbook for the Mental Health Practitioner*, 4th ed, New York: Springer, 2009.

제13장 생애주기별 죽음교육

강경아, 「중년층을 위한 죽음준비교육 프로그램 개발 및 효과」, 『한국호스피스·완화의료학회지』 14(4), 2011, 204-211.

강선보·이동윤, 「미국의 죽음교육과 한국죽음교육에 주는 시사점」, 『고려대학교교육문제연구소』 32(1), 2019, 99-115.

길태영, 「죽음준비교육관련 사회복지학분야의 연구동향 분석」, 『사회복지연구』 48(2), 2017, 267-301.

길태영, 「죽음준비교육이 도농복합지역 노인의 죽음불안과 자아통합감에 미치는 효과」, 『농촌사회』 6, 2017, 95-124.

길태영·조원휘, 「죽음준비교육이 사회복지전공 대학생의 좋은 죽음에 대한 인식, 죽음태도 및 삶의 의미에 미치는 효과」, 『미래사회복지연구』 8(2), 2017, 37-64.

심승환, 「미국의 죽음교육의 역사적 발전과정과 이론적 관점에 대한 고찰」, 『교육사상연구』 32(2), 2021, 21-52.

윤혜미·김혜래·신영화, 『아동복지론』, 서울: 청목출판사, 2010.

이근홍, 『인간행동과 사회환경』, 경기도: 공동체, 2012.

이나영·유지영, 「발달단계별 죽음준비교육 프로그램의 효과에 대한 메타분석」, 『교육학연구』 57(3), 2019, 119-145.

이동윤·강선보, 「죽음교육의 필요성에 관한 연구」, 『고려대학교교육문제연구소』 29(1), 2016, 113-137.

이윤주·조계화·이현지, 「죽음교육 모형 탐색」, 『아시아교육연구』 7(3), 2006, 121-140.

이이정, 「노인 학습자를 위한 죽음준비교육 프로그램 개발 연구」, 『한국성인교육학회』 9(1), 2006, 33-65.

이이정, 『죽음학 총론』, 서울: 학지사, 2011.

이이정, 「죽음준비교육의 현황과 과제」, 『한국노년교육학회』 2(1), 2016, 69-88.

장우심·길태영·이미란·임재옥·정명환·성기옥, 『노인복지론』, 서울: 창지사, 2021.

조흥식·김혜래·신은주·우국희·오승환·성정현·이지수, 『인간행동과 사회환경』, 서울: 학지사, 2012.

홍숙자, 『노년학개론』, 서울: 도서출판 하우, 1999.

히구치 가츠히코, 이원호 역, 『죽음에의 대비교육』, 서울: 동문사, 1995.
Corr, C. A., *Death Education for Adults*, NY: Springer Publishing Co., 2003
Corr, C. A., *Death Education for Adults*, Boston: Jonea and Bartlett, 1995.
Corr. C. A., and Corr, D., *Death & Dying, Life & Living*, 7th Ed., New York: Wadsworth, 2009.
Deeken, A. "The Needs for Death Education", *Cancer and Chemotherapy*, 19, no.9, 1992, 1247-1252.
Deeken, A., How to Cope with the Death, OHJT, Translator. Seoul: Goongri Publication, 2002.
Durlak, J. A., *Changing Death Attitudes Through Death Education*, In Neimeyer, R. A. Death Anxiety Handbook, Washington. DC: Taylor & France, 1994.
Feifel, H., *The Meaning of Death*, McGraw-Hill, 1959.
Hobart, K. R., "Death and Dying and the Social Work Role". *Journal of Gerontological Social Work* 11, 2002, 181-192.
Kastenbaum, R., *Death, Society, and Human Experience*, Boston: Allyn & Bacon, 2001.
Kübler-Ross, E., *On Death and Dying*, New York: Macmillan, 1969.
Kurlychek, R. T., "Assessment of Attitudes toward Death and Dying: A Critical Review of Some Available Methods", *Omega* 9: 1979, 37-47.
Leviton, D., Death Education. In H. Feifel(ED.), *New meaning of Death*(2nd ed.). McGraw-Hill, 1997.
Tapio, P. and S. Ulla, "Education for Death". *Journal of Education Philosophy and Theory* 38, no.2, 2013, 201-213.
Warren, W. G., *Death Education and Research: Critical Perspectives*, New York: The Haworth Press, 1989.
Weisman, A. D., *On Dying and Denying*. New York: Behavioral Publications, 1972.

제14장 죽음교육 프로그램 개발의 이론과 실제

교육부, 「학생자살 예방 및 위기관리 강화」, 보도자료(2011.4.8.).
권두승·최운실, 『평생교육기관 경영론』, 서울: 교육과학사, 2007.
김진화, 『평생교육 프로그램 개발론』, 서울: 교육과학사, 2001.
염유식, 『한국 아동·청소년 행복지수 조사』, 연세대학교 사회발전연구소, 2016.
유진이·윤혜순, 『청소년프로그램 개발과 평가』, 서울: 양서원, 2020
이이정, 『죽음학 총론』, 서울: 학지사, 2011.
Bloom, S., *Taxonomy of Educational Objectives: The Classification of Educational Goals*. New York: D. McKay, 1956.
Booen, E. J., *Developing programs in adult education*, New Jersey: Prentice-Hill, 1985.
Caffarella, R., *Planning Programs for Adult Learners?: A Practical Guide for Educators, Trainers, and Staff Developers*, San Francisco: Jossey-Bass, 2002.
Cevero, A. L., R. M. &Wilson, "The Politics of Responsibility. A Theory of Program Planning Practice for Adult Education", *Journal of Adult Educational Quarterly* 45(1), 1994, 249-68.
Durlak, J. A., "Canging Death Attitudues Throuth Death Education." pp. 243-260 in Death anxiety handbook: Research, intrumentation, and application, edited by R. A. Neimeyer, 1994.
Durlak, J. A., and Riesenberg, L. A., "The Impact of Death Education", *Death Studies* 15(1), 1991, 39-58.
Kirkpatrick, D., *Evaluating Training Program: The Four Levels*, CA: Berrett-Koehler Publishers, 1994.
Knowles, M., *Modern Practice of Adult Education*, New York: Association Press, 1980.
Kotler, P., and F. K. A. Fox, *Strategic Marketing for Educational Institutions*, Englewood Cliffs, NJ: Prentice Hall, 1995.

Leviton, D., "The Scope of Death Education", *Death Education* 1(1), 1977, 41-56.
Niemi, J. A., and J. Nagle, "Learners, Agencies, and Program Development in Adult and Continuing Education." in Managing adult and continuing education programs and staffs, edited by I. P. D. Langerman and D. H. Smiths, Wasington, DC: NAPCAE, 1997.
Queeney, D. S., *Assessing Needs in Continuing Education: An Essential Tool for Quality Improvement*, San Francisco: Jossey-Bass, 1995.
Rogers, J., *Adult Learning*, England: Open Univiversy press, 2007.
Wass, H., "Aging and Death Education for Elderly Person", *Educational Gerontology* 5(1), 1980, 79-90.
KOSIS 국가통계포털, https://kosis.kr/index/index.do

저자 약력

강춘근

백석대학교 기독교전문대학원 (박사 수료)
한국웰다잉교육문화연구원 원장

주요 논문 및 저서
「기독교사회복지의 가치와 윤리에 대한 소고」(2005), 「기독교사회복지학을 어떻게 할 것인가」(2004), 『기독교사회복지의 이해』(2003, 양서원, 공저)

길태영

대전대학교 대학원 졸업 (사회복지학박사)
중부대학교 보건복지학부 사회복지학전공 조교수

주요 논문 및 저서
「죽음불안과 삶의 의미의 관계에서 영성의 매개 및 조절효과 검증: 베이비부머를 중심으로」(2018), 『잘 살고 잘 웃고 좋은 죽음과 만나다』(예감출판사, 2017, 역서), 『노인복지론』(창지사, 2021, 공저)

김혜지

경희대학교 의학과 졸업
서울특별시 동부병원 호스피스 완화의료팀 팀장, 가정의학과 진료과장

박충구

미국 드루대학교 졸업(철학박사), 독일 본대학교 (박사 수료)
감리교신학대학교 교수 역임, 생명과 평화연구소 소장

주요 논문 및 저서
「현대인의 죽음 이야기 1-12」(2018~2019), 「삶의 마지막 단계: 좋은 죽음에 관한 기독교 생명윤리학적 연구–스위스와 독일의 사례를 중심하여」(2915), 「생명이 위협받고 있는 세계와 샬롬의 윤리」(2012), 『인간의 마지막 권리』(2019, 동녘, 저서), 『삶의 수레바퀴』(가치창조, 2001, 역서)

서이종

독일 베를린자유대 졸업 (사회학박사)
서울대학교 사회학과 교수, 한국죽음교육협회 회장

주요 논문 및 저서
「고령사회와 죽음교육의 사회학: 한국 죽음교육의 비판적 고찰」(2015), 「연명의료결정의 딜레마와 그 사회적 맥락」(2015), 『호스피스 완화의료: 의미있는 삶의 완성』(2018, 현암사, 공저), 『고령사회의 노년기 만성질환과 호스피스의 생명정치』(2015, 박영사, 공저)

신현호

고려대학교 대학원 졸업 (법학박사)
공동법률사무소 해울 대표변호사

주요 논문 및 저서
「존엄사에 대한 법률적 측면」(2009), 「호스피스 완화 의료에 대한 형법적 연구」(2005), 『소극적 안락사, 대안은 없는가』(2007, 한림대학교출판부, 저서), 『의료분쟁조정, 소송총론』(2011, 육법사, 저서)

양준석

한림대학교 일반대학원 졸업 (철학박사)
한림대 생사학연구소 연구원, 마음애터협동조합 이사장

주요 논문 및 저서
「사별 스트레스가 우울에 미치는 영향: 역경 후 성장의 조절효과를 중심으로」(2020), 「사별 경험 중년여성을 위한 애도 프로그램 개발 및 효과」(2018), 『자살이론의 과거, 현재, 미래』(2019, 박문사, 역서) 『코로나를 애도하다』(2022, 솔트앤씨드)

윤혜순

연세대학교 졸업 (교육학박사)
숭실사이버대학교 평생교육상담학과 교수

주요 논문 및 저서
「노인학습자의 사이버대학 학습경험의 의미탐색」(2019), 「사이버대학 성인학습자들의 대학생활 적응에 관한 현상학적 연구」(2018), 『청소년프로그램 개발과 평가(2020, 양서원, 공저), 『교육학 개론』(2015, 양서원, 공저), 『정보산업사회와 봉사활동 정책』(2004, 동과서)

이명진

연세대학교 대학원 졸업 (신학박사)
다움심리상담센터 소장

주요 논문 및 저서
「아동학대 생존자의 애착재건에 대한 이야기치료적 접근」(2017), 「종교적 방어기제에 대한 기독상담적 대응」(2015), 『분석심리학과 표현예술치료』(2019, 학지사, 저서), 『상담학 질적연구방법론 사례집』(시그마프레스, 2016, 저서)

이범수

동국대학교 대학원 졸업 (응용불교학박사)
동국대학교 불교대학원 생사문화산업학과 교수

주요 논문 및 저서
「포스트휴먼시대의 생멸문제」(2022), 「자살방지와 예방을 위한 생명운동」(2019), 「현대 한국사회의 생사문화와 불교적 죽음교육 방안」(2016), 『유족의 사별애도 상담과 치료』(2007, 해조음, 역서), 『아동과 청소년의 트라우마와 트라우마성 사별 치료의 정석』(2008, 해조음, 역서)

이세형

미국 드루대학교 졸업 (철학박사)
호서대학교 (박사수료/정신분석)

주요 논문 및 저서
「엘리자베스 퀴블러 로스의 죽음이해(2003)」, 「프로이트의 자아 이해」(2020), 『마이클 포담: 새로운 분석 심리학』(2021, 출판사 월정, 역서), 『정신분석 꿈 담론』(2022, 한국심리치료연구소, 역서)

이지원

한림대학교 대학원 졸업 (철학박사)
생사학아카데미 대표

주요 논문 및 저서
「배우자 사별 여성 노인을 위한 상실 치유 프로그램 효과」(2020), 「중년 여성의 사별 스트레스와 우울과의 관계에서 스트레스 대처의 조절 효과」(2019), 「생사학 연구 동향과 학문성 모색」(2016), 『사람은 살던대로 죽는다』(2018, 솔트앤씨드, 공저), 『생사학워크북 1』(2023, 솔트앤씨드, 공저),

이철영

안동대학교 대학원 민속학과 졸업(문학박사)
동국대학교 불교대학원 생사문화산업학 교수

주요 논문 및 저서
「근대이후 상례의 변화에 대한 연구」(2024), 「제례진설에 나타난 상징성 재인식에 관한 연구」(2022), 『漢字說解 基礎 部首字 硏究』(2022, 도서출판 어가), 『근대이후 상례변화의 이해』(2020, 해조음), 『유교상례의 이해』(2020, 해조음)

임승희

영국 버밍엄대학교 졸업 (사회복지학박사)
신한대학교 사회복지학과 교수

주요 논문 및 저서
『가족을 잃은 아이의 슬픔』(2008, 시그마프레스, 역서), 「의정부시 지역사회공동체 기반 자살예방사업 방안」(2019), 「노인의 주관적 삶의 질 모형 연구: 죽음불안의 매개효과를 중심으로」(2011), 『호스피스 상담: 말기 돌봄과 사별을 위한 상담』(2011, 시그마프레스, 역서), 『MZ세대를 위한 생명존중교육』(2023, 학지사, 공저)

장왕식

Claremont Graduate University 졸업 (신학박사)
감리교신학대학교 교수

주요 논문 및 저서
「해체와 무의 도전」(2015), 「유물론적 창조이론을 넘어서」(2020), 『동과 서 종교철학에서 만나다』(2016, 저서), 『화이트헤드 철학 읽기』(2016, 저서), 『종교적 상대주의를 넘어서』(2002, 저서)

차유림

서울대학교 대학원 졸업(사회복지학박사)
서울장신대학교 사회복지학과 교수

주요 논문 및 저서
「죽음을 경험한 아동과 청소년을 위한 교회의 역할」(2021), 「사회복지사를 위한 죽음 교육, 어떻게 할 것인가?」(2020), 『사회복지실천과 역량강화』(2006, 나눔의 집, 역서), 『사별을 경험한 아이들과 함께하기』(2020, 나눔의 집, 역서)

최승호

독일 라이프찌히대 졸업 (사회(복지)정책학박사)
충북연구원 수석연구위원

주요 논문 및 저서
「초고령화 시대를 대비한 영상 스토리텔링 연구」(2019), 「독일의 코로나블루 대응 고찰—생명관리정치의 관점에서」(2022), 『유럽의 역동성』(2011, 한국학술정보, 역서)

죽음교육의 이론과 실제 [기본편]

초 판 인 쇄	2024년 06월 19일
초 판 발 행	2024년 06월 27일
엮 음	한국죽음교육협회
지 음	강춘근·길태영·김혜지·박충구·서이종·신현호· 양준석·윤혜순·이명진·이범수·이세형·이지원· 이철영·임승희·장왕식·차유림·최승호
발 행 인	윤석현
발 행 처	박문사
책임편집	최인노
등록번호	제2009-11호
우편주소	서울시 도봉구 우이천로 353
대표전화	02) 992 / 3253
전 송	02) 991 / 1285
전자우편	bakmunsa@hanmail.net

ⓒ 한국죽음교육협회, 2024 Printed in KOREA.

ISBN 979-11-92365-67-1　　13330　　　　**정가 30,000원**

* 이 책의 내용을 사전 허가 없이 전재하거나 복제할 경우 법적인 제재를 받게 됨을 알려드립니다.
** 잘못된 책은 구입하신 서점이나 본사에서 교환해 드립니다.